5
231 052-2

Kurt Köhler
Andreas Stange

Die V 300-Familie der Deutschen Reichsbahn

Die Baureihen 130, 131, 132 und 142

EISENBAHN KURIER
VORBILD UND MODELL

EK-VERLAG

Titelbild: 232 080 und eine weitere Reichenbacher 232 sind im August 1993 mit einem schweren Kesselwagenzug auf der Fahrt nach Regensburg und rollen durch den kleinen Haltepunkt Ruppertsgrün im Vogtland. AUFNAHME: THOMAS FRISTER

Rücktitel: **Oben:**
Für die Eisenacher 132 576 dürfte am 4. September 1991 der P 7065 (Eisenach – Gerstungen) trotz der Steigung nahe der Blockstelle Höpfen mit dem schönen Blick auf die Wartburg eine leichte Fuhre gewesen sein. Die klassische DR-Zuggarnitur weckt sicherlich nostalgische Gedanken, aber früher wurden diese Züge nur wenig beachtet und fotografiert. Ihren bordeauxroten Anstrich hat die Lok übrigens bis heute behalten. AUFNAHME: MATTHIAS REDER

Unten:
Hinter der Bahndienstlok 754 101 verbirgt sich die ehemalige 130 101, die 1972 als Baumusterlok mit elektrischer Zugheizanlage an die DR geliefert wurde. Gemeinsam mit ihrer baugleichen Schwesterlok 130 102 war sie über viele Jahre bei der VES-M in Halle als Versuchslok im Einsatz. Im August 1996, kurz vor ihrem Ausscheiden aus dem DB-Bestand, steht sie mit einem Messzug für den nächsten Einsatz bereit. Die Lok ist heute noch erhalten und wird museal von der Traditionsgemeinschaft Bw Halle P betreut. AUFNAHME: DR. BRIAN RAMPP

Vorsatz: 231 052 zeigt sich am 9. September 1992 im letzten Betriebszustand im Bw Halle G. AUFNAHME: HANS-JÜRGEN TRUNK

Nachsatz: Eindrucksvoll dokumentiert diese Seitenansicht von 132 618 am 8. September 1988 im Bw Leipzig Hbf West den charakteristischen, gesickten Lokkasten der Lokomotiven der V 300-Familie. AUFNAHME: HARTMUT MICHLER

ISBN 3-88255-130-5

EK-Verlag GmbH – Postfach 500 111 – 79027 Freiburg

Bearbeitung/Gestaltung: Thomas Frister, Jörg Sauter, Christian Wolf

Inhalt

Umgeben vom Flair eines Wasserkranes der Sächsischen Staatsbahn rollt 232 700 am 31. März 1992 auf die Drehscheibe des Bw Reichenbach. Die Lok zeigt sich noch weitgehend im ursprünglichen Zustand mit dem breiten umlaufenden Streifen und den gummigefassten Frontscheiben. Fast 30 Jahre beheimatete das einstmals bedeutende Bahnbetriebswerk der Direktion Dresden Lokomotiven der V 300-Familie. Im Herbst 1999 gingen hier für immer die Lichter aus. AUFNAHME: TFG

Zum Geleit

Die Lokomotiven der V 300-Familie der Deutschen Reichsbahn sind beim Erscheinen dieses Titels aus der EK-Baureihenbibliothek fast auf den Tag genau 30 Jahre im Betriebsdienst. Am 21. Juli 1970 konnten die Lokomotiven 130 005 und 130 006 beim Bw Halle G in Dienst gestellt werden. Sie markierten den Beginn einer neuen Epoche bei der DR und schufen die Voraussetzungen für den dringend benötigten Schub im Traktionswechsel.

Damals hatten die mit den neuen Lokomotiven befassten Techniker und Fachleute der DR aber ganz andere Sorgen. Niemand ahnte damals, dass die DDR am Wechsel zum nächsten Jahrtausend schon über zehn Jahre nicht mehr auf den Landkarten verzeichnet, Reichs- und Bundesbahn längst der Vergangenheit angehören und die Maschinen im Jahr 2000 in vielen Regionen des wiedervereinigten Deutschlands im Zugdienst stehen würden. Man kann den Bogen auch weiter spannen: Wer vor 30 Jahren bei der Bundesbahn allen Ernstes behauptet hätte, dass einmal „russische" Lokomotiven zum Alltag auf den Gleisen im Westen Deutschlands zählen würden, der wäre sicher als „Spinner" bezeichnet worden; und das wohl zu Recht! So ist die Geschichte der V 300-Familie das treffende Beispiel dafür, dass Voraussagen über lange Zeiträume auch in der Technik-Geschichte kaum möglich sind.

So unvorhersehbar die Nützlichkeit und Langlebigkeit dieser Lokkonstruktion des ukrainischen Herstellers im einzelnen auch sein mochte, die Betrachter am Rande des Eisenbahngeschehens, die Eisenbahnfreunde- und Fotografen, haben sich jahrzehntelang schwer mit der Flut dieser zunächst eingenwillig erscheinenden Lokomotiven getan. Es war wie bei den V 200: Nicht nur die ungewohnte Formgebung hatte eine gewisse Reserviertheit zur Folge, es war vor allem das Verdrängen der geliebten Dampfloks, die plötzlich in den frühen siebziger Jahren in das Bewusstsein der interessierten Öffentlichkeit rückten. Als die Dampflokomotiven noch uneingeschränkt die Schienen beherrschten, gab es nur eine kleine Schar von Sachkundigen, erst mit dem bevorstehenden Ende der Dampfrösser stieg das große Interesse.

Ähnlich ist es später auch den Loks der V 300-Familie ergangen, obwohl ihr Abschied vom Schienenstrang momentan (noch) nicht zur Diskussion steht. Das anfängliche Desinteresse hat sich in den letzten Jahren gewandelt, heute haben die Baureihen 232/234/241 eine feste Fan-Gemeinde. Die Gründe dafür sind vielfältig. Einesteils ist es das Alter der Lokomotiven, andererseits das immer noch exotisch wirkende Äußere der Loks. Sie wirken auf den Betrachter nach 30 Jahren eben anders, obwohl sie – sieht man einmal von den neuen Farbvarianten ab – (fast) noch genau so aussehen wie bei der Indienststellung!

Eines hat die Betrachter bei den Lokomotiven der Baureihen 130/131/132 oder 142 immer fasziniert: Ihre Kraft, ihr Beschleunigungsvermögen, ihre unvergleichliche Akustik, die durch das hochfrequente Pfeifen des Abgasturboladers noch verstärkt wurde. Auch die Lokpersonale haben die Maschinen spätestens nach dem Erscheinen der 100 km/h schnellen Güterzugvariante der Baureihe 131 und nach der Lieferung der Baureihe 132, die endlich die moderne und so dringend benötigte elektrische Zugheizung besaß, schätzen gelernt. Die 3.000 PS Motorleistung hörte man den Loks nicht nur an, sie war auch verfügbar und so manche Verspätungsminute konnte mit der „Ludmilla" herausgefahren werden, manche Tonne Überlast auf den von Güterzügen häufig verstopften DR-Strecken wurde zusätzlich befördert.

Dass bei der Lieferung und Indienststellung nicht alles so ablief, wie man sich das in den Chefetagen der DR wünschte oder wie es sich die Techniker der DR vorstellten, lag auch im besonderen Verhältnis zwischen der Sowjetunion und der DDR begründet. Nicht alles, was in der DDR und speziell bei der DR als ökonomisch vernünftig und technisch notwendig erachtet wurde, entsprach den Vorstellungen des Herstellers. Da damals nicht die heute übliche Besteller-Hersteller-Prinzipien galten, sondern die „große Politik" eine wichtige Rolle spielte, gab es genügend Schwierigkeiten und Probleme zu bewältigen. Das sprichwörtliche Fingerspitzengefühl, ein gutes Maß an Verhandlungsfähigkeit und manchmal der gute Spürsinn für den taktisch richtigen Weg waren bei den DR-Fachleuten gefragt. Politische Vorgaben von „ganz oben" warfen oftmals zusätzliche Probleme auf.

Um so erfreulicher ist es, dass einer der von Anfang an mit den Lokomotiven betrauten Fachleute als Autor dieses Buches sein Wissen der interessierten Öffentlichkeit zur Verfügung stellt. Dr.-Ing. Kurt Köhler hat als Entwicklungsingenieur ab 1968 an den notwendigen Abstimmungen zur V 300-Familie mitgewirkt. Aus seiner Feder stammt der erste Teil des Buches, der sich mit der Entwicklung, der Technik, der Erprobung, den Bauartänderungen und dem Werdegang der einzelnen Typen der V 300-Familie beschäftigt. In bewährter Weise haben Andreas Stange unter Mitarbeit von Volker Lucas den Statistik- und Beheimatungsteil verfasst. Beide Teile des Buches behandeln den Stand mit Datum des 31. Dezember 1999.

In guter EK-Tradition haben weitere Autoren am Gelingen dieses Buches mitgewirkt und einzelne Kapitel beigesteuert. Autoren und Verlag danken deshalb ausdrücklich den Herren Johannes Glöckner, Reinhard Lehmann und Wolfgang Freyer für ihre Mitarbeit am Buch. Dank gilt auch zahlreichen Fotografen und anderen Eisenbahnfreunden, die durch Hinweise und Beisteuerung von Unterlagen und Fotos zu dieser umfassenden Arbeit beigetragen haben. Stellvertretend seien die Herren Dr. Winfried König, Gernot Gattermann, Hans-Jürgen Trunk, Markus Lohneisen, Hartmut Michler und Dieter Wünschmann genannt.

Seit 30 Jahren stehen die Maschinen der V 300-Familie im schweren Dienst und trotz abnehmenden Bestandes werden wohl noch einige Jahre hinzukommen. Kann es eine bessere Referenz für eine Lokomotive geben? Dazu beigetragen haben aber – und das bedarf ausdrücklicher Erwähnung – all diejenigen, die seit über 30 Jahren mit den Lokomotiven in irgendeiner Weise befasst sind: die ehemaligen Stammpersonale und Lokschlosser in den DR-Bahnbetriebswerken, die Fachleute in den Ausbesserungswerken und die verantwortlichen Techniker der Deutschen Reichsbahn und der heutigen Deutschen Bahn.

Autoren und Verlag im Juli 2000

Sowjetische Großdiesellokomotiven für die Traktionsumstellung bei der Deutschen Reichsbahn

Die DR am Ende des ersten und zu Beginn des zweiten Fünfjahrplanes

Im ersten Fünfjahrplan (1951 bis 1955) erhöhte die DR die Gütertransportleistung auf 174 %. Der spezifische Kohleverbrauch der DR wurde durch stärkere Auslastung der Züge und eine verbesserte Lokomotivpflege um 21,5 % gesenkt. Die Personenbeförderungsleistung war in dieser Zeit auf 124 % gestiegen. Die Teilnahme an der Rationalisatoren- und Erfinderbewegung hatte sich gegenüber 1950 auf 536 % gesteigert. Der damit verbundene volkswirtschaftliche Nutzen belief sich auf 348 % im Vergleich zu 1950. Kein Geringerer als Günter Mittag (Mitglied des Politbüros) machte diese Ausführungen im Aprilheft der Zeitschrift „Deutsche Eisenbahntechnik".

Die dritte Parteikonferenz der SED (März 1956) hatte die leitenden Funktionäre der DR trotz der auf einzelnen Gebieten erzielten Erfolge kritisiert. Obwohl die Anforderungen an den Eisenbahntransport immer höher wurden, war das Eisenbahnwesen in seiner technischen Entwicklung und Ausrüstung insgesamt zurückgeblieben.

Dem damaligen Verständnis, der Rolle der Sowjetunion folgend, konnten sich die Aufgaben der DR im zweiten Fünfjahrplan (1956 bis 1961) nur aus den Beschlüssen des XX. Parteitages der KPdSU (Februar 1956) und den Richtlinien für den sechsten Fünfjahrplan zur Entwicklung der UdSSR ableiten. Die hier genannten Planzahlen von 2.000 Elektro- und 2.250 Diesellokomotiven sowie 255.000 neuen Güter- und 80.600 Personenwagen sollen hier genannt werden, um den Bedarf der UdSSR deutlich zu machen. Die Waggonbaubetriebe der DDR waren mit einem bescheidenen Anteil am Bau dieser Wagen bereits ausgelastet.

Die dritte Parteikonferenz der SED hatte auf der vorgenannten Grundlage die grundlegende Rekonstruktion der DR im zweiten Fünfjahrplan beschlossen. Nach einem langfristigen Perspektivplan war der systematische Übergang vom technisch überholten Dampfantrieb der Zugförderungsmittel auf den wirtschaftlicheren elektrischen Betrieb und Dieselbetrieb geplant.

1956 konnte auch das Technische Zentralamt der Deutschen Reichsbahn auf ein fünfjähriges Bestehen zurückblicken. Es war im August 1951 als Abteilung der damaligen Generaldirektion Reichsbahn gegründet worden. In Aufgabenstellung und Organisationsform unterschied es sich wesentlich vom am 1. April 1907 gegründeten Eisenbahnzentralamt Berlin der damaligen Preus-

Speziell für die künftigen Aufgaben des Strukturwandels der DR wurde im Jahr 1952 die Hochschule für Verkehrswesen (HfV) in Dresden gegründet. Passend für diese neue Einrichtung wurde im Jahr 1958 auch die aus dem Schadpark stammende Lokomotive E 16 101 dort aufgestellt. Damals galt der Elektrifizierung des DR-Streckennetzes noch das Hauptaugenmerk; erst später wurde der Beschaffung von Dieselloks aus der Sowjetunion Vorrang eingeräumt. AUFNAHME.: GEORG OTTE/EK-VERLAG

Die Deutsche Reichsbahn besaß im Jahr 1952 insgesamt 192 elektrische Lokomotiven – allesamt nicht betriebsfähig. Diese Maschinen befanden sich nach der Rückkehr aus der Sowjetunion in einem mehr oder weniger desolaten Zustand. Das Bild vom Frühjahr 1963 aus dem Raw Dessau mag damit auch das schwere Erbe der DR mit diesen Lokomotiven dokumentieren und zeigt die Schadlokomotiven E 77 11 und E 95 04 sowie den Torso einer E 94.

AUFNAHME: GEORG OTTE/EK-VERLAG

sisch-Hessischen Staatsbahnen. Es hatte keine Beschaffungsaufgaben, wie sie die später nach verschiedenen Strukturänderungen entstandenen Ämter Reichbahn-Zentralamt Berlin und Reichsbahn-Zentralamt München noch hatten.

Erinnert sei in diesem Zusammenhang an die Einrichtung einer Eisenbahnfachschule im Jahre 1951 und an die Gründung der Hochschule für Verkehrswesen im Jahre 1952, beide in Dresden. Zwei Schritte, mit denen Vorsorge für die künftigen Aufgaben des Strukturwandels der DR getroffen wurden.

Jetzt, da die Partei gesprochen und das Eisenbahnwesen zu Recht nach Meinung des Stellvertreters des Ministers im Ministerium für Verkehrswesen, Lindemann, kritisiert hatte, wurden von ihm Aufgaben zur Erhöhung des Gesamtwirkungsgrades des Eisenbahnwesens formuliert. Bezogen auf die Entwicklung der Zugkraft führte er in Heft 1/1956 der Zeitschrift „Deutsche Eisenbahntechnik" aus:

„Es wurde festgelegt, daß die Schwerpunkte des Eisenbahnbetriebes im mitteldeutschen Raum planmäßig zu elektrifizieren sind. Auf dem 25. Plenum des ZK der SED wurde weiter die Aufgabe gestellt, planmäßig mit dem Bau und dem Einsatz moderner Streckenlokomotiven zu beginnen."

Bezogen auf die Elektrifizierung führte er zur Rückgabe der als Reparationsleistungen in die Sowjetunion gelangten Lokomotiven aus:

„Durch die Freundestat der Sowjetunion wurden der DDR wertvolle Anlagen und elektrische Lokomotiven zum Aufbau der elektrischen Zugförderung zur Verfügung gestellt. Dadurch kann die Elektrifizierung des mitteldeutschen Raumes mit den vorhandenen Anlagen und dem zur Verfügung stehenden Fahrzeugpark fortgesetzt werden. Die elektrische Zugförderung wird mit Bahnstrom von 16 2/3 Hz betrieben."

An anderer Stelle dieses Aufsatzes heißt es:

„Weiterhin müssen im zweiten Fünfjahrplan zur Ergänzung des vorhandenen Parkes an elektrischen Lokomotiven neue elektrische Lokomotiven mit einer Leistung von 2000-3000 PS sowie von 3000-4000 PS entwickelt und erprobt werden."

Bezüglich der Motorisierung wurden drei Hauptgruppen unterschieden und die Entwicklung von Einheits-Dieselmotoren gefordert:

1. Für den Rangierbetrieb, besonders im Zusammenhang mit der Elektrifizierung;
2.Diesel-Streckenlokomotiven für den Güter- und Personenverkehr;
3.Triebfahrzeuge, wie Schnelltriebwagen, für den Fernverkehr, Triebwagenzüge für den Vorortverkehr, Triebwagen und Schienenomnibusse für Nebenstrecken.
Für alle Gruppen ist die wichtigste Aufgabe die Entwicklung leistungsfähiger Einheits-Dieselmotoren für die einzelnen Leistungsbereiche, beispielsweise für Rangierlokomotiven, Triebwagen- und Schienenomnibusse für Nebenstrecken, Dieselmotoren mit 100 bis 300 PS, für Schnelltriebwagen, Triebwagen und leichte Diesellokomotiven für den Vorort- und Nahverkehr Motoren mit 400, 600 bis 1000 PS, für Diesel-Streckenlokomotiven Motoren von 1500 bis 2500 PS."

Im September 1956 schrieb der Leiter des Technischen Zentralamtes, *Lichtenfeld*, in bereits genannter Zeitschrift:

„Inzwischen stehen wir bereits seit Monaten in den Arbeiten, die uns das Programm des zweiten Fünfjahrplanes gestellt hat. Ihr Inhalt und Umfang ist von berufener Feder bereits ausführlich in früheren Heften dieser Zeitschrift umrissen worden. In großzügiger Weise hat unsere Regierung für die Förderung der Forschungs- und Entwicklungsarbeiten zusätzliche Mittel für persönliche und sachliche Erweiterungen zur Verfügung gestellt. Sie werden u. a. dazu dienen, die bestehenden Versuchsanstalten der Deutschen Reichsbahn auszubauen und zu modernisieren und neue Forschungs- und Entwicklungsstellen in enger Verbindung mit der Reichsbahnpraxis einzurichten."

Dies war der Anlass zur Gründung der Versuchsanstalt für Motorfahrzeuge (VAMF) in Dessau im Jahre 1956, die 1960 mit der Fahrzeugversuchsanstalt (FVA) Halle zur Versuchs- und Entwicklungsstelle für die Maschinenwirtschaft zusammengelegt wurde.

Zeitgleich im Januar 1956 veröffentlichte die Internationale Eisenbahnkongressvereinigung in ihren Bulletins das Ergebnis einer Umfrage zu Problemen der Dieselzugförderung. Die Zeitschrift „Deutsche Eisenbahntechnik" veröffentlichte auf ca. acht Seiten die Antworten einer Reihe von europäischen und außereuropäischen Eisenbahnverwaltungen zur Dieselzugförderung, um allen an der Verdieselung beteiligten Stellen Gelegenheit zu geben, diese auszugsweise kennen zu lernen.

Im Januar 1957 erklärte die Hauptverwaltung der Maschinenwirtschaft den Zeitpunkt für gegeben, die ohnehin notwendige Rekonstruktion der Dampflokomotiven mit einem grundlegenden Strukturwandel der Zugförderung zu verknüpfen:

„Die jetzigen Zugkraftmittel der DR haben ein so hohes Durchschnittsalter erreicht, daß ohne eine baldige durchgreifende Verjüngung die pünktliche und vor allem wirtschaftliche Zugförderung für die nächsten Jahre nicht mehr in vollem Umfange gewährleistet werden kann.

Es ist ferner energie- und volkswirtschaftlich auf die Dauer untragbar, die Kohleenergie mit einem Gesamtwirkungsgrad von nur 5 % zu verwerten, wie dies bei der Dampflokomotive der Fall ist.“

Aus der Notwendigkeit heraus, bessere Arbeitsbedingungen durch Einschränkung der schweren und schmutzigen Arbeit bei der Behandlung und Ausbesserung der Dampflokomotive zu schaffen, hielt die DR das nachstehende Typenprogramm für die Entwicklung und den Bau neuer Triebfahrzeuge für zweckmäßig:

Typenprogramm Diesellokomotiven

Gesamtleistung (PS)	150	360 Schmalsp.	600	1800	2400
Motorleistung (PS)	150	2 x 180	600	2 x 900	2 x 1200
Achsanordnung	B	B'B'	D	B'B'	Co'Co'
Achsdruck (t)	10	9	15	18	20
V_{max} (km/h)	30/45	30	30/60	120	140
Kraftübertragung	hydr.	hydr.	hydr.	hydr.	elektr.
Zugheizung	–	Heizk.	–	Heizk.	Heizk.
Mehrfachsteuerung	–	–	ja	ja	ja

Typenprogramm Dieseltriebwagen

	Schienen Omnibus mit Beiwagen	Doppelstock-Triebwagen dreiteilig	Schnell-Triebwagen vierteilig
Motorleistung (PS)	180	2 x 600	2 x 900
Bauform des Motors	Unterflur	V-Motor	V-Motor
Achszahl	2	8	16
Achsdruck (t) besetzt	7	18	18
V_{max} (km/h)	90	120	160
Kraftübertragung	mechanisch	hydraulisch	hydraulisch
Zugheizung	Luftheizung	Warmwasserumlauf	Warmwasserumlauf

Durch die DDR-Schienenfahrzeugindustrie sind die Triebfahrzeuge des vorgestellten Typenprogramms mit einem hohen Standardisierungsgrad als Voraussetzung für eine industriemäßige Wartung und Instandhaltung in die Fertigung gegangen.

Der Anteil der DDR-Industrie an der Einführung der Dieseltraktion bei der DR

Tfz-BR	Indienststellung	Stück	Tfz-BR	Indienststellung	Stück
V 15	1959–1960	20	**$V100^{0-1}$**	1967–1969	173
$V 15^{20-23}$	1960–1964	252	**110/112**	1969–1976	696
$V 23^{0}$	1967–1968	81	**111**	1981–1982	37
$V 23^{1}$	1970–1971	157	**$V 180^{0}$**	1960–1965	87
$V 60^{10-15}$	1959–1969	574	**$V 180^{1}$**	1965–1967	82
106	1969–1975	400	**$V 180^{2-4}$**	1966–1970	206
105	1975–1982	165			
Rangierlokomotiven Summe		**1649**	**Streckenlokomotiven Summe**		**1281**

Nun aber sollte es nach den Beschlüssen des VII. Parteitages der SED schneller mit der Traktionsumstellung gehen als es die heimische Industrie leisten konnte. Es war mit höheren Transportleistungen im „Perspektivplanzeitraum 1971-1975“, also leistungsstärkeren Lokomotiven, zu rechnen und die Traktionsumstellung abzuschließen. Neben der fehlenden Kapazität der DDR-Industrie durfte man getreu den getroffenen Abstimmungen im Rat für gegenseitige Wirtschaftshilfe zur wissenschaftlich-technischen Zusammenarbeit sowie zur Spezialisierung und Kooperation der Produktion keine Lokomotiven mit Leistungen von mehr als 2000 PS mehr bauen. Zum anderen waren die Entwicklung der Leistungselektronik der CSSR und UdSSR übertragen worden und die elektrische Zugheizung für eine Diesellokomotive kaum aus eigener Kraft realisierbar.

Der Leiter der Hauptverwaltung der Maschinenwirtschaft der DR, *Wagner*, schrieb dazu im November 1967 in der Zeitschrift „Deutsche Eisenbahntechnik“:

„Neben den bekannten Diesellokomotiven V 200 sind im langfristigen Handelsabkommen mit der UdSSR leistungsstärkere Diesellokomotiven enthalten. Diese werden mit einer Leistung von 3000 PS und mehr wesentlich zur Modernisierung der Zugförderung bei der DR beitragen und in den Jahren 1969/1970 geliefert.“

Was sich vom nachfolgend geäußerten Optimismus bewahrheitete, muss jeder Leser für sich entscheiden.

„Es besteht die Gewißheit, daß auf Grund der guten Erfahrungen mit der Diesellokomotive V 200 die künftige V 300 die Traktionsumstellung beschleunigt und dem Triebfahrzeugpark der DR eine weitere, moderne, betriebstüchtige und leistungsfähige Diesellokomotive zugeführt wird. Nicht zuletzt bürgt dafür der verpflichtende Name des Lugansker Diesellokomotivwerkes ‘Oktoberrevolution’.“

Der allererste in der DDR entwickelte und 1957 fertiggestellte Prototyp eines Schienenbusses (VT 2.09.001) wurde 1958 am Bahnhof Berlin-Friedrichstraße der Öffentlichkeit vorgestellt. Die Entwicklung eines Leichtverbrennungstriebwagens (LVT) war im „Typenprogramm Dieseltriebwagen“ festgelegt. Bis zum Serienbau vergingen aber noch mehrere Jahre.

AUFNAHME: GEORG OTTE/EK-VERLAG

Der Stand der Dieselzugförderung im Jahr 1955:

Verwaltung	Anzahl der Diesellocks im normalen Einsatz für: Verschiebedienst	Streckendienst	gem. Dienst	Anzahl der Diesellok im Versuch für: Verschiebedienst	Streckendienst	gem. Dienst	Ausführung: Achsanordnung	max. Achslast in t	Übertragung *	v_{max} in km/h	Motoren: Anzahl	Leistung in PS	Drehzahl in min^{-1}
Schwedische Staatsbahn	unter 300 PS						B	14	H	50	1	240	700
	300	–	–	–	–	–	C	16,7	H	50	1	430	600
	über 300 PS						D	14,2	H	80	1	800	750
	50	–	50	–	–	–		14	E	100	1	1310	800
Dänische Staatsbahn	25 einschl. Kleinlok	11	27	–	22	2	A1A-A1A	–	E	133	1	1720	800
							ebensoproj.	18	E	133	1	2000	835
Niederländische Staatsbahn NS	125	6	323	–	–	–	C	17	E	32	1	400	520
							BB	18	E	100	1	900	1100
							BB	15	E	80	1	850	1500
							A1A-A1A	18	E	100	1	1250	600
Deutsche Bundesbahn DB	94	15	–	–	–	–	C	13,4	H	30/60	1	360	600
							BB	15	H	100	1	1000	1500
							BB	19	H	140	2	1000	1500
Belgische Staatsbahn SNCF	11	–	–	106	91	–	BB	21	E	30/50	1	700	650
							C	19,5	H	30/50	1	550	680
							BB	22	E	120	1	1750	625
							CC	18	E	120	1	1720	835
Luxemburgische Staatsbahn	13	–	–	–	–	–	C	17	H	38/67	1	600	550
							BB	18	E	70	1	800	800
Französische Staatsbahn SNCF	148	–	80	–	35	167	C	17	E	60	1	510	890
							BB	17	E	80	1	600	900
							CC	20	E	75	1	2000	710
							CCproj.	17	E	130	2	900	1500
Östereichische Bundesbahn ÖBB							B	13,5	H	30/60	1	200	1500
	15	–	20	30	–	–	BB	17,5	E	90	2	500	1350
Italienische Staatsbahn FS	–	–	49	–	25	15	BB	15,5	E	70	2	300	1200
							BBproj.	16,5	E	100	2	800	1500
							BBproj.	16	H	100	1	1600	960
							BBproj.	16	M	100	2	600	1200
Portugisische Eisenbahnen	6	29	12	17	–	–	BB	10,3	E	56	2	190	1000
							A1A-A1A	16	E	120	2	675	1100
							A1A-A1A	19	E	120	1	1600	1000
Algerische Eisenbahnen							BB	14,3	E	30	2	170	1000
	Normalsp. 43	76	–	–	–	–	A1A-A1A	17,5	E	90	1	1000	625
	Schmalsp. 15	9	–	–	–	–	A1A-A1A	20	E	96	1	1500	625
							A1A-A1A	18,5	E	120	1	1600	1000
Eisenbahnen von Tunis	Normalsp. 4	–	–	16	–	–	BB	13,8	E	90	1	620	800
	Schmalsp. 33		–				BB	13,5	E	70	1	620	800
	Schmalsp. 2						A1A-A1A	21	E	96	1	1500	625
Eisenbahnen von Gafsa	–	17	6	–	–	–	BB	10	E	56	2	190	1085
							BB	13	E	70	1	600	800
Eisenbahnen von Marokko	15	24	–	–	8	–	C	18	E	55	1	450	1500
							A1A-A1A	19	E	96	1	750	625
							A1A-A1A	21	E	96	1	1500	625
Eisb. Djibouti Addis-Abeba	–	–	12	10	–	6	A1A-A1A	8,4	E	65	1	580	750
							BB	13,5	E	70	1	850	1500
Zentralamt d. frz. Überseebahnen OCF	–	87	26	–	36	8	BB	13,5	H	80	1	720	1250
							A1A-A1A	16	E	78	2	675	1100
							BB	13,5	E	70	1	730	1500
							C	13,5	E	50	1	300	1500
Betriebsamt Kolon.-Verkehr (Otraco)	25	28	2	4	4	–	BB	10,7	E	56	2	190	1000
							CC	16	E	80	1	1750	625
							CC	15	E	80	1	1500	1000
Zusammen	**885**	**341**	**607**	**183**	**221**	**198**							

* E=elektrisch, H=hydraulisch, M=mechanisch

**befahren Normal- u. Schmalspur

Erst die politischen Veränderungen machten solche Bilder möglich: Deutsche Eisenbahnfreunde besuchen im Mai 1996 das Herstellerwerk in Lugansk. Für ein Gruppenbild vor dem Werkstor haben sich auch der Chef der Werkes mit der Dolmetscherin (Bildmitte) zusammengefunden. Über dem Werkstor prangen die wichtigsten Auszeichnungen des Werkes aus der Zeit der Sowjetunion: der Leninorden und der Orden der Oktoberrevolution. AUFNAHME: MARKUS LOHNEISEN

Zu den unmittelbaren Verwandten der DR-V 300 zählen die Zweisektionslokomotiven 2TE116 für die Breitspurstrecken der Sowjetunion. Drei verschiedene Maschinen stehen am 18. März 1997 in Lugansk abgestellt und warten hier auf eine Aufarbeitung. AUFNAHME: MARKUS LOHNEISEN

Das Herstellerwerk

Die forcierte Ablösung der Dampflokomotiven und die immer mehr in den Vordergrund tretende Zusammenarbeit der sozialistischen Länder führte 1969 zum Vertragsabschluss zur Lieferung von 3.000-PS-Diesellokomotiven zwischen der Allunionsvereinigung „Energomachexport" und dem VEB AHB „Transportmaschinen". Hersteller dieser Diesellokomotiven war die Diesellokomotivfabrik in Woroschilowgrad. Eine 300.000 Einwohner zählende Stadt, etwa 900 km südlich von Moskau in der damaligen Ukrainischen SSR gelegen. In einer russisch, englisch und deutsch gefassten Eigendarstellung des Werkes heißt es:

„Die mit dem Leninorden und dem Orden der Oktoberrevolution ausgezeichnete Fabrik „Oktoberrevolution" in Woroschilowgrad ist der größte Diesellokomotivbetrieb unseres Landes und der erste in Europa. Das Werk wurde 1896 in Lugansk (Anmerkung: zwischenzeitlich Woroschilowgrad – der spätere Revolutionär, sowjetische Staatsmann und Parteiführer K. J. Woroschilow, 1953/60 Vorsitzender des Präsidiums des Obersten Sowjets, nahm 1903 als Kranführer die Arbeit in den Hartmann-Werken auf) *von der Aktiengesellschaft „Russische Gesellschaft der Maschinenfabriken Hartmann" gegründet.*

Die erste Lokomotive wurde in Lugansk im Mai 1900 gebaut. Das war eine Güterzuglokomotive Typ 0-4-0, der Reihe „OA" mit einer Leistung von 600 PS.

Seit 1908 beginnt die Produktion neuer Lokomotiven Reihe „W" mit einer Leistung von 700 PS, und vier Jahre später verlassen das Fabriktor die damals modernsten Lokomotiven für Personenzüge Reihe „C" mit einer Leistung von 1200 PS sowie Güterzuglokomotiven der Reihe „E" mit einer Leistung von 1250 PS. Im Laufe von 17 Jahren sind über zehn Lokomotivreihen in Serienproduktion gegangen."

An anderen Stellen dieser Darstellung, hier auszugsweise herausgegriffen, heißt es:

„56 Jahre baute die Fabrik in Woroschilowgrad Lokomotiven, die letzten der Reihen „L" und „LB". Seit 1956 werden hier Diesellokomotiven gebaut; die Überleitung erfolgte bei andauernder Produktion von Dampflokomotiven ohne Rekonstruktion des eigentlichen Betriebes."

Den Fachleuten der DR wurde bei der Besichtigung einiger Werkteile die Größe des Betriebes z.B. im Vergleich mit dem Lokomotivbau Babelsberg bewusst. Neben den Fertigungs- und Montagehallen für die Diesellokomotiven besaß das Werk ein eigenes Heizkraftwerk, eine Gießerei und ein Walzwerk. Die direkte Versorgung mit Rohlingen und vorgefertigten Teilen, ob für Guß- oder Stanzteile, Zahnräder oder Kühlerblöcke, war aus eigenen Werkstätten möglich. Die Fertigung fand unter einem Dach in düsteren Werkhallen, noch mit der unebenen Schmutzkruste aus der Dampflokomotivära auf dem Fußboden, statt.

„In zehn Jahren (1957-1966) schufen die Konstrukteure der Fabrik in enger Gemeinschaft mit den Arbeitern, Neuerern elf Typen und Reihen von Rangier- und Hauptstrecken-Diesellokomotiven mit elektrischem Antrieb über Flüssigkeitsgetriebe. ... Heute ist die Diesellokomotivfabrik in Woroschilowgrad ein moderner mechanisierter Betrieb mit einem vollen Produktionszyklus, auf ihn entfallen über 90 Prozent der Produktion aller Diesellokomotiven der Sowjetunion, ihm gehört eine bedeutende Rolle in der technischen Umrüstung des Eisenbahntransports unseres Landes.. ... Die Einführung der modernen Technik und der fortgeschrittenen technologischen Verfahren schafft günstige Voraussetzungen für die ständige Weiterentwicklung der herzustellenden Fahrzeuge und für den Bau neuer moderner Lokomotiven. ... Die Produktion der Fabrik „Oktoberrevolution" ist in vielen Ländern der Welt bekannt. Während der 15 Jahre des Diesellokomotivbaus erzeugte die Fabrik für die Stahlstraßen der UdSSR und lieferte für den Export über 17000 Zugeinheiten. Die Lokomotiven aus Woroschilowgrad werden auf den Eisenbahnen von Ungarn und Indien, der Tschechoslowakei und der Koreanischen Volksdemokratischen Republik, Polen und Kuba, der Deutschen Demokratischen Republik und Syriens eingesetzt."

Zur Eigendarstellung eines sozialistischen Betriebes gehörte zur damaligen Zeit neben der Beschreibung der technischen Entwicklung auch die des sozialen Umfeldes. Hierzu heißt es unter anderem:

„Der Fabriksportklub „Sarja" vereinigt 47 Kollektive, die über 15000 Sportler umfassen. ... Der Sportklub „Sarja" verfügt über moderne Sportanlagen: ein Stadion für 40000 Zuschauer, zwei Sporthallen, wo Wettkämpfe im Turnen, Volleyball, Basketball u. a. ausgetragen werden."

Als Gäste des Werkes wurden wir zu Fußballspielen eingeladen, eine Abwechslung, die gern angenommen wurde, da ein Verlassen des Ortes nicht möglich war.

Der offizielle Prospekt der Allunionsvereinigung „Energomachexport". Auf der Abbildung die DR-Lokomotive 132 213.
AUFNAHME: SAMMLUNG DR.-ING. KURT KÖHLER

Der Auftakt zur Entwicklung der V 300-Lokomotivfamilie

Auf der Basis der 1967 gebauten Güter- und Personenzug-Diesellokomotive TE109 entstand die V 300 für die Deutsche Reichsbahn. Die TE109 wurde auch als Zweisektion-Lokomotive mit der Bezeichnung 2TE116 für die SZD gebaut. Beide Breitspur-Baureihen besaßen eine Wechselstrom-Gleichstrom-Leistungsübertragung. Sie wurden in Zusammenarbeit zwischen der Diesellokomotivfabrik Woroschilowgrad und dem wissenschaftlichen Forschungsinstitut für Dieselelektrolokomotivbau (NIITEM) konzipiert. Die elektrische Ausrüstung lieferte das Charkower Elektromaschinenbauwerk „Lenin".

Im August 1967 hatten Vertreter des Ministeriums für Verkehrswesen erstmalig Gelegenheit, das Projekt und einzelne schon hergestellte Baugruppen der diesel-elektrischen Lokomotive in Lugansk kennen zu lernen. Die Vertreter besprachen die Technischen Forderungen vom Januar 1966 für die Projektierung der Lokomotive und äußerten u.a. folgende Empfehlungen und Wünsche ergänzend im Protokoll:

- die Lokomotive soll das Profil 02-T nach GOST 9238-59 unter Berücksichtigung der Anlage E oder F der BO aufweisen,
- die maximale Achslast soll 18 Mp +3 % nicht überschreiten,
- das maximale Gewicht der voll ausgerüsteten Lok soll nicht über 108 Mp +3 % betragen,
- die Zugkraft bei der Anfahrt, begrenzt von der Haftreibung ($\mu = 0{,}33$) soll 35 Mp erreichen,
- die Dauerzugkraft soll 26 Mp bei V = 24 km/h betragen,
- die Geschwindigkeit soll 120 km/h, später 160 km/h bei völlig abgenutzten Radreifen gewährleisten,
- die Batteriespannung soll 110 V statt 96 V betragen.

Im Dezember 1968 kam der Entwurf der Technischen Bedingungen zur Lieferung von zwei Versuchsmustern der Diesellokomotive V 300 zur Beratung. Schwierigkeiten wurden deutlich, indem der Hersteller u. a. erklärte:

- die geforderte untere Begrenzung der Lokomotive kann nicht eingehalten werden,
- die Baumusterlokomotiven können nur mit einem Lokomotivgewicht von 120 t und einer Achslast von 20 t + 2 % geliefert werden, verbunden mit dem Bemühen, bis 1972 das Lokomotivgewicht auf 114 t zu senken,
- die ersten 10 Lokomotiven können mit einer Dauerzugkraft von 17,6 Mp bei V = 35,5 km/h und weitere 10 Lokomotiven mit 21 Mp Dauerzugkraft bei 30 km/h geliefert werden,
- die Lokomotiven können nur mit 96 V Batteriespannung geliefert werden.

Um überhaupt zu einer Erprobung zu kommen, erklärte sich die deutsche Seite zur Übernahme von zwei Baumusterlokomotiven mit Tatzlageraufhängung der Fahrmotoren im Jahre 1969 bereit. Der Verkäufer wollte im Jahre 1970 mindestens zwei Lokomotiven mit elastischem Achsantrieb liefern. Wegen der strittigen Punkte, die die Anwendung dieser Lokomotiven einschränkten, kamen beide Seiten überein, die endgültige Entscheidung für die Serie 1970 nach Erprobung der zwei Baumusterlokomotiven bei der DR zu treffen.

Die erste Lokomotive V 300 001 war auf der Leipziger Frühjahrsmesse 1970 zu besichtigen. Sie ging zur weiteren Erprobung zum Hersteller zurück.

Zu einer von allen Fachleuten für erforderlich gehaltenen Erprobung von Baumustern kam es nicht. Schwächen, die sinnvoll am Baumuster hätten erkannt werden können, wurden an den ersten Lokomotiven der „Serie" festgestellt. Sie bei laufender Produktion zu beheben, war für den Hersteller kostenaufwendig. Der Betreiber musste sie länger und an mehreren Lokomotiven auf sich nehmen. Dem Wunsch des Betreibers, notwendig werdende Änderungen zu sammeln und gemeinsam in eine größere Lieferserie einfließen zu lassen, stand entgegen, die Mängel kurzfristig abzustellen. Eine verpasste Erprobung führt zu immerwährenden Änderungen in der „Serie". Dies ist eine alte, aber heute noch nicht immer beachtete Erkenntnis.

Als im Juli 1969 die Vertreter der DR nach Lugansk kamen, war von Baumusterlokomotiven keine Rede mehr. Im Werk war die Serienproduktion angelaufen. Die Fachleute der DR mußten sich unwillig dieser Tatsache beugen.

Nur die Formulierungen im Protokoll I/69-V300 vom 29. Juli 1969 machen heute die geführten Auseinandersetzungen um Forderungen deutlich, die in den Lokomotiven erst viel später oder nie ihren Niederschlag fanden. Auszugsweise hier einige Ausschnitte des vierseitigen Disputs zur Frage des Lokgewichts, der Achslasten und der Art der Fahrmotoraufhängung:

„Der Käufer kann sich nicht dem Standpunkt des Verkäufers[1)] *anschließen, wonach die Ausrüstung der Lok mit elektrischer Zugheizung, elektrischer Bremse und elastischer Aufhängung der Fahrmotoren die Nichtrealisierung einer Achslast von maxi-*

Auf der Basis der 1967 gebauten TE 109 entstand die V 300 für die Deutsche Reichsbahn. Die Breitspur-Lokomotiven besaßen eine Wechselstrom-Gleichstrom-Leistungsübertragung. Sie wurden in Zusammenarbeit zwischen der Diesellokomotivfabrik Woroschilowgrad und dem wissenschaftlichen Forschungsinstitut für Dieselelektrolokomotivbau konzipiert. Die elektrische Ausrüstung lieferte das Charkower Elektromaschinenbauwerk „Lenin". Das Bild zeigt TE109-002 kurz nach der Ablieferung.

AUFNAHME: SAMMLUNG JOHANNES GLÖCKNER

Unverkennbar aus der V 300-Familie stammt diese vom sowjetischen Hersteller in zwei Exemplaren gebaute Doppellok 2TE109, die zwischen beiden Führerständen durch Öffnungen und einen Faltenbalg miteinander verbunden war. Das Bild zeigt 2TE109-001b+001a fabrikneu im Jahr 1969. Teil „b" befindet sich seit dem Sommer 1999 in Deutschland. Mit dem Teil „b" der 2TE109-002 aus Gomel könnte sogar in Deutschland eine komplette 2TE109 auf die Schienen gestellt werden.

AUFNAHME: SAMMLUNG JOHANNES GLÖCKNER

mal 19 Mp verursacht, da zum Zeitpunkt der Übernahme dieser Verpflichtung durch den Verkäufer diese Baugruppen aus den technischen Forderungen bereits bekannt waren. Vom Käufer wurde während der Abstimmung der technischen Bedingungen V 300 keine Einrichtungen gefordert, die die Achslast erhöhen. Selbst noch zum Zeitpunkt der Vereinbarung der technischen Bedingungen V 300/68 und des Protokolls I/68 V 300 vom 17.12.68 wurde seitens des Verkäufers die Einhaltung einer Achslast von maximal 19 Mp verbindlich für 1972 zugesagt.

Damit hat der Verkäufer dem Käufer seit 1967 eine Perspektive seiner Traktionsmittel gegeben, die Grundlage für die Traktionsumstellung bei der DR ist.

Der Käufer besteht deshalb auf der Erfüllung der vom Verkäufer eingegangenen Verpflichtungen."

Zu der bereits in den technischen Forderungen 1966 eindeutig beschriebenen elastischen Aufhängung der Fahrmotoren, die auch Gegenstand der 4. Beratung der Arbeitsgruppe Schienenfahrzeuge der paritätischen Regierungskommission UdSSR/DDR waren, hieß es an anderer Stelle:

„Bei der eingehenden Diskussion der Merkmale des elastischen Antriebes anläßlich der Übergabe des Lizenzangebotes des VEB LEW Hennigsdorf über dessen elastischen Antrieb während der Beratungen im Dezember 1968 in Lugansk hat der Verkäufer nicht eindeutig den Käufer informiert über seine Absicht, einen elastischen Antrieb in der Form eines gefederten Großrades anzuwenden, welches nicht den Forderungen des Käufers an einen elastischen Antrieb des Fahrmotors entspricht.

Auf Grund der getroffenen Vereinbarungen besteht der Käufer auf der Realisierung eines elastischen Antriebes in Form der Befestigung der Fahrmotoren im Drehgestellrahmen oder der elastischen Abstützung der Fahrmotoren auf dem Radsatz.

Nur auf diese Weise kann in der DDR eine ausreichende Schonung des Oberbaues und der Brücken erreicht werden."

Der Verkäufer hatte kontrovers dazu seine Meinung im Protokoll festgehalten:

„... , daß sich im Zusammenhang mit dem Einbau des Systems der elektrischen Zugheizung, der elektrodynamischen Bremse, des Schalldämpfers, der Einrichtung zur Beheizung des Wassers und des Kraftstoffes und anderer Einrichtungen entsprechend der Forderungen des Käufers im Verlaufe der Projektierungs- und Entwicklungsarbeiten und durchgeführter Detailarbeiten in der Zeit von 1967 bis 69 herausgestellt hat, daß das Lokgewicht nicht auf 114 Mp gebracht werden kann."

Der Verkäufer erklärte, eine Reihe von Maßnahmen zu unternehmen, um das über 120 Mp liegende Lokgewicht auf 120 Mp zu senken, wenn die Tatzlageraufhängung der Fahrmotoren bleibe. Die elastische Aufhängung würde das Lokgewicht auf 123 Mp steigern.

Am 17. Dezember 1968 wurde der Vertrag 89/19095 zwischen der Allunionsvereinigung Energomachexport Moskau und dem AHB Transportmaschinen Berlin über folgenden Vertragsgegenstand abgeschlossen:

„Entsprechend dem Protokoll Nr. 4 vom 28. November 1968 zum Abkommen über die gegenseitigen Warenlieferungen zwischen der UdSSR und der DDR für den Zeitraum 1966-70 liefert der Verkäufer dem Käufer im Jahre 1969 zu den Bedingungen franko sowjetisch-tschechoslowakischer Grenze 6 (sechs) Diesellokomotiven Typ V-300, Leistung 3000 PS, mit elektrischem Getriebe, Wechsel-Gleichstrom (gemeint war Wechselstrom-Gleichstrom Leistungsübertragung – Anm. des Verf.)*, Spurweite 1435 mm. ...*
Der Preis einer kompletten Diesellokomotive V 300, hergestellt in völliger Übereinstimmung mit den Technischen Bedingungen (Anlage 1) (an anderer Stelle des Vertrages als TB V 300-68 definiert, Anm. d. Verf.) und den entsprechenden Punkten des Protokolls 1/68-V 300 vom 17.12.1968, ohne elektrodynamische Bremse und elektrische Heizung beträgt 274.000,- Rbl. ..."

Als Liefertermine legte der Vertrag zwei Lokomotiven im November und vier Lokomotiven im Dezember 1969 fest.

Die sechs Lokomotiven waren noch nicht zur Auslieferung gekommen, als am 6. September 1969 der Vertrag Nr. 89/10013 über die Lieferung von 10 Lokomotiven mit Liefertermin im IV. Quartal 1970 abgeschlossen wurde. Grundlage dieses Vertrages waren die Technischen Bedingungen TB V 300-69 und das Protokoll I/69. Bereits am 18. Dezember 1969 wurde in einem Zusatzvertrag die weitere Lieferung von 14 Stück Diesellokomotiven für das IV. Quartal 1970 vereinbart. Der Vertrag bezog sich auf die

[1] Die Außenhandelsunternehmen der sowjetischen und deutschen Seite waren die Vertragspartner und wurden in den Protokollen kurz mit Verkäufer und Käufer benannt. Ihnen standen die Konstrukteure des Herstellers und die Vertreter der DR als Spezialisten zur Seite. Der teilweise ungewöhnliche Satzaufbau in den hier vielfach zitierten Protokollformulierungen ist ein Produkt der Taktik und des Fingerspitzengefühls für die richtige Politik. Letztlich ist er auch ein Ergebnis der Übersetzung, bei der Dolmetscher beider Seiten durch Signatur die Übereinstimmung des Inhalts bestätigen mussten.

Die TE109 wurde auch als Zweisektion-Lokomotive mit der Bezeichnung 2TE116 für die SZD gebaut, ohne dabei auf den ersten Blick als Lok aus der V 300-Familie zu erscheinen. 2TE116-1609 wurde am 7. Mai 1996 in Kamish Zharija aufgenommen.
AUFNAHME: MARKUS LOHNEISEN

TB V 300-69 und auf das Protokoll II/69 gleichen Datums in Moskau verfasst. Hierin gestattete der Käufer nachfolgende Abweichungen von der TB V 300-69:

1.1. Die Lokomotiven werden ohne elektrodynamische Bremse geliefert.

1.2. Die Lokomotiven werden ohne Anlagen für die elektrische Zugheizung geliefert.

1.3. Die Lokomotiven werden mit Tatzlageraufhängung der Fahrmotoren geliefert.

2. Die Gesamtmasse jeder Diesellok V 300 023 - V 300 036 beträgt einschließlich elektrodynamischer Bremse und elektrischer Zugheizung – bei völlig mit Betriebsstoffen versorgter Lok – max. 120 Mp.

An die nachfolgend zitierte Protokollformulierung konnten nur noch wenige glauben – sie sollten recht behalten:

„Der Käufer erklärt nochmals eindeutig und nachdrücklich, daß die unter Pkt. 1 genannten Abweichungen zu den TB V 300-69 für die Lieferung der Diesellokomotiven bis zur V 300 036 letztmalig

Eine erste Baumusterlokomotive mit der Bezeichnung V 300 001 stellte der sowjetische Hersteller im Jahr 1969 fertig. Die Maschine wurde auf der Leipziger Frühjahrsmesse 1970 der Öffentlichkeit gezeigt, von der DR nicht übernommen und zwecks weiterer Erprobung wieder zurückgegeben.

AUFNAHME: MICHAEL MALKE

zugelassen werden können. Ab Lok Nr. V 300 037 werden die Lokomotiven V 300 nur noch in voller Übereinstimmung mit den TB V 300-69 abgenommen."

Leider führte die Hektik der Einführung zur verspäteten Realisierung von Ausrüstungsforderungen und immer wieder neuen Änderungen in der Serie. Dennoch war kein anderer Weg zum Bau von leistungsstarken Diesellokomotiven realistisch, die auch die Reisezugwagen mit elektrischer Energie hätten versorgen können.

Technische Bedingungen zur Lieferung

Der mit dem Import der 2000 PS-Diesellokomotiven eingeleitete beschleunigte Traktionswechsel bei der Deutschen Reichsbahn fand 1968 mit der Aufstellung der „Technischen Forderungen für den Bau und die Lieferung der Diesellokomotive BR V 300/ V 400" seine Fortsetzung. Die Technischen Forderungen beinhalteten auf 38 Schreibmaschinenseiten die Vorstellungen der DR über eine Drehgestell-Lokomotive der Achsanordnung Co'Co' mit einer Einrichtung für die Zugheizung zum Einsatz im Reisezugdienst. Vorgesehen war eine Unterbaureihe für 3.000 PS mit einer Höchstgeschwindigkeit von 140 km/h und eine Unterbaureihe für 4.000 PS mit einer Höchstgeschwindigkeit von 160 km/h. Neben dieser für den schweren Schnellzugdienst gedachten Lokomotive sollte eine in abgewandelter Form für den schweren Güterzugdienst entstehen. Gleiche Bauteile in beiden Leistungsklassen sollten einen hohen Standardisierungsgrad bei niedrigen Unter- und Erhaltungskosten gewährleisten. Zum Leistungsprogramm waren folgende Angaben gemacht:

„Bei voller Ausnutzung der Reibungskraft im Anfahrbereich sind für die jeweiligen Geschwindigkeiten die folgenden Zugkräfte zu garantieren:

	3000 PS	*4000 PS*
Anfahrzugkraft mindestens	*35 Mp*	*35 Mp*
Größte Dauerzugkraft bei kleinster Dauerfahrgeschwindigkeit	*26 Mp/24 km/h*	*28 Mp/30 km/h*
Zugkraft bei Höchstgeschwindigkeit	*3 Mp*	*4 Mp*

Aus den Technischen Forderungen, datiert vom 15. April 1968, sind die Technischen Bedingungen TB V300-68 entstanden. Sie galten *„für die Fertigung und Lieferung der Diesellokomotiven V 300 (zwei Baumuster) – mit elektrischer Kraftübertragung durch Wechsel-Gleichstrom und einer Leistung von 3000 PS – in die Deutsche Demokratische Republik".*

Das hier wiedergegebene Inhaltsverzeichnis der 45-seitigen Technischen Bedingungen zeigt die Detailarbeit, die vor Lieferung der ersten Lokomotive geleistet wurde (siehe Kasten unten).

Da ergänzende Forderungen des Käufers und technologisch oder konstruktiv bedingte Änderungen bei mehrjähriger Lokomotivlieferung nicht ausblieben, verlangte dies eine Präzisierung für die Fertigung und Lieferung von Diesellokomotiven in den jeweils nachfolgenden Jahren.

Inhaltsverzeichnis der technischen Bedingungen für die Lieferung der Baureihe V 300

1.	Bestimmung
2.	Allgemeine Beschreibung
3.	Technische Charakteristik der Lokomotive
3.1.	Diesel-Generator
3.1.1.	Dieselmotor
3.1.2.	Hauptgenerator
3.2.	Fahrmotoren
3.4.	Motorlüfter des Kühlers
3.4.	Gleichrichteranlage
3.5.	Motorlüfter der Gleichrichteranlage
3.6.	Motorlüfter für die Kühlung der Fahrmotoren
3.7.	Motorkompressor
3.8.	Akkumulatorenbatterie
4.	Beschreibung der Konstruktion der wichtigsten Baugruppen der Diesellokomotive
4.1.	Fahrzeugteil
4.1.1.	Lokkasten
4.1.2.	Zug- und Stoßvorrichtung
4.1.3.	Drehgestelle
4.1.4.	Bremse
4.1.5.	Ausrüstung des Führerstandes und Schallisolierung
4.2.	Dieselmotor
4.3.	Elektrische Kraftübertragung
4.3.1.	Hauptgenerator, Erregermaschine und Lichtanlaßmaschine
4.3.2.	Gleichrichteranlage
4.3.3.	Fahrmotore
4.3.4.	Leistungsregelung
4.4.	Hilfseinrichtungen
4.4.1.	Stromversorgung
4.4.2.	Beleuchtung und Steckdosen
4.4.3.	Signaleinrichtungen
4.4.4.	Kraftstoffsystem
4.4.5.	Druckluftsystem
4.4.6.	Streusandsystem
4.4.7.	Luftfilter
4.4.8.	Kühleinrichtung
4.4.9.	Feuerlöscheinrichtung
4.5.	Kontroll- und Messgeräte
4.5.1.	Kontrolleinrichtungen des Dieselmotors
4.5.2.	Kontrollampen
4.5.3.	Kontroll-Messgeräte
4.5.4.	Sicherheitsfahrschaltung
4.6.	Bedienung der Lokomotive
4.6.1.	Bedienung des Dieselmotors
4.6.2.	Bedienung der Kraftübertragungsanlage
4.7.	Lage der elektrischen Ausrüstung und Leitungsverlegung
4.8.	Anstrich, Zeichen und Beschriftung
4.9.	Knallkapselbehälter
5.	Lieferausstattung der Lokomotiven
5.1.	Technische Dokumentation
5.2.	Technische Dokumentation, die nicht zur Ausstattung jeder Lokomotive gehört
6.	Bauüberwachung, Prüfungen, Endabnahme und Übergabe
6.1.	Bauüberwachungen und Prüfungen
6.2.	Endabnahme und Übergabe

Anlage: 1. Zugkraftcharakteristik der Diesellok
2. Gesamtansicht der Diesellok (Blatt 1 und 2)

Die Übernahme der Lokomotiven

Bauüberwachung im Herstellerwerk

Eine Bauüberwachung im Herstellerwerk durch Vertreter des Käufers war nicht möglich. Zu einer in den technischen Bedingungen offen gehaltenen Möglichkeit, eine Inspektion des Ministeriums für Verkehrswesen der UdSSR im Auftrag des MfV der DDR mit der Bauüberwachung beim Hersteller zu betrauen, ist es nicht gekommen. Die Prüfung und technische Abnahme erfolgte in Übereinstimmung mit den jeweils gültigen Technischen Bedingungen auf der Grundlage der GOST-Normen und anderer staatlicher Normative der UdSSR.

Alle wichtigen Werkstoffe, Teile und Baugruppen der Lokomotive wurden von der Technischen Kontroll-Organisation (TKO) des Werkes abgenommen und waren mit einem Prägestempel zu versehen. Die Kontrollorganisation hatte die Schweißungen, insbesondere vom Haupt- und Drehgestellrahmen, zu überwachen und die erforderlichen Bescheinigungen beizubringen. Ihr oblagen die Ultraschalluntersuchungen oder magnetischen Prüfungen u.a. an den Achsen, Ritzeln und Großrädern der Achsantriebe. Die elektrischen Maschinen und Aggregate waren vor dem Einbau nach den GOST- und IEC-Bedingungen zu prüfen. Die vom RGW (Rat für gegenseitige Wirtschaftshilfe) bestätigten „Allgemeine Bedingungen für die Übergabe und Abnahme von Motoren mit Zündung durch Kompression für den Eisenbahntransport“ bildeten die Grundlage für die Prüfung und Abnahme des Dieselmotors. Die Probefahrten auf Strecken mit 1524 mm Spurweite erfolgten nach den Werksvorschriften.

Überführung der Lokomotive von Woroschilowgrad zum Depot Korolewo

Die Lokomotiven wurden nach werkseitiger Abnahme auf Transportdrehgestelle mit 1524 mm Spurweite gestellt, entwässert und teilkonserviert. Mehrere Lokomotiven, alle mit der Mittelpufferkupplung sowjetischer Bauart versehen, bildeten mit Plattenwagen, auf denen die Normalspurdrehgestelle standen, einen Zugteil. Als Lokzug oder angehängt an einen Güterzug ging es auf die ca. 1500 km lange Reise nach Korolewo. In Kisten verpackt lieferte der Hersteller Werkzeuge und die in jedem Liefervertrag festgelegten Ersatzteile aus. Diesen Weg nahmen auch die mit jeder Lokomotive zu liefernden technischen Dokumentationen und der Technische Pass der Lokomotive. Letzterer enthielt Prüf- und Abnahmezertifikate aller größeren Baugruppen und gab Auskunft über die am Rheostat eingestellte Leistung der Lokomotive.

Vorbereitung zur Probefahrt

In Korolewo wurden die Drehgestelle getauscht, die Mittelpufferkupplung ausgebaut und durch die Zug- und Stoßvorrichtungen ersetzt. Eine von der HvM gebildete Abnahmegruppe nahm die augenscheinliche äußere Untersuchung der Diesellokomotive und ihrer Aggregate vor. Kontrolliert wurden die zeichnungsgerechte und betriebssichere Montage. Dem Laufwerk mit Federaufhängung, der Bremse und der Schmierung aller Baugruppen galt die besondere Aufmerksamkeit. Es folgte jeweils die richtige Einstellung der Sandrohre und Bahnräumer über Schienenoberkante und die Kontrolle der Pufferhöhe.

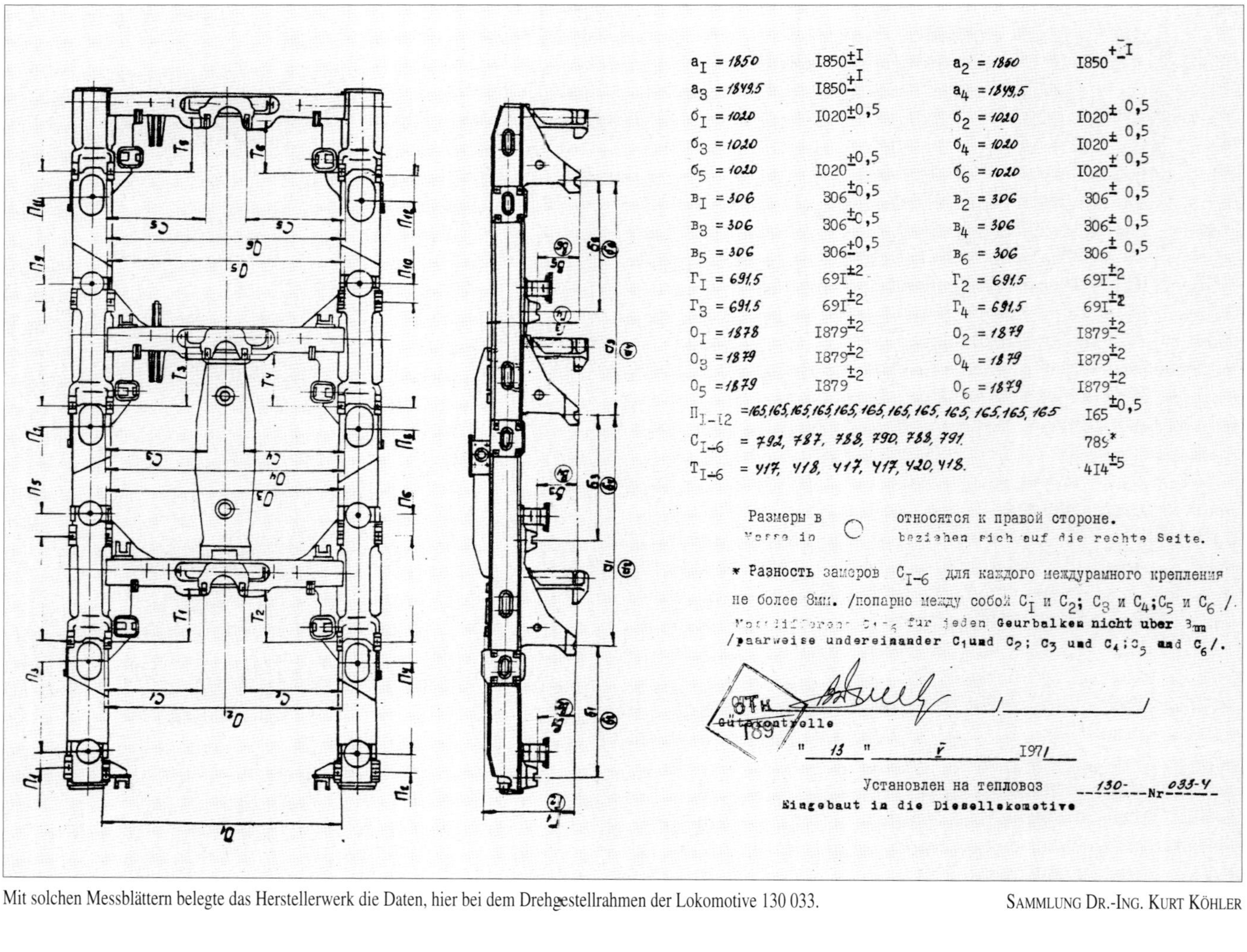

Mit solchen Messblättern belegte das Herstellerwerk die Daten, hier bei dem Drehgestellrahmen der Lokomotive 130 033. SAMMLUNG DR.-ING. KURT KÖHLER

Die Lokomotiven 131 029, 131 030, 131 033 und 131 034 nach erfolgter Abnahme im Raw Dessau (am 10. Juni 1973) auf dem Weg zum Erst-Einsatz-Bw Erfurt, fotografiert am 11. Juni 1973 bei der Durchfahrt im Bf Weißenfels. Im Bw Erfurt übernahmen die Maschinen u.a. die Leistungen der Interzonenzüge bis Gerstungen, die bisher von den 01^5 (bis Bebra) erbracht wurden.

AUFNAHME: DIETER WÜNSCHMANN

Probefahrt

Nach dem Untersetzen der Normalspurdrehgestelle erfolgte für jeden Fahrmotor, unter Ausschaltung der übrigen, die Prüfung auf richtige Ansteuerung der Fahrtrichtung. Wenn die Funktion der Bremse und aller anderen betriebswichtigen Baugruppen gegeben war, folgte die Probefahrt. Vier Varianten für Streckenlänge und Zuglast ermöglichten es, die Probefahrt den verschiedenen Gegebenheiten anzupassen:

- Laufweg mindestens 50 km, davon 25 km unter Last von 1.500 bis 100 Tonnen mit auf dem Streckenabschnitt zugelassener und erreichbarer Geschwindigkeit, den Rest mit beliebiger Last oder als Leerfahrt,
- mit zwei gekuppelten Lokomotiven über einen Laufweg von mindestens 100 km, davon zieht jede Lokomotive 25 km einen Zug mit einer Last von 1.500 bis 100 Tonnen mit auf dem Streckenabschnitt zugelassener und erreichbarer Geschwindigkeit, den Rest mit beliebiger Last oder als Leerfahrt,
- mit zwei gekuppelten Lokomotiven ohne Zug über einen Laufweg von mindestens 50 km, jede Lokomotive zieht über 25 km die elektrodynamisch abgebremste andere Lokomotive,
- wenn vorgenannte Varianten nicht möglich sind, war eine Lastfahrt mit mindestens 1.000 Tonnen und zusätzlicher Prüfung am Rheostat (2 Stunden unter Vollast) vereinbart.

Die Kontrollen während der Probefahrt waren miteinander abgestimmt, ihre Ergebnisse wurden in vorbereitete Formulare eingetragen. Die in deutsch und russisch ausgefertigten Abnahme- und Übergabeprotokolle erhielten durch Vertreter des Verkäufers und Käufers in Korolewo eine Unterschrift.

Überführung von Korolewo nach Tschop

Mit Betriebsstoffen versorgt, erfolgte die Überführung der Lokomotiven mit eigener Kraft durch Lokomotivpersonal des Verkäufers bis Tschop. In Tschop übernahmen Lokomotivpersonale der Deutschen Reichsbahn die Lokomotive und begleiteten sie über die Grenze der UdSSR und durch die CSSR, bis sie im Grenzbahnhof Bad Schandau das Gebiet der DDR erreichten.

Eine zeitgenössische Werbeanzeige für die Lokomotiven der V 300-Familie des sowjetischen Exporteurs Energomachexport in einer DDR-Publikation. Die Hersteller warben nach dem Verständnis der planwirtschaftlich organisierten Sowjetunion (mit dem erklärten Außenhandelsmonopol) nicht selbst, sondern über staatliche Außenhandelsorganisationen. Die Anzeige lässt den Schluss zu, dass man die TE109 auch gern in weitere Länder verkauft hätte. Das Versprechen, alle Sonderwünsche der Kunden zu berücksichtigen, dürften die DR-Fachleute mit gemischten Gefühlen aufgenommen haben, denn ihre Erfahrungen waren oftmals anders. SAMMLUNG DR.-ING. KURT KÖHLER

Die Baureihe 130

Noch bevor die ersten Lokomotiven das Gebiet der DR 1970 erreichten, fanden weitere vier Beratungen statt. Im wesentlichen wurden Abweichungen von den technischen Bedingungen besprochen, die es gestatteten, die Lokomotiven ohne Vorwärmgerät, Spurkranzschmierung und Kühlfach für Speisen zu liefern. Nicht im Interesse der DR war es, die Lokomotiven mit Bremsarmaturen der Fa. Knorr (BRD) oder mit einem Haßler-Geschwindigkeitsmesser (Schweiz) zu bekommen. Was für die Lieferung 1970 nicht mehr abwendbar war, sollte bezüglich der Bremsarmaturen für spätere Lieferungen durch eine Konsultation beider Seiten mit Spezialisten der Ungarischen Staatsbahn und Industrie und einem neuen Bremsschema vermieden werden. Die Konstrukteure des Werkes waren bereit, den Wunsch der Fachleute der Bahn nach einem Vorwärmgerät, einer Spurkranzschmierung, einer Feuerlöscheinrichtung und u.a. einer Batterie aus der DDR - Produktion zu erfüllen. Hier aber verhinderten die langfristige Wirtschaftsplanung, die Materialknappheit und die bürokratischen Wege über den Außenhandel der DDR jede nur denkbare kurzfristige Lösung.

Praktisch zeitgleich mit dem Eintreffen der ersten Lokomotiven auf den Strecken der DR wurden im Juli 1970 zwischen Verkäufer und Käufer die Technischen Bedingungen für die Lieferung des Jahres 1971 präzisiert. 30 Lokomotiven waren mit vielen Zugeständnissen vertraglich gebunden, jetzt wurden trotzdem weitere verlangt, wie es die Protokollformulierungen zeigen:

- *Der Verkäufer teilt mit, daß er im Jahre 1971 die Möglichkeit hat, Lokomotiven mit elektrodynamischer Bremse und einem Gewicht von 118-119 Mp zu liefern.*
- *Wie die vom Verkäufer durchgeführten Überarbeitungen zeigen, erfordert der Einbau eines Aggregates der elektrischen Zugheizung die Veränderung der Lage der Lok-Ausrüstung und bei Nichtvorhandensein des Zugheizaggregates das Einbringen von Ballast zwecks Gewährleistung der normalen Gewichtsverteilung. Jetzt beträgt das Lokgewicht in der vorhandenen Ausführung mit den Hauptbaugruppen:* ***1.)*** *mit elektrodynamischer Bremse ohne Einbauvorbereitung für das Zugheizaggregat 118-119 Mp,* ***2.)*** *mit elektrodynamischer Bremse, elastischer Fahrmotoraufhängung und Verteilung der Ausrüstung, die den Einbau der Zugheizeinrichtung ermöglicht (mit Ballast) 122 Mp ±2 %,* ***3.)*** *mit elektrodynamischer Bremse, elastischer Fahrmotoraufhängung und elektrischem Zugheizaggregat 126 Mp.*

Die ersten Lokomotiven sind eingetroffen! Kurz nach Lieferung und Abnahme von 130 001 und 130 006 entstand im Juli 1970 dieses Bild im Heimat-Bahnbetriebswerk Halle G. Noch glänzt der Lack der Maschinen, sind keine Betriebsspuren zu erkennen. Gut sichtbar auf diesem Bild sind auch die Rückspiegel, die zunächst für DR-Lokomotiven ungewöhnlich waren und später auch abgebaut wurden.
AUFNAHME: HANS MÜLLER

Die beiden Abbildungen machen die Detailarbeit der Schutzgütekommission deutlich: Die Trittfläche des vorderen Umlaufs musste verbreitert werden, darüberhinaus fehlten Haltestangen an den Ecken des Umlaufs. Demonstriert wurde das am Beispiel der neu gelieferten Lokomotive 130 006.

AUFNAHME: SAMMLUNG DR.-ING. KURT KÖHLER

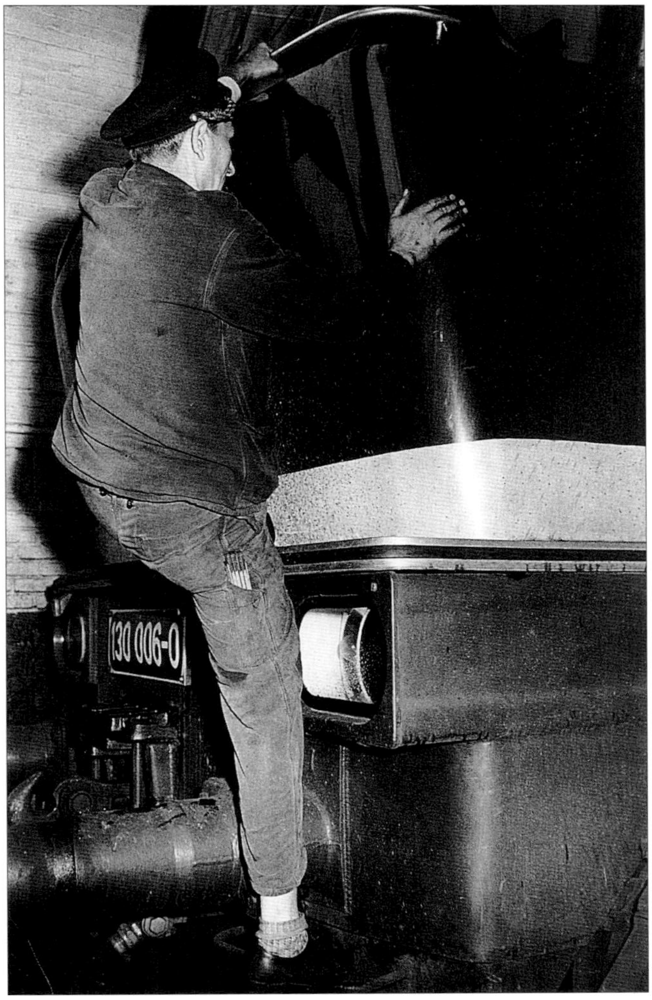

- *Der Verkäufer informiert den Käufer, daß die systematischen Arbeiten, die er zur Verringerung des Gewichtes und damit auch der Achslast durchführt, erwarten lassen, daß ab 2. Hälfte 1972 die Lieferungen von Lok's beginnen, die mit der gesamten Ausrüstung nach TB V 300-69 versehen sind und ein Gewicht von 123 Mp und demzufolge eine Achslast von 20,5 Mp aufweisen.*

Diese Produktion war unaufhaltbar mit breitgefächerter Teilfertigung angelaufen, geschürt auch durch Zusatzverträge des Käufers. Konstruktive Änderungen, die sich aus den Absprachen mit den Konstrukteuren des Werkes ergaben – solche aus dem praktischen Einsatz der Lokomotive lagen ohnehin noch nicht vor – flossen durch den Vorlauf der Produktion in immer später zu liefernde Lokomotiven ein. Um aus der messtechnischen Erprobung und aus dem Betriebseinsatz sich ergebende Änderungen schnell der Konstruktion bekannt zu machen, vereinbarten beide Seiten regelmäßige Konstruktionsbesprechungen im Abstand von 3 bis 4 Monaten. Diese wurden je nach Zweckmäßigkeit beim Hersteller oder Käufer durchgeführt.

Die Abnahme der ersten Lokomotiven

Die ersten Lokomotiven einer neuen Baureihe waren einer Schutzgütekommission und dem Medizinischen Dienst des Verkehrswesens vorzustellen. Die Schutzgütekommission setzte sich aus berufenen Fachleuten verschiedener Dienstzweige der DR zusammen. Sie erteilte „Schutzgüte", wenn die bahnseitigen Dienstvorschriften und die staatlichen Arbeitsschutzbestimmungen eingehalten wurden. Der Medizinische Dienst widmete sich den ergonomischen Problemen und der Arbeitsplatzhygiene. Die von diesen Institutionen festgestellten Mängel und die trotz abgestimmter Abnahmemodalitäten in Korolewo aufgetretenen Schwierigkeiten bei der Übergabe der Lokomotiven verlangten noch im Dezember 1970 eine Besprechung vor Ort. An ihr nahmen Vertreter der Außenhandelsunternehmen der DDR und der Sowjetunion, des Herstellers und der Deutschen Reichsbahn teil. Festgestellte Mängel sollten noch vor Übernahme oder durch terminisierte, konstruktive Änderungen abgestellt bzw. durch den Kundendienst bei der Deutschen Reichsbahn behoben werden. Solche Mängel waren:

- Risse in den Zähnen des Großrades vom Achsantrieb der Lokomotive 130 004,
- Erwärmung der Tatzlager durch eine unvollkommene Konstruktion der Schmierpolster,
- fehlende Einrichtung zum Beheizen der Stirnscheiben,
- mangelhafte Funktion der Scheibenwaschanlage,
- nicht qualitätsgerechte Ausführung von Schweißnähten u.a. am Drehgestellrahmen und an den Bremszugstangen,
- nicht abgestimmte Änderungen am Kühlkreislauf ab 130 003,
- fehlende Fallbügelsicherung für die Bremsschlösser und Fangbügel für die Bremszugstangen,

Frisch aus der Sowjetunion sind die ersten Lokomotiven der Baureihe 130 im Juli 1970 im Abnahme-Raw Dessau eingetroffen. Noch trägt 130 006 keinerlei Beschriftungen und an diesem regnerischen Julitag haben sich zahlreiche Techniker an den neuen Lokomotiven versammelt. Die am 20. Juli 1970 abgenommene Maschine erreichte nur ein Alter von 16 Jahren: Nach der z-Stellung im Mai 1985 folgte im Januar 1987 die Ausmusterung. AUFNAHME: DR/SAMMLUNG REINHARD LEHMANN

- Abweichungen vom OSShD-Merkblatt R 688 zur Ausführung der Führerstände, wie z.B. keine unbehinderte Bedienung der Armaturen, eingeschränkte Sicht- und Blendfreiheit, behinderter Fluchtweg,
- durch Putzwolle und Späne verschmutzter Kraftstoff in der 130 009,
- nicht zeichnungsgerechte Befestigung der Aggregate,
- Wassersäcke in den Bremsluftleitungen,
- Differenzen zwischen der Ausführung auf der Lok und den Schaltplänen.

Ende 1970 waren von den fünf gelieferten Lokomotiven drei Maschinen (130 001, 005, 006) im schweren Güterzugdienst mit Zügen bis zu 2.200 t Last im Einsatz. 130 003 wurde messtechnisch untersucht und 130 004 stand zum Radsatzwechsel wegen Rissen im Antriebsritzel. 130 005 hatte mit Stand vom 10. Dezember 1970 die größte Laufleistung (44.653 km). Die mittlere monatliche Laufleistung lag zwischen 10.000 und 11.000 km. Positiv wurde gegenüber dem Hersteller vermerkt, dass der Kraftstoffverbrauch für 10^6 Brtkm 3.850 kg betrug und der Ölverbrauch bei 2,2 %, bezogen auf den Kraftstoffverbrauch, lag.

Technische Hauptforderungen blieben weiter unerfüllt

Im Dezember 1970, insbesondere zur 1. Konstruktionsberatung im April 1971, wurden dem Hersteller alle bislang vorliegenden Versuchsergebnisse und Erfahrungen aus dem Betrieb vorgetragen. Die Konstrukteure nahmen sie für ihre weitere Arbeit aufgeschlossen entgegen. Sie konnten aber eine Umsetzung wegen vieler teilweise fertiger Fahrzeuge in der Produktion erst für immer spätere Lokomotiven zusagen.

Die Deutsche Reichsbahn bekam mit dem zunehmenden Einsatz dieser Lokomotiven, die die zulässigen Achslasten der meisten Strecken überschritten, immer größere Schwierigkeiten. Im Protokoll 4/71 vom August 1971 hieß es unter anderem:

> *„Der Käufer hat, ausgehend vom Protokoll 9/70 Pkt. 8.6., die Mitteilung des Verkäufers nochmals eingehend überprüft und erklärt sich außerstande, die vom Verkäufer angegebenen Lokmassen anzunehmen."*

Die dazu im Protokoll festgehaltene Meinung des Verkäufers:

> *„In Übereinstimmung mit Punkt 8.5. des Protokolls 9/70 werden diese Loks kein größeres Gewicht als 126 Mp haben."*

So sind nach Auslieferung von ca. 35 Lokomotiven noch immer nicht alle Hauptbedingungen erfüllt. Verkäufer und Käufer geben im Protokoll 4/71, Pkt. 1.6., dazu ihre grundsätzliche Meinung ab:

> ***1.6. Grundsätzliche Meinung zu den techn. Hauptbedingungen***
> ***Meinung des Verkäufers***
> *Der Verkäufer teilt mit, daß er im Jahre 1972 die Möglichkeit hat, Diesellokomotiven der BR 130, in dem im Plan vorgesehenen Umfang und in einer Ausführung wie die 130 037 mit elektrodynamischer Bremse liefern kann. Zur Lieferung im Jahre 1972 von mit einer Reihe neuer zusätzlicher Baugruppen (neue Fahrmotoren mit elastischer Aufhängung und Zugheizaggregat) ausgerüsteter Lokomotiven in die DDR, auf deren Lieferung der Käufer 1972 besteht, hat der Verkäufer keine Möglichkeit. Der Verkäufer führt unter Berücksichtigung der Forderungen des Käufers intensiv Arbeiten zur Schaffung und Verbesserung der Konstruktion dieser Baugruppen durch, trotzdem wird ihre Einführung erst nach gründlicher Vervollkommnung der Konstruktion und allseitiger Prüfung möglich sein. In diesem Zusammen-*

Seiten 21 und 22: Maßskizze, technische Daten und Schlepplasttafeln der Baureihe 130 aus der DV 939 der Deutschen Reichsbahn.

Deutsche Reichsbahn HV M	**Diesellokomotive** für Reise- und Güterzugdienst		Baureihe: 130.0
Merkbuch für Triebfahrzeuge 939 Tr – Teil 3	Art der Kraftübertragung: elektrisch	Achsanordnung: Co'–Co'	Betriebsnummer: 130.001–130.084

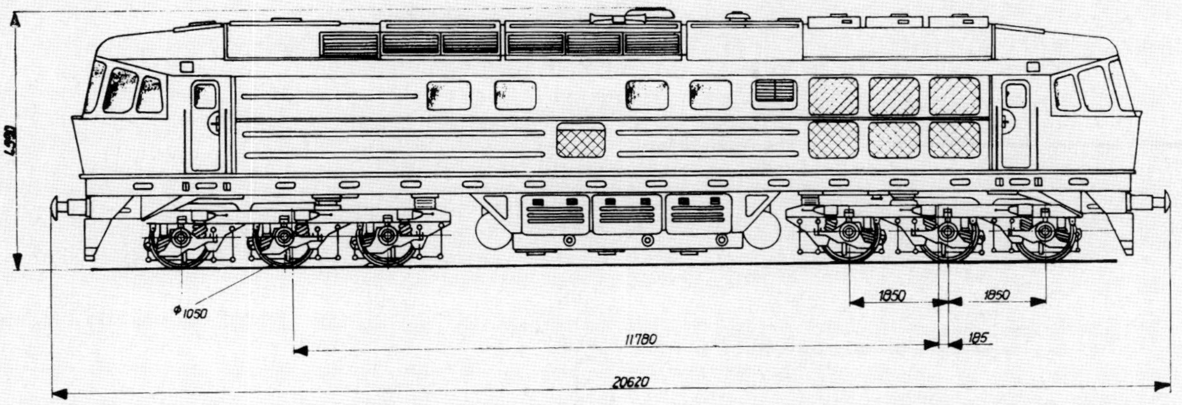

Fahrzeugmassen, Achslasten und techn. Daten

Achslast (Mp): 18,8 · 19,4 · 19,2 · 19,8 · 20,0 · 19,0

M_L = 112,6 t	Leermasse	M_D / Lüp = 5,6 t/m	Metermasse
M_D = 116,2 t	Dienstmasse	Q_A = 19,4 Mp	mittlere Achslast (der angetriebenen Achsen)
G_R = 115,0 Mp	Reibungslast (2/3 Vorräte)		

Lfd. Nr.			Dim.	Lfd. Nr.			Dim.
1	Höchstgeschwindigkeit $V_{max.}$	140	km/h	13	Anlasserbauart	GAW	
2	Kleinste Dauerfahrgeschw. $V_{D\,min.}$	35	km/h	14	Lüfter		
3	Maximale Anfahrzugkraft $Z_{max.}$	25,0	Mp		Für Kühlanlage: Anzahl / Antrieb	3 × elektr.	
4	Dauerzugkraft Z_D	17,2	Mp		Für Fahrmotor: Anzahl / Antrieb	2 × elektr.	
5	Dieselmotor	1 × 5 D 49		15	Steuerung		
	Leistung	3000	PS		Steuerungsart	elektr., pneum.	
	Vollastdrehzahl	1000	min^{-1}		Steuerungsausführung	Vielfst.	
	Untere Vollastdrehzahl	350	min^{-1}	16	Sicherheitsfahrschaltung	tw	
	Reglerart	Verst. R.		17	Rangierfunk	–	
	Masse (trocken)	14,5	t	18	Zugbeeinflussung	–	
6	Hauptaggregat d. Kraftübertrag:	Generator		19	Zugheizung: Bauart	–	
	Anzahl / Typ	1 × GS-501 A			Leistung / Druck	–	
	Traktionsleistung bei Drehzahl	2190 kW bei 1000	min^{-1}	20	Kühlwasservorwärmung	–	
	Masse (trocken)	10,5	t	21	Betriebsstoffe: Kraftstoff	4000	l
7	Nachschaltgetriebe	–			Heizkraftstoff	–	l
	Masse (trocken)	–	t		Heizwasser	–	l
8	Achsantrieb	Fahrm.			Sand	920 (496)	kg
	Anzahl / Typ	6 × ED 118 [3])		22	Befahrbarer Bogenlauf-Halbm.	600 [1])	m
9	Batterie: Bauart	Bleibatterie		23	Befahrb. Ablaufb.-Halbm. Konv./Konk.	300/400	m
	Spannung / Kapazität	96 V/390 Ah		24	Bremse:	Klotzbremse	
10	Lichtmaschine: Anzahl / Typ	1 × STG-7			Bremsbauart	KE-Tm + (Wgt) [2])	
	Spannung / Leistung	110 V/50 kW			Bremsgewicht: G / P_2	94/103/128	t
11	Umformer: Bauart / Spannung	–			R (S) / R+E	147/(182)	t
12	Luftverdichter: Anzahl / Typ	1 × 2 HV 2 - 100/145		25	Lieferwerk	WTS	
	Antrieb	elektr.		26	1. Beschaffungsjahr	1970	

Bemerkungen:
1) Bei 100 km/h
2) Klammerwerte gültig ab Tfz 130 055
3) Bei Tfz 130 020 und 060 bis 064 6 × ED 112 a

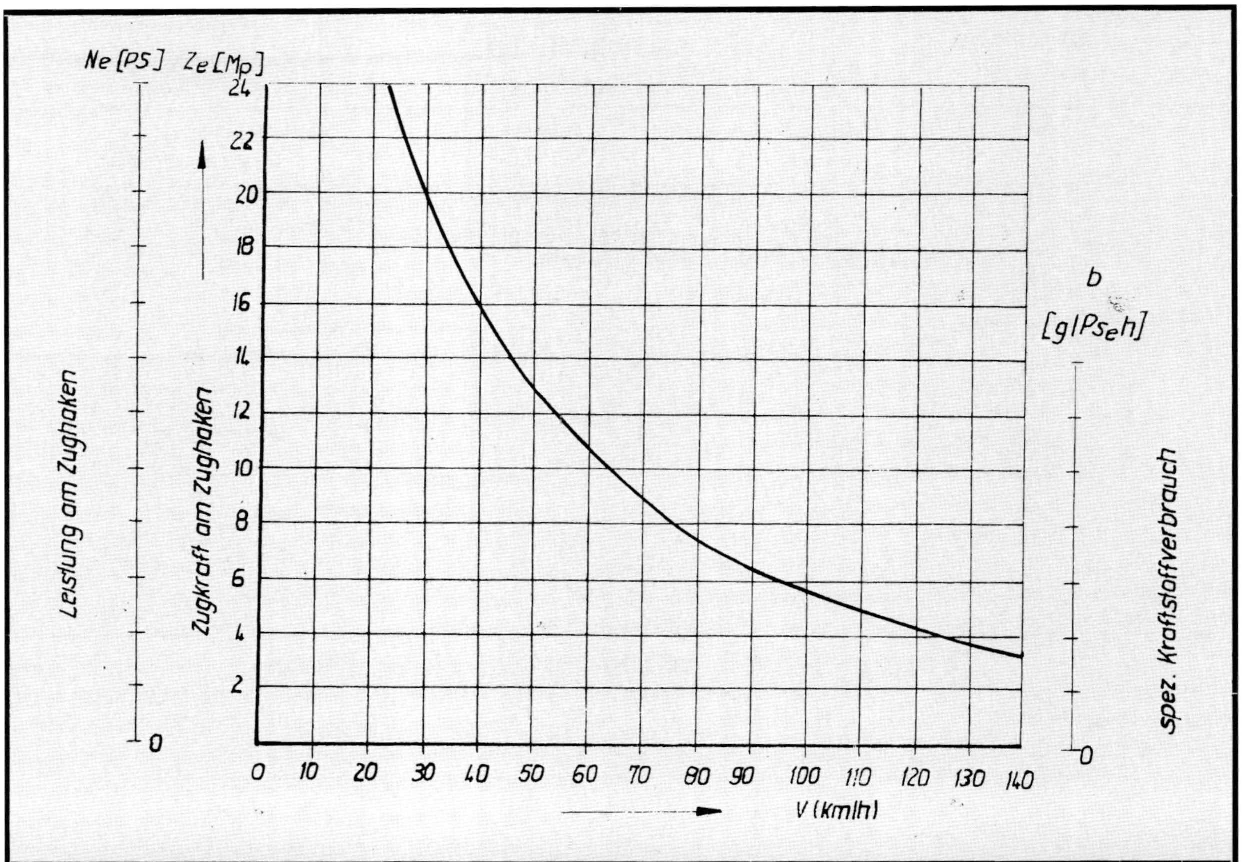

Schlepplastentafel

Steigung ‰	Steigung 1:	Anfahrlast in t G_A	Anhängelasten in „t" für den Beharrungszustand bei V (km/h) 20	30	40	50	60	70	80	90	100	120
D-Züge (Wagen gemischter Bauart)												
0	1 : ∞	3750	–	–	–	–	–	–	–	–	–	790
1	1 : 1000	3070	–	–	–	–	–	–	–	–	970	615
2	1 : 500	2600	–	–	–	–	–	–	–	980	785	505
4	1 : 250	1980	–	–	–	–	–	1000	850	695	560	380
6	1 : 166	1595	–	–	–	–	950	775	640	525	425	275
8	1 : 125	1335	–	–	–	950	750	615	505	415	345	220
10	1 : 100	1145	–	–	–	765	615	500	415	340	270	170
15	1 : 67	835	890	885	695	525	410	330	270	215	175	100
20	1 : 50	655	665	660	515	385	295	230	185	145	110	–
25	1 : 40	535	520	515	400	290	220	170	130	95	70	–
Personenzüge (Wagen gemischter Bauart)												
0	1 : ∞	3750	–	–	–	–	–	–	–	–	865	–
1	1 : 1000	3070	–	–	–	–	–	–	–	940	725	–
2	1 : 500	2600	–	–	–	–	–	–	1015	795	620	–
4	1 : 250	1980	–	–	–	–	–	930	750	595	470	–
6	1 : 167	1595	–	–	–	–	900	720	585	470	375	–
8	1 : 125	1335	–	–	–	920	720	580	470	380	300	–
10	1 : 100	1145	–	–	–	760	595	480	390	315	250	–
15	1 : 67	835	890	880	690	515	400	320	260	205	160	–
20	1 : 50	655	665	655	510	380	290	230	185	140	105	–
25	1 : 40	535	520	515	395	290	220	170	130	100	70	–
Güterzüge (Wagen gemischter Bauart)												
0	1 : ∞	3750	–	–	–	–	2275	1655	1225	905	675	–
1	1 : 1000	3070	–	–	–	2480	1800	1350	1025	775	585	–
2	1 : 500	2600	–	–	2805	2000	1480	1130	875	670	515	–
4	1 : 250	1980	2665	2555	1960	1430	1085	845	670	520	405	–
6	1 : 166	1595	1990	1925	1490	1100	845	670	535	420	330	–
8	1 : 125	1335	1580	1535	1195	890	685	545	435	345	270	–
10	1 : 100	1145	1300	1270	995	705	570	455	365	290	225	–
15	1 : 67	835	890	875	685	505	390	310	250	190	–	–
20	1 : 50	655	665	655	510	375	285	225	175	–	–	–
25	1 : 40	535	520	505	395	285	215	165	–	–	–	–

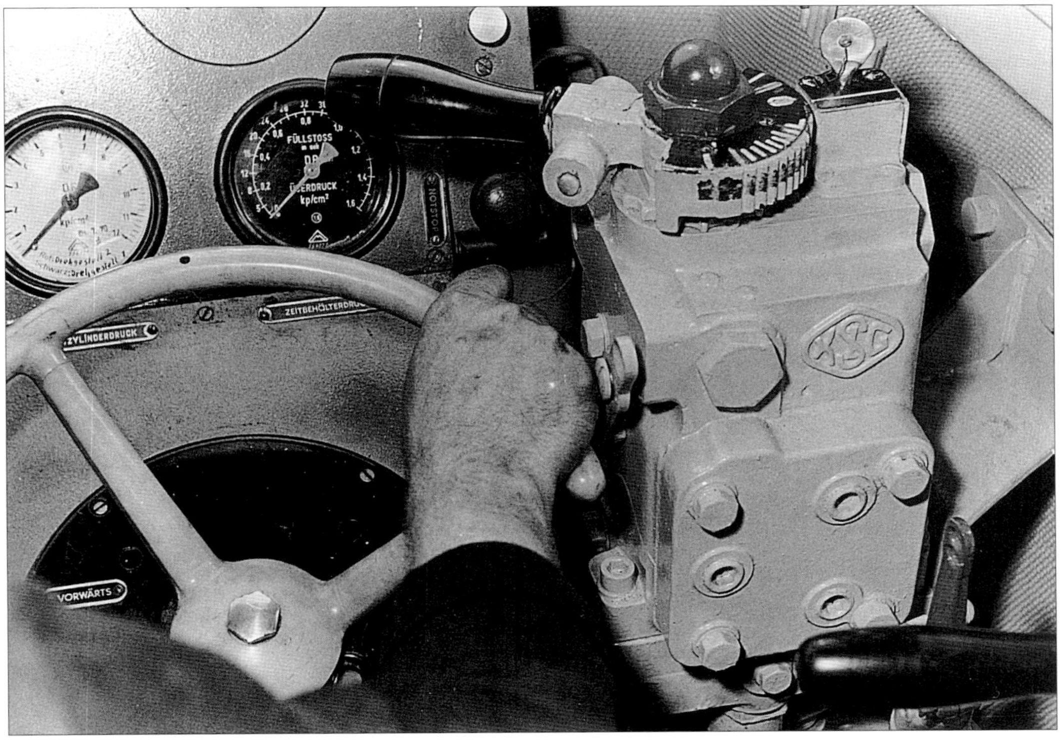

Eine weitere Unzulänglichkeit stellte die Schutzgütekommission im Führerstand der zuerst gelieferten Lokomotiven der Baureihe 130 fest. Wegen zu geringen Abstandes zwischen Fahrschalterhandrad und Führerbremsventil bestand akute Verletzungsgefahr.

AUFNAHME: SLG. DR.-ING. KURT KÖHLER

hang wird der Verkäufer bestrebt sein, im Jahre 1972 zwei Versuchslokomotiven der BR 130 mit neuen Fahrmotoren mit elastischer Aufhängung und elektrischem Zugheizaggregat zu liefern, außerdem möchte der Verkäufer die Aufmerksamkeit des Käufers auf die notwendige Vorbereitung der Reparaturbasis beim Käufer lenken, die einen reibungslosen Betrieb der neuen Diesellok auf den Eisenbahnen des Käufers gewährleistet.

Meinung des Käufers

Zusammenfassend stellt der Käufer zu den wichtigsten Problemen der Entwicklung der Diesellokomotiven BR-130 mit Besorgnis fest, daß es dem Verkäufer trotz angestrengter Arbeit bei der Entwicklung, Konstruktion u. Erprobung nicht gelungen ist, die Einhaltung der technischen Hauptforderungen für das Lieferjahr 1972 zu realisieren. Die elektr. Zugheizung, die elastische Aufhängung der Fahrmotoren u. die elektrodynamische Bremse befinden sich im Jahre 1972 noch im Versuchsstadium. Die erreichte Verringerung der Achslast sichert noch nicht die Erfüllung der Forderungen des Käufers. Deshalb kann der Verkäufer die Lok des Lieferjahres 1972 nicht entsprechend den Bedingungen des Käufers zur Verfügung stellen. Auf Grund dessen sieht sich der Käufer verpflichtet, seine übergeordneten Organe über die dadurch entstehenden Auswirkungen bei der Erfüllung der Transportaufgaben zu unterrichten.

Der Käufer bittet den Verkäufer, seine übergeordneten Organe ebenfalls über die gegenwärtige Situation zu informieren. Der Käufer ist jedoch davon überzeugt, dass es dem Kollektiv des Woroschilowgrader Lokomotivwerkes gelingen wird, die von der Deutschen Reichsbahn gestellten techn. Anforderungen an die Lok der BR 130 zu erfüllen.

Bis Ende 1971 waren die Lokomotiven bis zur 130 054 ausgeliefert. Ein Versuch, im November 1971 in Moskau für die Lieferung 1972 mehr zu erreichen, scheiterte. Für die Lieferung 1972 wurden Lokomotiven in der Ausführung der 130 037 angeboten. Zusätzlich waren sechs Lokomotiven mit verbessertem Fahrmotor und zwei Baumuster mit elektrischer Heizung im Plan. Für die Lieferung 1973 die Erfüllung aller Hauptforderungen im Protokoll zu fixieren und durch Unterschrift des Stellvertreters des Ministers für Schwermaschinenbau, Elektrotechnik und Transport und des Stellvertreters des Ministers für Verkehrswesen der DDR mit einer höheren Wertigkeit zu versehen, schlugen auch fehl. Entgegen der getroffenen Vereinbarung erfolgte keine Unterzeichnung auf dieser Ebene durch die sowjetische Seite.

HvM-Chef Wagner formulierte deshalb auf der letzten Seite seines Reiseberichtes zum Protokoll 6/1971 über die Besprechung in Moskau vom 23. bis 26. November 1971 zwei Punkte, die den Ernst der Lage verdeutlichten und zur weiteren Erhaltung von Schnellzugdampflokomotiven führte:

... 2. Vor Durchführung der Konsultation der Stellvertreter des Ministers ist mit dem Stellv. des Ministers für Außenwirtschaft der DDR eine Klärung über die 1972 zu beschaffenden Stückzahlen der BR 130 herbeizuführen.

3. Sofortige Einleitung konkreter Schritte bei der DR zur Sicherung der Erhaltung, insbesondere der Schnellzugdampflokomotiven durch Wiederherstellung der erforderlichen Kapazitäten in den Raw. ...

Lokomotiven mit elektrodynamischer Bremse

Ab Lokomotive 130 037 war die elektrodynamische Bremse realisiert. Die betriebliche Nutzung der Bremse musste nach ersten Einsätzen eingestellt werden. Während einer Verzögerungsbremsung hatte sich ein Lüfterrad des Bremslüfters gelöst, die Fahrleitungsanlagen beschädigt und war auf der Spielfläche eines glücklicherweise nicht bespielten Sportplatzes niedergegangen – wieder ein Zeichen ungenügender Erprobung.

Wohl wissend, dass keine erprobten Lösungen vorlagen, bestand der Käufer auf der Realisierung seiner Forderungen. Da die starre Planwirtschaft mit ihren langfristigen Wirtschaftsverträgen keinen Lieferaufschub duldete, waren die Konstrukteure des Herstellers gezwungen, einzubauen, was gerade in der Konstruktion fertig wurde. Der Maschinendienst der DR musste mit den Unzulänglichkeiten leben.

Als Ursache der Zerstörung von Lüfterflügeln ermittelten die Konstrukteure eine erhöhte Vibration des Motorlüfterträgers, die zu zusätzlichen Beanspruchungen und zur Berührung zwischen Radflügel und Leitapparat führten. Ab Lokomotive 132 076 waren die Leitapparate getauscht, die Lüfterräder aus Alu-Guss

Erste Lokomotive mit einer elektrodynamischen Bremse war 130 037, aufgenommen im November 1972 mit einem Ganzzug aus Großsteinberg in Engelsdorf (b. Leipzig). Erkennbar waren diese Loks durch die beiden Bremswiderstandslüfter auf dem Dach (hier auf dem Bild vor dem hinteren Führerstand. Gleichzeitig wurde an dieser Lokomotive auch die Haltestange an der Stirnfensterunterkante bis zum Umlauf nach unten verlängert. Gut sichtbar auch der in die Frontschürze eingelassene Tritt, der ab Lokomotive 130 025 realisiert wurde.

AUFNAHME: DIETER WÜNSCHMANN

durch solche aus Stahl ersetzt und die Festigkeit der Motorlüfterträger erhöht. Zusätzlich wurde die Spannung am Bremslüftermotor begrenzt. Immer unter dem Druck nach Massereduzierung stehend, leiteten die Konstrukteure die Erprobung von Lüfterrädern aus glasfaserverstärktem Kunststoff ein. Im September 1974 verfügte die HvM-T mit einer Anweisung die Inbetriebnahme der elektrodynamischen Bremse ab Lok 132 076.

Wie träge sich die Einführung der elektrodynamischen Bremse gestaltete, wird durch einen Aufsatz in der Zeitschrift „Schienenfahrzeuge 2/1979" deutlich, in dem es heißt:

„Der Einsatz dieser Einrichtungen läßt noch immer zu wünschen übrig. Das hat vielerlei Gründe; einige davon sind:

- *Falsche Vorstellungen über die Vorteile und den Kraftstoffverbrauch beim elektrodynamischen Bremsen*
- *Befürchtungen vor Zuglaufstörungen*
- *fehlende Erfahrungen über die betriebliche Handhabung der elektrodynamischen Bremse."*

Vergleiche des Bremssohlenverschleißes mit und ohne Anwendung der elektrodynamischen Bremse ergaben eine Einsparung von ca. acht Bremssohlenwechseln im Jahr. Damit verbunden waren (auf etwa 500 Triebfahrzeuge bezogen) jährliche Einsparungen von ca. 2500 Tonnen Gußeisen und 45 Arbeitskräften. Der mit der Einschaltung der elektrodynamischen Bremse verbundene Hochlauf des Dieselmotors auf die Fahrstufe 11 führte zu der irrigen Annahme eines unverhältnismäßigen Mehrverbrauchs an Dieselkraftstoff. Durch Messungen und Rechnungen ergab sich ein prozentualer Kraftstoffmehrverbrauch von kleiner 0,25 %. Ein Wert, der in der Toleranz des Kraftstoffverbrauchs eines Dieselmotors untergeht. Durch die Gespräche mit dem Triebfahrzeugpersonal wurde die Ansteuerung der Fahrstufe 11 in Frage gestellt. Weder die durch den Traktionsgenerator aufzubringende Erregerleistung noch die Spannung konnten dabei bestimmend sein. Maßgebend für die Wahl der Fahrstufe 11 war die Fördermenge, die von der Drehzahl der Fahrmotorlüfter und damit der Frequenz des Generators bestimmt wurde. Die zeitliche Bewertung von knapp 2000 Bremsvorgängen und vergleichende Betrachtungen zur Erwärmung im Traktionsbetrieb ließen die Fahrstufe 7 als ausreichend erscheinen. Die Fahrstufe 7 war für den Bremsbetrieb besonders geeignet, da der Dieselmotor bereits für die zentrale Energieversorgung des Zuges mit dieser Drehzahl arbeitete. Ein Hochlauf bei Einleitung der Bremsung entfiel dadurch. Nach Abstimmung mit dem Hersteller wurde im Mai 1980 mit einer Änderungsmitteilung die Schaltungsänderung veranlasst.

Hoher Schadstand der Lokomotiven aus der UdSSR bei der Deutschen Reichsbahn

Im April 1972 beschwerte sich der sowjetische Außenhandel „Energomachexport" beim Käufer über mangelhafte technische Wartung und Instandhaltung der Diesellokomotiven BR 120 und BR 130. Der Verkäufer konfrontierte die Vertreter der DR mit den Prozentzahlen der zu Plan- und Bedarfsausbesserungen stehenden Lokomotiven. Während mit Stand vom 10. April 1972 in der Volksrepublik Polen, in der Ungarischen Volksrepublik und in der Tschechoslowakei zwischen 6 und 9 % der Lokomotiven der BR 120 standen, waren es in der DDR 26,6 %, die als nicht arbeitende Loks abgestellt waren. Für den Verkäufer waren unzureichende Organisation in der Durchführung der Plan- und Bedarfsausbesserungen in den Bahnbetriebswerken und im Ausbesserungswerk Dessau dafür verantwortlich. Der Verkäufer wies auf folgende Mängel hin und bat zusätzliche Maßnahmen zu ihrer schnellsten Beseitigung zu treffen:

- Nichtdurchführung von Rheostatprüfungen bei den V1- und V2-Ausbesserungen im Zusammenhang mit der späten Ausrüstung der Dienststellen mit Rheostaten.
- Bedeutende Überschreitungen der Laufleistungen zwischen den Planausbesserungen.
- Unzureichende exakte Organisation der Versorgung der Bahnbetriebswerke mit Ersatzteilen vom Zentrallager des Ausbesserungswerkes Dessau.
- Durchführung der Bedarfsausbesserungen von Baugruppen und Aggregaten der Lokomotiven im Ausbesserungswerk, was die rechtzeitige Durchführung der Planausbesserungen nicht gewährleistete.

Die Vertreter der Bahn wiesen die genannten Prozentzahlen als nicht vergleichbar zurück. Die tägliche kilometrische Laufleistung, der Anstrengungsgrad und die Bedingungen des Betriebes blieben unbeachtet. Zwischenzeitlich eingetretene Verbesserungen im Schadstand konnten nicht fortgesetzt werden, da im Durchschnitt 20 bis 25 Lokomotiven wegen fehlender Ersatzteile abgestellt waren.

Die Abstellzeiten der BR 130 zur V1, die 22 Tage bei der DR betrugen, wurden im Vergleich zur SZD mit 36 Stunden bei Lokomotiven gleicher Leistung als zu lang bewertet. Als Gründe wurden fehlende Dokumentationen, fehlende Spezialarbeitsmittel und Vorrichtungen sowie fehlende Reparaturanweisungen ange-

Als letzte Lok der Baureihe 130 wurde 130 080 geliefert. Die folgenden Lokomotiven mit 100 km/h Höchstgeschwindigkeit stellte der Hersteller zwar noch als Baureihe 130 fertig, die DR nummerte sie aber in die Baureihe 131 um. Aus 130 081 wurde damit die Lokomotive 131 001. 130 080 ist im Sommer 1974 nahe Glienecke mit einem Güterzug unterwegs. Die Fensterscheiben des Führerstandes sind bei diesen letzten 130 von denen der Baureihen 131 und 132 nicht mehr zu unterscheiden.

AUFNAHME: DR. WINFRIED KÖNIG

führt. Der vertraglich vereinbarte Lieferumfang für Ersatzteile erwies sich als nicht ausreichend, um 1972 36 V1-Ausbesserungen durchführen zu können. Die DR versuchte die Ersatzteilsituation zu nutzen, um über einen Großversuch zu den in den technischen Bedingungen vereinbarten Fristen, insbesondere für den Dieselmotor und die elektrischen Maschinen, zu kommen. Dabei wollte sie das Risiko der Garantieaberkennung bewusst tragen. Die scharfe Reaktion des Verkäufers darauf sei zitiert:

Der Verkäufer wendet sich kategorisch gegen die einseitige Entscheidung des Käufers über die Verlängerung der Laufwege zwischen den Ausbesserungen und Verringerung des Umfanges der Arbeiten bei der V1 der Lok 130.
Nach Meinung des Verkäufers führt das zum Ausfall der Lok in großem Umfange, für die der Verkäufer die Verantwortung als Hersteller und Lieferer trägt. Der Verkäufer unterstreicht, daß die Betriebsanleitung der Lok 130 streng verbindlich für den

130 005 des Bw Halle G ist gerade auf die Drehscheibe ihres Heimat-Bahnbetriebswerkes gerollt. Ungewohnt bei den Lokomotiven der Baureihe 130 war zunächst das beleuchtete Nummernschild an der Seite des Lokkastens. Gut erkennbar auch die ursprüngliche Anordnung der Griffstange an den Stirnseiten. AUFNAHME: RUTH PELLICCIONI

Mit den Verfügungen und Mitteilungen des MfV, Teil DR, Nr. 1 vom 11. Januar 1973 kam es zur Einführung von Unterbaureihen für die 3000 PS-Lokomotiven: Auf dieser Seite sind die drei Unterbaureihen 130, 131 und 132 bei nahezu gleichem Aufnahmestandpunkt dargestellt. 130 008 zeigt sich am 10. April 1971 im Bw Halle G als Lok der Ursprungsausführung.

AUFNAHME: MICHAEL MALKE

131 073 vom Bw Weißenfels steht am 23. Juli 1991 in der Einsatzstelle Zeitz. Die kleineren Fensterscheiben des Führerstandes, die Sicken unterhalb der Führerstands-Seitenfenster und die Ausführung der seitlichen Nummernschilder fallen sofort im Vergleich zur 130 auf.

AUFNAHME: HARTMUT MICHLER

132 646 verkörpert die letzte Ausführung der 709 Loks umfassenden Serie der Baureihe 132. Das fünfte Maschinenraumseitenfenster und die Bremswiderstandslüfter mit den Lüftergittern an den Dachschrägen fallen sofort im Vergleich zur 131 auf. Fotografiert wurde die Maschine am 6. April 1991 in der Einsatzstelle Gotha.

AUFNAHME:
HANS-JÜRGEN TRUNK

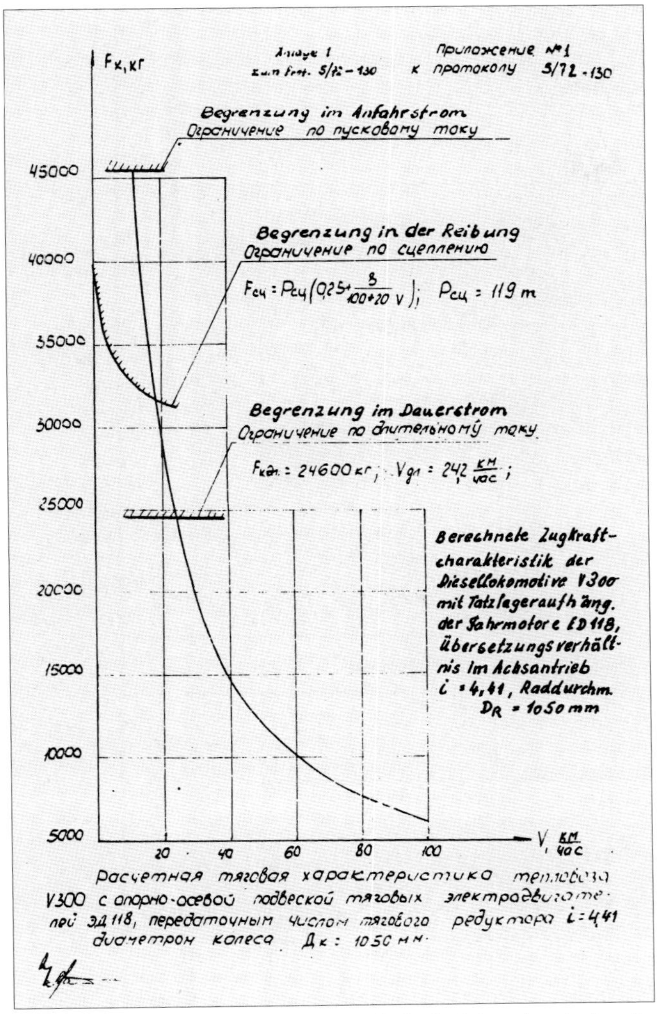

Faksimile des Originals der „errechneten Zugkraft“ für die Lokomotiven der Baureihe 131 mit V_{max}=100 km/h. SAMMLUNG DR.-ING. KURT KÖHLER

Käufer ist, was von beiden Seiten im Vertrag unterschrieben ist, und eine Nichterfüllung dieser ist vollkommen unzulässig. Für den Fall, daß der Käufer seine Absicht verwirklicht und nicht die Meinung des Verkäufers beachtet, muß diese Frage umgehend zur Entscheidung auf der höheren Leitungsebene beider Seiten gebracht werden.“ (Anmerkung des Verfassers: vor Unterzeichnung hieß es: „ ... zur Entscheidung auf der Ebene der Leitung der Ministerien beider Länder gebracht werden.“).

Die Nichterfüllung des Vertrages war kein von beiden Seiten gleich zu bewertender Verstoß. Die fehlende Realisierung einiger Hauptforderungen aus den gleichermaßen von beiden Seiten unterschriebenen technischen Bedingungen konnte auch als „perspektivische Aufgabe bis 1975 interpretiert werden“ und damit vertragstreu sein.

Die Baureihe 131

Ende des Jahres 1971 wurde immer deutlicher, dass die Realisierung der elektrischen Zugheizeinrichtung nicht vor Ende 1973 zu erwarten war. Noch in der bereits erwähnten November-Beratung in Moskau bat der Käufer den Verkäufer, ihm bis 15. Januar 1972 mitzuteilen, welche berechneten Parameter der Zugkraft bei voller Ausnutzung der Leistung und Reduzierung der Höchstgeschwindigkeit auf 100 bzw. 120 km/h zu erwarten wären.

Unter den damaligen Betriebsbedingungen der DR waren der planmäßige Einsatz von Triebfahrzeugen mit einer Höchstgeschwindigkeit über 120 km/h nicht erforderlich und die Gleisanlagen dafür nicht ausgelegt. Bei fehlender Zugheizeinrichtung ohnehin nur für den Güterzugbetrieb einsetzbar, entschloss sich die Maschinenwirtschaft, die Höchstgeschwindigkeit der weiteren Lokomotiven auf 100 km/h herabzusetzen. Durch eine höhere Anfahrzugkraft wurde für eine bessere Auslastung der vorhandenen Leistung gesorgt. 130 081 war die erste Lokomotive mit V_{max}=100 km/h und ohne elektrodynamische Bremse. Daraus wurde die Lokomotive 131 001.

Mit den Verfügungen und Mitteilungen des MfV, Teil DR, Nr. 1 vom 11. Januar 1973 kam es zur Einführung von Unterbaureihen für die 3.000-PS-Lokomotiven:

- **Baureihe 130** mit einer Höchstgeschwindigkeit von 140 km/h ohne elektrische Zugheizeinrichtung
- **Baureihe 131** mit einer Höchstgeschwindigkeit von 100 km/h ohne elektrische Zugheizeinrichtung
- **Baureihe 132** mit einer Höchstgeschwindigkeit von 120 km/h mit elektrischer Zugheizeinrichtung.

In gleichem Atemzug wurde die Höchstgeschwindigkeit der Triebfahrzeuge der Baureihe 130 für den Betriebseinsatz auf 120 km/h begrenzt. Die Änderungen bezogen sich im wesentlichen auf den Wegfall von Geräten in der Hochspannungskammer und auf dem Führerpult, die bislang der E-Bremse dienten. Bremswiderstände und zu deren Kühlung dienende Motorlüfter mit dazugehörigen Leitungen wurden nicht installiert. Halterungen für entfallende Baugruppen konnten verbleiben. Die Dachöffnungen wurden mit Deckeln verschlossen. Die Lokomotive bekam eine selbsttätig schnellwirkende Druckluftbremse mit drei Bremsstufen (8,0 , 5,5 und 3,7 kp/cm^2) und ein Führerbremsventil D5 S.

Die Baureihe 131^1 wurde in Serie nicht realisiert

Als Mitte der siebziger Jahre der DR über 300 elektrische Neubaulokomotiven zur Verfügung standen, war der sinnvolle Einsatz der BR 130 nicht mehr gegeben. Mit 140 km/h Höchstgeschwindigkeit konnte sie nicht sinnvoll im Güterzugdienst und ohne Einrichtungen zur Heizung des Zuges nicht im Reisezugdienst eingesetzt werden. Die HvM forderte daher im Juli 1976 die Direktion der Ausbesserungswerke auf, ab 1978 bei jeder planmäßigen Instandhaltungsstufe im Raw die Triebfahrzeuge der BR 130 auf solche der BR 131^1 umzurüsten. Dazu sollten noch 1976 die Großräder und Antriebsritzel bestellt werden.

Bis Oktober 1981 war durch die Direktion Ausbesserungswerke nichts geschehen. Zwischenzeitlich hatte die VES-M im Rahmen eines Forschungs- und Entwicklungs-Themas die Lokomotive 130 060 auf V_{max} = 100 km/h umgebaut und erprobt. Die elektrodynamische Bremse blieb wirksam, und die Bremsstellungen P2 und R wurden blockiert. Als Bremssohlen kamen Phosphor-Bremsklotzsohlen vom Typ R 480/300 zur Anwendung.

Trotz nochmaliger Präzisierung des Auftrages, 40 Lokomotiven der BR 130 zur BR 131 mit wirksamer E-Bremse innerhalb der Sonderarbeiten 1982 umzubauen, sind nur noch die Lokomotiven 130 058 und 130 064 entsprechend umgebaut worden. Auf den Umbau der nur mangelhaft für die E-Bremse vorbereiteten Lokomotiven bis zur 130 036 und auf den der beiden Lokomotiven 130 101 und 102 wurde verzichtet. Die Lokomotiven 130 055 und 068 waren zu diesem Zeitpunkt bereits ausgemustert.

Trotz erteilter Serienfreigabe zum Umbau haben wegen fehlender Teile und nicht ernsthaften Willens die HvM und Rbd Raw anlässlich der Zuführungsabsprache im November 1981 auf den Umbau verzichtet. Nur die drei genannten Maschinen liefen fortan als BR 131^1 (Betriebsnummern 131 158, 131 160 und 131 164).

Deutsche Reichsbahn HV M	**Diesellokomotive** für Reise- und Güterzugdienst		Baureihe: 131.0
Merkbuch für Triebfahrzeuge 939 Tr – Teil 3	Art der Kraftübertragung: elektrisch	Achsanordnung: Co'–Co'	Betriebsnummer: 131.001–131........

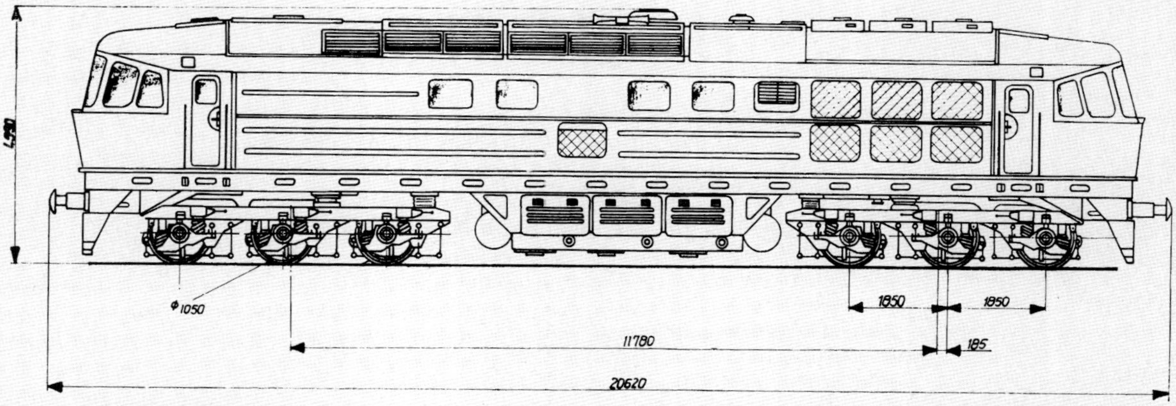

Fahrzeugmassen, Achslasten und techn. Daten

18,8 19,4 19,2 19,8 20,0 19,0 Mp Achslast

M_L = 112,6 t	Leermasse		M_D / Lüp = 5,6 t/m	Metermasse
M_D = 116,2 t	Dienstmasse		Q_A = 19,4 Mp	mittlere Achslast (der angetriebenen Achsen)
G_R = 115,0 Mp	Reibungslast (2/3 Vorräte)			

Lfd. Nr.			Dim.	Lfd. Nr.			Dim.
1	Höchstgeschwindigkeit $V_{max.}$	100	km/h	13	Anlasserbauart	GAW	
2	Kleinste Dauerfahrgeschw. $V_{D\ min.}$	22,0	km/h	14	Lüfter		
3	Maximale Anfahrzugkraft $Z_{max.}$	34,0	Mp		Für Kühlanlage: Anzahl / Antrieb	3 × elektr.	
4	Dauerzugkraft Z_D	27,0	Mp		Für Fahrmotor: Anzahl / Antrieb	2 × elektr.	
5	Dieselmotor	1 × 5 D 49		15	Steuerung		
	Leistung	3000	PS		Steuerungsart	elektr., pneum.	
	Vollastdrehzahl	1000	min^{-1}		Steuerungsausführung	Vielfst.	
	Untere Vollastdrehzahl	350	min^{-1}	16	Sicherheitsfahrschaltung	tw	
	Reglerart	Verst. R.		17	Rangierfunk	–	
	Masse (trocken)	14,5	t	18	Zugbeeinflussung	–	
6	Hauptaggregat d. Kraftübertrag:	Generator		19	Zugheizung: Bauart	–	
	Anzahl / Typ	1 × GS-501 A			Leistung / Druck	–	
	Traktionsleistung bei Drehzahl	2190 kW bei 1000 min^{-1}		20	Kühlwasservorwärmung	–	
	Masse (trocken)	10,5	t	21	Betriebsstoffe: Kraftstoff	4000	l
7	Nachschaltgetriebe	–			Heizkraftstoff	–	l
	Masse (trocken)	–	t		Heizwasser	–	l
8	Achsantrieb	Fahrm.			Sand	496	kg
	Anzahl / Typ	6 × ED 118		22	Befahrbarer Bogenlauf-Halbm.	600	m
9	Batterie: Bauart	Bleibatterie		23	Befahrb. Ablaufb.-Halbm. Konv./Konk.	300/400	m
	Spannung / Kapazität	96 V/390 Ah		24	Bremse:	Klotzbremse	
10	Lichtmaschine: Anzahl / Typ	1 × STG-7			Bremsbauart	KE-Tm	
	Spannung / Leistung	110 V/50 kW			Bremsgewicht: G / P_2	94/108/128	t
11	Umformer: Bauart / Spannung	–			R (S) / R+E	138 / –	t
12	Luftverdichter: Anzahl / Typ	1 × 2 HV 2 - 100/145		25	Lieferwerk	WTS	
	Antrieb	elektr.		26	1. Beschaffungsjahr	1973	

Bemerkungen:

Die erste Lok der Baureihe 131, hier als Maschine des Bw Röblingen am See am 17. September 1989 in der Heimatdienststelle. Als 130 081 geliefert, erhielt die Maschine infolge der von der DR verfügten Umnummerung in die Baureihe 131 auch komplett neue Lokschilder, die die DR anfertigte. „Verloren" hat 131 001 übrigens ihre Rückspiegel, nur die Halterungen erinnern noch an diese Zugaben, die deutschen Loks ansonsten fremd sind. AUFNAHME: HANS-JÜRGEN TRUNK

Die DR-typische Lokbeschilderung stand den Maschinen eigentlich ganz gut zu Gesicht. So konnte man übrigens auch schon aus der Ferne die ursprünglich noch als Loks der Baureihe 130 gelieferten Maschinen erkennen. 131 006 müht sich 21. April 1978 mit einem Gipszug nahe Blankenheim am ab. AUFNAHME: MICHAEL MALKE

Erst ab 131 027 lieferte der Hersteller die Maschinen mit den üblichen emaillierten Nummernschildern. 131 056 ist mit einer weiteren Schwestermaschine im Sommer 1980 beim Bw Leipzig Hbf West im Bild festgehalten worden. Da die 131 keine elektrodynamische Bremse besaßen, fehlen bei einer Reihe von Loks die seitlichen Lüftergitter an den Dachschrägen.

AUFNAHME: GERHARD THAMM/SAMMLUNG MICHAEL MALKE

Eine der drei nachträglich aus der Baureihe 130 in 131 umgebauten Maschinen steht am 18. August 1991 im heimatlichen Bw Arnstadt. Ursprünglich lief 131 160 als 130 060 bei der DR und wurde nach dem Umbau umgezeichnet. Für den Schiebedienst auf den Rampenstrecken des Thüringer Waldes besitzt die Lok die Kellersche Kupplung – erkennbar am Seilzug an der Stirnwand.

AUFNAHME: HANS-JÜRGEN TRUNK

Die Baureihe 132

Mit dem Eintreffen der Lokomotiven 130 101 und 130 102 standen endlich zwei Baumuster-Lokomotiven mit Einrichtungen zur zentralen Energieversorgung des Zuges über die Zugsammelschiene zur Prüfung bereit. Beide Lokomotiven waren für 140 km/h ausgelegt. 130 101 hatte Fahrmotoren vom Typ ED 112A und 130 102 solche vom Typ ED 118. Die Hoffnung, ab Ende 1973 alle weiteren Lokomotiven mit dieser Ausrüstung zu erhalten, war aber auch damit verbunden, alle sich aus der Erprobung ergebenden Änderungen innerhalb der weiteren Serienlieferung realisieren zu müssen.

Zur Aufnahme der neuen Aggregate und Geräte für die Energieerzeugungsanlage erfolgte eine neue Anordnung aller elektrischen Geräte in einer zentralen Hochspannungskammer. Die Fahrzeuglänge über Puffer musste von 20.620 mm auf 20.820 mm geändert werden, um Traktions- und Heizgenerator hintereinanderliegend vom Dieselmotor antreiben zu können.

Neue Technik – neue Probleme

Die Messungen an der Zentralen Energieversorgung (ZEV) der Lokomotive 130 101 und der erste Einsatz mit Reisezügen ab Dezember 1973 machten die Probleme mit der nicht sinusförmigen Wechselspannung und dem vom Umrichterprinzip herrührenden Gleichspannungsanteil erschreckend deutlich. Völlig unerwartet beherrschten ältere Schaltgeräte in den Reisezugwagen nicht die neue Spannungskurvenform. Mit der nicht sinusförmigen 1000 V-Spannung mit der Nennfrequenz von 16 2/3 Hz war das Auftreten ungeradzahliger Oberwellen verbunden. Bei diesem Umrichterprinzip fielen die physikalisch nicht vermeidbare dritte und sechste Oberwelle mit der 50-Hz- und 100-Hz-Gleisstromfrequenz zusammen. Die zu dieser Zeit verfolgte Sicherheitsphilosophie sah in möglichen Oberwellen des über die Schiene zurückfließenden Zugsammelschienenstroms eine Gefahr für die Gleisstromkreise. Mögliche Unterschiede in der Spannungszeitfläche der positiven und negativen Halbwelle der Spannung ließen auch geradzahlige Oberwellen erwarten. Bedingt durch das Umrichterprinzip waren diese Unterschiede gering und kurzzeitig. Sie konnten aber im Fehlerfall (Ausfall eines Thyristors) anwachsen und ständig auftreten. Bevor der Zugheizbetrieb aufgenommen wurde, vereinbarten beide Seiten, die Frequenz von 16 2/3 Hz auf zunächst 23,5 ± 7,5% einzustellen. Eine Maßnahme, um mit der dritten und sechsten Oberwelle Abstand von den Gleisstromfrequenzen 50 und 100 Hz zu erreichen. Weitere Messungen bei der DR führten im Juli 1975 zur Umstellung auf 22 Hz.

Die von der DR geforderten engen Toleranzen von +1,1 Hz und -0,5 Hz verlangten feinstufigere Einstellwiderstände. In kürzester Zeit musste ein elektronisches Symmetrie-Überwachungsgerät entwickelt werden. Mit ihm wurde die Spannungszeitflächengleichheit (Symmetrie) der positiven und negativen Spannungshalbwellen durch Messung des Gleichspannungsanteils in der Heizspannung erfasst. Abhängig von der Höhe erfolgte sofort oder um wenige Sekunden verzögert die Spannungsfreischaltung der Zugsammelschiene. Ein solches Gerät war kurzfristig vom Hersteller nicht zu bekommen. Später zeigte sich auch langfristig keine Lösung zur Mitauslieferung einer integrierten Symmetrie-Überwachung ab. Das Symmetrie-Überwachungs-

1 vorderer Führerstand
2 Druckluftbehälter
3 Bremslüfter
4 Lüfter der Gleichrichteranlage
5 Traktionsgleichrichter
6 Heizgenerator
7 Traktionsgenerator
8 Lichtanlaßmaschine
9 Dieselmotor
10 Abgasschalldämpfer
11 Wasserbehälter
12 Kühlerlüfter
13 Kühler
14 Löschmittelbehälter
15 Drehgestell
16 Sandbehälter
17 Kraftstofförderpumpe
18 Kraftstoffbehälter
19 Ölumwälzpumpe
20 Batterie
21 Hauptluftbehälter
22 Achsantrieb
23 Fahrmotor
24 Führerpult
25 zentrale Hochspannungskammer
26 Fahrmotorlüfter des vorderen Drehgestells
27 Waschbecken
28 Lüfter für Heizgenerator und Heizumrichter
29 Lüfter des Traktionsgenerators
30 Wärmetauscher
31 Luftfilter rechts
32 Kraftstoffvorwärmer
33 Schalttafel für Vorwärmgerät
34 Luftverdichter
35 Führerhausheizung
36 hinterer Führerstand
37 Fahrmotorlüfter des hinteren Drehgestells
38 Vorwärmgerät
39 Kühlwaserumpälzpumpe
40 Luftfilter links
41 Erregeraggregat
42 Heizumrichter
43 Geschwindigkeitsmesser
44 Wasserbehälter für Scheibenreinigungsanlage
45 Scheibenwischer

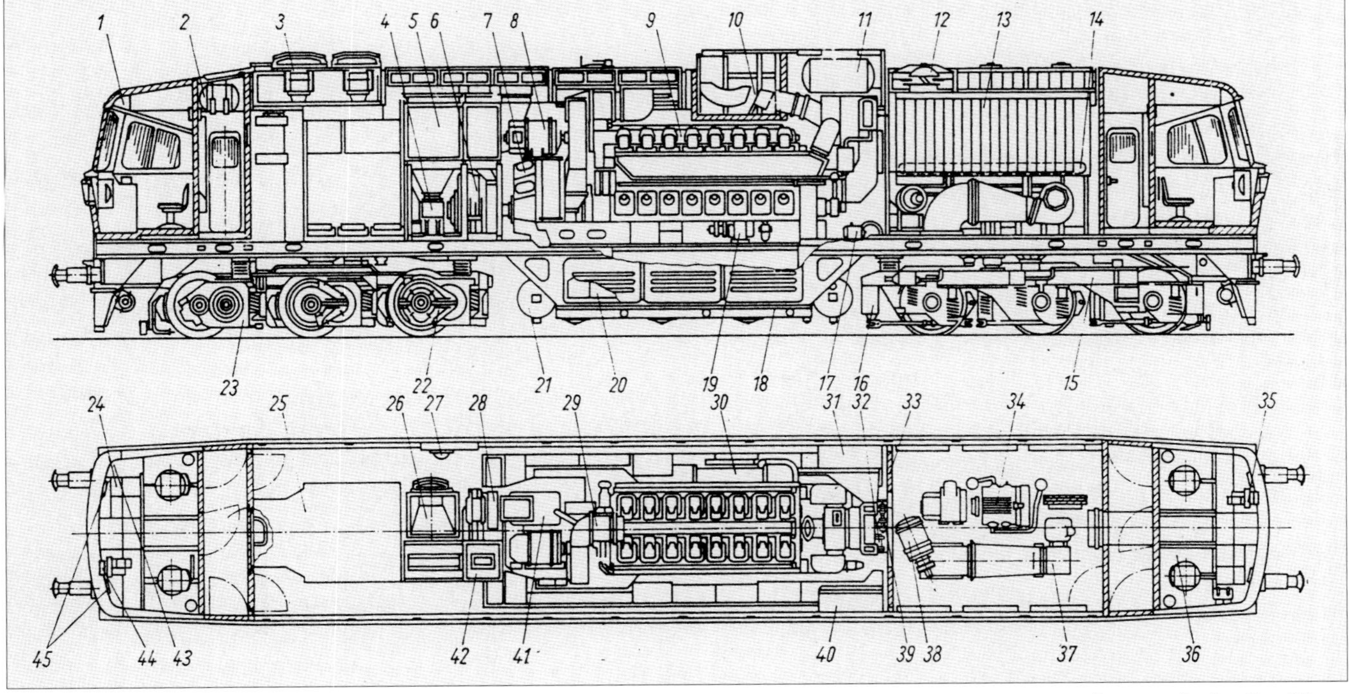

Die Anordnung der Aggregate in den Lokomotiven der Baureihe 132. SAMMLUNG DR.-ING. KURT KÖHLER

Das im Text beschriebene Anstecken des „Ehz"-Schildes dokumentiert dieses Bild vom 23. September 1983 in Magdeburg Hbf. Es diente der Signalisierung des Schaltzustandes der Zugsammelschiene. Der Lokführer von 132 269 hat das Schild gerade abgenommen.

AUFNAHME: JENS-PETER FRIED

gerät, aus Sicherheitsgründen aus zwei unabhängig voneinander wirkenden Schaltungsteilen aufgebaut, wurde von der DR in einen Isolierstoff-Abzweigkasten eingebaut. Jeweils vor Zuschaltung der Energieversorgungsanlage erfolgte der Einbau in die Hochspannungskammer und die schaltungstechnische Einbindung in die Überwachung der ZEV-Anlage. Ein häufiges Ansprechen der Symmetrie-Überwachung bei schwacher Belastung der Zugsammelschiene führte dazu, einen Grundlastwiderstand zu fordern. Ab Lokomotive 132 342 sah der Verkäufer diesen vor und übergab eine Instruktion zur Nachrüstung desselben auf früher gelieferte Lokomotiven.

Der betriebliche Einsatz der ZEV machte weitere Änderungen erforderlich. Im Verkehr zur Bundesrepublik mussten an der Grenze die Speisewagen abgehängt werden. Während beim Ellok-Betrieb der abgesenkte Stromabnehmer dem Rangierer weithin sichtbar die spannungslose Zugsammelschiene signalisierte, war der Schaltzustand der Zugsammelschiene beim Diesellok-Betrieb nicht erkennbar. Wegen eventueller Startschwierigkeiten war das Abstellen des Dieselmotors verworfen worden. Der abgestellte Dieselmotor hätte ohnehin weder als sichtbare noch als hörbare Erkennung (wenn zwei Lokomotiven benachbart stehen) dienen können. Eine „Ehz-Scheibe" musste fortan seitlich außen an dem Lokomotivausstieg diese „sichtbare" Signalisation übernehmen. Sie war mit einem Schlüsselschalter verbunden, der die Zuschaltung nur gestattete, wenn die „Ehz-Scheibe" im Maschinenraum-Seitengang an der Hochspannungskammer steckte.

Die sowjetische Fachpresse macht keinen Hehl aus Mängeln

Betriebseinsatz der Diesellokomotiven 2TE116 im Depot Tjumen[1]

Innerhalb des einen Betriebs- und Unterhaltungsjahres zeigten sich viele konstruktive Mängel sowie unzuverlässig arbeitende Baugruppen. Im Jahre 1973 wurden bereits 1183 Schäden festgestellt, was 15,1 Ausfälle auf Zehntausend km Laufleistung ausmacht. Laut technischen Bedingungen sind aber nicht mehr als 0,12 solcher Ausfälle zugelassen. ...
Welche konstruktiven Mängel zeigten sich am Dieselmotor und an den Hilfsbetrieben? Es ist das häufige Undichtwerden der Gummidichtung der Kühlwasserpumpe und die unvollkommene Stoßverbindung der Abgaskollektoren zu bemerken. Auf Grund der Verwindung der Abdeckungen für die Kühlerjalousien kommt es zum Abreißen der Antriebskette. Ungenügend ist auch die Befestigung der Gummimembran des Unterdruckreglers konstruiert. Oft wird der Schieber des Motorreglers 7PC-2 fest: am Dichtring des Leistungsreglers tritt Öl durch. Bei der Kraftstoffanlage verklemmen oft die Kolbenpaare der Einspritzpumpen; die Konstruktion des Filters im Einfüllstutzen des Kraftstofftanks ist unvollkommen. ...
Sorgen bereitet auch der Fahrzeugteil. An den Reibungsschwingungsdämpfern reißen die Gewinde der Übertragungsstangen, und der Dämpfer ist funktionsuntüchtig. Aber wenn er arbeitsfähig bleibt, so reißen die Augen der Lagerbuchsendeckel ab. Außerdem können die Dämpfer nicht ausgewechselt werden, ohne vorher die Lok mit den Pratzenhebern anzuheben. ...
Viel Kummer bereitet die elektrische Ausrüstung. Oft gehen die Wechselstromantriebsmotoren für die Kühlerlüfter, Fahrmotorenlüfter und Gleichrichterlüfter kaputt. Die Lager des Erregers BC-650B werden zerstört; die Lichtanlaßmaschinen CTΓ-7 werden schadhaft. Die Steuerblöcke Anlassen Dieselmotor, БВК-320, БА-430 und БА-520 arbeiten instabil. ...
Es ist zu bemerken, daß durch die geringe Qualität der Montage der elektrischen Kreise im Woroschilowgrader und Charkower Werk das Depot gezwungen ist, eine Menge Störungen an den Diesellokomotiven 2TE116 erst im Betrieb zu beseitigen. Nur innerhalb von 15 Tagen im Januar traten 8 Fälle einer zwischenzeitlichen Reparatur auf Grund von Masseschlüssen der Steuerleitungen und der geringen Qualität der Lötverbindungen auf. Bei der Entkonservierung neuer vom Werk erhaltener Lokomotiven werden eine Menge werkseitiger Mängel festgestellt, deren Beseitigung viel Zeit und Arbeitskräfte bindet. ...

[1] Auszugsweise wiedergegebene Übersetzung eines Aufsatzes von A. A. Kosel. aus Elektriceskaja i teplovoznaja Tjaga, Moskva, 18 (1974) 7, S. 19
Die 2TE116 ist mit ihrer im Artikel genannten Ausrüstung vom Dieselmotor bis zu den Fahrmotoren und vom Motorregler bis zu den elektronischen Blöcken mit den Baureihen 130-132 identisch.

Deutsche Reichsbahn HV M	**Diesellokomotive** für Reise- und Güterzugdienst		Baureihe: 132.0
Merkbuch für Triebfahrzeuge 939 Tr – Teil 3	Art der Kraftübertragung: elektrisch	Achsanordnung: Co'–Co'	Betriebsnummer: 132.001–132......

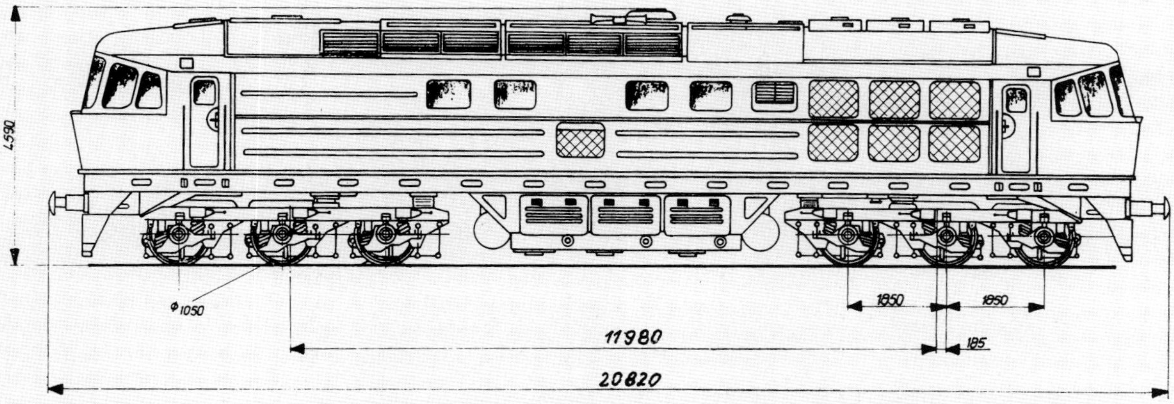

Fahrzeugmassen, Achslasten und techn. Daten

20,1 — 20,6 — 20,7 — 20,5 — 20,4 — 20,1 Mp Achslast

M_L = 119 t	Leermasse		M_D / Lüp = 5,95 t/m	Metermasse
M_D = 122,4 t	Dienstmasse		Q_A = 20,4 Mp	mittlere Achslast
G_R = 121,3 Mp	Reibungslast ($^2/_3$ Vorräte)			(der angetriebenen Achsen)

Lfd. Nr.			Dim.	Lfd. Nr.			Dim.
1	Höchstgeschwindigkeit $V_{max.}$	120	km/h	13	Anlasserbauart	GAW	
2	Kleinste Dauerfahrgeschw. $V_{D\,min.}$		km/h	14	Lüfter		
3	Maximale Anfahrzugkraft $Z_{max.}$		Mp		Für Kühlanlage: Anzahl / Antrieb	3 × elektr.	
4	Dauerzugkraft Z_D		Mp		Für Fahrmotor: Anzahl / Antrieb	2 × elektr.	
5	Dieselmotor	1 × 5 D 49		15	Steuerung		
	Leistung	3000	PS		Steuerungsart	elektr., pneum.	
	Vollastdrehzahl	1000	min^{-1}		Steuerungsausführung	Vielfst.	
	Untere Vollastdrehzahl	350	min^{-1}	16	Sicherheitsfahrschaltung	tw	
	Reglerart	Verst. R.		17	Rangierfunk	–	
	Masse (trocken)	14,5	t	18	Zugbeeinflussung	–	
6	Hauptaggregat d. Kraftübertrag:	Generator		19	Zugheizung: Bauart		
	Anzahl / Typ	1 × GS-501 A			Leistung / Druck		
	Traktionsleistung bei Drehzahl	2190 kW bei 1000 min^{-1}		20	Kühlwasservorwärmung	–	
	Masse (trocken)	10,5	t	21	Betriebsstoffe: Kraftstoff	4000	l
7	Nachschaltgetriebe	–			Heizkraftstoff	–	l
	Masse (trocken)	–	t		Heizwasser	–	l
8	Achsantrieb	Fahrm.			Sand	496	kg
	Anzahl / Typ	6 × ED 118		22	Befahrbarer Bogenlauf-Halbm.	600	m
9	Batterie: Bauart	Bleibatterie		23	Befahrb. Ablaufb.-Halbm. Konv./Konk.	300/400	m
	Spannung / Kapazität	96 V/390 Ah		24	Bremse:	Klotzbremse	
10	Lichtmaschine: Anzahl / Typ	1 × STG-7			Bremsbauart	KE-Tm + Wgt	
	Spannung / Leistung	110 V/50 kW			Bremsgewicht: G / P / P_2	94/108/128	t
11	Umformer: Bauart / Spannung	–			R (S) / R+E	147 / 182	t
12	Luftverdichter: Anzahl / Typ	1 × 2 HV 2 - $^{100}/_{145}$		25	Lieferwerk	WTS	
	Antrieb	elektr.		26	1. Beschaffungsjahr	1973	

Bemerkungen:

Ansicht der Lokomotive 132 494 am 31. August 1991 in der Einsatzstelle Köthen. Die Gestalt der Baureihe 132 unterscheidet sich von der Vorgänger-Type 131 hauptsächlich durch den Dachaufbau der Bremswiderstandslüfter und das fünfte Maschinenraumfenster. Die LüP war – äußerlich kaum auffällig – um 200 mm größer. AUFNAHME: HARTMUT MICHLER

Unmittelbar nach der Anlieferung der Lokomotive 132 484 entstand am 23. Februar 1977 dieses Bild im Raw Dessau. AUFNAHME: AXEL MEHNERT

Mit dem Eintreffen der Lokomotiven 130 101 und 130 102 standen endlich zwei Lokomotiven mit Einrichtungen zur zentralen Energieversorgung des Zuges über die Zugsammelschiene zur Prüfung bereit. Beide Lokomotiven waren für 140 km/h ausgelegt. Das Bild zeigt 130 101 am 5. Juni 1974 anlässlich der messtechnischen Untersuchung im elektrischen Prüffeld der VES-M, Betriebsteil Dessau. Neben dem Lokschild ist zu lesen: „Lebensgefahr! Heizkupplung nur bei abgestelltem Dieselmotor kuppeln.“ AUFNAHME: HANS-JOACHIM SIMON

132 127-2 als 600. Lokomotive für die DR

Obwohl am 5. Oktober 1974 der Stellvertretende Minister für Verkehrswesen der DDR 132 127-2 als 600. Lokomotive in Woroschilowgrad übernahm und bereits sechs Konstruktionsbesprechungen stattfanden, wurden die Konstruktionsänderungen auf Wunsch des Käufers oder durch Erkenntnisse des Verkäufers nicht weniger. Diese Änderungen hat der Verkäufer jeweils im *„Verzeichnis der Konstruktionsänderungen für die Serie der Diesellokomotive 132 ab Nr. ...bis Nr. ...“* zusammengefasst und als Instruktion dem Käufer übergeben. Auf die dargestellte Art sind in diesen Verzeichnissen für die folgenden Lokomotiven konstruktive Änderungen aufgeführt:

Lok von ... bis	Anz. d. Änd.	Lok von ... bis	Anz. d. Änd.
132 001-132 040	22	132 342-132 539	32
132 041-132 174	54	132 540-132 585	28
132 170-132 341	57	132 586-132 659	23

Der Käufer forderte für die Baureihe 142 eine Symmetrieüberwachung als integralen Bestandteil des ZEV-Umrichters. Zur Erprobung beabsichtigte der Verkäufer, drei Umrichter vorab damit auszurüsten. Nachdem wohl eine derartige Einrichtung in die Lokomotive 132 450 eingebaut war, entschloss man sich kurzfristig, die von der DR entwickelte Überwachung in der Baureihe 132 beizubehalten.

Für die Baureihe 142 hatte die Deutsche Reichsbahn bereits einen Umrichter gefordert, der mit geringem Leistungsfaktor arbeiten konnte. Im September 1977 (9. Konstruktionsbesprechung) berichtete der Verkäufer über Standversuche mit zwei Baumustern. Die Ergebnisse darüber, die den Vertretern der Deutschen Reichsbahn im Juni 1978 vorlagen und einen Umrichter mit Wechselrichteraussteuerung erkennen ließen, waren nicht akzeptabel. Ein neuer Generator mit höherer Drehzahl wäre erforderlich gewesen. Zur Auslieferung des neuen Umrichters in Lokomotiven der Baureihe 142 im Jahre 1979 kam es dann aber nicht mehr.

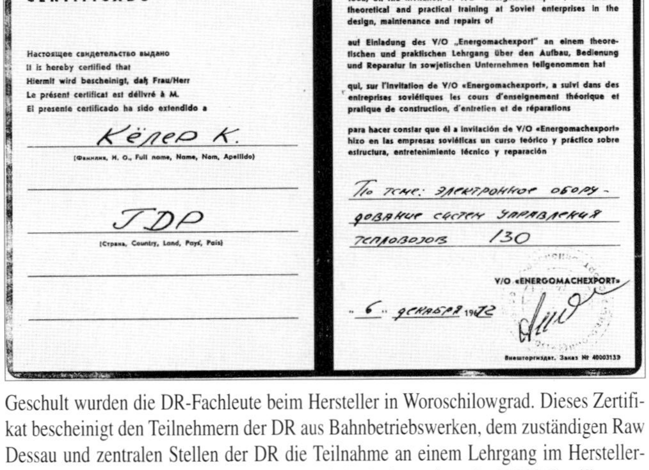
СВИДЕТЕЛЬСТВО
CERTIFICATE
BESCHEINIGUNG
CERTIFICAT
CERTIFICADO

№ 307

Настоящее свидетельство выдано
It is hereby certified that
Hiermit wird bescheinigt, daß Frau/Herr
Le présent certificat est délivré à M.
El presente certificado ha sido extendido a

Кёлер К.

(Фамилия, И. О., Full name, Name, Nom, Apellido)

ГДР

(Страна, Country, Land, Pays, País)

в том, что он по приглашению В/О «Энергомашэкспорт» прошел на советских предприятиях курс теоретического и практического обучения по устройству, техническому обслуживанию и ремонту

took, on the invitation of V/O "Energomachexport", a course of theoretical and practical training at Soviet enterprises in the design, maintenance and repairs of

auf Einladung des V/O „Energomachexport" an einem theoretischen und praktischen Lehrgang über den Aufbau, Bedienung und Reparatur in sowjetischen Unternehmen teilgenommen hat

qui, sur l'invitation de V/O «Energomachexport», a suivi dans des entreprises soviétiques les cours d'enseignement théorique et pratique de construction, d'entretien et de réparations

para hacer constar que él a invitación de V/O «Energomachexport» hizo en las empresas soviéticas un curso teórico y práctico sobre estructura, entretenimiento técnico y reparación

По теме: электронное оборудование систем управления тепловозов 130

V/O «ENERGOMACHEXPORT»

„6“ декабря 1972

Внешторгиздат. Заказ № 40003133

Geschult wurden die DR-Fachleute beim Hersteller in Woroschilowgrad. Dieses Zertifikat bescheinigt den Teilnehmern der DR aus Bahnbetriebswerken, dem zuständigen Raw Dessau und zentralen Stellen der DR die Teilnahme an einem Lehrgang im Herstellerwerk über die zentrale Energieversorgung bei den Lokomotiven der V 300-Familie.
SAMMLUNG DR.-ING. KURT KÖHLER

Qualitätskonferenz in Woroschilowgrad

Über 450 Lokomotiven der Baureihe 132 waren Ende 1976 bei der DR beheimatet, nachdem allein in den Jahren 1974, 1975 und 1976 125, 168 und 153 Lokomotiven in Dienst gestellt wurden. Die Zahl der Instandhaltungsstufen I1-I5 erhöhte sich mit der Anzahl der Lokomotiven und steigender Laufleistung. Ersatzteile waren nicht immer genügend vorhanden. Entweder hatte der Käufer sie wegen fehlender Erfahrungen nicht bestellt oder sie wurden sie vom Verkäufer öfter wegen Produktionsschwierigkeiten verzögert geliefert. Das „Warten auf Ersatzteile“ führte zu verlängerten Abstellzeiten und unplanmäßigem Handeln. Immer höhere Leitungskreise befassten sich mit den Schwierigkeiten. Hinzu kamen Qualitätsmängel an den gelieferten Lokomotiven, die die Übernahme in Korolewo und die Indienststellung unzumutbar verlängerten. Anlass genug, um vom 8. bis 13. Februar 1977 eine *„Konferenz zur weiteren Erhöhung der Qualität der Diesellokomotive Baureihe 132 ...“* in Woroschilowgrad durchzuführen.

Eisenbahner, die sich auch in der DDR mit der Lok-Abnahme befassten, konnten die Lokomotive 132 492 nach einer bereits durchgeführten Werkserprobung in Anwesenheit von Vertretern des Werkes einer Kontrolle unterziehen:

- Kontrolle der kalten Lokomotive auf eigenen Drehgestellen (1.435 mm Spurweite)
- Funktionsprobe der Lokomotive bei arbeitendem Dieselmotor auf eigenen Drehgestellen
- Prüfung der Lokomotive bei Belastung am Rheostat auf technologischen Drehgestellen (1.520 mm Spurweite)

Die Vertreter des Käufers, die die Lokomotive nicht auswählen konnten, erwarteten ein Triebfahrzeug ohne Mängel. Überraschend wurden zu Punkt 1. 80, zu Punkt 2. acht und zu Punkt 3. fünf Mängel nach einem langen Meinungsaustausch in der Anlage zum Protokoll vermerkt. Im Protokoll selbst formulierten beide Seiten ihre Sichtweise:

> *„Der Verkäufer erklärt, daß die Aufstellung der Beanstandungen aus der Kontrolle der Lok 132 492 eine Reihe von Punkten beinhaltet, die keine Mängel sind, weil sie auf der Spezifik der Technologie der Herstellung von Diesellokomotiven 1435 mm Spurweite beruhen.*
> *Der Käufer erklärt dazu, daß die festgestellten Beanstandungen im wesentlichen Fertigungsmängel sind, die im Herstellerwerk vor Absendung der Lokomotive nach Korolewo zu beseitigen sind.*
> *Im Ergebnis der Konferenz betont der Käufer die Notwendigkeit von Maßnahmen des Verkäufers, die eine stabile Erhöhung der Qualität der Herstellung der Lokomotiven der BR 132 gewährleisten.*
> *Der Verkäufer erkennt die Notwendigkeit der weiteren Steigerung der Herstellerqualität der Lokomotive der BR 132 an und arbeitet die vom Käufer geäußerten Beanstandungen durch und ergreift Maßnahmen zur Beseitigung dieser Beanstandungen.“*

Schuldhaftes Verhalten der DR

Anfang der achtziger Jahre wurde durch ständig steigende Ausfälle elektrischer Maschinen deutlich, dass im Aufarbeitungsprozess dieser Maschinen bei der Deutschen Reichsbahn Fehler gemacht wurden. Alle daraufhin eingeleiteten Maßnahmen zeigten nicht den gewünschten Erfolg. Eine Analyse der Fahrmotorschäden zeigte, dass sich die Ausfälle pro Jahr etwa verdoppelten und mit einem weiteren Anstieg der Ausfälle zu rechnen war. Die Summe der Schäden durch Überschläge und andere Garantiefälle – 1982: 367, 1983: 506 und im ersten Quartal 1984 bereits 198 – machten den Ernst der Lage deutlich. Der Verkäufer sah darin seinen Ruf als Lokomotiv- und E-Maschinenhersteller geschädigt. Er reagierte mit einer Denkschrift diplomatischen Anstrichs über seine Ministerien an die der DDR. Im Interesse beider Partner musste schnell gehandelt werden. Der Leiter der Hauptverwaltung Maschinentechnik der DR bat Spezialisten des Technischen Zentrums der Handelsvertretung der UdSSR in der DDR, eine Analyse der Instandhaltung der E-Maschinen der Triebfahrzeuge der BR 130-132 vorzunehmen.

Sowjetische Diesellokomotiven werden an die DDR seit 1966 geliefert. In diesem Zeitraum hat ihre Zahl

1000

Stück erreicht

Stammkarte — Geburtsurkunde der 1000. Diesellokomotive und Schlüssel zu ihrem «Herzen» von 3000 *PS* Leistung

Lokomotivführer E. Jörs aus der DDR soll den Jubilar zu seinem ständigen Einsatzort, ins Bahnbetriebswerk Neustrelitz, bringen

Aus Anlaß der Übergabe der 1000. Diesellokomotive fand in der Fabrik eine Festveranstaltung statt

Die Mitglieder der DDR-Delegation informierten sich über die Geschichte der Entwicklung des sowjetischen Diesellokomotivbaus im Museum der Fabrik

Bei der Übergabe der Diesellokomotive sagte **Dieter Wöstenfeld,** stellvertretender Generaldirektor der Deutschen Reichsbahn, folgendes:

«Die Produktion der 1000. sowjetischen Diesellokomotive für die DDR ist ein würdiges Kettenglied in den zahlreichen Verbindungen der sozialistischen ökonomischen Integration der Volkswirtschaft unserer Länder. Wir haben die ersten sowjetischen Diesellokomotiven vor zehn Jahren erhalten. Im Eisenbahnnetz der DDR werden heute 2000-*PS*- und 3000-*PS*-Diesellokomotiven aus der UdSSR eingesetzt, auf die über 70 % des Dieselzugbetriebs fallen. Einer großen Beliebtheit erfreut sich bei den DDR-Eisenbahnern die 3000-*PS*-Diesellokomotive Baureihe 132.
Im Ergebnis der fruchtbringenden Zusammenarbeit unserer und sowjetischer Fachleute ist die Konstruktion der Diesellokomotiven verbessert und sind neue Arbeitsmethoden eingeführt.
In der Montagehalle der Fabrik Woroschilowgrad stehen bereits Maschinen für die DDR Baureihe 142 bereit. Die Leistung der neuen Diesellokomotive, des Goldpreisträgers der Leipziger Messe 1975, beträgt 4000 *PS*. Sie ist auf Grundlage der Diesellokomotive 132 entwickelt, mit der sie zu 90 % vereinheitlicht ist.
Es ist nicht zu bezweifeln, daß sich die Verbindungen der Diesellokbauer aus Woroschilowgrad und der Vertreter von Eisenbahnorganisationen der DDR von Jahr zu Jahr festigen und immer ersprießlicher entwickeln werden.»

Am 24. Januar 1977 wurde im Bw Neustrelitz die 1000. Lokomotive aus der Sowjetunion in Dienst gestellt. Im Heft 5/1977 der zweimal jährlich in Deutsch, Russisch, Englisch, Französisch und Spanisch erscheinenden Firmenschrift „Energoexport“ wurde dieser Anlass von deutscher und sowjetischer Seite, alle Schwierigkeiten übersehend, überschwänglich gewürdigt.
SAMMLUNG DR.-ING. KURT KÖHLER

Auszug aus den Lobeshymnen des Leiters der HvM und der Vertreter des Bw Neustrelitz auf die sowjetischen Diesellokomotiven in der auf Seite 36 erwähnten Schrift. Der Auszug aus diesem Beitrag entsprach den damaligen Gepflogenheiten: In der Öffentlichkeit wurden die Probleme nicht angesprochen, der überschwängliche Ton entsprach dem Verhältnis zwischen den beiden Staaten.

Sowjetische Diesellokomotiven auf den Schienenwegen der DDR

R. WAGNER,
Leiter der Hauptverwaltung des Ministeriums für Verkehrswesen der DDR

Die Außenhandelsbeziehungen zwischen der Deutschen Demokratischen Republik und der UdSSR entwickeln sich erfolgreich. Besonders dynamisch nehmen die Lieferungen von Maschinen und Ausrüstungen aus der Sowjetunion zu. Einen großen Raum im Importprogramm der DDR nehmen die sowjetischen Diesellokomotiven ein.

Der VIII. Parteitag der Sozialistischen Einheitspartei

V/O ENERGOMACHEXPORT wurde eine Kundendienstgruppe organisiert, die aus hochqualifizierten Spezialisten besteht, welche von Herstellerbetrieben entsendet wurden. Mit ihren Leistungen sind wir sehr zufrieden. Sie leisten eine große Hilfe bei dem Betrieb und der Ausbesserung der Diesellokomotiven während der Garantiefrist und nach ihrem Ablauf, bilden hiesige Kader heran gemeinsam mit unseren Fachleuten eine 4000-*PS*-Diesellokomotive Typ 142 entwickelt. Auf der Leipziger Frühjahrsmesse 1975 wurde dieses Triebfahrzeug mit der Großen Goldmedaille ausgezeichnet.

«Ich möchte im Namen der Eisenbahner der DDR den Schöpfern sowjetischer Lokomotiven unseren Dank aussprechen»

Das Bahnbetriebswerk Neustrelitz liegt 100 *km* nördlich von Berlin in einer kleinen Stadt mit dem gleichen Namen. Das ist nicht nur das beste, sondern auch das älteste Bahnbetriebswerk des Landes, das 100 Jahre alt geworden ist. Die alten Bauwerke aus rotem Baustein sind aber nur auf Photos und

Es begann die alltägliche Schulung (Umschulung der alten Fachkräfte, Anwerbung und Ausbildung der neuen), wobei eine wichtige Rolle die sowjetischen Spezialisten gespielt haben. Dank ihrer Unterstützung verfügen wir heute über hochqualifizierte Kader von Reparaturarbeitern und Lokführern.

Ende Februar 1983 lag dem Hauptverwaltungsleiter eine acht Schreibmaschinenseiten umfassende Analyse vor. Der Bereich Fahrzeugausbesserung musste sich sagen lassen, dass die Reparaturtechnologien und -materialien nicht der erforderlichen Isolationsklasse F entsprachen. Somit war die zeichnungsgerechte Wiederherstellung des Urzustandes der Fahrmotoren selbst zur Generalreparatur nicht gewährleistet. Durch eine ungenügende Reinigungstechnologie lagerte sich der Schmutz an später nicht mehr zugänglichen Stellen ab. Ein Nachtränken der Isolation nach 300-500 Tausend Laufkilometern, vom Hersteller in der technischen Dokumentation vorgegeben, war selbst nach mehr als der doppelten Laufleistung nicht erfolgt.

Es fehlte am Know-how. Eine Vakuumtränkanlage war erst für das Jahr 1986, der zweiten Stufe der Rekonstruktion des Werkes, vorgesehen. Um kurzfristig die Vakuumtränkung einführen zu können, hieß es im Ergebnis der Auswertung der vorgelegten Analyse:

> *„Ausarbeitung einer Information an den Stv. Min. und 1. Stv. d. GD der DR zur Situation über erforderliche Maßnahmen zur Durchsetzung einer qualitäts- und konstruktionsgerechten Aufarbeitung der E-Maschinen der BR 130 ... 132.“*

Derartige Informationen führten neben dem ökonomischen Zwang auch zu politischem Druck und zur schnelleren Abwendung von Missständen.

Die fabrikneuen Lokomotiven 132 494 und 132 492 auf der Fahrt von der Abnahme in Korolewo zur Indienststellung im Raw Dessau, hier beim Zwischenhalt in Dessau-Süd am 8. April 1977. Zum Abnahme-Raw sind es nur noch wenige Meter. Sehr schön sind auf diesem Bild die mit Gummiprofilen gefassten Frontscheiben zu erkennen, die Jahre später durch Metallrahmen ersetzt wurden.
AUFNAHME: HANS-JOACHIM SIMON

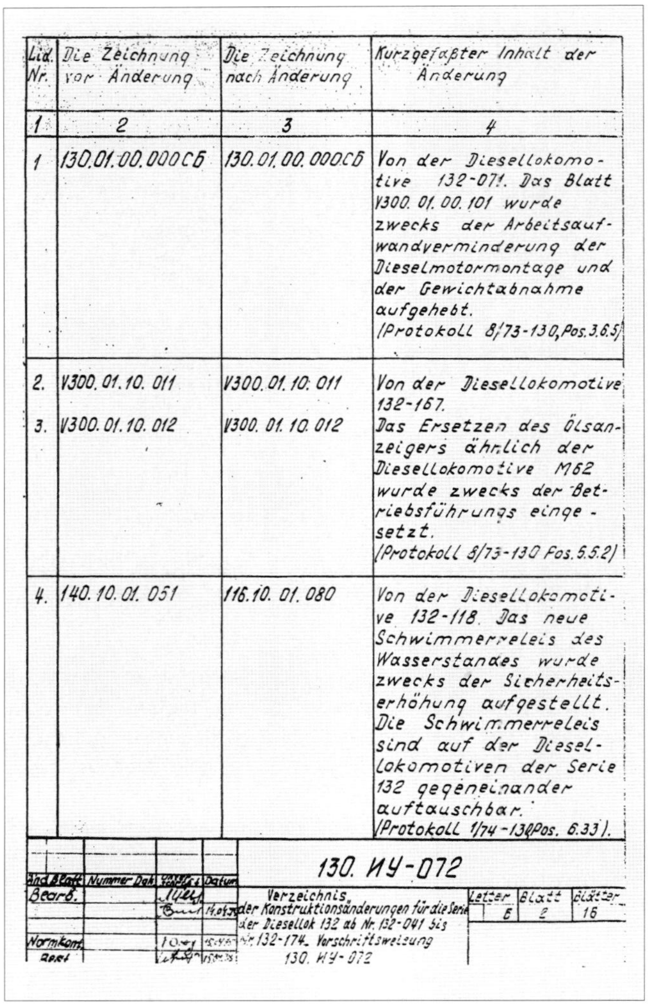

Lfd. Nr.	Die Zeichnung vor Änderung	Die Zeichnung nach Änderung	Kurzgefaßter Inhalt der Änderung
1	2	3	4
1	130.01.00.000СБ	130.01.00.000СБ	Von der Diesellokomotive 132-071. Das Blatt V300.01.00.101 wurde zwecks der Arbeitsaufwandverminderung der Dieselmotormontage und der Gewichtabnahme aufgehebt. (Protokoll 8/73-130, Pos. 3.6.5)
2.	V300.01.10.011	V300.01.10.011	Von der Diesellokomotive 132-167. Das Ersetzen des Ölsanzeigers ähnlich der Diesellokomotive M62 wurde zwecks der Betriebsführungs eingesetzt. (Protokoll 5/73-130 Pos. 5.5.2)
3.	V300.01.10.012	V300.01.10.012	
4.	140.10.01.051	116.10.01.080	Von der Diesellokomotive 132-118. Das neue Schwimmerrelais des Wasserstandes wurde zwecks der Sicherheitserhöhung aufgestellt. Die Schwimmerrelais sind auf der Diesellokomotiven der Serie 132 gegeneinander auftauschbar. (Protokoll 1/74-130 Pos. 6.33).

130. ИУ-072

Verzeichnis der Konstruktionsänderungen für die Serie der Diesellok 132 ab Nr. 132-041 bis Nr. 132-174. Vorschriftsweisung 130. ИУ-072

Letter | Blatt 2 | Blätter 16

Auszug aus einer der „Instruktionen" des Herstellerwerkes, die die Änderungen im Detail ab der jeweils genannten Lokomotive exakt auflisten. Beispielsweise wurde ab der Lokomotive 132 167 ein Ölanzeiger „ähnlich der Diesellokomotive M 62" eingesetzt. Ab 132 118 kamen neue Schwimmerrelais zur Kontrolle des Wasserstandes zum Einbau.

SAMMLUNG DR.-ING. KURT KÖHLER

Die Baureihe 142

Als 1977 die ersten Lokomotiven der BR 142 geliefert wurden, entsprach dies den ersten technischen Forderungen. Neben einer 3.000-PS-Variante mit 140 km/h war ursprünglich auch eine 4.000-PS-Variante mit 160 km/h Höchstgeschwindigkeit geplant.

Lok-Nr.	Indienst-stellung	erste Beheimatung	z-gestellt	ausgemustert
142 001	21.05.1977	Halle P	09.11.1994	10.03.1995
142 002	01.06.1977	Halle P	09.11.1994	10.03.1995
142 003	16.07.1977	Halle P	04.07.1994	10.03.1995
142 004	12.10.1977	Stralsund	10.05.1994	30.11.1994
142 005	31.08.1978	Stralsund	04.07.1994	10.03.1995
142 006	30.11.1978	Stralsund	04.07.1994	10.03.1995

Den streckenbau- und betrieblichen Verhältnissen der DR angepasst, wurde die Höchstgeschwindigkeit auf 120 km/h festgelegt. Nach den Angaben des Herstellers unterschieden sich die Varianten u. a. in nachfolgenden Hauptparametern:

Hauptparameter	Einheit	BR 132	BR 142
max. Masse mit vollen Betriebsvorräten	t	120 ± 2%	max. 126
Radsatzlast	Mp	21	21
Dauerfahrgeschw. bei ausgeschalteter ZEV	km/h	28,9	32,2
Dauerzugkraft	kN	200,1	241,2
Anfahrzugkraft	kN	341,4	343,2
Pufferhöhe über SO bei Raddurchm. 1.050 mm	mm	$1.060^{+5/-30}$	$1.050^{+15/-20}$
Wirkungsgrad der Lok bei Nennlast		0,28	0,314
Wasservorrat für Dieselmotorkühlung	kg	1250	1.150
Ölvorrat für Motorkühlung u. -schmierung	kg	1.000	1.150
Dieselmotor Typ		5 D 49	2-5 D 49
Leistung unter Normalbedingungen	PS	3.035	4.000
spez. Kraftstoffverbrauch	g/PSh	151 + 5 %	157 + 5 %
spez. Ölverbrauch	g/PSh	2,5	2,0
Hauptgenerator Typ		GS 501	GS 504
Leistung	kW	2.190	2.800
Fahrmotor Typ		ED 118	ED 120
Leistung	kW	305	411

Vertreter des Woroschilowgrader und Kolomnaer Lokomotivwerkes, der Charkower Werke Elektromaschina und Elektrotechmach sowie des Talliner Elektrotechnischen Werkes informieren die Vertreter der DR (links sitzend) über durchgeführte Arbeiten zur weiteren Steigerung der Qualität der Baureihe 132, Februar 1977.

AUFNAHME: SAMMLUNG DR.-ING. KURT KÖHLER

Die zweite 4.000-PS-Lokomotive der Baureihe 142 erhielt am 1. Juni 1977 ihre Indienststellung und kam anschließend zur VES-M Halle. Dort wurde die am 31. Mai 1977 abgenommene Maschine auch gleich fotografiert. AUFNAHME: RUTH PELLICCIONI

Die lange zuvor fixierte Absicht, eine leistungsstärkere Lokomotive zu bauen, sicherte eine weitgehende Übereinstimmung der Baugruppen und Bauteile, ein Effekt, der sich in der Ausbildung, Instandhaltung und Ersatzteilbevorratung positiv ausgewirkt hätte, wäre noch eine größere Anzahl von Lokomotiven zur Auslieferung gekommen. Eine ingenieurtechnische Leistung der Konstrukteure, die auf der Leipziger Frühjahrsmesse 1975 mit einer Goldmedaille gewürdigt wurde.

Bis zur letzten Lokomotive blieb die Lokmasse umstritten. Im Reisebericht über die zuvor erfolgte Abstimmung der Lokomotivlieferung 1978 wurde eingeschätzt:

> *„... , daß die sowjetische Seite trotz der im September/Oktober 1977 im Rahmen der Abstimmung der TB für die BR 142 und des Gespräches des Genossen Ministers Arndt mit dem Leiter der Handelsvertretung der UdSSR in der DDR die Frage der Einhaltung einer max. Masse der Triebfahrzeuge von 120 Mp ± 3 % nicht genügend beachtet hat."*

Im November 1978 wurden die durchgeführten Instandhaltungsstufen V 5 an den Lokomotiven 142 003 und 142 004 in Berlin mit dem Verkäufer ausgewertet. Sorgen bereiteten nach wie vor der Dieselmotor und seine Peripherie. Die Lager des Abgasturboladers mussten wegen erhöhten Verschleißes gewechselt werden. Bedingt durch den Verschleiß und die Ausbröckelung der Zinnschicht mussten durchschnittlich 2,5 Pleuellager ersetzt werden. Der Käufer zog die vom Verkäufer genannte Lebensdauer der Lagerschalen von 400.000 km in Zweifel. An den Einspritzpumpen beider Lokomotiven waren Fälle des Fressens der Pumpenelemente erkannt worden. Neue konstruktive und technologische Maßnahmen ließen das Streben nach höherer Zuverlässigkeit erkennen. Sie kamen für eine Serienlokomotive aber zu spät.

Probleme mit dem Dieselmotor 5 D 49

Kraftstoffsystem

Seit Indienststellung der ersten Lokomotiven stand der Dieselmotor mit seinen Schwächen in der Kritik. Der Zustand der Einspritzdüsen beeinflusste wesentlich die Abgastrübung und war entscheidend für die vorzeitige Verringerung der Viskosität des Motorschmieröles. So nahm der Motorenhersteller bereits ab Dieselmotor-Nr. 10 eine Fixierung des Zerstäubers an der Einspritzdüse vor. Sie sollte das exakt zentrische Einspritzen des Kraftstoffs in den Brennraum gewährleisten. Ein anderer Ladeluftkühler mit geringerem Luftwiderstand und größerer Kühlfläche kam ab Dieselmotor Nr. 19 zum Einsatz. Im Gespräch waren bereits im Dezember 1970 andere Steuerzeiten, in Anzahl und im Durchmesser geänderte Bohrungen im Zerstäuber und eine Veränderung des Ladeluftdruckes. Damit waren weitere Änderungen am „Serienmotor" angekündigt.

Tabelle: Im Oktober 1971 vorhandener Stand der Um- und Nachrüstungen, nur bezogen auf den Dieselmotor.

Inhalt der Umrüstarbeit	vom Hersteller zu liefern	geliefert	Anzahl der Loks umzurüsten	umgerüstet	Endtermin der Umrüstung
Umrüstg. Kurbelgehäuse-Entlüftg.	5	5	5	2	zur V1
Austausch d. Einspitzpumpenelemente	300	300	16	8	entsprechend Plan
Einbau Zylindergruppenabschaltg.	33	33	33	7	entsprechend Plan
Austausch Starter-Generator	10	20	10	2	entsprechend Plan
Dichtheitskontr. d. Einspritzpumpen	64	64	18	7	entsprechend Plan

Inspektion der Technischen Überwachung bei der Deutschen Reichsbahn

Außenstelle Halle
Dienststelle

Halle (Saale), den 15.08.80
Az.: TÜ 3.4/3-085-03-605/649/79

Zustimmung zur Inbetriebnahme Nr. 10/80

gemäß 1. DB zur ASVO vom 25. 10. 1974 und ABAO 900/1 vom 28. 10. 1975

Anlage(n) Elektrotechnische Ausrüstung der dieselelektrischen Lokomotiven 142 001 bis 142 006

Projektant Lokomotivwerk Woroschilowgrad, UdSSR

Hersteller wie Projektant

Betreiber Deutsche Reichsbahn, Hauptverwaltung d. Maschinenwirtschaft

Gemäß der ABAO 900/1 wurde ~~am~~ ______ die ~~mit der Zustimmung zur Errichtung Nr.~~ ______ ~~vom~~ ______ ~~zur Errichtung/Erweiterung/Änderung zugelassene~~ Anlage geprüft und der Inbetriebnahme zugestimmt.

Inbetriebnahmebedingungen:

- Abstellung umseitig genannter Mängel
- Änderungen an den Unterlagen bzw. Anlagen, die dieser Zustimmung zugrunde liegen, sind der TÜ-DR umgehend mitzuteilen.

Folgende Unterlagen haben vorgelegen:

1. Technische Bedingungen TY 24-4-10.471-74 (TB 142-76)
2. Aufstellung der Unterschiede BR 142 gegenüber BR 132
3. Technische Beschreibung 2623.00.00.000 TO mit Bilderbuch (Anhang)
4. GAB-Nachweis für Triebfahrzeuge der BR 142 vom 29.05.80

Zur Indienststellung der Lokomotiven der Baureihe 142 war auch die Zustimmung der Technischen Überwachung (bei der DR) zur Inbetriebnahme der elektrotechnischen Anlage erforderlich. SAMMLUNG DR.-ING. KURT KÖHLER

Bild oben links und unten: Die in Woroschilowgrad gebaute Lokomotive TE129-001 ist der Urahn der DR-142. Sie wurde bereits 1974 gebaut und auf der Leipziger Frühjahrsmesse 1975 der Öffentlichkeit als 142-001 vorgestellt. Die Lokomotive wurde später wieder an den Hersteller zurückgegeben. Bis zuletzt trug sie die Messe-Beschilderung 142-001, obwohl sie mit den später an die DR gelieferten Maschinen (142 001-006) nicht identisch ist. AUFNAHME: JENS-PETER FRIED

Weitere konstruktive und technologische Änderungen am Pumpenelement und selbst die neue Einspritzpumpe ab Aggregat 364 (im IV. Quartal 1974) konnten nicht befriedigen. Es traten weiterhin undichte und festgefressene Pumpenelemente auf. Ungenügende Fertigungsqualität, damit erhöhter Ersatzteilbedarf und schleppende Ersatzteilbereitstellung zwangen die DR zu immer neuen Zugeständnissen. Der Ersatzteilsituation gehorchend durfte ab April 1976 (8. Kb.) die Zeit für den Druckabfall von 60 auf 50 kp/cm^2 nicht unter 25 Sekunden (früher nicht unter 30 s) betragen. Damit nicht genug, durften Pumpenelemente mit einer Druckabfallzeit >15 s im Einsatz bleiben, und bereits schadhaft gewordene, wieder aufgearbeitete Pumpenelemente mit einer Druckabfallzeit von >10 s durften wieder eingebaut werden. Ein hoher Leckkraftstoffanteil gelangte über das Pumpenelement in den Nockenwellentunnel und ins Motorgehäuse. Hier führte er zwangsläufig zur Ölverdünnung des Dieselmotoröls. Untersuchungen in den Bahnbetriebswerken Reichenbach, Leipzig Süd und Falkenberg zeitigten Ölwechsel zwischen 5.000 und 30.000 km Laufleistung. Bei im Durchschnitt alle 20.000 km erfolgtem Ölwechsel (planmäßig alle 30.000 km) ergaben sich, 90.000 bis 100.000 km Laufleistung pro Jahr angenommen, 1,5 Ölwechsel pro Triebfahrzeug und Jahr mehr. Für 500 Triebfahrzeuge im Jahre 1975 mit je 1.000 kg Ölfüllung errechneten sich Mehraufwendungen für die DR von 2.625.000,00 M für die zusätzliche Ölmenge von 750 t. Ursächlich dafür war die ungenügende Qualität der Herstellung im Diesellokomotivwerk Kolomna. Durch schwergängige Regelstangen wurde der Mangel verstärkt, indem die Nullförderung der abgeschalteten Einspritzpumpen nicht immer gegeben war. Mit der eingeführten Zylindergruppenabschaltung sollten acht Zylinder die Leerlaufleistung bei insgesamt besserer Zerstäubung des Kraftstoffes übernehmen.

Triebwerk

Die erste Änderung an der Paarung Anlenkpleuelbolzen/-buchse erfolgte am Dieselmotor Nr. 25 im II. Quartal 1971. Zusammen mit der Verbesserung der Ölzufuhr brachte die Änderung keine nennenswerten Erfolge. Ohne Erfolg blieben auch die Verringerung des Spiels beim Einbau und eine erhöhte Ölzufuhr, die der Hersteller im III. Quartal 1974 am Dieselmotor-Nr. 324 durchführte. Als im April 1976 (8. Kb.) der Hersteller über positive Erprobungen mit einsatzgehärteten Bolzen bei verbesserter Ölzuführung berichtete, lagen solche Erfahrungen auch bei der DR vor. Sie hatte Bolzen erprobt, die im Induktionshärteverfahren gehärtet wurden. Gegenüber den nitriergehärteten Anlenkpleuelbolzen wiesen die induktiv gehärteten Bolzen eine größere Härtetiefe auf. Ohne das Grenzspiel von 0,3 mm (neu auf 0,35 mm festgelegt) zu überschreiten, wurde die Paarung Bolzen/Buchse ohne Veränderung der Ölzufuhr über 200.000 km erprobt.

Im Oktober 1973 (5. Kb.) musste der Käufer die traurige Bilanz ziehen und über 9 Kurbelwellenschäden berichten.

Motor Nr.	Lok-Nr.	Laufleistung	schadhaft
18	130 006	109.000 km	Hauptlagerzapfen
20	130 007	194.000 km	Hauptlagerzapfen u.Lager
28	130 019	72.000 km	Hauptlagerzapfen u.Lager
59	130 042	141.000 km	3. Hauptlager
57	130 045	127.000 km	3. Hauptlagerzapfen
58	130 053	115.000 km	8. Hubzapfen
13	130 009	213.000 km	7. Hubzapfen
22	130 016	237.000 km	6. Hubzapfen
33	130 028	90.000 km	alle 8 Hubzapfen

Die Schäden waren durch schadhafte Lager hervorgerufen worden. Die DR verwies dabei auf eine erforderliche Verstärkung der Einlaufschicht, auf eine besser ausgerichtete Lagergasse und auf die Notwendigkeit einer besseren Ölversorgung beim Starten des Dieselmotors. Prüfungen der DR mit der Lehrwelle hatten maximale Abweichungen in der Lagergasse zwischen 0,15 und 0,52 mm ergeben. Von 43 im Jahre 1975 aufgearbeiteten Dieselaggregaten waren bei 14 die Lagergassen zu berichtigen. Zur Stabilisierung des Triebwerkes wurden nacheinander folgende Änderungen eingeführt:

- Erhöhung des Kupfergehalts im Material der Kurbelwelle ab Aggregat 230 (I/1974)
- Thermische Behandlung des Motorblocks zur Vermeidung nachträglicher Verformungen ab Aggregat 334 (III/1974)
- Oberflächenverfestigung der Übergangsradien der Wangen der Kurbelwelle ab Aggregat 339 (III/1974)
- Verstärkung der Kurbelwelle durch Veränderung der Hohlraumform ab Aggregat 349 (IV/1974)
- Plastische Verformung der Lagerschalen zwecks größerer Vorspannung ab Aggregat 428 (I/1975)
- Hyperbolisches Gestalten der Laufflächen, Verringerung des Ölspiels, kreishaltiges Ausdrehen der Lagerschalen ab Aggregat 442 (II/1975).

Trotz weiterer Neuerungen, wie die Verbesserung der Formhaltigkeit der Lagerschalenrücken, die Vorverfestigung der Pleuelschrauben durch Dehnen und erhöhte Qualitätskontrolle des Materials der Stahlrohrrohlinge für Lagerschalen, wurden bis zum März 1976 an den Dieselaggregaten bis zur Nr. 441 insgesamt 46 Kurbelwellenschäden registriert. Alle diese Schäden waren mit Pleuellagerschäden, die in 80 % aller Fälle von der oberen Lagerschale ausgingen, verbunden. Es war sicher gut, dass der damit verbundene ökonomische Aufwand (46 neue Kurbelwellen, 46 zusätzliche Dieselmotor-Aufarbeitungen, 46 x 15 Tage Standzeit) nur schwer zu ermitteln war und nicht offiziell aufgezeigt wurde. Die Hoffnung auf einen „stabilen Dieselmotor" ging gänzlich verloren, als vorbeugende Pleuellagerkontrollen an 5 von 19 Aggregaten oberhalb der Nr. 442 gleiche Schäden erkennen ließen.

Durch einen Aufsatz in der russischen Fachzeitschrift „Vestnik", der über Untersuchungen von Kurbelschäden an Dieselmotoren 5 D 49 bei der SZD durch das ZNII (MPS) berichtete, wurden auch von dort in größerem Umfang aufgetretene Kurbelwellenbrüche bekannt. Als Ausgangsursachen schätzte die Veröffentlichung ein:

- ungenügende Reserven für die Tragfähigkeit der Lager
- Zusammentreffen ungünstiger Arbeitsbedingungen
- ungenügende Oberflächengüte der Reibpartner.

Die Dieselmotoren ab Nr. 1174 bekamen ein komplett neues Triebwerk. Mit einem Hubzapfen von 190 mm gegenüber 200 mm

In einem Hubzapfen gebrochene Kurbelwelle eines Dieselmotors 5 D 49.
AUFNAHME: SAMMLUNG DR.-ING. KURT KÖHLER

Ausbau des Dieselmotors der Lokomotive 130 033 am 28. Juni 1972 im Bw Halle G. Auf dem bereitgestellten Wagen hat schon ein weiterer Motor vom Typ 5 D 49 Platz gefunden.
AUFNAHME: RBD HALLE/SAMMLUNG DR. BRIAN RAMPP

Durchmesser war ein verstärktes Pleuel mit verstärkten Pleuelschrauben und -lagerschalen möglich. Auf den etwas früher eingeführten breiteren Hauptlagerböcken und verstärkten Hauptlagerschalen ruhte die neue gesenkgeschmiedete und gehärtete Stahlkurbelwelle. 16 Gegengewichte und ein neuer kombinierter Drehschwingungsdämpfer dämpften die Drehschwingungen. Diese Änderungen führten dazu, dass ab März 1988 eingeführte Kontrollen entfallen konnten.

Ventilantrieb

Im Vorfeld der 6. Konstruktionsberatung im August 1974 stellten die Fachleute der DR einen erhöhten Verschleiß an Teilen des Ventilantriebs fest und berichteten darüber. Notwendige Änderungen wurden vom Hersteller erarbeitet und kamen, zusätzlich mit der Erhöhung des Öldrucks im Nockenwellentunnel, mit der sich aus der laufenden Produktion ergebenden Verzögerung zur Einführung:

- Bombierte Rollen und breitere Nocken ab dem Aggregat 499 (III/1975)
- mehr Öl zu den Teilen des Antriebs ab Aggregat 500 (III/1975)
- zusätzliche Ölkanäle in den Buchsen ab dem Aggregat 546 (IV/1975)
- größere Bohrungen in den Hebeln ab Aggregat 585 (I/1976)

Bombierte Rollen waren Rollen des Ventilantriebes mit gewölbter Lauffläche, die zu einer punktförmigen Berührung und geringerem Verschleiß an Rolle und Nocken beitrugen. Zwei diesbezügliche Kontrollen nach ca. 70.000 km Laufleistung ließen bereits wieder Verschleiß an Nocken und Rollen erkennen. Erst im September 1977 (9. Kb.) konnten sich die Fachleute der DR positiv zum erreichten Stand äußern. An zwei Diesel-Generator-Aggregaten, Nr. 606 und Nr. 612, mussten nach ca. 170.000 km Laufleistung keine Rollen ausgewechselt werden.

Parallel laufende Aktivitäten der DR zur Stabilisierung des Dieselmotors

Getreu dem Slogan *„von der Sowjetunion lernen heißt siegen lernen“* wurden auch die kritischen Äußerungen aus der Sowjetunion gelesen. Das Zitieren solcher Stimmen war immer wirkungsvoller als eigene Fakten ins Feld zu führen. Ein offener Brief des Kollektivs des Bahnbetriebswerkes Tjumen an die Belegschaft des Lokomotivwerkes Kolomna ließ schon frühzeitig den Gedanken reifen, eigene Wege zu beschreiten. Der Brief machte deutlich, dass Missstände auch dort nicht unausgesprochen blieben, was folgende übersetzte Ausschnitte zeigen:

Sichtbare Ölkohleablagerungen am Zylinderkopf des Motors von 130 006 nach nur 5.000 km Laufleistungen.

Aufnahme: Sammlung Dr.-Ing. Kurt Köhler

Schaden an der Nockenwelle des Dieselmotors Nr. 50 der Lokomotive 130 037 nach einer Laufleistung von 133.695 km. Der Nocken für die Betätigung der Einspritzpumpe ist nicht mehr auf der Nockenwelle fest, weil sich die Nutmutter vollständig gelöst hat. Die Ausfräsung für die Passfeder ist in radialer Richtung einseitig ausgebrochen. Da eine Ersatznockenwelle nicht vorhanden war und in absehbarer Zeit nicht geliefert werden konnte, wurde eine Instandhaltung durch Auftragsschweißung im Bw Halle G vorgenommen.

Aufnahme: Sammlung Dr.-Ing. Kurt Köhler

Bedingt durch Mängel an den Motoren kam es bei den Lokomotiven der Baureihe 130 anfangs zu zahlreichen Problemen und Ausfällen. Einige der Schäden betrafen u. a. die Nockenwelle. Bei der Lokomotive 130 037 musste diese infolge fehlender Ersatzteile im Heimat-Bw aufgearbeitet werden. Als die Maschine im Juli 1980 bei Schönwalde mit einem langen Güterzug unterwegs war, hatte man das Problem seitens der DR in den Griff bekommen.

Aufnahme: Dr. Winfried König

„Der Schadpark von Lokomotiven 2TE116 in unserem Bahnbetriebswerk überschreitet die durchschnittliche Norm fast um das Fünffache, die Reparaturanfälligkeit ist mehrfach höher als in einem anderen beliebigen Bahnbetriebswerk.“ An anderer Stelle heißt es weiter: *„Aus der zu erwartenden Brennstoffersparung ist auch nichts geworden. Der Ölverbrauch überschreitet erheblich die festgelegte Norm.“* Im Weiteren heißt es: *„Bei der Reparatur der Dieselmotoren sind Arbeiten auszuführen, die für ein Bahnbetriebswerk überhaupt nicht vorgesehen sind: Verziehungen des Motorblocks zu beseitigen, die Kurbelwelle neu zu lagern, den Schwingungsdämpfer auszuwechseln usw.“* Speziell zum Dieselmotor wurde ausgeführt: *„Wir sind der Meinung, daß der Dieselmotor 5 D 49 prinzipielle Fehler hat und den Forderungen der heutigen Zeit für Betriebssicherheit, Lebensdauer und Reparaturtauglichkeit nicht gerecht wird. Wann gab es denn so etwas, daß wegen Bruch oder Riefigkeit am Kurbelzapfen in drei Bahnbetriebswerken, die die 2TE116 reparieren, 110 Kurbelwellen ausfallen.“*

Diesen Sachstand vor Augen wurden Mitte 1978 Verbindungen zum VEB Kombinat Schwermaschinenbau „Karl Liebknecht“ Magdeburg (SKL) aufgenommen, mit der Zielstellung, sowohl für die Baureihe 120 als auch für die Baureihen 130-132 und 142 einen Ersatzmotor aus eigener Produktion zu bekommen. Von der DR war angedacht, ca. 350 Dieselmotoren mit 2.000 PS und ca. 500 Dieselmotoren mit 3.000 PS ab 1983 als Ersatz für die o. g. Baureihen vorzusehen. Im VEB SKL lief zu dieser Zeit die Entwicklung des Dieselmotors VD 24/24 für Schiffsantriebe, der entsprechend modifiziert die Parameter für den Triebfahrzeugeinsatz hätte erfüllen können. Im Oktober 1981 lag vom VEB SKL das zusammenfassende Ergebnis der Untersuchungen als „Vertrauliche Dienstsache VD-WE-26/81“ vor. Darin zeigte sich, dass der Dieselmotor 5 D 49 von seinen technischen Parametern nicht schlecht war. So hätte der Dieselmotor 12 VD 24/24 AL-2 mit 1.000/min die geforderte Masse um ca. 1 t überschritten. Auch die Entwicklungszielstellung im Verbrauch von 151 g/PSh, abgeleitet vom 5 D 49, war mit 153 g/PSh (208 g/kWh) nicht erfüllbar. Trotz Einhaltung der Hauptabmessungen scheiterte das Vorhaben an der unterschiedlichen Gesamtkonzeption der zu ersetzenden Dieselmotoren. Die Zugänglichkeit zum Kurbelwellenraum, der Antrieb der Licht- und Erregermaschinen und die lagegerechte Anordnung der Kreisläufe für Kühlwasser und Kraftstoff waren nicht gegeben und hätten nicht vertretbaren Entwicklungsaufwand erfordert.

Schmutzriefen in den Lagern der Motoren des Typs 5 D 49. Die Zinnschicht ist teilweise nach etwa 5.000 km bis auf 60% abgearbeitet.

AUFNAHME: SAMMLUNG DR.-ING. KURT KÖHLER

Die weiteren Arbeiten seitens der Deutschen Reichsbahn waren künftig auf Detailverbesserungen gerichtet. Diese Arbeiten zur Wahrnehmung der konstruktiven und instandhaltungstechnischen Belange der DR bei der Neu- und Weiterentwicklung der Triebfahrzeuge wurden in den achtziger Jahren zu Forschungs- und Entwicklungsaufgaben zusammengefasst. In einem solchen „FuE“-Thema von November 1986 bis Oktober 1988 laufend, ging es u. a. um die Erprobung der Hauptstromfeinfilterung des Schmieröls und der technisch-technologischen Veränderungen des Systems Pleuel/Lagerschale. Außerdem ging es um die Betriebsbewährung der gesenkgeschmiedeten, oberflächengehärteten Kurbelwellen. Erprobt wurde ein Flüssigkeitsfilter vom Typ BCA 63-1 mit Dederon-Gewebefilterpatrone. Zusätzlich im Ölkreislauf installiert sollte eine wirksamere Reinigung der Ölfüllung während des Betriebes erreicht und damit der Verschleiß aller gefährdeten Bauteile des Dieselmotors gesenkt werden. Anfängliche Lieferschwierigkeiten von Ersatzfiltersätzen hätten die Erprobung auf 132 353 fast scheitern lassen, wenn nicht der VEB Filtertechnik Gera in „sozialistischer Hilfe“ 12 Filtereinsätze zur Verfügung gestellt hätte. Die neuen Filter bewährten sich gegenüber dem ursprünglich nur im Hauptstrom eingesetzten 140/m-Filter. Ihr Nutzen lag in einer wirksameren Reinigung der gesamten Ölfüllung und in einer Arbeitszeitersparnis. In jedem Filtergehäuse waren statt drei Filtereinsätzen nur noch ein Filtereinsatz zu wechseln und der Reinigungsmaschine zuzuführen.

Eine weitere Arbeit dieses Themas war auf die Verbesserung der Oberfläche der Pleuelfußbohrung und der Kerbverzahnung gerichtet. Mit in der Laufschichtdicke, der Ölnutgeometrie und dem Überstand veränderten Lagerschalen sollte eine Lebensdauer von mindestens 10.000 Motorstunden erreicht werden. Mit einem Traganteil der Lagerschale von mindestens 75 %, erreicht durch Fräsen, Tuschieren, Schaben und Honen während der Instandhaltung, wurden mit dem Dieselmotor Nr. 434 in der Lokomotive 132 662 diese Ziele erreicht.

Eine Untersuchung der Pleuellager nach 5.040 und 10.201 Motorstunden zeigte ein befriedigendes Tragbild und keine Pittingbildung. Damit wurde der weitere Betrieb bis zur Instandhaltungsstufe V6 gerechtfertigt. Gegenüber dem Traganteil der Schalenrücken erwiesen sich die o. g. konstruktiven Änderungen weniger überzeugend aus und wurden nicht eingeführt. Zwischenzeitlich war auch der Hersteller ab Dieselmotor Nr. 1174 zum Honen der Pleuelgrundbohrung übergegangen.

Die Kurbelwellenschäden veranlassten die DR im 1. Halbjahr 1981, gesenkgeschmiedete, oberflächengehärtete Kurbelwellen zur Betriebserprobung einzusetzen. Im genannten Thema ging es um die Fortführung der Erprobung auf 20 Lokomotiven bis zur Instandhaltung V6. Ferner waren mit der volkseigenen Industrie technologische Veränderungen bei der Herstellung der Kurbelwellen zu erarbeiten, die deren noch stark auftretenden Verzug minderten. Dieser Verzug führte zu zusätzlichem Bearbeitungsaufwand und zum Verlust von Verschleißstufen. Zum Zeitpunkt der Themenbearbeitung waren bis zur V5 im Durchschnitt 0,01 mm Verschleiß am Zapfendurchmesser festgestellt worden. Die Kurbelzapfen wiesen in der Regel eine spiegelglatte Oberfläche auf, die frei von Riefen war. Nach ca. 15.000 Motorstunden konnte festgestellt werden, dass sich die Verschleiß- und Notlaufeigenschaften gegenüber der ungehärteten Stahlkurbelwelle wesentlich verbessert hatten. Auch von einer Gebrauchswertminderung der Kurbelwelle wollten die Fachleute trotz des Erreichens der Reparaturstufe für den Hauptlagerzapfen beim Ausgleich ihres Verzuges nicht sprechen. Der Verzug konnte an sieben von acht Kurbelwellen vermieden werden, indem diese im VEB SKET Magdeburg senkrecht hängend vergütet wurden. Zu dieser Technik fehlten im

1973 wurden bei sechs verschiedenen Lokomotiven der Baureihe 131 Versuche mit unterschiedlichen Sorten Motoröl unternommen. Während 131 018, 131 023 und 131 025 mit dem Motoröl MD 402 (DDR-Produktion) arbeiteten, wurden die Dieselmotoren von 131 017, 131 020 und 131 021 mit dem Motoröl M 14 WJ (UdSSR-Produktion) betrieben. Im Ergebnis der Ölanalysen nach jeweils 30.000 km Laufleistung schätzte die DR ein, dass beide Motoröle überbeansprucht waren. 131 020 als Lok des Bw Halle G im Sommer 1976.
AUFNAHME: GERHARD THAMM/SAMMLUNG MICHAEL MALKE

VEB SHR Wildau die Voraussetzungen und im VEB SKET die erforderliche Kapazität.

Durch gezielte Ursachenermittlung und durch administrative Maßnahmen (z. B. vorbeugende Pleuellageruntersuchungen) konnte das Störgeschehen wesentlich beeinflusst werden. Von 181 Schäden im Jahre 1984 sank die Zahl der Schäden auf 81 im Jahre 1987. Hier wurden 33 Pleuelabrisse unterschlagen, da eindeutig andere Ursachen als bei den „klassischen" Triebwerksschäden zum Ausfall führten. Auch der Anteil der Pleuellagerschäden, im Jahr 1984 noch ca. 75 %, war bis 1987 auf ca. 35 % gesunken.

Betriebsstoffe

Wirtschaftliche Gesichtspunkte ließen es im Zusammenhang mit dem starken Ansteigen des Diesellokomotivparks aus UdSSR-Importen von Beginn an ratsam erscheinen, alle in die DDR gelieferten Lokomotiven auf in der DDR vorhandene Schmierstoffe umzustellen. Die DR schickte bereits im Januar 1969 mehrere Tonnen Motoröl nach Kolomna, um dort bei vergleichenden Prüfstandversuchen erste Ergebnisse für die dringlichste Umstellung gewinnen zu können. Vereinbart wurden Vergleichsbetriebserprobungen der beiden Öle MD 402 (DDR-Produktion) und M 14 WJ (UdSSR-Produktion), die vom Käufer nach einem abgestimmten Programm durchgeführt wurden.

1973 wurden 131 018, 131 023 und 131 025 mit dem Motoröl MD 402 eingesetzt. Im Vergleich dazu arbeiteten die Dieselmotoren von 131 017, 131 020 und 131 021 mit dem Motoröl M 14 WJ. Im Ergebnis der Ölanalysen nach jeweils 30.000 km Laufleistung schätzte der Käufer ein, dass beide Motoröle überbeansprucht waren. Die Forderungen der SAE-Viskositätsklasse 40 wurden letztlich von beiden Motorölen erfüllt. Mitte der achtziger Jahre wurde noch das Motoröl MD 502, ein Öl der SAE-Viskositätsklasse 50, erprobt. Eine zweijährige Erprobung zeigte aber, dass die Viskositätsanhebung keinen messbaren Einfluss auf die Gebrauchsdauer von Haupt- und Pleuellagern hatte. Von einer Einführung in die Praxis wurde abgesehen.

Dem Hersteller wurde eine Liste der bei der DR üblichen Schmierstoffe übergeben, mit dem Wunsch, diese auch bei der BR 130 anzuwenden. Die Vielzahl der Schmierstellen, Schmierstoffe und Schmierstoffmengen sowie die Mitwirkung anderer Hersteller machte über Jahre gehende Abstimmungen erforderlich, bis ein für alle Seiten akzeptabler Schmierplan erstellt werden konnte.

Abgestimmt wurde auch der Korrosionsschutzzusatz zum Kühlwasser. Die ersten beiden Lokomotiven erhielten den Kühlwasserzusatz WNJJ NP-117 nach den Vorschriften des Herstellers. Die positiven Ergebnisse mit dem Korrosionsschutzmittel 3xK aus der DDR-Produktion in drei Lokomotiven der Baureihe 120 ließen auch die Anwendungsmöglichkeit bei der Baureihe 130 erwarten. Käufer und Verkäufer vereinbarten eine Erprobungsphase von 100.000 km, um danach über die generelle Anwendung von 3xK in der Baureihe 130 zu entscheiden. Eine Dienstvorschrift regelte fortan unter anderem die Mischung von 3xK außerhalb der Kühlelemente unter Beachtung der Qualität des Wassers.

Der Kundendienstvertrag

Zwischen der Allunionsvereinigung „Energomachexport“ Moskau als Verkäufer und dem VE Außenhandelsbetrieb „Maschinen-Export“ Berlin als Käufer wurde mit Wirkung vom 20. April 1979 der Kundendienstvertrag Nr. 0632/KD/70 735/79 89/89034-105 für Diesellokomotiven abgeschlossen. Dieser Vertrag regelte die Beziehungen der beiden Außenhandelsunternehmen sowie die Beziehungen zwischen dem AHB Maschinen-Export mit den in der DDR stationierten Spezialisten der Allunionsvereinigung „Energomachexport“ zu den Dienststellen der DR. Durch die HvM wurde der Kundendienstvertrag vollinhaltlich auf alle Dienststellen der DR übertragen, die mit der Indienststellung, dem Einsatz, der Wartung und Instandhaltung der aus der UdSSR importierten Diesellokomotiven innerhalb der Garantiefrist des Verkäufers befasst waren.

Der Vertrag regelte in zehn Paragraphen und fünf Anlagen u. a. die Pflichten des Käufers und Verkäufers, die Garantieleistungen und Kosten für den Kundendienst, den Versicherungsschutz und die Fragen des Schiedgerichts bei Streitigkeiten.

Zu den Pflichten des Käufers gehörte u. a:

- ... Den Verkäufer unverzüglich oder in periodischen Abständen über sich wiederholende Mängel, die im Laufe der Garantiezeit aufgetreten sind, mit der Mängelanzeige gemäß Anlage 3 zu informieren:
- Dem Verkäufer die Möglichkeit zu geben, sich über den Stand der Durchführung des Kundendienstes für die Diesellokomotiven zu informieren und sich mit der Organisierung und Durchführung des Kundendienstes für die Diesellokomotiven vertraut zu machen, wobei der Umfang, die Form und die Termine noch zu vereinbaren sind.
- Dem Verkäufer auf der Grundlage der „Allgemeinen Grundsätze für die Ersatzteilversorgung des RGW und der SFRJ von 1973“ jährliche Bestellungen für die Lieferung von Ersatzteilen zu übergeben.
- Bei der Stationierung der Spezialisten des Verkäufers im Käuferland für diese und deren Familienmitglieder auf schriftlichen Antrag des Verkäufers auf dessen Kosten möblierten Wohnraum zur Verfügung zu stellen, kostenlos medizinische Betreuung im Falle von Krankheit ..., ... kostenlos Eisenbahnfahrkarten für Fahrten mit der DR zur Ausübung ihrer Tätigkeit zur Verfügung zu stellen.

Von den Pflichten des Verkäufers sollen erwähnt werden:

- Die Lieferung der Diesellokomotiven an den Käufer in einer solchen Qualität und einer solchen Komplettierung zu sichern, wie es der Liefervertrag festgelegt hat.
- ... Die Lieferung von Ersatzteilen in den Stückzahlen, dem Sortiment und zu den Terminen, die vom Käufer für den normalen Betrieb der Diesellokomotiven benötigt werden, erfolgt auf der Grundlage einzelner Kaufverträge. ...
- Im Garantiezeitraum zur Gewährleistung eines störungsfreien Betriebes der gelieferten Diesellokomotiven Garantieersatzteile und Materialien in Übereinstimmung mit der vom Verkäufer festgelegten Nomenklatur und Stückzahl an folgende Anschrift zu versenden: ...

Die Garantieleistungen waren u. a. wie folgt zu behandeln:

- Zu jedem während der Garantiezeit auftretenden Mangel ist der Käufer verpflichtet, eine Mängelanzeige gemäß Anlage 2 zum vorliegenden Vertrag dem Verkäufer per Telex zu übergeben.
- Der Verkäufer behält sich das Recht vor, in Anwesenheit von Spezialisten des Käufers die Rechtmäßigkeit der Mängelanzeige zu prüfen und innerhalb von 10 Arbeitstagen ab Datum der Mängelanzeige schriftlich sein Einverständnis zu geben, bzw. diese schriftlich abzulehnen und zu begründen gemäß Anlage 4 des vorliegenden Vertrages.
- Im Garantiezeitraum festgestellte Mängel sind für anerkannte Mängelansprüche unverzüglich, jedoch nicht länger als innerhalb von 40 Tagen ab Datum der Mängelanzeige, durch die Spezialisten des Verkäufers zu beseitigen.

Bezüglich der Kosten legte der Vertrag u. a. fest:

- Alle Kosten, die bei der Erfüllung der Verpflichtungen des Käufers entstehen, trägt der Käufer.
- Alle Kosten, die mit der Entsendung von Spezialisten des Verkäufers in das Käuferland zur Erfüllung der Verpflichtungen zu diesem Vertrag verbunden sind, trägt der Verkäufer.
- Bei Anerkennung der Reklamation durch den Verkäufer werden die zur Mängelbeseitigung anfallenden Kosten durch den Verkäufer getragen, auch die, die dem Käufer in Verbindung damit entstehen.

Trotz der hier zitierten Festlegungen des Kundendienstvertrages und der internen Anweisungen, die der DR zur Mängelbeseiti-

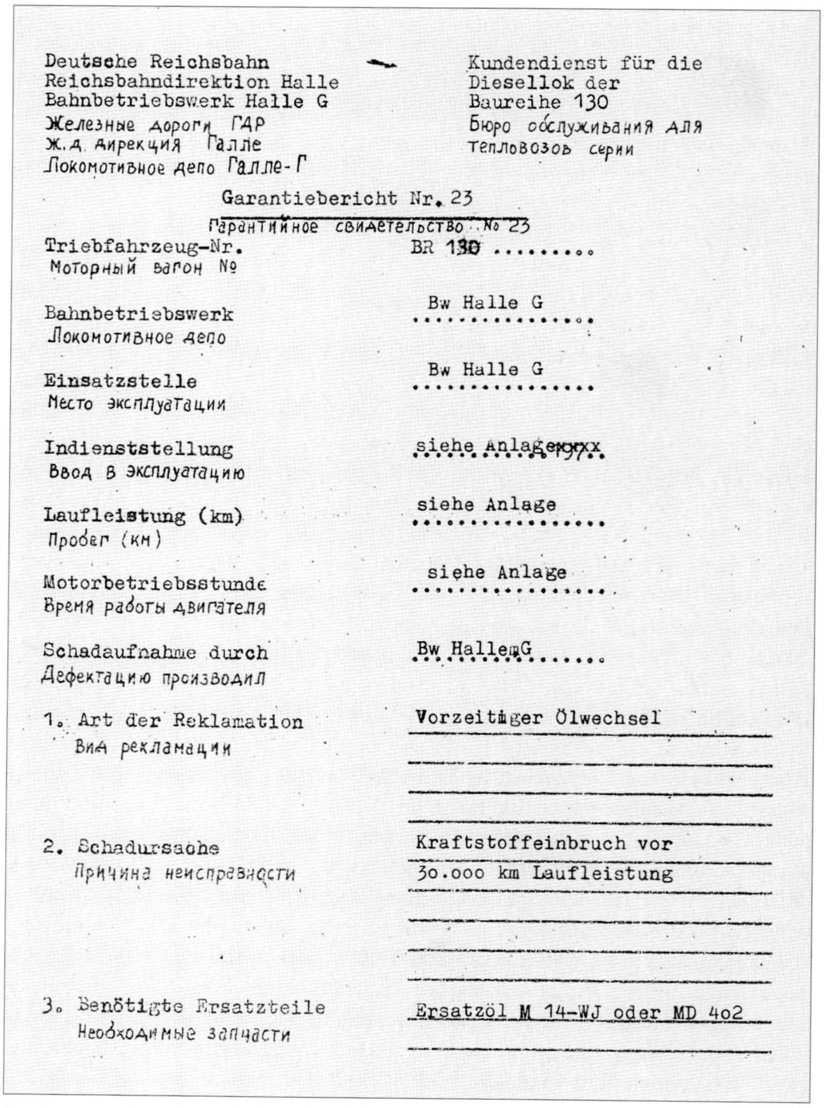

Deutsche Reichsbahn
Reichsbahndirektion Halle
Bahnbetriebswerk Halle G
Железные дороги ГДР
Ж.Д. дирекция Галле
Локомотивное депо Галле-Г

Kundendienst für die
Diesellok der
Baureihe 130
Бюро обслуживания для
тепловозов серии

Garantiebericht Nr. 23
Гарантийное свидетельство № 23

Triebfahrzeug-Nr. / Моторный вагон №	BR 130 ....
Bahnbetriebswerk / Локомотивное депо	Bw Halle G
Einsatzstelle / Место эксплуатации	Bw Halle G
Indienststellung / Ввод в эксплуатацию	siehe Anlage
Laufleistung (km) / Пробег (км)	siehe Anlage
Motorbetriebsstunde / Время работы двигателя	siehe Anlage
Schadaufnahme durch / Дефектацию производил	Bw Halle G
1. Art der Reklamation / Вид рекламации	Vorzeitiger Ölwechsel
2. Schadursache / Причина неисправности	Kraftstoffeinbruch vor 30.000 km Laufleistung
3. Benötigte Ersatzteile / Необходимые запчасти	Ersatzöl M 14-WJ oder MD 402

Der Garantiebericht Nr. 23 vom 3. November 1971 dokumentiert für Oktober 1971 sechs Ölwechsel an Loks der BR 130 infolge Kraftstoffeinbruchs. Der Garantiebericht Nr. 22 hatte bis 30. September 1971 insgesamt 52 Ölwechsel beanstandet.
SAMMLUNG DR.-ING. KURT KÖHLER

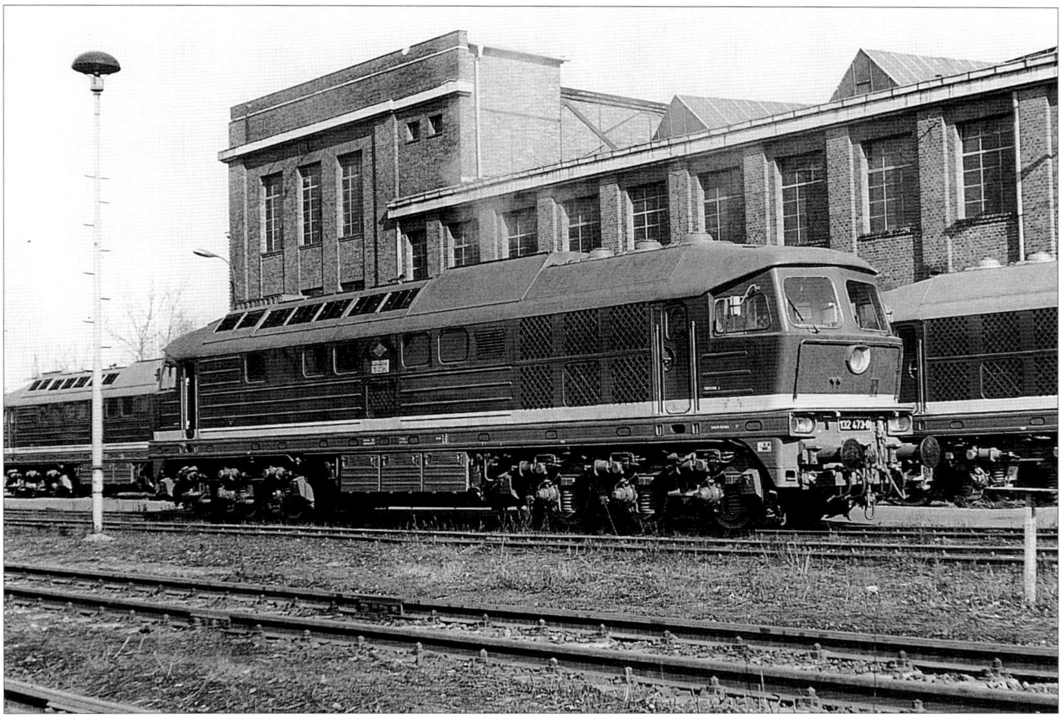

Bis Ende 1975 war das Raw Dessau für die Unterhaltung der Baureihen 130-132 zuständig. Diese Aufgaben gingen anschließend an das Raw Cottbus über, Indienststellungen erfolgten aber auch weiterhin in Dessau. Das Bild zeigt die zur Abnahme anstehende Lok 132 473 am 24. Februar 1977 im Raw Dessau.

AUFNAHME: AXEL MEHNERT

gung entstandenen Kosten dem AHB Maschinen-Export in Rechnung zu stellen, blieben Zweifel über je in vollem Umfang erstattete Kosten.

Neben den kommerziellen Verträgen entstanden zwischen den Ingenieuren der DR und den Kundendienstingenieuren auch freundschaftliche Beziehungen. Verbindungen, die im Rahmen der Deutsch-Sowjetischen-Freundschaft gefördert wurden und den Kollektiven der DR Pluspunkte im Kampf um den Titel „Brigade der sozialistischen Arbeit" einbrachten.

Nicht ganz so in der Sowjetunion. Wollten sich frühere Kundendienstingenieure bei ihren in der DDR gewonnenen Freunden revanchieren und sie anlässlich einer Beratung in Woroschilowgrad privat einladen, führte dies nicht selten zu Komplikationen.

Die Instandhaltung der Triebfahrzeuge

Die vorbeugende und planmäßige Instandhaltung der Triebfahrzeuge war für die DR eine wesentliche Voraussetzung für einen betriebssicheren und betriebstüchtigen Tranportprozess. Laufleistungs- oder betriebsstundenabhängig waren im Bw oder Raw bestimmte Arbeiten an der Lokomotive und ihren Baugruppen durchzuführen. Ziel war, mit geringem Aufwand eine hohe Einsatzbereitschaft zu gewährleisten und die normative Nutzungsdauer zu erreichen. Die normative Nutzungsdauer der Triebfahrzeuge war auf 20 Jahre festgelegt. Für die auszuführenden Arbeiten galten während der Garantie die Fristen des Herstellers. Parallel dazu wurden der Umfang und die Fristen unter Berücksichtigung der Bau- und Betriebsordnung (DV 301), der Vorschrift für den Bremsdienst (DV 464) und der Dienstvorschrift für die Instandhaltung der Triebfahrzeuge (DV 946) mit dem Hersteller abgestimmt. Die Aufgabe oblag der VES-M, die gemäß dem „Leitungsdokument der Hauptverwaltung der Maschinenwirtschaft für die Vorbereitung und Sicherung des Einsatzes der Import-Diesellokomotiven" vom August 1970 die Unterhaltungstechnologie bis spätestens ein Jahr nach Auslieferung des ersten Triebfahrzeuges zu erstellen hatte. Dazu gehörten für jede neue Fahrzeugbaureihe der Fristenplan mit einheitlichem Arbeitsablauf, die Netzpläne und die Vorgabe der im Instandhaltungsprozess einzusetzenden speziellen Arbeitsmittel mit Verwendungshinweis.

Eine solche Zielstellung war nur mit einer umfassenden Dokumentation erreichbar. Der Begriff „Dokumentation" umfasste technische Zeichnungen mit Stücklisten, Beschreibungen der Lokomotive und ihrer Baugruppen in Aufbau und Funktion, Bedienungsanleitungen und Störsuchpläne. Er beinhaltete auch Ersatzteillisten und technologische Hinweise für die Wartung, Unterhaltung und Instandhaltung bis zu Angaben von Betriebsgrenzmaßen. Alle Unterlagen waren laut technischen Bedingungen in deutscher Sprache zu liefern.

Zeichnungen und Änderungsmitteilungen des Herstellers in deutscher Sprache zu erhalten, hatte schon bei der BR 120 zu Schwierigkeiten geführt. Die deutsche Beschriftung allein, wenn sie zudem durch eine schlechte Übersetzung missverständlich war, half der Werkstatt nicht. Auf den Zeichnungen angeführte GOST-Normen hätten durch TGL angeglichen oder besser ersetzt werden müssen. Diesen Fakten Rechnung tragend, hatte der Minister für Verkehrswesen im Juli 1968 die Bildung eines „Technischen Büros für Dokumentation (TBfD)" verfügt. Es wurde im Raw Dessau, dem Ausbesserungswerk der BR 120, aufgebaut. Das Raw Dessau war anfangs auch für BR 130 zuständig. Mit den Erfahrungen aus der Überarbeitung der russischen Originalunterlagen der BR 120 zu TGL-gerechten Werkstattzeichnungen erfolgten die Einarbeitung der TGL-Normen und die Angleichung der Technologie auf den Zeichnungen der BR 130. Unter dem nicht offiziell aussprechbaren Begriff der „Germanisierung" wurden u. a. Kleinteile, Glühlampen, Sicherungen sowie Dioden, Widerstände und Kondensatoren in elektronischen Baugruppen durch DDR-Erzeugnisse ersetzt. 1971 wurden die zeitweise 23 Mitarbeiter des TBfD mit dem Konstruktionsbüro vereinigt.

Bereits Mitte 1964 hatte der Minister für Verkehrswesen, Kramer, den Auftrag erteilt, das Werk Cottbus für die Instandhaltung der Diesellokomotiven umzuprofilieren. Am 17. Januar 1967 wurde im Beisein des Ministers für Verkehrswesen, Arndt, in einer öffentlichen Bestätigungsverhandlung die optimale Variante der Rekonstruktion des Raw Cottbus angenommen. 1968 verließ V 100 014 als erste ausgebesserte Diesellokomotive das Raw Cottbus.

Seit 1976 lag die Unterhaltung der Lokomotiven der V 300-Familie in der Verantwortung des Raw Cottbus. Dort ist am 30. Oktober 1987 gerade 132 065 in Arbeit. Die Maschine steht auf Böcken, die Drehgestelle wie auch die gesamte Maschinenanlage sind entfernt. Gut sichtbar sind auf diesem Bild die Korrosionsschäden zwischen Rahmen und Lokkasten. Die ursprünglich hier angebrachte Zierleiste wurde entfernt und durch Aufschweißen von Metallstreifen ersetzt.

AUFNAHME: VOLKER LUCAS

Am 31. Dezember 1975 verließen 130 067 und 130 064 als letzte im Raw Dessau aufgearbeitete Lokomotiven die Werkhallen. Damit endete die dreijährige Betreuung in Dessau, nachdem im Juni 1972 130 006 als erstes ausgebessertes Triebfahrzeug das Werk verließ. Die Instandhaltung der Baureihe 130 wechselte mit allen damit verbundenen Arbeiten von Dessau nach Cottbus.

Trotz der langfristig geplanten Umsetzung der Lokomotiven von Dessau nach Cottbus gingen nicht nur die zwischenzeitlich gewonnenen Erfahrungen, die in den Köpfen der Werktätigen gespeichert waren, verloren. Eine andere Technologie des Anhebens der Lokomotive und des Lokkastens im Werk Cottbus mit Seilen machte Schwierigkeiten. Das Heben mit Seilen an den für Heber vorgesehenen seitlichen Konsolen, zunächst zulässig, war nach den technischen Bedingungen bei Triebfahrzeugen der BR 130 bis 132 ab Lieferjahr 1974 nicht mehr zulässig. Gerade auf das Anheben mit in einer Traverse hängenden Seilen waren die technischen und bautechnischen Anlagen im Raw „Hermann Matern" Cottbus abgestimmt. Die fertiggestellte Bauhülle des neu errichteten Kompaktbaus ließ keine Änderung mehr zu.

Vom Werk Woroschilowgrad musste in den Konstruktionsbesprechungen die Wiederherstellung des alten Zustands gefordert werden. Von der DR durchgeführte Dehnungsmessungen an miteinander abgestimmten Messstellen der 130 053 und 132 257 mit in zwei Ausführungen verstärkten Anhebestützen erlaubten eine Lösung. Sie bestand im Einfügen von Zwischenplatten unter die an den ursprünglichen Stellen verbleibenden Anhebestützen.

Erwartet wurde, dass beim praktischen Einsatz der neu entwickelten Triebfahrzeuge Erkenntnisse auftreten, welche zur Veränderung von Bauteilen und Baugruppen im Sinne einer besseren Funktion oder geringeren Störanfälligkeit führen werden. Sie schnell in verbesserte Konstruktionen zu überführen, dazu dienten die Konstruktionsbesprechungen zwischen den Vertretern der Hersteller und der DR. Vorbereitet wurden die Konstruktionsbesprechungen auf von der VES-M einberufenen Erfahrungsaustauschen mit den betriebsführenden Dienststellen. Gesammelt und ausgewertet wurden die Erkenntnisse des Lokomotiveinsatzes und die Bewährung bereits geänderter Konstruktionen. Die Probleme aber wurden dennoch größer. Die fehlende Baumustererprobung führte dazu, dass die konstruktiven Schwächen erst im Laufe der Serienfertigung gelöst werden konnten. Die Instandhaltung litt unter dem nicht unerheblichen Mehraufwand für nachträgliche Umrüstungen auf früher gelieferten Triebfahrzeugen. Die ungenügende Abdeckung des Bedarfes an Bauteilen und Baugruppen, welche den größten Verschleiß aufwiesen, stellte die Instandhaltung vor immer ernstere Probleme.

Sollte der Überblick über die Vielzahl der Änderungen nicht verloren gehen, die Bewährung der Änderung kontrolliert werden und das Problem als gelöst betrachtet oder weiter verhandelt werden müssen, erforderte dies ein intensives Bemühen um die konstruktive Betreuung. Nur der enge Kontakt der Mitarbeiter der VES-M zum Bahnbetriebswerk, zum Ausbesserungswerk und zum sowjetischen Kundendienst schuf dafür die Grundlage.

Über „Technische Mitteilungen" wurden die Änderungen technischer und technologischer Natur sowie die Bedienung der Lokomotive betreffende Änderungen bekannt gemacht. Erprobungsanweisungen gegenüber dem Bw legten fest, wo, wann und wie der Erprobungsgegenstand zu kontrollieren und darüber zu berichten war.

Die Anzahl von ca. 150 Umrüstpunkten bereits im Jahre 1976, von ca. 235 Technischen Mitteilungen und über 125 Erprobungsanweisungen bis zum Zusammenschluss beider deutscher Bahnen lässt den erforderlichen Aufwand vielleicht erahnen.

Mit Verfügung Pr/Agm/1672 vom 1. November 1976 wurde die *„Anweisung für die Instandhaltung der BR 130, 131, 132 im Raw"* eingeführt. Zunächst als vorläufige Anweisung in Kraft gesetzt, beinhaltete sie alle an den Lokomotiven durchzuführenden Instandhaltungsarbeiten. Die „AfI 130 Raw" beruhte auf der Dokumentation des Herstellerwerkes, ergänzt durch die praktischen Erfahrungen der Ausbesserungswerke „Hermann Matern" Cottbus und „Otto Grotewohl" Dessau. Berücksichtigung fanden auch die Erkenntnisse der mit umfangreicheren Arbeiten betrauten Bahnbetriebswerke (V5-Bw) Halle-G, Erfurt, Neustrelitz und Reichenbach. Ein Beraterkollektiv unter Leitung des Raw Cottbus traf die Entscheidungen zu notwendigen Änderungen. Mit der 3. Änderung im September 1981 hatte die AfI endgültigen Charakter erhalten.

Der Bewährungsbericht des Bw Halle G vom 2. Mai 1971 dokumentiert die zahlreichen Schäden an der Lokomotive 130 001, die innerhalb des Zeitraumes von nur vier Wochen auftraten. Die Lokomotive war damals gerade ein halbes Jahr im Betriebsdienst. Zum 30. April 1971 betrug der Ölverbrauch 11.729 kg (!) bei einer Laufleistung von 63.218 km seit der Indienststellung.

AUFNAHME: DR. WINFRIED KÖNIG (OBEN) UND SAMMLUNG DR.-ING. KURT KÖHLER (UNTEN)

4.

<u>13o oo1</u>

11.2. Führerst. I Führerbremsventil gewechselt, Steuerventil gewechselt
19.2. RV Schützblech v. Stoßdämpfer ersetzt, war abgerissen
22.2. Abgaskrümmer vom ATL zum Schalldämpfer gedichtet
28.2. Stößelstange (Auslaß) herausgefallen, Gegenmuttern haben sich gelöst;
o1.3. Zylinderkopf B6 neu gedichtet (Kompressionsaustritt);
12.3. Zylinderkopf B2 neu gedichtet ("
o7.4. Zyl. A5 Druckstutzen gedichtet, Fst 1 Mitteltür zum Führerstand unteres Scharnier abgerissen (geschweißt), 2. u. 5. Stoßdämpfer am Drehgestellrahmen befestigt, 2. Achse links und rechts leichte Lunkerstellen, Umrißbearbeitung erforderlich;
12.2. Lüftermotor 1 - 3 ausgebaut (für 13o oo9)
16.2. KBY ausgewechselt, Kontakte verschmort;
19.2. Fst 1 Sifa-Kontakt umgeklemmt, Fst 1 und 2 Kontakte v. Fahrschalter (Krafstofförderpumpe) erhöht (Federdruck zu schwach);
22.2. Im GC-Glied 2 Dioden gewechselt, Mikroschalter Lüftermotor 1 Schluß eingebaut, Aufhängung vom FM in Ordnung gebracht;
27.2. Störung Anlasser beseitigt, Kippschalter Kraftstofförderpumpe ausgewechselt - kein Durchgang;
6./7.3. Störung Lüfterkreis beseitigt, Steuergerät GMB schaltet nicht um, Klemmleiste verschmort, Steuergerät auf Anweisung des Kundendienstes aus 13o oo4 entnommen;

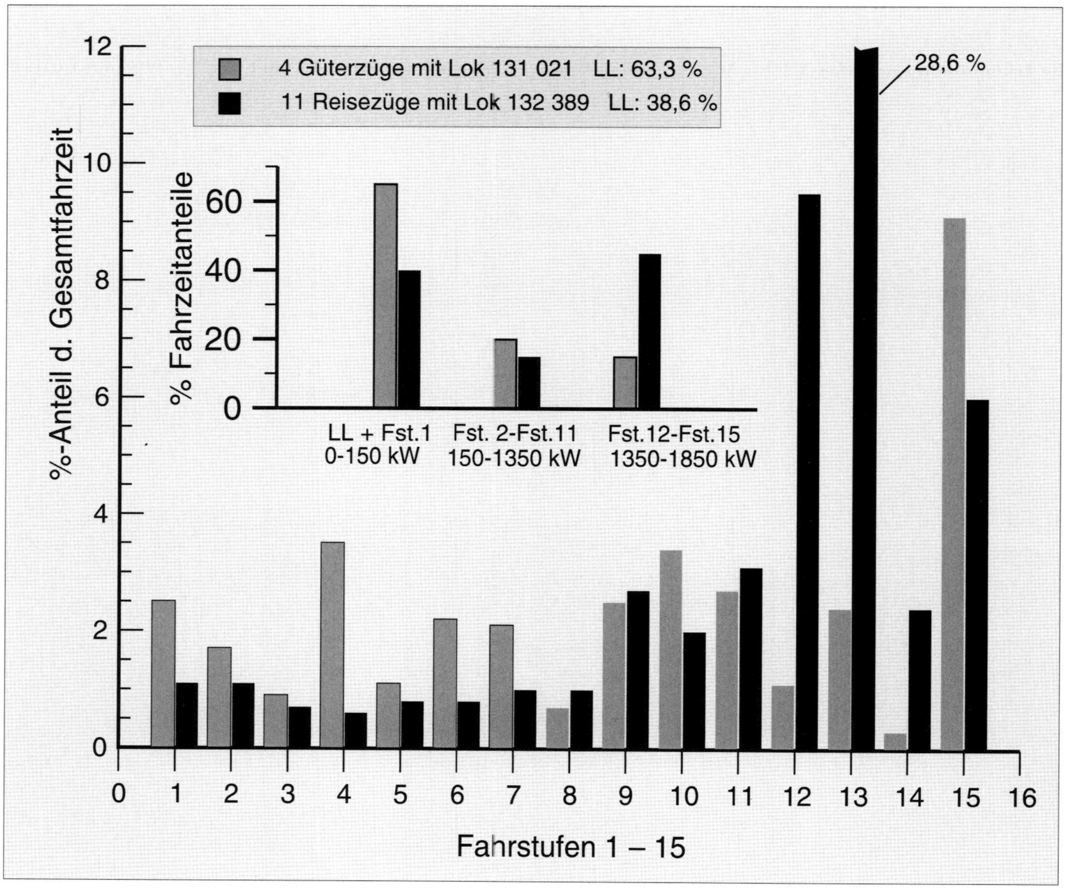

Im Jahr 1979 untersuchte die DR die Fahrstufenhäufigkeit für 15 einsatztypische Zugfahrten. Gefahren wurden vier Güterzüge mit 131 021 und elf Reisezüge mit 132 389.

GRAFIK: DR.-ING. KURT KÖHLER

Anweisung für die Instandhaltung der BR 130, 131, 132 im Raw			Ordn.-Nr. 3	Nummerung 12.10	Blatt-Nr. 1
Kostenträger-hauptgruppe 3	12	Drehgestell	Zeichnungsnummer V300.30.45.000	Ausgabe Dez. 1976	
	10	Drehgestellrahmen		Ersatz für Ausgabe	

12.10.0.00 Drehgestellrahmen
/V300.30.45.000/

- reinigen
  - nach Befund entrosten — P
- prüfen — TP
  - auf Risse, Anbrüche und Formänderungen untersuchen — P

  H: Besonders Schweißnähte und Fahrmotorauflagen beachten!
  - bei Schweißnähten der Bremszylinderaufhängung Rißprüfung durch Magnetpulververfahren durchführen
  - Rahmen mit Drehpfanne und Fahrmotoraufhängung messen GK
- zerlegen
  - Rohrleitungen abbauen — TP
- instandsetzen
  - nach Befund Risse schweißen und festgestellte Formänderungen berichtigen

  H: Angerissene und mangelhafte Schweißnähte der Bremszylinderaufhängung sind auszuhobeln und nach Zeichnung Nr. 130.30.45.01 neu zu schweißen.

  H: Es ist nicht zulässig, Risse im Drehzapfenträger zu schweißen oder wiederholt aufgebrochene Schweißnähte der Rahmenkonstruktion nachzuschweißen. Diese Teile sind zu ersetzen.

  H: Eine Vergrößerung der Bohrungsdurchmesser der Befestigungsschrauben bis zu 2 mm über das Zeichnungsmaß ist zulässig.

In Abstimmung mit der HvM wurden die Grenzkriterien Bestandteil der Anweisung für die Instandhaltung. Sie gab es in der Ausführung „AfI 130 Bw“ für die Instandhaltungsstufen V1 bis V4 und für die V5 als „AfI 130 Bw/Raw“. Die Grenzkriterien für die Bahnbetriebswerke wurden durch die ZMDR festgelegt. 1995 wurde die AfI durch das „Leistungsverzeichnis V-Lok“ abgelöst.

Die Wartung der elektrischen Haupt- und Hilfsmaschinen nahm hinsichtlich der Nachschmierung der Lagerbaugruppen einen laut Schmierplan des Lokomotivherstellers erheblichen Zeitaufwand je Lok und Plantag ein. Es galt, neben der Anwendung von Öl- und Fettsorten aus der DDR diesen Wartungsaufwand auf ein technisch notwendiges Maß zu reduzieren. Dazu wurden die Lagerungen der elektrischen Maschinen nach den Normen der DDR-Wälzlagerindustrie nachgerechnet und dem Hersteller vorgetragen. Derartige Abstimmungen über Schmierstoffsorten und Schmierfristen sowie Fragen der Mischbarkeit deutscher und sowjetischer Schmierstoffe waren stets mit Erprobungen verbunden und sehr zeitaufwendig. Bis zur Abstimmung eines Schmierstoff- und Abschmierplans, der Schmierstoff, Schmierstellen, Schmierstoffmengen und den Abschmierzyklus festlegte, waren Beschaffung und Lagerhaltung der Schmierstoffe problematisch.

Der Gesamtaufwand zur Absicherung einer qualitativen Instandhaltung der Triebfahrzeuge betrug 1978 bereits mehr als 350 Millionen Mark, ohne dass er damit am Ende war. Der Aufwand floss

- in die Schaffung neuer Werkstätten und deren Ausrüstung, einschließlich Vorrichtungen und Prüfeinrichtungen
- in den Bau neuer Einrichtungen für die Materiallagerung und
- in die Qualifizierung des Instandhaltungspersonals.

Nur an wenigen Beispielen können immer wieder notwendiger Aufwand, verbunden mit zusätzlichen Kosten, dokumentiert werden. Bereits bei den ersten angelieferten Loks 130 005 und 130 006 zeigte sich auf den Radreifen eine Kantenbildung. Die Kante am Übergang von der Lauffläche zum Spurkranzradius wurde als Folge zu großer Härte und maßlicher Mängel der Bremssohle gesehen. Obwohl der Verkäufer die Technologie des Härtens und das Bremsohlenprofil korrigierte, wurde bei den Triebfahrzeugen 130 001-054 ein spurkranzgeführter Bremsschuh eingeführt. Der Kauf spurkranzgeführter sowjetischer Bremssohlen wurde jedoch wegen der hohen Preisdifferenz vom DDR-Außenhandel abgelehnt. Es kam aus Gründen des Preises zur sogenannten „Germanisierung“: 13,60 Mark für die schwere Hakensohle S120 vom Eisenwerk Arnstadt standen 18 Rubel (über den Verrechnungsfaktor 100 Mark) für die Sohle aus sowjetischer Produktion gegenüber.

Nach zunächst erfolgversprechendem Einsatz spurkranzgeführter Bremsschuhe wurden im Jahr 1983 unzulässig beschädigte Radreifenrückenflächen erkannt. Dies war einem exakten Vermessen der Stirnlaufabweichung und des Radreifenprofils hinderlich und hätte zur Betriebsgefahr werden können. Die Spurkranzführung wurden wieder entfernt und dafür Führungskonsolen, wie sie sich bei Elloks bewährt hatten, vorgesehen.

In der Winterperiode 1978/79 kam es durch Schneeverwehungen zu zahlreichen Störungen. Ein Anlass, im April 1979 ein FuE-Thema zur Verbesserung der Luftansaugung an den Lokomotiven der Baureihen 130-132 zu eröffnen. Im Ergebnis kam es

- zur Veränderung der Jalousiesteuerung zum Schutz der Fahrmotorlüftergruppe II,

Wegen Kantenbildung auf den Radreifen infolge maßgeblicher Mängel wurde bei den Triebfahrzeugen 130 001-054 ein spurkranzgeführter Bremsschuh eingeführt. Der Kauf spurkranzgeführter sowjetischer Bremssohlen wurde wegen der hohen Preisdifferenz vom DDR-Außenhandel abgelehnt. 13,60 Mark für die schwere Hakensohle S120 vom Eisenwerk Arnstadt standen 18 Rubel (über den Verrechnungsfaktor 100 Mark) für die sowjetische Sohle gegenüber. 130 006 vom Bw Halle G rollt im März 1971 durch den Bahnhof Finsterwalde.

AUFNAHME: DIETER WÜNSCHMANN

- zum Einsatz eines E-Motors aus der DDR-Produktion für den Antrieb des Fahrmotorlüfters II,
- zum Einsatz von Mehrfachdüsenlüftungsgittern für die Luftansaugung des Hauptgenerators, des Fahrmotorlüfters I, der Gleichrichteranlage und des Generators für die ZEV sowie zur Belüftung des Maschinenraumes.

Das Wissen um die Preisbildung bei Ersatzteilen, um die Preisunterschiede zwischen den Werken und um die nicht immer sachgerechte Zuordnung von Kosten einer Umrüstung erlaubt nicht den exakten Vergleich der Instandhaltungskosten zweier Baureihen. Der Vergleich der geplanten Arbeitsstunden zwischen zwei Instandhaltungsstufen I6 bei den Triebfahrzeugen der Baureihen 130/132 im Vergleich zur Baureihe 118 ist dennoch aufschlussreich.

Arbeiten / Arbeitsstunden	BR 118	BR 130/132
im Bw für vorgeschriebene Arbeiten	2.145	3.132
im Bw für außerplanmäßige Reparaturen	2.254	4.063
im Raw für vorgeschriebene Arbeiten bei der Instandhaltungsstufe I6	2.261	3.580
Arbeitsstunden insgesamt	**6.660**	**10.775**

Trotz des um ca. 60 % höheren Instandhaltungsaufwandes der Baureihen 130/132 gegenüber der Baureihe 118 spiegelt sich dieser nicht in den mittleren Laufwegen, zwischen zwei durch das Triebfahrzeug verursachten Störungen, wider. Verspätungen von mehr als fünf Minuten im Reisezugdienst und mehr als zehn Minuten im Güterzugdienst zählten als Störungen und führten bei der DR im Durchschnitt zu nachfolgenden Laufwegen zwischen zwei Störungen.

Baureihe / Laufweg in km	1976	1977
BR 132	47700	53000
BR 118	60000	74300

Im Verhältnis zur Baureihe 118, deren Traktionsleistung und Einsatzbedingungen annähernd vergleichbar mit denen der Baureihe 132 sind, war die Störanfälligkeit der letzteren also um 26 ... 40 % größer. Aus oben genannten Gründen und etwa vergleichbaren Einsatzbedingungen soll auch die betriebliche Auslastung mit der Baureihe 118 verglichen werden.

	1976			1977		
je Lok u. Tag	BR 118	BR 130/ BR 131	BR 132	BR 118	BR 130/ BR 131	132
Einsatzstunden	17,5	18,9	17,9	17,1	18,2	17,7
10^3 Brutto t km	170,9	358,1	272,7	149,9	329,4	275,9
Laufleistung	442,8	385,6	390	388	368	424

Während die Instandhaltungsfristen laufleistungsabhängig festgelegt waren, interessierten z. B. für den Dieselmotor immer wieder die damit verbundenen Motorstunden. Die Auswertung von 685 Triebfahrzeugen der Baureihen 130, 131 und 132 in den acht Reichsbahndirektionen ergab mit Stand vom 30. Oktober 1978 einen Mittelwert von 25,2 km/Mh bei einer Summenhäufigkeit von 52 %.

Rbd	km/Motorlaufstunde im Mittel	max.	min.
Berlin	30,1	38	27
Cottbus	23,1	25	22
Dresden	20,9	20,5	21
Erfurt	21,8	25	16
Greifswald	24,4	25	17
Halle	23,9	33	15
Magdeburg	25,3	26	22
Schwerin	31,1	33	27

Für die Ermittlung der Auslastung der Lokomotive und der Beanspruchung einzelner Baugruppen und Bauteile erfolgten Messungen der Fahrstufenhäufigkeit für einsatztypische Zugfahrten im Güterzug- und Personenzugdienst.

Die Instandhaltung dieser Lokomotivfamilie war gegenüber den Dieseltriebfahrzeugen mit hydrodynamischer Leistungsübertragung mit zusätzlichen Prüfungen verbunden. Trotz gemeinsamer Bemühungen (vgl. Abschnitt „Prüfstandserprobung") gelang es dem Hersteller nicht, die Leistungsregelung über einen längeren Zeitraum konstant zu halten. Viele außerplanmäßige Neueinstellungen am Rheostat führten zu einem erheblichen Mehraufwand.

Rheostatprüfungen

Ein Rheostat ist ein regelbarer Widerstand. Für die Belange der DR war er als Wasserwiderstand ausgebildet. Sein Widerstand änderte sich durch unterschiedlich tief in das Wasser eintauchende Metallplatten. Erforderlich war er zur Leistungsabstimmung zwischen dem Dieselmotor und dem Traktionsgenerator. Die Leistungeinstellung hatte sicherzustellen, dass einerseits die mögliche Dieselmotorleistung genutzt wird. Andererseits sollte die Traktionsleistung den Dieselmotor nicht überfordern, um eine Drehzahldrückung zu vermeiden. Als später die elektrodynamische Bremse bei den Lokomotiven der Baureihen 130 und 132 eingeführt wurde, war auch ihre Leistung in den Bremsstufen darüber einstellbar. Die Zugsammelschiene wurde mit dem Rheostat belastet, um bei unterschiedlichen Belastungen der ZS und verschiedenen Motordrehzahlen durch entsprechende Einstellungen eine konstante ZS-Spannung zu gewährleisten.

Über die Instabilität der Leistungseinstellung wird noch berichtet. Sie verursachte eine Vielzahl solcher Rheostateinstellungen. Neben dem Ausfall der Lokomotive für die Traktion stellte der Lauf des Dieselmotors, vielfach mit maximaler Leistung, eine ortsfeste Lärmquelle dar und war mit erheblichem Kraftstoffverbrauch verbunden. Vorschrift des Herstellers war, nach jeweils 100.000 km Laufleistung alle Lastparameter zu prüfen und einzustellen. Nach jeweils 25.000 km erfolgte eine Kontrollrheostatprüfung.

Die gerade genannten Umstände veranlassten Neuerer des Raw Dessau, eine Leistungseinstellung weitgehend ohne Rheostat zu entwickeln. Dabei wurden die kritischen Größen, Belastung des Dieselmotors und Strombelastung des Übertragungssystems simuliert. Nur der ihnen entsprechende Signalwert wurde in das Regelsystem eingebracht. Nach vorab durchgeführten Einstellarbeiten war nur noch eine Feineinstellung erforderlich. Geschulte Fachkräfte führten sie mit dafür konfektionierter Mess- und Gerätetechnik aus. Die Kontrolle des Notbetriebs, der Shuntierungsstufen, der Strombegrenzung und der Leistung bei eingeschalteter ZEV erfolgte während der Lastfahrt der Lokomotive. Nur wenn der Dieselmotor einen Einlauf unter Last erforderte, war der Rheostat noch erforderlich.

Obwohl sich der Kundendienst des Herstellers vor Ort von der Wirksamkeit der Methode überzeugen konnte, wurde auf sechs Konstruktionsbesprechungen darüber debattiert. Im April 1976 (8. Konstruktionsbesprechung) gab der Hersteller seine Zustimmung dazu.

Ein Neuerer des Bw Neustrelitz entwickelte 1982 das Voreinstellverfahren weiter. Ein optimaler technologischer Prüfablauf beschränkte den Betrieb des leerlaufenden und belasteten Dieselmotors auf ein Minimum. Einsparung von Primärenergie, Standzeitverringerung der Triebfahrzeuge und Senkung des Arbeitsaufwandes waren der ausgewiesene Nutzen.

132 193 am Kleinrheostat der VES-M in Dessau. Dieser diente hauptsächlich der Belastung der ZEV; die Traktionsleistung verlangte einen größeren Rheostaten, der im Prüffeld durch einen Maschinensatz ersetzt wurde. An 132 193 erfolgten im Juli 1975 die ersten messtechnischen Untersuchungen zur Blindleistungskompensation.
AUFNAHME: RUTH PELLICCIONI

Ein Resümee zur V 300-Familie

Ermöglicht durch die Kooperation und Spezialisierung der Produktion zwischen den Mitgliedsländern des RGW, bezog die DR seit 1966 leistungsstarke Diesellokomotiven der Leistungsklassen 2.000 bis 4.000 PS mit elektrischer Leistungsübertragung aus der UdSSR. Nachdem durch Ministerratsbeschluss vom 17. März 1966 der Dieseltraktion der Vorzug gegeben wurde, kam es zur Lieferung von insgesamt 378 Lokomotiven der Baureihe 120.

Nach dem überarbeiteten Programm der Traktionsumstellung der DR und dem Entwurf des Perspektivplanes 1971-1975 war folgende Import-Dieseltriebfahrzeug-Beschaffung vorgesehen:

Baureihe	1970	1971	1972	1973	1974	1975	Summe
120	27	–	–	–	–	–	313
130	36	26	84	130	73	–	349
140	–	2	8	60	122	180	372

Stark abweichend von diesen Vorgaben wurden von 1970 bis 1982 vom Woroschilowgrader Lokomotivwerk tatsächlich geliefert:

- 82 Lokomotiven der BR 130 (3.000 PS, V_{max} = 140 km/h)
- 76 Lokomotiven der BR 131 (3.000 PS, V_{max} = 100 km/h)
- 709 Lokomotiven der BR 132 (3.000 PS, V_{max} = 120 km/h)
- 6 Lokomotiven der BR 142 (4.000 PS, V_{max} = 140 km/h).

Trotz aufgezeigter Schwierigkeiten war es nur mit Hilfe dieser Lieferungen möglich, die durch das dynamische Wachstum der Volkswirtschaft der DDR an das Transportwesen gestellten ständig steigenden Anforderungen zu erfüllen. 1977 wurden 87 % der gesamten Beförderungsleistungen mit neuen Traktionsmitteln erbracht. An diesem Ergebnis sind allein die Baureihen 130-132 mit 38 % beteiligt. Die DDR-Industrie war mit den BR V 60/V 100 und E 11/E 42 sowie umfangreichen Exportaufträgen ausgelastet. Gegen Erweiterungen ihrer Kapazitäten sprachen der Arbeitskräftemangel und die nicht gegebene Auslastung nach Deckung des Bedarfs der DR an Lokomotiven.

Unter Berücksichtigung des nachstehend Dargelegten gestatten die technischen Gesamtparameter dieser Lokomotivfamilie die globale Aussage, dass sie dem internationalen Stand jener Zeit entsprach.

Bereits bei Abschluss der Technischen Bedingungen erklärte der sowjetische Hersteller, dass die ursprünglich geforderte Radsatzlast von 18 t ±3 % nicht realisierbar ist. Die daraufhin vereinbarte Gesamtmasse von 120 t ±2 % bei einer Radsatzlast von 20 t ±2 % schränkte die Einsatzfähigkeit der Lokomotive auf den Strecken des Nebennetzes der DR ein. Als Folge davon musste eine weitere neue Lokomotivbaureihe mit niedrigerer Gesamtmasse und Radsatzlast entwickelt werden. Trotz der seit 1966 bekannten Forderung waren die 1977 gelieferten vier Prototypen der 4.000-PS-Lokomotive mit 126 t Gesamtmasse und einer maximalen Radsatzlast von 21,7 t noch schwerer. Die starken Einsatzbeschränkungen dieser Lokomotiven zwangen, von einer serienmäßigen Beschaffung Abstand zu nehmen. Es muss eingeschätzt werden, dass bei strenger Beachtung der Forderungen nach niedrigerer Masse bei der Entwicklung aller Bauteile der Lokomotive die Gesamtmasse einzuhalten gewesen wäre. International für mitteleuropäische Bahnen ausgeführte Lokomotivtypen für 4.500 bis 5.000 PS Leistung sind als Beweis hierfür zu werten.

Die elektrodynamische Bremse besaß wegen der ursprünglich geforderten Höchstgeschwindigkeit von 140 km/h eine Leistung von 1.300 kW. Ihr Einsatz brachte auch bei der herabgesetzten Geschwindigkeit erhebliche Einsparungen. Durch den verspäteten Einbau und die noch spätere Inbetriebnahme der elektrodynamischen Bremse traten die möglichen Einsparungen pro Lokomotive und Jahr von

- 5,18 t Bremssohlenguss
- 5.700,00 M Materialkosten
- 136 h Arbeitszeit und
- 400,00 M Lohnkosten

nicht bzw. um Jahre verspätet ein. Der häufigere Bremssohlenwechsel und der vorfristige Radreifenwechsel minderte die Verfügbarkeit der Triebfahrzeuge. Dennoch gehörte eine elektrodynamische Bremse im internationalen Maßstab nicht zu den Selbstverständlichkeiten bei Diesellokomotiven.

Die ZEV, die erst 1973 mit der 159. Lokomotive kam, verhinderte den universellen Einsatz der Lokomotive. Dies schlug sich bis zu diesem Zeitpunkt in verminderten Laufleistungen und erhöhtem Bedarf an Lokomotiven nieder. Dennoch gehörte das Konzept des Hüllkurvenumrichters und die Zusammenarbeit desselben mit der Traktionsanlage zu den internationalen Spitzenleistungen dieser Zeit. Eine von der DR erst im Laufe der Entwicklungsarbeiten erhobene Forderung, Leistungsfaktoren von < 0,85 zu ermöglichen, konnte vom Hersteller nicht erfüllt werden.

Das Laufwerk der Lokomotiven mit seiner querelastischen Lenkerführung und seiner querelastischen Anlenkung der Drehgestelle an den Wagenkasten stellte eine moderne Konzeption dar. Das unterstrich die horizontale Laufruhe bis zur Höchstgeschwindigkeit von 120 km/h mit Wertungsziffern von 2,6 bis 2,9 und die geringe Belastung des Oberbaues in horizontaler Richtung. Nicht voll befriedigen konnte die vertikale Laufgüte (3,2-3,5) im oberen Geschwindigkeitsbereich. Hier entsprach die einstufige Abfederung mit Reibungsdämpfern nicht dem internationalen Stand für V_{max} = 120 km/h.

Der Lokomotivrahmen entsprach hinsichtlich des Leichtbaues Weltniveau. Er konnte die große Masse der Maschinenanlage aber nicht ausgleichen.

Trotz wiederholt vorgetragener Forderung nach elastischer Fahrmotoraufhängung hat der Hersteller diese nicht realisiert. Der angewandte drehstarre Tatzlagerantrieb führte zu starken dynamischen Beanspruchungen des Gleises und lag an der äußersten Grenze seines Einsatzbereiches. Mehraufwendungen für die Instandhaltung der Gleise und Brücken waren die Folge. Bei international führenden Lokomotivkonstruktionen war bei dieser Leistung und Masse die elastische Aufhängung der Fahrmotoren üblich. Die Drehfederung des Großrades bei den Prototypen der BR 142 milderte zwar die Nachteile des Tatzlagerantriebes, stellte aber keine durchschlagende Verbesserung dar.

Die Drehstrom-Gleichstrom-Leistungsübertragung entsprach zum Zeitpunkt der Entwicklung dem Weltniveau. Der erreichte Lokomotiv-Wirkungsgrad zeichnet sie auch heute noch als moderne Ausführung aus. Die Leistungsübertragung mit ihrer Regelung gewährleistete nahezu im gesamten Geschwindigkeitsbereich einen guten Ausnutzungsgrad. Dabei konnte die nicht an der Zugsammelschiene genutzte Leistung für die Traktion genutzt werden.

Viele Hilfsmaschinen mit Drehstrom zu betreiben, entsprach der international üblichen Tendenz, zeichnete sich diese Antriebsform doch durch Wartungsarmut, durch selbsttätige Anpassung an den Leistungsbedarf und durch freizügigen Einbau aus.

Der schwere Güter- und Reisezugdienst war das Haupteinsatzgebiet dieser Lokomotivfamilie. Mit der vorhandenen ZEV war die Baureihe 132 in gleicher Weise auf beiden Einsatzgebieten einsetzbar. Dies verlieh ihr eine hohe Disponibilität, die zu hohen täglichen Laufleistungen und Einsatzstunden führte. Die Lokomotive war auf Grund der von ihr gebotenen Arbeitsbedingungen bei den Triebfahrzeugpersonalen der DR beliebt. Diese Bedingungen, bei einem Lärmpegel von 80 bis 82 dB(AI) auf den Führerständen und zwischenzeitlich verbessertem Sitzgestühl zur

Günter Baum, langjähriger Vorsteher des Bw Halle G, schätzte in einem Schreiben vom 5. Februar 1975 an die HvM die Lokomotiven der V 300-Familie wie folgt ein:

„... Schätzt man die Lokomotiven insgesamt ein, so können wir heute sagen: Während es bei der Baureihe 130 anfänglich entwicklungsbedingte Mängel gab, zeigte sich die Baureihe 131 in einer wesentlich besseren Ausführung und ist sowohl hinsichtlich des Reparaturverhaltens als auch des Leistungsvermögens die bisher am besten gelungene Ausführung.

Die Lokomotiven der Baureihe 131 sind bei den Lokomotivpersonalen sehr beliebt und möchten nicht mehr abgegeben werden. Das trifft auch auf die Baureihe 132 zu. Hier hat das Herstellerwerk insbesondere bei der kurzfristigen Entwicklung einer elektrischen Zugheizung, die den Bedingungen der DR entspricht, eine große Leistung vollbracht. Dabei gibt es noch einige entwicklungsbedingte Probleme zu lösen, und durch den Einbau der Zugheizung wird es zwangsläufig in der Lokomotive enger sowie die Reparaturmöglichkeit etwas eingeschränkt.

Wenn wir heute nach 3 ½ Jahren Betrieb mit diesen Lokomotiven zurückblicken, dann können wir sagen, daß es in der ganzen Zeit eine ausgezeichnete Zusammenarbeit mit den Genossen des sowjetischen Kundendienstes gegeben hat, und daß wir eine Fülle von Problemen im Interesse der Verbesserung der Lokomotiven gemeinsam und sehr schnell lösen konnten. Stand am Anfang noch das gemeinsame Lernen, so kamen wir sehr bald in ein solches Stadium, in dem gemeinsam Vorrichtungen und Technologien entwickelt wurden. Als Beispiel sei hier der Prüftisch zum Prüfen der elektronischen Blöcke genannt.

Die Triebfahrzeuge der Baureihen 130/131/132 zeichnen sich vor allem durch eine ausgezeichnete Schallisolierung der Führerstände aus. Dieses Problem ist umso wichtiger, da es gilt, Hörschäden der Lokomotivführer zu vermeiden. Wir können aus unserer Erfahrung heraus den sowjetischen Lokomotivbauern bescheinigen, daß sie in kurzer Zeit eine Lokomotive entwickelt haben, mit der die Bahnbetriebswerke der Deutschen Reichsbahn ihre Aufgaben lösen können. Die Lieferung dieser Lokomotiven in großen Stückzahlen ist für uns als Eisenbahn zur Lösung der Volkswirtschaftsaufgaben eine große Hilfe. Die jahrelange Zusammenarbeit hat gezeigt, daß sich gemeinsam alle Probleme lösen lassen, und wir haben immer wieder mit Freude feststellen können, daß der Triebfahrzeug-Hersteller auf die Hinweise des Betreibers eingegangen ist.

Zusammenfassend möchte ich sagen, daß bei diesen Lokomotiven konstruktiv keine absoluten Schwachpunkte vorhanden sind. Dieses oder jenes kann noch verbessert werden. Der Schwerpunkt liegt in der Fertigung der Lokomotiven, und zur Lösung dieser Aufgabe wünschen wir den sowjetischen Genossen weiterhin viel Erfolg!“

Die Lokomotiven 130 010 und 130 001 stehen im Jahr 1971 vor dem Lokschuppen des Bw Halle G. Das Bahnbetriebswerk spielte bei der Erprobung neuer Diesellokomotiven stets eine herausragende Rolle.
AUFNAHME: MIGURA/SAMMLUNG REINHARD LEHMANN

Herabsetzung der Vibrationsbelastung, lernten auch die Personale des Betriebshofes Oberhausen schätzen. Dorthin hatte die Deutsche Reichsbahn bereits 1993 15 Lokomotiven verliehen. Der Außenpegel, wesentlich durch die Kühlerlüftergeräusche bestimmt, war bis zuletzt zu hoch.

Der Verkäufer hatte eine Bauüberwachung und Abnahme der Triebfahrzeuge im Herstellerwerk durch Beauftragte der DR abgelehnt. Damit hatte die DR keinen unmittelbaren Einfluss auf die Qualität der Herstellung. Die nicht den Qualitätsnormen entsprechende Kontrolle durch OTK (Gütekontrolle des Werkes) zeigte sich in 100 bis 150 sichtbaren Mängeln am Übergabeort Tschop, wenngleich auch hier nur eine Funktionsprüfung möglich war. Bei der Indienststellung und in den ersten Monaten des Betriebes trat immer wieder eine große Anzahl kleiner Mängel wie

- fehlerhafte Lötstellen
- lose Schraubverbindungen
- unsachgemäß verlegte elektrische Leitungen

usw. auf. Sie führten zu erheblichen Nacharbeiten und Störungen im Betrieb. Viele Hinweise an den Hersteller und seinen Kundendienst brachten bis zum Ende der Lieferung keine durchgreifende Besserung.

Die beste Zuverlässigkeit wies der Fahrzeugteil auf. Am Laufwerk und an der Federung waren praktisch keine Ausfälle zu verzeichnen. Die Rissanfälligkeit des Drehgestellrahmens konnte durch Maßnahmen des Herstellers überwunden werden. Risse am Kraftstoffbehälter konnten mit der ab Lokomotive 132 320 vorgenommenen Verstärkung gemindert, jedoch nicht völlig beseitigt werden. Die hier auftretenden Risse verursachten erhebliche Aufwendungen, da die Kraftstoffbehälter mittragendes Teil des Hauptrahmens sind und der Arbeitsschutz hier Sondermaßnahmen erfordert.

Eine zufriedenstellende Zuverlässigkeit wiesen die Hauptaggregate der Leistungsübertragung auf. Die ungenügende Stabilität der Leistungsregelung konnte trotz gemeinsamer Bemühungen nicht erreicht werden. Häufige Korrekturen der Leistungsabweichungen am Rheostat waren die Folge. Ursache dieser Instabilität waren unter anderem

- der Regler mit dem induktiven Geber
- Parameteränderungen elektronischer Bauteile
- sich ändernde Übergangswiderstände an Bauteilen des Regelkreises.

Die ZEV wies zeitweilig eine hohe Ausfallquote der Thyristoren auf. Als Ursache stellten sich nach Durchsicht von zehn Anlagen Herstellungsmängel heraus. Weder war der Überstromschutz richtig eingestellt, noch waren Thyristoren der Spannungsklasse 13 entsprechend der Dokumentation eingesetzt. Der Ausfall von 2.900 Thyristoren niedrigerer Klasse, die einen Wert von ca. fünf Millionen Mark verkörperten, und ein geschädigtes Ansehen wegen ungeheizter Züge waren die Folge. Während Ausfallschwerpunkte später nicht verzeichnet werden konnten, wirkten sich die nicht steckbaren elektronischen Bausteine in der Instandhaltung ständig erschwerend aus.

Bei den elektrischen Hilfsmaschinen waren die Lüftermotoren der Fahrmotoren am störanfälligsten. Diese, insbesondere beim Fahrmotorlüfter 2 auftretenden Störungen, konnten nur durch einen Motor aus der DDR-Produktion abgewendet werden. Ein unruhiger Lauf der Kühlerlüfter führte oft zu Rissen am Kühlertragrahmen und zum Schleifen des Rotors am Ständer. Grobe Fertigungsmängel und das Unterlassen der dynamischen Auswuchtung waren die Ursache. Eine andere Ursache war der stark poröse Aluminiumeinguss, der die Kurzschlusswicklung des Läufers bildete. Da die Zuverlässigkeit aller Lokomotiven durch den Dieselmotor bestimmt wurde, sind diese Probleme im folgenden Abschnitt gesondert behandelt.

Ein Resümee zum Dieselmotor

Der Dieselmotor, der in seiner Grundkonzeption für 4.000 PS entwickelt wurde, entsprach hinsichtlich seiner Parameter und seiner Konzeption bei einer Leistung von 4.000 PS dem internationalen Niveau. Sein spezifischer Kraftstoffverbrauch war niedrig und führte beim Einsatz der Lokomotive gegenüber vergleichbaren Baureihen zu erheblichen Kraftstoffeinsparungen.

Nach mehrjährigem Betriebseinsatz war mit Sicherheit feststellbar, dass die Zuverlässigkeit aller Lokomotiven der Baureihen 130-132 im wesentlichen vom Verschleißverhalten des Die-

Am 28. Mai 1972 wartet 130 007 im Betriebsteil Friedrichstadt des Bw Dresden auf ihren nächsten Einsatz. In den ersten Jahren des Einsatzes hatte die DR mit zahlreichen Mängeln an den Lokomotiven zu kämpfen. Große Probleme bereiteten anfangs die Motoren. Bei der abgebildeten Lokomotive kam es bereits nach 194.000 km Laufleistung zum Bruch des Hauptlagerzapfens der Kurbelwelle.

AUFNAHME: GEORG OTTE/EK-VERLAG

Ministerium für Verkehrswesen
Hv der Maschinenwirtschaft
der Deutschen Reichsbahn

Berlin, den 21. 6. 1977
M-Tu-1
31 739

N i e d e r s c h r i f t
über die Beratung zum Einsatz der Lokomotiven der BR 142 im
Bw Stralsund

Am 8. 6. 1977 fand eine Beratung zum Einsatz der Lokomotiven der BR 142 im Bw Stralsund unter Leitung der Hv M mit dem Leitungskollektiv des genannten Bw unter Beteiligung der VdM der Rbd Greifswald statt.

Tagesordnung

1. Einleitung
2. Betriebsparkentwicklung
3. Vorbereitungsmaßnahmen
4. Kundendienst
5. Festlegung

Zu TOP 1

Einleitend wurde auf die Bedeutung des Einsatzes dieser Tfz im Bw Stralsund und auf die damit verbundenen technischen und ideologischen Probleme, u. a. auch auf den weiteren Einsatz der Tfz der BR 03.0, hingewiesen.

Zu TOP 2

Die Betriebsparkentwicklung der Tfz der BR 120 und 142 für die Jahre 1977 und 1978 ist wie folgt vorgesehen:

	BR 142 B-Park 31. 12.	BR 120 B-Park 31. 12.
1977	2	32
1980	20	14

Diese Angaben sind zur Zeit noch unverbindlich, da der Vertragsabschluß mit der sowjetischen Seite erst nach Vorlage der Ergebnisse der Betriebserprobung der bereits gelieferten Tfz erfolgen kann. Nach Abschluß der Verträge wird die Betriebsparkentwicklung für das Bw nach Stückzahl und Zeitpunkt des Einsatzes konkretisiert. Die Vorbereitungsmaßnahmen sind jedoch so einzuleiten, daß beginnend mit dem II. Quartal 1978 ein verstärkter Einsatz dieser BR im Bw Stralsund möglich ist.

Im Juni 1977 war man bei der DR noch der Überzeugung, dass die 4.000 PS starke Baureihe 142 in größeren Stückzahlen zur Verfügung stehen würde. Im Bw Stralsund – so dieses Schreiben – rechnete man im Jahr 1980 hier mit 20 beheimateten Lokomotiven. SAMMLUNG ANDREAS STANGE

selmotors bestimmt wurde. An besonders instabilen Baugruppen ist die nicht ausgereifte Entwicklung des Dieselmotors deutlich geworden. Nur in wenigen Fällen wurde der damit verbundene Mehraufwand errechnet und vermittelt heute ein Bild von den Schwierigkeiten:

Kurbelwelle einschließlich Pleuel- und Hauptlager
Trotz erheblicher Bemühungen des Herstellers seit 1973 wurde eine Verbesserung des Zustandes erst mit den letzten gelieferten Motoren erkennbar. Für außerplanmäßige Reparaturen an Dieselmotoren entstand im Jahre 1977 ein Mehraufwand im Ausbesserungswerk von 1,38 Millionen Mark Materialkosten und von 54.400 Arbeitsstunden. Insgesamt traten von 1975 bis 1977 125 Triebwerksschäden auf. Mit bereits im Januar 1978 wieder neun Triebwerksschäden zeigte sich eine steigende Tendenz. 3.000 komplette Pleuellager wurden auf der Grundlage von Materialaufwandsnormativen benötigt. 1.200 obere und 800 untere Pleuellagerschalen konnten vertraglich gebunden werden. Komplette Pleuellager aus der CSSR zu beschaffen scheiterte an fehlenden Valutamitteln der VVB Schienenfahrzeuge.

Schmieröl- und Wasserpumpen
Allein durch Totalschäden an den Schmierölpumpen entstanden im Jahre 1977 außerplanmäßige Materialkosten in Höhe von 327.800,00 Mark.

Kraftstoffeinspritzapparatur
Vom 1. Juni 1976 bis 30. Mai 1977 trat allein durch ungenügende Dichtheit der Einspritzelemente ein Mehraufwand für Dieselmotorenöl in Höhe von 720 t (2.500.000,00 Mark) auf.

Drehschwingungsdämpfer
Kosten in Höhe von 246.800,00 Mark fielen 1977 für den vorzeitigen Ausfall einer Vielzahl von Drehschwingungsdämpfern an. Sie fielen nach 5.000 bis 6.000 Motorstunden aus, obwohl der Hersteller des Dämpfers 20.000 Motorstunden garantierte. Im Februar 1978 standen zwölf Triebfahrzeuge wegen Schwingungsdämpferschäden in Bahnbetriebswerken. 14 Triebfahrzeuge konnten wegen fehlender Schwingungsdämpfer im Rahmen der Instandhaltung nicht komplettiert werden. Der Bedarf für 1978 von 216 Schwingungsdämpfern konnte trotz Einschaltung einer Arbeitsgruppe des Ministerrates nur zu 62,5 % abgedeckt werden.

Anlenkpleuelbolzen und Buchse, Teile des Ventilantriebes sowie Abgasturbolader sind weitere instabile Baugruppen, deren Kosten und die weiterer Folgeschäden nicht erfasst wurden. Schwächen zeigten sich u. a. durch notwendige Änderungen, die den Räderkasten, den Abgasturbolader und die Ölpumpe betrafen. Neben der relativ stabilen Zylinderlaufbuchse waren am Zylinderkopf, am Kolben und an den Ringen sowie an der gesamten Laufbuchsabdichtung immer wieder Verbesserungen erforderlich.

Nicht immer gab es zu den Ursachen der Ausfälle und den daraus resultierenden Maßnahmen übereinstimmende Auffassungen zwischen den Vertretern des Herstellerwerkes und denen der DR. Verschleißverhalten und Ersatzteilversorgung standen im unmittelbaren Zusammenhang. Der Ersatzteilbedarf stieg, da als störanfällig erkannte Teile in früher gelieferten Baugruppen zusätzlich zu ersetzen waren. Dem stand die ungenügende Abdeckung des Bedarfs an Dieselmotorbauteilen entgegen. 1976 wurde der Bedarf zu 85 %, 1977 zu 71 % und 1978 zu 63 % abgedeckt. Es kam zu ernsthaften Problemen in der Instandhaltung. Entweder war die vom Hersteller herausgegebene Technologie nicht einzuhalten, erhöhte Aufwendungen damit verbunden oder die Zahl stillgesetzter Triebfahrzeuge stieg.

Für den Motorenhersteller war die DR nach eigenen Angaben ein breites Versuchsfeld. Über den sowjetischen Kundendienst war der Hersteller jederzeit bestens informiert. Seine Vertreter konnten sich in den Dienststellen ohne Einschränkungen umsehen. Sie analysierten den Einsatz, die Unterhaltung und die aufgetretenen Schäden sehr detailliert. Die zusätzlichen Aufschreibungen der DR, die mit Schäden verbundenen Materialanalysen, die Teillösungen der DR-Werkstätten und die die Entwicklung fördernden Gedanken der Mitarbeiter der verschiedensten Entwicklungsstellen der DR waren für den Motorenhersteller eine „kostenlose Entwicklungshilfe“.

Messtechnische Untersuchungen zum Nachweis der Eigenschaften

Fest in die Struktur der Deutschen Reichsbahn eingebunden, insbesondere in die der Hauptverwaltung Maschinenwirtschaft, bestand seit 1960 die Versuchs- und Entwicklungsstelle für die Maschinenwirtschaft. Unter einem Dach wirkten hier die Hauptfachgruppen für Konstruktion und Entwicklung, Prüfstandsversuche und Streckenversuche. Vertreter der Hauptfachgruppe Konstruktion und Entwicklung waren seit der ersten Konstruktionsbesprechung im April 1971 mit den technischen Abstimmungen beim Hersteller und der konstruktiven Betreuung der Fahrzeuge betraut. Da Konstrukteure mit den Kenntnissen aus den Absprachen mit dem Hersteller und seiner Unterlieferanten und Prüfingenieure mit den Erfahrungen der Prüfung von Fahrzeugen unter einer Leitung vereint waren, konnten zielgerichtete Erprobungsprogramme erstellt werden. Erste Erkenntnisse aus der Prüfstands- und Streckenerprobung konnten, bevor der Abschlussbericht darüber vorlag, zur nächsten Konstruktionsbesprechung angesprochen werden. Die zeitweise Teilnahme an Prüfstandsversuchen oder Messfahrten von Vertretern der Konstruktion, die die Auffassungen des Herstellers kannten, führte meist zu in Umfang und Inhalt alle Seiten überzeugenden Versuchsergebnissen.

Für Erzeugnisse aus der Sowjetunion und anderen sozialistischen Ländern galt grundsätzlich, dass sie nach den Normen des Herstellerlandes gefertigt wurden. Für die Teile des Maschinenbaus waren die GOST-Standards verbindlich. Elektrotechnische Anlagen mussten seit dem Jahre 1938 in der gesamten Sowjetunion nach den dort geltenden PUE-Vorschriften „Errichtungsvorschriften für elektrotechnische Anlagen“ errichtet und geprüft werden. Dieser Tatsache war auch bei den Prüfungen Rechnung zu tragen. So existierten z. B. andere Kriterien für Leitungsquerschnitte, für Grenz- und zulässige Übertemperaturen, für Normalbedingungen und zulässige Abweichungen von den Nennwerten. Die ständig zunehmende Verflechtung der Wirtschaft im sozialistischen Lager musste zwangsweise zu einer Abstimmung der staatlichen Standards führen, um Nachrüstungen im Käuferland zu vermeiden.

Im Juli/August 1970 kamen die ersten vier Lokomotiven mit der Baureihenbezeichnung 130 auf das Schienennetz der DR. Die Lokomotive 130 003 stand der Versuchs- und Entwicklungsstelle zur Erprobung zur Verfügung. Sie wurde am 26. August 1970 vom Raw Dessau zur VES-M Halle überführt und am darauffolgenden Tag verwogen.

Tabelle: Radlasten der 130 003 bei vollen Vorräten (5400 l Kraftstoff):

Achse	Radlast [kp]	Radsatzlast [kp] einzeln	Radsatzlast [kp] mittlere	Drehgestelllast [kp]	Radlastdiff. [kp]	Radlastdiff. [%]
1	9.458/9.313	18.771			145	0,8
2	9.707/9.770	19.477	19.120	57.359	63	0,3
3	9.554/9.557	19.111			3	0
4	10.033/9.713	19.746			320	1,6
5	10.106/9.615	19.721	19.591	58.774	491	2,5
6	9.942/9.365	19.307			577	3,0

Bei zufriedenstellender Radlastverteilung ergab sich eine Gesamt-Fahrzeuglast von 116.133 kp.

Die Arbeiten wurden im Rahmen eines FuE-Themas (Forschungs- und Entwicklungs-Themas) durchgeführt. Wenn die so eingeordneten Arbeiten oft den Namen „FuE-Thema“ auch nicht verdienten, war damit doch eine Gleichstellung zu anderen wissenschaftlich-technischen Institutionen möglich und eine bessere Bezahlung der Mitarbeiter der VES-M ableitbar.

Prüfstandserprobung

Die Prüfstandserprobung des elektrischen Teils erfolgte bis April 1971 im Betriebsteil Dessau der VES-M. In ihr wurden

- die Gleichstromversorgungsanlage (die Batteriekapazität, die Ladung der Batterie und die mögliche Anzahl der Anlassvorgänge),
- die Hilfsmaschinen (Einhaltung der Typenschildangaben und Erwärmungsgrenzen),
- der Hauptgenerator und sein Erregersystem,
- der Traktionsgleichrichter und
- die Fahrmotoren

auf Einhaltung der Technischen Forderungen und auf funktionelle Zusammenarbeit untersucht.

Ermittelt wurden ferner die

- Strom-Spannungs-Kennlinien am Gleichrichterausgang,
- die Kennlinie in der Fahrstufe 15,
- die Möglichkeiten der Leistungseinstellung und
- Abweichungen von geforderten Kennlinien.

In den Standprüfungen wurde das thermische, mechanische und elektrische Verhalten der elektrischen Ausrüstung untersucht und festgestellt, dass alle Hilfsmaschinen und Schaltgeräte ausreichend bemessen wurden. Dennoch zeigten sich sowohl an der Lokomotive 130 003 als auch an den eingesetzten Triebfahrzeugen Störungen, die in handwerklichen Mängeln ihre Ursachen hatten. So verschmorten anfänglich mehrfach Anschlussstellen, oder es verbrannten die Klemmbretter der Fahrmotorlüfter, ohne dass unzulässige Temperaturen messtechnisch nachweisbar waren. Diese Mängel hatten ihre Ursache in schlecht verlöteten oder schlecht gequetschten Kabelschuhen.

Wesentliches Ergebnis der Standprüfungen und zwischenzeitlich bereits von den Triebfahrzeugpersonalen gemeldet war der nicht gewährleistete gleichmäßige Anstieg der Leistung beim Hochschalten der Fahrstufen. Dies und die nicht gegebene Leistungsstabilität nach einer Leistungseinstellung am Rheostat beschäftigte die Partner noch über mehrere Konstruktionsbesprechungen. Zunächst wurde für die Lieferung 1971 vereinbart, dass das Toleranzfeld zwischen zwei benachbarten Fahrstufen nur zu 50 % ausgenutzt werden darf.

Bis zur 130 036 war die Selektivkennlinie durch die Strom- und Spannungsbegrenzung und einer dazwischen liegenden Geraden konstanter Neigung gekennzeichnet. Ab 130 037 wurde durch eine neue Widerstands-Dioden-Kombination der Teil der Selektivkennlinie zwischen Strom- und Spannungsbegrenzung in drei Abschnitte unterschiedlicher Neigung unterteilt. So wurde eine bessere Anpassung an die Leistungshyperbel des Dieselmotors erreicht. Der induktive Geber gewährleistete die Berichtigung der drei geraden Kennlinienabschnitte in die hyperbolische Kennlinie konstanter Leistung des Dieselmotors.

Ab Lokomotive 130 055 wurden Widerstände eingebaut, die eine bessere Einstellung der Selektivkennlinie, Strom- und Spannungsbegrenzung gewährleisteten. Obwohl der Hersteller seine Institute zur Klärung der Leistungsinstabilität einschaltete, wurden die Ursachen nicht eindeutig geklärt. Selbst nach Auslieferung aller Lokomotiven der Baureihen 130 und 131 versprach der Verkäufer weitere Untersuchungen zur Gewährleistung der Stabilität der Leistungseinstellung. Der Käufer verpflichtete sich durch Kontrollmessungen an fünf Triebfahrzeugen, diese Untersuchun-

Am 17. Mai 1973 weilte 130 102 im Betriebsteil Dessau der VES-M zur messtechnischen Untersuchung der elektrischen Zugheizung (ZEV) und Überprüfung der Wirksamkeit des Ölheizgerätes HETO 30 für den Warmhalte- und Vorwärmbetrieb. AUFNAHME: HANS-JOACHIM SIMON

gen zu begleiten. An den Lokomotiven 132 011, 132 026 und 132 029 des Bw Hoyerswerda sowie 132 096 und 132 097 des Bw Reichenbach erfolgte nach verschiedenen Laufleistungen seit Indienststellung die Erstuntersuchung. Bei drei bis vier weiteren Untersuchungen im Abstand von ca. 25.000 km Laufleistung wurden Betriebsgrößen des Dieselmotors, Parameter der Leistungsregelung und Leistungen gemessen sowie die Irregularität festgehalten.

Noch heute ist es ratsam, in angemessenen Zeitabständen die Leistungseinstellung zu kontrollieren.

Leistungstechnische Untersuchungen

Baureihe 130

Auf der Grundlage des Versuchsprogramms, erweitert um die ersten Erfahrungen aus dem Betriebseinsatz zur Leistungsregelung und zum Schleuderverhalten, wurden von Mai bis Juli 1971 die Streckenversuche mit 130 003 durchgeführt. Die Versuche fanden auf der Strecke Halle – Jüterbog – Halle, begleitet vom Messwagen 1 der VES-M und einer Bremslokomotive (19 015, 19 022, 23 001 oder 18 201), statt. Messtechnisch erfasst wurden auf der Lokomotive der Kraftstoffverbrauch, die Motordrehzahl, der Ansaugunterdruck zwischen Luftfilter und Ladegebläse, der Ladedruck hinter dem Ladeluftkühler, der Abgasgegendruck zwischen Abgasturbine und Schalldämpfer, der Fahrmotorstrom und die Fahrmotorspannung. Die Einrichtungen auf dem Messwagen haben die Fahrgeschwindigkeit und Zugkraft gemessen. Die Ergebnisse wurden aus 118 Beharrungsfahrten in den Fahrstufen 3, 6, 9, 12 und 15 bei Geschwindigkeiten von 5 bis 140 km/h gewonnen. Der Traktionsleistung angepasst, wurden in Fahrstufe 15 drei Lüfter, in Fahrstufe 9 und 12 zwei und in Fahrstufe 3 und 6 ein Lüfter eingeschaltet. Die im Geschwindigkeitsbereich von 25-140 km/h ermittelte Fahrmotorleistung in Fahrstufe 15 zwischen 1.800 und 1.940 kW zeigte erneut die labile Leistungseinstellung. Kurz nach der Leistungseinstellung im Prüfstandsversuch zeigte sich bereits eine um 50-75 kW höhere Leistung. Bei der Höchstgeschwindigkeit von 140 km/h ergab sich eine Zughakenleistung (P_{Z0}) von 1.340 kW. Bezogen auf die Fahrmotorleistung (P_E) von 1.800 kW entsprach dies einem ausgezeichneten Antriebswirkungsgrad (P_{Z0}/P_E) von 74 %. Unter Beachtung der Dauerstromgrenze von 4.300 A erreichte die Lokomotive eine Dauerzugkraft von 17,2 Mp (170 kN), die in Fahrstufe 15 bei 35,5 km/h wirksam wurde. Die vom Hersteller angegebene maximale Zugkraft von 30 Mp (295 kN) wurde nicht erreicht. Bei einem kurzzeitig zulässigen Strom von 6.000 A entwickelte die Lokomotive eine Zugkraft zwischen 26 und 27 Mp (255-265 kN).

Der maximal in Fahrstufe 15 (1.940 kW) gemessene Kraftstoffverbrauch (Leckkraftstoff abgezogen) betrug 482 kg/h. Mit der vom Hersteller angegebenen Hilfsbetriebeleistung von 220 kW und einem Wirkungsgrad von 0,92 für Hauptgenerator und Gleichrichter errechnete sich ein spezifischer Kraftstoffverbrauch des Dieselmotors von 208 g/kWh (153 g/PSh zu angegebenen 151 g/PSh). Der sich daraus ergebende Wirkungsgrad von 0,41 entsprach einem Spitzenwert für Dieselmotoren. Zusammen mit dem systembedingt günstigen Übertragungswirkungsgrad war dies ein ausgezeichneter Gesamtwirkungsgrad der Lokomotive. Der maximale Gesamtwirkungsgrad betrug 31 % (BR 120: 28,5 %) und trat in Fahrstufe 12 bei 60 km/h auf. Von besonderem Wert war der relativ geringe Wirkungsgradabfall bei Teillast (ausgezeichneter Teillastwirkungsgrad des Dieselmotors) sowie bei höheren Fahrgeschwindigkeiten (günstiger Antriebswirkungsgrad). Für angemessene Betriebskosten sprach neben dem dargestellten Wirkungsgradverhalten auch der Leerlaufverbrauch des Dieselmotors. Je nach Belastung der Lichtanlassmaschine schwankte er zwischen 17 und 25 kg/h (BR 120: 28-30 kg/h).

Der hohe Gesamtwirkungsgrad der BR 130 war in erster Linie dem Dieselmotor zuzuschreiben. Einen Anteil daran hatte aber auch der im Mittel um 15 % niedriger liegende Fahrwiderstand der BR 130 gegenüber der BR 120, wie Auslaufversuche zeigten.

Es fügte sich vorteilhaft, dass während der Streckenversuche Lokomotiven im Betriebseinsatz waren. Bemerkungen, die Leistungszunahme der Maschinenanlage erfolge beim Hochschalten träge und leichte Züge könnten nicht schnell genug beschleunigt werden, konnten messtechnisch sofort überprüft werden. Der Theorie folgend zeigten die Oszillogramme, dass mit zunehmender Verkürzung der Hochschaltzeiten die elektrische Leistung und der Ladedruck schneller anstiegen. Das Durchreißen des Fahrschalters von Fahrstufe 0 auf 15 (bei betriebswarmer Maschinenanlage) ergab die geringste Hochlaufzeit. Der Dieselmotor vertrug trotz des momentanen großen Luftmangels beim Hochlauf die volle Einspritzmenge. Optimale Hochschaltzeiten mussten also einerseits eine schnelle Leistungszunahme ermöglichen und andererseits eine geringe Abgastrübung verursachen. Vorgeschlagen wurden Hochschaltzeiten von Fahrstufe 0 ... 5 im Abstand von 2 Sekunden, von Fahrstufe 6 ... 10 im Abstand von 3 Sekunden und von Fahrstufe 11 ... 15 im Abstand von 5 Sekunden.

Die betrieblicherseits bemängelte, starke Schleuderempfindlichkeit bekräftigte, das Schleuderverhalten der Lokomotive messtechnisch zu untersuchen. Wegen der hohen Radsatzlast drängte sich der Verdacht auf, dass es sich hier weniger um ein Durchdrehen einzelner Achsen als vielmehr um ein zu empfindliches Reagieren des Schleuderschutzrelais handeln könnte. Ob dieser Verdacht richtig war oder vielleicht ein zu straffes Einstellen der Reibungsstoßdämpfer unzulässig hohe Achsentlastungen auf schlechtem Oberbau verursachte, mussten die weiteren Versuche zeigen. Es deutete sich an, dass nicht alle Lokomotiven gleichermaßen empfindlich waren. In die weiteren Messungen wurde daher die als besonders empfindlich geltende 130 014 mit einbe-

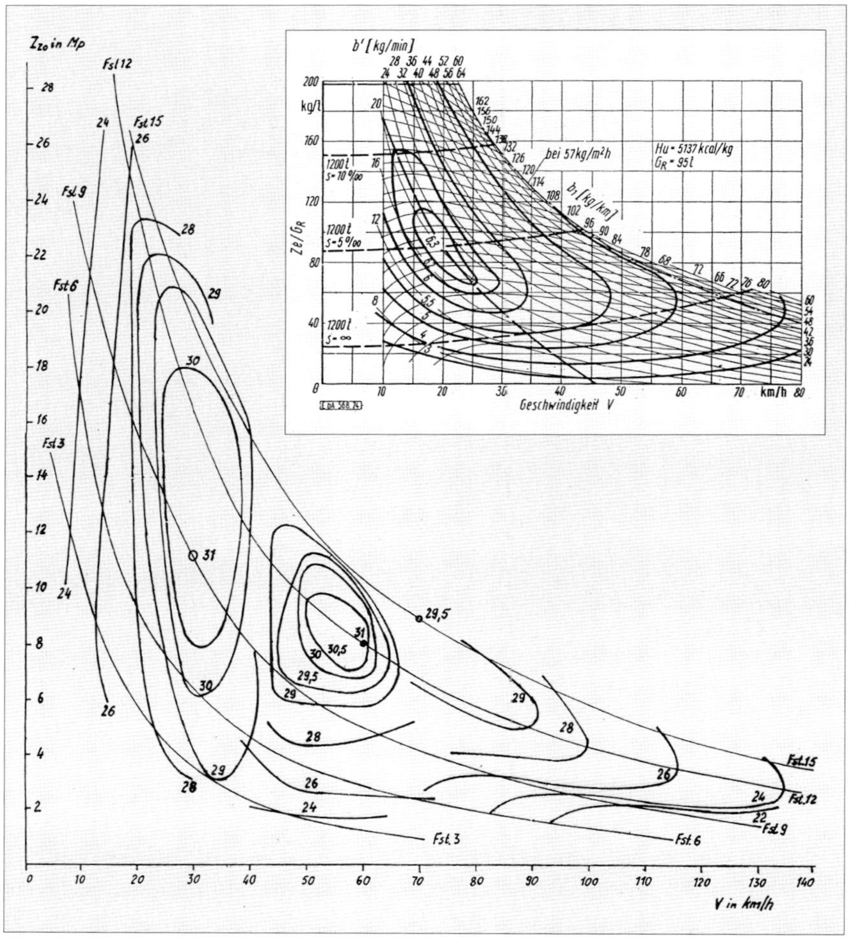

Leistungskennfeld der Baureihe 130 (untere Abbildung), ermittelt an der 130 003 unter Zugrundelegung eines Heizwertes von 43.040 kJ/kg im Vergleich zur Dampflokomotive der BR 44 bei Braunkohlenfeuerung (obere Abbildung).

Für die leistungstechnischen Untersuchungen, die von Mai bis Juli 1971 auf der Strecke Halle – Jüterbog stattfanden, stand der VES-M Halle 130 003 zur Verfügung. Ein Jahr später hatte die Maschine schon das Heimat-Bw gewechselt. Als Lok des Bw Neustrelitz rollt sie am 3. Juni 1972 nahe Burg Stargard mit einem langen Güterzug ihrem Zielbahnhof entgegen.

AUFNAHME: DR. WINFRIED KÖNIG

Ansicht des Fahrmotors ED 112 A. Gut erkennbar ist auf diesem Bild auch die Konstruktion als Tatzlagermotor, der sich auf die Antriebsachse abstützt.

AUFNAHME: SAMMLUNG DR.-ING. KURT KÖHLER

zogen. Weder das Durchdrehen einzelner Achsen noch das überempfindliche Reagieren des Schleuderschutzes erwiesen sich als Ursache. Am Schleudervorgang waren stets alle Achsen eines Drehgestells beteiligt. Nachteilig wirkte sich dabei die nicht allmählich erfolgende Wiederzuschaltung der Zugkraft aus. So wurden Zerrungen erzeugt, die ihrerseits wieder zum Schleudern führten.

Ab Lokomotive 130 037 konnte die Schleuderneigung durch eine geänderte Bildung des stromproportionalen Istwertsignals verringert werden. Bis zur Lokomotive 130 036 bildete der Gesamtstrom aller sechs Fahrmotoren das Istwertsignal. Mit der getrennten Erfassung der Ströme der Fahrmotoren 1 + 6, 2 + 3 und 4 + 5 wurde der jeweils größte Wert bestimmend. Auf Grund der Geometrie und Fahrtrichtung des Fahrzeugs sind jeweils eine entlastete und belastete Achse zusammengefasst. Die so erreichte dynamisch härtere Charakteristik des Generators hatte sich zuvor auch bei der sowjetischen Lokomotive 2 TE 10 L bewährt.

Lokomotiven mit neuem Fahrmotor

Zwischenzeitlich hatte der Hersteller sechs Loks (130 020 und 130 060 bis 130 064) mit dem leistungsstärkeren Fahrmotor ED 112A und der Achsgetriebeübersetzung i = 3,04 ausgerüstet. Es interessierte, welche Zugkräfte im Anfahrbereich mit diesem Fahrmotor, der einen Anfahrstrom von 7.800 A zuließ, realisiert werden konnten. Dazu erfolgten am 9. Mai 1974 mit der im Bw Seddin stationierten 130 061 Versuchsfahrten auf der Strecke Halle – Jüterbog – Halle. Im Anfahrbereich zwischen 0 und 30 km/h zeigte sich eine eindeutige Überlegenheit gegenüber der Serienausführung. Während bei Stromstärken von 6.000 A die Reibungsgrenze nicht erreicht wurde, ermöglichte die Einstellung auf 7.500-7.800 A ein Überschreiten der Reibungsgrenze. Mit 130 061 wurde beim Anfahren ab Fahrstufe 14 eine Stromstärke von 7.550 A erreicht, wobei die Zugkraft bei 37 Mp (360 kN) lag. Bei gleicher Traktionsleistung entsprachen die Dauerzugkraft und die Zugkräfte im übrigen Geschwindigkeitsbereich der Serie.

Die Lokomotiven hatten zur 6. Konstruktionsberatung im Juli 1974 eine Laufleistung von ca. 100.000 km erreicht. Beide Seiten stimmten einen Erprobungsvertrag ab, um Betriebserfahrungen mit diesen Maschinen zu sammeln. Der Vertrag sah die Durchsicht aller Fahrmotoren und die Zerlegung eines Fahrmotors im Beisein eines Spezialisten des Herstellers vor. Bis zum 1. April 1975 waren seit Einsatz der Fahrmotoren folgende Laufleistungen erreicht:

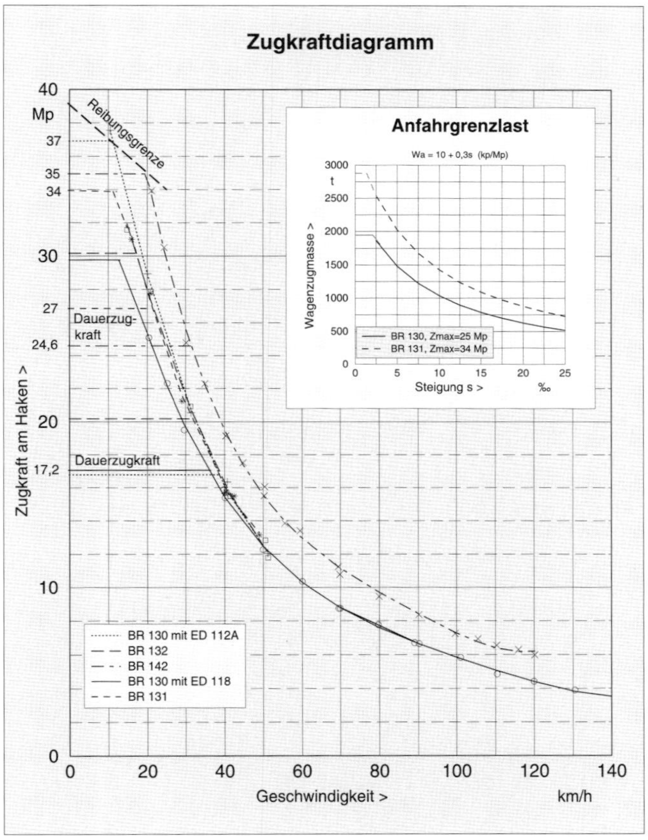

Der Vergleich der Z_{ZO}-V-Kurven der Fahrstufe 15 des Fahrmotors ED 118 der Baureihe 130 und des ED 112 der Baureihen 131 und 132 zeigt die Auswirkungen unterschiedlicher Achsgetriebeübersetzungen im Anfahrbereich und der höheren Leistung der Baureihe 142.

GRAFIK: DR.-ING. KURT KÖHLER

130 020	ca. 245.000 km	130 062	ca. 231.000 km
130 060	ca. 241.000 km	130 063	ca. 267.000 km
130 061	ca. 262.000 km	130 064	ca. 257.000 km

Im April 1975 (7. Konstruktionsberatung) erklärten beide Seiten die Erprobung mit positven Ergebnissen für beendet. Wegen der Aufwendungen (u. a. Lüfter mit höherer Förderleistung), unterbleib die Umrüstung der Lokomotiven auf ED 112A.

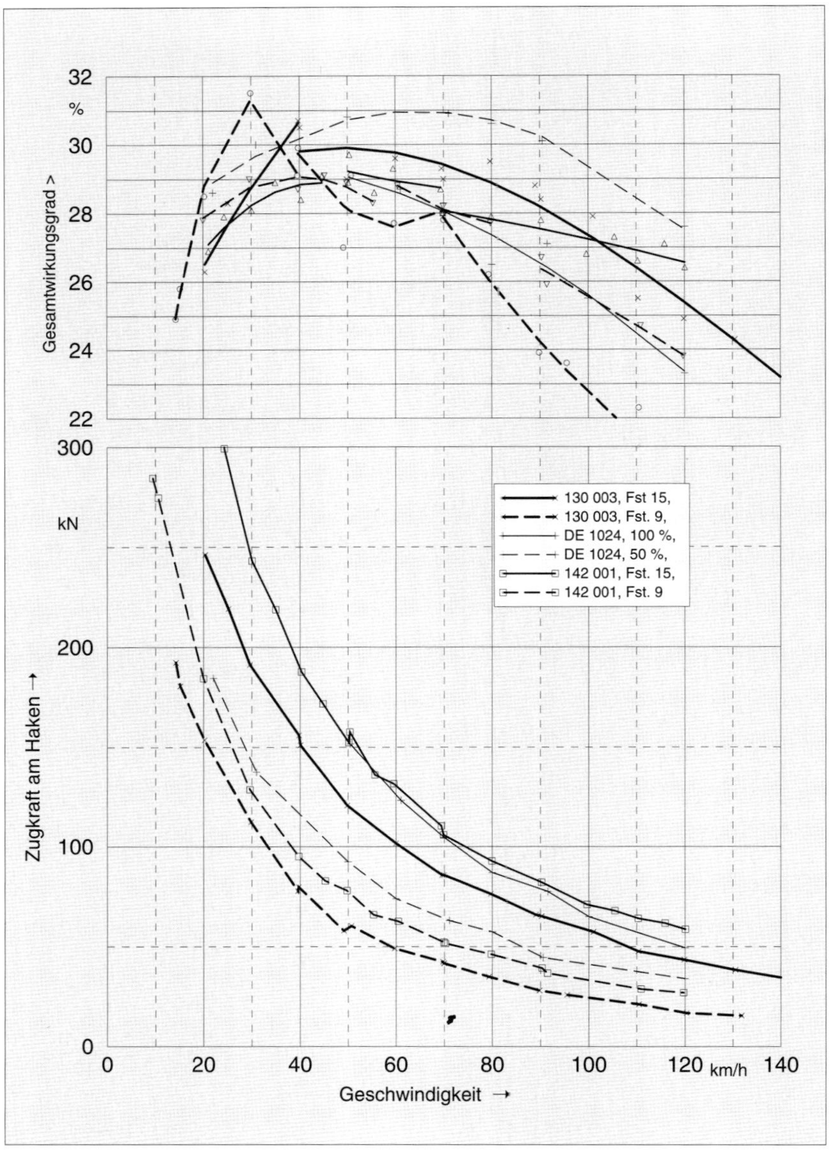

Der Vergleich der Zugkraft- und Gesamtwirkungsgrad-Verläufe zwischen 130 003, 142 001 und der Mak-Diesellok DE 1024 ist gleichzeitig ein Vergleich zwischen östlicher und westlicher Technik und der Leistungsübertragung Drehstrom/Gleichstrom und Drehstrom/Drehstrom. GRAFIK: DR.-ING. KURT KÖHLER

Baureihe 131

Die umfangreichen Messungen an der Lokomotive 130 003 erlaubten, spätere Messungen an Lokomotiven dieser Familie als Ergänzung zu betrachten. Mit Auslieferung der BR 131 war das Z-V-Diagramm sowie die Anfahr- und Dauerzugkraft zu bestimmen. Dazu stand im Januar 1973 die Lokomotive 131 002 bereit. Die niedrigen Außentemperaturen erlaubten die Messungen nur mit zwei eingeschalteten Lüftern durchzuführen. Der gute Gesamtwirkungsgrad von 31 %, gemessen an der Lok 130 003, wurde durch die Messungen an der Lokomotive 131 002 voll bestätigt. Die geänderte Achsgetriebeübersetzung (BR 130: i = 3,15; BR 131: i = 4,41) ergab beim gleichen Dauergrenzstrom von 4.300 A eine Dauerzugkraft von 27 Mp (265 kN). Bei den Anfahrversuchen wurde nur ein Strom von 4.900 A erreicht, dem eine Zugkraft von 34 Mp (335 kN) entsprach. Dieser, bereits in Fahrstufe 12 erreichbare Wert, wurde als maximale Anfahrzugkraft festgelegt.

Baureihe 132

Am 14. Mai 1974 wurden Messungen an 132 061 vorgenommen. Ziel war, das Z-V-Diagramm in den Varianten mit und ohne Zentrale Energieversorgung zu bestimmen. Auf Grund gleicher mittlerer Traktionsleistung entsprach der Z-V-Verlauf im Hauptfahrbereich (40-120 km/h) dem der BR 130. Im Anfahrbereich wurden Zugkräfte bis zur Reibungsgrenze (Reibungsgeschwindigkeit 12 km/h) entwickelt, was bei der BR 130 nicht der Fall war. Bei maximal zulässigem Strom von 6.000 A wurde eine Zugkraft von 31,5 Mp (310 kN) erreicht und für den Betrieb mit 30 Mp (295 kN) festgelegt. Bei kleinster Dauerfahrgeschwindigkeit von 32 km/h entwickelte die Lokomotive eine Dauerzugkraft von 20 Mp (195 kN).

142 001 und 142 002 wurden zahlreichen leistungstechnischen Prüfungen unterzogen. Die Prüfungen an 142 001 erfolgten in Vorbereitung auf die nachfolgende Streckenerprobung. Die hierfür wesentlichen Parameter der Traktionsleistung in den Fahrstufen 1 bis 15, der Strombegrenzung, der Shuntierung, des Schleuderschutzes und des Notbetriebes wurden ermittelt. Das Bild zeigt die Lok im Betriebseinsatz des Bw Stralsund im Oktober 1979 mit dem D 815 nahe Pasewalk.

AUFNAHME: DR. WINFRIED KÖNIG

Für die Messfahrten der verschiedenen Lokomotiven der V 300-Familie dienten die Schwesterlokomotiven 130 101 und 130 102 als Bremslokomotiven. 130 102 (Bw Halle P) ist mit einem Messwagen der VES-M Halle im Jahr 1974 nahe Halle/Saale zu sehen. AUFNAHME: RUTH PELLICCIONI

Von großem Interesse war im Streckenversuch die Zugkraft bei maximaler Leistung an der Zugsammelschiene zu messen. Dies gelang nicht. Bei den herrschenden Außentemperaturen von ca. 10 °C schalteten die Thermostaten die Heizung der Wagen nacheinander ab, bevor der Zug eine Leistung von 600 kVA aufnahm. Für den Hauptfahrbereich zwischen 40 und 110 km/h wurde deswegen Fahrstufe 12, mit im Mittel 1.300 kW, zum Bestimmen des Z-V-Verlaufs bei voller ZEV-Leistung herangezogen.

Wegen des Fehlens stationärer elektrischer Zugvorheizanlagen war im Zugdienst mit relativ großen Zeitanteilen des Betriebs der ZEV ohne Traktionsleistung zu rechnen. Über den Einfluss dieser Betriebsart auf den Kraftstoffgesamtverbrauch der Lokomotive gaben weitere Messungen Aufschluss. Das unwirtschaftliche Vorheizen mit der Lokomotive rief besonders auf überdachten Bahnhöfen wegen der Geruchs- und Geräuschbelästigung den Unmut der Reisenden hervor.

Baureihe 142

Es war das stete Anliegen der DR, von der Industrie gelieferte Lokomotiven einer messtechnischen Untersuchung zu unterziehen. So standen auch 142 001 vom 9. Juni bis 14. Juni 1977 und 142 002 vom 21. Juni bis 3. August 1977 im Prüffeld der VES-M in Dessau zunächst zur Standuntersuchung. Die Prüfungen an 142 001 erfolgten in Vorbereitung auf die nachfolgende Streckenerprobung. Die hierfür wesentlichen Parameter der Traktionsleistung in den Fahrstufen 1 bis 15, der Strombegrenzung, der Shuntierung, des Schleuderschutzes und des Notbetriebes wurden ermittelt. Bei den Untersuchungen an 142 002 ging es darum, die Unterschiede zur BR 132 herauszustellen und die Leistungsgrenzen der neuen Lokomotiven zu erfassen. Im Beisein eines Vertreters des Herstellerwerkes wurde eine komplette Rheostatprüfung für den Traktionsteil, die elektrodynamische Bremse und elektrische Energieversorgung vorgenommen. Eine Fülle von Messwerten wurde als Grundlage für die spätere Behandlung der Lokomotiven im Betrieb tabellarisch erfasst.

Vom 20. Juni bis 12. August 1977 wurde 142 001 in Halle einer umfangreichen Streckenerprobung unterzogen. Zusammen mit dem Messwagen und den beiden Bremslokomotiven 130 101 und 130 102 erfolgten die Beharrungsfahrten in den Fahrstufen 3, 6, 7, 9, 12 und 15 bei Geschwindigkeiten zwischen 10 und 120 km/h auf der Strecke Halle – Falkenberg/Elster – Halle. Die im Geschwindigkeitsbereich zwischen 30 und 120 km/h gemessene Fahrmotorleistung von 2.300-2.350 kW (theoretisch 2.400-2.450 kW) und die daraus resultierenden Zugkräfte wurden als von jeder Lokomotive erreichbar angesehen. Die Dauerzugkraft von 24,6 Mp (240 kN) wurde noch unter dem zulässigen Dauerstrom von 5.700 A erreicht. Die maximale Anfahrzugkraft von 35 Mp (340 kN) ist mit 6.900 A erreicht worden und bis zu einer Fahrgeschwindigkeit von 20 km/h realisierbar. Vielleicht noch interessant – die maximale Zughakenleistung wurde bei V=50 km/h mit 2.170 kW erzielt. Bei Höchstgeschwindigkeit wurden am Zughaken noch 1.925 kW abgegeben. Der Antriebswirkungsgrad lag, außer in Fahrstufe 3, im gleichen Bereich wie die Werte der Baureihe 130.

Fahrstufe	Fahrmotorleistung [kW]	Zughakenleistung [kW]	Antriebswirkungsgrad $[P_Z/P_E*100\%]$
3	190	125	65
6	580	465	80
9	1.125	1.030	91
12	1.900	1.700	90
15	2.320	2.170	93

Aus den Messwerten ergab sich in Fahrstufe 15 im Mittel ein Kraftstoffverbrauch von 618 kg/h bei 2.320 kW. Mit einem angenommenen Wirkungsgrad von 0,92 für Generator und Gleichrichter und bei 275 kW Hilfsbetriebeleistung ließ sich ein spezifischer Verbrauch von 221 g/kWh errechnen. Der geringste Verbrauch wurde in Fahrstufe 12 mit 207 g/kWh ermittelt. Daraus folgerte ein maximaler Wirkungsgrad von 0,32 bei V=37,5 km/h. Der Verbrauch im Leerlauf des Dieselmotors wurde mit 18-20 kg/h bestimmt. Insgesamt ergaben die Messungen, bei einem noch geringeren spezifischen Fahrwiderstand als bei der Baureihe 130, ein gutes leistungstechnisches Verhalten.

Die wärmetechnischen Messungen zeigten aber eine noch nicht ausreichende Schmierölkühlung, die bei Außentemperaturen über 25 °C das Fahren mit Nennleistung begrenzte.

Bremstechnische Untersuchungen

Noch vor den leistungstechnischen Untersuchungen wurden im Oktober/November 1970 die bremstechnischen Stand- und Fahruntersuchungen durchgeführt. Bereits bei den Fahrten zum Anschleifen der neuen Bremssohlen, vom Eisenhüttenwerk Arnstadt geliefert, wurde ein häufiges Ansprechen des Gleitschutzreglers im gebremsten wie ungebremsten Zustand der Lokomotive erkannt. Diese Unregelmäßigkeiten konnten am 2. November 1970 mit Vertretern des sowjetischen Kundendienstes und des VEB Berliner Bremsenwerk besprochen werden. Ein zu großes Spiel im Antrieb des Reglers wurde als Ursache des fehlerhaften Ansprechens ermittelt und verlangte kurzfristig nicht realisierbare konstruktive Änderungen. Die Bremsversuchsfahrten wurden ohne Gleitschutzregler begonnen.

Gemäß der Brevo Teil III § 3 Abschnitt G war die Bremsausrüstung auf Dichtheit und Funktion zu prüfen. Dabei wurden die nach UIC- bzw. OSShD-Merkblatt zulässigen Steuerzeiten kontrolliert. Durch Klotzkraftmessungen wurden die Gestängewirkungsgrade, die Abbremsungen und Pressungen am Bremsklotz bei verschiedenen Bremszylinderkolbenhüben in den Bremsstellungen P, P_2 und R sowie bei Betätigung der Handbremse ermittelt. Nach Beheben einiger Undichtigkeiten konnte die Dichtheit nachgewiesen werden. Die Steuerzeiten und -drücke entsprachen den oben genannten Bedingungen, nachdem im Vorgriff auf die weiteren Lokomotivlieferungen das Steuerventil KE1c eingesetzt und der Hilfsluftbehälterinhalt auf ca. 40 Liter erhöht wurde.

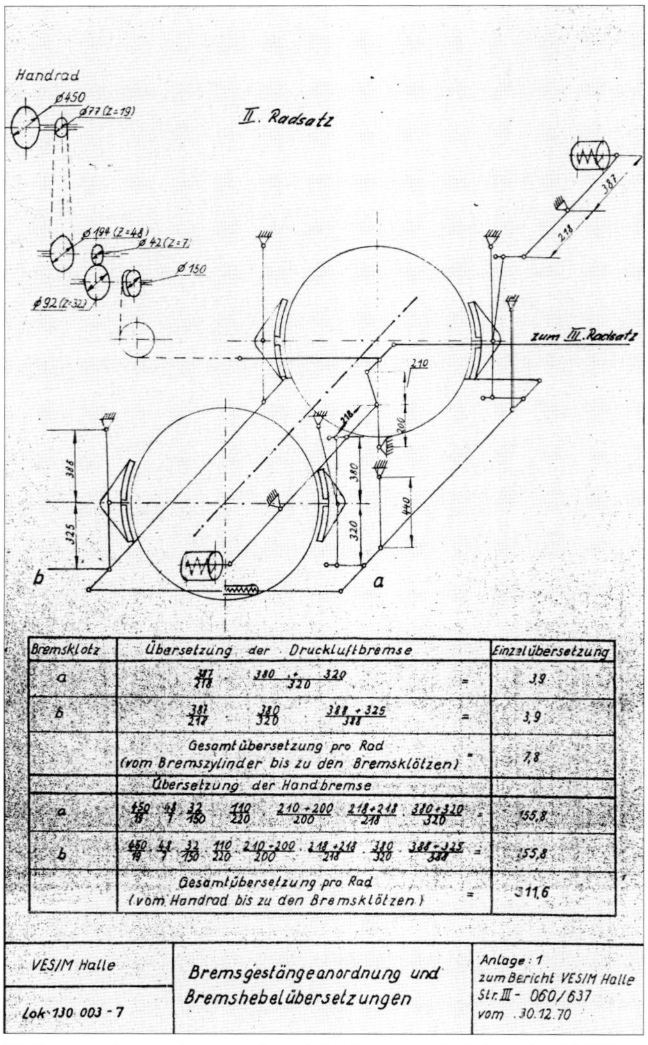

Die Bremsgestängeanordnung und Bremshebelübersetzung der Lokomctive 130 003.

Auf der Lokwaage der VES-M wurde die maßgebende Gesamtmasse bei 2/3 Vorräten mit 115,0 t ermittelt. Die Bremsversuchsfahrten erfolgten auf der Strecke Halle – Bitterfeld. Sie wurden mit der Lokomotive allein in der Bremsstellung P bis 120 km/h und in der Bremsstellung G bis 80 km/h ausgefahren. Die errechneten Bremshundertstel von 96 % in Bremsstellung P und 79 % in Bremsstellung G genügten den betrieblichen Forderungen der DR. Die Fahrten in den Bremsstellungen P_2 und R waren ohne Gleitschutzregler nicht möglich.

Die weitere bremstechnische Erprobung wurde im Januar 1972 mit 130 038 durchgeführt. Wegen konstruktiv veränderter Drehgestelle und erfolgtem Einbau von Magnetventilen zur Ergänzung der elektrodynamischen Bremse wurden alle Standuntersuchungen wiederholt. Festgestellte Abweichungen gegenüber 130 003 lagen im Streubereich. Nur die Bremszylinderfüllzeiten der Bremsart I lagen über 6 Sekunden und damit außerhalb des Toleranzbereiches der UIC- und OSShD-Bedingungen. Als Ursache dafür wurde der geringe Durchlassquerschnitt eines Magnetventils ermittelt, welches dem Zusammenwirken von pneumatischer und elektrischer Bremse diente. Das vorhandene Steuerventil KE0c wurde durch das bei der E-Bremse erforderliche KE1c ersetzt und das Hilfsbehältervolumen auf 40 l erhöht. Die Bremsversuchsfahrten fanden auf der Strecke Halle – Wittenberg in der Bremsstellung G bis 80 km/h, in der Bremsstellung P und P_2 bis 120 km/h und in der Bremsstellung R bis 140 km/h statt. Dabei ergaben sich auf ebenem und geradem Gleis folgende mittlere Bremswege, Bremsgewichte und Bremshundertstel:

Bremsstellung	Ausgangsgeschwindigkeit	Bremsweg	Bremsgewicht	Bremshundertstel
G	80 km/h	500 m	95 t	79 %
P	115/120 km/h	750/815 m	117 t	98 %
P_2	120 km/h	705 m	139 t	116 %
R	140 km/h	865 m	164 t	137 %

Bedingt durch die zu lange Bremszylinderfüllzeit wurden außer in Bremsstellung R (maximaler Bremsweg 820 m) alle Forderungen erfüllt. Während dieser Teil der Stand- und Fahrversuche bis Ende Februar beendet war, schlossen sich im Mai 1972 noch Untersuchungen des Gleitschutzes auf feucht-schmierigen Schienen an. Dazu wurde im Ergebnis ausgesagt „ *..., daß Achsblockierungen nur unter extrem schlechtem Schienenzustand erfolgen können. Ansonsten ist die pneumatische Gleitschutzeinrichtung voll wirksam.*“

Die Erprobung der pneumatischen und elektrodynamischen Lokbremse in Funktion und im Zusammenwirken konnte erst zum Jahreswechsel 1972/73 an 130 055 erfolgen. Die Vorbereitungen darauf zeigten einen Schaden am Gleitschutzregler, falsch angeschlossene Magnetventile und erforderten eine Korrektur der Bremsleistungseinstellung. Die Behebung dieser Mängel, der Einsatz der Lokomotive im Festverkehr Weihnachten 1972 und Ostern 1973 führten dazu, dass die Bremsversuche erst Anfang Mai 1973 abgeschlossen wurden.

Differenzen mit dem Hersteller über die Erhöhung des Hilfsluftbehältervolumens führten zur Durchführung aller Prüfungen mit dem 25-l-Hilfsluftbehälter. Nach dem Nachweis der Funktion und Dichtheit ergaben die Messungen der Bremsklotzkräfte und die Bestimmung des Gestängewirkungsgrades annähernde Übereinstimmung mit den an 130 038 ermittelten Werten. Auch die Steuerzeiten der Bremse stimmten bis auf die Füllzeiten in der Bremsart I überein. Sie wurden durch einen geringen Durchlassquerschnitt eines Magnetventils der E-Bremse verlängert. Die Steuerzeiten der Zusatzbremse entsprachen voll den OSShD-Bedingungen R-683.

Die Bremsversuchsfahrten wurden auf der Strecke Halle – Wittenberg im geraden und ebenen Gleis durchgeführt. Die nach-

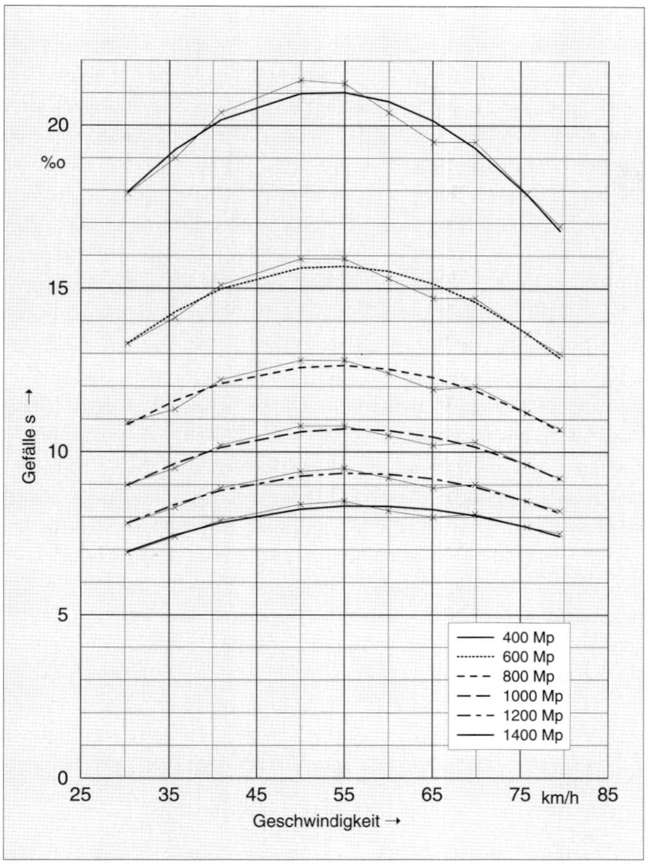

S-V-Diagramm der elektrischen Bremse der Baureihe 130. Ein 1.400-t-Güterzug kann in einem Gefälle von 8 ‰ mit Bremsstufe 5 auf 45 km/h gehalten werden.

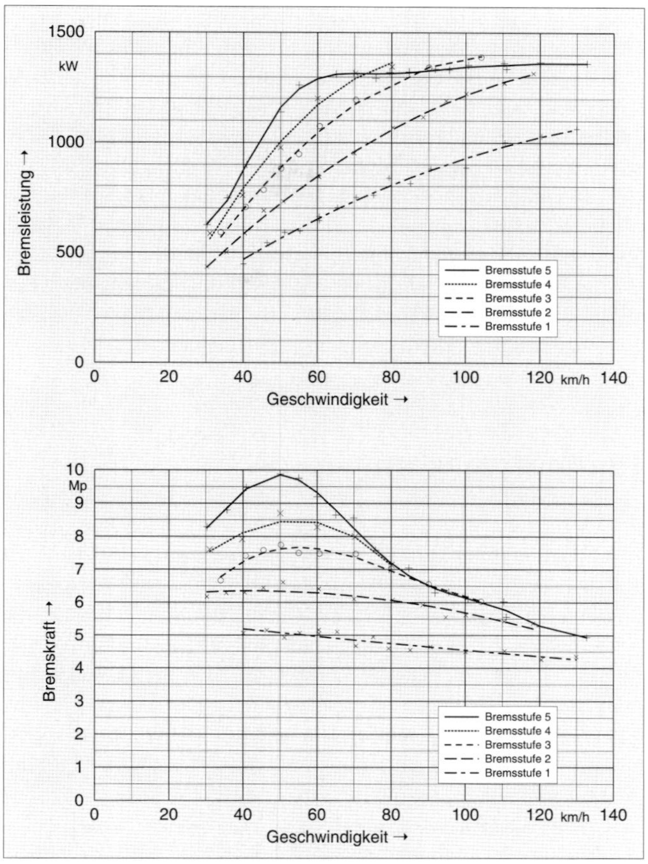

Bremskraft und Bremsleistung am Zughaken in Abhängigkeit von der Geschwindigkeit, ermittelt an der Lokomotive 130 055. GRAFIKEN (2): DR.-ING. KURT KÖHLER

stehenden Ergebnisse wurden mit vollständig angeschliffenen deutschen Bremssohlen normaler Materialzusammensetzung erreicht.

Brems-stellung	Ausgangs-geschwindigkeit	Bremsweg	Brems-gewicht	Brems-hundertstel
G	80 km/h	485 m	94 t	78 %
P	115/120 km/h	815/900 m	108 t	90 %
P_2	120 km/h	765 m	128 t	107 %
R	140 km/h	965 m	147 t	123 %
R + E	140 km/h	795 m	182 t	152 %

Außer in Bremsstellung R wurden die Bremswege eingehalten. Die längeren Bremswege in der Bremsart I gegenüber denen von 130 038 waren durch den 25-l-Hilfsluftbehälter bedingt. Die alleinfahrende Lokomotive konnte aus V=140 km/h in 5 ‰ Gefälle in Bremsstellung R auf 1.020 m und in Bremsstellung R+E auf 865 m zum Halten gebracht werden.

Von besonderem Interesse war, die Wirkung der elektrischen Bremse zu erkunden. Der dazu gebildete Versuchszug mit der Lok 130 055, Messwagen 1, 03 1010 und 130 038 verkehrte auf der Strecke Halle – Jüterbog – Halle. In 76 Beharrungsfahrten in den Bremsstufen 1-5 und im Geschwindigkeitsbereich zwischen 30 und 130 km/h sind die in Diagrammen (dieses Seite oben) wiedergegebenen Bremskräfte und Bremsleistungen ermittelt worden. Die Bremskraft wurde mittels Zugkraftmesseinrichtung des Messwagens 1 gemessen. Die Werte für den Bremsstrom stellten

Bremstechnische Erprobungen wurden im Januar und Februar 1972 auf der Strecke Halle – Wittenberg mit der Lokomotive 130 038 im Geschwindigkeitsbereich von 80, 120 und 140 km/h durchgeführt. Für spätere Bremsversuche diente dann 130 055 im Frühjahr 1973. 130 038 durchfährt im September 1981 als Lok des Bw Neustrelitz den Bahnhof Welsow-Bruchhagen.

AUFNAHME: DR. WINFRIED KÖNIG

die Summe der Einzelströme der sechs Fahrmotoren dar, wobei die Einzelströme als Mittelwerte aus drei Ablesungen gebildet wurden. Die für Bremsstufe 5 dargestellten Bremskräfte am Zughaken und der errechnete Bremsleistungverlauf stellten Grenzkurven dar. Im unteren Geschwindigkeitsbereich (30 km/h) bestimmte der maximale Erregerstrom (350 A) und im oberen Geschwindigkeitsbereich (> 60 km/h) die maximale Wärmeleistung der Bremswiderstände (1.300-1.350 kW) diese Grenze. Stark abhängig vom Wagenwiderstand selbst machte das s-V-Diagramm deutlich, dass ein 1.000 t- Zug in 10 ‰ Gefälle ohne Benutzung der pneumatischen Bremse im Geschwindigkeitsbereich zwischen 40-70 km/h in Beharrung gehalten werden konnte.

Laufgütemessungen

Inhalt der lauftechnischen Untersuchungen im Jahre 1971 an 130 003 waren die Bestimmung des Laufgütewertes nach Sperling und der Ausschwingversuch. Die auf der Strecke Landsberg – Brehna bis zur Höchstgeschwindigkeit V=140 km/h durchgeführten Laufgütemessungen konnten, auch unter Berücksichtigung des nur mittleren Oberbauzustandes der Messabschnitte, nicht befriedigen. Die gemessenen vertikalen Wertungszahlen lagen im Geschwindigkeitsbereich zwischen 90 und 120 km/h um Wz=4,1 und stiegen bis V=140 km/h auf Wz=4,34 an. In der horizontalen Querrichtung ergab sich ein befriedigender Fahrzeuglauf. Beim Ausschwingversuch ohne Dämpfer, durch Überfahren von Keilen, zeigte sich eine hohe Eigenfrequenz des Tauchens.

Nach einem Meinungsaustausch anlässlich der 2. Konstruktionsberatung im Oktober 1971 wurden die Versuche an 130 038 fortgesetzt. Da 130 003 Anfang 1972 nicht wieder zur Verfügung stand und der Messabschnitt Landsberg – Brehna nicht mehr für Geschwindigkeiten > 120 km/h zugelassen war, konnten vergleichbare Ergebnisse nicht erwartet werden. Die Messungen mit 130 038 auf dem Schnellfahrabschnitt Radis – Bergwitz ergaben Wertungszahlen linear steigend von 3,0 bis 3,5 im Geschwindigkeitsbereich zwischen 60 und 140 km/h. Die hohe Eigenfrequenz der Tauchschwingungen konnte wieder ermittelt werden. Besonders problematisch war die optimale Einstellung der Reibungsstoßdämpfer, die die Laufruhe und die maximalen Beschleunigungen beeinflussten. Das Problem der Reibungsstoßdämpfer beschäftigte die Fachleute über alle acht Konstruktionsbesprechungen hinweg. Erst zur 7. Konstruktionsbesprechung äußerte sich der Käufer positiv zum Erreichten an der BR 132, verband damit aber noch den Wunsch, das Reibmaterial zu verbessern, um eine höhere Lebensdauer zu erreichen.

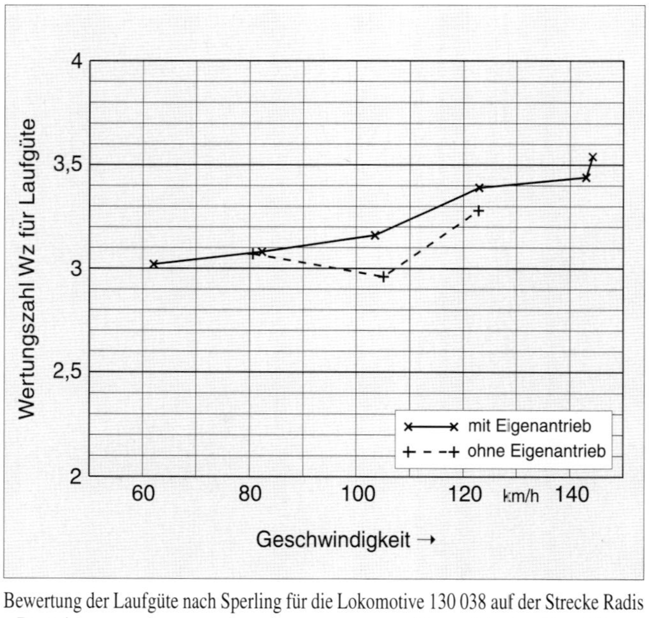

Bewertung der Laufgüte nach Sperling für die Lokomotive 130 038 auf der Strecke Radis – Bergwitz GRAFIK: DR.-ING. KURT KÖHLER

Am 10. Januar 1971 war 130 003 in Schlauroth auf dem Versuchsgelände für die Einheits-Mittelpuffer-Kupplung. Die dort vorhandenen Ablaufberge waren genau vermessen und in einem einwandfreien Zustand. Es waren die Achsfederwege zu ermitteln, um evtl. die vom Hersteller vorgegebene Beschränkung ändern zu können. Nach dieser konnte die Lokomotive einen Ablaufberg mit Ausrundungen von minimal 400 m konkav und 300 m konvex mit Schrittgeschwindigkeit befahren. Am Ablaufberg 400/300 m zeigten sich selbst bei 20 km/h an den Achsen 3 und 4 (bei symmetrischer Stellung) nur Federwege von 42-43 mm. Damit war der Federweg weder durch einen Anschlag noch durch Aufeinanderliegen der Federwindungen begrenzt. Interessanterweise ergaben sich auch beim Befahren des Ablaufberges 300/250 m keine größeren Federwege. Dennoch musste die Beschränkung bleiben, da sich das Drehgestell schräg zum Hauptrahmen stellte und den Drehzapfen unzulässig belastete.

Geräuschtechnische Untersuchungen

Die Geräuschuntersuchungen an der Lokomotive 130 003 im August/September 1970 waren von besonderer Bedeutung, durften sich doch die Flut der Proteste und Eingaben der Bürger, wie sie nach der Indienststellung der BR 120 im Ministerium für Verkehrswesen und bei staatlichen Stellen eingingen, nicht wiederholen. Der steigenden Sensibilität der Menschen dieser Frage gegenüber wurde bereits in den Technischen Forderungen Rechnung getragen. Aufgabe der Untersuchungen war daher, die Einhaltung der Technischen Bedingungen zu prüfen. In ihr hieß es noch *„Der Schallpegel übersteigt in Oktavbändern im Führerstand bei Fahrt mit Vollast und mit maximaler Geschwindigkeit nicht die Kurve N 80 nach ISO-TK-43. Der Außengeräuschpegel im Abstand von 25 m von der Fahrzeuglängsachse beträgt 75 dB(A).“*

Gemäß der Verfügung „Höchstzulässige Geräusche von Fahrzeugen der Deutschen Reichsbahn“ vom 1. Januar 1970 waren folgende Pegel einzuhalten:

- Im Führerstand bei V_{max} und 2/3 Nennleistung 85 dB(AI)
- in 25 m Abstand von der Fahrzeuglängsachse im Stand bei 2/3 Nennleistung 75 dB(AI).

Trotz der Anstrengungen des Herstellers, der zur Lärmdämmung und -schluckung die Wände und Dächer des Führerstandes, die Hohlräume im Fußboden, die Bodenklappen und die Dachluken mit schallschluckendem Material ausgefüllt hatte, konnte die Einhaltung der geforderten Werte nicht bestätigt werden. Obwohl die Einstiegsräume als Schallschleusen wirkten und ein wirksamer Auspuffschalldämpfer vorhanden war, ergaben sich durch die Lagerung der Hauptaggregate viele Körperschallbrücken. Als Istwerte wurden jeweils in Führerstandsmitte für Führerstand 1 die N 85 und für Führerstand 2 die N 88 gemessen. Auch der Außenpegel der Geräusche übersteig in Fahrstufe 10 bei laufendem Kühlerlüfter mit 93 dB(A) den Grenzwert.

Vom Verkäufer wurde die Messmethodik jedoch nicht in allen Punkten anerkannt. Dennoch waren die Messergebnisse Anlass, ab 130 025 erste Maßnahmen und ab 130 037 weitere Maßnahmen zur „weitgehenden“ Einhaltung der technischen Bedingungen zuzusagen. Folgerichtig kam es zur Vereinbarung gemeinsamer Messungen mit dem Ziel einer abgestimmten Messvorschrift,

Oben: Für Geräuschmessungen diente die neu gelieferte 142 002 vom 14. bis 20. Juni 1977 auf der Strecke Doberschütz – Torgau. Das Bild zeigt die Maschine mit einem Messwagen vor dem Gebäude der VES-M Halle im Juni 1977, wenige Tage vor Beginn dieser Messfahrten. AUFNAHME: RUTH PELLICCIONI

Unten: Das Geräuschverhalten der Lokomotive 130 003. Oktav-Analyse, Mittelfrequenz nach ISO-Normativ, gemessen in der Mitte des Führerstandes 1, 1,2 m über dem Fußboden bei verschiedenen Geschwindigkeiten unter Vollast. SAMMLUNG DR.-ING. KURT KÖHLER

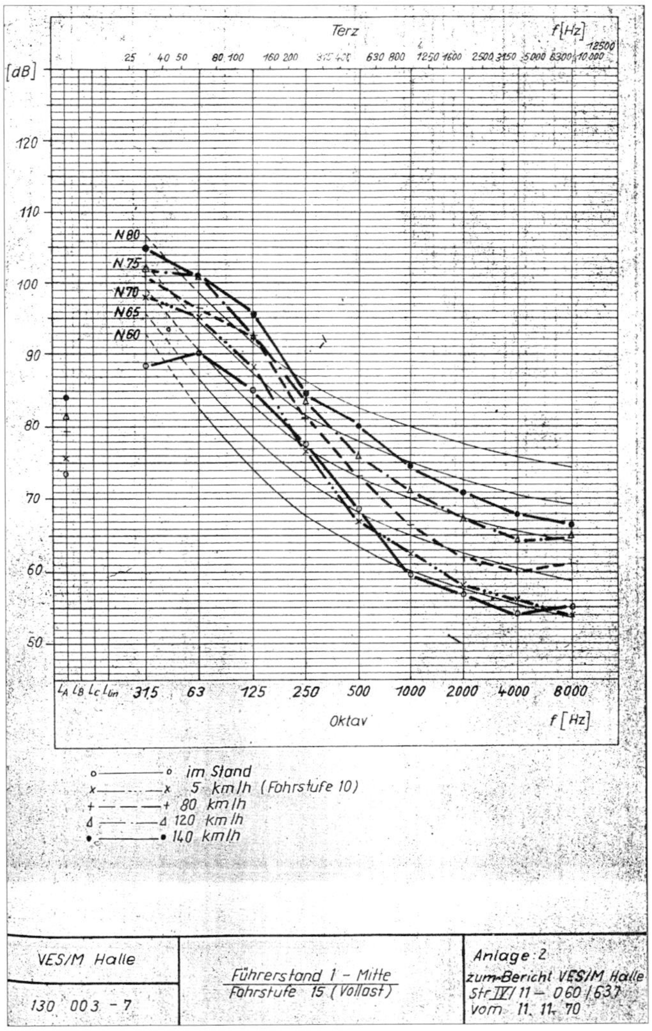

die vergleichbare Ergebnisse akustischer Untersuchungen beim Verkäufer und Käufer ermöglichte. Im März 1972 kam es zu den gemeinsamen Messungen an der Lok 130 038 und zur Präzisierung der Messmethodik auf der Grundlage der OSShD-Empfehlungen R 661. Im Ergebnis der Messungen wurde festgestellt, dass der Gesamtschallpegel 85 dB (AI) nicht überschritten wird. Dies zeigte sich in den Führerständen bei V_{max}=140 km/h und 2/3 Nennleistung (Fahrstufe 10) sowie bei Nennleistung (Fahrstufe 15). Damit wurde der für Führerstände schienengebundener Triebfahrzeuge nach Landeskulturgesetz der DDR vom 28. Mai 1970 zulässige Wert von 85 dB (AI) gerade eingehalten. Der empfohlene Wert von 80 dB (AI) blieb als Forderung bestehen, mit dem Ziel, für die Lokomotiven der Lieferung 1973 einen Wert von 82...83 dB (AI) zu erreichen. Die gemeinsamen Messungen zeigten ferner, dass ein Außenpegel von 75 dB (A) für leistungsstarke Diesellokomotiven nicht erreichbar war. In Abstimmung mit dem Medizinischen Dienst des Verkehrswesens der DDR mussten neue, realisierbare Grenzwerte festgelegt werden:

- für neu zu projektierende Lokomotiven 80 dB (AI)
- für alle übrigen Lokomotiven 85 dB (AI).

An der Lokomotive 132 061 wurden im Mai 1974 und im März 1975, kurz vor Ablauf der 12-monatigen Garantie, erneut Kontrollmessungen durchgeführt. Ziel der Überprüfungen war die Einhaltung der geräuschtechnischen Forderungen bei der Übergabe der Lokomotive durch den Hersteller. Es war zu klären, ob im Laufe der Garantiezeit Verschlechterungen eintraten, die die zulässigen Grenzwerte überschritten. Sowohl im Neuzustand als auch nach einem Jahr (Laufleistung 101.845 km, 5.290 Motorstunden) wurden die geforderten Grenzwerte im Führerstand und außerhalb der Lokomotive eingehalten.

Ein Teil der Erprobung der BR 142 bildeten die Geräuschmessungen an 142 002 vom 14. Juni bis 20. Juni 1977 auf der Strecke Doberschütz – Torgau. Es galt nicht nur, die Grenzwerte zu prüfen, sondern auch die geräuschtechnischen Kennwerte der Aggregate, deren Pegelhöhe und Frequenzzusammensetzung zu ermitteln. Die Ergebnisse sollten der weiteren Senkung der Geräuschpegel dienen. Die Gesamtpegel in den Führerständen 1/2 betrugen bei 120 km/h in Fahrstufe 10 80/82 dB(AI) und in Fahrstufe 15 80/84 dB(AI). Damit war, bedingt durch die asymmetrische Anordnung der Aggregate, der Grenzwert im Führerstand 2 mit 2 dB(AI) überschritten. Diese Tatsache beim Baumuster zu tolerieren, fiel nicht schwer. Nicht zu tolerieren war der Außenpegel in 25 m Abstand in Fahrstufe 10 (2/3 Nennleistung) bei laufenden Lüftern mit 89 dB(AI) und damit 4 dB(AI) über dem Grenzwert.

Wenn es zur Serienlieferung gekommen wäre, hätten noch erhebliche Anstrengungen gemacht werden müssen. Insbesondere die Lüftergeräusche vom Lüfter 1, der mit dem Öffnen der Jalousien verbunden war, wären zu senken gewesen. Auch den Geräuschpegel in Führerstandsmitte unter 80 dB(AI) zu senken, wäre wünschenswert gewesen, da an den Führerstandsseiten deutlich höhere Pegel auftraten.

Abgasmessungen

Seit der Indienststellung der ersten Lokomotiven im Jahr 1970 war bekannt, dass die Abgase dieser Lokomotive eine starke Trübung aufwiesen. Dieses war bedingt durch den relativ niedrigen Luftüberschuss, mit dem der Dieselmotor arbeitet. Die Abgase besaßen geruchsbelästigende und sichtbehindernde Bestandteile. Dennoch kam es erst im Februar/März 1974 zu Messungen des Abgasverhaltens. Erst als der fast ausschließliche Einsatz dieser Lokomotiven im Güterzugbetrieb durch einen Einsatz vor Reisezügen ergänzt wurde, kamen die Klagen. Die Abgase, die sich über das Lokomotivdach wälzten, belästigten insbesondere die Reisenden in den ersten Wagen. Lokpersonale klagten über die Geruchsbelästigung bei Fahrten auf der Vorspann- oder Schlusslok. Selbst im Kühlluftsystem der elektrischen Maschinen der eigenen Lokomotive war eine stärkere Verschmutzung zu erkennen.

Die Versuche mit geänderten Abgasstutzen nach einem Neuerervorschlag des Bw Halle-G, ergänzt durch die Varianten der Fachgruppe Konstruktion, zeigten nicht den gewünschten Erfolg. Die Versuche konnten im Juni 1974 mit 130 038 und im August/September 1974 mit 130 102 unter Nutzung der erzielten Erkenntnisse der Fachgruppen Streckenversuche und Konstruktion fortgesetzt werden. Die Abgasstutzen erhielten vom Abgasstrom gesteuerte Klappen. Es ergab sich eine verbesserte Abströmung der Abgase im Teillastbereich. Mit diesen Erkenntnissen wurde 130 102 im Originalzustand und mit einem so veränderten Abgasstutzen vergleichenden Messungen unterzogen. Die Wahl fiel auf 130 102 (Baumuster der BR 132), um auf die vorwiegend vor Reisezügen eingesetzte BR 132 übertragbare Ergebnisse zu bekommen.

Der Stutzen mit rechteckigem Querschnitt von 1.560 cm², zwei Klappen und trichterförmigen Einlaufblechen ließ bis etwa 1.000 kW Traktionsleistung (Fahrstufe 9) nur einen Abströmquerschnitt von 360 cm² frei. Er öffnete sich bis etwa 1.200 kW (Fahrstufe 12) kontinuierlich. Der mit der Querschnittsminderung steigende Abgasgegendruck blieb im gesamten Leistungsbereich unter dem Grenzwert von 500 mm Wassersäule. Strömungsquerschnitt und -form konnten vielfältig variiert werden, um ein Optimum und die Grenzen möglicher Abgasstutzen zu erkennen. Bei einem extrem geringen Austrittsquerschnitt (490 cm²) strömten die Gase – wie zu erwarten – bereits bei mittlerer Leistung merklich höher als vorher. Der bereits ab Fahrstufe 12 über den Grenzwert ansteigende Abgasgegendruck verbot aber eine solche Lösung.

Interessant war, wie den Schwierigkeiten der Ermittlung des Strömungsverlaufs begegnet wurde, um zu einer objektiven Beurteilung der Belästigung zu kommen. Bei den Versuchen mit 130 038 wurden die Abgasfahnen des vorbeifahrenden Zuges aus ca. 20 m Abstand fotografiert. Auf der Lokomotive 130 102 war ein Fotoapparat auf dem Dach vor dem Austrittsstutzen angeordnet, der die Aufnahmen von den Abgasfahnen machte. Dieses Verfahren war weniger zeit- und personalaufwendig, hatte aber den Nachteil, dass die Abgasfahne nicht längs der Lok und des ersten Wagens aufgenommen wurde. Das Fazit aller Versuche war:

Bedingt durch den relativ geringen Luftüberschuss des arbeitenden Motors kam es beim direkten Hochschalten von Fahrstufe 0 auf Fahrstufe 15 zum sogenannten „Hochschaltrauchen". Einen solchen „Blitzstart" legte im Juli 1983 auch der Lokführer von 132 498 bei der Ausfahrt aus dem Bahnhof Kirchmöser hin. Durch veränderte Motorregler konnte die Trübung der Abgase später gemindert werden. AUFNAHME: JENS-PETER FRIED

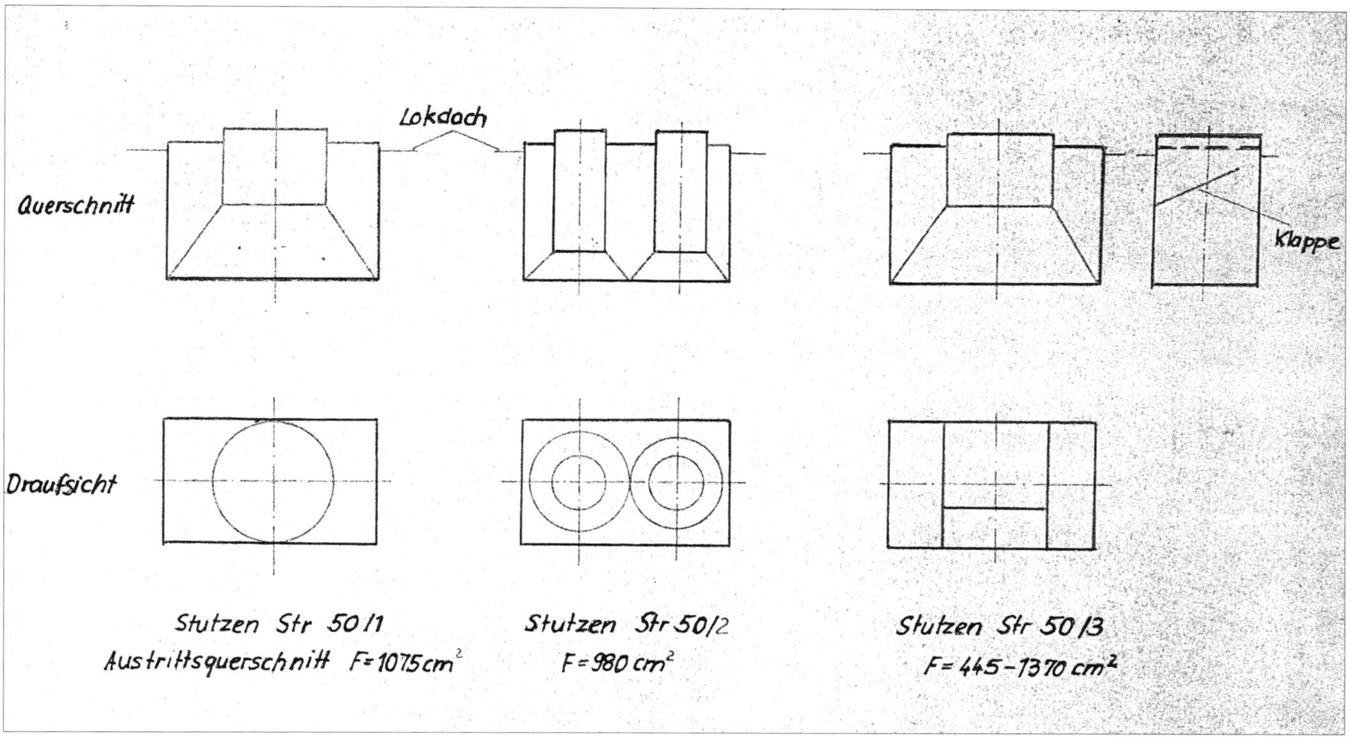

Im Versuch getestete Formen des Abgasstutzens, die letztlich alle verworfen wurden, da sie das Problem der starken Abgastrübung nur teilweise lösen halfen.

- die durch die Abgase hervorgerufene Belästigung und Verschmutzung ließ sich allein durch veränderte Abgasstutzen und einflussnehmende Dachteile nicht erreichen,
- eine Querschnittverringerung des Stutzens brachte nur oberhalb von 1.200 kW Traktionsleistung eine Verbesserung,
- im Teilleistungsbereich mit besonders großer Abgastrübung musste der Austrittsquerschnitt durch eine Klappe vom jeweiligen Abgasstrom gesteuert werden, um Verbesserungen zu erhalten.

Da im Jahr 1976 vom WTZ-Dieselmotoren zusammen mit einem Institut der UdSSR Normen zur zulässigen Abgastrübung erarbeitet wurden, verzichteten beide Seiten, eigene Festlegungen zu treffen. Der Motorenhersteller berichtete, dass eine neue Kolbenbodengestaltung die Abgastrübung im Beharrungszustand herabsetzt. Ferner berichtete er über Versuche mit einer Einrichtung am Drehzahlregler, die die Einspritzmenge ladeluftdruckabhängig korrigiert. Der mit dieser Einrichtung arbeitende Motorregler 3-7PC2 konnte im November 1979 auf 132 576 geprüft werden. Die Zusatzeinrichtung verhinderte das „Hochschaltrauchen", welches sonst beim zu schnellen Hochlaufen auftrat, verzögerte dabei aber auch den Leistungsanstieg. Sie schützte den Dieselmotor bei schadhaftem Aufladesystem (zu geringer Ladedruck) vor dem Betrieb unter Luftmangel und damit verbundenen hohen Abgastemperaturen.

Auch der Lokführer von 132 091 (Bw Reichenbach) hatte es am 4. August 1977 am P 5643 (Plauen – Freiberg) wohl etwas eilig, als er mit dem nicht sonderlich langen Personenzug den Haltepunkt Ruppersgrün verließ. Vielleicht wollte er auch nur dem hinter ihm auf der 2.000 PS schwächeren 110 sitzenden Kollegen mal zeigen, was seine „Ludmilla" so alles kann …

AUFNAHME: THOMAS FRISTER

Konstruktive Änderungen nach Abschluss der Lieferung

Der Umbau der BR 130 in eine Ellok

1978 wurde die für die Entwicklung und konstruktive Betreuung der Triebfahrzeuge zuständige Versuchs- und Entwicklungsstelle für die Maschinenwirtschaft umstrukturiert. Ein Teil der Mitarbeiter gehörte ab 1. Januar 1979 dem neu gegründeten Institut für Eisenbahnwesen (IfE) an, welches dem Zentralen Forschungsinstitut des Verkehrswesens (ZFIV) angegliedert wurde. Hier verblieben die Arbeitsgebiete der Entwicklung neuer Triebfahrzeuge und neuer Komponenten einschließlich der Betreuung derselben bis zur Serienreife oder bis zum Abschluss der Lieferungen. Die anderen Mitarbeiter wurden der neu gebildeten Zentralstelle der Maschinenwirtschaft (ZMDR) zugeordnet und übernahmen die konstruktive Betreuung der übrigen Triebfahrzeuge.

Das IfE bekam zur Jahresmitte 1982 vom Staatssekretär des Ministers für Verkehrswesen den Auftrag, den Umbau der BR 130 in eine Ellok zu untersuchen. Ein Auftrag, der Kopfschütteln bei den Fachleuten hervorrief. Er war aus der Tatsache entstanden, dass die Elektrifizierung stark belasteter DR-Hauptstrecken schnell fortschritt. Dadurch wurden Diesellokomotiven in erheblichem Umfang freigesetzt. Für sie bestand infolge ihrer hohen Achslasten im Nebenbahnnetz nur eine beschränkte Verwendungsmöglichkeit. Es war daher zu untersuchen, ob durch den Umbau eine teilweise Entlastung der Lokomotivindustrie erreichbar war und ob eine Weiterverwendung noch brauchbarer Teile von Diesellokomotiven gegeben erschien. In Betracht kamen in erster Linie die 80 Loks der BR 130, die infolge ihres Alters und ihrer Betriebsparameter (niedrige Dauerzugkraft infolge V_{max} = 140 km/h, keine Zugheizeinrichtung) zur Verfügung standen.

Um einen effektiven Einsatz der Lokomotiven und die Kompatibilität mit dem übrigen Park elektrischer Lokomotiven zu gewährleisten, hatte die HvM gefordert, dass die Umbaulok mindestens die Leistungsparameter der E 42/BR 242 (später BR 142) besitzen sollte. Untersucht wurden drei Varianten:

- **Variante 1:** Beibehaltung der Fahrmotoren und Achsgetriebe der Baureihe 130
- **Variante 2:** Beibehaltung der Fahrmotoren der BR 130 bei Änderung der Achsgetriebeübersetzung für V_{max}=100 km/h
- **Variante 3:** Verwendung neuer Fahrmotoren (ca. 500 kW) und Achsgetriebeübersetzung für V_{max}=100 km/h.

Hinsichtlich der betrieblichen Parameter zeigte das F-V-Diagramm, dass die maximal aufbringbaren Zugkräfte der Umbauvarianten 1 und 2 im gesamten Geschwindigkeitsbereich über 35 km/h der Baureihe 242 stark unterlegen waren. Die Dauerzugkräfte waren der Baureihe 242 im Bereich oberhalb 40 km/h unterlegen. Im Bereich unterhalb 40 km/h war die Variante 1 etwa gleichwertig und die Variante 2 sogar besser. Im Hinblick auf die Zuggeschwindigkeiten im elektrischen Netz (Güterzüge 65 km/h bzw. 80 km/h) war aber auch das ohne Bedeutung.

Bezüglich der Weiterverwendung wurden Hauptrahmen und Aufbauten (ausgenommen Dach wegen neuer Ausrüstung), Drehgestelle und Radsätze (neue Großräder wegen neuer Fahrmotoren) sowie teilweise die Bremse als wiederverwendbar ausgewiesen. Alle übrigen Baugruppen der Lok wären zu entfernen und durch neu zu beschaffende bzw. neu zu entwickelnde Bauteile zu ersetzen gewesen. Bei dem zu dieser Zeit geltenden Preisniveau war keine Effektivität nachzuweisen. Eine vierachsige Ellok mit 3.000 kW kostete ca. 2,5 Millionen Mark. Für den Umbau einschließlich erforderlicher Entwicklungskosten wurden ca. 2,1 Mio. Mark überschläglich ermittelt. Dagegen sprachen ferner die begrenzte Lebensdauer der weiterverwendeten Teile, der höhere Energieverbrauch der um ca. 20-30 t größeren Lokomotivmasse und der höhere Instandhaltungsaufwand einer sechsachsigen Lok. Die Expertise schloss mit dem Ergebnis, dass ein derartiger Umbau unwirtschaftlich sei. Bezweifelt wurde auch eine mögliche Entlastung der Industrie. Der Umbau und die zugehörige Konstruktion wären von der Industrie auszuführen und die gesamte elektrische Ausrüstung von ihr zu liefern gewesen.

Mit dieser Expertise war der Auftrag noch nicht aus der Welt. Im August 1982 mussten noch Maßnahmen zum Umbau einer Lokomotive der Baureihe 130 in eine Baumuster-Ellok dargelegt werden. Wie ernsthaft dieser Umbau von bestimmten Kreisen gesehen wurde, zeigte die Orientierung auf einen operativen Umbau bei minimalem Aufwand unter Inkaufnahme von Leistungseinbußen. Zwei Varianten jeweils unter Beibehaltung der Fahrmotoren, einmal unter weitgehender Verwendung von Bauteilen der Baureihen 211/242 und zum anderen unter Verwendung von Bauteilen der Baureihen 212/243 wurden ergänzend untersucht. Dazu erklärte der Bereich Fahrzeugausbesserung, dass der Fertigungsaufwand bei operativem Umbau mit einem Minimum an Zeichnungen die vorgenannten Kosten noch um ca. 30 % erhöhen würde. Ein solcher Aufwand wäre nur bei Reduzierung der Planaufgaben für die Instandhaltung möglich. Das IfE war zur Konstruktion und den notwendigsten Berechnungen auch nur unter Verzicht auf bereits geplante FuE-Aufgaben bereit. Zu einem in Aussicht gestellten Beginn der Arbeiten im Januar 1983 ist es nicht gekommen.

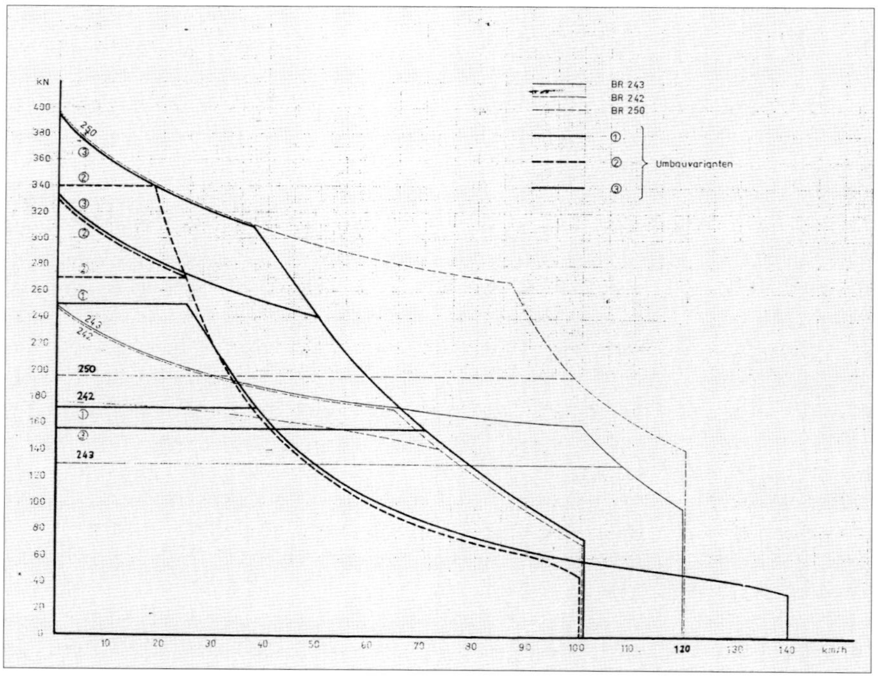

Das Zugkraft-Geschwindigkeitsverhalten einer zur Ellok umgebauten 130 hatten die DR-Techniker schon errechnet und mit den Ellok-Baureihen 242, 243 und 250 verglichen. SAMMLUNG DR.-ING. KURT KÖHLER

Für die Verbesserung des Komforts im Transitverkehr zwischen West-Berlin und der Bundesrepublik plante die DR, eine Reihe von Lokomotiven der Baureihe 132 mit einer sogenannten Blindleistungskompensation der Zentralen Energieversorgung auszurüsten. Als 132 459 am 16. April 1977 mit dem Schnellzug Berlin – München nahe Petersroda in den frühlingshaften Tag fuhr, hatte die DR gerade einmal erste Versuche mit der Lokomotive 132 193 beendet. Die Planung zur Ausrüstung von zahlreichen Maschinen ab 1982 wurde aber nicht realisiert.

AUFNAHME: DR. JÖRG WENKEL

Änderungen am System der Zentralen Energieversorgung

Mit der Ablösung des Dampflokbetriebes durch den Diesellokbetrieb war auch die Dampfheizung für die Reisezugwagen zu ersetzen. In Anlehnung an die Entwicklung bei der Deutschen Bundesbahn kam es auch bei der Baureihe 132 zum Einsatz eines Hüllkurven-Umrichters. Dies ist ein Umrichter, dessen Wirkungsweise nur eine ohmsche Belastung, die Speisung von Heizwiderständen, zulässt.

Diese Entscheidung erwies sich aber schon wenige Jahre später als zu kurz gedacht. An neuen Reisezugwagen entfielen die Achsgeneratoren. Die noch „Heizleitung" konnte die Batterien mit angeschlossenen Verbrauchern speisen. Damit war die Energieversorgung auch im Stillstand der Fahrzeuge mit beträchtlichen betrieblichen Vorteilen gesichert.

Die unproblematische Speisung der „Heizleitung" mit sinusförmiger Einphasen-Wechselspannung durch elektrische Lokomotiven führte zum Einsatz von Transformatoren und statischen Umrichtern in den Reisezugwagen. Die „Heizleitung" wurde zur „Zugsammelschiene" (ZS) und diente seitdem der „Zentralen Energieversorgung des Zuges" (ZEV).

Der Umrichter der BR 132 ließ nur einen Leistungsfaktor von minimal 0,88 zu. Eine der VES-M im Mai 1974 übertragene Studie hatte zu klären, mit welchen nachrüstbaren Einrichtungen unter Beibehaltung des Umrichterprinzips Blindleistung über den Leistungsfaktor von 0,88 hinaus bereitgestellt werden konnte. Von den theoretischen Möglichkeiten, einen Blindleistungsaustausch mit Blindleistungsmaschinen, zwangskommutierten Stromrichtern oder Leistungskondensatoren zu gewährleisten, blieb nur letztere. Zu den Schwierigkeiten der Beschaffung von Leistungskondensatoren kamen Masse- und Platzprobleme, 40 kVar bei 16 2/3 Hz zu realisieren. Die erforderliche Blindleistung ergab sich aus umfangreichen Zugbildungsvarianten auf der Grundlage von Ersatzschaltbildern für verschiedene Belastungsfälle eines Reisezugwagens. Zur Studie gehörten umfangreiche messtechnische Untersuchungen im Juli 1975 an der Lokomotive 132 193. Nachdem eine Anordnung der Kondensatorbatterie im Einstiegraum zum Führerstand 2 für möglich gehalten wurde, konnte im August 1975 die Studie abgeschlossen werden.

Am 27. Juni 1979 fand die Eröffnungsverteidigung der FuE-Aufgabe „Blindleistungskompensation der Zentralen Energieversorgung auf Triebfahrzeugen der BR 132" mit dem Ziel statt, insbesondere den Transitverkehr mit höherem Reisekomfort und störungsfreier zu bewältigen. Gesetzlich geregelt liefen solche Themen in Arbeitsstufen ab:

Arbeitsstufe K1	Ausarbeitung der Aufgabenstellung	Juli 1979
Arbeitsstufe K2	Erarbeitung des Lösungsweges und Präzisierung der Aufgabenstellung	Febr. 1980
Arbeitsstufe K3	Erarbeitung der konstruktiven Lösung für den Bau des Funktionsmusters	Sept. 1980
Arbeitsstufe K4	Bau des Funktionsmusters	Dez. 1980
Arbeitsstufe K5	Erprobung des Funktionsmusters	Juni 1981
Arbeitsstufe K5/0	Freigabe zur Produktion auf der Grundlage des Funktionsmusters	Aug. 1981

Die Anordnung über das Rahmenpflichtenheft für die Entwicklung und Weiterentwicklung von Erzeugnissen, Verfahren und Technologien, die sogenannte „Pflichtenheft-Ordnung", schrieb eine volkswirtschaftliche Zielstellung vor, in der es u. a. hieß: Im Einführungsjahr 1982 sind 30 Tfz, 1983 70 Tfz und 1984 sowie 1985 je 100 Tfz mit der Blindleistungskompensation auszurüsten.

In den achtziger Jahren bemühte sich die Deutsche Bundesbahn, den Berlin-Verkehr zu verbessern. Zu praxisnahen Funktionsmuster-Untersuchungen an der Blindstromkompensation war es gelungen, mehrere Reisezugwagen der DB mit Klimaanlagen verschiedener Hersteller nach Dessau zu bekommen und mit der Blindleistungskompensation zu testen. Im Glauben, eine Lösung gefunden zu haben, soweit einzelne Versuche eine derartige Schlussfolgerung zuließen, war bereits das Konzept eines Fachzeitschriftenartikels entstanden. Aber über Nacht kam eine politische Entscheidung, die Versuche waren sofort abzubrechen. Die Reisezugwagen der DB sollten sogleich zurückgegeben werden, und keine Veröffentlichung durfte erkennen lassen, dass es evtl. doch eine Lösung gab, den Berlin-Verkehr mit Dieseltraktion zu verbessern. Vielleicht hätte sich auf einer anderen Verhandlungsebene eine Chance ergeben, das jahrelange Tauziehen zur Finanzierung der Streckenelektrifizierung nach Berlin zugunsten der DDR zu regeln.

Bei den dennoch mit der Blindstromkompensation ausgerüsteten Lokomotiven ergaben sich später Probleme. Die eingesetzten Kondensatoren konnten im Falle eines Brandes auf der Lokomotive Dioxin freisetzen.

Verbesserungen im Transitverkehr Bundesrepublik – Berlin (West)

In eine Problematik, die über Jahre hinaus bereits akut und mit der BR 132 eng verknüpft war, kam Anfang 1989 wieder Bewegung: Mit Schreiben vom 29. März 1989 erhielt der Stv. Minister, Gerber, eine vom Minister für Verkehrswesen bestätigte Einschätzung zur Konzeption „Verbesserungen im Eisenbahnverkehr von und nach Berlin (West)". Darin war u. a. zum Euro-City-Einsatz klimatisierter Wagen enthalten:

„1.2. Zum Einsatz von klimatisierten Wagen in den Transitreisezügen hat es in den zurückliegenden Jahren wiederholt Anfragen der Bundesbahn gegeben. Derartigen Anliegen ist seinerzeit nicht entsprochen worden, weil ... ".

Hier folgen wenig exakt formulierte technische Gründe, die da waren: Der von der Deutschen Bundesbahn gewünschte Einsatz moderner IC-/IR-Reisezugwagen im Verkehr von und nach Berlin scheiterte nach wie vor an der Energieversorgung moderner Reisezugwagen durch die Diesellokomotive. Die Wagen mit höherem Komfort nahmen in unterschiedlichem Grade Blindstrom auf, der von der Energieversorgungsanlage nur begrenzt geliefert werden konnte. Die nicht sinusförmige Wechselspannung an der Zugsammelschiene verursachte oberwellenbehaftete Rückströme in den Schienen. Das Risiko, durch sie die Gleisfreimeldeanlagen zu beeinflussen, war nicht ausgeräumt. Ein möglicher Gleichspannungsanteil in der Sammelschienenspannung führte zur Sättigung des magnetisch hochausgenutzten Eisenkerns der Wagentransformatoren. Der damit verbundene Überstrom führte zum Durchbrennen der Wagensicherung. Abschließend hieß es im Punkt 1.2. der Konzeption: *„Aus grundsätzlichen Erwägungen wurden keine Lösungsmöglichkeiten geprüft."*

Jetzt waren die grundsätzlichen (politischen) Erwägungen entfallen. Der bis zum 19. April 1989 terminierte Auftrag, einen Standpunkt und Lösungsmöglichkeiten zu erarbeiten, konnte mit den Vorkenntnissen aus früheren Jahren (vgl. vorangehenden Abschnitt) erfüllt werden. Die von den Ingenieuren für notwendig gehaltene Prüfung mit den zum Einsatz geplanten DB-Reisezugwagen lief auf ministerieller Ebene über die „Wege der hohen Politik".

Die ersten Untersuchungen begannen im August an der Lokomotive 132 518. Die zur Kompensation des Blindstroms erforderlichen Bauteile wurden labormäßig beigefügt, da die 1980 eingebaute Blindstromkompensation bereits wieder ausgebaut war.

Als sich am 4. Oktober 1989 Vertreter beider Bahnen aus den Fachgebieten Diesel-Triebfahrzeuge, Reisezugwagen und Signalanlagen in Berlin trafen, konnten die anstehenden Probleme erstmalig zwischen sich gegenüber sitzenden Fachleuten besprochen werden. Das gemachte Angebot, eine Lokomotive der BR 132 durch das Bundesbahn Zentralamt München kostenlos mit Experten der DR zu prüfen und die erforderliche Beschaltung für den Betrieb mit der neuen Technik der Wagen messtechnisch zu ermitteln, schien, bedingt durch die politische Lage, für die Fachleute der DR wenig realistisch.

Am 13. Dezember 1989 wurde die Lokomotive 132 518 der Rbd Berlin zur erneuten Ausrüstung mit einer Blindstromkompensationsanlage dem Raw Cottbus zugeführt. Nach einer Besichtigung am 15. Dezember 1989 wurde am 18. Dezember entschieden, eine andere Lokomotive umzurüsten. Durchgerostete Aufbauten und starke Verschmutzungen hätten zu erheblichem Aufwand geführt, das geforderte „gut aussehende Äußere" herzustellen. Die Lokomotive 132 425, die zum Monatsende nach der Instandhaltungsstufe V6 übergeben werden sollte, bekam bis Mitte Januar 1990 im Rahmen einer Instandhaltungsstufe V0 die Blindstromkompensation. Noch Ende Januar fuhr sie mit eigener

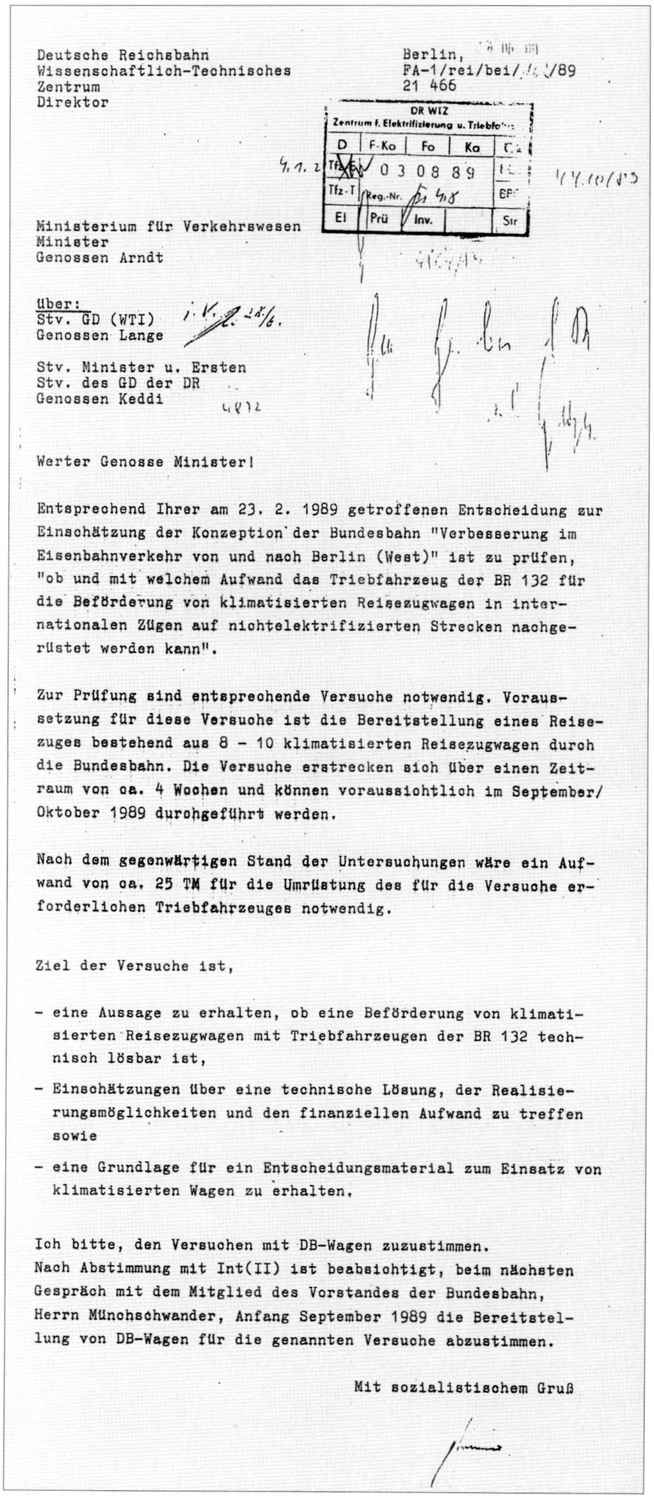

Deutsche Reichsbahn
Wissenschaftlich-Technisches
Zentrum
Direktor

Berlin,
FA-1/rei/bei/ /89
21 466

Ministerium für Verkehrswesen
Minister
Genossen Arndt

über:
Stv. GD (WTI)
Genossen Lange

Stv. Minister u. Ersten
Stv. des GD der DR
Genossen Keddi

Werter Genosse Minister!

Entsprechend Ihrer am 23. 2. 1989 getroffenen Entscheidung zur Einschätzung der Konzeption der Bundesbahn "Verbesserung im Eisenbahnverkehr von und nach Berlin (West)" ist zu prüfen, "ob und mit welchem Aufwand das Triebfahrzeug der BR 132 für die Beförderung von klimatisierten Reisezugwagen in internationalen Zügen auf nichtelektrifizierten Strecken nachgerüstet werden kann".

Zur Prüfung sind entsprechende Versuche notwendig. Voraussetzung für diese Versuche ist die Bereitstellung eines Reisezuges bestehend aus 8 - 10 klimatisierten Reisezugwagen durch die Bundesbahn. Die Versuche erstrecken sich über einen Zeitraum von ca. 4 Wochen und können voraussichtlich im September/Oktober 1989 durchgeführt werden.

Nach dem gegenwärtigen Stand der Untersuchungen wäre ein Aufwand von ca. 25 TM für die Umrüstung des für die Versuche erforderlichen Triebfahrzeuges notwendig.

Ziel der Versuche ist,

- eine Aussage zu erhalten, ob eine Beförderung von klimatisierten Reisezugwagen mit Triebfahrzeugen der BR 132 technisch lösbar ist,
- Einschätzungen über eine technische Lösung, der Realisierungsmöglichkeiten und den finanziellen Aufwand zu treffen sowie
- eine Grundlage für ein Entscheidungsmaterial zum Einsatz von klimatisierten Wagen zu erhalten.

Ich bitte, den Versuchen mit DB-Wagen zuzustimmen.
Nach Abstimmung mit Int(II) ist beabsichtigt, beim nächsten Gespräch mit dem Mitglied des Vorstandes der Bundesbahn, Herrn Münchschwander, Anfang September 1989 die Bereitstellung von DB-Wagen für die genannten Versuche abzustimmen.

Mit sozialistischem Gruß

Schreiben des wissenschaftlich-technischen Direktors der DR an den Verkehrsminister Arndt über die Ertüchtigung der Baureihe 132 für klimatisierte Wagen. Entsprechend dem DDR-Staatsverständnis musste zunächst die Genehmigung „höchster Stellen" eingeholt werden. SLG. DR.-ING. KURT KÖHLER

Kraft – überall Aufsehen erregend – in Richtung München. Nur die BD München konnte nicht zulassen, dass eine „sowjetische Diesellokomotive" auf „bayrischen Gleisen" mit eigener Kraft fuhr. Sie wurde mit einer Ellok von Regensburg nach München-Freimann überführt.

Dass eine russische Großdiesellokomotive im Bw Regensburg auf eine Vorspannlok wartete, hatte sich in der Werkstatt schnell herumgesprochen. Einzeln und in kleinen Gruppen wollten die Schlosser und Elektriker die Lokomotive besichtigen. Dem stand

Zur messtechnischen Bestimmung der Blindleistungskompensation weilte 132 425 im Januar 1990 beim Bundesbahn-Zentralamt in München. Dabei fanden Versuchsfahrten mit IR-Wagengarnituren statt, bei denen auch eine DB-Diesellok der Baureihe 218 zu Vergleichsmessungen mitgeführt wurde. Die Aufnahme zeigt den Messzug mit 218 446 und 132 425 auf der Fahrt durch das Altmühltal bei Breitenfurt zwischen Ingolstadt und Treuchtlingen.

AUFNAHME: RALF ROMAN ROSSBERG

Zu den ersten drei mit Blindleistungskompensation umgebauten Lokomotiven gehörte 132 076. Diese wie auch weitere Maschinen wurden für die ab Ende Mai 1990 auch auf DR-Gleisen verkehrenden ersten IR- und IC-Züge benötigt. Das Bild zeigt 132 076 vor dem Umbau am 18. April 1985 im Bw Sangerhausen.

AUFNAHME: HARTMUT MICHLER

nichts entgegen. Das „gute Äußere" und das „gepflegte Innere" wurden nicht übersehen und im Fachgespräch anerkannt.

Auch die Vertreter der DR begannen ihre Vorstellungen von den DB-Lokomotiven zu revidieren. Der Pflegezustand der zu Messungen bereitgestellten Diesellokomotiven entsprach nicht den Hochglanzbildern aus den Zeitschriften „Eisenbahntechnische Rundschau" oder „Glasers Annalen", wie ihn Vertreter der DR erwarteten. Als Leser genannter Zeitschriften bereits begünstigt, glaubten sie über 40 Jahre, die DB zu kennen. Jeder Tag am Ort des Geschehens aber brachte sie der Realität näher.

Nun war es auch „politisch" geboten, ab Mai 1990 im Verkehr zwischen der Bundesrepublik und Berlin-West mit Interregio- und Intercity-Zügen zu fahren. Eine Vielzahl von Messungen zur Bestimmung der Kondensatorkapazität, zur Einstellung der Spannungszeitflächen-Regelung und zu Fragen der Beeinflussung folgten. Die zunächst ermutigenden Ergebnisse bei den Standversuchen in der Bundesbahn Versuchsanstalt München waren Anlass, die Loks 132 033, 132 063 und 132 178 wie die Lokomotive 132 425 im Raw Cottbus auszurüsten. Mit diesen drei Lokomotiven wurden am 6. Juni 1990 Messungen im Bahnhof Eilsleben, am 7. Juni 1990 Messfahrten von Eilsleben nach Berlin und zurück und am 8. Juni 1990 Fahrten mit den Planzügen IR 343 und IR 342 von Helmstedt nach Berlin und zurück durchgeführt. In die Messungen war der schon mit einer Schutzschaltung für den Drehrichter Küche ausgerüstete Bistro-Wagen 026 einbezogen. Die Lokomotiven 119 156 und 119 143, deren Umrichter mit Gleichspannungs-Zwischenkreis den Anforderungen der Wagen nach Blindleistungsaustausch gerecht wurden, standen wahlweise zum Einsatz bereit. Ihr Nachteil war die für diesen Einsatz zu geringe Traktionsleistung und die mit 400 kVA knappe Leistung der Energieversorgungsanlage.

Das sporadische Durchschwingen des Umrichters der Lokomotive 132 178 zeigte, verbunden mit der Abschaltung des Drehrichters Küche und Ausfall der Sicherung des Drehrichters Kälte im Bistro-Wagen, dass mit diesem Ausrüstungsstand vom Einsatz der Baureihe 132 zur Energieversorgung des Zuges abgesehen werden musste. Bis zum Abstellen des Wiederzündens des ZEV-Umrichters ohne vorausgehenden Stromnulldurchgang und einer verbesserten Dynamik der Spannungszeitflächenregelung war nur die Baureihe 119 einsetzbar.

Vor 1990 undenkbar: Eine Lok der BR 132 vor einem InterRegio. 232 559 hat mit dem InterRegio Berlin – Nürnberg im August 1992 Rudolstadt erreicht. AUFNAHME: GÜNTER SCHEIBE

Im Schreiben an den Generaldirektor Deutsche Reichsbahn heißt es daher unter anderem:

„Im Ergebnis der Messungen erfolgt ab 12.06.1990 die planmäßige Bespannung aller IR-Züge auf der Strecke Helmstedt - Berlin mit Lok der BR 119 als Energieversorgungslok und Lok der BR 132 als Traktionslok. Diese Technologie ist als Übergangslösung vorgesehen. Gegenwärtig werden für alle IR-Relationen die Fahrzeitenrechnungen überprüft, mit dem Ziel, eine Bespannung mit 1 x BR 119 bzw. 119 in Doppeltraktion durchzuführen (Personalbedarfssenkung)."

Nach zwischenzeitlich im Juli durchgeführten Messungen kam es vom 17. September bis 28. September 1990 in Helmstedt zu Messungen, die den uneingeschränkten Betrieb der BR 132 mit IR-Zügen ab Oktober 1990 absichern sollten.

Innerdeutscher Reiseverkehr bald mit Intercity-Komfort

Bundesbahn und Reichsbahn verdoppeln ab Mai Zahl der Züge

Frankfurt/M. (Lin). Mit täglich 196 Reisezügen und 29 saisonal verkehrenden Zügen verdoppeln die Deutsche Bundesbahn und die Deutsche Reichsbahn im kommenden Sommerfahrplan ihr Angebot gegenüber dem Sommer 1989. Ab 27. Mai sollen dann auch erstmals Intercity- und Interregio-Züge in deutsch-deutschen Verbindungen verkehren. Dies bedeutet eine wesentliche Komfortsteigerung im Reiseverkehr mit der DDR.

Voraussetzung für die Einrichtung der IC- und IR-Verbindungen ist nur noch der erfolgreiche Test der elektrischen Energieversorgung der Fahrzeuge durch Diesellokomotiven der Deutschen Reichbahn, die dabei zum Einsatz kommen. Die Versuche finden zur Zeit beim Bundesbahn-Zentralamt München statt.

Vorgesehen ist eine Intercity-Verbindung zwischen Frankfurt (Main) und Leipzig über Fulda – Bebra/Gerstungen – Eisenach – Erfurt. Dazu kommen dann fünf Interregio-Verbindungen (drei zwischen Berlin und Köln – und je eine München – Leipzig und Nürnberg – Leipzig). Das Gesamtangebot wird dann 112 Reisezüge aus dem Bundesgebiet in die DDR und der Gegenrichtung umfassen, 48 Züge von und nach Berlin und 36 Züge im grenznahen Bereich. Im Durchgangsverkehr nach Polen kommen weitere 6 Züge dazu.

Faksimile aus der unabhängigen Tageszeitung für Sachsen-Anhalt „Freiheit" vom 19. Februar 1990 über die Erweiterung des IC- und IR-Zugsystems auf DR-Strecken.

ZEV-Umrichter mit Wechselrichteraussteuerung

Die Energieversorgungsanlagen den bestehenden und künftigen Anforderungen anzupassen und ihren „uneingeschränkten" Betrieb zu gewährleisten, verlangte mehr als eine Grundbelastung, Blindstromkompensation und Spannungszeitflächenregelung. Der gesellschaftliche Wandel in dieser Zeit machte es möglich, Firmen in der Bundesrepublik und in Österreich nach kurzfristig realisierbaren Lösungsmöglichkeiten zu befragen. Mit der AEG Berlin, die bereits im Auftrag der Bundesbahn nach einer Lösung für die Energieversorgungsanlage der BR 218 gesucht hatte, kam es im Januar 1992 zum Vertragsabschluss.

Eine bestehende Anlage zu modernisieren, stößt an technische und wirtschaftliche Grenzen. Wohlwissend, dass im Wechselrichterbetrieb die ohnehin in niedrigen Drehzahlstufen geringe Ausgangsspannung des Umrichters sinkt, wurde diese Lösung gewählt. 232 076 wurde als erstes Triebfahrzeug in Cottbus mit Hilfe der AEG umgerüstet, in Dessau messtechnisch geprüft und zur Erprobung nach Erfurt gegeben. Insgesamt wurde an sechs Triebfahrzeugen das Prinzip der Umrichtersteuerung geändert:

Tfz-Nr	beheimatet im	Tfz-Nr	beheimatet im
232 076	Bw Erfurt	232 233	Bw Schwerin
232 118	Bw Schwerin	232 689	Bw Erfurt
232 151	Bw Schwerin	232 696	Bw Schwerin

Die überwachte Zeit der Erprobung verlief ohne Störungen, leider mit wenig Angaben zur Art der Belastung. Zu einer kompletten messtechnischen Untersuchung des Wechselrichterbetriebs ist es bis zum Redaktionsschluss des Buches nicht gekommen.

Blick in die Werkhalle des Raw Cottbus zu Beginn des Jahres 1991. Vier Lokomotiven der Baureihe 132 befinden sich gerade in Aufarbeitung. Bei den beiden hinteren Lokomotiven erkennt man auf dem Dach das „Geweih" (eigentlich das Schutzgitter) der Blindleistungskompensations-Widerstände.

AUFNAHME: THOMAS FRISTER

83-Punkte-Programm zur Stabilisierung

Im nunmehr vereinigten Deutschland bestanden nach wie vor noch zwei Bahnverwaltungen. Die DR stand mit höheren Laufleistungen und Geschwindigkeiten für die eingesetzten Triebfahrzeuge vor wachsenden Aufgaben. Es war das Ziel, den schnell wachsenden gesamtdeutschen Schienenverkehr mit dem eigenen Triebfahrzeugpark zu bewältigen. Im Juni 1991 werteten Praktiker aus mehreren Dienststellen die technischen Störungen an den Triebfahrzeugen aus, die bereits die I-Stufe V7 erhalten hatten. Auf der Grundlage eines Entwurfs des Raw Cottbus wurde der Gesamtleistungsinhalt der I-Stufe V7 festgelegt und mit einem „83-Punkte-Programm" zur Stabilisierung der Lokomotive ergänzt. Die im IC-/IR-Verkehr auftretenden Störungen verlangten alle zwei bis drei Monate eine Kontrollberatung. Ausgewertet wurde die „9-Punkte-Meldung", die gemäß Weisung der HvM der DR vom 23. Februar 1963 über eingetretene Mängel an einer Lokomotive im Garantiezeitraum zu erstellen war. Die Meldung enthielt folgende Angaben:

1. Tfz.-Nr.
2. Art des Schadens, Bauteil- und Hersteller-Nr.
3. Vermutliche Ursache
4. Wann und bei welchem Dienst ist der Schaden eingetreten?
5. Einsatzstunden des Triebfahrzeuges im Garantiezeitraum
6. Einsatzstunden des schadhaften Bauteils
7. War gleiches Bauteil schon vorher schadhaft geworden?
8. Ist das Triebfahrzeug noch einsatzfähig oder wo ist es abgestellt?
9. Ist Monteur des Garantieträgers erforderlich oder wer führt die Reparatur aus?

Unter Leitung der Zentralstelle Maschinentechnik Halle der DR wurden die Störungen analysiert und gegebenenfalls das Stabilisierungsprogramm erweitert. Das Programm umfasste unter anderem:

- den Einbau von Mehrfachdüsenlüftergittern,
- den Einsatz neuer Bremswiderstände,
- die Stabilisierung des Dieselmotors 5 D 49 u. a. durch Einsatz neuer Pleuellagerschalen,
- die komplette Neuverkabelung der Lokomotive einschließlich Erstellung neuer Stromlauf- und Klemmpläne,

A. Fahrzeugstörmeldung

Fahrzeug - Nr.

Heimat-Bw

1. Meldung durch Tf: .... Bw: ....

2.

Datum	Uhrzeit	verspät. Min.	Zug	Last/Achsen lt. Bremszettel	Ort der Störung/Direktion	Hilfs-Tfz
. . 199..						☐

Der Kopf der Fahrzeugstörmeldung – eines der letzten noch unter dem Logo der beiden deutschen Bahnen abgestimmten Formulare. Durch die Meldung der näheren Umstände und erster Untersuchungsergebnisse sollte eine zielgerichtete Abstellung der Ursachen ermöglicht werden. SAMMLUNG DR.-ING. KURT KÖHLER

- den Ersatz der Leitungs- und Motorschutzschalter,
- den Einbau der Sifa 86 ab 1. Januar 1992 bei der I-Stufe V7,
- den Einbau von Heizscheiben für alle Frontfenster.

Parallel dazu wurden Qualitätsmerkmale zur Durchführung der Fristen an V7-Tf. in den Bahnbetriebswerken erarbeitet und die 50-Mh-Untersuchung nach Raw-Ausgang eingeführt.

Zwei Jahre nach der 1. Kontrollberatung konnte im Juni 1993 zur 8. Kontrollberatung noch kein befriedigendes Ergebnis für die BR 232 präsentiert werden.

Monat	Anzahl der Störungen	Tfz. A-Park	Störfaktor	störungsfreie Laufleistung
Januar	96	390	0,25	35.292 km
Februar	75	393	0,19	51.653 km
März	69	404	0,17	67.362 km
April	77	394	0,19	54.545 km
Mai	81	397	0,20	47.136 km

Mit der 9. Kontrollberatung im Oktober 1993 endeten die Aktivitäten unter der Struktur der DR, und am 1. Januar 1994 wurden beide Bahnen zur DB AG zusammengefasst.

Hauptuntersucht, frisch lackiert und in 232 060 umgezeichnet, steht die ehemalige 132 060 des Bw Erfurt am 22. Juni 1992 auf den Gleisen ihres Heimatbahnbetriebswerkes. Auch diese Maschine wurde mit der Blindleistungskompensation für die ZEV ausgerüstet, wie das Schutzgitter („Geweih") hinter den Bremswiderstandslüftern auf dem Dach unschwer erkennen lässt.

AUFNAHME: HARTMUT MICHLER

Einheitliches Triebfahrzeug-Nummernsystem von DB und DR

Rückblickend galt seit 1922 ein einheitliches Bezeichnungs- und Nummerierungssystem für Triebfahrzeuge. 1930 wurde es speziell für Verbrennungsmotorlokomotiven überarbeitet. Die Stammnummer setzte sich neu aus dem Kennbuchstaben „V" und einer zwei- oder dreistelligen Kennzahl zusammen. Die Kennzahl entsprach ungefähr einem Zehntel der installierten Motorleistung. Der Stammnummer folgte eine dreistellige Ordnungsnummer. Das System übernahmen nach 1945 beide deutsche Bahnen.

Die Zusätze von „E" und „V" sowie unterschiedlich lange Nummern in den Triebfahrzeugbezeichnungen eigneten sich später nicht zur Planung, Kontrolle und Abrechnung aller technischen, betrieblichen und wirtschaftlichen Vorgänge mit Hilfe der Elektronischen Datenverarbeitung (EDV). In Anlehnung an die durch einen gemeinsamen Beschluss von UIC und OSShD entstandene Wagenkennzeichnung kam es zu der Empfehlung, die nationale Kennzeichnung der Triebfahrzeuge durch sieben Ziffern darzustellen. Einer dreistelligen Baureihenbezeichnung folgte die dreistellige Ordnungsnummer und dieser, durch einen Bindestrich getrennt, die Selbstkontrollziffer. Zum 1. Januar 1968 führte die DB den EDV-gerechten Nummernplan ein. Mit der ersten Ziffer die Triebfahrzeugart bezeichnend, erhielten Elektrolokomotiven die „1" und Diesellokomotiven die „2".

Als am 1. Juli 1970 auch die DR EDV-gerechte Betriebsnummern einführte, war es politisch gewollt, keine einheitliche Lösung mit der DB anzustreben. Die Antriebsart bestimmte bei der DR die erste Ziffer. Ob Lokomotive oder Triebwagen, erhielten alle die Ziffer „1", wenn sie durch einen Verbrennungsmotor angetrieben wurden. Alle Fahrzeuge mit Antrieb durch einen Elektromotor erhielten die Ziffer „2".

Diese Unterschiede galt es nach der Wende, zur möglichen gegenseitigen Nutzung der Triebfahrzeuge abzustellen. Am 24. und 25. Mai 1990 fanden dazu in Erfurt erste Abstimmungen zwischen Vertretern der Zentrale Hauptverwaltung Frankfurt (Main) und der Generaldirektion DR statt. Zwei Arbeitsgruppen erarbeiteten Vorschläge für ein gemeinsames Triebfahrzeug-Bezeichnungssystem. Für die hier behandelte Lokomotivfamilie stimmten die Vorschläge beider Seiten überein. Ab 1. Januar 1992 wurde aus der BR 130 die BR 230, aus der BR 131 die BR 231, aus der BR 132 die BR 232 und aus der BR 142 die BR 242.

232 467 wurde am 22. April 1992 auf 140 km/h Höchstgeschwindigkeit umgebaut und in 234 467 umgezeichnet. Am 9. April 1994 stand die Maschine im Güterzugdienst und konnte in Potsdam-Pirschheide fotografiert werden.

AUFNAHME: REINHARD LEHMANN

Die Baureihe 234 mit 140 km/h Höchstgeschwindigkeit

Im zusammenwachsenden Deutschland bestand der Wunsch, auch auf den nichtelektrifizierten Strecken der DR den IR-und IC-Verkehr mit 140 km/h aufzunehmen. Für 140 km/h Höchstgeschwindigkeit war die BR 232 geeignet, die aus der für 140 km/h konzipierten BR 130 abgeleitet war. Den Nachweis dafür erbrachten bremstechnische Untersuchungen auf der Grundlage der Ergebnisse früherer Untersuchungen. Sie ließen nachfolgende Änderungen an der Lokomotive 232 335 zur Ertüchtigung auf eine Höchstgeschwindigkeit von 140 km/h zweckmäßig erscheinen:

- Erhöhung des Hilfsluftbehältervolumens um 14 l auf ca. 40 l, um den höchstmöglichen Vorsteuerdruck mit Sicherheit zu realisieren.
- Vergrößerung des Durchlassquerschnitts eines Magnetventils in der Vorsteuerleitung zwischen dem Auslöseventil ALE10 und den Druckübersetzern.
- Einsatz von Bremssohlen mit einem höheren Phosphorgehalt (P10) zur Erzielung eines höheren Reibwertes gegenüber der normalen GG-Sohle.

Die bremstechnischen Untersuchungen fanden vom Dezember 1991 bis Mitte Januar 1992 statt. In Standmessungen wurden die Kolbenhübe und Steuerzeiten ermittelt. Die gemessenen Steuerzeiten des pneumatischen Bremssystems lagen innerhalb der zulässigen Toleranzgrenzen. Die Bremswegmessungen aus Geschwindigkeiten V > 120 km/h wurden vom 16. bis 18. Dezember 1991 zwischen Schönemark und Passow durchgeführt. Zwischen den Orten Oschatz und Dornreichenbach erfolgten sie bis zu Geschwindigkeiten von 120 km/h in der Zeit vom 6. bis 10. Januar 1992. Unter Anwendung der Bremsbewertungsmethode der DB wurden die Bremsgewichte für alle Bremsstellungen ermittelt, einschließlich für das Zusammenwirken der elektrodynamischen und pneumatischen Bremse. Die Höchstgeschwindigkeit von V_{max} = 140 km/h war bei 0 ‰ Streckenneigung für 1.000 m Vorsignalabstand mit der Bremswirkung R+E sicher realisierbar.

Bremsstellung	Bremsgewicht	Bremshundertstel	Ausgangsgeschwindigkeit	Bremsweg [1]
G	98 t	79 %	100 km/h	780 m
P	114 t	92 %	120 km/h	885 m
P_2	140 t	113 %	131 km/h	890 m
R	168 t	136 %	140 km/h	895 m
R+E	177 t	143 %	140 km/h	850 m

[1]) bei zulässiger Geschwindigkeit für s=1.000 m nach Spalte 4

Nach den konstruktiven Änderungen im pneumatischen Teil der Bremsausrüstung und bei Einsatz von Bremssohlen mit höherem Reibwert (P10-Sohle) hatten sich im Vergleich mit der Originalausführung der BR 130 in allen Bremsstellungen bemerkenswerte Bremsgewichtsgewinne ergeben. Dennoch war der Betriebseinsatz dieser neu mit BR 234 bezeichneten Lokomotiven nicht befriedigend. In der Zeit vom 18. Juni bis 22. Juli 1992 wurden bei einem Betriebspark der BR 234 von 35 Lokomotiven 35 Zuglaufstörungen registriert. Dieser Störanteil/Woche von 21,14 % wog besonders schwer, waren die Lokomotiven doch alle aus der Instandhaltungsstufe I7 gekommen und durchschnittlich 2,8 Monate im Einsatz. Die Analyse ein Jahr später (8. Kontrollberatung am 23. Juni 1993) fiel leider nicht wesentlich besser aus.

Monat	Anzahl der Störungen	Tfz. A-Park	Störfaktor	störungsfreie Laufleistung (km)
Januar	29	18	1,61	2.897
Februar	14	18	0,78	8.929
März	10	21	0,48	23.100
April	12	29	0,41	73.917
Mai	16	20	0,80	25.625

Insgesamt sind 64 Lokomotiven der BR 232 für V_{max}=140 km/h ertüchtigt worden und werden seither unter der BR 234 geführt.

Fahrzeug-Nr.	umgebaut	beheimatet am 31.12.1997
234 016-4	21.05.92	Reichenbach
234 072-7	31.03.92	Reichenbach
234 075-0	25.05.92	Pankow
234 116-2	15.09.94	Görlitz
234 144-4	25.05.94	Görlitz
234 161-8	19.06.92	Reichenbach
234 166-7	21.05.94	Görlitz
234 170-9	26.02.92	Reichenbach
234 180-8	25.05.94	Görlitz
234 222-8	28.11.96	Görlitz
234 235-0	12.06.92	Pankow
234 242-6	24.05.94	Görlitz
234 244-2	22.05.92	Schwerin
234 247-5	19.07.94	Görlitz
234 251-7	28.04.92	Reichenbach
234 257-4	12.07.94	Görlitz
234 278-0	26.05.92	Schwerin
234 292-1	31.05.94	Görlitz
234 299-6	02.03.92	Schwerin
234 304-4	30.09.94	Görlitz
234 311-9	30.04.92	Reichenbach
234 320-0	27.05.92	Schwerin
234 323-4	10.08.94	Görlitz
234 335-8	12.11.91	Schwerin
234 339-0	30.09.96	Pankow
234 341-6	27.04.92	Schwerin
234 344-0	23.04.92	Reichenbach
234 346-5	31.03.92	Schwerin
234 351-5	25.05.94	Görlitz
234 385-3	05.08.94	Görlitz
234 399-4	17.06.92	Pankow
234 417-4	26.05.94	Görlitz
234 423-2	31.03.92	Reichenbach
234 440-6	26.11.92	Pankow
234 442-2	21.05.92	Schwerin
234 467-9	22.04.92	Schwerin
234 468-7	12.07.94	Görlitz
234 475-2	27.05.92	Schwerin
234 504-9	21.04.92	Reichenbach
234 507-2	29.06.92	Schwerin
234 523-9	22.07.94	Görlitz
234 526-2	31.03.92	Reichenbach
234 538-7	27.03.92	Reichenbach
234 545-2	30.04.96	Pankow
234 546-0	19.04.96	Pankow
234 548-6	26.05.93	Pankow
234 549-4	01.06.96	Pankow
234 551-0	26.05.94	Görlitz
234 552-8	24.05.94	Görlitz
234 554-4	23.06.92	Schwerin
234 555-1	05.11.93	Pankow
234 565-0	17.02.93	Pankow
234 578-3	24.04.92	Schwerin
234 582-5	14.05.92	Reichenbach
234 585-8	27.03.92	Schwerin
234 591-6	28.02.92	Schwerin
234 597-3	26.05.94	Görlitz
234 606-2	30.04.92	Reichenbach
234 608-8	28.02.92	Reichenbach
234 630-2	12.07.93	Pankow
234 641-9	29.04.92	Reichenbach
234 651-8	26.05.92	Schwerin
234 657-5	17.08.93	Pankow
234 664-1	07.05.92	Schwerin

Der Versuch einer Remotorisierung

Nach der politischenWende in der DDR stand der DR der Markt offen. Die Zentralstelle Maschinentechnik der DR (ZM) – Abt. Triebfahrzeugtechnik wurde im März 1991 durch die Hauptverwaltung beauftragt, eine Untersuchung zur Remotorisierung der BR 232/234 durchzuführen. Zu diesem Zeitpunkt bestand die Prognose, 250 bis 300 Lokomotiven dieser Baureihe bis zum Jahr 2010 im Einsatz zu haben. Messtechnisch ermittelt war eine Auslastung der Dieselmotorleistung von 34 % realistisch bei ca. 5.000 Motorbetriebsstunden im Jahr. Ziel war, den bereits beschriebenen hohen Instandhaltungsaufwand des Dieselmotors 5 D 49 wesentlich zu senken. Der neue Motor sollte mit einer höheren Leistung die Traktions- und ZEV-Leistung möglichst ohne Einschränkung abdecken. Er musste durch ein besseres Abgas- und Geräuschverhalten die Lokomotive aus der Kritik nehmen und seine Wirtschaftlichkeit durch geringeren spezifischen Kraftstoff- und Ölverbrauch nachweisen. Fünf Firmen wurden zur Abgabe eines Angebots angeschrieben:

- Caterpillar Inc., USA, vertreten durch die Zeppelin-Metallwerke GmbH, Niederlassung Bremen
- Motoren- und Turbinen-Union GmbH, Friedrichshafen
- Krupp MaK Maschinenbau GmbH, Kiel
- Motorenwerke Mannheim GmbH und
- Motorenwerk Kolomna, GUS, vertreten durch Energomachexport GmbH, Berlin

Ergänzend zu den oben genannten Kriterien wurde unter Bewertung des Neupreises, des Umbauaufwands in der Lokomotive und des künftigen Instandhaltungsaufwands die Lösung der Firma Caterpillar ausgewählt. Erst die jeweils überarbeiteten und nochmals eingereichten Lösungen von Krupp MaK und dem Motorenwerk Kolomna veranlassten die Hauptabteilung Maschinentechnik der DR, alle drei Anbieter jeweils auf zwei Lokomotiven ihre Lösungen realisieren zu lassen.

Nach erfolgten technischen Absprachen, deren Ergebnis in kurzgefassten technischen Bedingungen ihren Niederschlag fanden, zeigten sich nachfolgende Möglichkeiten:

	Standard	Remotorisierung		
Hersteller	KOLOMNA	CATERPILLAR	KRUPP/MaK	KOLOMNA
Typ Dieselmotor	5 D 49	CAT 3608	12 M 282L	12 CN 26/26
Regler	7 PC 2	LEC	LEC	LEC
eingest. Leistung	2.230 kW	2.460 kW	2.210 kW	2.450 kW[1)]
max. Traktionsleistung		entspr. Standardausführung 1.830 kW		
Nenndrehzahl		entspr. Standardausführung 1.000 min^{-1}		
Arbeitsverfahren		Viertakt-Verfahren		
Anz. u. Anordnung der Zylinder	16 V mit Anlenkpleuel	8-Zylinder-Reihenmotor	12-Zylinder-V-Motor	12 V mit Anlenkpleuel
Zyl.-Bohrung	260 mm	280 mm	240 mm	260 mm
Kolbenhub	260 mm	300 mm	280 mm	260 mm
Ges. Hubvolumen	220 dm^3	148 dm^3	152 dm^3	165 dm^3
Verdichtung	18 : 1	13 : 1	11,8 : 1	13,6 : 1
min. LL-Drehzahl	350 min^{-1}	400 min^{-1}	400 min^{-1}	350 min^{-1}
spez. DK-Verbrauch	205 g/kWh	195 g/kWh	193 g/kWh	193 g/kWh
Schmierölverbrauch	2,7 g/kWh	0,6 g/kWh	0,93 g/kWh	1,2 g/kWh

1) 234 440 auf 2.200 kW eingestellt

Wegen des hohen Aufwands an Konstruktionsarbeiten und Organisation der Umbauarbeiten wurde zwischen den Motorherstellern, dem Raw Cottbus und der ZM eine Arbeitsteilung vorgenommen. Die Konzeption der Umrüstung und die hauptsächlichsten Änderungen bestimmten wesentlich den Umbauaufwand. Sie zeigten, wie sich der neue Dieselmotor den Gegebenheiten auf der Lokomotive anpasste (siehe Tabelle folgende Seite):

Die „Remo“-Lok 234 555 steht am 28. April 1993, wenige Wochen nach dem Umbau, zwecks Erprobung vor der Halle der VES-M in Halle (Saale). AUFNAHME: FRITZ BARTKE

234 548 vom Bw Berlin Hbf konnte am 17. Juni 1993 während der Betriebserprobung an einem IC Hamburg – Berlin in Berlin-Tiergarten angetroffen werden. Der gute Zustand der Lok verrät, dass sie erst wenige Wochen zuvor das Raw Cottbus nach dem Einbau eines Caterpillar-Motors verlassen hatte.

AUFNAHME: THOMAS FRISTER

Hilfseinrichtungen	CATERPILLAR	KRUPP/MaK	KOLOMNA
Kühlerbaugruppe	veränderte Sammelleisten Doppelalukühlerelemente	234 555: Standard 234 630 Doppelalukühlerelemente	Kühlanlage unverändert gegenüber der Standardausführung
Ausgleichsbehälter für Kühlwasser	Standardausführung bei veränd. Einbau	konstruktiv veränd. Einbau	neue Konstruktion
Verbrennungsluftansaugung	über 6 Öffnungen auf der rechten Lokseite mit Papierfiltern	über jeder Lokseite 2 Öffnungen mit Papierfiltern	Standardausführung mit Ölbadluftfilter
Abgasanlage	Schalldämpfer, Kompressor und Abgasführung neue Konstruktion		Modifikation Schalldämpfer
Lüfter f. Traktionsgenerator und Erregergenerator	hydrostatisch angetr. über Riemenantrieb von der Welle zw. Traktions- u. ZEV Generator	mechanisch angetr. d. Riemenantrieb üb. Zwischengetriebe vom Dieselmotor	mechanisch angetr. über Räderkasten vom Dieselmotor
Erregergeneratoren (Zweimasch.-Aggr.)	Antrieb über Riemen von einer Zapfwelle am Dieselmotor	Antrieb über Zwischengetriebe vom Dieselmotor	mechanisch angetr. über Räderkasten vom Dieselmotor
Anlasser, Lichtmaschine	2 Schubtriebanlasser Drehstromlichtm. am DM über Zwischengetriebe angeflanscht	Lichtanlassmaschine über Zwischengetr. vom/zum Dieselmotor	Lichtanlassmaschine über Räderkasten vom/zum Dieselmotor

Von den sechs im Rahmen der Schadgruppe I7 umgerüsteten Lokomotiven wurde jeweils eine messtechnisch untersucht und die andere dem Betrieb zur Erprobung übergeben.

BAUMUSTER	CATERPILLAR	KRUPP/MaK	KOLOMNA
1. Lok-Nr.	234 565	234 555	234 440
Ausgang Raw Cs	Dez. 1992	März 1993	Dez. 1992
2. Lok-Nr.	234 548	234 630	234 657
Ausgang Raw Cs	Mai 1993	Juli 1993	Juli 1993

Die leistungstechnischen Untersuchungen wurden größtenteils am Rheostat in Leipzig-Wahren durchgeführt. Die Messfahrten mit der Bremslok zur Ermittlung des Zugkraftverhaltens und des Gesamtwirkungsgrades erfolgten auf der Strecke Halle – Falkenberg – Wünsdorf.

Die Lokomotiven 234 440, 234 548 und 234 630 gingen zur Betriebserprobung an das Bw Berlin Hbf. In der Erprobungsanweisung vom 23. Oktober 1992 wurde ein mindestens sechsmonatiger Betriebseinsatz vereinbart, in dem der Nachweis der Bewährung des Gesamtsystems zu erbringen war. Im Erprobungszeitraum bis Ende 1993 erbrachten die Lokomotiven die folgenden Leistungen und Verbrauchswerte:

Lok-Nr.:	Motorherst.	Motorbetriebsstunden	Laufkilometer	Kraftstoffverbrauch	Ölverbrauch	km/Mh	Liter M/h
234 440	KOL	3.204	104.519	403.595	4.965	32,6	125,9
234 548	CAT	1.147	34.091	116.600	420	29,7	101,7
234 630	MaK	1.600	47.657	162.905	320	29,8	108,9

Der vorgesehene Erprobungszeitraum von sechs Monaten wurde nur von der 234 440 erreicht. Trotz eines geringen Ausnutzungsgrades der Dieselmotorleistung von ca. 15 % führten Schäden zu

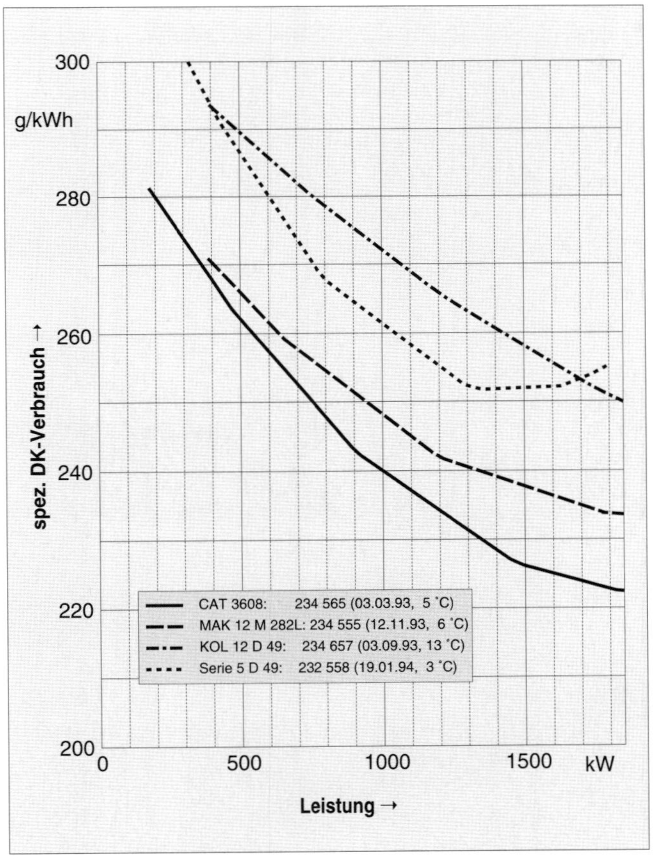

Der spezifische Kraftstoffverbrauch der Remo-Lokomotiven im Vergleich zur Serienausführung mit dem Motor 5 D 49 in der 232 558. Der Leerlaufverbrauch war auch unterschiedlich (CAT: 10 kg/h, Kolomna: 14 kg/h, MaK: 15 kg/h und Serien-232: 14 kg/h).

GRAFIK: DR.-ING. KURT KÖHLER

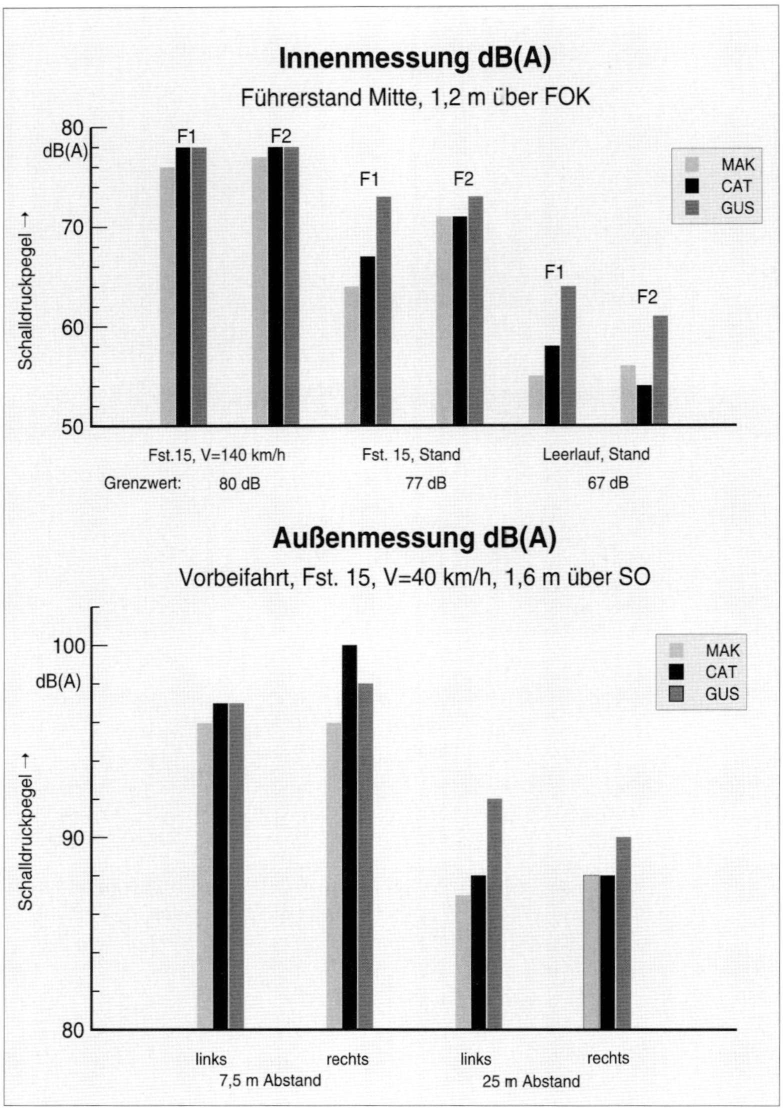

Der Schalldruckpegel der Remo-Loks im Vergleich. Bei der Innenmessung war das Mikrofon körperschallisoliert nach oben gerichtet und jeweils im vorauslaufenden Führerstand angebracht. Die Außenmessungen erfolgten nach DIN 45637 mit maximaler Kennlinienleistung. GRAFIK: DR.-ING. KURT KÖHLER

Zuglaufstörungen oder längeren Raw-Aufenthalten. Als Ursache für den sehr hohen Ölverbrauch von 234 440 stellten sich fehlende Spannfedern in den Ölabstreifringen aller Kolben heraus. Im Betriebseinsatz von 234 548 störten ein ungünstiges Schwingungsverhalten und die Geräuschbelästigung auf dem Führerstand im niedrigen Frequenzbereich. Der größere Umbauaufwand bei der MaK- und der CAT-Variante gegenüber der KOL-Variante erschwerte die Zugänglichkeit zu einzelnen Baugruppen. Auch die Anwendung des Zoll-Systems beim CAT-Motor wirkte sich wegen fehlender Werkzeuge erschwerend aus.

Die Wirtschaftlichkeitsuntersuchung der drei Varianten wurde mit Hilfe der Live-Cycle-Cost-Rechnung durchgeführt.

Als Anfang 1994 die Bewertung der Ergebnisse auf der Basis des Musterbaus, der messtechnischen Untersuchungen, der Betriebserprobung und der wirtschaftlichen Betrachtungen erfolgte, war bereits ein rückläufiger Bedarf an Diesellokomotiven dieser Leistung und Zugkraft erkennbar. Der Auslastungsgrad – ein wichtiges Kriterium für die Effektivität der Remotorisierung – war sinkend.

Die Einsparungen bei der Variante der Firma Caterpillar resultierten aus der nachgewiesenen Kraftstoffeinsparung und sicherten die Betriebswirtschaftlichkeit bei einem Anstrengungsgrad größer 20 %. Ein Serienumbau, der nur bei messtechnisch nachgewiesenem, verbesserten Schwingungs- und Geräuschverhalten sowie bei reduzierter Lokomotivmasse möglich wäre, hätte nicht vor 1996 erfolgen können. Zu dieser Zeit wären bereits ca. 280 Lokomotiven über die Schadgruppe I7 repariert gewesen.

Unter dem Gesichtspunkt der baldigen Nutzung von Vorteilen einer Remotorisierung für einen Zeitraum von mindestens zehn Jahren bei einer Auslastung um 15 % sprachen alle Fakten für den Dieselmotor 12 D 49 des russischen Motorenwerkes Kolomna. Der drastisch geringere Instandhaltungsaufwand, der vom Hersteller für den Dieselmotor 12 D 49 gegen-

Zu den mit einem MaK-Motor vom Typ 12 M 282 remotorisierten Maschinen gehört 234 630, aufgenommen am 5. September 1997 in Berlin-Lichtenberg. Auch dieser Motor kam für einen Serieneinbau nicht in Frage, weil er nur mit einem hohen Umbauaufwand in der Peripherie des Dieselmotors realisierbar war. Dies hätte zu einer instandhaltungsunfreundlichen Aggregatanordnung im Maschinenraum geführt. Die daraus resultierenden hohen Radlasten hätten die Freizügigkeit der Lok eingeschränkt.

AUFNAHME: JAP

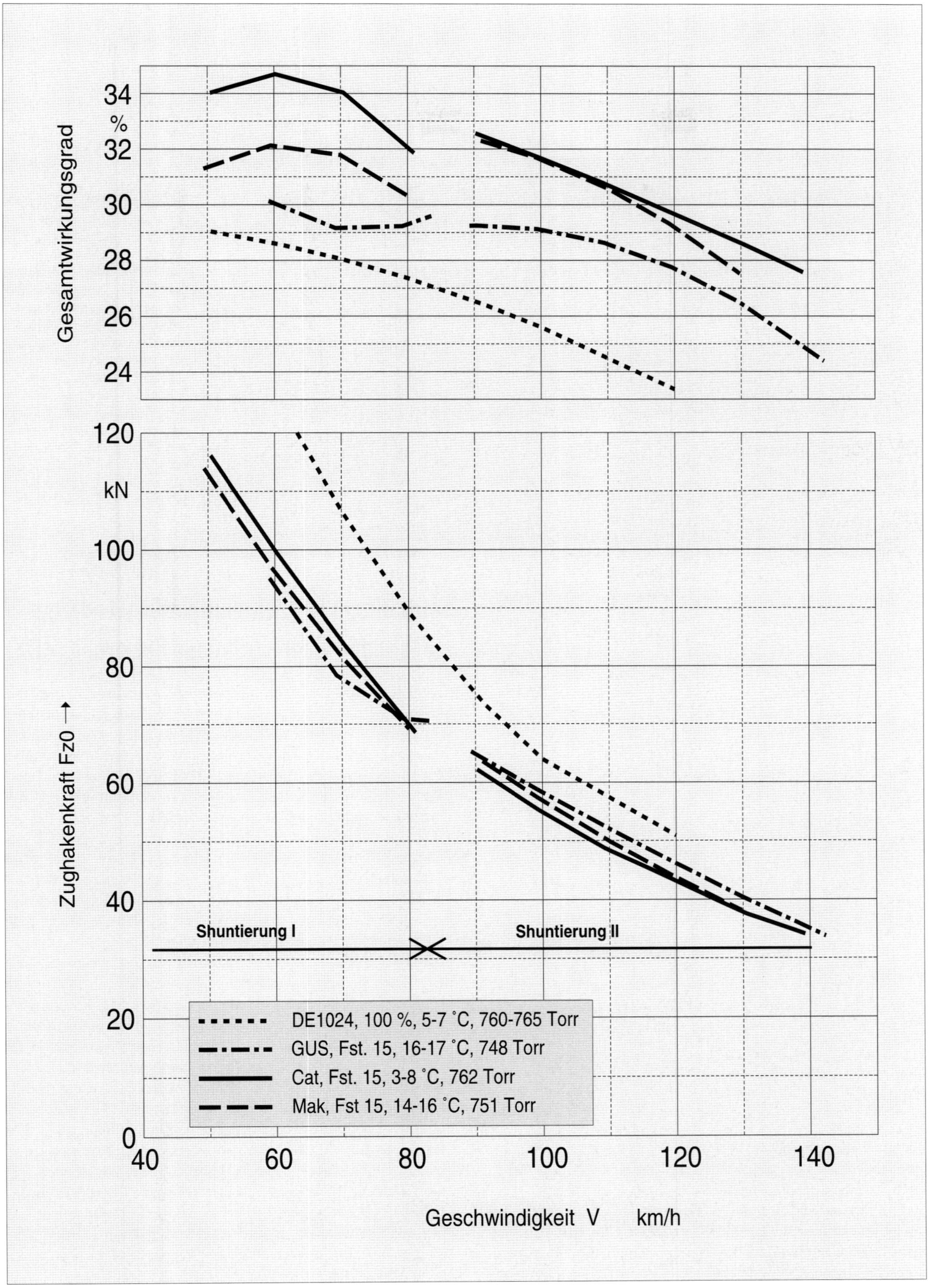

Die remotorisierten 234 mit Drehstrom-Gleichstromübertragung im Vergleich mit der Diesellok DE 1024 (die übrigens zu Versuchsfahrten im Jahr 1991 bei der DR weilte) mit Drehstrom-Drehstrom Leistungsübertragung. Bemerkenswert der Gesamtwirkungsgradverlauf, nur durch eine um 200 kW höhere Dieselmotorleistung ergibt sich ein besseres Zugkraftverhalten.

GRAFIK: DR.-ING. KURT KÖHLER

Der Kolomna-Motor 12 D 49, aufgenommen nach dem Ausbau aus der Lokomotive 234 657 am 23. Juni 1999 im Werk Cottbus. Nach der Erprobung sprachen alle Fakten für den Dieselmotor 12 D 49 des russischen Motorenwerkes Kolomna. Dennoch gab es Bedenken: Der drastisch geringere Instandhaltungsaufwand, der vom Hersteller für den Dieselmotor 12 D 49 gegenüber dem Ursprungsmotor 5 D 49 angegeben wurde, musste bezweifelt werden. 80 % der Bauteile des Dieselmotors 12 D 49 waren mit denen des 5 D 49 identisch. Der Motortyp wurde aber dennoch in der Folgezeit in mehrere 232 und 234 eingebaut.

AUFNAHME: FRITZ BARTKE

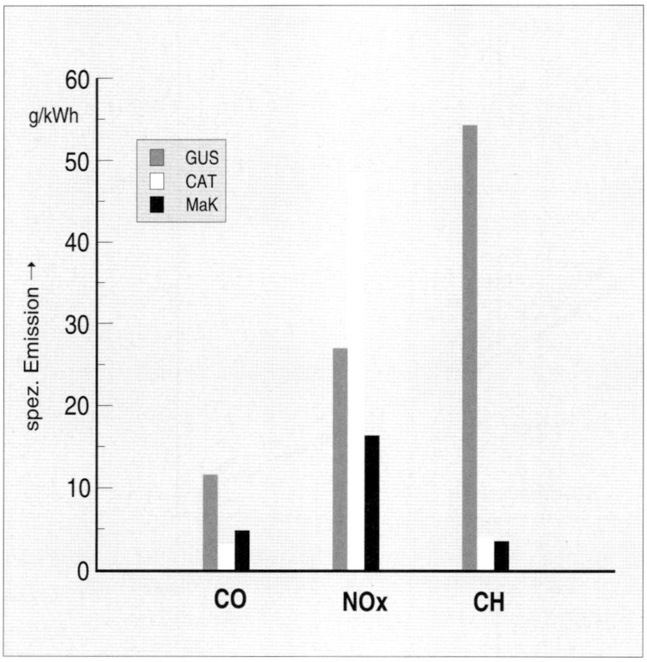

Das Abgasverhalten der Dieselmotoren der Remo-234. Dargestellt sind die Mittelwerte der über alle Fahrstufen gemessenen gasförmigen Schadstoffe.

GRAFIK: DR -ING. KURT KÖHLER

über dem Ursprungsmotor 5 D 49 angegeben wurde, musste bezweifelt werden. 80 % der Bauteile des Dieselmotors 12 D 49 waren mit denen des 5 D 49 identisch.

Die Variante MaK war nur mit einem hohen Umbauaufwand in der Peripherie des Dieselmotors realisierbar. Dies führte zu einer instandhaltungsunfreundlichen Aggregatanordnung im Maschinenraum. Daraus resultierten hohe Radlasten, die eine Zuordnung zur Streckenklasse CE ausschlossen.

Dem Vorstand der DB AG wurde empfohlen, von einer Remotorisierung der Lokomotiven der BR 232/234 abzusehen.

Ausrüstung mit Zeitmultiplexer Wendezug- (ZWS) und Doppeltraktions-Steuerung (ZDS)

Die DB und DR planten Anfang 1993 die Aufnahme des IR-Verkehrs mit Wendezügen. Da dieser Verkehr nichtelektrifizierte Strecken der DR einschloss, war die Umrüstung von Diesellokomotiven der DR mit den dafür notwendigen Ausrüstungen erforderlich. Neben dem Umbau von 15 DR-Spenderwagen zu InterRegio-Steuerwagen sollten Lokomotiven der Baureihe 234 mit den Wendezug-Steuereinrichtungen ausgerüstet werden.

Da weder bei den Lokomotiven noch bei den Wagen auf vorhandene Einrichtungen zum Wendezugbetrieb mit sowjetischen Lokomotiven zurückgegriffen werden konnte, kam nur die Realisierung einer leitungsgebundenen zeitmultiplexen Wendezugsteuerung über das 13- bzw. 18-polige UIC-Kabel in Frage. Eine konventionelle Wendezugsteuerung über 34 bzw. 36 Leitungen durch den Zugverband, wie bei anderen Lokomotivbaureihen der DR üblich, wurde nicht in Betracht gezogen.

Noch bevor die erste Lokomotive eine derartige Steuerung erhielt, wurde eine Zugverbindung von Berlin Zoologischer Garten nach Hamburg-Altona und zurück geplant. Um diese Relation mit einer Fahrzeit unter drei Stunden zu bewältigen, wurde u. a. der Einsatz der BR 234 in Doppeltraktion vorbereitet. Daraus resultierte die neue Aufgabenstellung vom Oktober 1993, eine Zeitmultiplexe Doppeltraktions-Steuerung (ZDS) zu realisieren. Die Baureihe, die eine Doppeltraktionssteuerung über stirnseitig je zwei 31-polige Steuerstromkupplungen besaß, konnte nicht genutzt werden. Teilweise bereits laut Verfügung der HvM vom 16. Dezember 1977 für die BR 130, 131 und für die Lokomotiven 132 001-132 399 entfallen, wäre der Aufwand, 54 Befehle und Meldungen über Einzelleiter durch den Zugverband zu übertragen, nicht mehr zeitgemäß gewesen.

Die Doppeltraktionssteuerung, die die Wendezugsteuerung einschloss, machte nachfolgende Befehle, Meldungen und Anzeigen erforderlich:

Befehlskanal Wort x/Bit y	Steuerfunktion	Befehlskanal Wort x/Bit y	Steuerfunktion
1/1	Führerstand besetzt	4/7	Meldg. ZEV Lok 1 EIN
1/2	Noterregung	4/8	Luftverdichter
1/3	Steuer-Relais	5/1	Fahrtrichtung 2 (2)
1/4	Nullstg.-Zwang	5/2	Fahrtrichtung 1 (1)
1/5	Fahrtrichtung 2 (1)	5/3	ZEV EIN
1/6	Fahrtrichtung 1 (2)	5/4	ZEV AUS
1/7	Drehz.-Stellmagnet 1	5/7	Kühler-Lüfter Autom.
1/8	Drehz.-Stellmagnet 2	5/8	Sanden
2/1	Drehz.-Stellmagnet 3		
2/2	Drehz.-Stellmagnet 4	**Meldungskanal**	**Steuerfunktion**
2/3	Not-Stop	**Wort x/Bit y**	
2/4	Nicht Abstellen	1/1	Schleudern
2/5	Anlassen	1/2	Lastabwurf
3/1	E-Brems-Stufe 5	1/3	Dieselmotor steht
3/2	E-Brems-Stufe 4	1/4	Öldruckmangel
3/3	E-Brems-Stufe 3	1/5	Feuer
3/4	E-Brems-Stufe 2	1/6	FM-Lüfter-Störung
3/5	E-Brems-Stufe 1	1/7	Kühlwassermangel
3/6	E-Brems-Stufe S	1/8	ZEV Lok 2 AUS (1)
3/7	E-Bremse	2/1	ZEV Lok 2 AUS (2)
3/8	Bremse lösen	2/2	Fahrzeugkennung
4/1	Kühler-Lüfter 3	2/3	ZEV EIN
4/2	Kühler-Lüfter 2	2/6	Fahrzeugkennung
4/3	Kühler-Lüfter 1	2/7	Fahrzeugkennung
4/4	Fahrzeugkennung	2/8	ZWS Störung
4/5	Fahrzeugkennung	3/1...8	Kühlwassertemperatur
4/6	Fahrzeugkennung	4/1...8	Fahrmotorstrom

Diese Befehle und Meldungen wurden zeitmultiplex über zwei Adern des UIC-Kabels übertragen. Beim Prinzip der zeitmultiplexen Übertragung werden gleichzeitig (parallel) anstehende Informationen nacheinander (seriell) abgerufen und übertragen. Die o. g. Steuerfunktionen werden in einem Zyklus nacheinander abgefragt. Der Informationszustand wird binär erfasst („0"-Signal für Schalter offen, „L"-Signal für Schalter geschlossen) und als Telegramm übertragen. Jedes der 12 in einer Sekunde übertragenen Telegramme beginnt mit Synchronisationszeichen und endet mit 15 Prüfbits. Analoge Werte werden mit einer Auflösung von 8 Bit übertragen. Die erforderlichen Baugruppen wurden in einem 19"-Baugruppenträger zusammengefasst und im Fußraum für den Beimann auf dem Führerstand 1 (Hochspannungskammerseite) angeordnet.

Von den 64 Lokomotiven der Baureihe 234 sind die nachfolgend aufgeführten 23 Lokomotiven mit den Einrichtungen der ZDS/ZWS ausgerüstet worden:

Fahrzeug-Nr.	umgebaut	Fahrzeug-Nr.	umgebaut
234 116-2	15.09.94	234 351-5	25.05.94
234 144-4	25.05.94	234 385-3	05.08.94
234 166-7	21.05.94	234 417-4	26.05.94
234 180-8	25.05.94	234 468-7	12.07.94
234 222-8	28.11.96	234 523-9	22.07.94
234 242-6	24.05.94	234 545-2	30.04.96
234 247-5	19.07.94	234 546-0	19.04.96
234 257-4	12.07.94	234 549-4	01.06.96
234 292-1	31.05.94	234 551-0	26.05.94
234 304-4	30.09.94	234 552-8	24.05.94
234 323-4	10.08.94	234 597-3	26.05.94
234 339-0	30.09.96		

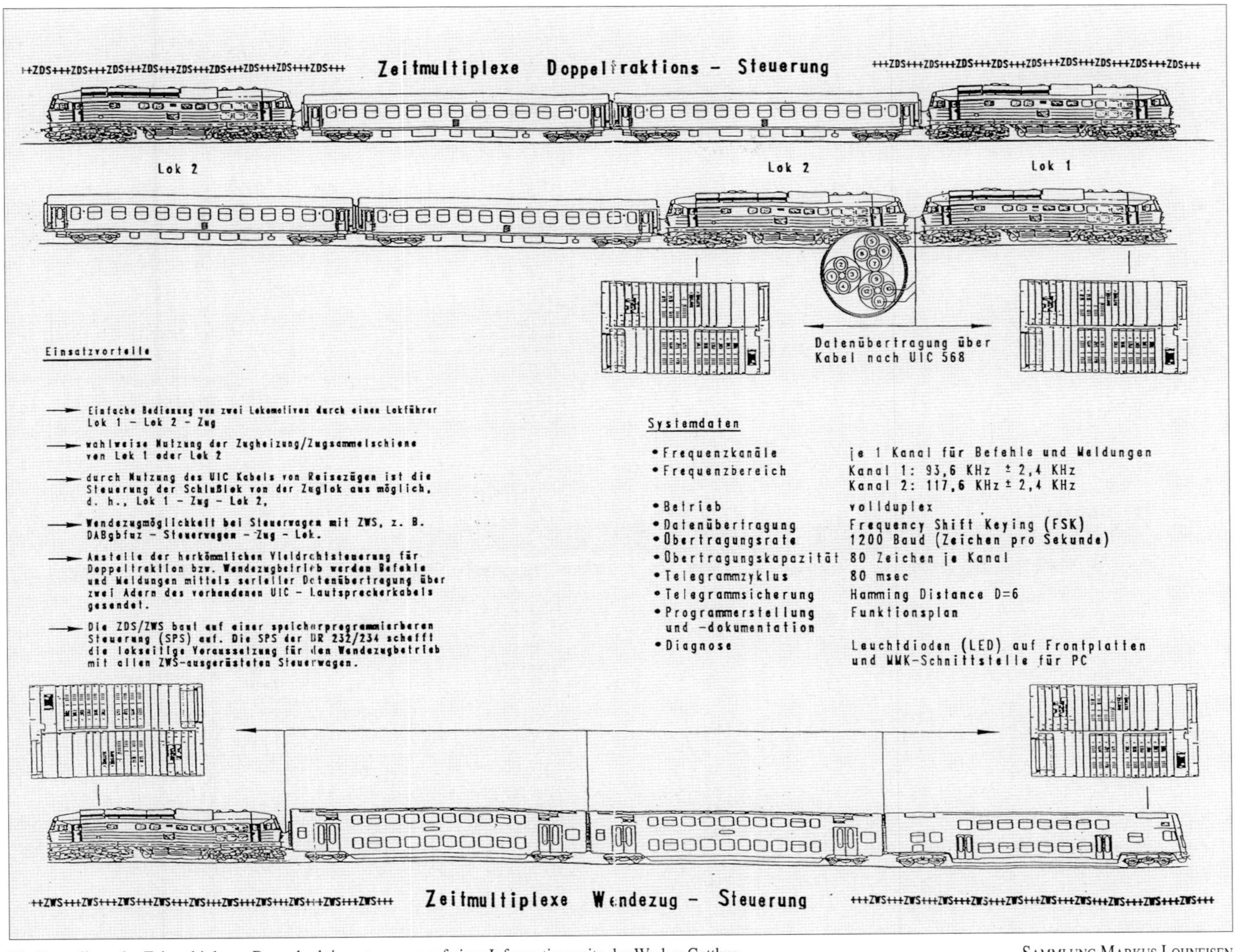

Die Darstellung der Zeitmultiplexen Doppeltraktionssteuerung auf einer Informationsseite des Werkes Cottbus. SAMMLUNG MARKUS LOHNEISEN

Eine Triebkopfversion der BR 234

In den neunziger Jahren wuchs die Tendenz, den Reiseverkehr mit Triebwagen durchzuführen. Soweit noch lokbespannte Züge gefahren werden mussten, sollten sie als Einheit gekuppelt bleiben. Die steigende Zahl der mit ZDS/ZWS ausgerüsteten Lokomotiven erlaubte Einheiten in der Konfiguration Lokomotive-Reisezugwagen-Steuerwagen. Sie betrieblich als Einheit zu behandeln, ersparte u. a. die immer wieder bei Trennungen auftretenden Störungen in der Zugsteuerung. Es waren Störungen als Folge von Kontaktschwierigkeiten und häufig nicht kompatibler Ausrüstungen in unterschiedlichen Baureihen von Reisezugwagen, Steuerwagen und Lokomotiven.

Diese Tendenzen veranlassten das Raw Cottbus dazu, eine Triebkopfausführung für Lokomotiven der BR 234 vorzuschlagen. Der Führerstand 1 sollte die Kopfform des Interregio-Steuerwagens mit dem Einheitsführerpult erhalten. Der Führerstand 2 sollte verlängert, dem Wagenprofil angepasst und als Dienstabteil genutzt werden. Der Vorschlag berücksichtigte einen direkten Übergang von der Lokomotive zum Wagenzug. Er überließ es noch zu treffenden Abstimmungen, ob ein Hilfsführerpult zu installieren war.

Vorzugsweise Unfallokomotiven sollten ausgewählt werden, die einen Führerkabinenwechsel und Rahmenarbeiten verlangten, wenn der Nah- und/oder Fernverkehr darin eine attraktive Lösung für nichtelektrifizierte Strecken sah. Vier Prototypen, die im Jahre 1995 hätten gebaut werden können, sollten ZDS/ZWS oder ZMS (Zeitmultiplexe Mehrfachsteuerung) erhalten. ZMS wäre notwendig geworden, wenn vom Steuerwagen zwei Lokomotiven zu steuern gewesen wären.

Das Anliegen des Werkes Cottbus wurde nicht realisiert. Zur Beförderung von Regionalbahnzügen war die Lokomotive zu leistungsstark und der Umbau wäre zu teuer gewesen.

Leistungssteigerung auf Forderung von DB Cargo

Mit der zweiten Stufe der Bahnreform im Januar 1999 kam es zur Gründung der DB Cargo AG, einer von fünf Aktiengesellschaften, die unter der DB AG als geschäftsführende Holding künftig selbstständig agieren werden.

Die Leistungssteigerung war ursprünglich zur Personaleinsparung bei Doppeltraktionseinsätzen geplant. Die Schaffung des neuen gemeinsamen Transport- und Logistikunternehmens, der Rail Cargo Europe (RCE, später „Railion“) am 1. Januar 2000 durch die Cargo-Gesellschaften von NS und DB machte sie noch dringender. Die geplanten 3.600-t-Güterzüge in den Relationen Rangierbahnhof Rotterdam – Kijfhoek – Venlo – Rangierbahnhof Gremberg und Kijfhoek – Emmerich – Rangierbahnhof Hagen-Vorhalle waren mit der ursprünglichen Leistung der 232 nicht zu

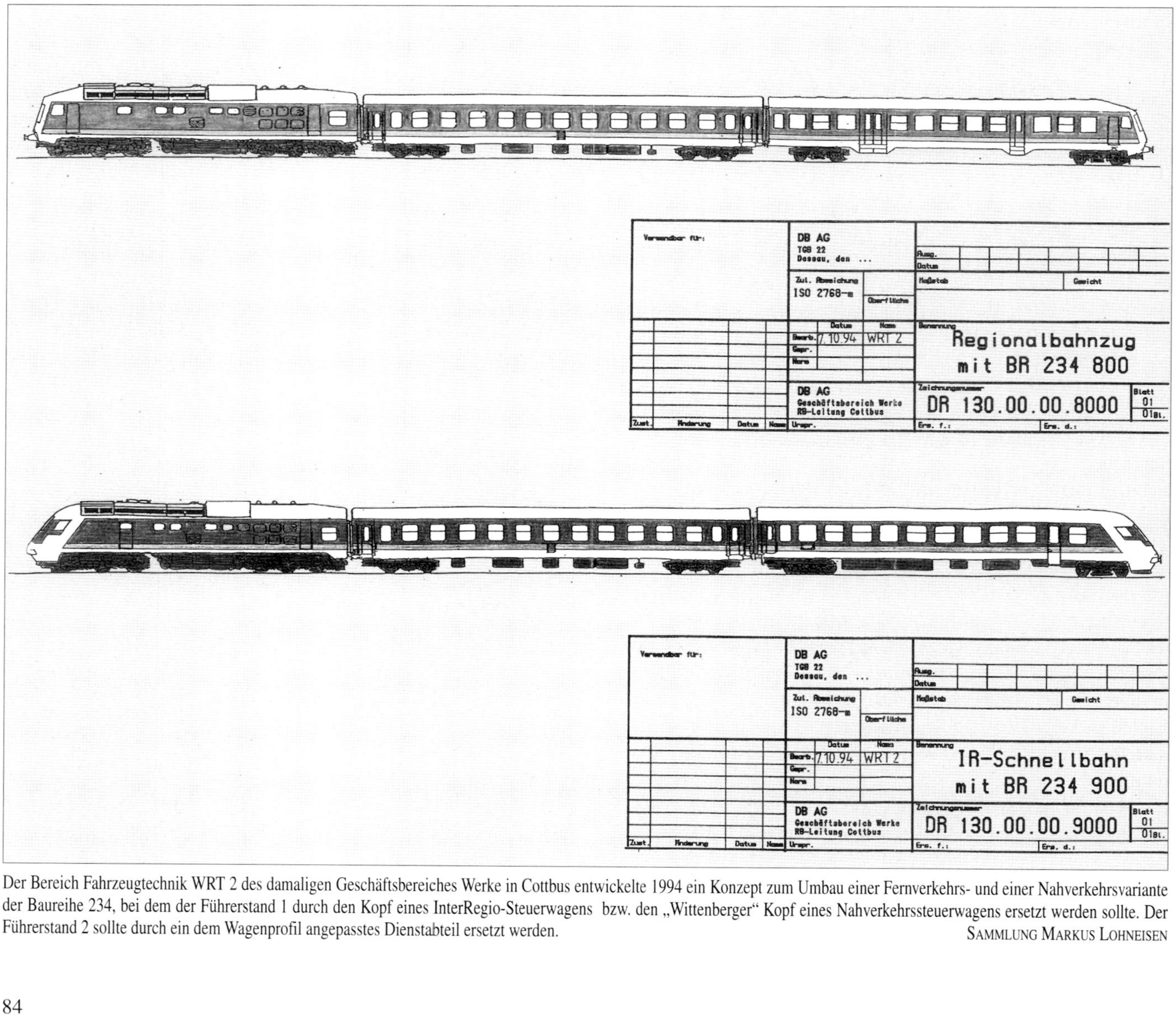

Der Bereich Fahrzeugtechnik WRT 2 des damaligen Geschäftsbereiches Werke in Cottbus entwickelte 1994 ein Konzept zum Umbau einer Fernverkehrs- und einer Nahverkehrsvariante der Baureihe 234, bei dem der Führerstand 1 durch den Kopf eines InterRegio-Steuerwagens bzw. den „Wittenberger“ Kopf eines Nahverkehrssteuerwagens ersetzt werden sollte. Der Führerstand 2 sollte durch ein dem Wagenprofil angepasstes Dienstabteil ersetzt werden. SAMMLUNG MARKUS LOHNEISEN

Die erst kurz zuvor fertiggestellte 232 800 mit 2.940 kW (4.000 PS) Motorleistung bei Schlupfoptimierungsfahrten mit zwei Bremsloks am 9. März 1998 in Cottbus. Die Flüssigkeit im vorne sichtbaren Behälter dient zur Simulation schlüpfriger Schienen. AUFNAHME: JAP

erbringen. Der wechselseitige grenzüberschreitende Einsatz mit der Reihe 6400 der Nederlandse Spoorwegen (NS) erzwang doppelte Sicherheits- und Kommunikationseinrichtungen in beiden Baureihen. Die geringere Leistung der Reihe 6400 (Nennleistung des Dieselmotors: 1.180 kW) macht Mehrfachtraktion notwendig oder ihr Einsatz beschränkt sich auf Zubringerdienste. Die vorhandene Zeitmultiplexe Mehrfachsteuerung (ZMS) erlaubt es, von einem Führerstand aus bis zu vier Lokomotiven zu steuern.

Noch unter dem ersten Aspekt wurde die Lokomotive 232 237 mit einem leistungsstärkeren Dieselmotor 2-5D49M (eingestellt auf UIC-Nennleistung von 2.940 kW) und mit leistungsstärkeren Fahrmotoren ED 133 (6 x 425 kW) ausgerüstet und als Lokomotive 232 800 in Dienst gestellt. Die Fahrzeugsteuerung ist durch den Einbau von „KM-DIREKT“ mit dem integrierten Gleit- und Schleuderschutz „K-MICRO“ ergänzt worden. KM-DIREKT steht für „**K**rauss-**M**affei, **Di**agnose, **Re**geln und **Kont**rollieren“ und greift über einen elektronischen Drehzahl- und Leistungsregler in die Leistungssteuerung ein. Der Woodward-Regler mit seinem induktiven Geber ist bei sonst unveränderter Fahrzeugsteuerung entfallen. K-MICRO übernimmt automatisch die Aufgaben Schleuderschutz, Gleitschutz und Sandeautomatik und gewährleistet bei sich ständig änderndem Reibwert die bestmögliche Zugkraft am Radumfang bzw. am Zughaken. Eine über Geber ermittelte Drehzahldifferenz der Radsätze signalisiert Schleudern. Schleudern alle Radsätze, und die Drehzahldifferenz bleibt Null, bildet die radargestützte Geschwindigkeitserfassung das Referenzsignal.

Die weiteren fünf umgebauten Lokomotiven erhielten mit dem Netzzugang durch den Bereich DB Netz AG die Baureihenbezeichnung 241. Der Einsatz im Güterverkehr zwischen den Niederlanden und Deutschland erforderte neben der deutschen Zugsicherungseinrichtung PZ 80 R (System PZB 90) auch die der niederländischen Staatsbahnen ATB Fase 4. Eine für den Zug bestimmte Information wird beim niederländischen System ATB in Form eines verschlüsselten Stroms in die Schienen eingeleitet. Zwei vor der ersten Achse, 200 mm über Schienenoberkante angeordnete Spulen nehmen die Information induktiv aus der Schie-

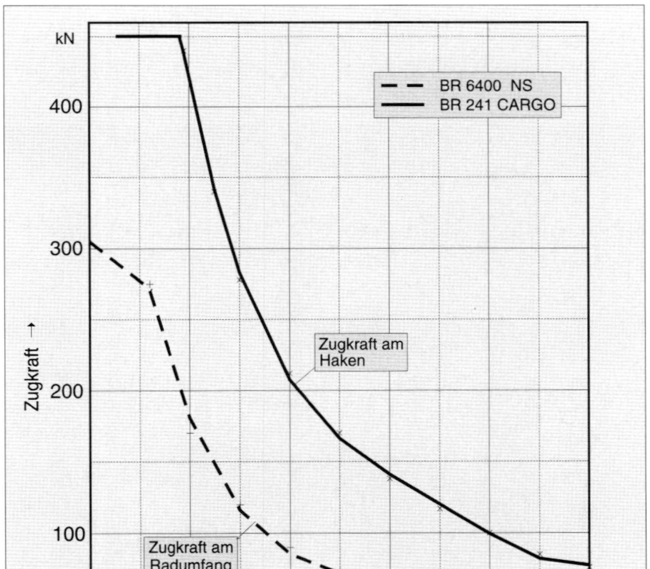

Zugkernkraftvergleich zwischen der Reihe 6400 der NS und 232 800 der DB. Die gemessene Zugkraft von 450 kN bei trockenen Schienen zwischen 5 km/h und der Übergangsgeschwindigkeit von 17 km/h entspricht einem Reibungswert von 0,36.
GRAFIK: DR.-ING. KURT KÖHLER

12.000 PS auf einem Bild: Drei der fünf im Auftrag von DB Cargo umgebauten Lokomotiven der Baureihe 241 haben sich im August 1999 im Werk Cottbus versammelt: 241 338, 241 449 und 241 697.

AUFNAHME: JAP

ne auf. Abhängig von der Situation der Strecke und dem Stand der Signale wird jeweils eine mit einem bestimmten Geschwindigkeitsbereich übereinstimmende Information übertragen. Neben dem Zugfunk MESA 2002 ist die niederländische Zugfunkeinrichtung TeleRail eingebaut. Die ZEV ist nicht mehr funktionstüchtig. Der ZEV-Umrichter ist ausgebaut, und sein Platz wurde zum Einbau des ATB-Schrankes genutzt. Der elektronische Buchfahrplan (eBuLa) ist für eine spätere Inbetriebnahme eingebaut.

Bezüglich schallmindernder Maßnahmen wurden die neuesten Erkenntnisse berücksichtigt. Es kamen drei optimierte Kühlerlüfter der Siemens AG mit je 9 Lüfter- und 20 Leitschaufeln zum Einsatz. Bei seitlicher Luftansaugung und Entfall der Ölbadluftfilter wird die Luft in einem Kanal russischer Entwicklung weitergeführt. Durch Öffnungen in den Dachschrägen wird die Luft über ebenfalls geänderte Kanäle für die elektrischen Maschinen angesaugt. Die Summe der Maßnahmen ergibt die z. Z. geringste Geräuschabstrahlung.

Zur Feststellung des Zugkraftverhaltens erfolgten am 21. und 22. Oktober 1998 auf der Strecke Lutherstadt Wittenberg – Jessen Zugkraftmessungen an der Lokomotive 232 800. Als Bremslokomotiven kamen die Lokomotiven 753 001, 753 002 sowie 232 566 zum Einsatz. Das höhere Lokomotivgewicht von ca. 3 t und der Einbau des Gleitschutzes mit Eingriff auf die Bremse machten erneute Bremsbewertungsfahrten erforderlich. Durch die auf 100 km/h herabgesetzte Höchstgeschwindigkeit konnte auf die Bremsstellungen R+E, R und P_2 verzichtet werden. Die Bremsgewichte in Stellung P wurden mit 108 t und in Stellung G mit 94 t festgelegt.

Der in die Lokomotive 232 800 eingebaute und auf eine Leistung von 2.940 kW eingestellte Dieselmotor vom Typ 2-5 D 49 M wartet in der Halle des Werkes Cottbus auf den Einbau. Zumindest die äußeren Dimensionen lassen keinen Zweifel an der Leistungsfähigkeit des Aggregats aufkommen.

AUFNAHME: JAP

Technische Daten der Baureihe 241

Loknummern	**241** 008, 338, 353, 449, 697		
Indienststellung	1999		
Geschwindigkeit	zul. Geschwindigkeit	km/h	100
	Schleppgeschwindigkeit	km/h	100
	bei Ausfall d. dyn. Bremse	km/h	100
	kleinste Dauerfahrgeschw.	km/h	28
Leistung	größte Anfahrzugkraft	kN	450
Zugkraft	Nennleistung (Dauerleistung)	kW	2.250
	bei Geschwindigkeit	km/h	31
Massen	Gesamtmasse	t	127
	Reibungsmasse	t	127
	mittlere Radsatzlast	t	21
	Fahrzeugmasse je Längeneinheit	t/m	6
Abmessungen	Fahrzeugbegrenzung		UIC 505-1
	Laufkreisdurchmesser neu/abgenutzt	mm	1.050/952
	Radreifenprofil		C 135
Befahrbarkeit	Streckenklasse		CE
der Gleise	kleinster befahrbarer Krümmungs-	m; km/h	140 bei V_{max}
	halbmesser bei Geschwindigkeit		90 bei 29; 75 bei 5
Bremse	Kurzbezeichnung		KE - GP + E m. Z
	Bremskraftübertragung		Klotzbremse
	Feststellbremse		Spindelhandbremse
	dynamische Bremse		Elektrodyn. Bremse
	zusätzliche Bremsausrüstung		mit Zusatzbremse
Bremsgewicht	P/G	t	108/94
	Feststellbremse	t	50
Druckluftanlage	Luftverdichter: Anzahl/Bauart		1 x Kolbenverdichter
Druckluftanlage	Fördermenge; Druck	m^3/h; bar	150; 10
	Antrieb		elektrisch
	Luftanschlüsse (HHL ; HBL)		ja; ja
Zentrale	Energiequelle		abgeschaltet
Energieversorgung	Blindstromkompensation		ausgebaut
Antrieb	Art; Übersetzung		Tatzlager; 4,41
Sicherheits- und	Sifa		Aufforderung
Kommunikations-	Zugbeeinflussung		PZB; ATB
einrichtungen	Zeit-Weg-Schreiber		ja
	Zugbahnfunk		MESA; Telerail
Hilfsstrom-	Spannung; Leistung	V; kW	
versorgung	Fremdeinspeis.; Spannung	V	DC 110 V
	Frequenz	V; Hz	AC 220 V 50 Hz
	Batterie: Spannung; Kapazität	V; Ah	96; 390
sonstige	akustische Signalanlage		Thyphon
Einrichtungen	Spurkranzschmierung		Rebs
	weitere Einrichtungen		Radar, Schienenblasdüsen, NS Thyphon
spezielle Angaben	Fahrdieselmotor: Lieferer; Typ		Kolomna 2-5 D 49M
zu Dieseltrieb-	Leistung; Masse	kW; kg	2.940; 20.000
fahrzeugen	Generator: Lieferer; Typ		Charkow; GS 501A
	Leistung	kW	2.800
	Kühlung		Fremdkühlung
	Fahrmotor: Anzahl; Typ; Leistung	-;-; kW	6; ED 133; 425
	Größtspannung; Höchstdrehzahl	V; min^{-1}	750; 2.320
	Gewicht; Kühlung	kg; -	3.100; Fremdkühlung

Die V 300 für die Wismut GmbH

Die Wismut GmbH hat von der DB 1996 die Lokomotiven 232 404 und 232 405 gekauft und im ersten Halbjahr 1997 durch das Werk Cottbus remotorisieren und umbauen lassen. Die Maschinen sind bei der Wismut GmbH mit ihrer russischen Familienbezeichnung als V 300 001 und V 300 002 in Dienst gestellt worden. Anstelle des Dieselmotors 5 D 49 ist ein Motor der Firma Caterpillar vom Typ CAT 3606 zum Einbau gelangt. Am 4. Mai 1999 folgte V 300 003, die ehemalige 232 684. Der Umbau zwei weiterer Lokomotiven (bei Redaktionsschluss zu diesem Buch waren 232 412 und 232 429 im Gespräch) im Jahr 2001 ist vorgesehen.

Der Dieselmotor ist ein 6-Zylinder-Reihenmotor mit einem Bohrungsdurchmesser von 280 mm und einem Hub von 300 mm. Er arbeitet mit Direkteinspritzung und einem Verdichtungsverhältnis von 13:1. Ein elektronischer Woodwardregler überwacht die Drücke und Temperaturen des Dieselmotors, ermittelt die Traktionsleistung und nimmt über die Erregung Einfluss auf den Hauptgenerator. Beim Schleudern reduziert er die Fahrmotorleistung. Das digital freiprogrammierbare Gerät ermöglicht die Regelung des Motors auf einer optimalen Drehzahl/Leistungskurve.

Ansicht des Caterpillar-Dieselmotors CAT 3606 für den Einbau in die Wismut-V 300. Im Gegensatz zu dem in der Baureihe 232 verwendeten 16-Zylinder-Motor in V-Anordnung ist dieser Motor als 6-Zylinder-Reihenmotor ausgebildet.

AUFNAHME: JAP

Unmittelbar nach der Ankunft von V 300 003 präsentierten sich alle drei Werks-V 300 der Wismut am 4. Mai 1999 vor dem Lokschuppen der werkseigenen Triebfahrzeugunterhaltung in Lichtenberg nahe Ronneburg. Die Maschinen haben von rechts nach links in aufsteigender Nummernfolge Aufstellung genommen: V 300 001, V 300 002 und V 300 003. Bei der DB liefen die Lokomotiven zuletzt als 232 404, 232 405 und 232 684. Weitere zwei 232 will das Unternehmen von der DB erwerben und ebenso wie die ersten drei Loks im Werk Cottbus umbauen lassen. Sie werden im Jahr 2001 erwartet. AUFNAHME: MATHIAS BUCHNER

Dadurch sind ein geringerer Kraftstoffverbrauch und eine höhere Lebensdauer zu erwarten. Eine neuartige Startfüllungsbegrenzung reduziert die Abgastrübung beim Start.

Mit dem Dieselmotor änderte sich die damit verbundene Peripherie. Die zur Verbrennung des Kraftstoffs erforderliche Luft wird über vier Doppelluftfilterkassetten, den Abgasturbolader und den Ladeluftkühler dem Dieselmotor zugeführt. Die Kraftstoffförderpumpe saugt den Kraftstoff über Grobfilter aus dem Kraftstoffbehälter an und drückt ihn über Feinfilter zu den Einspritzpumpen. Grenzwertgeber am Tank begrenzen das Fassungsvermögen auf 5.400 Liter. Das Vorwärmen des Kühlwasserkreislaufes geschieht generell über einen LOOS-Heizkessel mit einer A.S.T.-Steuerung. Die Einbindung des Heizkessels in den Kühlkreislauf gestattet neben dem Frostschutz- und Vorwärmbetrieb auch eine thermostatisch regelbare Beheizung der Führerräume. Bei langen Standzeiten werden die Steuerung und die Umwälzpumpen mit 230 Volt Wechselspannung über eine Fremdeinspeisung versorgt.

Für den Einsatz im Güterzugbetrieb bei der Wismut GmbH konnte auf die Zentrale Energieversorgung (ZEV) verzichtet und die Höchstgeschwindigkeit auf 100 km/h herabgesetzt werden. Die durchgehende Zugsammelschiene blieb erhalten. Der Heizgenerator speist nur noch die Drehstrom-Hilfsmaschinen. Für den wirtschaftlichen Einsatz der Triebfahrzeuge kam es dem Betreiber auf eine funktionstüchtige und ständig eingeschaltete elektrodynamische Bremse an. Die Lokomotiven sind mit der punktförmigen Zugbeeinflussung PZ 80 und dem Zugfunk MESA ausgerüstet, ergänzt durch eigene Kommunikationseinrichtungen der Wismut. Die Spurkranzschmierung der Firma Saxonia ist durch eine der Firma Rebs ersetzt worden.

Fahrzeugnummer	**Einheit**	**ex DB AG 232 404/405/684**	**Wismut V 300 001/002/003**
zulässige Geschwindigkeit	km/h	120	100
kleinste Dauerfahrgeschw.	km/h	32	22
größte Anfahrzugkraft	kN	295	340
Bremsgewicht R+E/R/P2	t	182/147/128	—/—/—
Bremsgewicht P/G	t	108/94	108/94
Dieselmotor Typ		5 D 49	CAT 3606
Leistung	kW	2.232	1.975
Anzahl der Zylinder		16	6
Elektrodyn. Bremse		ja	ja
Elektr. Zugheizung (ZEV)		ja	nein
Spurkranzschmierung Typ		Saxonia	Rebs

Umbauten für die Industrie

Von den sechs Lokomotiven der BR 142 standen zum Jahreswechsel 1999/2000 142 002 bis 142 005 zum Umbau bei der Daimler Chrysler Rail Systems GmbH (Adtranz) in Kassel. 142 002 und 142 005 werden nach Fertigstellung durch die BASF betrieben, 142 003 und 142 004 gehören der Schauffele GmbH Stuttgart. Unter welcher Bezeichnung sie künftig laufen werden, steht noch nicht fest. Die umgebauten Lokomotiven entsprechen weder der früheren BR 142 noch sind sie mit den BR 130/131/132 identisch.

Alle Lokomotiven erhalten den neuen Kolomnaer Dieselmotor 12H 26/26 mit 2.206 kW und 1.000 U/min. Während die Lokomotiven der Schauffele GmbH eine Achsgetriebeübersetzung für V_{max}=100 km/h erhalten, bekommen die für den Einsatz bei der

BASF bestimmten eine solche für 120 km/h. Auf die Wiederverwendung der leistungsstärkeren Fahrmotoren der BR 142 wird zu Gunsten des bewährten und in großen Stückzahlen vorhandenen Fahrmotors ED 118A verzichtet. Daraus folgt ein Zugkraftverhalten je nach Höchstgeschwindigkeit analog der früheren BR 131 bzw. BR 132 (ohne ZEV). Die Doppeltraktionssteuerung bleibt mit geringfügigen Änderungen erhalten. Der neue Gleit- und Schleuderschutz kann mehr als die Eingriffsmöglichkeiten der Leistungssteuerung bei Beibehaltung des Dieselmotorreglers 7 PC 2 erlauben. Nur drei der zum Umbau stehenden Lokomotiven haben noch die Originaldrehgestelle. Bei diesen bleibt der Achsantrieb mit dem gefederten Großrad erhalten.

Zur Vorwärmung sind zwei Lokomotiven mit LOOS-Kesseln und AST-Steuerung ausgerüstet, während die zwei anderen Sebasto-Vorwärmanlagen besitzen. Alle Lokomotiven erhalten eine Vogel-Spurkranzschmierung. Auffälligste Änderungen sind der nicht zum Einbau gekommene Heizgenerator mit -umrichter und der um den Zwischenraum vergrößerte Führerstand. Die mehrteiligen Führertische, teilweise aus glasfaserverstärktem Kunststoff (GFK), sind mit neuen Schaltern, Tastern, Meldelampen und Anzeigegeräten bestückt. Der Fahrschalter ist liegend angeordnet, so dass das Drehzahlaufschalten durch Betätigung eines Hebels in Vorwärtsrichtung erfolgt.

Die neuen Führerbremsventile und Bremssteller sind über Hebel ebenfalls in Fahrtrichtung bedienbar. Die Lokomotiven sind mit der Indusi I 60R, mit dem Zugfunk MESA 2002 und mit einer zeitabhängigen Sicherheitsfahrschaltung ausgerüstet. Ihre Bedien- und Anzeigeelemente sind mit dem Display des elektronischen Buchfahrplans so im Führertisch angeordnet, dass der Lokführer ein von anderen Triebfahrzeugen gewohntes Erscheinungsbild vorfindet. Um die Vorteile des geräumigen Führerstandes nicht zu mindern, erhalten Führerhausfußboden, -dach und rückwand sowie die Maschinenraumseitenwände und die abschraubbaren Dächer einen zusätzlichen Schallschutz. Der zusätzliche Einbau dieser Schallschutzmaßnahmen soll einen Schalldruckpegel unterhalb der ursprünglich gemessenen Innen- und Außenpegel gewährleisten. Die vom Lokomotivhersteller gelieferten lärmgeminderten Kühlerlüfter mit Drehstromantrieb sollen ebenfalls die Schallemission senken. Die Umbauten erfolgten in enger Kooperation mit dem Lokomotivhersteller. Er führte die durch den Wegfall des Heizgenerators notwendig gewordene neue Drehschwingungsberechnung durch, lieferte die Hochspannungskammer mit neuen Schaltgeräten und andere Hilfsaggregate, wie zum Beispiel die neue Erregermaschine. Einen neuen Traktionsgleichrichter hat der frühere estnische Hersteller zugeliefert. Er steht nunmehr gut zugänglich mit darauf gesetztem Lüfter an der Stelle des Heizgenerators. Hier sind in einem Schaltschrank auch die Umschalteinrichtungen der Drehstrom-Hilfsmaschinen, jetzt wieder vom Traktionsgenerator gespeist, angeordnet. An Stelle früher durchgängig aus Aluminium gefertigter Dachhauben ist zum Masseausgleich die Dachhaube über dem früheren Heizgenerator neuerdings aus Stahl gefertigt. Macht sich beim Verwiegen ein weiterer Masseausgleich erforderlich, muss dieser durch Ballast erfolgen. Soweit Baugruppen und Teile wiederverwendet wurden, erfolgte eine Aufarbeitung in DB-Werkstätten (Teile der Bremse), im früheren Sachsenwerk Dresden (Traktionsgenerator) oder beim Lokomotivhersteller in der Ukraine (z. B. Drehgestelle).

Alle Druckluftventile wurden erneuert und in einem Druckluftgerüst mit den wiederverwendeten Druckluftgeräten zusammengefasst. Neben generell neuen Rohren (Druckluft, Kühlwasser, Kraftstoff und Öl) wurden alle Druckluft-Steuerleitungen in Kupferrohr ausgeführt. Als Luftverdichter kommt der VV 450/150 zum Einsatz. Ergänzt wird die Druckluftanlage durch eine Lufttrocknungsanlage. Bis auf den Entfall der Bremsart R bleibt das Schema der mechanischen und pneumatischen Bremse unverändert.

Die Lokomotiven wurden mit halogenfreien Leitungen vollständig neu verkabelt, Klemmleisten und -kästen mit Zubehör ersetzt. Die Hochspannungskammer und der Führertisch sowie andere Baugruppen sind über Steckvorrichtungen mit der Fahrzeuginstallation verbunden.

Den gestiegenen Forderungen des Umweltschutzes Rechnung tragend wird Lecköl und -kühlwasser in einer geschlossenen Wanne unterhalb des Maschinenraumfußbodens gesammelt und kann über seitlich heraus geführte Ablassrohre entsorgt werden.

Der im November 1999 bei Adtranz fotografierte Lokkasten stammt weder von einer DR-232 noch von einer 242, sondern von der ehemaligen sowjetischen TE 109-026. Der Lokkasten wurde Ende 1999 für ein privates Eisenbahnverkehrsunternehmen in Kassel aufgearbeitet. Die Maschine war zuletzt in Pikalewo eingesetzt und entspricht den DR-Maschinen ab der Ordnungsnummer 132 578. Damit werden in Kassel auch Lokomotiven aufgearbeitet, die ursprünglich nicht in die DDR geliefert wurden.

AUFNAHME: JAP

Die technische Beschreibung der Lokomotiven

Die zum Zeitpunkt der Lieferung vorhandenen Unterschiede der vier Baureihen dieser Lokomotivfamilie sind in der unten aufgeführten Tabelle zusammengefasst. Die Bilder kennzeichnen die optischen Unterschiede. Die folgende Beschreibung des konstruktiven Aufbaues entspricht weitgehend allen vier Baureihen.

	Einheit	BR 130	BR 131	BR 132	BR 142
Achsfolge	-	Co'Co'	Co'Co'	Co'Co'	Co'Co'
Spurweite	mm	1.435	1.435	1.435	1.435
Länge über Puffer	mm	20.620	20.620	20.820	20.820
Achsstand gesamt	mm	15.850	15.850	15.850	15.850
Achsstand Triebgestell	mm	3.700	3.700	3.700	3.700
Treibraddurchm. neu/abgen.	mm	1.050/970	1.050/970	1.050/970	1.050/970
Dienstmasse	t	116,2	116,2	122,4	126
Reibungsmasse (2/3 Vorräte)	t	115,0	115,0	121,3	125,2
Mittlere Achslast	t	19,4	19,4	20,4	20,9
Höchstgeschwindigkeit	km/h	140	100	120	120
Anfahrzugkraft	Mp	25	34,0	34,8	35,0
Dauerzugkraft	Mp	17,2	27,0	20,4	24,6
kl. Dauerfahrgeschw.	km/h	35	22,0	28,9	32,2
Bremsgewicht G/P/P2	t	94/108/128	94/108/128	94/108/128	94/108/128[2)]
Bremsgewicht R(S)/R+E	t	147/182	138/ -	147/182	147/182[2)]
Dieselmotor Typ	-	5 D 49	5 D 49	5 D 49	2-5 D 49
Dieselmotor Leistung	kW	2.206	2.206	2.232	2.941
Dieselmotor Drehzahl	min^{-1}	1.000	1.000	1.000	1.000
Hauptgenerator Typ	-	GS-501A	GS-501A	GS-501A	GS-504A
Hauptgenerator Leistung	kW	2.190	2.190	2.190	2.800
Fahrmotor Anz./Typ	-	6/ED 118	6/ED 118	6/ED 118	6/ED 120
Fahrmotor Leistung	kW	305	305	305	411
Art d. Achsantrieb	-	Tatzlager	Tatzlager	Tatzlager	Tatzlager[1)]
Elektrodyn. Bremse	-	ab 130 037	nein	ja	ja
ZEV des Zuges	-	nein	nein	ja	ja

1) Achsantrieb mit gefedertem Großrad

2) bei in den einzelnen Bremsarten zwischen 10-80 m längere Bremswege gegenüber der BR 132

Fahrzeugteil

Rahmen

Der Rahmen ist als geschweißter Brückenrahmen ausgeführt. Rahmen und Aufbauten sind miteinander zu einer tragenden Konstruktion verschweißt. Sie besteht aus den vorgefertigten vorderen, mittleren und hinteren Sektionen.

Vordere und hintere Sektionen werden aus zwei äußeren, kastenförmigen Langträgern, einem mittleren Langträger, dem vorderen Pufferträger (dessen Gestaltung bereits dem geplanten Einbau der Mittelpufferkupplung Rechnung tragen sollte) und den Querträgern zu einer verwindungssteifen Konstruktion verbunden. Zur Einleitung mittiger Zug- und Stoßkräfte sind noch Diagonalstreben angebracht.

Im Bereich des Querträgers ist der echte Drehzapfen eingeschweißt. Die mittlere Sektion besitzt ebenfalls zwei durchlaufende äußere kastenförmige Langträger, deren Enden durch Querträger verbunden sind. Zwischen diesen Trägern ist der mit in die Tragkonstruktion einbezogene Kraftstoffbehälter eingeschweißt (ist also nicht abnehmbar). Im Mittelteil dieser Konstruktion ist in mehreren Kammern der Kraftstoff untergebracht, die auf beiden Außenseiten abgeteilten Kammern bilden den Batterieraum. An den Stirnseiten des Kraftstofftanks befinden sich Halterungen für die Hauptluftbehälter.

Zug- und Stoßvorrichtung

Der Zughaken ist über einen Keil mit dem Zugbügel verbunden, der das Gehäuse des Federapparates umfasst. Der Federapparat liegt auf der Stützplatte des Zugkastens auf. Die Kraftübertragung erfolgt über Zughaken, Keil und Zugbügel auf den Federapparat, der sich an der Druckplatte abstützt. Ein seitlicher Ausschlag wird durch die in Schäkeln gelagerte Zughakenführung gewährleistet. Der Rahmen war für den geplanten Einbau der Mittelpufferkupplung weitgehend vorbereitet. Die Hülsenpuffer sind an besonderen Konsolen mit verlängerten Flanschen angeschraubt.

Das Äußere der Lokomotiven der V 300-Familie wird ganz wesentlich durch den sichtbaren Längsträger des Rahmens, die frei sichtbaren Drehgestelle und den aus gesickten Blechen bestehenden Lokkasten sowie den Dachschrägen mit den unterschiedlichen Lüftergittern bestimmt. 132 103 im Jahr 1988 im Bf Sömmerda. AUFNAHME: HARTMUT MICHLER

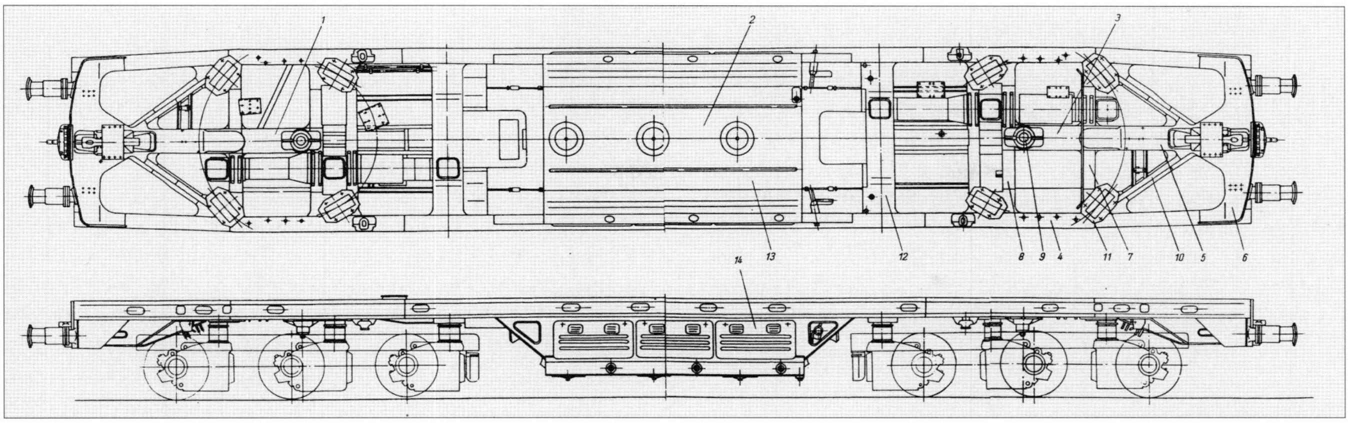

Der Rahmen. Die Ziffern bezeichnen folgende Komponenten: **1** Vordere Sektion, **2** Mittlere Sektion, **3** Hintere Sektion, **4** Äußerer Langträger, **5** Mittlerer Langträger, **6** Pufferträger, **7** Querträger, **8** Querträger, **9** Drehzapfen, **10** Diagonalträger, **11** Rahmenabstützung, **12** Innerer Querträger, **13** Kraftstoffbehälter, **14** Batterieraum.

Aufbauten

Die zum Tragen herangezogenen Aufbauten bestehen aus dem vorderen und hinteren Führerhaus, dem Maschinenraum, der Kühlkammer und den vor den Führerhäusern angeordneten, schalldämmenden Vorräumen, die gleichzeitig den Einstiegsraum bilden. Sie bestehen aus einem Traggerippe aus Profilstählen, auf welches die Blechaußenhaut aufgeschweißt ist. Zur Erleichterung der Instandhaltungsarbeiten sind die Dachteile über der Kühlkammer, der Hochspannungskammer, dem Dieselmotor und dem Hauptgenerator sowie das Dachteil mit dem Abgasschalldämpfer abnehmbar gestaltet und mit Anschlagmitteln ausgerüstet. In den Dachschrägen befinden sich die Ansaugöffnungen für die Luft zum Kühlen des Gleichrichters sowie der vorderen Fahrmotorengruppe und des Hauptgenerators. Verbrennungsluft für den Dieselmotor und die Kühlluft werden durch Öffnungen in der Seitenwand angesaugt. Die wabenförmigen Ansauggitter gehören mit zum tragenden Teil der Aufbauten.

Führerhaus

Die außerhalb des Gesamtaufbaues vorgefertigten Führerhäuser bestehen aus einem Gerippe aus abgekanteten Blechprofilen und der Blechaußenhaut. Zwischen den Gerippefeldern sind Schichtpresstoffplatten eingesetzt. Wie schon bei den Lokomotiven der BR 120 sind die eigentlichen Führerstände vom Maschinenraum bzw. von der Kühlkammer durch Vorräume getrennt, die durch zwei seitliche Außentüren begehbar sind. Zwei große Stirnscheiben und die bis zur Führerstandsrückwand zurückgezogenen Seitenfenster geben gute Sichtverhältnisse.

Alle Bedienungs- und Überwachungseinrichtungen sind auf der rechten Führerstandseite auf einem Pult zusammengefasst. Das gesamte Pult mit allen Geräten, Lampen und Schaltern ist über Klemmvorrichtungen auf der durchgehenden Pultplatte montiert. Die elektrischen Anschlüsse sind über schnell lösbare Steckverbindungen geführt.

Neben den Bedienungs- und Überwachungseinrichtungen sind die Führerstände mit Scheibenwischern und einer Scheibenwaschanlage, Sonnenschutzblenden und einer Warmluftscheibenheizung ausgerüstet. Zur Führerhausheizung ist unterhalb der Pultplatte ein Heiz-Belüftungsgerät installiert, von dem aus über Kanäle die erwärmte Luft in das Führerhaus und zu den Stirnscheiben geführt wird. Das Sifa-Magnetventil ist ebenfalls im Führerhaus untergebracht.

Maßnahmen zur Geräuschminderung

Auch bei den Diesellokomotiven der BR 130/131/132 erweist sich die Trennung von Führerhaus und Maschinenraum durch schalldämmende Zwischenräume als sehr vorteilhaft für die Senkung des Geräuschpegels. Führerhaus und Maschinenraum erhielten einen Entdröhnungsbelag, die Führerhäuser zusätzlich Glasfaserpakete und Aluminiumlochbleche. Die Bodenplatten wurden entdröhnt und mit einem schalldämmenden Belag versehen. Alle Loks sind mit Abgasschalldämpfern ausgerüstet.

Die Führerpulte in den Führerständen sind bei den Lokomotiven der V 300-Familie nicht einheitlich ausgeführt. Bei den ersten Lokomotiven der Baureihe 130 war das Handrad des Fahrschalters ganz rechts angeordnet (Verletzungsgefahr am Führerbremsventil!), später wurde es nach links verlegt. Das Bild zeigt das spartanisch und schon etwas desolat wirkende Führerpult der Seddiner 230 003 am 28. September 1993. Links der Fahrtenschreiber mit dem Tachometer.

AUFNAHME: REINHARD LEHMANN

Drehgestelle

Der Rahmen der Lokomotive mit seinen Aufbauten und den Haupt- und Hilfsaggregaten stützt sich auf zwei dreiachsigen, achshalterlosen Drehgestellen ab, die konstruktiv gleich ausgebildet sind.

Jeder Radsatz wird durch einen Fahrmotor in Tatzlagerbauart über ein einseitiges Zahnradpaar angetrieben. Während der mittlere Radsatz mit ± 14 mm Seitenverschieblichkeit ausgeführt ist, besitzen die äußeren eine Seitenverschieblichkeit von ± 2 mm. Bis zur 130 022 sind die äußeren Radsätze mit einer Gummifeder im Achslager ausgerüstet, die zusätzlich ein gefedertes Spiel von ± 12 mm gewährleistet.

Drehgestellrahmen
Der Drehgestellrahmen besteht aus zwei äußeren kastenförmigen Langträgern sowie zwei inneren und zwei äußeren Querträgern. Über die beiden inneren Querträger greift der Drehzapfenträger mit dem querelastischen Drehzapfenlager.

In Quermitte sind die Träger zur Aufnahme der Fahrmotoren befestigt. Unterhalb der Langträger befinden sich die Halter zur Lagerung der Achslenker und die Untersätze für die Schraubenfedern. Die Träger für die Schwingungsdämpfer sind an den Längsseiten angeschweißt. Die Bremszylinder werden an Konsolen an den Außenseiten der Langträger befestigt.

Ab 130 055 nehmen die Langträgerenden auch die Sandkästen auf. Außerdem wurde der Drehgestellrahmen derart verändert, dass ein zweiter äußerer Querträger zur Aufnahme der Fettbehälter für die Spurkranzschmierung und die Bahnräumer dient. Oberhalb der Langträger werden die Teile der Abstütz-Rückstelleinrichtung angeordnet. Die Aussparungen in den Langträgern führen die waagerechten Bremshebel.

Radsätze
Die Radsätze bestehen aus der Achswelle, auf die die Radscheiben und das Großrad aufgepresst sind. Die Radreifen sind durch Sprengringe gesichert. Über zwei als Gleitlager ausgebildete Tatzlager stützt sich der Fahrmotor auf der Achswelle ab.

Achslager
Die Radsätze sind in außenliegenden Achslagern geführt. Als Achslager werden fettgeschmierte Zylinderrollenlager eingesetzt, die zwischen Rollen und Innenring eine seitliche Verschiebung gestatten. Während sich die mittleren Radsätze jedes Drehgestells um ±14mm frei verschieben können, laufen die Endradsätze nach einem Spiel von etwa 2 mm an einem Axiallager an. Vom Axiallager wird die Anlaufkraft auf einen Druckteller übertragen, der sich bis zur Lokomotive 130 022 über eine ringförmige Gummifeder gegen den vorderen Deckel abstützt. Diese Feder lässt eine elastische Seitenverschieblichkeit von etwa ± 12 mm zu.

Die gegossenen Achslagergehäuse sind mit entsprechenden Konsolen zur Aufnahme der Schraubenfedern und zur Befestigung der Lenker versehen. Zur Abdichtung nach innen ist ein Labyrinthring vorgesehen, zur Außenseite sind die Lager durch einen Abschlussdeckel verschlossen. Bei der Seitenverschiebung des Radsatzes im Drehgestell wird das gegenüberliegende Axiallager entlastet. Die Schraubenfeder, die sich auf der einen Seite gegen ein Kegelrollenlager und auf der anderen gegen einen Sicherungsring abstützt, hält dann die entlasteten Teile zusammen. Da eine ausreichende Querelastizität bereits durch die gewählte Lenkerführung der Achslager gewährleistet wird, entfielen später die Gummiringfedern, so dass sich jetzt die Stirnflächen der Achswellen direkt über eine Zwischenplatte gegen das Axiallager am Achslagerdeckel abstützen.

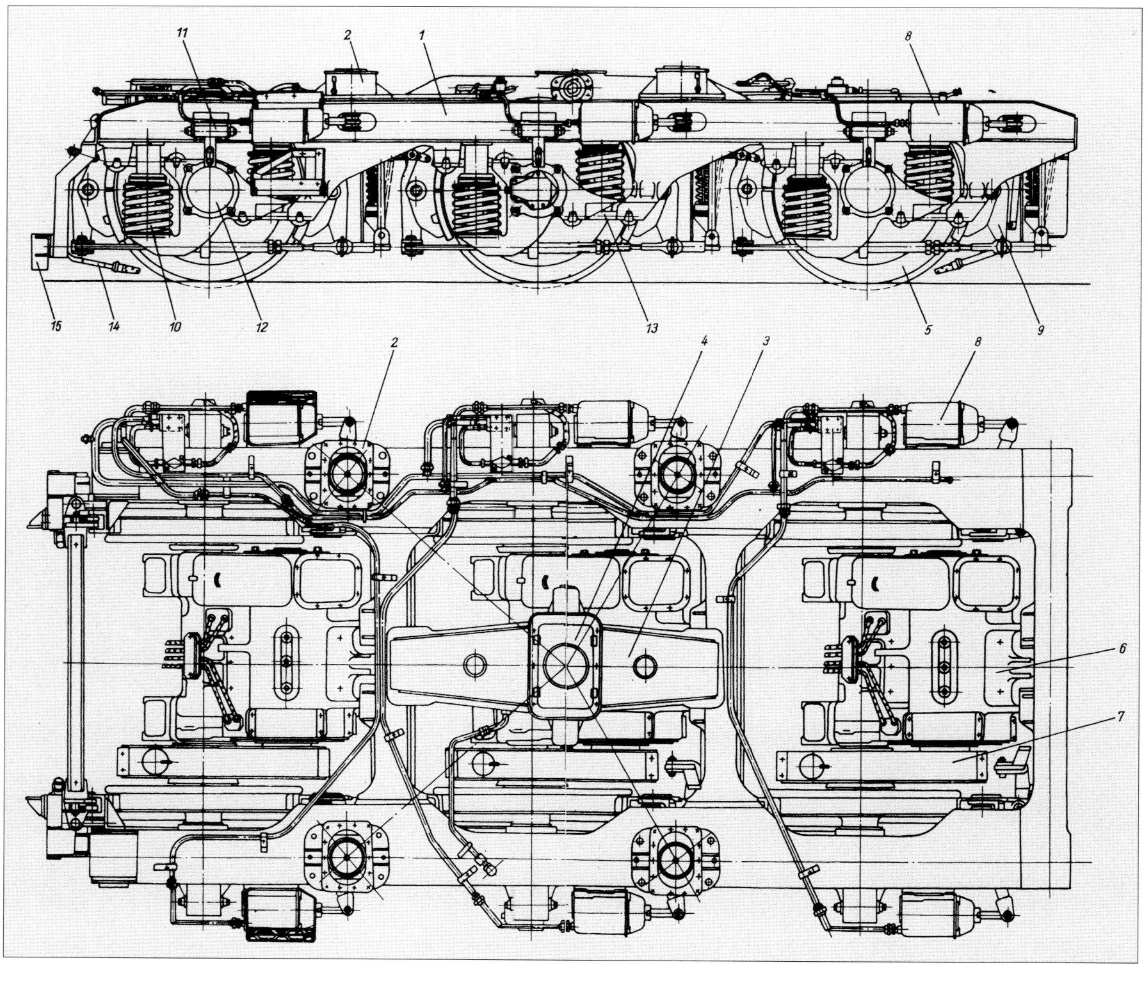

Drehgestell
1 Drehgestellrahmen
2 Rahmenabstützung und Rückstelleinrichtung
3 Drehzapfenträger
4 Drehzapfenlagerung
5 Radsatz
6 Fahrmotor
7 Getriebeschutzkasten
8 Bremszylinder
9 Bremsgestänge
10 Federung
11 Schwingungsdämpfer
12 Achslager
13 Lenker
14 Sandrohr
15 Bahnräumer

Bis einschließlich 130 054 waren die Sandbehälter nicht an den Drehgestellen, sondern in den Vorräumen der Lokomotive untergebracht, erst ab 130 055 fanden sie an den Längsträgerenden der Drehgestelle ihren Platz. Bei 130 005, aufgenommen bei der Abnahme im Raw Dessau am 16. Juli 1970, ist die ursprüngliche Konstruktion der Drehgestelle gut zu erkennen.

AUFNAHME: DR/SAMMLUNG REINHARD LEHMANN

Auf den Achsbuchsen werden die Gleitschutzregler, die Geber für die Geschwindigkeitsanzeige, die Indusi und die Sifa sowie der Bremsdruckregler angeflanscht.

Achslagerführung

Die Führung der Radsätze und die Übertragung der Zug- und Bremskräfte erfolgen durch eine moderne und wartungsarme Lenkerführung. Zur Aufnahme der Lenker sind am Achslagergehäuse und am Drehgestellrahmen entsprechende Konsolen angebracht, die mit prismatischen Aussparungen versehen sind. In diesen werden die Führungsbolzen der Lenkerhebel gelagert. Führungsbolzen und Lenkerhebel sind durch Silentblocks verbunden, die außer ihrer dämpfenden Wirkung noch eine gewisse Dreh- und Querelastizität zulassen. Damit wird auch die gewünschte querelastische Achslagerführung erreicht.

Federung und Dämpfung

Die Lokomotiven der BR 130/131/132 erhielten nur eine einstufige, aus Schraubenfedern bestehende Primärfederung. Auf einen Ausgleich zwischen den Drehgestellradsätzen wurde verzichtet, jeder Radsatz ist einzeln abgefedert.

Lokomotivkasten und Drehgestellrahmen mit den Fahrmotoren stützen sich über besondere Aufnahmen und Zwischenkonsolen über je zwei ineinanderliegende Schraubenfederpaare auf den angegossenen Konsolen der Achslager ab. Die Schraubenfedergruppen ruhen auf Federtellern, von denen der obere mit zwei Rohrstutzen versehen ist. Der nach oben weisende arretiert die Federgruppen in ihrer Lage zum Drehgestellrahmen, der untere dient beim Federwechsel zum Zusammendrücken des Federsatzes mit Hilfe einer Sechskantschraube. Zwischen dem oberen Federteller und dem Drehgestellrahmen sind ein dämpfendes Gummielement und eine Korrekturbeilage angeordnet.

Da die Schraubenfedern keine Eigendämpfung besitzen, ist oberhalb jedes Achslagers ein Schwingungsdämpfer angeordnet,

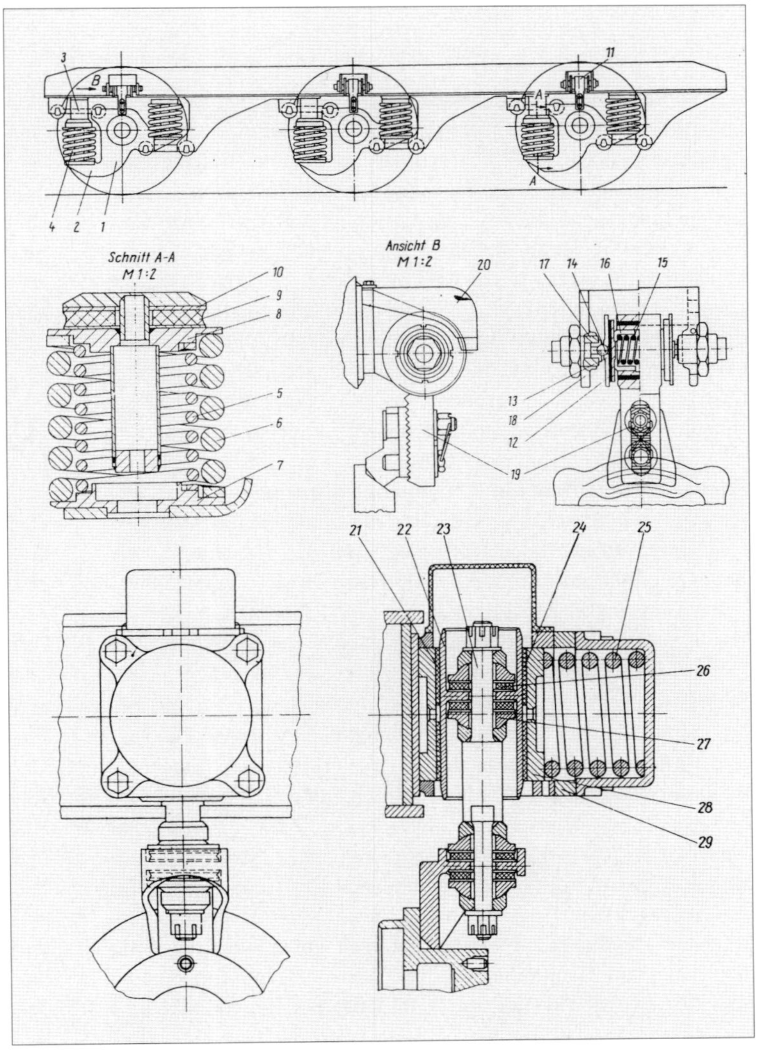

Federung und Dämpfung

1 Achslager
2 Konsole am Achslager
3 Zwischenkonsole am Drehgestell
4 Schraubenfederpaar
5 Innere Schraubenfeder
6 Äußere Schraubenfeder
7 Unterer Federteller
8 Oberer Federteller
9 Gummielement
10 Beilage
11 Schwingungsdämpfer
12 Keramikplatte
13 Stahlplatte
14 Kugel
15 Schraubenfeder
16 Führungsbuchse
17 Anschlag
18 Träger a. Drehgestellrahmen
19 Befestigung am Achslagergehäuse
20 Schutzkappe
21 Zylindrische Halbschale aus Reibbelag
22 Stahlzylinder
23 Verbindungsbolzen
24 Zylindrische Halbschale aus Reibbelag
25 Schraubenfeder
26 Gummischeibenfederelement
27 Kugelkalotte
28 Kugelschale
29 Einsatzstück

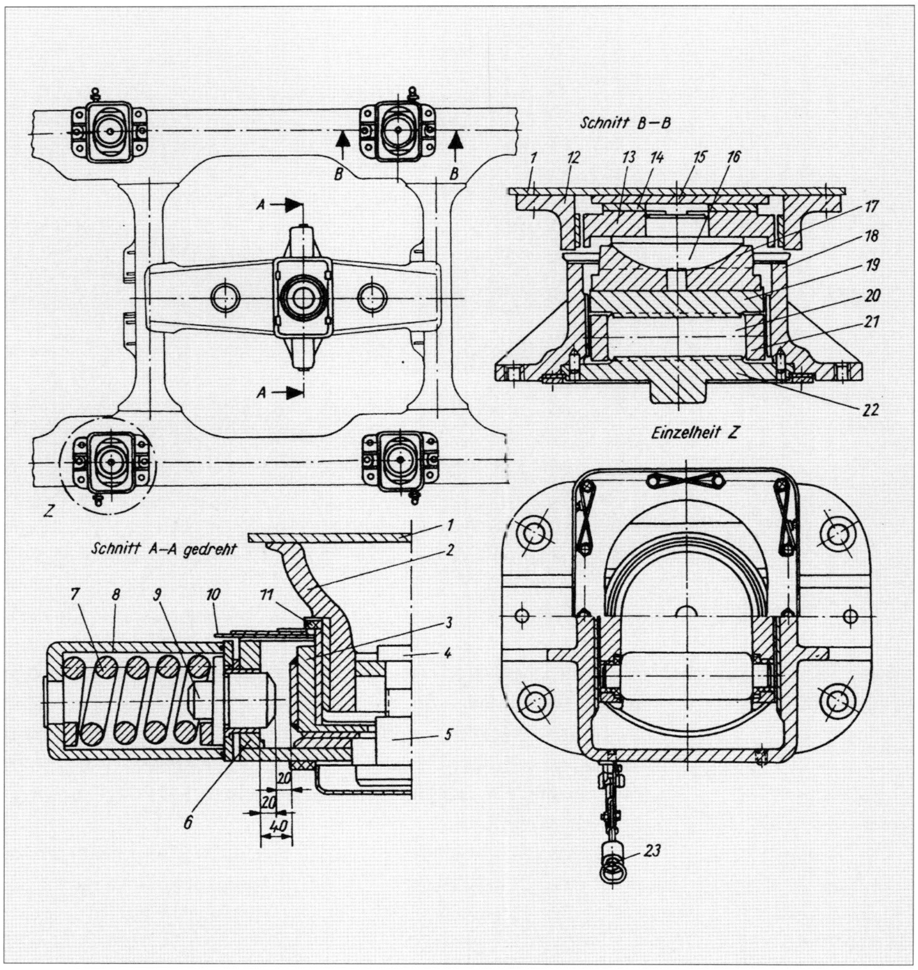

Drehgestellanlenkung und Rahmenabstützung

1 Triebfahrzeugrahmen
2 Drehzapfen
3 Lager
4 Hubschraube
5 Hubmutter
6 Drehzapfenträger
7 Schraubenfeder
8 Hülse
9 Anschlagstück
10 Abdeckblech
11 Moosgummidichtung
12 Gehäuse
13 Gleitstück
14 Gleitplatte (Plast)
15 Gleitplatte (Hartmangan)
16 Kugelkalotte
17 Kugelschale
18 Gehäuse
19 Auflageplatte
20 Rolle
21 Abstandshalter
22 Stützplatte
23 Ölstandskontrolle

der als Reibungsdämpfer arbeitet. Als Reibpaarung dient eine kreisrunde, feststehende Stahlplatte und eine sich mit dem Achslager bewegende Keramikplatte. Die Keramikplatten werden durch eine Schraubenfeder gegen die Stahlplatte gedrückt. Durch Veränderung des Anpressdruckes kann die Dämpfkraft variiert werden.

Zur Vereinfachung der Konstruktion und zur Senkung des Wartungsaufwandes kamen ab Lokomotive 130 065 Reibungsdämpfer verbesserter Konstruktion zum Einsatz. Als Reibpaarung dienen ein über Gummielemente am Achslager befestigter Stahlzylinder und die der Zylinderoberfläche angepassten federbelasteten Reibbeläge. Eine Variierung der Dämpfkraft durch Veränderung der Schraubenfedervorspannung ist hier nicht mehr möglich.

Drehgestellanlenkung und Rahmenabstützung

Die Verbindung zwischen Hauptrahmen und Drehgestellen erfolgt durch einen echten Drehzapfen, der um 185 mm aus der Drehgestellmitte zur Lokmitte hin verschoben ist und eine Seitenbeweglichkeit des Drehgestelles von je 40 mm zulässt. Der am Hauptrahmen befestigte Drehzapfen taucht von oben in das im Drehzapfenträger befindliche Lager ein, das als Gleitstück ausgebildet ist. Nach einer freien Seitenverschiebung von 20 mm kommt das Gleitstück am Anschlagstück zum Anliegen. Die weitere Bewegung um zusätzliche 20 mm erfolgt dann gegen die Kraft der in der Hülse sitzenden Schraubenfedern. Das Drehzapfenlager ist ausgebuchst und ölgeschmiert. Zum gleichzeitigen Anheben der Lokomotive mit einem Drehgestell dienen Hubmutter mit Hubschraube am Drehzapfenlager. Der Hauptrahmen mit den Aufbauten und Aggregaten stützt sich in vier Punkten auf besonderen Abstütz-Rückstellvorrichtungen ab. In vier auf einer Kreisbahn am Hauptrahmen angeordneten Gehäusen befinden sich die beweglichen Gleitstücke mit Kugelkalotte. Von hier wird die senkrechte Last über Kugelschale, obere Auflageplatte, Rollen und untere Stützplatte auf das Drehgestell übertragen. Beim Ausdrehen des Drehgestells im Gleisbogen kommt es zwischen Oberrahmen und Gleitstück zu einem Gleiten, wobei die auftretende Reibung dämpfend wirkt, eine Rückstellung jedoch nicht auftritt. Die Rückstellung des horizontal quer zur Fahrtrichtung ausgelenkten Drehgestells wird durch die rechtwinklig zur Lokomotivlängsachse angeordneten Rollenführungen in Verbindung mit den Schraubenfedern erzielt. Da die Rollen beim Bewegen aus der Mittellage gegen die ansteigenden Flächen der oberen Auflage und der unteren Stützplatte laufen, ergibt sich eine Kraft, die Drehgestell und Hauptrahmen in die alte Lage zurückbringen will. Auf Grund des Spiels zwischen dem Lager des Drehzapfens und dem Anschlagstück erfolgt die erste Phase der Seitenverschiebung von 20 mm nur gegen die aus der Rollensteigung resultierenden Kraft. Bei weiterer Verschiebung (ebenfalls um 20 mm) muss dann zusätzlich die Kraft der Schraubenfedern überwunden werden, d. h. mit zunehmender Seitenverschiebung nimmt auch die Rückstellkraft zu. Der parallele Lauf der Rollen wird durch Abstandhalter gewährleistet. Die Teile der Abstütz-Rückstellvorrichtung laufen in einem Ölbad.

Mechanische Bremse

Beide Drehgestelle besitzen die gleiche Bremsausführung. Jedes Rad hat seinen eigenen Bremszylinder und sein eigenes Bremsgestänge. Alle Räder werden beidseitig abgebremst.

Die Kraftübertragung erfolgt jeweils von der Kolbenstange des Bremszylinders auf den Bremszylinderhebel, der über die Drucklasche die Kraft auf den senkrechten Hebel überträgt und den am Bremshängeeisen befestigten Bremsklotz an den Radreifen drückt. Von der Zugstange wird die Bremskraft auf den Bremsklotz der anderen Radseite übertragen. Für die Mittenführung der Bremsklötze sorgen die Bremsbalken.

Die Handbremse wirkt nur auf die linken Räder der zweiten und dritten Achse des jeweiligen Drehgestells. An jeder Führerhausrückwand ist ein Handrad angeordnet, mit dem über ein Getriebe und einen Kettentrieb auf den Übertragungshebel eingewirkt wird. Dieser überträgt mit einem Ende die Bremskraft auf das Gestänge der dritten Achse, mit dem anderen wirkt er über den Bremshebel und die Zuglasche auf den Bremszylinderhebel bremsend auf die zweite Drehgestellachse ein.

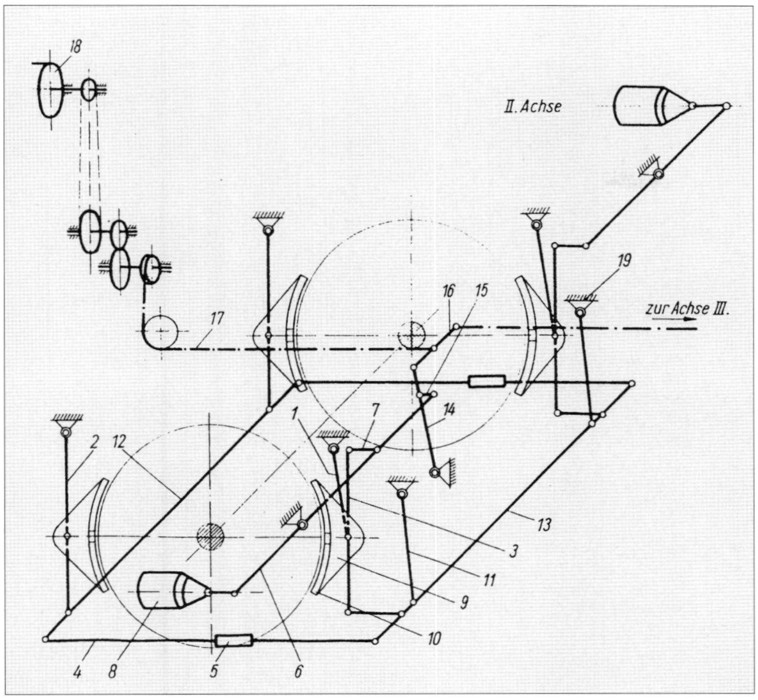

Bremsgestängeschema
1 Bremshängeeisen
2 Senkrechter Bremshebel
3 Senkrechter Bremshebel
4 Zugstange
5 Spannschloss
6 Bremszylinderhebel
7 Drucklasche
8 Bremszylinder
9 Bremsschuh
10 Bremsklotz
11 Hängeeisen für Bremsbalken
12 Bremsbalken
13 Bremsbalken
14 Bremshebel für Handbremse
15 Zuglasche
16 Übertragungshebel
17 Kette
18 Handrad für Handbremse
19 Festpunkte

Dieselmotor 5 D 49

Aufbau des Dieselmotors

Für den Antrieb der Maschinenanlage wird der 16-Zylinder-2.200-kW- (3.000-PS-)Viertakt-Dieselmotor 5 D 49 mit V-Anordnung der Zylinder verwendet. Bei einer Nenndrehahl von 1.000 min^{-1} gehört er in den Bereich der mittelschnell laufenden Dieselmotoren.

Gehäuse

Das Motorengehäuse ist aus Stahlgussteilen, Stahlblechen und -profilen in Schweißausführung gefertigt. Das Kurbelgehäuseoberteil und die zwei mit 42° Neigung zueinanderstehenden Zylinderblockreihen, sowie die eingeschweißten und mit Querrippen verstärkten Kurbelwellenhauptlagerstühle bilden ein gemeinsames Bauteil. Dabei sind die Seitenwände des Kurbelgehäuse-Oberteils über die Kurbelwellenmittenebene bis zur Auflagenfläche am Kurbelwellengehäuseunterteil heruntergezogen. Die Hauptlagerdeckel werden durch Dehnschrauben am Lagerstuhl befestigt, so dass die Kurbelwellenlagerung als hängend bezeichnet wird. Im unteren Teil des V-Winkels verläuft der zentrale Ölzuführungskanal über die gesamte Motorenlänge. Er ist durch Bohrungen mit den Hauptlagerstühlen verbunden. Der über den zentralen Ölkanal im V-Winkel befindliche Hohlraum dient der Ladeluftzuführung zu den Einlassventilen. Oberhalb der Ladeluftzuführung befindet sich das Gehäuse für die Nockenwellenlagerung. Ein großer Räderkasten mit den Zahnrädern für den Antrieb des Verstellreglers, des Kühlgebläses, der Nockenwelle und des Überdrehzahlschutzes ist am hinteren Motorblockende

Jedes Rad besitzt einen eigenen Bremszylinder, also sechs pro Drehgestell. Die Kraftübertragung erfolgt jeweils von der Kolbenstange des Bremszylinders auf den Bremszylinderhebel, der über die Drucklasche die Kraft auf den senkrechten Hebel überträgt und den am Bremshängeeisen befestigten Bremsklotz an den Radreifen drückt. Von der Zugstange wird die Bremskraft auf den Bremsklotz der anderen Radseite übertragen. Die Lage der Bremszylinder am Drehgestellrahmen ist auf dem Bild gut sichtbar. AUFNAHME: THOMAS FRISTER

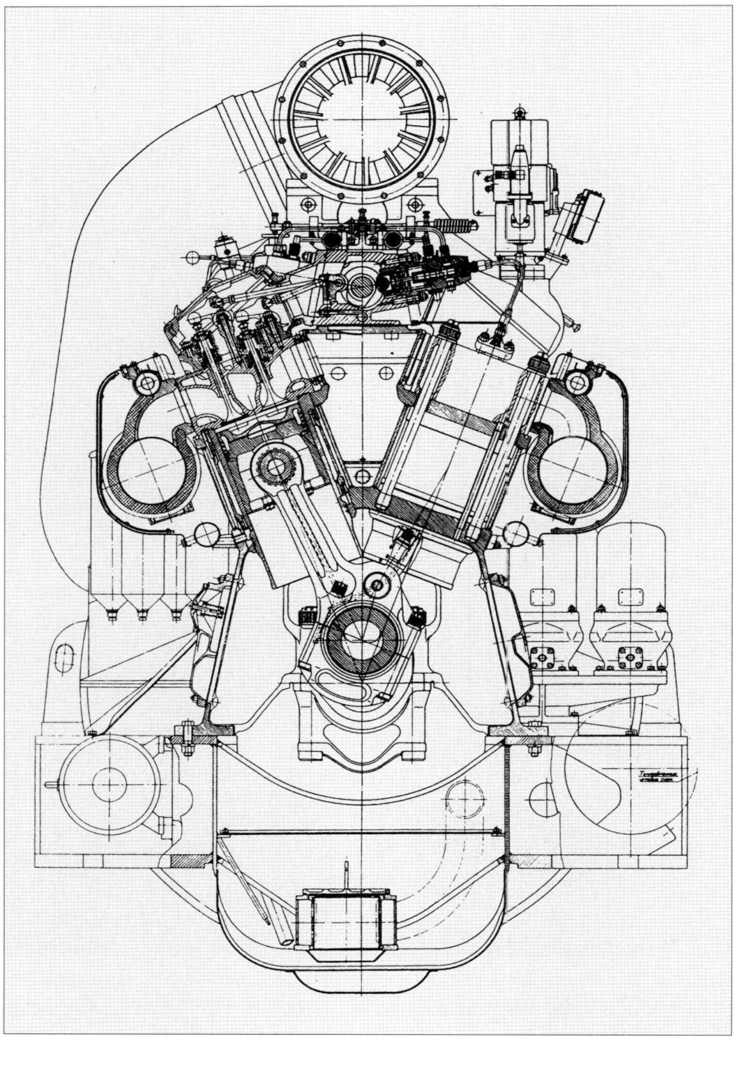

Oben: Ein kompletter Dieselgenerator einer Lok der Baureihe 132, so die Bezeichnung des Dieselmotors mit dem direkt angeflanschten Traktionsgenerator. Links der Motor 5 D 49, dessen eine Zylinderreihe mit den 8 Zylinderköpfen gut zu erkennen ist. Rechts der Traktionsgenerator, der auf einem als Tragrahmen ausgebildeten verlängerten Motorengehäuseunterteil befestigt ist. Verbunden sind Motor und Genearator mit einer Lamellenkupplung.
Links: Querschnitt des Dieselmotors 5 D 49.

angeflanscht. Im kleinen, am entgegengesetzten Motorende angeflanschten Räderkasten sind die Zahnräder für den Antrieb der Kühlwasser- und Schmierölpumpe untergebracht.

Das Kurbelgehäuseunterteil schließt den Kurbelraum des Motors durch die angeschweißte Ölwanne nach unten ab und ist gleichzeitig als Motortragrahmen und in seiner Verlängerung als gemeinsamer Tragrahmen auch für die Lagerung des Traktionsgenerators ausgebildet.

Kurbelwelle

Die Kurbelwelle mit den acht um 90° versetzten Kröpfungen und den zehn Hauptlagerzapfen ist aus einem Stück gegossen. Sie besteht aus perlitischem Spezialgrauguss, deren bearbeitete Lagerstellen durch Nitrierung vergütet wurden. Die Haupt- und Pleuellager sind Gleitlager aus Stahlstützschalen mit dünnwandigem Bleibronzeguss. Vom zentralen Ölkanal gelangt das Schmieröl über Bohrungen zu den Hauptlagern, wo es durch die hohlgebohrte Kurbelwelle zu den weiteren Schmierstellen (Pleuellager, Kurbelwellenendlager und Steuerräder) geführt wird. Der Kraftabgabeflansch ist durch eine halbelastische Kupplung mit dem Flansch des Traktionsgenerators verbunden. Dabei wird das Endlager der Kurbelwelle zusätzlich durch einen Teil des Generatorankers belastet. Ebenfalls erfolgt von diesem Kurbelwellenende der Antrieb der Zahnräder des hinteren Räderkastens. Vom vorderen Kurbelwellenende werden die Zahnräder des kleinen Räderkastens und der Viskositätsdrehschwingungsdämpfer angetrieben.

Pleuel
Auf dem Hubzapfen der Kurbelwelle ist das zur Zylinderreihe B gehörende Hauptpleuel durch die Stahlstützschale mit Bleibronzeausguss gelagert. Der Deckel des zum Ausbau schräggeteilten Pleuellagers wird durch vier Dehnschrauben befestigt. Der Pleuelschaft besitzt Doppel-T-Querschnitt. Zur Ölzuführung zum ungeteilten Pleuelauge wurde der Schaft durchbohrt. Im Pleuelauge befindet sich eine Stahlbüchse mit Bleibronzeausguss. Zur zusätzlichen Kolbenkühlung ist im Pleuelaugenoberteil eine Spritzdüse, mit Abspritzrichtung auf den Kolbenboden, angeordnet. Das zur A-Zylinderseite gehörende Nebenpleuel ist durch zwei Dehnschrauben mit einem Stahlbolzen verschraubt, der die Anlenkung zum Hauptpleuel übernimmt. Schaftquerschnitt, Pleuelauge sowie Ölzuführungsbohrungen sind wie beim Hauptpleuel ausgeführt.

Kolben
Der zweiteilige Kolben besitzt einen aus Chromnickelstahl gefertigten Kolbenboden (Kolbenkrone) und einen aus einer Aluminiumlegierung hergestellten Kolbenkörper (Kolbenschaft). Beide Teile werden unter Zwischenschaltung einer wärmebeständigen Presstoffbeilage durch vier in den Kolbenboden verankerte Stiftschrauben mit Kronenmuttern zusammengehalten. Zusätzliche Passtifte fixieren Ober- und Unterteil und vermeiden eine sonst mögliche Verdrehung. Zur intensiven Kühlung des thermisch hochbelasteten Kolbens wird aus dem Schmierölkreislauf in der unteren Totpunktstellung Öl über einen Vertikalkanal zum Kühlraum geleitet. Die Abdichtung zum Verbrennungsraum übernehmen drei verchromte Grauguss-Verdichtungsringe mit Trapezquerschnitt. Zwei Ölabstreifringe sind in der Kolbenschaftpartie zwischen Kolbenbolzenbohrung und unterem Verdichtungsring angeordnet. Bohrungen in dieser Partie leiten das abgestreifte Öl zurück in die Ölwanne. Der hohlgebohrte und in seiner geschliffenen Oberfläche nitrierte Kolbenbolzen ist schwimmend im Kolben gelagert. Seine seitliche Begrenzung erhält er durch zwei in der Kolbenbolzenbohrung eingelassene Sicherungsringe.

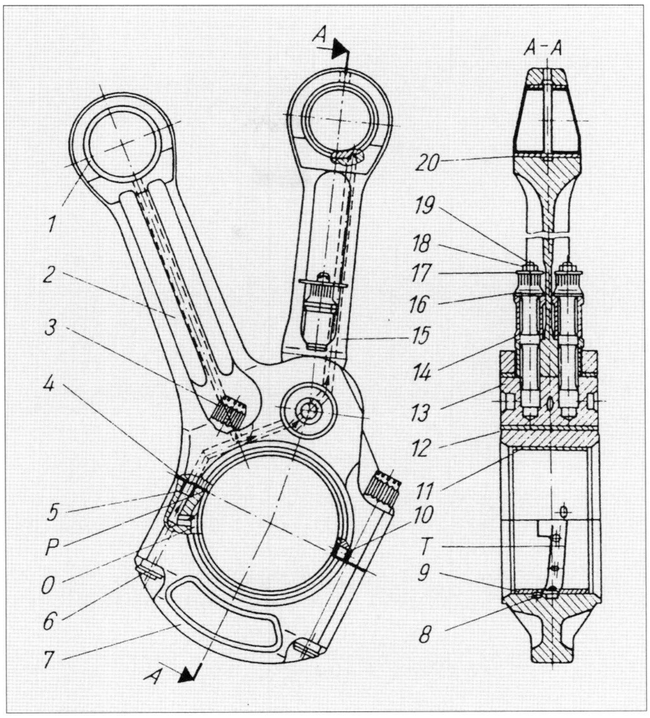

Pleuel des Dieselmotors 5 D 49

1 Pleuelaugenbuchse
2 Hauptpleuelschaft
3 Kronenmutter
4 Dichtungsring
5 Buchse
6 Pleuelschraube
7 Pleuelfuß
8 Stift
9 Untere Pleuellagerschale
10 Stift
P Zahnverbindung
T Schmierölnut in der Lagerschale
11 Obere Pleuellagerschale
12 Buchse
13 Zapfen
14 Buchse
15 Nebenpleuel
16 Pleuelschraube
17 Sicherungsblech
18 Mutter
19 Splint
O Ölzuführungskanal

Laufbuchse
Die aus hochwertigem Grauguss hergestellte Zylinderlaufbuchse ist durch Schraubverbindung hängend am Zylinderkopf befestigt. Die dazu notwendigen sechs Stiftschrauben sind im oberen Bund der Zylinderlaufbuchse verankert. Als Dichtung zwischen Zylinderkopf und -laufbuchse wird ein verkupferter Stahlring verwendet. Entgegen den bisher üblichen Ausführungen wird hier zur Kühlwasserumspülung, -führung und -abdichtung ein gesonderter Aluminiummantel verwendet, der garantiert, dass durch die geometrisch gut beherrschbaren Strömungsverhältnisse des Kühlwassers eine gleichmäßige Wärmeübertragung und damit Wärmeabfuhr erreicht wird. Im eigentlichen Zylinderblock befindet sich kein Kühlwasser, es können sich demzufolge (wie bei den bisher üblichen Ausführungen) durch geometrisch ungleiche Raumaufteilung keine unterschiedlichen Strömungsverhältnisse und damit Ablagerungsnester bilden. Der Komplex Laufbuchse – Aluminiummantel – Zylinderblock wird an drei Stellen abgedichtet. Die obere Abdichtung erfolgt durch zwei Gummiringe zwischen dem heruntergezogenen Buchsenbund und dem Aluminiummantel. In der Mittelpartie sitzen zwei Gummidichtringe zwischen dem Aluminiummantel und dem Zylinderblock. Die untere Abdichtung übernehmen zwei Gummiringe zwischen Laufbuchse und Zylinderblock. Zwischen mittlerer und unterer Abdichtungspartie wird das Kühlwasser über einen Kanal im Zylinderblock zugeführt. Nach gleichmäßiger Umspülung der Laufbuchse tritt das Kühlwasser über zwölf im oberen Buchsenbund befindliche Überlaufbohrungen mit Gummidichtringen in die Kühlräume des Zylinderkopfes.

Zylinderkopf
Entsprechend der gewählten Schraubverbindung zwischen Laufbuchse und Zylinderkopf werden einteilige Einzelzylinderköpfe aus hochfestem Grauguss verwendet. Die im Zylinderkopf eingezogenen Graugussbuchsen mit Metallkeramikeinsatz und Spezialringdichtung nehmen zur Führung und Abdichtung zwei Einlass- und zwei Auslassventile auf. Durch zwei gegensinnig gewickelte Federn wird jedes Ventil geschlossen gehalten. Die Kipphebel sind Winkel-Gabel-Kipphebel, die auf dem Zylinderkopf drehbar in der Kipphebelwelle lagern. Zwei in horizontaler Lage befindliche Stößelstangen dienen als Übertragungselement zu den senkrecht stehenden Hebelarmen der zwei Winkel-Gabel-Kipphebel. Durch die schräge Einbaulage des Düsenhalters konnte der Zylinderkopfkragen so gestaltet werden, dass bei Undichtigkeiten an den Leitungen sowie an den Anschlüssen des Düsenhalters kein Dieselkraftstoff in das Schmiersystem des Dieselmotors gelangen kann. Den staub- und öldichten Abschluss des Zylinderkopfes übernimmt der Kragen mit dem Haubendeckel. Zur Abdeckung der Stößelstangen ist zwischen Kragen und Nockenwellengehäuse ein Übergangsstück eingefügt.

Steuerung
Der Gaswechsel wird von der oberhalb des V-Winkels angeordneten Nockenwelle gesteuert. Sie ist in einem Gehäuse mit neun zweiteiligen Gleitlagern aus Aluminiumlegierung gelagert. Auf der einteiligen Nockenwelle sind 24 zweiteilige Nocken mittels Keil- und Schraubverbindung befestigt. Drei Nockenpaare betätigen die Ein- und Auslassventile sowie die Einzeleinspritzpumpen

Ankunft der 132 506 im April 1977 im Abnahme-Raw Dessau. Die Prüfungen der Funktionsfähigkeit aller Baugruppen erfolgten schon zuvor in Korolewo, wo die Maschinen den Vertretern der DR übergeben wurden und die Lokomotiven bei Probefahrten ihre vertragsgemäße Funktion und Fertigung unter Beweis stellen mussten.

AUFNAHME: AXEL MEHNERT

der zwei gegenüberliegenden Zylinderköpfe. Die Steuerbewegung wird vom jeweiligen Nocken über im Nockenwellengehäuse gelagerten Zwischenhebel, horizontal liegende Stößelstange, Winkelgabelkipphebel des Zylinderkopfes mit Hydrostößel zum Ein- bzw. Auslassventil geleitet. Der Nockenwellenantrieb erfolgt von der Kurbelwelle über zwei Zwischenzahnräder des großen Räderkastens (Kraftabgabeseite). Zum Einstellen der Steuerzeiten im eingebauten Zustand ist eine Schlitzkupplung im Antriebszahnrad vorhanden.

Schmierung

Die Ölversorgung für die Druckumlaufschmierung des Dieselmotors übernimmt eine von der Kurbelwelle über Zahnräder angetriebene Spindelölpumpe. Sie saugt das Schmieröl über ein Saugsieb aus der Motorenölwanne und fördert es durch den Motorenölwärmetauscher (Rohrbündelwärmetauscher) und den Ölgrobfilter zum zentralen Ölkanal des Dieselmotors. Von hier werden alle Schmierstellen sowie die Kolbenkühlung mit Öl versorgt. Durch eine Abzweigleitung vor dem Wärmetauscher wird ein Teilstrom über den Rotationsfilter zurück zur Ölwanne geführt.

Einspritzanlage

Zur Einspritzeinrichtung gehören 16 Einzeleinspritzpumpen, Rohrleitungen und 16 Einspritzdüsen mit Halter. Die Einspritzpumpen sind am Nockenwellengehäuse über dem V-Winkel angeflanscht. Sie erhalten ihren Antrieb vom dritten Nocken der jeweils zwischen den gegenüberliegenden Zylindern liegenden Nocken. Es sind Einspritzpumpen mit Drehkolbenregelung, deren obere Steuerkanten den Förderbeginn und deren untere Steuerkanten das Förderende bestimmen. Die Regelstangen aller Einspritzpumpen sind über ein justierbares Hebelsystem, Steuerwellen und Rückzugfedern mit dem kombinierten Verstellregler verbunden. Von den Einspritzpumpen führen kurze Hochdruckleitungen zu den in den Zylinderköpfen schräg eingebauten Düsenhaltern. Die schräge Einbaulage erfordert eine genaue Fixierung der Mehrlochdüse im Halter, damit die neun Abspritzbohrungen den Verbrennungsraum zentrisch besprühen.

Arbeitsweise des Dieselmotors

Zur Drehzahl- und Leistungsregelung wird ein kombinierter Verstellregler verwendet, der im Aufbau und in der Wirkungsweise dem des Dieselmotors 14 D 40 entspricht. Er übernimmt die Funktionen:

- Anlassen, eine Anlassbeschleunigung beaufschlagt pneumatisch einen Kolben, der den für den Reglerbetrieb notwendigen Öldruck aufbaut, um die Regelstangen beim Startvorgang auf hohe Fördermengen zu bewegen.
- Drehzahlkonstanthaltung auf 20 min^{-1} durch Fliehkraftregelung
- Drehzahlverstellung durch elektromagnetisch hydraulische Verstellung in 15 Drehzahlstufen im Bereich von 350 bis 1.000 min^{-1}
- Leistungsanpassung des Hauptgenerators an die des Dieselmotors durch Wirksamwerden eines induktiven Gebers
- Abschaltvorrichtung für die hinteren Zylindergruppen
- Abstellen durch einen Abstellmagneten, der die Kraftstoffzufuhr zum Dieselmotor unterbindet.

Falls der kombinierte Verstellregler ausfällt, verhindert der Drehzahlbegrenzungsregler ein Übertouren des Dieselmotors und schützt damit Triebwerk und Dieselmotor. Der Drehzahlbegrenzungsregler arbeitet nach dem Fliehpendelprinzip. Seinen Antrieb erhält er über Zwischenzahnräder von der Nockenwelle. Bei Überschreitung der Motorenhöchstdrehzahl um 12 % (entspricht 1.180 min^{-1}) wird eine Sperrklinke durch die Fliehgewichte im Drehzahlbegrenzungsregler ausgelöst. Eine vorgespannte Feder kann danach über ein Hebelsystem alle 16 Einspritzpumpen auf Nullförderung stellen. Die Schaltstellung des Verstellreglers ist dabei bedeutungslos.

Die Verbrennungsluft des Dieselmotors wird in einem Abgasturbolader bei einer Drehzahl von 2.200 min^{-1} bis auf 1,3 bar Überdruck vorverdichtet. Die Abgase der Zylinder werden durch wassergekühlte Rohrleitungen von der A- und B-Zylinderreihe im Staubetrieb über einen Düsenleitapparat der einstufigen Axialturbine zugeführt. Axialturbine, Läuferwelle und Gebläserad, als drehende Baueinheit, sind in zwei zweiteiligen Bronzeschalen gelagert. Die auf der Gebläseseite verdichtete Verbrennungsluft wird im Ladeluftkühler gekühlt und durch den im V-Winkel befindlichen Ladeluftkanal den Einlassventilen der Zylinderköpfe zugeführt. Der Abgasturbolader und der Ladeluftkühler sind an den Kühlkreislauf angeschlossen. Die Schmierölversorgung des Abgasturboladers ist an das Druckumlaufschmiersystem des Dieselmotors angeschlossen. Das Aluminiumgehäuse des Abgasturboladers ist entgegen der Kraftabgabeseite des Dieselmotors auf einer Konsole über dem Ladeluftkühler befestigt.

Einbau des Dieselmotors

Dieselmotor mit angeflanschtem Traktionsgenerator bilden zusammen die Baueinheit Dieselgenerator. Dabei ist der Traktionsgenerator auf dem als Tragrahmen ausgebildeten verlängerten Motorgehäuseunterteil befestigt. Der gemeinsame Hilfsrahmen ist elastisch auf dem Lokomotivrahmen gelagert.

Leistungsübertragung

Die Diesellokomotive besitzt eine Drehstrom-Gleichstrom-Leistungsübertragung. Als Traktionsgenerator arbeitet ein sechsphasiger, als Innenpolmaschine ausgeführter Synchrongenerator mit zwei um 30° el versetzten Drehstromwicklungen. Der Traktionsgenerator ist auf dem als Tragrahmen ausgebildeten verlängerten Motorgehäuseunterteil befestigt. Dieselmotor und Generator sind über eine Lamellenkupplung miteinander verbunden. Zwischen Traktionsgenerator und Fahrmotoren ist die Gleichrichteranlage geschaltet. Sie richtet die sechsphasige Wechselspannung gleich. Die Erregung des Traktionsgenerators wird geregelt, und sie gewährleistet

- die volle Ausnutzung der Dieselmotorleistung
- den Notbetrieb bei Abschaltung eines beliebigen Fahrmotors
- den Notbetrieb bei Ausfall von Teilen der Leistungsregelung.

Hauptstromkreis

Der Hauptstromkreis wird aus dem Traktionsgenerator, der Traktionsgleichrichteranlage und den Fahrmotoren gebildet. Der Traktionsgenerator ist eine 12-polige Synchronmaschine. Der Ständer trägt zwei um je 30° el versetzte Dreiphasenwicklungen. Der Läufer besitzt ausgeprägte Pole mit der Erregerwicklung. Die in den Drehstromwicklungen induzierte sechsphasige Wechselspannung wird dem Traktionsgleichrichter zugeführt. Die Gleichrichteranlage ist im Prinzip eine Parallelschaltung von zwei Drehstrom-Brückenschaltungen. In jedem der 12 Brückenzweige liegen zwei Siliziumdioden in Reihe und 10 Siliziumdioden parallel (insgesamt 240 Dioden). Der gleichgerichtete Strom wird den sechs Gleichstrom-Reihenschluss-Fahrmotoren zugeführt. Die Einschaltung erfolgt über elektropneumatische Fahrmotortrennschütze. Die Fahrtrichtungsänderung des Triebfahrzeuges erfolgt durch Umpolen der Reihenschlusswicklungen mit einem elektropneumatischen Fahrtrichtungswender. Die Kontakte des Fahrbremswenders im Hauptstromkreis ermöglichen die Umschaltung von Fahren auf Bremsen, indem die Erregerwicklungen aller Fahrmotoren in Reihe geschaltet werden und jeder Anker mit einem Bremswiderstand belastet wird. Zur vollen Ausnutzung der Dieselmotorleistung im gesamten Geschwindigkeitsbereich des Triebfahrzeuges dienen zwei Feldschwächungsstufen. Parallel zur Reihenschlusswicklung eines jeden Fahrmotors werden durch die Shuntierungsschütze die Shuntierungswiderstände geschaltet.

Leistungsregelung

Die Leistungsregelung erfolgt durch Änderung des Erregerstroms des Traktionsgenerators. Die Erregerleistung liefert ein als Zweimaschinenaggregat gebauter Einphasen-Synchron-Erregergenerator mit erhöhter Frequenz. Seine Spannung liegt unter Zwischenschaltung des Erregergleichrichters, der als halbgesteuerte Gleichrichterbrücke geschaltet ist, am Läufer des Traktionsgenerators.

Drei Steuerkanäle wirken auf das Steuergerät Erregergleichrichter ein und bestimmen durch Änderung des Erregerstromes die äußere Kennlinie des Traktionsgenerators. Es wirkt stets der Steuerkanal, dessen Istwertgröße größer als die zugeordnete Sollwertgröße ist. In den einzelnen Steuerkanälen werden folgende Signalpaare gegeneinander geschaltet:

Steuerkanal	Istwertsignal	Sollwertsignal
I	stromproportionales Signal	drehzahlproportionales Signal
II	eines strom- und spannungsproportionalen Signals	eines drehzahl- und füllungsproportionalen Signals
III	spannungsproportionales Signal	drehzahlproportionales Signal

Läufer des Traktionsgenerators mit den ausgeprägten Polen der Erregerwicklung. SLG. DR.-ING. KURT KÖHLER

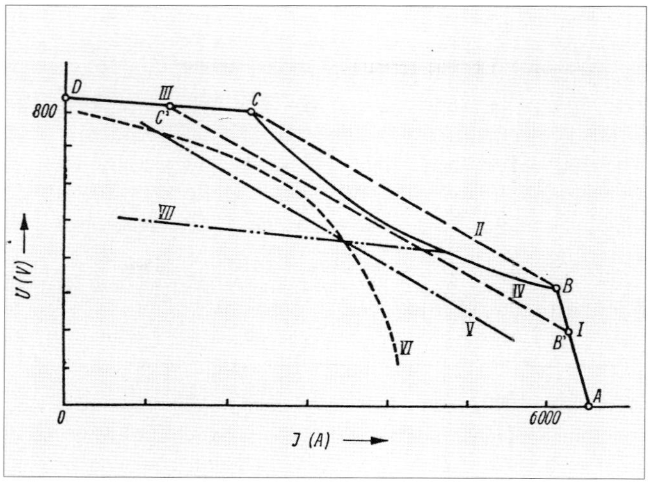

Strom- und Spannungskennlinie des Generators in der Fahrstufe 15.

Die Sollwertbildung geschieht über einen Transformator, dessen Sekundärspannung auf Grund der Sättigung proportional der Frequenz der Erregerspannung und damit proportional der Dieselmotordrehzahl ist. Auf diese Weise erhöhen sich die Sollwerte, wenn der Fahrschalter von Fahrstufe 1 bis Fahrstufe 15 durchgeschaltet wird. Das füllungsproportionale Signal wird am mit dem Regler verbundenen induktiven Geber gebildet.

Zur Bildung der strom- und spannungsproportionalen Istwertsignale dienen Gleichstrom- und der Gleichspannungswandler, die als Transduktor arbeiten.

Im Anfahrbereich, bei großen Strömen und kleinen Spannungen arbeitet nur der Steuerkanal I und begrenzt den Strom entsprechend der Geraden I. Mit steigender Generatorspannung übernimmt im Punkt B der Steuerkanal II den Einfluss. Dessen Istwertsignal, gebildet aus strom- und spannungsproportionalen Größen, bestimmt die Leistung entsprechend der Geraden II. Im Punkt C übernimmt der Steuerkanal III, bedingt durch die hohe Generatorspannung, die Einhaltung der Maximalspannung (Abschnitt III der Kennlinie). Nur in den Eckpunkten B und C kann so die elektrische Leistung der Leistung des Dieselmotors entsprechen. Im Bereich zwischen diesen Punkten wirkt der Steuerkanal II mit seiner füllungsproportionalen Größe. Abhängig vom Strom durch den induktiven Geber erfolgt die Leistungsregelung entsprechend der Geraden BC oder B'C'. Die Verstellung des Kerns des induktiven Gebers hängt von der Stellung der Regelstange der Kraftstofförderpumpe ab. Wird der Dieselmotor höher belastet, versucht der Drehzahlregler den Drehzahlrückgang durch eine größere Kraftstoffüllung auszugleichen. Der induktive Geber bewirkt ein kleineres Sollwertsignal. Bei Unterbelastung des Dieselmotors folgt ein größeres Sollwertsignal. Die so hervorgerufene Änderung des Sollwertes im Leistungsvorgabekreis berichtigt die gerade Kennlinie II in eine hyperbolische, der konstanten Dieselmotorleistung entsprechende Kennlinie IV.

Verschiedene Schaltzustände und Einflüsse wirken auf die Leistungsregelung ein:

- Das Abschalten eines defekten Fahrmotors setzt die Leistung des Traktionsgenerators um etwa ein Sechstel herab (Kennlinie V).
- In Fahrstufe 1 wird das Leistungs-Sollwertsignal zur Ruckbegrenzung herabgesetzt.
- Beim Ansprechen des Schleuderschutzes wird die Traktionsleistung durch ein kleineres Sollwertsignal im Steuerkreis II gemindert.
- Im Leerlauf des Generators wird über den Steuerkanal III die Spannung auf die für die Drehstrom-Hilfsmaschinen erforderliche Höhe begrenzt.
- Bei Durchschlag eines Ventils im Leistungsstromkreis wird die Spannung herabgesetzt. Die äußere Charakteristik des Traktionsgenerators verläuft nach Kennlinie VII.
- Im Notbetrieb kann der Erregerstrom in den einzelnen Fahrstufen nicht mehr geändert werden. Die äußere Charakteristik des Traktionsgenerators verläuft nach Kennlinie VI.

Shuntierung der Fahrmotoren

Zur vollen Ausnutzung der Traktionsleistung im gesamten Geschwindigkeitsbereich des Triebfahrzeuges wird die Erregung der Fahrmotoren zweistufig geschwächt. Die Shuntierung wird durch zwei Shuntierungsrelais eingeleitet, welche die Shuntierungsschütze entsprechend der Feldschwächungsstufe 1 und 2 steuern. Beide Relais besitzen je eine Spannungs- und eine Stromspule. Da Spannung und Strom der Fahrmotoren in jeder Fahrstufe der Triebfahrzeuggeschwindigkeit eindeutig entsprechen, erfolgt das

Hinter den sechs wabenförmigen Ansaugöffnungen der Kühlkammer ist die Jalousie des Ölbadfilters für die Ansaugung der Verbrennungsluft angeordnet. Nach 1990 wurden bei verschiedenen Lokomotiven für das Ansaugen der Verbrennungsluft in unterschiedlicher Weise zusätzliche Mehrfach-Düsen-Lüftungsgitter eingebaut. Die hier abgebildete 132 427 im Raw Dessau zeigt den Lieferzustand.

AUFNAHME: AXEL MEHNERT

Ein- und Ausschalten eines jeden Shuntierungsrelais bei bestimmten Geschwindigkeiten. Das Shuntierungsrelais 1 schaltet das Shuntierungsschütz 1 ein, über dessen Hauptkontakte wird die erste Stufe der Shuntierungswiderstände parallel zu den Reihenschlusswicklungen der Fahrmotoren geschaltet. In gleicher Weise erfolgt das Einschalten der zweiten Feldschwächungsstufe durch das Shuntierungsrelais 2. Zusätzlich vor die Spannungsspule geschaltete Widerstände sorgen für die notwendige Rückschaltdifferenz. Durch einen Abschalter können die Steuerkreise „Shuntierung" abgeschaltet werden.

Achsantrieb

Jeder Radsatz wird einzeln durch Fahrmotoren in Tatzlagerbauart angetrieben. Der Fahrmotor stützt sich auf Gleitlagern auf der Achswelle und unter Zwischenschaltung federnder Elemente im Drehgestellrahmen ab. Das Drehmoment wird über eine einseitige Stirnradstufe vom Ritzel der Motorwelle zum Großrad auf der Achswelle übertragen. Ritzel und Großrad sind starr mit den Wellen verbunden. Beide sind von einem Getriebeschutzkasten umgeben, der gleichzeitig den Schmiermittelbehälter bildet. Die Tatzlager sind ölgeschmiert, für die Schmierölzufuhr sind Schmierdochte vorgesehen.

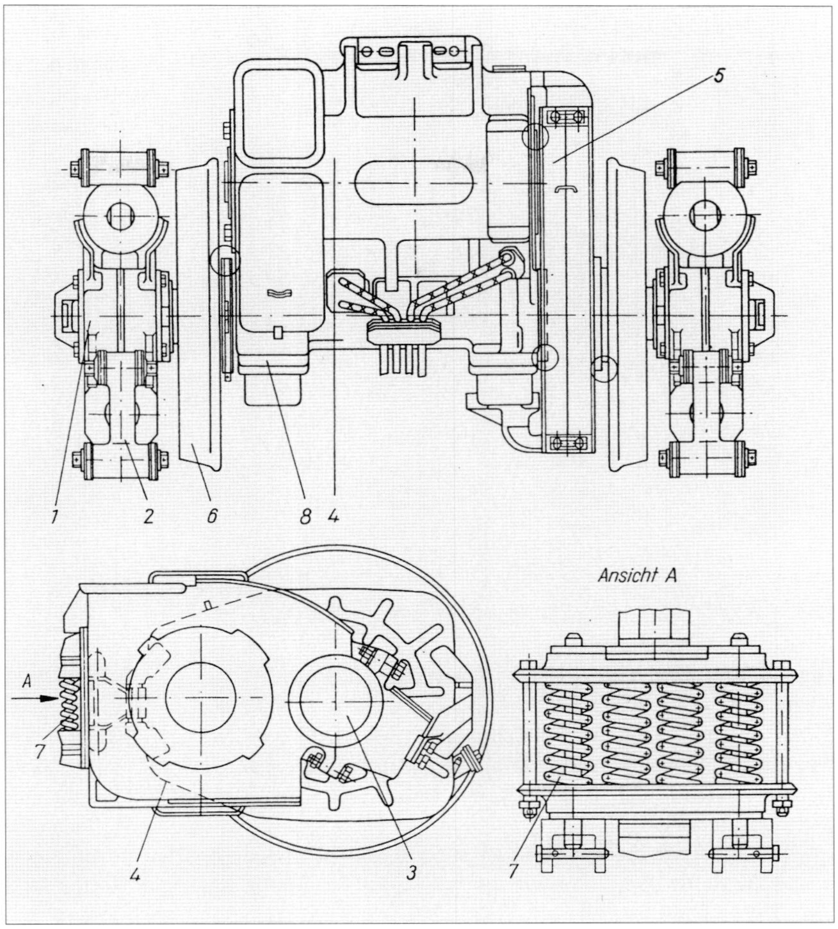

Der Achsantrieb. **1** Achslager, **2** Lenker, **3** Achswelle, **4** Fahrmotor, **5** Getriebeschutzkasten, **6** Radscheibe, **7** Federaufhängung am Drehgestell

Hilfsanlagen

Stromversorgung

Zur Steuerung und Überwachung des Triebfahrzeuges und aller Hilfseinrichtungen, für die optische Signalanlage, zur Beleuchtung und zur Speisung der nicht mechanisch bzw. mit Drehstrom betriebenen Hilfseinrichtungen dient die über ein Zwischengetriebe vom Dieselmotor angetriebene Lichtanlassmaschine. Im Stillstand des Dieselmotors übernimmt eine 390-Ah-Bleibatterie mit 48 Zellen die Stromversorgung. Lichtmaschine und Batterie arbeiten im Pufferbetrieb, solange der Dieselmotor in Betrieb ist. Im Stillstand des Dieselmotors speist die Batterie alle über Sicherung und Leitungsschutzschalter abgesicherten Stromkreise. Eine Rückstromdiode verhindert eine Entladung der Batterie über die Lichtmaschine. Zur Fremdladung dient eine parallel zur Batterie angeordnete Ladesteckdose. Bei laufendem Dieselmotor übernimmt die Lichtmaschine die Stromversorgung aller Stromkreise. Die Spannung der Lichtanlassmaschine wird bei allen Drehzahlen des Dieselmotors mit Hilfe eines kontaktlosen Reglers konstant gehalten.

Kraftstoffanlage

Der Dieselkraftstoff wird in einem 4.000-Liter-Kraftstoffbehälter aufgenommen. Dieser bildet mit dem Lokomotivrahmen eine Schweißkonstruktion und ist mit Füllanschlüssen, Ablassventilen und Kraftstoffmengenanzeiger ausgerüstet.

Der Dieselkraftstoff wird von einer durch den Elektromotor angetriebenen Kraftstofförderpumpe über einen Grobfilter angesaugt und gelangt über ein Feinfilterpaar zur Kraftstoffsammelleitung des Dieselmotors und von dort zu den einzelnen Kraftstoffeinspritzpumpen und -düsen. Der zuviel geförderte Kraftstoff strömt über ein Rücklaufventil zurück in den Kraftstoffbehälter und durchfließt dabei den Kraftstoffvorwärmer, der im Kühlkreislauf des Dieselmotors eingebunden ist. Der Druck vor und nach dem Feinfilter wird an Manometern angezeigt. Der Kraftstofförderpumpe ist ein Sicherheitsventil nachgeschaltet, das bei unzulässiger Druckerhöhung den Kraftstoffkreislauf kurzschließt.

Bei Ausfall der Kraftstofförderpumpe saugen die Einspritzpumpen den Kraftstoff unter Umgehung des Grobfilters über ein Havarieventil direkt aus dem Kraftstoffbehälter. Auf Grund konstruktiver Änderungen an den Einspritzpumpen entfiel später die zentrale Kraftstoffsammelleitung, wobei nun der Kraftstoff nach Austritt aus dem Feinfilterpaar in zwei parallele Leitungen zu den Saugräumen der Einspritzpumpen der beiden Zylinderreihen gelangt.

Luftfilteranlage

Die Lokomotive arbeitet mit Außenluftansaugung. Der Abgasturbolader saugt die Verbrennungsluft für den Dieselmotor durch in den Seitenwänden angeordnete Jalousien an. Die Luft wird zuerst in einem drehbaren Filterrad mit vier als Siebfilter ausgebildeten Segmenten gereinigt. Das scheibenförmige Filterrad ist drehbar gelagert und taucht im unteren Teil in ein Ölbad ein. Durch langsames Drehen werden die Filter ständig mit Öl benetzt. Danach strömt die angesaugte Verbrennungsluft durch einen kassettenförmigen Reinigungseinsatz, bevor sie zum Abgasturbolader gelangt.

Dieses schräg auf den Führerstand 2 von 130 039 (Herbst 1971 im Bf Zentralflughafen Berlin-Schönefeld) aufgenommene Bild zeigt die sechs seitlichen gitterförmigen Öffnungen der Kühlkammer zum Ansaugen der Kühlluft. Auf dem Dach ist die sichtbar erhöhte Anordnung des Abgasschalldämpfers (mit den sichtbaren Ösen zum Abheben mittels Kran) gut zu erkennen.

AUFNAHME: DR. WINFRIED KÖNIG

Die Kühlluft für die elektrischen Maschinen und Einrichtungen wird durch im Dach angebrachte Jalousien angesaugt und durch Filter gereinigt. Die für die Fahrmotoren des Drehgestells 2 benötigte Kühlluft wird aus dem Maschinenraum angesaugt. Die Luft tritt durch in der Seitenwand angeordnete Jalousien in den Maschinenraum ein.

Eine Umschaltung auf Innenansaugung von Verbrennungs- und Kühlluft ist durch Umstellen von Klappen im Maschinenraum möglich.

Abgasanlage

Der Abgasschalldämpfer ist in einem Dachsegment angeordnet und mit dem Abgasturbolader über ein Gleitstück verbunden. Er besteht aus zwei Ausdehnungsräumen, die zum Maschinenraum hin isoliert sind, und einer zwischengeschalteten Resonanzkammer. Die Abgase treten in den ersten Ausdehnungsraum ein, durchstreifen die mit Bohrungen versehenen Resonanzrohre und gelangen über den zweiten Ausdehnungsraum durch eine Dachöffnung ins Freie. Im Schalldämpfer angesammeltes Wasser und Öl kann über ein Abflussrohr entfernt werden.

Kühlanlagen und Vorwärmanlage

Kühlanlage für den Dieselmotor

Die im Motor anfallende Verlustwärme wird in zwei Kühlerteilblöcken zu je 15 Kühlelementen abgeführt. Sie sind unter einem V-Winkel in einem besonderen Raum, der Kühlkammer, untergebracht. Als Kühlelemente dienen Flachrohrelemente, in denen die Wärme des Kühlwassers an die Kühlluft übertragen wird. Die im Motorschmieröl anfallende Verlustwärme wird im Motorölwärmetauscher, der ein Rundrohrkühler ist, an das Kühlwasser abgegeben. Durch Öffnungen in den Seitenwänden der Kühlkammer wird die Kühlluft seitlich durch die Kühlelemente angesaugt und nach der Wärmeaufnahme von den drei Dachlüftern über die Austrittsöffnungen im Lokomotivdach ins Freie geführt. Die Eintrittsöffnungen in der Seitenwand sind mit Jalousien versehen, die durch einen pneumatisch betätigten Zylinder automatisch geöffnet und geschlossen werden.

Die Regelung der erforderlichen Temperaturen erfolgt durch die automatische, gestaffelte Zuschaltung der Kühlerlüftermotoren in Verbindung mit der Betätigung der Kühlerjalousie.

Die Steuerung der Kühlerlüfter und der Kühlerjalousie erfolgt automatisch oder mit Hand vom jeweiligen Führerstand.

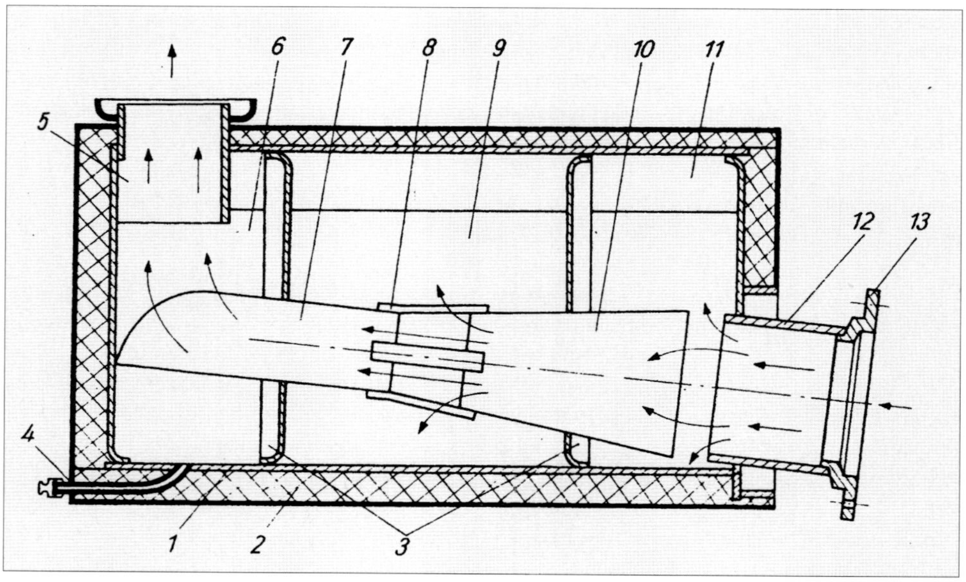

Die Abgasanlage im Querschnitt
1 Gehäuse des Schalldämpfers
2 Wärmeschutzmittel
3 Querwand
4 Ablasstutzen
5 Auspuffkanal
6 Ausdehnungskammer
7 Kanal
8 Auflegestück
9 Ausdehnungskammer
10 Kanal
11 Ausdehnungskammer
12 Ansaugkanal
13 Flansch

Bei automatischer Kühlersteuerung gewährleisten Temperaturwächter die gestaffelte Zuschaltung der Kühlerlüftermotoren 1 bis 3. In Abhängigkeit von der Kühlwassertemperatur öffnen oder schließen Magnetventile pneumatisch die Kühlerjalousie 1 und/oder 2.

Die Kühlerlüfter werden von Drehstrommotoren angetrieben. Die frequenzbestimmte Drehzahl sorgt für eine erhöhte Lüfterleistung bei steigender Dieselmotordrehzahl und -leistung. Die dreiphasige Wechselspannung liefert bei den Baureihen 130 und 131 der Traktionsgenerator und bei der Baureihe 132 der Generator für die Zentrale Energieversorgung (ZEV).

Die Speisung dieser Elektromotoren, die bei der Baureihe 132 auch bei ausgeschalteter ZEV sichergestellt sein muss, verlangt eine besondere Steuerung und Regelung des Generators.

Bei Handsteuerung der Kühlung erfolgt das Zuschalten der Kühlerlüfter und der Jalousiebetätigung über Kippschalter. Die Kühlanlage stellt ein Einkreissystem mit geschlossenem Kreislauf und Zwangsumlauf dar.

Über die oben liegende Kühlereintrittsleitung wird das erwärmt aus dem Abgasturbolader des Dieselmotors austretende Wasser dem linken Kühlerteilblock zugeleitet, wo es in 12 parallelen Elementen von oben nach unten und anschließend in je 6 parallelen Kühlelementen des rechten und linken Blockes wieder nach oben strömt. In den sich weiter anschließenden 12 Kühlelementen wird das Wasser weiter gekühlt und gelangt jetzt über die Kühleraustrittsleitung mit Rückschlagklappe zum Motorölwärmetauscher und tritt danach in den Ladeluftkühler ein. Von hier strömt es zur direkt vom Dieselmotor angetriebenen Kühlwasserpumpe. Über zwei Wasserleisten am Dieselmotor wird das Kühlwasser in die Kühlmäntel der Laufbuchsen gedrückt. Über Bohrungen tritt es von da in die Zylinderköpfe ein, gelangt in die wassergekühlten Abgassammelrohre, durchströmt die Kühlräume des Abgasturboladers, tritt oberhalb des Ahgasturboladers aus und wird über die Eintrittsleitung wieder den Kühlelementen zugeführt.

Ein Teil des erwärmten Kühlwassers wird vom Abgasturbolader über eine Kurzschlussleitung mit einer verstellbaren Drosselklappe und einem Rückschlagven-

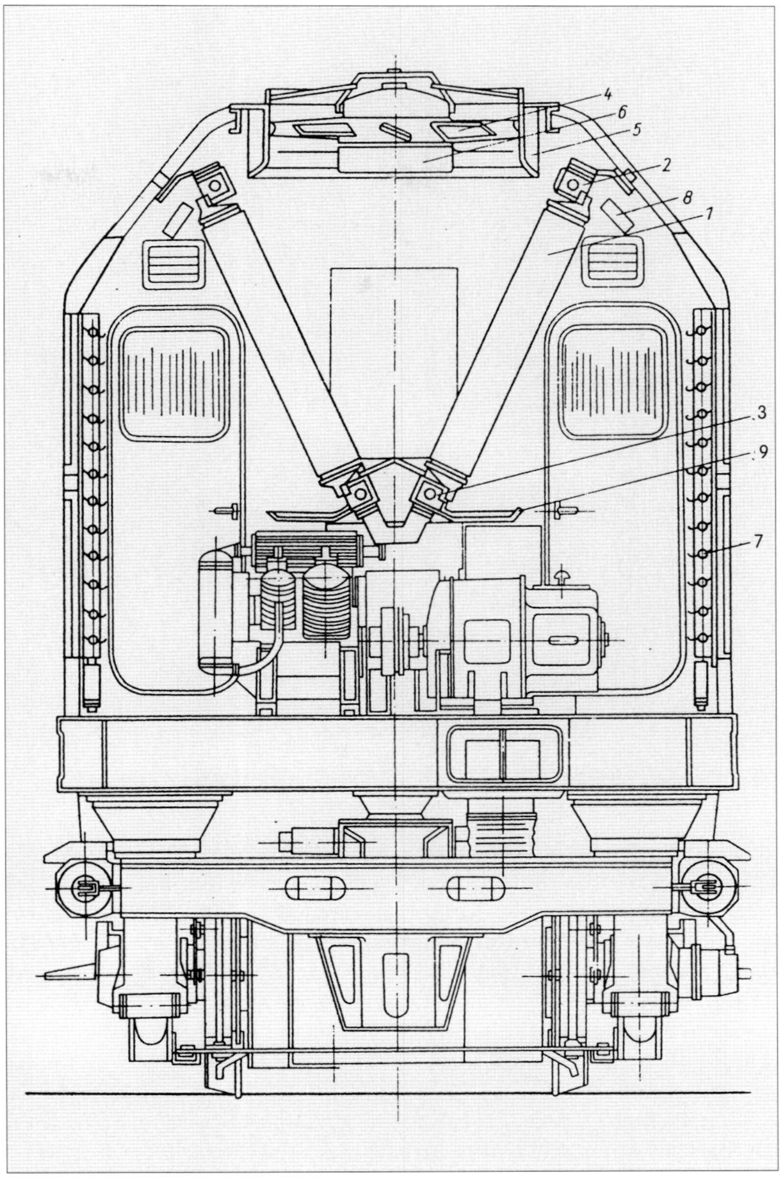

Die Kühlanlage im Schnitt
1 Kühlelement, **2** Oberes Sammelrohr, **3** Unteres Sammelrohr, **4** Lüfterrad, **5** Leitapparat, **6** Lüftermotor, **7** Jalousie, **8** Pneumatischer Jalousieantrieb, **9** Fangschale,

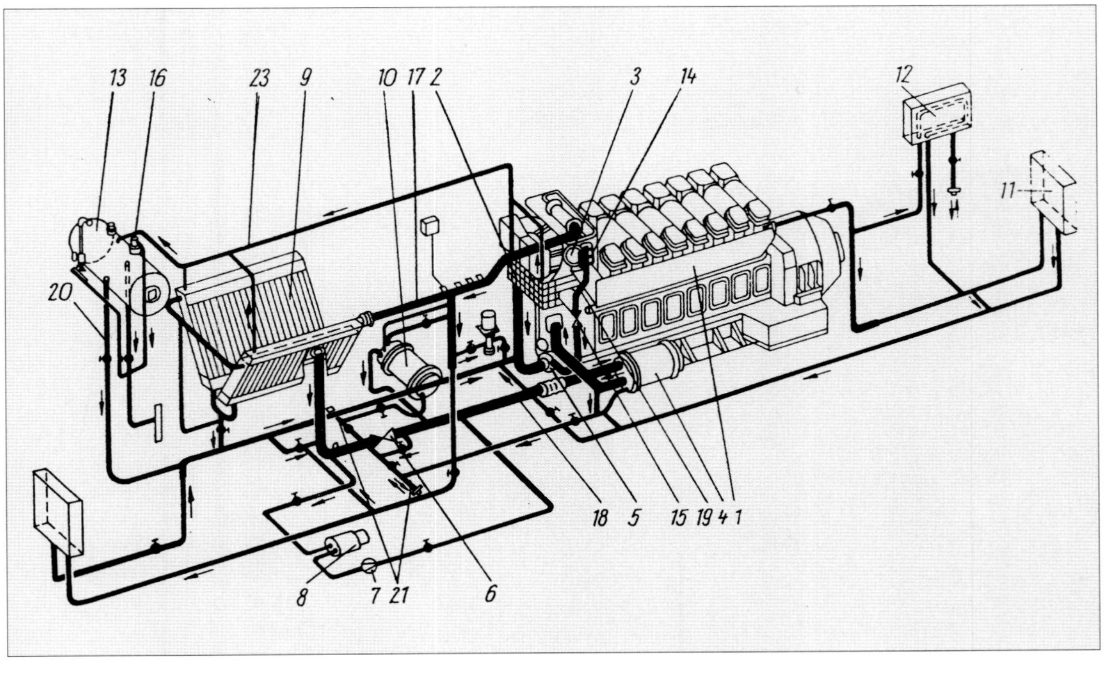

Schema der Kühlanlage
1 Dieselmotor
2 Ladeluftkühler
3 Abgasturbolader
4 Motorölwärmetauscher
5 Kühlwasserpumpe
6 Rückschlagklappe
7 Zusätzliche Kühlwasserumwälzpumpe
8 Vorwärmgerät
9 Kühlelement
10 Kraftstoffvorwärmer
11 Führerhausheizung
12 Waschwasserheizung
13 Ausgleichsbehälter
14 Drosselklappe
15 Rückschlagventil
16 Sicherheitsventil
17 Kühlwassereintrittsleitung
18 Kühlwasseraustrittsleitung
19 Kurzschlussleitung
20 Ausgleichsleitung
21 Füllstutzen
22 Überlauf
23 Entlüftungsleitungen

Auf diesem Bild der erst wenige Tage im Einsatz stehenden 131 034 sind die drei runden Kühlerlüfter auf der Kühlerkammer gut zu erkennen. Die nagelneue Erfurter 131 stand im Juni 1973 im Schnellzugdienst zwischen Gerstungen und Erfurt und hat auf der Fahrt aus Richtung Förtha gerade die Bk Höpfen nahe Eisenach erreicht.

AUFNAHME: DIETER WÜNSCHMANN

til direkt wieder der Kühlwasserpumpe zugeleitet. Auf diese Weise wird erreicht, dass einerseits dem Ladeluftkühler Wasser mit möglichst tiefer Temperatur, dem Dieselmotor jedoch zusätzlich warmes Wasser zugeführt wird, um die Temperaturdifferenz am Dieselmotor in günstigen Betriebsbereichen zu halten. Parallel zur Rückschlagklappe liegen das Vorwärmgerät und die elektrisch angetriebene zusätzliche Kühlwasserumwälzpumpe. Letztere dient dem Wasserumlauf bei stehendem Dieselmotor und damit zur Vermeidung von thermischen Überbeanspruchungen.

Der im hinteren Einstiegsraum angeordnete Ausgleichsbehälter mit Schauglas ist mit dem Kühlkreislauf durch entsprechende Entlüftungs- und Ausgleichsleitungen verbunden. Über letztere können geringe Wasserverluste ausgeglichen werden. Zum Ergänzen bzw. Auffüllen des Kühlwassers sind auf beiden Lokomotivseiten Füllstutzen vorgesehen. Da die Kühlanlage einen geschlossenen Kreislauf bildet, herrscht ständig ein geringer Überdruck.

Als Sicherheitseinrichtung ist neben dem Wächter „Wassermangel“ auf dem Ausgleichsbehälter ein Sicherheitsventil angebracht, das bei einem bestimmten Über- oder Unterdruck öffnet. Am Kühlkreislauf ist über Rohrleitungen zum vorderen und hinteren Führerhaus die Führerhausheizung angeschlossen. Über den Nebenkreislauf wird auch der Kraftstoffwärmetauscher beheizt.

Kühlung der elektrischen Maschinen

Die Kühlung des Traktionsgenerators, des Traktionsgleichrichters, der vorderen und hinteren Fahrmotorgruppe sowie des Generators der ZEV und des Umrichters erfolgt durch Fremdbelüftung. Die Kühlluft wird für den Traktionsgleichrichter, für die vordere und hintere Fahrmotorgruppe sowie für den Generator und Umrichter der ZEV durch elektrisch angetriebene Lüfter gefördert. Zur Traktionsgeneratorkühlung dient ein Axiallüfter, der über Zahnräder direkt vom Dieselmotor angetrieben wird. Von

Beginnend ab 1996 wurden bei zahlreichen Lokomotiven die üblichen Kühlerlüfter gegen solche der Bauart Siemens ausgetauscht. Erkennbar sind diese Loks durch die drei zylindrischen „Türme“ auf dem Dach der Kühlerkammer. Erste Lok war 232 692, die (noch nicht vollständig lackiert) am 19. September 1996 am IR 2255 ihre Lastprobefahrt nach Berlin-Lichtenberg absolvierte.

AUFNAHME: JAP

den Lüftern wird die Kühlluft über fest verlegte Kanäle zu den elektrischen Maschinen geführt. Die Luftansaugung erfolgt durch Öffnungen in den Dachschrägen, die mit Jalousien versehen sind. Zum Zurückhalten grober Verunreinigungen sind Ansauggitter zwischengeschaltet.

Wie die Kühlerlüfter werden auch die beiden Fahrmotorlüftermotoren und der Lüfter für den Traktionsgleichrichter von der dreiphasigen Wechselspannung des Traktionsgenerators (BR 130 und BR 131) bzw. vom Generator der ZEV (BR 132) gespeist.

Der Lüfter für Generator und Umrichter der ZEV wird durch einen Gleichstrommotor angetrieben. Durch Feldschwächung wird für eine Drehzahlerhöhung des Antriebsmotors gesorgt und damit dem höheren Kühlluftbedarf für Generator und Umrichter bei eingeschalteter ZEV Rechnung getragen.

Vorwärmanlage
Zur Vorwärmung des Kühlwassers und zum Warmhalten der Maschinenanlage wurde ein Vorwärmgerät installiert, das mit Dieselkraftstoff betrieben wird. Vom Kühleraustritt wird das im Vorwärmgerät erwärmte Wasser von der nachgeschalteten Kühlwasserumwälzpumpe in den Kreislauf gefördert, wobei eine Rückschlagklappe die Bildung eines Blindkreislaufes unterbindet. Mit dem Einschalten des Gerätes mittels Schalter wird gleichzeitig die Kühlwasserumwälzpumpe angesteuert. Die anlaufende Kühlwasserumwälzpumpe sorgt für eine gleichmäßige Wärmeverteilung im gesamten Kühlkreislauf. Der Betrieb des Gerätes wird durch einen Wächter überwacht.

Führerhausheizung

Wie auf den Triebfahrzeugen der Baureihe 120 ist auch auf den Lokomotiven der Baureihen 130/131/132 in jedem Führerhaus ein Heiz-Ventilator-Aggregat installiert. Ein von einem Elektromotor angetriebener Lüfter drückt die angesaugte Luft durch einen Heizwärmetauscher, der vom warmen Kühlwasser durchflossen wird. Die so erwärmte Luft dient zur Beheizung des Führerhauses. Klappen gestatten das Umstellen der Luftansaugung von außen oder aus dem Maschinenraum. Im Sommer kann mit diesem Aggregat bei abgestellter Warmwasserzufuhr das Führerhaus belüftet werden.

Druckluftversorgungsanlage

Die zum Betrieb der Diesellokomotive benötigte Druckluft wird in einem durch einen Gleichstrom-Reihenschlussmotor angetriebenen Hubkolbenverdichter vom Typ 2 HV 2-100/145 erzeugt.

Bild unten: Das Schema der Druckluftanlage
1 Luftverdichter 2 HV 2-100/145
2 Sicherheitsventil 11,5 bar
3 Ölabscheider
4 Rückschlagventil
5 Sicherheitsventil 10,5 bar
6 Hauptluftbehälter
7 Absperrhahn
8 Tropfbecher
9 Reduzierventil
10 Filter
11 Selbstregler D2
12 Reduzierventil 4,0 bar
13 Zusatzbremsventil
14 Löseventil
15 Anzeigegerät Zeitbehälterdruck
16 Anzeigegerät Hauptluftleitungsdruck
17 Anzeigegerät Hauptluftbehälterdruck
18 Anzeigegerät Bremszylinderdruck
19 Steuerventil KE 1c
20 Hilfsluftbehälter (Steuerluft)
21 Elektrisches Löseventil
22 Doppelrückschlagventil
23 Drucküberseter Dü24 (3,7; 5,5; 8,0 bar)
24 Bremsluftbehälter
25 Bremszylinder
26 Umstellventil f. Bremsstellg. G, P, P_2, R
27 Bremsdruckregler
28 Auslassventil
29 Sicherheitsventil
30 Gleitschutzregler
31 Kupplungshahn
32 Sifa
33 Wächter Luftverdichter 8,5/10,0 bar
34 Wächter Hauptluftleitungsdruck 3,5 bar
35 Reduzierventil 5,5-6,0 bar
36 Anzeigegerät Druck im Sonderluftbehälter
37 Sonderluftbehälter
38 Anschluss für pneumatische Hilfsanlagen
39 Notbremsventil

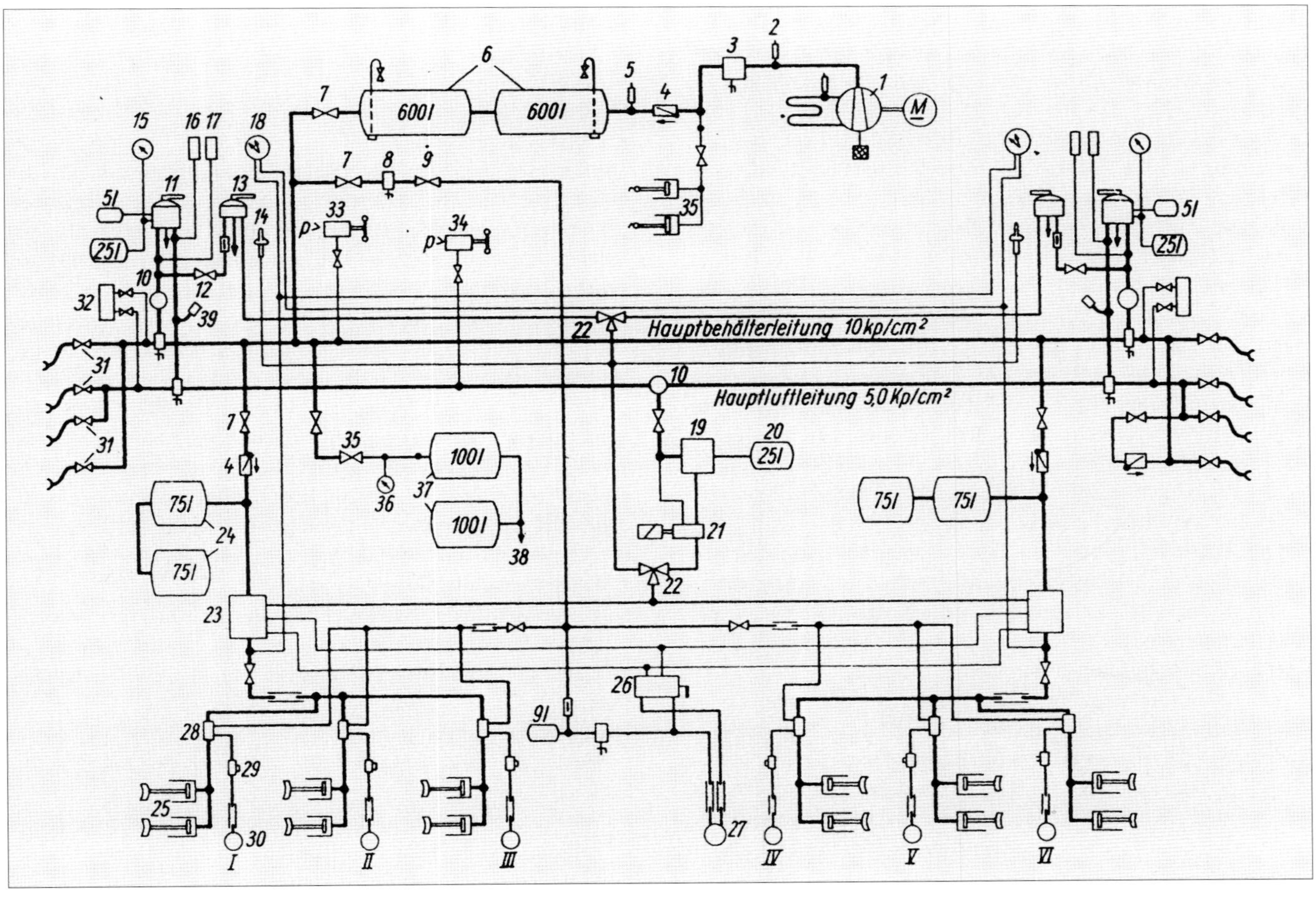

Blick in den Führerstand von 234 170: links oben das Zusatzbremsventil ZB 3 H; darunter das Führerbremsventil als Knorr-Selbstregler D2. Rechts daneben der Bremssteller für die elektrodynamische Bremse, der direkt mit einem auskuppelbaren Stirnradgetriebe mit dem Führerbremsventil gekuppelt ist, um beide Bremsen mit einem Bediengriff betätigen zu können. AUFNAHME: REINHARD LEHMANN

Die angesaugte Luft wird zweistufig in vier V-förmig angeordneten Zylindern verdichtet. Zwischen Nieder- und Hochdruckstufe ist ein Zwischenkühler angeordnet. Die vier Zylinder sind einzeln auf dem Kurbelgehäuse befestigt und werden vom Zylinderkopf abgeschlossen. Jeder Zylinderkopf hat zwei Saugventile und ein Druckventil.

Zylinder, Zylinderkopf und Zylinderkopfdeckel sind zur besseren Wärmeabfuhr mit Kühlrippen versehen. Die Kühlluft wird von einem von der Kurbelwelle mittels Keilriemen angetriebenen Ventilator durch den Zwischenkühler angesaugt und umspült dann die Zylinder.

Die zweifach gekröpfte mit Gegengewichten versehene Kurbelwelle ist mit zwei Zylinderrollenlagern im Kurbelgehäuse gelagert. Die Pleuel sind paarweise auf den Hubzapfen mit Bleibronzeverbundlagern gelagert. Die Aufnahme der Kolbenbolzen im Pleuelkopf erfolgt über Nadellager. Die Kolben bestehen aus einer Aluminiumlegierung. Die Kolben der Niederdruckstufe sind mit zwei Rechteckverdichtungsringen und zwei Ölabstreifringen, die der Hochdruckstufe mit drei Rechteckverdichtungsringen und zwei Ölabstreifringen bestückt.

Das Triebwerk wird durch Tauchschmierung mittels an den Pleuelstangendeckeln angeordneten Schöpfblechen geschmiert.

Das Kurbelgehäuse ist mit Öleinfüllstutzen, Ölpeilstab und Ablassschraube versehen. Die Entlüftung des Kurbelgehäuses erfolgt über die Saugkammer der Niederdruckstufe.

Der Luftverdichtermotor wird entweder von der Batterie oder bei laufendem Dieselmotor von der Lichtanlassmaschine gespeist. Das Zu- und Abschalten erfolgt durch einen Druckwächter in Abhängigkeit vom Luftdruck im Hauptluftbehälter. Gleichzeitig mit jedem Einschalten des Luftverdichters wird das Magnetventil für den Antrieb des Ölfilters am Lufteintritt des Dieselmotors eingeschaltet.

Druckluftbremse

Die pneumatische Bremsausrüstung der Lokomotiven der Baureihen 130/131/132 besteht aus einer nichtselbsttätigen und aus einer selbsttätigen Druckluftbremse System Knorr.

Zum Betätigen der selbsttätigen Druckluftbremse dient je Führerstand ein Selbstregler D2. Bei Einleitung einer Bremsstufe mit dem Selbstregler D2 wird durch Druckverminderung in der Hauptluftleitung das Steuerventil KE 1c in die Bremsstellung umgesteuert. Druckluft gelangt aus der Hauptluftbehälterleitung und den Bremsluftbehältern über die geschlossenen Auslassventile zu den Bremszylindern. Die Druckübersetzer haben dabei im Zusammenwirken mit dem Umstellventil die Aufgabe, den Luftdruck entsprechend den betrieblichen Erfordernissen in den Bremszylindern einzuregeln. Dies geschieht je nach Bremsstellung und Fahrgeschwindigkeit, die der vom Radsatz angetriebene Bremsdruckregler erfasst. Im Fahrbereich bis 70 km/h wird in den Bremsstellungen G, P, P_2 und R des Umstellventils grundsätzlich bei einer Vollbremsung ein Druck von 3,7 bar durch die Druckübersetzer eingestellt. Die Stellungen G und P unterscheiden sich dadurch, dass sich der Druck in Bremsstellung G langsamer aufbaut als in Stellung P. In der Bremsstellung P_2 regelt der Druckübersetzer oberhalb 70 km/h einen Bremszylinderdruck von 5,5 bar ein, während sich in der R-Bremsstellung ein Bremszylinderdruck von 8 bar ergibt.

Die in den Achslagergehäusen eingebauten Gleitschutzregler bewirken in Zusammenarbeit mit den Auslassventilen, dass beim Blockieren der Räder die jeweiligen Bremszylinder über die Auslassventile entlüftet werden. Dabei werden die Bremsklotzdrücke solange vermindert, bis das Rad wieder rollt. Der Lösevorgang der mehrlösigen Druckluftbremse beziehungsweise die Bremskraftverminderung kann mittels Selbstregler D2 vorgenommen werden. Die Bremszylinder werden über die Druckübersetzer teilentlüftet bzw. vollständig entlüftet. Der als Führerbremsventil verwendete Knorr-Selbstregler D2 besitzt fünf Stellungen:

- Füllstellung
- Fahrstellung
- Mittelstellung
- Bremsstellung
- Schnellbremsstellung

Der Lösevorgang der selbsttätigen Druckluftbremse kann auch durch das elektrische Löseventil von jedem Führerstand aus vorgenommen werden. Das Bremsen und Lösen mit der nichtselbsttätigen Druckluftbremse geschieht mit dem auf jedem Führerstand angeordneten Zusatzbremsventil ZB 3 H. Im Gefahrenfall kann die Bremsung der Lokomotive bzw. des Zuges auch durch Öffnen des auf jedem Führerstand befindlichen Notbremsventils vorgenommen werden.

Für die konstruktiv festgelegte Höchstgeschwindigkeit der Lokomotiven der Baureihe 131 mit 100 km/h war es nicht mehr notwendig, eine Bremsausrüstung mit Hochabbremsung, wie für die Baureihen 130 und 132, vorzusehen. Bei den Instandsetzungsarbeiten der Lokomotiven der Baureihe 131 wurde das Bremssystem vereinfacht und folgende Armaturen ausgebaut:

- Gleitschutzeinrichtung
- Umstellventil für Bremsstellung und Achslagerbremsdruckregler
- Geräteträger und Rohrleitungen zu den ausgebauten Armaturen.

Die weiteren Änderungen sind:

- Ersatz des Druckübersetzers Dü 24 f durch den Druckübersetzer Dü 22 a/1,05
- Parallelschaltung des nicht mehr benötigten Luftbehälters der Gleitschutzeinrichtung zum Hilfsluftbehälter des Steuerventils,
- Verschluss der freien Leitungsenden.

Mit dieser Bremsausrüstung kann weiterhin stufenweise gebremst werden. Bei Einleitung des Lösevorganges vom Selbstregler D2 aber ergibt sich ein vollständiges Auslösen der Lokomotivbremse. Ein stufenweises Lösen der Lokbremse kann jedoch mit dem elektrischen Löseventil vorgenommen werden.

Elektrodynamische Bremse

In den technischen Bedingungen von Beginn an gefordert, wurden ab Lokomotive 130 013 vorbereitende Arbeiten zum Einbau dieser Bremse getroffen. Ab Lokomotive 130 037 sind die Einrichtungen für eine fremderregte Gleichstrom-Widerstandsbremse Realität geworden.

Die elektrodynamische Bremse entspricht den Bedingungen des UIC-Merkblattes 544-2 VE (Ausgabe vom 1. Januar 1969). Die Bremsleistung ist bei Anwendung des Fahrmotors ED 118 auf 1.300 kW fixiert. Zur Verminderung der thermischen Belastung der Radreifen ist das Zusammenwirken von elektrodynamischer und pneumatischer Bremse aufeinander abgestimmt. Aufgabe der elektrischen Bremse ist es, bei Verzögerungsbremsungen die druckluftgesteuerte Klotzbremse zu entlasten. Bei Gefällebremsungen soll die Druckluftbremse so weit wie möglich ersetzt werden.

Die Ansteuerung der fünf Stufen der elektrischen Bremse erfolgt mit dem Bremssteller. Der Bremssteller ist direkt über ein auskuppelbares Stirnradgetriebe mit dem Führerbremsventil gekuppelt, so dass beide Bremsen mit einem Bedienungsgriff betätigt werden können. Die elektrische Bremsung kann aus jeder Fahrstellung eingeleitet werden, ohne dass das Handrad der Fahrsteuerwalze vorher auf Stufe Null zurückgestellt werden muss. Um die jeder Bremsstufe zugeordnete Bremskraft in einem möglichst großen Geschwindigkeitsbereich konstant zu halten, wird wie im Traktionsbetrieb die Erregung des Traktionsgenerators variiert. Die geregelte Spannung des Traktionsgenerators speist über den Gleichrichter die sechs in Reihe geschalteten Feldwicklungen der Fahrmotoren. Die so fremderregten Fahrmotoren arbeiten jeder auf einem Bremswiderstand und setzen in diesen die kinetische Energie der Bewegung in Wärme um. Die Wärme wird mit zwei auf dem Dach sitzenden Bremslüftern ins

Dieses Bild zeigt den Abdeckkasten für die beiden Bremslüfter der elektrodynamischen Bremse, wie sie bei den Lokomotiven 132 001 bis 132 539 ausgeführt wurden. Die Lüftergitter der Bauart Klatte in den Dachschrägen dienen der Ansaugung der hierfür erforderlichen Kühlluft. Blick auf 232 515 des Bh Erfurt am 13. April 1996 im Bh Gera.

AUFNAHME: REINHARD LEHMANN

Ab der Lokomotive 132 540 (und den sechs Maschinen der Baureihe 142) kamen Bremslüfter zur Anwendung, die keinen speziellen Abdeckkasten mehr besaßen. Die vorgenommenen Veränderung sollten u. a. das Eintreten von Wasser in den Elektromotor ausschließen. Das Bild zeigt die Lokomotive 232 656 des Bh Görlitz am 12. Juli 1996 in Dresden-Friedrichstadt.

AUFNAHME: REINHARD LEHMANN

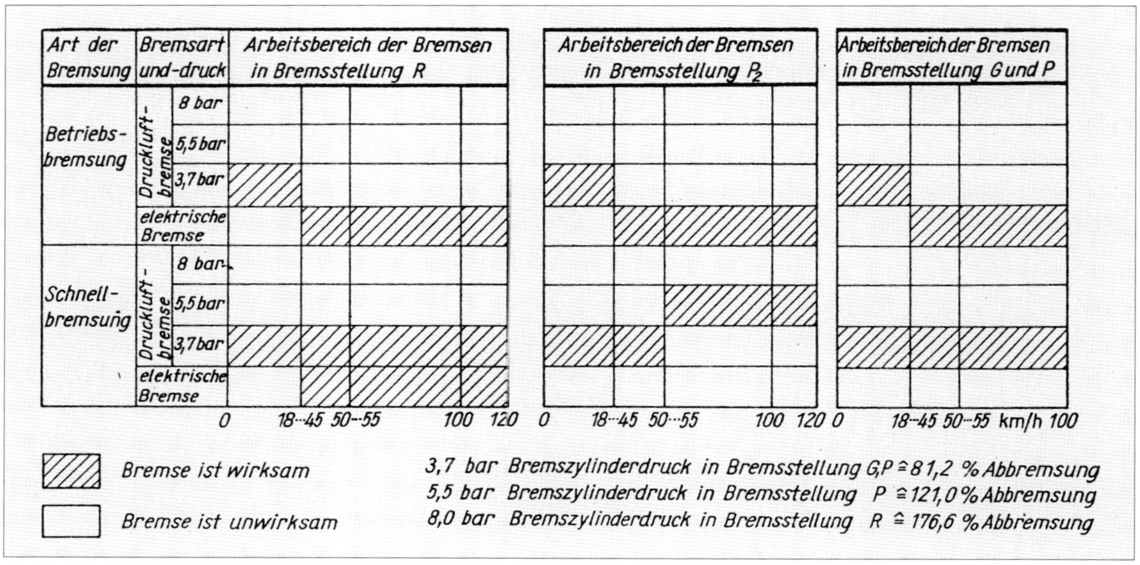

Übersicht über das Zusammenwirken der elektrischen Bremse mit der Druckluftbremse.

Freie geblasen. Strömungsschalter überwachen den Lauf der Lüfter, deren Spannung über einen Teil des Bremswiderstandes abgegriffen wird. Durch diese Schaltung laufen die Bremslüfter an, sobald die Bremsstromkreise geschlossen sind. Ihre Drehzahl ist proportional dem Bremsstrom. Ein dem Erregerstrom der Fahrmotoren und ein dem Bremsstrom proportionales Signal sorgen über eine Widerstands-Dioden-Kombination für drei Kennlinienabschnitte unterschiedlicher Neigung, wodurch eine annähernd gleichbleibende Leistung in den Bremsstufen erzielt wird.

Sandstreuanlage

Die ursprünglich in den beiden Einstiegsräumen angeordneten Sandbehälter wurden ab Lokomotive 130 055 durch vier Sandkästen an den Drehgestellenden ersetzt. Über Sandstreudüsen und Fallrohre am Boden der Sandkästen werden die jeweils voranlaufenden Radsätze beider Drehgestelle gesandet. Die Druckluft wird der Hauptluftbehälterleitung entnommen und gelangt über ein Druckminderventil, über Magnetventile und einen Luftverteiler zu den Sandstreugebläsen. Jedes Drehgestell besitzt seine eigene Druckluftversorgung. Die Ansteuerung der Sandstreuventile erfolgt durch Betätigen der Fußtaster. Die richtungsabhängige Auswahl erfolgt über Kontakte des Fahrtrichtungswenders.

Akustische Signalanlage

Die Diesellokomotive ist mit je zwei Typhone unterschiedlicher Frequenz ausgerüstet. Je ein Typhon ist unter dem jeweiligen Führerstand, und zwei sind etwa in Lokomotivmitte auf dem Dach angeordnet. Die Betätigung der Typhone erfolgt vom Führerstand über pneumatische Ventile.

Optische Signalanlage und Beleuchtung

Die Signallampen sind so angeordnet und geschaltet, dass alle Signalbilder entsprechend Signalbuch einschaltbar sind. Die Signal- und Instrumentenbeleuchtung beider Führerstände ist über Leitungsschutzschalter abgesichert. Das Spitzenlicht rechts und links sowie das dritte Spitzenlicht können mit gesonderten Schaltern ein- und ausgeschaltet sowie abgeblendet werden.

Die Instrumenten- und Buchfahrplan-Beleuchtung kann über Widerstände den Bedürfnissen angepasst werden. Weitere Beleuchtungsstromkreise dienen der Beleuchtung des Hochspannungsraums, des Maschinenraums, der Einstiegsräume und der Führerstände. Alle Beleuchtungsstromkreise führen auch bei ausgeschaltetem Batteriehauptschalter Spannung.

Zentrale Energieversorgung des Zuges

Die Lokomotiven der Baureihe 132 sind mit einer Anlage zur zentralen Energieversorgung (ZEV) des Zuges mit 1.000 V, 16 2/3 Hz ausgerüstet. Dadurch kann die durch den Zug führende Heizleitung als zentrale Speiseleitung auch für die Beleuchtung, Klimatisierung und andere Einrichtungen genutzt werden.
Technischen Daten zur zentralen Energieversorgung des Zuges

- Nennspannung 1.000 V
- Grenzen der Spannungsschwankungen 800 ... 1.000 V
- kurzzeitig zul. Spannungsschwankungen 700 ... 1.200 V
- Nennfrequenz 16 2/3 Hz
- Grenzen der Frequenzschwankungen 15 ... 17,5 Hz
- Leistung bei Nenndrehzahl des Dieselmotors
- Außentemperatur ta < 0 °C 600 kW
- Außentemperatur 15 °C > ta > 0 °C 480 kW
- Stundenleistung (zum Vorheizen des Zuges)
- Außentemperatur ta < 15 °C 600 kW
- Außentemperatur ta > 15 °C 200 kW
- Leistung bei 60 % der Nenndrehzahl des DM
- Außentemperatur ta < 0 °C 500 kW
- Außentemperatur 15 °C > ta > 0 °C 410 kW

Generator

Der Generator wird über die Traktionsgeneratorwelle und eine Gummikupplung vom Dieselmotor angetrieben. Die Drehzahl des Generators entspricht daher der Drehzahl des Dieselmotors. Der Generator ist eine Synchron-Drehstrommaschine mit ausgeprägten Polen, Fremderregung und Fremdbelüftung. Der Ständer des Generators ist geblecht. Dieser nimmt zwei gegeneinander um 30° el verschobene Dreiphasenwicklungen auf.

Die Pole sind mit Keilen in Schwalbenschwanznuten am Rotorkörper befestigt. Die Erregerspulen sind in Reihe geschaltet und durch eine Kompoundmasse auf dem Pol befestigt. Das Polrad des Generators trägt neben der Erregerwicklung eine Dämpferwicklung.

Die Läuferwelle ist in den in die Generatorschilde eingebauten Rollenlagern gelagert. Auf der Antriebsseite ist ein Zylinderrollenlager und auf der Gegenseite ein Pendelrollenlager eingebaut.

Umrichter

Der im Generator erzeugte Drehstrom variabler Frequenz wird in dem Trapez-Hüllkurven-Umrichter in Einphasenwechselstrom konstanter Frequenz umgerichtet und den Heizkupplungen an den Enden der Lokomotive zugeführt.

Der Leistungsteil des Umrichters und die elektronischen Bausteine zur Steuerung und Überwachung der Leistungsthyristoren sind in einem Schrank zusammengefasst. In diesem Schrank sind auch die Dioden und Thyristoren der beiden halbgesteuerten Brückenschaltungen zur Änderung des Erregerstroms des Traktionsgenerators und des Generators für die ZEV sowie die Rückstromdiode des Ladestromkreises eingebaut. Generator und Umrichter werden durch einen mit Gleichstrommotor angetriebenen Lüfter fremdbelüftet.

Die vom Generator erzeugte Drehspannung wird wechselweise auf zwei gegensinnig geschaltete Stromsammelgruppen gegeben. Jeweils nach Ablauf von 30 ms, das ist die Dauer einer Halbwelle für den Einphasenwechselstrom 16 2/3 Hz, wird die gerade stromführende Brücke gesperrt. So formiert eine Stromsammelgruppe die negativen und eine andere die positiven Halbwellen des Belastungsstroms.

Steuerung, Regelung und Überwachung der Anlage

Die Einschaltung der Zentralen Energieversorgung ist nur bei arbeitendem Dieselmotor und in Fahrschalterstellung 7 bis 15 durch Drücken der Taste „Heizung Ein“ möglich.

Mit Aufnahme der Heizstrombelastung kann der Fahrschalter zur Vorbereitung der späteren Anfahrt auf Fahrstufe Null zurückgeschaltet werden. Unabhängig von der angesteuerten Fahrschalterstellung 0 bis 6 arbeitet der Dieselmotor mit einer Drehzahl von 630 ± 20 U/min, die der Fahrstufe 7 entspricht.

Der gemeinsame Antrieb des Traktionsgenerators und des Generators für die ZEV durch den Dieselmotor verlangt eine Leistungsaufteilung. Die vom Generator für die ZEV aufgenommene Leistung geht als Traktionsleistung verloren. Um eine Drückung des Dieselmotors zu vermeiden, muss die Traktionsleistungsregelung eine Leistungsreserve bereithalten. Der induktive Geber bewirkt bei eingeschalteter ZEV, abhängig von der gewählten Fahrstufe, eine Leistungsreserve von 500-600 kW.

Wird bei Anfahrten oder in Steigungen die gesamte Dieselmotorleistung zur Zugkraftentwicklung benötigt, kann die ZEV durch Drücken des Tasters „Heizung Aus“ abgeschaltet werden.

Die Konstanthaltung der Spannung erfolgt durch Erregerstromregelung. Abhängig von der Drehzahl des Dieselmotors und der Belastung der Zugsammelschiene übernimmt ein Steuergerät die Nachführung des Erregerstroms. Die Regelung lässt im Strombereich zwischen 600 bis 625 A eine Spannungssenkung bis 800 V zu. Damit wird das Ziel verfolgt, auch einen Zug, der eine Leistung bis 750 kW bei 1.000 V aufnehmen würde, noch mit 64 % der Leistung heizen zu können.

Minimal- und Maximal-Spannungsrelais überwachen die Spannung. Der Strom wird durch ein Maximal-Stromrelais überwacht. Ein Heizstrommesser auf jedem Führerpult gestattet, den fließenden Zugsammelschienenstrom zu kontrollieren.

Die Gleichheit der positiven und negativen Spannungszeitfläche wird durch ein Symmetrieüberwachungsgerät kontrolliert. Bei Überschreitung des Grenzwertes erfolgt die Abschaltung der Anlage der zentralen Energieversorgung.

Die zentrale Energieversorgung (ZEV) war eine unverzichtbare Forderung der DR gegenüber dem Hersteller, um die Lokomotiven auch freizügig und vor allem auch im Reisezugdienst einsetzen zu können. Gegenüber der bislang in DR-Dieselloks nur verwendeten Dampfheizung bot die ZEV neben der Ersparnis von Betriebsstoffen vor allem den Vorteil, dass die durch den Zug führende Heizleitung auch für die Beleuchtung, die Klimatisierung und andere Einrichtungen genutzt werden konnte. Die 132 lösten deshalb auch Zug um Zug die Dieselloks der Baureihe 118 im Schnellzugdienst ab. 132 134 vom Bw Erfurt durcheilt am 2. Juni 1980 mit dem D 901 nach Dresden den Bahnhof Kraftsdorf. AUFNAHME: THOMAS FRISTER

Scheibenreinigungsanlage

Die Stirnscheiben der Führerstände sind zur Reinigung der Außenflächen mit Scheibenwischern ausgerüstet. Der Antrieb erfolgt pneumatisch. Anstellventile auf dem Führerpult erlauben, die Wischbewegung einzustellen.

Zur Reinigung der Stirnscheiben ist eine Scheibenwaschanlage vorgesehen. Bei Betätigen eines pneumatischen Ventils gelangt Druckluft in einen Wasserbehälter, der unterhalb der Stirnfenster angeordnet ist. Die Druckluft drückt das Wasser durch Spritzdüsen an die Stirnscheiben.

Feuermelde- und Löschanlage

Die Feuermeldeanlage signalisiert das Auftreten zu hoher Temperaturen (Brandquellen). Als Geber sind Thermistoren bzw. Schmelzlotmelder an feuergefährlichen Stellen angeordnet. Beim Ansprechen dieser Fühler wird ein Brandmelderelais spannungslos geschaltet und über Meldelampen und Summer ein Signal übermittelt.

Die Feuerlöschanlage der Lokomotive setzt sich aus den zwei Handfeuerlöschern jedes Führerstandes und ursprünglich (heute ausgebaut) aus einer fest installierten Löschanlage mit zwei flexiblen Löschmittelaustrittsstutzen zusammen. Für die stationäre Löschanlage war ein 200 l fassender Behälter im Maschinenraum vorgesehen. Als Löschmittel diente Wasser mit einem 4- bis 5%igen schaumbildenden Zusatz. Die Anlage arbeitete mit Druckluft aus der Hauptluftbehälterleitung. Um die Anlage in Löschbereitschaft zu versetzen, war einer der beiden Luftabsperrhähne im vorderen bzw. hinteren Einstiegraum zu öffnen, wodurch Druckluft zum Löschmittelbehälter gelangte. Das Löschmittel gelangte weiter über Rohrleitungen bis zu den Absperrhähnen an den mit flexiblen Schlauchleitungen verbundenen Handschaumrohren im vorderen bzw. hinteren Einstiegraum. Nach Öffnen des Absperrhahns wurde das austretende Löschmittel im Schaumrohr verschäumt, und der Schaumstrahl konnte auf die Brandquelle gerichtet werden.

Im Maschinenraum war ein weiteres Schaumrohr fest angeordnet, das gleichfalls über Rohrleitungen und zwei Absperrhähne in den Einstiegsräumen mit dem Löschmittelbehälter verbunden war. Beim Öffnen einer der Absperrhähne traf der entstehende Schaumstrahl auf das Dieselgenerator-Aggregat.

Spurkranzschmierung

Der Einbau der Spurkranzschmierung wurde durch Verlegen der Rohrleitungen bis zu einer geeigneten Stelle des späteren Einbaus ab Lokomotive 130 037 vorbereitet. Der nachträgliche Anbau von Sprühdüsen, Fettbehälter und Steuergerät erfolgte ohne größeren Aufwand. Die Spurkranzschmierung versorgt den jeweils in Fahrtrichtung voranlaufenden Radsatz mit Fett. Das Fett wird mittels Druckluft aus der Hauptluftbehälterleitung über einen Filter in die Sprühdüsen gedrückt. Während des Schmierimpulses öffnet Druckluft die Düsennadel und tritt zusätzlich in einen Ringspalt ein, wobei sie das austretende Fett zerstäubt. Der Schmierimpuls wird von einem kontaktlos arbeitenden Steuergerät geliefert. Ein Geber liefert eine der Fahrgeschwindigkeit proportionale Spannung, die im Steuergerät alle 200 m einen Stromimpuls von 5 s Dauer erzeugt, wenn eine bestimmte Mindestgeschwindigkeit überschritten ist.

Mit dieser Einrichtung wurden nur die Triebfahrzeuge komplettiert, die von ihrem Einsatzgebiet her eine Spurkranzschmierung erforderlich machten.

Kühlfach für Speisen

Die Triebfahrzeuge wurden nachträglich mit einer Kühltasche ausgerüstet. Die Kühltasche hat einen Bruttoinhalt von 15 Liter und wird an ein 6-Volt-Stromversorgungsgerät angeschlossen. Zwei Peltierbatterien, ein Aluminiumleitblock und zwei Rippenwärmeübertrager bilden das Kälteaggregat. Der Aluminiummantel des Inneneinsatzes nimmt die vom Kühlgut abgegebene Wärme auf. Ein kleiner Lüfter führt die Wärme ab. Die Kühltasche ist jeweils in den Führerständen vor den Schaltschränken aufgestellt.

Der bei den letzten Triebfahrzeugen dieser Serie vorgesehene zentrale Aufstellungsort der Kühltasche unterhalb des V-Winkels der Kühlerelemente wurde auch bei früher gelieferten Triebfahrzeugen realisiert.

Überwachung

Die wichtigsten Betriebszustände des Triebfahrzeuges werden durch Wächter und andere Grenzwertmelder überwacht. Dem Triebfahrzeugführer werden Störungen und unzulässige Betriebszustände durch Meldelampen optisch oder akustisch durch Klingeln gemeldet. Anzeigegeräte ermöglichen die Ablesung von Messwerten. Die einzelnen Überwachungseinrichtungen sind schaltungstechnisch in die Steuerung einbezogen. Beim Ansprechen greifen sie selbsttätig in die Triebfahrzeugsteuerung ein.

Überwachung des Dieselmotors

Die Überwachung des Dieselmotors übernehmen folgende Einrichtungen:

Startwächter

Wächter Motorschmieröldruck

Er verhindert das Anlassen des Dieselmotors, wenn der notwendige Druck im Schmierölkreislauf nicht erreicht wird. Ein Anlasszeitblock sorgt nach Aufbau des Schmieröldruckes dafür, dass die Schmierölvorpumpe alle Schmierstellen des Dieselmotors mit Öl versorgt, bevor der Anlassvorgang beginnt.

Betriebswächter mit abstellender Wirkung

Wächter Motorschmieröldruck

Unterschreitet der Öldruck am Nockenwelleneingang den erforderlichen Wert, so spricht dieser Wächter an. Über Steuerrelais wird der Abstellmagnet spannungslos geschaltet und der Dieselmotor stillgesetzt.

Differenzdruckmanometer

Steigt der Differenzdruck im Kurbelgehäuse des Dieselmotors über 60 mm Wassersäule, dann schließt der mit diesem Druck herausgedrückte Elektrolyt die Kontakte dieser Überwachungseinrichtung. Die Kraftstofförderpumpe wird ausgeschaltet und über den Abstellmagneten der Dieselmotor abgestellt. Ein Selbsthaltekreis erlaubt nur nach kurzzeitigem Aus- und Wiedereinschalten des Kippschalters Kraftstofförderpumpe die Wiederinbetriebnahme der Anlage. Die Meldelampen Kühlwasserstand und Differenzdruck auf beiden Führerständen signalisieren diesen Zustand.

Wächter Kühlwassermangel

Der Kühlwasserstand im Ausgleichsbehälter wird überwacht. Unterschreitet der Wasserstand den vorgeschriebenen Wert, so stellt

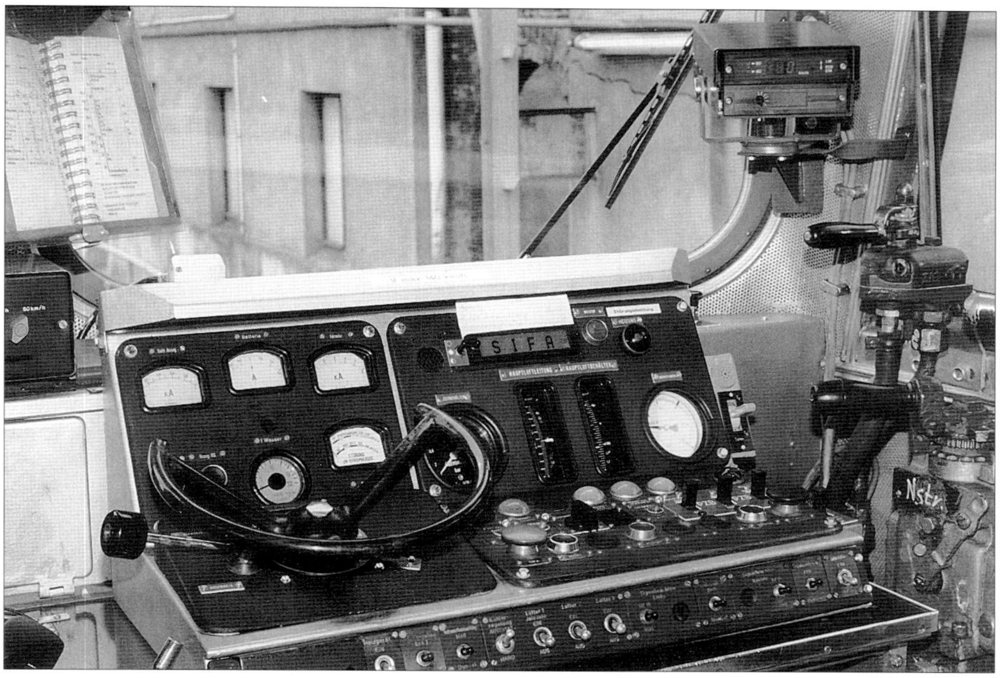

Das Führerpult von 234 170. Die wichtigsten Betriebszustände der Lokomotive werden durch Wächter und Grenzwertmelder überwacht, die dem Triebfahrzeugführer durch Meldelampen und Anzeigeinstrumente angezeigt werden. Vergleichen Sie das Führerpult dieser umgebauten Lokomotive mit dem von 230 002 auf Seite 91 dieses Buches!

AUFNAHME: REINHARD LEHMANN

dieser Wächter über Steuerrelais den Dieselmotor ab. Die o. g. Meldelampen signalisieren diesen Zustand.

Betriebswächter mit leerlaufeinstellender Wirkung

Wächter Motorschmieröldruck

Dieser Wächter überwacht zusätzlich in den Fahrstufen 12 bis 15 den Schmieröldruck am Dieselmotoreintritt. Unterschreitet in diesen Fahrstufen der Motorschmieröldruck den geforderten Wert, dann wird über Steuerrelais das Haupt- und Hilfserregerschütz spannungslos geschaltet. Mit etwa einer Sekunde Schaltverzug öffnen die Fahrmotor-Trennschütze. Sie unterbrechen weitgehend leistungslos die Leistungsübertragung, da die Generatorspannung bereits abgeklungen ist. Die Meldelampe „Lastabwurf“ signalisiert dem Triebfahrzeugführer bei Doppeltraktion die Leerlaufeinstellung des geführten Triebfahrzeuges. Eine Selbsthalteschaltung verhindert das ungewollte Anfahren und verlangt vorher, den Kippschalter Fahrsteuerung kurz aus- und einzuschalten.

Wächter Kühlwasser- und Motorschmieröltemperatur

Eine Wächterkombination überwacht die Kühlwassertemperatur am Austritt des Dieselmotors und die Öltemperatur am Eintritt in den Dieselmotor. Der Eingriff in die Steuerung und die Meldung vollzieht sich analog der Motorschmierölüberwachung.

Meldung unzulässiger Betriebszustände

Wächter Motorschmieröldruck

Dieser Wächter warnt den Triebfahrzeugführer über eine Meldelampe, wenn Öldruckmangel am eigenen Dieselmotor herrscht. Die Meldung bleibt nach Betätigen der Rücksetztaste nur bestehen, wenn bei Doppeltraktion Öldruckmangel am Dieselmotor des geführten Triebfahrzeuges herrscht.

Anzeige des jeweiligen Betriebszustandes

Widerstandsthermometer, die in den Kühlkreislauf tauchen, erfassen die Kühlwassertemperatur des Dieselmotors, die ständig auf dem besetzten Führerstand angezeigt wird. Mit einem Taster können bei Doppeltraktion die Anzeigegeräte umgeschaltet und die Kühlwassertemperatur des Dieselmotors des geführten Triebfahrzeuges abgelesen werden.

Überwachung der Hauptstromkreise

Die den Hauptstromkreis und die elektrische Anlage überwachenden Einrichtungen wirken leerlaufeinstellend oder leistungsmindernd.

Einrichtungen mit leerlaufeinstellender Wirkung

Schutzrelais für äußere Kurzschlüsse

Dem Schutz bei äußeren Kurzschlüssen und Überlastung dient ein auf einen Gleichstrom-Ansprechwert von 7.500 bis 8.500 A eingestelltes Schutzrelais. Das Ansprechen bewirkt den Abfall des Haupt- und Hilfserregerschützes und mit einer Abfallverzögerung von etwa einer Sekunde das weitgehend leistungslose Abschalten der Fahrmotor-Trennschütze. Die Meldelampen Lastabwurf signalisieren dem Triebfahrzeugführer die Leerlaufeinstellung des eigenen oder des geführten Triebfahrzeuges bei Doppeltraktion. Ein Selbsthaltekreis erzwingt durch kurzes Aus- und wieder Einschalten des Kippschalters Fahrsteuerung eine bewusste Schalthandlung.

Schutzrelais für innere Kurzschlüsse

Dem Schutz bei inneren Kurzschlüssen dient ein zwischen die Sternpunkte der Generatorwicklungen geschaltetes Schutzrelais. Im ungestörten Betrieb der Anlage liegt eine reine Wechselspannung mit dreifacher Frequenz am Relais, die es nicht zum Ansprechen bringt. Bei einem inneren Kurzschluss, d. h. z. B. Kurzschluss in einem Brückenzweig des Traktionsgleichrichters, ist der Wechselspannung eine Gleichspannung überlagert. Bereits bei einem Gleichspannungsanteil von etwa 42 V spricht das Relais an und wirkt wie beim äußeren Kurzschluss auf die Steuerung und Meldung ein.

Erdschlussrelais

Das Erdschlussrelais verhindert das Bestehenbleiben unzulässiger Berührungsspannung an nicht zum Hauptstromkreis gehörenden Teilen. Erreicht die gegen Fahrzeugmasse gemessene Spannung maximal 82 V und treibt einen Strom von ungefähr 10 A, so spricht das Schutzrelais an. Es wirkt auf die Steuerung und Meldung wie das Schutzrelais für äußeren Kurzschluss. Das Erdschlussrelais verriegelt sich mechanisch über eine Sperrklinke. Nach erzwungener Besichtigung ermöglicht ein Trenner, das Erd-

Blick in die Hochspannungskammer einer 234. Zum Schutz des Triebfahrzeugpersonals sind die Türen mit Kontakten versehen, die ein Öffnen nur im spannungslosen Zustand garantieren. Wird eine der Türen geöffnet, ohne zuvor die Anlage spannungslos zu schalten, so wird durch den Türkontakt die Leistungsübertragung unterbrochen.
AUFNAHME: REINHARD LEHMANN

schlussrelais abzuschalten und die Strecke zu räumen, wenn der Isolationsdurchschlag ohne ernstliche Folgen geblieben ist.

Türkontakte an den Schaltschränken
Zum Schutz des Triebfahrzeugpersonals vor Berührung der im Betrieb spannungsführenden Teile sind der Hochspannungsraum und der Gleichrichterschrank mit Türkontakten versehen. Wird eine der Türen geöffnet, ohne zuvor die Anlage spannungslos zu schalten, so werden durch den Türkontakt die Leistungsübertragung unterbrochen und die Meldung Lastabwurf, wie schon beschrieben, eingeleitet.

Einrichtungen mit leistungsmindernder Wirkung
Schleuderschutzrelais
Die drei Schleuderschutzrelais sind zwischen Fahrmotor 1 und 4, zwischen Fahrmotor 2 und 5 und zwischen Fahrmotor 3 und 6 geschaltet. Kommt es zum Schleudern eines Radsatzes, so spricht das Schleuderschutzrelais aufgrund der Potentialdifferenz zwischen den Anschlusspunkten der Fahrmotoren an. Unter Mitwirkung von Steuerrelais wird die Leistungsvorgabe zurückgenommen und über den induktiven Geber die Erregung des Traktionsgenerators gemindert. Das Schleudern der Radsätze wird dem Triebfahrzeugführer akustisch durch Summer gemeldet. Ab 130 037 konnte die Schleuderneigung durch eine geänderte Bildung des stromproportionalen Istwertsignals verringert werden. Bis zur Lokomotive 130 036 bildete der Gesamtstrom aller sechs Fahrmotoren das Istwertsignal. Mit der getrennten Erfassung der Ströme von Fahrmotor 1+6, 2+3 und 4+5 wurde der jeweils größte Wert bestimmt.

Anzeige des jeweiligen Betriebszustandes
Fahrmotorstrommesser
Auf beiden Führerstandspulten sind in Reihe geschaltete Fahrmotorstrommesser angeordnet. Über einen Shunt wird der Strom eines Fahrmotors erfasst und über das geeichte Anzeigegerät der sechsfache Wert angezeigt. Im Bremsbetrieb wird der Bremsstrom angezeigt.

Störungsanzeiger
Zum schnellen Auffinden eines ausgefallenen Steuergerätes oder einer ausgelösten Schutzeinrichtung dient der Störungsanzeiger. Auf jedem Führerstandpult ist ein Anzeigegerät angeordnet, das mit einem Kippschalter eingeschaltet werden kann. Dabei wird das Anzeigegerät in Reihe mit einer Widerstandsgruppe gelegt. Die überwachten Schaltgeräte überbrücken beim Einschalten einzelne Widerstände derart, dass der Ersatzwiderstand der ausgeschalteten Stellung eines beliebig zu kontrollierenden Schaltgerätes dem eindeutig entspricht. Durch eine Strommessung zeigt der Zeiger dabei die Kurzbezeichnung des ausgefallenen Schaltgerätes auf der Geräteskala an.

Überwachung der Fahrgeschwindigkeit und des Triebfahrzeugführers

Anzeigegerät Fahrgeschwindigkeit
Das Anzeigegerät auf dem Führerstand 1 ist als schreibendes Gerät (Tachograph) und das auf dem Führerstand 2 als anzeigendes Gerät (Tachometer) ausgeführt. Neben der Geschwindigkeit werden auf dem Führerstand 1 die Uhrzeit und die gefahrenen Kilometer angezeigt. Auf einem mitlaufenden Papierstreifen werden geschrieben:
- die Geschwindigkeit des Triebfahrzeuges,
- die Zeit mit Stundenaufdruck,
- die Betätigung der Sifa,
- der Hauptluftleitungsdruck.

Beide Geräte werden von einem an der Achse angeflanschten Geber gespeist und über einen Eisen-Wasserstoff-Widerstand mit Gleichspannung versorgt. Der Geber besteht im wesentlichen aus einem Rotor mit Stirn-Kollektor, elektrischen Widerständen und fünf Doppel-Kohlebürsten. Durch die unterschiedliche Lamellenbreite und die hier angeschlossenen Widerstände wandelt der Kollektor bei Drehung den zugeführten Gleichstrom in Drehstrom um. Die Periodenzahl dieses Drehstroms ist proportional der Drehzahl des Kollektors des Gebers und damit der Geschwindigkeit des Triebfahrzeuges. Die Drehbewegungen werden synchron auf die beiden Empfängermotoren der Geräte übertragen. Der Empfängermotor umfasst einen auf Kugeln gelagerten Rotor ohne Schleifringe und Wicklung, der sich in einem 3-Phasen-Statorfeld dreht.

Die Apparatur ist elektrisch derart abgestimmt, dass ein Außertrittfallen bei elektrischen oder mechanischen Störungen sofort durch den Abfall der Geschwindigkeitsanzeige um etwa 80 % eindeutig sichtbar wird und ein asynchrones Nachlaufen ausgeschlossen ist. Beide Anzeigegeräte werden durch im Innern angeordnete Soffitten beleuchtet.

Sicherheitsfahrschaltung
Die Sicherheitsfahrschaltung, im weiteren kurz Sifa genannt, dient zum Überwachen der Dienstfähigkeit des Triebfahrzeugführers. Eingebaut wurde eine zeitabhängige Sifa mit Wachsamkeitskontrolle sowjetischer Fertigung. Ihre Aufgabe besteht darin, den Zug anzuhalten, wenn der Triebfahrzeugführer dienstunfähig wird.

Für das Triebfahrzeugpersonal, das die Sifa mit den ersten Lokomotiven kennenlernte, war aus Gründen der Betriebssicherheit

Die Anordnung des Indusimagneten in der letzten Ausführung, hier an 132 128 am 18. Juni 1991 im Bw Magdeburg Hbf. Die zunächst von der DR in den siebziger Jahren ausgerüsteten Maschinen trugen den Magneten auf der linken Seite des Führerstandes (also in Fahrtrichtung rechts hinten), wofür der Hersteller entsprechende Halterungen anbrachte.
AUFNAHME: HARTMUT MICHLER

die Bedienung aller Sicherheitsfahrschaltungen anzugleichen. Der störende Pfeifton beim Quittieren der Wachsamkeit war zu vermeiden. Dies führte zu nachträglichen Änderungen, die ab den Lokomotiven 132 037 und 063 in immer umfangreicherem Maße dem beschriebenen Endzustand den Lokomotiven mit elektrischer Heizung entsprachen.

Bei Fahrgeschwindigkeiten über 10 km/h schaltet sich die Sifa zu. Jetzt muss die Spule im Sifa-Schaltkasten über einen der parallel geschalteten Schließer der Sifa-Hand-und-Fuß-Taster an Spannung gelegt werden. Mit dem Betätigen eines Sifa-Tasters wird aber der Strom zum Sifa-Zeitrelais unterbrochen. Nach 30 s Zeitverzögerung öffnet der Kontakt und schaltet die Spule im Sifa-Schaltkasten spannungslos.

Alle 30 s, wenn die Verzögerung des Zeitrelais abgelaufen ist, muss der Triebfahrzeugführer durch kurzzeitiges Loslassen eines Sifa-Tasters seine Wachsamkeit bekunden und das Zeitrelais erneut zum Anziehen bringen. Ein Kondensator, parallel zur Spule des Sifa-Schaltkastens, verhindert den Pfeifton für die kurze Zeit der Wachsamkeitsbekundung.

Erfolgt keine ordnungsgemäße Bedienung der Sifa, wird der Triebfahrzeugführer durch einen Pfeifton gewarnt und muss innerhalb von 6 bis 7 s reagieren. Erfolgt keine Reaktion entweicht über das Zwangsbremsventil die Luft der Hauptluftleitung ins Freie. Über Steuerrelais wird die Leistungsübertragung unterbrochen und die pneumatische und elektrodynamische Bremsung eingeleitet.

Das Fahren mit abgeschalteter Sifa ist möglich, wenn mit dem Schlüsselschalter am Sifa-Schaltkasten die Sifa abgeschaltet und zusätzlich ein verplombter Schalter geöffnet wird.

Induktive Zugbeeinflussung
Eine Einrichtung zur Aufnahme von Streckensignalen, die den Bedingungen der bei der Deutschen Reichsbahn bekannten induktiven Zugbeeinflussung (Indusi) entspricht, konnte vom Hersteller nicht realisiert werden. Gefordert wurde, die notwendigen Plätze und Halterungen, die Rohr- und elektrischen Leitungen sowie die Bedienungsschalter und Meldelampen auf dem Führerpult vorzusehen. Ein Teil der Triebfahrzeuge der Baureihe 132 wurde mit steigenden Sicherheitsanforderungen auf Zugbeeinflussungsanlagen verschiedener Ausführung umgerüstet. Die Lokomotiven sind heute mit Zugbeeinflussungsanlagen der Bauart „PZ 80“ ausgerüstet.

Steuerung

Die Steuerung gestattet von jedem Führerstand das Anlassen, die Leistungsregelung und das Abstellen des Dieselmotors sowie das Ein- und Ausschalten der Fahrmotortrennschütze, das Umschalten des Fahrtrichtungswenders und des Fahrbremswenders. Durch die Ausrüstung mit Vielfachsteuerung ist es möglich, zwei gekuppelte Triebfahrzeuge von einem Führerstand zu steuern, wobei die Dieselmotoren beider Triebfahrzeuge unabhängig voneinander angelassen und abgestellt werden können.

Alle Steuerbefehle werden elektrisch übertragen und elektromagnetisch bzw. bei großen Stellkräften elektropneumatisch ausgeführt.

Steuerung des Dieselmotors

Der Dieselmotor wird mit Hilfe der Lichtanlassmaschine angelassen, die als Reihenschlussmotor arbeitet und von der Batterie gespeist wird. Das Anlassdrehmoment wird über einen Abtriebsflansch am generatorseitigen Ende des Dieselmotors übertragen.

Anlassen

Zum Anlassen des Dieselmotors müssen folgende Bedingungen erfüllt sein:

- die Richtungswalze muss im unbesetzten Führerstand in Nullstellung liegen,
- die Richtungswalze muss im besetzten Führerstand in Stellung „V" oder „R" liegen,
- die Fahrwalze muss im besetzten Führerstand in Nullstellung liegen,
- die Kraftstofförderpumpe muss eingeschaltet sein.

Der Anlassvorgang beginnt mit dem Drücken des Anlasstasters. Die Schmierölvorpumpe sorgt für den Anstieg des Öldruckes im Schmierölkreislauf des Dieselmotors. Mit Erreichen eines notwendigen Öldrucks steuert ein Anlasszeitblock den weiteren Ablauf. Er begrenzt die Anlassdauer, sorgt für eine Pause zwischen zwei aufeinander folgenden Anlassvorgängen und unterbricht denselben, wenn der Dieselmotor Zündung aufgenommen hat. Unter Kontrolle des Öldrucks erreicht der Dieselmotor seine Leerlaufdrehzahl. Die Zylindergruppenabschaltung sorgt in Stellung „0" und „1" des Fahrschalters und ausgeschalteter Energieversorgung für den Zug, dass ein Teil der Zylinder des Dieselmotors abgeschaltet bleiben.

Drehzahlverstellung

Zur Erhöhung der Dieselmotordrehzahl muss die Richtungswalze des Fahrschalters in Stellung „Vorwärts" oder „Rückwärts" gebracht werden. Erst dann lässt sich die Fahrwalze in eine gewünschte Fahrstufe drehen. Vier Drehzahlstellmagnete des Verstellreglers am Dieselmotor erhalten je nach Schaltkombination Spannung und erlauben die Ansteuerung von 15 Fahrstufen mit je 45 min^{-1} Drehzahlunterschied.

Abstellen

Das Abstellen des Dieselmotors erfolgt durch Spannungslosschalten des Abstellmagneten oder durch Ausschalten der Kraftstofförderpumpe. In beiden Fällen wird die Kraftstoffzufuhr zum Dieselmotor unterbunden.

Fahrsteuerung

Die Fahrsteuerung umfasst die Steuervorgänge zur Einleitung des Fahrtrichtungswechsels und des Fahrens in Einfach- oder Doppeltraktion.

Fahrtrichtungswahl

Die Fahrtrichtung des Triebfahrzeuges und damit die Drehrichtung der Fahrmotoren werden durch die Stromrichtung in den Erregerwicklungen der Fahrmotoren bestimmt. Ein elektropneumatisch arbeitender Fahrtrichtungswender schaltet die Erregerwicklungen der sechs Fahrmotoren über je ein Kontaktpaar um.

Fahren

Durch Drehen des Fahrschalters in die erste und die darauffolgenden Fahrstufen wird der Hauptstromkreis geschlossen. In den Statorwicklungen des Traktionsgenerators wird eine der Erregung proportionale Wechselspannung induziert. Im Traktionsgleichrichter wird sie gleichgerichtet und treibt über die geschlossenen Kontakte der Fahrmotor-Trennschütze einen Strom durch die Fahrmotoren. Die Fahrmotoren wandeln die elektrische Energie in mechanische um und setzen das Triebfahrzeug in Bewegung. Je nach eingestellter Fahrstufe steigt die Traktionsleistung an und erreicht in Fahrstufe 15 die maximale Leistung des Triebfahrzeuges.

Vielfachsteuerung

Die Vielfachsteuerung ermöglicht die Steuerung und Überwachung zweier in Doppeltraktion fahrender Triebfahrzeuge. Dabei sind beide Triebfahrzeuge über Kuppeldosen und Vielfachleitungen elektrisch miteinander verbunden.

Die Steuerbefehle, die auf dem führenden Triebfahrzeug ausgelöst werden, bzw. die Meldungen des geführten Triebfahrzeuges werden über Vielfachleitungen auf das geführte bzw. führende Triebfahrzeug übertragen.

Ab Lokomotivlieferung 1975 wurde der Fahrtrichtungswender mit dem Fahrbremswender vereinheitlicht. Sie unterschieden sich nur noch durch die Parallelschaltung benachbarter Kontakte. AUFN.: SLG. DR.-ING. KURT KÖHLER

Reichenbacher 132 liefen im Vielfachbetrieb. Die Führung der Vielfachleitungen dokumentiert dieses Bild von 132 695 und 132 696 am 9. Juni 1990. AUFNAHME: RAINER HEINRICH

Äußere Unterschiede und die Farbgebung der Lokomotiven

(von Reinhard Lehmann)

Äußere Unterschiede

Baureihe 130

Auf den ersten Blick unterscheiden sich – abgesehen von den aktuell vorhandenen Farbvarianten – die 709 Maschinen der Baureihe 132 kaum, jedoch fallen beim aufmerksamen Betrachten einige Details auf, die sich im Laufe der rund zehnjährigen Lieferzeit bei einzelnen Serien bzw. bestimmten Lok-Nummern änderten. In besonderem Maße trifft dies auch für die Baureihe 130 als „Vorläuferin" der späteren Baureihe 132 zu, weshalb zuerst auf die insgesamt 82 in den Jahren 1970 bis 1972 gelieferten Lokomotiven 130 001-080 sowie 130 101 und 102 eingegangen werden soll.

Ab 130 013 war der Einbau einer elektrodynamischen Bremse vorbereitet, was außen durch die höhere Dachsektion hinter dem Einstiegsraum zum Führerstand 1 sichtbar war. Die Anzahl der Lüftergitter in den Dachschrägen erhöhte sich in diesem Zusammenhang von sechs auf sieben je Lokseite, wobei durch das höher angeordnete Paar unmittelbar hinter dem Führerstand 1 die Ansaugung der Kühlluft für die Lüfter der elektrischen Bremse erfolgte.

130 037 bis 080 sowie auch 130 101 und 102 waren ab Werk mit einer elektrodynamischen Bremse geliefert worden. Auch 130 019 und 020 verfügten über diese Einrichtung. Die nicht erprobte elektrodynamische Bremse führte zu den bereits beschriebenen Störungen und deshalb zeitweise zur Außerbetriebsetzung der E-Bremse. Lokomotiven mit elektrischer Bremse erkennt man an den zwei runden „Türmen" (wie später ab 132 540 und bei der Baureihe 142 ausgeführt) als Bremslüfter über dem Dachsegment der dazugehörigen Widerstände. Einige Loks der Baureihe 130, so z. B. 130 039, 049, 064, 067 und 070 sowie 101 und 102, besaßen bereits den später bei der Baureihe 132 bis zur Ordnungsnummer 539 aufgesetzten rechteckigen Schutzkasten um die beiden vorstehend genannten Bremslüfter.

Bis zur 130 015 befanden sich an den Führerhaus-Seitenwänden unter den Fenstern noch keine Sicken, wobei 130 014 eine Ausnahme darstellte, da diese jeweils drei Sicken bereits ab Werk aufwies. Von 130 016 an (sowie dann auch an sämtlichen Maschinen der Baureihen 131 und 132/142) waren diese in gleicher Anzahl ohne Ausnahme vorhanden.

Die Ausführung der Stirnseiten-Griffstangen variierte bis zur 130 036. Die DR-Schutzgütekommission verlangte die Änderung der Stirnseiten-Griffstangen, die Verbreiterung des Trittes und zusätzliche Aufstiegsmöglichkeiten. Ab 130 023 setzte der Hersteller diese unter den Frontfenstern etwas tiefer und führte sie nicht mehr abgerundet bis zu den Führerstands-Seitenfenstern herum. U. a. 130 002, 013, 018, 025 und 028 bis 036 besaßen zusätzlich je zwei kleine Haltegriffe pro Stirnseite, welche unten am Umlauf angebracht waren. Ab 130 037 änderte sich nicht nur erneut die Anordnung der Griffstangen an den Stirnseiten, sondern der Hersteller baute nun auch kleinere Führerstands-Seitenfenster ein.

Die fabrikneue 130 003 am 30. Juni 1970 auf Überführungsfahrt mit 130 005 in Dresden Hbf. Die Maschine gehörte zur Vorserie (130 001-011), welche im Vergleich zu den späteren 130 noch einige äußere Unterschiede aufwies. Durch die fehlende elektrodynamische Bremse verfügt die Lok auf jeder Seite nur über sechs Lüftergitter in den Dachschrägen, ebenso fehlen die Sicken unterhalb der seitlichen Führerstandsfenster. Die Frontgriffstangen verlaufen vor den Stirnfenstern abgerundet bis zu den Seitenfenstern. Auffällig sind auch die Rückspiegel an den Führerstandsseitenfenstern sowie die Drehgestelle der ersten Bauform ohne Sandkästen. AUFNAHME: RUDI LEHMANN/SLG. REINHARD LEHMANN

130 048 vom Bw Halle G durchfährt am 27. Juni 1974 mit einem Güterzug den Bahnhof Berlin-Schönefeld. Ab 130 037 besaßen die Maschinen kleinere Führerstandsseitenfenster und waren ab Werk mit einer elektrodynamischen Bremse ausgerüstet, erkennbar am höheren Dachsegment mit den beiden Bremslüftern hinter dem Führerstand 1. Auch die Frontgriffstangen wurden ab 130 037 modifiziert und waren nun unterhalb der Frontfenster u-förmig nach unten gezogen. Während die Lok an den Fronten Emailleschilder trägt, befinden sich an den Seitenwänden Gussschilder, die sowohl die Loknummer als auch den DR-Schriftzug tragen. AUFNAHME: DR/SLG. REINHARD LEHMANN

Ab 130 052 verkleinerte man bei den 130 schließlich auch die Frontfenster, ab 130 055 kamen zudem die größeren Drehgestelle mit den am Drehgestellrahmen angebrachten Sandkästen sowie schmalere Frontschürzen unter der Pufferbohle zur Anwendung. In diesem Zustand präsentiert sich 130 060 im April 1975 bei Berlin-Grünbergallee dem Fotografen. Im Jahr 1978 mutierte die Maschine durch einen Umbau zur 131 160. AUFNAHME: DIETER WÜNSCHMANN

130 006 war eine der erstgelieferten 130 für die DR. Im Juli 1970 wartet sie im Raw Dessau auf ihre Abnahme. Neben den großen Führerstandsfenstern und den beleuchteten Glas-Lokschildern in den Seitenwänden sind hier noch einmal deutlich die Drehgestelle ohne Sandkästen zu erkennen. Die Sandkästen befanden sich bis zur 130 054 noch in den Vorräumen der Führerstände.

AUFNAHME: AXEL MEHNERT

Bei 131 070 waren die Sandkästen – wie ab 130 055 und bei allen 131, 132 und 142 – außen an den Drehgestellen angebracht. Da die 131 keine elektrodynamische Bremse besaßen, war die entsprechende Dachsektion bei dieser Baureihe ab 131 027 vollständig geschlossen ausgeführt. Wie zahlreiche andere 131 trug auch 131 070 unterhalb der Pufferbohle anstelle der Frontschürze große Schneepflüge. Die Aufnahme entstand im Oktober 1984 in Weißenfels.

AUFNAHME: SLG. R. LEHMANN

Detailaufnahme des vorderen Drehgestells an 132 393. Die Sandkästen waren jeweils unterhalb der Enden des Drehgestellrahmens angebracht.

AUFNAHME: AXEL MEHNERT

Bei den Maschinen 130 001-036 bestanden die seitlichen Nummernschilder noch aus beleuchtbaren Glasfenstern. Die Fabrikschilder waren bis zur 131 017 und später wieder ab 132 540 oval ausgeführt. AUFNAHME VON 130 002: THOMAS FRISTER

Ebenso entfielen die beleuchteten Lokschilder (hinter Glas) in den Montage-Türen der Maschinenraumseitenwände. Stattdessen kamen die geriffelten Alu-Gussschilder, auf denen der Schriftzug „Deutsche Reichsbahn" sowie die Triebfahrzeugnummer vereinigt waren, bis zur 132 709 bzw. 142 006 zur Anwendung. Die in der Form gewölbten Emaille-Schilder mit den EDV-gerechten Loknummern, welche ab 130 001 an den jeweils beiden Stirnseiten angebracht waren, wurden – abgesehen von wenigen Ausnahmen – unverändert bis 132 709/142 006 beibehalten.

Beginnend mit 130 052 wurden die Loks auch mit kleineren Führerstands-Stirnfenstern sowie ab 130 055 mit kleinen Frontschürzen unterhalb der Puffer ausgeliefert, wodurch die Maschinen nun eleganter wirkten. Ab der letzten Lieferserie – beginnend mit 130 055 – waren die Sandkästen am Drehgestellrahmen angebaut und nicht mehr wie bisher in den Vorräumen der Führerstände angeordnet, was jedoch eine größere Länge des Drehgestellrahmens zur Folge hatte. Zudem wurden die Schwingungsdämpfer an den Drehgestellen konstruktiv verändert.

Die Lokomotiven 130 101 und 102

Bei diesen Maschinen wurde mit dem Einbau des zusätzlichen fünften Fensters in den Seitenwänden die Anzahl der Sicken im unteren Bereich der Seitenwände von drei bei den Baureihe 130 und 131 auf vier (wie später bei der 132) erhöht. Im oberen Teil der Seitenwände wurden die zwei Sicken – wie bei den Baureihen 130 und 131 – noch beibehalten.

Die Montagetüren (mittig in den Maschinenraumseitenwänden) waren bei 130 101 und 102 – im Gegensatz zu den 130 und 131 – ohne Wabengitter ausgeführt. Auch bei 132 001 bis 075 war diese Ausführung ursprünglich ab Werk so vorhanden. Der Abgasschalldämpfer wies bereits die gleichen äußeren Abmessungen auf, wie später der bei den Baureihen 132 und 142.

Baureihe 131

In zwei Serien wurden 131 001-017 und 131 018-076 in den Jahren 1972 und 1973 geliefert. Bis zur 131 017 besaßen sie noch die ovalen Fabrikschilder. Von 131 018 bis 132 539 erhielten die Loks rhombusförmige Fabrikschilder, welche blau, aber z. T. auch gelb unterlegt waren. Die Maschinen der Baureihe 131 glichen im Aussehen der letzten Lieferserie ab 130 055, jedoch wurde die elektrische Bremse bereits ab 131 001 nicht mehr eingebaut. Le-

131 001 war noch für den Einbau der elektrodynamischen Bremse vorbereitet, weshalb die entsprechende Dachsektion erhöht und mit Lüftergittern ausgeführt wurde. Die Bremslüfter waren hingegen schon nicht mehr vorhanden. Da die ersten 26 Maschinen der Baureihe 131 vom Hersteller noch als 130 081-100 und 130 103-108 geliefert wurden, erhielten diese bei ihrer Umzeichnung zur Baureihe 131 an allen vier Seiten normale Nietschilder mit der Loknummer sowie an den Seitenwänden zwei separate DR-Schilder. AUFN.: DIETER WÜNSCHMANN

232 614 besaß ursprünglich ein ovales Fabrikschild, welches wie bei zahlreichen anderen Maschinen in den neunziger Jahren jedoch durch einen rhombusförmigen Fabrik-Aufkleber ersetzt wurde. AUFNAHME: THOMAS FRISTER

diglich bis zur 131 026 waren die Lokomotiven noch in der Dachsektion mit Lüftergittern für die elektrodynamische Bremse ausgerüstet, die Bremslüfter selbst sowie die entsprechenden Bauteile und Aggregate waren schon nicht mehr installiert worden. Alle weiteren Maschinen besaßen an dieser Stelle dann eine völlig geschlossene Dachsektion, so dass nur noch fünf Lüftergitter mit waagerechten Lamellen in den Dachschrägen übrig blieben. Zwei Ausnahmen stellten 131 158 und 131 164 dar, die 1986 bzw. 1981 durch Umbauten aus 130 058 bzw. 130 064 entstanden und dadurch als einzige 131 eine elektrodynamische Bremse besaßen.

Ursprünglich als 130 081-100 und 103-108 vorgesehen und auch so geliefert, erhielten 131 001 bis 026 durch die DR je vier normale Nietschilder pro Lok sowie an den Seitenwänden je ein Eigentumsschild „Deutsche Reichsbahn“ aus Alu-Guss.

Ab 131 027 wurden die Maschinen wieder mit den üblichen Emaille- und Gussschildern ausgeliefert.

Baureihe 132

Wie bereits bei der Baureihe 131 erfolgten auch bei den 709 Maschinen der Baureihe 132 nur geringe äußere Veränderungen durch den Hersteller. Am auffälligsten ist der in den äußeren Abmessungen gegenüber den Baureihen 130 und 131 um ca. 25% größere Abgasschalldämpfer auf dem Dach. Da der Rahmen wegen des Einbaus des Heizgenerators in Reihe mit dem Traktionsgenerator um 200 mm verlängert wurde, betrug die Länge über Puffer nun 20.820 mm. Diese Verlängerung erfolgte einseitig in Richtung Führerstand 1, was an der außermittigen Anordnung des Tank- und Batteriekasten-Segmentes des Rahmens sichtbar ist.

Bis einschließlich 132 075 befanden sich ab Werk in den Montage-Türen der Maschinenraum-Seitenwände keine Wabengitter (analog 130 101 und 102). Vermutlich während Raw-Aufenthalten wurden diese Montage-Türen fallweise bei einigen Maschinen untereinander getauscht, so dass es in der Folge Loks bis zur Ordnungsnummer 132 075 mit (z. B. 132 019, 031, 038, 067) und im Gegensatz dazu Maschinen ab der Ordnungsnummer 132 076 ohne Wabengitter (z. B. 132 202, 471, 578, 663 und 682) in den Montagetüren gibt.

Beginnend mit 132 076 erfolgte die Verlegung der Klappe für die Kabeldurchführung zur Ladespannungssteckdose (an der Hochspannungskammer im Maschinenraum) über die unterste Sicke der Maschinenraum-Seitenwand. Die Loks der 6. Lieferse-

232 513 erhielt bereits in den achtziger Jahren anstelle der Jalousien des Ölbadluftfilters und der Wabengitter in den Montagetüren Mehrfachdüsen-Lüftergitter (MD-Gitter) in den Maschinenraumseitenwänden. Am 11. September 1995 steht die Lok mit einer weiteren 232 im Werk Cottbus zur Hauptuntersuchung an. Interessant sind an der Maschine auch die mit Blechen abgedeckten Lüfter der Dachsektion hinter dem Dachsegment der elektrodynamischen Bremse. AUFNAHME: REINHARD LEHMANN

Die Sangerhauser 132 542 steht am 18. April 1985 vor dem Rundlokschuppen ihres Heimat-Bw. Ab 132 540 wurden die Lokomotiven vom Hersteller mit modifizierter Dachausrüstung geliefert. Die Dachsektion der elektrodynamischen Bremse erhielt neue Lüfter und über den beiden Bremslüftern anstelle des früheren Schutzkastens zwei separate Schutzabdeckungen. Zur besseren Abdichtung des Daches wurden zwischen den Dachsegmenten Spannbänder angebracht, die später nachträglich auch zahlreiche Maschinen bis 132 539 erhielten. AUFNAHME: HARTMUT MICHLER

In tadellosem äußeren Zustand wartet 132 002 am 20. Mai 1989 im Bw Erfurt auf ihren nächsten Einsatz. Als Maschine aus der ersten Lieferserie fehlt bei ihr das Wabengitter in der Montagetür in der Mitte der Maschinenraumseitenwand. Eigenartigerweise besitzt diese Lok – wie es auch bei 132 004 der Fall war – nur zwei Sicken auf Höhe der Maschinenraumfenster. Alle anderen 132 besaßen an dieser Stelle drei Sicken. AUFNAHME: HARTMUT MICHLER rie (ab 132 540) sowie ebenfalls 142 001-006 erhielten eine geänderte Dachsektion für die elektrodynamische Bremse mit zwei runden Lüfteraufsätzen, Spannbändern zur besseren Abdichtung der einzelnen Dachhauben, sowie nun wieder ovale Fabrikschilder, welche aber kleiner waren als diejenigen, die man bis zur 131 017 verwendete.

Ab 132 578, also nicht deckungsgleich mit dem Wechsel zwischen 6. und 7. Lieferserie, wurde die Ausführung der Handgriffstangen an den Stirnseiten letztmalig durch den Hersteller geändert. Diese waren nun – ähnlich wie bereits bei den ersten Loks der BR 130 (bis zur 022) – wieder höher angeordnet und nicht mehr durchgehend nach unten gezogen. Sie glichen damit der ab den achtziger Jahren im Raw an den meisten Maschinen bis zur 132 577 – sowie teilweise auch bei den Baureihen 130 und 131 – zum Anbau gekommenen DR-Variante, die aus einer quer vor den Frontfenstern und zwei senkrecht an den Ecken befestigten Griffstangen bestand.

Weiterhin befindet sich bei der Baureihe 132 im Vergleich zu den Baureihen 130 und 131 im oberen Teil der Maschinenraum-Seitenwände in Höhe der Fenster je eine Sicke mehr, was eigenartigerweise bei 132 002 und 004 nicht der Fall ist. Beide Loks besitzen in diesem Bereich – wie die Baureihen 130 und 131 (einschließlich 130 101 und 102) nur zwei Sicken und weichen in diesem Punkt von den insgesamt 715 Maschinen der Baureihen 132 und 142 ab.

Bereits in den frühen achtziger Jahren wurde u. a. bei 132 259, 278, 356, 501 und 513 damit begonnen, Mehrfachdüsen-Lüftungsgitter (MD-Gitter) in den Maschinenraumseitenwänden als Ersatz für die waagerechten Lamellen der Jalousien des Ölbadluftfilters sowie auch in den Montagetüren (statt der Wabengitterlüftungsöffnungen) einzubauen. Teilweise wurden dabei auch die horizontalen Lüftergitter in den Dachschrägen gegen MD-Gitter ausgetauscht. Zu einem Serienumbau ist es aber nicht gekommen.

Baureihe 142

Im äußeren Erscheinungsbild entsprechen 142 001-006 bezüglich der Griffstangen an den Stirnseiten den Loks 132 001-577 und betreffs der Dachsektion für die elektrodynamische Bremse mit den zwei runden Bremslüftertürmen der Ausführung ab 132 540 (einzig 142 003 besaß zeitweise einen Schutzkasten über den Bremslüftern analog den 132 001-539). Auch die Spannbänder zur Abdichtung der Dachhauben waren ab Werk vorhanden. Auf den ersten Blick war die Baureihe 142 nicht von der Baureihe 132 zu unterscheiden.

Weitere äußere Veränderungen

Die ursprünglich bei allen Maschinen der Baureihen 130, 131 und 132 (bis 132 539) sowie 142 werksseitig über den Führerstandsseitenfenstern angeordneten Seitenspiegel wurden im Laufe der Zeit entfernt. Teilweise wurden diese Spiegel bereits bei der Indienststellung im Raw abgebaut. Heute sind größtenteils nicht mal mehr die dazugehörigen Halterungen vorhanden.

Bei der DR erhielten einige Maschinen aus vorwiegend südlichen Bahnbetriebswerken Schneepflugbleche an den Stirnseiten. Bekannt sind folgende Lokomotiven:

130 012, 017, 033

131 001, 006, 009, 012, 016, 028, 037, 041, 050, 051, 059, 063, 065, 068, 069, 070, 071, 072, 073

132 020, 026, 044, 050, 053, 055, 060, 072, 079, 091, 094, 099, 102, 103, 105, 108, 118, 121, 132, 143, 158, 167, 175, 182, 190, 206, 252, 277, 281, 308, 315, 434, 435, 504, 567, 575, 601, 620, 629, 663

Wie bereits bei 130 101 und 102 waren mit Ablieferung der Baureihen 131 und 132 die Drehgestelle für den Anbau der Indusi-

Einige 130, 131 und 132 aus überwiegend südlichen Bahnbetriebswerken erhielten an den Stirnwänden unterhalb der Pufferbohle Schneepflugbleche. Eine dieser Maschinen war 132 094 vom Bw Reichenbach, die hier im Sommer 1977 mit einer Garnitur Reko-Donnerbüchsen bei Bad Brambach unterwegs ist. AUFNAHME: DIETER WÜNSCHMANN

Obwohl die Lokomotiven der Baureihen 131 keine Indusieinrichtungen erhielten, waren sie für deren Einbau vorbereitet. Für die Indusi-Magnete befanden sich an den Drehgestellen jeweils in Fahrtrichtung rechts entsprechende Halterungen. Auch 131 002, aufgenommen im Jahr 1974 im Bw Halle G, besaß diese Vorrichtungen. AUFNAHME: DIETER WÜNSCHMANN

Die für den grenzüberschreitenden Verkehr ins DB-Netz bestimmten 132 waren anfangs mit I-60-Indusimagneten ausgestattet, die sich vorne an den Drehgestellen in Fahrtrichtung links, also praktisch hinten am Fahrzeug, befanden. Als 132 286 am 21. August 1976 bei Böhla den „Panonia-Express" befördert, ist der links angebrachte Magnet besonders gut auszumachen. Mit Einführung der neuen PZ 80-Indusi „wanderten" die Magnete jedoch ab den achtziger Jahren auf die in Fahrtrichtung rechte Seite. AUFNAHME: HERBERT SCHNEIDER

Magnete jeweils in Fahrtrichtung rechts vorgeschuht. Der Einbau der Siemens-I-60-Fahrzeugmagnete bei den im grenzüberschreitenden Verkehr zur DB eingesetzten Maschinen erfolgte aber links am Drehgestell-Rahmen, also in Fahrtrichtung gesehen hinter der 6. Achse. Vermutlich ab der 5. Lieferserie (ab 132 487) wurde diese Halterung für die Indusi-Magnete jeweils links, also wie vorstehend beschrieben, werksseitig angebracht.

Auch Maschinen der Baureihe 131 besaßen – jeweils in Fahrtrichtung rechts – an den Drehgestellen die Träger für die Indusi-Magnete. Diese Träger sind auch bei 130 066 und 070, also Loks der letzten Lieferserie dieser Baureihe, vorhanden. Erhalten haben die Maschinen der Baureihen 130 und 131 aber keine Indusi-Einrichtungen. In der zweiten Hälfte der achtziger Jahre begann die DR, die neuentwickelten PZ-80-Indusi-Anlagen auch in die Triebfahrzeuge der Baureihe 132 einzubauen. Die entsprechenden Fahrzeugmagnete erhielten nun jeweils rechts ihren Platz am Drehgestell-Rahmen. Vereinzelt sind die bei den 132 (z. B. 132 388 und 414) eingebauten I-60-Anlagen bis Ende 1991/Anfang 1992 in Betrieb gewesen.

Im Jahr 1992 begann die DR verstärkt, die PZ-80-Indusi-Anlagen in die Triebfahrzeuge der nunmehrigen Baureihe 232 sowie dann auch in umgebauten Lokomotiven der Baureihe 234 einzubauen. Auch die Maschinen der Baureihe 241 erhielten die Fahrzeugmagnete der PZ-80-Indusi.

Der Einbau von MESA-Zugbahnfunkanlagen in die Baureihe 132 begann ebenfalls bereits zu DR-Zeiten in der zweiten Hälfte der achtziger Jahre, was an der entsprechenden Funkantenne auf dem Dach über dem Führerstand 2 sichtbar wurde.

An einigen 232 und 234 wurden ab 1994 die Fabrikaufkleber wegen der Anbringung der DB-Embleme von ihrem ursprünglichen Platz über dem seitlichen Nummernschild an die rechte seitliche Schräge der Pufferbohle umplatziert. Aufnahme: Reinhard Lehmann

Veränderungen in den Jahren ab 1990

Die Baureihen 232 und 234

Einige Maschinen beider Baureihen erhielten in den beiden Maschinenraumseitenwänden übereinander angeordnete Mehrfach-Düsen-Lüftungsgitter (MD-Gitter) für die Ansaugung der Verbrennungsluft des Dieselmotors. Dadurch sollte auch der Geräuschpegel gesenkt werden. Obwohl mit diesem Einbau die Jalousie des Ölbadluftfilters nicht mehr erforderlich war, beließ man sie in beiden Seitenwänden. Diese Loks besitzen nur noch je vier Maschinenraum-Fenster pro Lokseite.

In diesem Zusammenhang ist noch zu erwähnen, dass 232 663 durch die Regental-Fahrzeugwerkstätten-GmbH in Reichenbach (Vogtl.) veränderte Öffnungen in der Kühlerkammer in Form horizontaler Schlitze statt der Wabenfelder in den Blechen mit dem Ziel der besseren Schalldämpfung nach außen erhielt. Auch an 234 578 wurde diese Schallisolierung durchgeführt, jedoch erhielt sie keine MD-Gitter in den Seitenwänden.

Als Ersatz für die in den Dachschrägen „bündig" vorhandenen Lüftergitter mit horizontalen Lamellen erhielten die Loks der Baureihen 232, 234, 241 und die Wismut-V 300 MD-Gitter mit vertikalen Lamellen (Bauart „Klatte"). Mitunter wurden bei den Baureihen 232 und 234 auch nur einzelne Felder der alten Lüftergitter ausgetauscht.

In den neunziger Jahren wurden an den 232/234 zahlreiche konstruktive Verbesserungen vorgenommen. Unter anderem wurden die mit Halteclips verstärkten Gummieinfassungen der Frontscheiben bei fast allen Maschinen durch stabilere Metalleinfassungen ersetzt. Über der Kühlerkammer kommen seit 1996 neue, schallisolierende Siemens-Kühlerlüfter zum Einbau.

Im Zusammenhang mit dem Einsatz der Maschinen der Baureihen 232 und 234 im IC/EC-Verkehr erhielten zahlreiche Loks eine Einrichtung zur Blindleistungskompensation. Diese oft als „Dachgarten" sichtbaren Anlagen erhielten ihren Platz auf dem Dach gleich hinter der Sektion für die Bremslüfter der elektrischen Bremse. Gleichzeitig erfolgte auch der Anbau von UIC-Dosen an den Stirnseiten, meistens links neben dem mittleren Spitzenlichtsignal. Teilweise wurde dafür aber auch eine Konsole der beiden Dosen der alten Vielfachsteuerung genutzt.

Ab 1999 wurden bei Triebfahrzeugen der Baureihe 234 in der ersten Hälfte des Jahres zwei UIC-Dosen links vom Mittelschein-

Zur besseren Ansaugung von Verbrennungsluft für den Dieselmotor erhielten etliche 232 und 234 in den Seitenwänden je zwei übereinander angeordnete Mehrfachdüsen-Lüftergitter, wodurch jedoch ein Maschinenraumfenster entfiel.

Auch die waagerechten Lüfter in den Dachsegmenten wurden bei zahlreichen 232 und 234 durch Mehrfachdüsen-Lüftergitter ersetzt, oftmals jedoch nur teilweise, so wie hier bei 234 299. Aufnahmen (2): Reinhard Lehmann

232 558 ist eine der Maschinen, die zur besseren Ansaugung von Verbrennungsluft zwei Mehrfachdüsenlüftergitter in jeder Seitenwand erhielten. Auf dem Dach verfügt sie über der Kühlerkammer über Siemens-Kühlerlüfter, die das markante Pfeifgeräusch der 232 erheblich eindämmen. Vor der Dachsektion der elektrodynamischen Bremse ist das Gerüst der Blindleistungskompensationsanlage zu erkennen. Wie bei den meisten 232/234 sind auch an dieser Maschine die alten Gummieinfassungen der Frontscheiben durch solche aus Metall ersetzt worden. Im Werk Saalfeld wartet sie am 28. August 1999 auf ihren nächsten Einsatz.

Aufnahme: Christian Wolf

234 555 wurde bei ihrem Umbau zur 234 mit einem MaK-Dieselmotor ausgerüstet, wie es auch bei 234 630 der Fall war. Dadurch mussten jedoch die Luftansaugung und die Dachsegmente modifiziert werden. So besitzt die Maschine in der Seitenwand zwei nebeneinander angeordnete Mehrfachdüsen-Lüftergitter, das mittlere Dachsegment wurde erhöht und der Abgasschalldämpfer entsprechend angepasst. Infolge einer Motorexplosion wurde die Lok Anfang 1999 als erste 234 ausgemustert und anschließend verschrottet. Am 18. März 1999 steht sie bereits ausgemustert in ihrem Heimat-Werk Reichenbach/Vogtl.

Aufnahme: Reinhard Lehmann

Durch den Einbau eines neuen Kolomna-Motors besitzt 232 349 nur einen einseitigen Luftansaugschacht, was den Einbau von vier Mehrfachdüsen-Lüftergittern in der rechten Seitenwand erforderte. An der linken Seitenwand befinden sich dagegen sechs Maschinenraumfenster, da die Jalousie des Ölbadluftfilters entfernt wurde.

Aufnahme: Sachs/Slg. Lehmann

Neben 234 578 wurde auch 232 663 in den Regentalbahn-Fahrzeugwerkstätten mit schallisolierenden Kühlluftöffnungen ausgestattet. Zusätzlich erhielt sie auch die veränderte Luftansaugung durch Mehrfachdüsen-Lüftergitter, wodurch sie sich von 234 578 nochmals unterscheidet. Am 9. August 1997 gibt es für die Maschine keine Aufgaben, so dass sie in ihrem Heimat-Betriebshof Meiningen abgestellt ist.

AUFNAHME: CHRISTIAN WOLF

234 548 und 234 565 sind mit Caterpillar-Motoren ausgerüstet, die den Einbau von sechs Mehrfachdüsen-Lüftergittern in der rechten Seitenwand notwendig machten. Das Aussehen der beiden Loks änderte sich dadurch erheblich. 234 548 steht am 5. Oktober 1999 im Werk Görlitz abgestellt.

AUFNAHME: REINHARD LEHMANN

Diese Aufnahme zeigt nochmals 234 548, diesmal jedoch von der anderen Seite. Hier wurden kaum Veränderungen vorgenommen, lediglich die Jalousie des Ölbadluftfilters wurde durch ein sechstes Maschinenraumfenster ersetzt. Die Aufnahme entstand am 4. Juni 1999 in Dresden Hbf.

AUFNAHME: REINHARD LEHMANN

Die Blindleistungskompensationsanlagen für den Einsatz vor IC-/IR-Zügen wurden an den 232 und 234 auf dem Dach hinter den Bremslüftern der elektrodynamischen Bremse installiert. AUFNAHME IM RAW COTTBUS: THOMAS FRISTER

werfer angebaut. Seit Mitte des Jahres 1999 erfolgt der Anbau jeweils links und rechts davon.

Mit der 1997 erfolgten Aufteilung des Triebfahrzeugbestandes der DB auf die Geschäftsbereiche kamen die Lokomotiven der Baureihe 234 zum Geschäftsbereich Nahverkehr (seit 1999 DB Regio) und die Baureihe 232 zu DB Cargo. Letztere Maschinen wurden im Jahr 1998 bei Hauptuntersuchungen nicht mehr mit Anlagen für die Blindleistungskompensation ausgerüstet, so dass die betreffenden 232 nicht mehr zur Beförderung von IR- und IC-Zügen geeignet sind. Seit 1999 werden die 232 jedoch erneut mit diesen Anlagen ausgerüstet.

Äußere Unterschiede gab es auch bei den remotorisierten Lokomotiven der Baureihe 234. Der Einbau der 12-Zylinder-Dieselmotoren vom Typ 12 D 49 aus Kolomna in 234 440 und 657 hatte äußerlich keine Änderungen an den Lokomotiven zur Folge. Bei 234 555 und 630 wurden bei der Motorenumrüstung im oberen Teil der Maschinenraumseitenwände neben der Kühlerkammer in Höhe der Fenster nebeneinander je zwei zusätzliche MD-Lüftungsgitter angeordnet.

Bei 234 548 und 565 wurde es notwendig, in die rechte Seitenwand (vom Führerstand 1 in Fahrtrichtung gesehen) insgesamt sechs MD-Gitter einzubauen. Dagegen erhielt die linke Seitenwand an der Stelle der Ansaug-Jalousie des Ölbadluftfilters ein weiteres – nun sechstes – Maschinenraumfenster.

1996 wurden im Werk Cottbus nochmals fünf Maschinen zur Baureihe 234 umgebaut. 234 222 und 339 (mit ZWS/ZDS) wurden mit dem 12-Zylinder-Dieselmotor vom Typ 12 D 49, 234 545, 546 und 549 (mit ep-Bremse) mit dem 16-Zylinder-Motor vom Typ 5 D 49 von Kolomna ausgerüstet. Äußerlich ergaben sich dadurch – wie bei 234 440 und 657 – keine Änderungen am Lokkasten.

Im Zusammenhang mit der Remotorisierung ist noch zu erwähnen, dass im Jahr 1997 im Werk Cottbus an 232 349 und 413 der Einbau von 12 Zylinder-Dieselmotoren des Typs 12 D 49 mit einer eingestellten Leistung von 2.200 kW erfolgte, bei denen der Turbolader nur einen einseitigen Ansaugschacht besitzt. Dadurch war es erforderlich, in der rechten Seitenwand vier MD-Gitter einzusetzen, welche unmittelbar neben dem Wabengitter der Kühlerkammer angeordnet wurden. Die linke Seitenwand erhielt ein zusätzliches sechstes Maschinenraumfenster an Stelle der bisherigen Jalousie des Ölbadluftfilters.

Die im Jahr 1999 umgebauten und remotorisierten fünf Lokomotiven der Baureihe 241 besitzen aufgrund des eingebauten Dieselmotors 5 D 49 sowohl in der linken als auch in der rechten Maschinenraumseitenwand unmittelbar neben den Waben-Feldern der Kühlerkammer je zwei übereinander angeordnete MD-Gitter. Die Anzahl und Anordnung der Fenster in den Seitenwänden änderte sich aber nicht. Seit Anfang 2000 kommt diese Kühlluftansaugung auch bei Lokomotiven der Baureihe 234, die bereits eine Ansaugung mittels MD-Gittern besitzen, zur Anwendung, wodurch die MD-Gitter entsprechend umplaziert und das fünfte Maschinenraumfenster an jeder Seite wieder eingefügt wird. Die Prototyp-Lokomotive 232 800 ist mit dem Dieselmotor 2-5 D 49 mit einer Leistung von 2.940 kW ausgerüstet. Durch dessen Einbau wurden ebenfalls keine Änderungen in den Seitenwänden notwendig. Besaß 232 800 noch die Einrichtung zur Blindleistungskompensation auf dem Dach und UIC-Steckdosen an den Stirnseiten so sind bei der Baureihe 241 nur die UIC-Dosen links neben dem großen Scheinwerfer angebaut. Funkantennen in modifizierter Form befinden sich nun auch über dem Führerstand 1 auf dem Dach.

Im Werk Cottbus entstanden 1997 aus den ehemaligen DB-Lokomotiven 232 404 und 405 nach Aufarbeitung und Umbau mit gleichzeitig verbundener Umrüstung auf Caterpillar-Dieselmotor vom Typ CAT 3606 die Lokomotiven V 300 001 und 002 für die Wismut. Die beiden Seitenwände des Maschinenraumes haben dabei ein abweichendes Aussehen erhalten. In der rechten befinden sich nur noch vier Fenster, dafür aber vier neu eingebaute MD-Gitter. Die linke Seitenwand besitzt – genau wie die bei 234 548 und 565 – sechs Fenster.

Im Jahr 1999 gesellte sich mit V 300 003 die einstige 232 684 dazu, so dass sich inzwischen bereits drei 3.000-PS-Maschinen mit einer auf 100 km/h herabgesetzten Höchstgeschwindigkeit bei der Wismut-Werkbahn im Einsatz befinden. An den Drehgestellen und Radsätzen der Wismut-V 300 ist zu erkennen, dass die Gleitschutzeinrichtungen sowie Achslagerbremsdruckregler fehlen. Sie entsprechen mit dieser vereinfachten Bremsausrüstung der Baureihe 131.

In der ersten Jahreshälfte 1999 erhielt die Baureihe 234 im Rahmen von Hauptuntersuchungen an jeder Stirnpartie zwei UIC-Dosen, die beide links neben dem mittleren Spitzenlicht angebracht wurden, so auch an 234 504. AUFNAHME: REINHARD LEHMANN

234 526 trägt dagegen rechts und links von der mittleren Stirnlampe jeweils eine UIC-Dose, wie sie bei dieser Baureihe seit Mitte 1999 eingebaut werden. Die beiden Buchsen der alten Vielfachsteuerung sind verschlossen worden. AUFNAHME: CHRISTIAN WOLF

Die Farbgebung der V 300-Familie

Vom Hersteller wurden die Lokomotiven der BR 130-142 mit anfangs weinrotem – später bordeauxrotem Lokkasten (TGL 0775) und umlaufenden elfenbeinfarbenen Zierstreifen sowie hellgrauen Dächern und Drehgestellen (TGL 1808) geliefert. Der Längsträger des Rahmens mit Batteriekastensegment, Hauptluftbehälter und die großen Frontschürzen waren tiefschwarz (TGL 0002). Die Stirnseite unterhalb des Zierstreifens bis zu den Pufferträgern war – bis zur 130 054 – im gleichen Farbton des Lokkastens lackiert. Die ersten 130 (vermutlich die Vorserienloks bis 130 011) besaßen ein komplett silbernes Dach, bei nachfolgenden Lieferserien war dann nur noch der Abgasschalldämpfer alufarben.

Nachdem ab 130 055 die großen Schürzen an den Stirnseiten entfallen waren, erhielten auch Längs- und Pufferträger, das Batteriekasten-Segment und die beiden quer zur Fahrtrichtung liegenden Hauptluftbehälter werksseitig den grauen Anstrich. Dieses Farbschema erhielten dann ab Werk auch die Maschinen der Baureihen 131, 132 und 142. Nach Raw-Hauptuntersuchungen bekamen auch 130 001-054 graue Längs- und Pufferträger sowie Batteriekästen und Hauptluftbehälter.

Auch wurden die ursprünglich alufarbenen Dächer bei den Vorserienmaschinen bei Raw-Aufenthalten nicht mehr in diesem Farbton ausgeführt, nur noch die Abgasschalldämpfer erhielten diesen Farbton, wobei an einigen Loks auch dieser mit der grauen Dachfarbe lackiert wurde.

Mit der Ablieferung besaßen alle Lokomotiven der Baureihen 130 bis 142 einen an Stirn- und Längsseiten gleich breiten elfenbeinfarbenen Zierstreifen, welcher ab 1987 bei Neulackierungen unter gleichzeitigem Wegfall der Alu-Zierleiste zwischen Rahmen und Lokkasten an den Maschinenraum-Seitenwänden in schmaler Form ausgeführt wurde. Damit sind auch schon alle Änderungen im äußeren Farbschema in der rund 20-jährigen DR-Zeit der V 300-Lokfamilie genannt.

Nachdem bis Ende 1993 die aus den 232 entstandenen Lokomotiven der Baureihe 234 noch in bordeauxrot mit elfenbeinfarbenem bzw. weißem Zierstreifen lackiert wurden, erhielten die 17 im Jahr 1994 mit ZWS/ZDS-Steuerung ausgerüsteten Maschinen der Baureihe 234 eine orientrote Farbgebung des Lokkastens (RAL 3031) mit umlaufendem Zierstreifen in lichtgrau (RAL 7035) nach DR-Muster (schmale Ausführung zwischen den Einstiegstüren). Unterhalb des Streifens sind die Loks graubraun (RAL 8019), und auch die Dächer sind in diesem Farbton lackiert. Folgende 234 erhielten diese Farbgebung:

234 116, 144, 166, 180, 242, 247, 257, 292, 323, 351, 385, 417, 468, 507, 523, 551, 552, 597

Ebenfalls ab dem Jahr 1994 erhielten im Werk Cottbus 50 Loks der Baureihe 232 diese orientrote Farbgebung mit schmalem Zierstreifen an den Seitenwänden:

232 008, 043, 044, 070, 076, 077, 114, 118, 136, 151, 167, 204, 206, 233, 249, 295, 321, 372, 373, 392, 397, 408, 441, 450, 458, 493, 501, 560, 572, 596, 624-627, 636, 640, 648, 652, 661, 676, 680, 683, 689, 690, 695, 696, 699, 705, 707, 708

Weitere drei 232 erhielten auch diese Lackierung, jedoch abweichend mit breitem Zierstreifen:

232 456, 477, 566

Zusätzlich mit kleiner lichtgrauer Kontrastfläche („Latz", RAL 7035) an den Stirnseiten wurde 232 392 zu Präsentationszwecken im Jahr 1994 ausgestattet. Im Einsatz fuhr sie damit jedoch nicht. Die im Oktober 1994 nach einer Hauptuntersuchung mint-türkis (RAL 6033) mit umlaufend breitem Zierstreifen in pastell-türkis (RAL 6034) lackierte 234 304 erhielt Anfang 1995 ebenfalls diese stirnseitigen Kontrastflächen (lichtgrau, RAL 7035) in kleiner Ausführung.

Die am 21. Dezember 1994 nach einer Hauptuntersuchung im Werk Cottbus (BCSX) fertiggestellten 232 264 und 586 waren die ersten Maschinen, welche Neulack in orientrot (RAL 3031) mit lichtgrauem Latz (RAL 7035) in großer Ausführung erhielten. Die Längsträger waren aber noch, ebenso wie Dach, Batteriekästen, Hauptluftbehälter und Drehgestelle, graubraun (RAL 8019) lackiert. Diese beiden Loks bekamen Einrichtungen für die „selektive Entladung" von Schüttgut-Kippwagen (Bauart Fas[126]) sowie für die UIC eP-Bremse, was außen am Lokkasten bei 232 264 und 586 durch die Aufschrift „BA FEW mit CAN-BUS" sichtbar gemacht wurde. Auch 234 545, 546 und 549 wurden mit UIC eP-Bremse ausgerüstet, jedoch besaßen sie keine Einrichtung für die „selektive Entladung".

Am 26. Januar 1995 erhielt 232 314 als erste auch den Längsträger in orientroter Farbgebung. Letzte dieser Serie von 65 Maschinen der Baureihe 232 in diesem Outfit waren im Juni 1997 in Cottbus 232 406 und am 24. Oktober 1997 im Werk Neustrelitz 232 202. Mit den fünf Loks der Baureihe 234 (222, 339, 545, 546 und 549) haben insgesamt 70 „Ludmillas" die orientrote Farbgebung erhalten. Unberücksichtigt dabei sind die 232 004, 066, 152 und 158, welche im Jahr 1997 – ebenfalls orientrot – als Aufbauhilfe nach Bosnien gegangen sind.

Im Sommer 1997 führte die DB ein neues Farbkonzept für ihre Triebfahrzeuge ein. Bei der Baureihe 232 war die umgebaute 4.000-PS-Lok 232 800 erste Vertreterin ihrer Gattung, welche einen verkehrsroten Lokkasten (RAL 3020), lichtgraue Kontrastflächen bzw. „Balken" (RAL 7035), basaltgraues Dach und Längsträger (RAL 7012) sowie tiefschwarze Drehgestelle, Batteriekästen und Frontschürzen (RAL 9005) erhielt. An den Maschinenraumseitenwänden wurde mittels weißer Klebebuchstaben der große Schriftzug „DB Cargo" angebracht. Zweite Lok in dieser Ausführung war 232 208, die an den Stirnseiten jedoch ein modifiziertes DB-Emblem erhielt. Ein Außenseiter ist 232 010 (Cargo Dresden), die mit ihrem bordeauxroten Anstrich den Schriftzug „DB Cargo" an beiden Seitenwänden erhalten hat, wenn auch in wesentlich kleinerer Ausführung als nach gültiger Zeichnung. Im Werk Neustrelitz wurde nach Hauptuntersuchung am 25. Februar 1999 234 170 (Reichenbach) erste in verkehrsrot ausgelieferte Lok dieser Baureihe, jedoch entsprechend ihrer Zugehörigkeit zu DB Regio ohne „Cargo"-Beschriftung.

Durch die in der zweiten Jahreshälfte 1999 angestrebte Fusion von DB Cargo und NS Cargo in das gemeinsame Unternehmen mit dem ursprünglich vorgesehenen Namen „Railion" wurden ab Sommer 1999 auch die Cargo-Loks ohne den „DB Cargo"-Aufkleber abgeliefert, 232 201 war am 19. Juli 1999 die erste Lok in dieser Form. Bis Ende Dezember 1999 erhielten 132 Loks der Baureihe 232, 13 der Baureihe 234 und fünf der Baureihe 241 den verkehrsroten Neulack. 241 338, 353, 449 und 697 bekamen noch die „DB Cargo" - Beschriftung an den Seitenwänden, 241 008 als zuletzt fertiggestellte nicht mehr. Mit 232 400, 496 und 700 sind im Laufe des Jahres 1999 auch bereits die ersten orientroten „Latz"-232 in verkehrsrot mit Balken umlackiert worden.

Einige Maschinen, so u. a. 232 018, 042, 064, 165, 449, 543, 570, 609 und 701 sowie 234 072, 311 und 608 erhielten ab dem Jahr 1997 – zumeist im Werk Reichenbach – nach kleineren Revisionen trotz Beibehaltung der bordeauxroten Farbgebung des Lokkastens den Längsträger sowie Drehgestelle, Batteriekästen und Hauptluftbehälter in graubraun (RAL 8019) lackiert.

Nur mit Farbausbesserung des bordeauxroten Lackes wurden im Jahr 1999 u. a. 232 051, 061, 168, 354, 576 und 590 nach Hauptuntersuchungen vom Werk Cottbus ausgeliefert. Auch 232 456 verließ am 10. Dezember 1998 das Werk Cottbus in ihrem bisherigen orientroten Outfit mit breitem Zierstreifen, so dass sich gegenwärtig die Loks der Baureihen 232/234 in einem recht bunten Erscheinungsbild präsentieren.

Die drei Wismut-Loks V 300 001-003 haben nach dem Umbau eine Farbgebung des Lokkastens in minzgrün (RAL 6029), der Zierstreifen und Kontrastflächen in verkehrsweiß (RAL 9016) sowie Dach, Längsträger, Drehgestelle in graubraun (RAL 8019) erhalten. Alle drei Lokomotiven erhielten abweichend von der DB-Norm eine vollständige Beschilderung, bestehend aus je vier Nietschildern mit den Loknummern sowie je zwei Fabrikschilder aus Alu-Guss, was den Maschinen gut zu Gesicht steht.

Die Firma Transport und Logistik GmbH (TLG) hat bei Adtranz die ehemalige 232 446 sowie bei den Regentalbahn-Werkstätten die frühere 230 077 aufarbeiten lassen und in ihren Bestand eingereiht. Beide besitzen nach Neulackierung nun einen verkehrsgelben Lokkasten (RAL 1023) mit zwei unterschiedlich breiten verkehrsblauen Zierstreifen (RAL 5017). Längsträger, Fahrwerk usw. sind – wie bei den verkehrsroten 232 bis 241 – tiefschwarz (RAL 9005), das Dach basaltgrau (RAL 7012) lackiert.

Die Bahngesellschaft Waldhof AG (BGW) besitzt mit 232 057 und 103 zwei ehemalige DB-232, die Anfang 1994 als Hilfe nach Russland abgegeben wurden und dort zeitweise bei der Kaliningrader Eisenbahn im Einsatz waren. Ende 1998 erwarb die BGW die beiden Maschinen, welche Anfang 1999 wieder in Deutschland eintrafen. Nach Aufarbeitung in Tschechien ist 232 103 unter ihrer neuen Nummer DE 300.01 bereits seit Spätsommer 1999 im Dienst. Sie erhielt eine grün-weiße Lackierung des Lokkastens mit blauen Zierlinien und rote Lokschilder. Eingesetzt ist sie häufig vor Müllzügen zwischen Krefeld und Hildesheim. Die zweite Lok, 232 057, ist seit Juni 2000 als blau-weiße DE 300.02 im Einsatz.

Weitere private Loks sind z. B. die ex DB-231 012 sowie 232 305 und 375, welche durch die Firma Falz (Loksammlung in Hermeskeil und Jüterbog) vermietet sind (u. a. 231 012 an Fa. Schauffele) und größtenteils ihr ursprüngliches Farbschema – auch nach z. T. Neulackierung – behalten haben.

Am 2. Mai 1999 verlässt die bordeauxrote 234 399 vom Werk Rostock mit IR 2331 (Hamburg-Altona – Puttgarden) den Bahnhof Hamburg-Dammtor. Die Baureihe 234 ist seit Ende Mai 2000 in Norddeutschland nicht mehr anzutreffen.
AUFNAHME: MATTHIAS REDER

Wenn auch schon stark verblichen, präsentiert sich 232 322 im bordeauxroten Anstrich mit breitem Zierstreifen und Alu-Zierleiste am 1. April 1993 doch noch weitgehend im Originalzustand. Mit einem Regionalzug passiert sie gerade das Stellwerk „Bogendreieck Narsdorf" an der Strecke Leipzig – Chemnitz. AUFNAHME: THOMAS FRISTER

Ab 1994 erhielten insgesamt 68 Maschinen der Baureihen 232 und 234 den damals aktuellen orientroten Farbton mit graubraun lackierten Dachsegmenten und Fahrwerk, wobei in Anlehnung an das bisherige DR-Farbschema noch Zierstreifen in lichtgrau angebracht wurden. Frisch in diese Farbgebung umlackiert steht 232 695 im Januar 1994 im Bw Reichenbach (Vogtl.). AUFNAHME: THOMAS FRISTER

Über zwei Jahrzehnte dominierte bei den Lokomotiven der V 300-Familie der klassische bordeauxrote DR-Anstrich, bis nach der Wende ein neues Farbkonzept nach dem anderen folgte. Lediglich die Baureihen 230, 231 und 242 sind aufgrund ihres recht frühzeitigen Ausscheidens aus dem DB-Bestand von solchen „Farbspielereien“ verschont geblieben. Auch 231 028, aufgenommen im Januar 1993 im Bw Reichenbach kurz vor ihrer Ausmusterung, macht da keine Ausnahme. Die Maschine befindet sich noch weitgehend im DR-typischen Zustand.

AUFNAHME: THOMAS FRISTER

Bei wenigen bordeauxrot lackierten Maschinen wurden im Rahmen von Fristarbeiten der Längsträger, die Drehgestelle, die Batteriekästen und die Hauptluftbehälter analog zu den orientroten Lokomotiven in graubraun lackiert. Auch 232 018 wurde so umlackiert, was der Maschine ein gutes Aussehen verleiht. Im August 1995 steht die Maschine im Betriebshof Reichenbach.

AUFNAHME: THOMAS FRISTER

Im Betreibshof Gera liefern sich die orientrote 232 462 mit graubraunem Fahrwerk und die bordeauxrote 232 593 mit grauem Fahrwerk im Januar 1995 ein Stelldichein. Beide Farbvarianten stehen den Loks recht gut zu Gesicht.

AUFNAHME: THOMAS FRISTER

Die erste „Ludmilla“ in verkehrsrot war die aus 232 237 umgebaute 4.000-PS-Lok 232 800. Die Lok erhielt 1997 während ihres Umbaus diese neue Farbgebung. Wegen der Zugehörigkeit zum Geschäftsbereich DB Cargo wurde an den Seitenwänden das DB-Cargo-Logo angebracht. AUFNAHME: FRITZ BARTKE

Vier 232 wurden 1997 als Aufbauhilfe nach Bosnien abgegeben. Zuvor wurden die Loks im Werk Cottbus einer Hauptuntersuchung unterzogen und in den damals aktuellen orientroten DB-Anstrich umlackiert. Anstelle des DB-Emblems wurden die Maschinen jedoch mit dem Emblem der bosnischen Eisenbahn ZBH versehen. 232 158 steht im Werk Cottbus für ihre Überführung bereit. AUFNAHME: FRITZ BARTKE

Wegen einer betrieblichen Störung auf der Strecke Braunschweig – Magdeburg musste der Güterzug IRC 55121 (Seelze Rbf – Seddin) am 18. Oktober 1998 mitsamt seiner Zuglok 145 004 über die nicht elektrifizierte Strecke Oebisfelde – Magdeburg umgeleitet werden. Dabei beförderte die verkehrsrote 232 673 den Zug über den stromlosen Abschnitt und durchfährt soeben den Bahnhof Rätzlingen. Aufnahme: Matthias Reder

In ihrem mintgrünen Regionalbahnanstrich mit pastelltürkisen Zierstreifen ist 234 304 ein Einzelstück. Am 24. April 1999 bespannte die Maschine im Langlauf Dresden – Nürnberg den IR 2063. Hier befindet sie sich mit ihrem Zug bei Hof-Dölau. Aufnahme: Markus Lohneisen

Die früheren 232 404, 405 und 684 befinden sich heute im Bestand der Wismut GmbH, die sie als V 300 001-003 auf ihrem Streckennetz einsetzt. Sie tragen einen minzgrünen Anstrich mit verkehrsweißen „Lätzchen" und Zierstreifen, was den Maschinen ausgezeichnet zu Gesicht steht. Im Werk Cottbus ist im Mai 1997 soeben V 300 001 – noch als 232 404 bezeichnet – fertiggestellt worden. Rechts neben der Lok stehen 140 550 und 232 158, die später nach Bosnien abgegeben wurde. AUFNAHME: MATHIAS BUCHNER

Auch private Bahnunternehmen setzen immer mehr auf die bewährten Loks der V 300-Familie. In verkehrsgelb mit verkehrsblauen Zierstreifen steht 230 077 seit dem Frühjahr 2000 bei der Transport und Logistik GmbH (TLG) im Einsatz. Sie ist damit die derzeit einzige betriebsfähige Lokomotive der Baureihe 230. Kurz nach ihrer Aufarbeitung bei der Regentalbahn-Fahrzeugwerkstätten GmbH in Reichenbach (Vogtl.) präsentiert sich die schmucke Maschine dem Fotografen. AUFNAHME: VOLKER JAKOBI

Die Frontpartie der Dresdner Museumslok 130 002 spiegelt mit bordauxrot lackierter Pufferbohle weitgehend den ursprünglichen Zustand wider, in dem die ersten 130 vor nunmehr 30 Jahren in Dienst gestellt wurden.

Neue Farben nach altem Farbschema: Die Stirnpartie der orientroten 232 695 erinnert mit den Zierstreifen und der graubraun abgesetzen Pufferbohle noch stark an das frühere DR-Farbschema.

232 208 war die zweite verkehrsrote „Ludmilla" der DB. Die DB-Embleme an den Frontpartien sind bei dieser Lok abweichend mit einem breiten Rand versehen, wie es bei allen anderen verkehrsroten 232 und 234 nicht der Fall ist.

Auch die orientrote Farbgebung mit dem „Lätzchen" an den Stirnseiten, wie sie 232 562 trägt, steht den 232 und 234 nicht schlecht. Sie unterstreicht das bullige Aussehen dieser Baureihen.

Aufnahmen (4): Thomas Frister

Noch nicht endgültig fertiglackiert stehen die 4.000-PS-Lok 241 449 und 232 569 am 28. April 1999 im Werk Cottbus. Die Loks werden zunächst ihre Lastprobefahrt absolvieren, ehe die Lackierung vollständig abgeschlossen wird.

AUFNAHME: FRITZ BARTKE

Mit 2.940 kW Leistung (4.000 PS) sind die sechs Loks der Baureihe 241 die leistungsstärksten Diesellokomotiven im DB-Bestand. Nach ihrem Umbau weilt 241 338, die frühere 232 338, am 29. April 1999 frisch aufgearbeitet und in verkehrsrot lackiert vor den Hallen des Werkes Cottbus.

AUFNAHME: FRITZ BARTKE

Der „Farbensalat" bei der DB macht's möglich: Vor der Drehscheibe im Werk Saalfeld haben sich am 28. August 1999 vier Lokomotiven der Baureihe 232 versammelt, jede von ihnen in einer anderen Farb- oder Lackierungsvariante. Links die orientrote 232 206 mit Zierstreifen, in der Mitte die verkehrsrote 232 097 und die bordeauxrote 232 245, rechts schließlich die orientrote 232 488 mit dem obligatorischen „Lätzchen".

AUFNAHME: CHRISTIAN WOLF

Lieferung und Verbleib der Lokomotiven der V 300-Familie

(Stand vom 31. Dezember 1999)

Vorbemerkung

Die Statistik zeigt den Stand vom 31. Dezember 1999. Bei den noch im Dienst befindlichen Lokomotiven ist demnach der in Spalte 5 genannte „letzte Standort" die Heimatdienststelle an diesem Tag. Bei den umgebauten Loks der Baureihen 234 und 241 ist das letzte Bw bzw. der letzte Standort als Lok der Baureihe 232 vermerkt.

Abkürzungen

agm Angermünde
arn Arnstadt
bhf Berlin Hbf
bt Bitterfeld
ch Chemnitz
cs Cottbus
dre Dresden
eis Eisenach
erf Erfurt
fak Falkenberg
fko Frankfurt (O)
gö Görlitz
gt Güsten
hab Halberstadt
hgn Hagenow-Land
hlg Halle-G
hlp Halle-P
hw Hoyerswerda
kms Karl-Marx-Stadt (ab Mai 1990 wieder Chemnitz)
les Leipzig Hbf Süd
mei Meiningen
mg Magdeburg
ng Neubrandenburg
nrd Nordhausen
ntz Neustrelitz
nür Nürnberg
obh Oberhausen
osb Berlin-Ostbahnhof
pkr Berlin-Pankow
pw Pasewalk
rch Reichenbach (V)
rh Rostock
rhs Rostock-Seehafen
rn Röblingen
sa Saalfeld
sed Seddin
sn Senftenberg
sw Schwerin
wfs Weißenfels
wit Wittenberge

EA Endabnahme. Mit diesem Datum wurden die Maschinen vom technischen Abnahmeinspektor abgenommen und der DR übergeben. Damit erfolgte die eigentliche Indienststellung. Die oft zitierte Genehmigung zur Indienststellung (eine Urkunde) war demnach nur ein Schriftakt, der in einer Zeitspanne zwischen einem Tag und einem Monat nach der EA erfolgte.
umb Umbau (in...)
umz Umzeichnung
Lok-Nr. Loknummer
F.Nr. Fabriknummer
e/l Bw Erstes und letztes Bw (siehe auch Vorbemerkung)
z Datum der z-Stellung
+ Ausmusterung
++ Zerlegung (soweit bekannt mit dem Ort der Zerlegung)

Umzeichnungen am 1. Januar 1992

Baureihe **130**	in Baureihe **230**
Baureihe **131**	in Baureihe **231**
Baureihe **132**	in Baureihe **232**
130 101 u. 102	in **754** 101 u. 102

Lok-Nr.	F.Nr.	EA	e/l Bw		z	+	Verbleib
130 001	0001	04.08.70	hlg	sed	18.12.93	26.04.94	++ 08.07.94 Senftenberg
002	0002	01.04.71	hlg	sed	21.01.94	30.11.94	verkauft 19.07.94 privat
003	0003	27.08.70	hlp	sed	18.12.93	26.04.94	++ .09.95 Cottbus
004	0004	18.12.70	hlg	sed	03.11.75	12.10.76	++ .01.79 Cottbus
005	0005	21.07.70	hlg	sed	08.05.78	01.08.78	++ 10.08.78 Bln-Pankow
006	0006	21.07.70	hlg	ntz	01.09.84	12.01.87	++ .06.87 Cottbus
007	0007	12.01.71	hlg	sed	12.02.92	26.04.94	++ 04.05.97 Falkenberg
008	0008	01.01.71	hlg	fko	01.01.93	26.04.94	++ 17.05.94 Senftenberg
009	0009	01.01.71	hlg	fko	12.02.92	06.04.94	++ 18.08.94 Senftenberg
010	0010	12.01.71	hlg	sed	18.12.93	06.04.94	++ 20.09.94 Elsterwerda
011	0011	20.02.71	ntz	sed	18.12.93	06.04.94	++ .05.94 Elsterwerda
012	0012	23.04.71	les	sed	24.11.93	25.11.93	verkauft an BSW Belzig
013	0013	29.04.71	hlg	ntz	12.11.91	24.01.92	++ 30.03.94 Senftenberg
014	0014	23.04.71	hlg	fko	12.02.92	06.04.94	++ .04.95 Cottbus
015	0015	06.05.71	ntz	fko	18.10.93	19.10.93	++ 20.09.94 Elsterwerda
016	0016	07.05.71	hlg	sed	09.02.90	10.05.90	++
017	0017	07.05.71	ntz	fko	18.12.93	06.04.94	++ 09.09.97 Senftenberg
018	0018	13.05.71	ntz	sed	30.08.90	16.10.90	++ .03.92 Seddin
019	0019	13.04.72	ntz	fko	12.02.92	06.04.94	++ .94 Cottbus
020	0020	04.11.72	les	sed	18.12.93	29.03.94	++ .95 Falkenberg
021	0021	13.05.71	ntz	ntz	14.10.83	24.01.84	++ 30.11.84 Neustrelitz
022	0022	14.05.71	ntz	ntz	12.11.91	24.01.92	++ 01.06.95 Falkenberg
023	0023	20.05.71	ntz	sed	21.01.94	31.12.94	++ 11.09.97 Senftenberg
024	0024	06.08.71	ntz	ntz	29.12.93	04.01.94	++ 10.05.94 Neustrelitz
025	0025	22.05.71	ntz	ntz	12.11.91	24.01.92	++ 24.03.94 Neustrelitz
026	0026	22.05.71	ntz	sed	03.03.89	20.04.89	++ .09.89 Cottbus
027	0027	06.06.71	ntz	fko	12.02.92	29.03.94	++ 27.03.95 Elsterwerda
028	0028	20.05.71	ntz	ntz	29.12.93	21.03.94	++ .11.97 Neustrelitz
029	0029	09.06.71	ntz	fko	12.02.92	29.03.94	++ 23.05.95 Falkenberg
030	0030	19.06.71	ntz	ntz	12.11.91	24.01.92	++ 31.05.94 Neustrelitz
031	0031	25.06.71	hlg	fak	03.03.89	08.06.89	++ 24.01.90 Falkenberg
032	0032	12.06.71	ntz	ntz	31.07.73	08.10.74	++ .02.77 Cottbus
033	0033	16.08.71	hlg	fko	12.02.92	29.03.94	++ 27.07.94 Senftenberg
034	0034	10.07.71	ntz	fko	12.02.92	06.04.94	++ 14.03.95 Elsterwerda
035	0035	03.07.71	hlg	sed	01.05.86	15.01.87	++ .07.87 Cottbus
036	0036	14.08.71	ntz	ntz	01.08.73	.03.76	Rahmen an 130 030
037	0039	26.11.71	hlg	sed	12.02.92	06.04.94	++
038	0040	27.11.71	hlp	ntz	10.02.92	04.01.94	++ 08.04.94 Neustrelitz
039	0041	01.12.71	erf	sed	17.05.93	19.10.93	++
040	0042	01.12.71	hlg	sed	12.02.92	06.04.94	++ .95 Cottbus
041	0045	03.12.71	ntz	fko	12.02.92	31.03.93	++ 16.06.94 Senftenberg
042	0044	03.12.71	ntz	sed	18.12.93	06.04.94	++ .04.95 Cottbus
043	0043	11.12.71	hlg	sed	17.03.93	31.03.93	++ 16.04.94 Senftenberg
044	0046	18.12.71	ntz	ntz	12.11.91	24.01.92	++ 04.03.94 Neustrelitz
045	0048	18.12.71	ntz	sed	17.11.92	11.01.93	++ .09.97 Falkenberg
046	0047	22.12.71	ntz	ntz	01.05.83	13.08.84	++ .10.84 Cottbus
047	0049	11.12.71	hlg	sed	10.02.93	31.03.93	++ .05.97 Falkenberg
048	0050	15.12.71	hlg	fko	12.02.92	06.04.94	++ .11.94 Cottbus
049	0051	06.01.72	erf	sed	12.02.92	26.04.94	++ .09.97 Falkenberg
050	0052	24.12.71	erf	sed	12.02.92	26.04.94	++ .04.95 Cottbus
051	0053	24.12.71	erf	sed	12.02.92	26.04.94	++ .95 Cottbus
052	0054	30.12.71	ntz	ntz	20.03.94	21.03.94	++ .09.97 Rostock Seeh.
053	0055	01.01.72	ntz	fko	12.02.92	26.04.94	++ 24.04.95 Falkenberg
054	0056	11.01.72	wfs	sed	16.12.88	29.06.89	++ .02.90 Seddin
055	0076	07.10.72	hlg	hlp	21.08.73	20.07.76	++ 30.11.77 Halle G
056	0078	03.10.72	sed	sed	06.05.93	14.12.93	++ .07.95 Cottbus
057	0079	05.10.72	hlg	fko	12.02.92	31.03.93	++ 20.09.95 Senftenberg
058	0080	30.09.72	hlg	sed	29.08.86		Umbau in 131 158
059	0081	21.12.72	ntz	ntz	10.02.92	04.01.94	++ 22.06.94 Neustrelitz
060	0082	14.12.72	les	sed	10.06.79		Umbau in 131 160
061	0083	24.01.73	les	fko	26.06.93	19.10.93	++ 11.09.97 Senftenberg
062	0084	19.12.72	les	fko	12.02.92	26.04.94	++ 26.09.95 Senftenberg
063	0085	20.01.73	les	fko	11.03.93	26.04.94	++ .04.95 Cottbus
064	0086	23.01.73	les	sed	30.04.81		Umbau in 131 164
065	0087	14.10.72	sed	sed	21.01.94	30.11.94	++ 10.11.95 Frankfurt/O
066	0088	03.11.72	sed	sed	16.12.88	29.06.89	++ .05.90 Seddin
067	0089	11.10.72	hlg	fko	01.12.93	02.12.93	++ 03.06.94 Senftenberg

Lok-Nr.	F.Nr.	EA	e/l	Bw	z	+	Verbleib
130 068	0090	03.11.72	hlg	sed	15.10.74	14.10.74	++ 30.11.75
069	0091	18.10.72	sed	sed	12.02.92	26.04.94	++ .95 Cottbus
070	0092	03.11.72	sed	fko	12.02.92	26.04.94	++ .01.95 Cottbus
071	0093	22.12.72	ntz	sed	12.02.92	26.04.94	++ .95 Cottbus
072	0094	30.12.72	sed	sed	12.02.92	26.04.94	++ 07.09.95 Frankfurt/O
073	0095	04.11.72	sed	sed	21.01.94	31.12.94	++ 07.09.95 Frankfurt/O
074	0096	15.12.72	sed	sed	01.09.92	28.09.92	++ .95 Cottbus
075	0097	15.12.72	sed	sed	12.02.92	25.11.93	++ .11.95 Cottbus
076	0098	22.12.72	ntz	ntz	31.12.93	04.01.94	++ 28.09.94 Neustrelitz
077	0099	19.12.72	sed	fko	29.04.93	19.10.93	19.6. verkauft an EF Röbel
078	0100	04.01.73	sed	fko	12.02.92	31.03.93	++ 23.05.95 Falkenberg
079	0101	20.12.72	sed	sed	01.12.93	06.12.93	++
080	0102	26.05.73	sed	sed	21.01.94	30.11.94	++ 02.10.95 Frankfurt/O
130 101	0138	23.03.74	hlp	hlg	30.04.97	30.04.97	an BSW Halle
102	0123	17.04.73	hlp	hlg	15.02.95	30.01.97	++ 17.05.98 Cottbus
131 001	0103	20.02.73	hlg	hlg	28.10.93	29.10.93	an BSW Halle
002	0104	12.01.73	hlg	hlg	14.12.91	18.12.91	++ .01.94 Brandenburg
003	0105	06.01.73	wfs	wfs	16.04.87	28.04.89	++ .07.90 Cottbus
004	0106	10.01.73	wfs	eis	27.06.92	20.12.95	verkauft 1992 an Falz
005	0107	17.01.73	wfs	arn	17.12.91	01.04.93	++ 24.05.94 Meiningen
006	0108	14.01.73	hlg	hlg	14.12.91	18.12.91	++
007	0109	28.02.73	hlg	hlg	14.12.91	19.12.91	++ .08.95 Brandenburg
008	0110	22.02.73	erf	wfs	26.05.94	21.11.94	++ .05.95 Rockensußra
009	0111	30.03.73	hlg	hlg	14.12.91	14.12.91	++ .04.94 Brandenburg
010	0112	10.02.73	hlg	hlg	18.10.93	19.10.93	++ .04.94 Brandenburg
011	0113	08.02.73	wfs	wfs	10.12.93		verkauft an Falz
012	0114	11.02.73	hlg	rch	12.06.95	30.11.95	verkauft 18.01.96 Falz
013	0115	15.02.73	erf	arn	31.12.93	21.11.94	++ .07.97 Rockensußra
014	0116	14.03.73	wfs	mei	03.06.94	10.11.94	++ .07.97 Rockensußra
015	0117	20.03.73	hlg	wfs	23.08.94	10.03.95	verkauft an Falz
016	0118	07.03.73	hlg	wfs	14.06.94	30.11.94	++ .05.95 Rockensußra
017	0119	20.03.73	hlg	wfs	23.12.92	05.03.93	++ 15.11.94 Meiningen
018	0120	25.05.73	erf	mei	27.10.94	10.03.95	verkauft an Falz
019	0121	19.04.73	erf	eis	19.01.93	10.03.95	++
020	0122	18.04.73	hlg	hlg	23.12.92	11.01.93	++ .11.93 Brandenburg
021	0125	11.04.73	hlg	wfs	17.12.91	19.03.92	++
022	0124	14.04.73	erf	wfs	13.01.93	22.12.93	++ 12.05.95 Meiningen
023	0126	27.04.73	hlg	hlg	14.12.91	18.12.91	++ .08.95 Brandenburg
024	0128	12.04.73	hlg	hlg	14.12.91	18.12.91	++
025	0129	02.05.73	hlg	hlg	01.11.74	. .74	++ 07.01.75 Halle G
026	0127	19.05.73	gt	hlg	14.12.91	14.12.91	++
027	0141	19.05.73	erf	wfs	17.12.91	22.12.93	++ 15.04.94 Meiningen
028	0142	10.07.73	hlg	rch	01.10.93	06.12.93	++ .01.94 Reichenbach
029	0143	10.06.73	erf	hlg	06.02.92	01.04.92	++ .11.93 Brandenburg
030	0144	10.06.73	erf	erf	09.10.74	08.10.74	++ 27.04.75 Erfurt
031	0145	24.06.73	erf	eis	26.05.94	21.11.94	++
032	0146	23.06.73	hlg	fak	05.07.91	24.09.91	++ .08.95 Brandenburg
033	0147	10.06.73	erf	wfs	14.06.94	30.11.94	++ .05.98 Cottbus
034	0148	10.06.73	erf	wfs	13.01.93	01.04.93	++ .94 Meiningen
035	0149	07.07.73	hlg	hlg	12.02.94	21.11.94	++ .09.95 Brandenburg
036	0150	19.07.73	gt	eis	23.08.94	10.03.95	++ 13.02.96 Saalfeld
037	0151	19.07.73	gt	mei	01.06.94	30.11.94	++ .07.97 Rockensußra
038	0152	23.06.73	hlg	rch	29.03.94	21.11.94	++ 10.06 96 Aue
039	0153	24.06.73	erf	eis	23.08.94	10.03.95	++ .04.98 Erfurt
040	0154	05.07.73	erf	mei	27.10.94	10.03.95	verkauft an Falz
041	0155	12.07.73	hlg	hlg	12.02.94	21.11.94	++ .01.95 Brandenburg
042	0156	10.07.73	hlg	rn	22.11.76	13.01.84	++ 30.06 84 Cottbus
043	0157	04.07.73	erf	wfs	23.08.94	10.03.95	verkauft an Falz
044	0158	29.08.73	rch	mei	17.12.91	22.12.93	++ 29.09 95 Meiningen
045	0159	21.07.73	hlg	hlg	14.12.91	23.12.91	++ .12.93 Brandenburg
046	0160	19.07.73	hlg	hlg	05.07.91	24.09.91	++ .04.94 Brandenburg
047	0163	25.07.73	hlg	hlg	15.09.93	26.10.93	++ .04.94 Brandenburg
048	0161	17.07.73	hlg	hlg	12.02.94	21.11.94	++ .01.95 Brandenburg
049	0162	17.07.73	hlg	ch	10.05.94	21.11.94	++ .99 Gröditz
050	0164	22.07.73	hlg	mei	27.10.94	10.03.95	verkauft an Falz
051	0165	15.08.73	rch	wfs	14.06.94	30.11.94	++ .01.96 Eisenach
052	0166	11.08.73	hlg	hlg	28.10.93	29.10.93	++ .09.95 Brandenburg
053	0167	03.08.73	gt	gt	31.03.75	06.03.75	++ 31.01.77 Dessau
054	0168	31.08.73	hlg	hlg	16.09.76	20.07.76	++ 03.12.76 Dessau
055	0169	12.08.73	hlg	hlg	05.07.91	24.09.91	++ .04.94 Brandenburg
056	0170	15.08.73	hlg	hlg	28.10.93	29.10.93	++ .09.95 Brandenburg
057	0171	28.07.73	rch	hlg	13.04.92	23.04.92	++ .01.94 Brandenburg
058	0172	16.08.73	hlg	hlg	29.09.93	21.11.94	++ .09.95 Brandenburg

Lok-Nr.	F.Nr.	EA	e/l	Bw	z	+	Verbleib
131 059	0173	15.09.73	rch	eis	23.08.94	10.03.95	++ .02.96 Eisenach
060	0174	09.08.73	hlg	ch	10.08.93	22.12.93	verkauft an EM Hilbersdorf
061	0175	23.08.73	hlg	hlg	19.10.81	04.01.84	++ 23.11.84 Halle G
062	0176	23.04.73	hlg	wfs	10.05.94	21.11.94	
063	0177	12.09.73	rch	wfs	17.12.91	22.12.93	++ .08.97 Meiningen
064	0178	07.09.73	hlg	fak	16.12.88	29.11.88	++ 06.06.90 Cottbus
065	0179	05.09.73	rch	arn	06.10.93	21.11.94	++
066	0180	10.09.73	hlg	hlg	10.04.87	14.07.89	++ 01.08.89 Halle
067	0181	07.09.73	hlg	wfs	03.07.94	30.11.94	
068	0182	15.09.73	hlg	hlg	12.09.92	11.01.93	++ .01.94 Brandenburg
069	0183	15.09.73	rch	wfs	06.10.93	22.12.93	++ .05.94 Meiningen
070	0184	20.09.73	rch	eis	10.05.94	21.11.94	verkauft an Falz
071	0185	28.09.73	rch	wfs	03.07.94	30.11.94	++ .04.96 Erfurt
072	0186	20.09.73	rch	mei	27.10.94	10.03.95	an BSW Arnstadt
073	0187	20.09.73	rch	wfs	14.06.94	30.11.94	++ .05.98 Cottbus
074	0188	29.11.73	gt	hlg	14.12.91	23.12.91	++ .12.91 Brandenburg
075	0189	22.09.73	rch	hlg	28.10.93	29.10.93	++ .09.95 Brandenburg
076	0190	28.09.73	rch	mei	20.09.81	13.01.84	++ 12.06.84 Cottbus
131 158	umb	30.08.86	sed	wfs	13.01.93	01.04.93	++ .06.95 Meiningen
160	umb	11.06.79	arn	arn	17.12.91	22.12.93	++ 20.10.94 Meiningen
164	umb	01.05.81	sed	eis	23.08.94	10.03.95	++ .04.98 Erfurt
132 001	0191	09.02.74	fak	fak	10.01.90	22.03.90	++ 31.05.92 Cottbus
002	0192	23.02.74	fak	sed			
003	0193	18.01.74	erf	erf			
004	0194	15.12.73	erf	sed	29.11.95	20.12.95	abgegeben nach Bosnien
005	0195	15.12.73	erf	sed			
006	0197	23.02.74	fak	gö	18.05.95	30.10.95	++ .99 Hagenwerder
007	0196	13.12.73	erf	erf	04.09.84	16.04.85	++ .05.85 Cottbus
008	0198	13.12.73	erf	rhs			23.11.99 umb in 241 008
009	0199	15.12.73	erf	erf	18.09.95	20.12.95	++ .03.99 Rockensußra
010	0200	27.03.74	hlp	dre			
011	0201	15.12.73	hw	sed			
012	0202	15.12.73	erf	mei	12.12.97	15.12.97	++ .11.98 Zella-Mehlis
013	0203	05.01.74	erf	wfs	15.06.86	10.12.86	++ .01.87 Weißenfels
014	0207	10.01.74	erf	agm			
015	0209	30.01.74	eis	eis	18.03.81	17.03.81	++ 02.09.81 Eisenach
016	0208	05.01.74	erf	nrd			21.05.92 umb in 234 016
017	0204	21.12.73	erf	hlg	18.03.98	10.10.98	++
018	0205	16.01.74	hw	mg			
019	0206	22.12.73	erf	pw	26.10.95	30.11.95	++
020	0210	01.02.74	eis	erf	30.10.97	30.10.97	++ .10.98 Erfurt
021	0211	10.01.74	wit	mg			
022	0212	15.01.74	hw	dre			
023	0213	16.01.74	wit	mei	30.03.95	20.12.95	++ .11.98 Zella-Mehlis
024	0214	18.01.74	wit	rhs			
025	0215	18.01.74	hw	mei	30.10.97	30.10.97	++ .11.98 Zella-Mehlis
026	0216	26.01.74	hw	dre			
027	0217	19.01.74	rh	rhs	01.09.99	30.09.99	
028	0218	19.04.74	fak	mg	30.12.98	30.12.98	++ .11.99 Rockensußra
029	0219	30.01.74	hw	sed	16.12.98	30.12.98	
030	0220	06.02.74	erf	sa			
031	0221	01.02.74	erf	dre			
032	0222	09.06.74	hlg	rhs			
033	0223	28.02.74	hlp	mg	03.12.97	10.08.98	++ .99 Magdeburg
034	0224	19.02.74	erf	erf	14.11.95	20.12.95	++ .05.97 Erfurt
035	0225	07.02.74	erf	erf	18.09.95	20.12.95	++ .02.99 Wöhlsdorf
036	0226	09.02.74	fak	pkr	01.12.96	12.12.97	++ .07.98 Rockensußra
037	0227	09.02.74	fak	sed	24.05.98	30.08.98	++
038	0228	09.02.74	fak	pkr	22.09.97	15.12.97	++ .07.98 Rockensußra
039	0229	14.02.74	hlg	mg	18.10.95	31.10.95	++ .09.97 Oebisfelde
040	0230	14.02.74	hlg	sa			
041	0231	14.02.74	fak	gö	02.09.97	10.08.98	
042	0232	28.02.74	erf	dre			
043	0233	21.02.74	erf	obh			
044	0234	28.02.74	erf	nür			
045	0235	08.03.74	fak	agm			
046	0236	01.03.74	hlp	erf	18.09.95	20.12.95	++ .07.99 Rockensußra
047	0244	20.09.74	hlg	rch	21.02.96	23.04.96	++ 07.09.99 Reichenbach
048	0245	19.09.74	hlg	mei	18.09.95	20.12.95	++ .05.97 Erfurt
049	0237	06.03.74	fak	sed	12.12.97	15.12.97	++
050	0238	27.03.74	hlp	sed	30.10.98	30.10.98	++
051	0239	08.03.74	erf	dre			
052	0240	16.03.74	fak	sa			

Lok-Nr.	F.Nr.	EA	e/l	Bw	z	+	Verbleib
132 053	0241	21.05.74	fak	dre			
054	0243	20.03.74	les	cs	23.09.97	30.11.97	
055	0246	27.03.74	cs	sed			
056	0247	27.03.74	fak	pw	04.08.94	28.04.95	++ .12.97 Cottbus
057	0248	04.04.74	erf	bhf	18.02.94		verkauft nach Kaliningrad
058	0249	29.03.74	fak	fak	22.11.76	24.01.84	++ 30.06.84 Cottbus
059	0250	10.04.74	wit	hlg	18.10.95	31.10.95	++ 21.08.97 Halle
060	0251	10.04.74	erf	sed			
061	0242	22.05.74	fak	dre			
062	0252	10.04.74	les	mg	27.07.95	31.10.95	++ .98 Rockensußra
063	0253	26.04.74	wit	mg	30.07.91	06.11.91	++ .92 Oebisfelde
064	0254	19.04.74	wit	sed	30.06.99	30.07.99	
065	0255	23.04.74	hw	sed			
066	0256	30.05.74	hw	cs	29.11.95	20.12.95	abgegeben nach Bosnien
067	0257	26.04.74	hw	sed	28.02.94	31.12.94	++ .03.95 Berlin Hbf
068	0258	08.05.74	kms	dre			
069	0259	28.09.74	erf	sa	01.05.86	07.09.89	++ 01.11.89 Saalfeld
070	0260	23.05.74	rh	erf			
071	0261	22.05.74	hw	dre	01.12.99	31.12.99	
072	0262	01.05.74	kms	ch			31.03.92 umb in 234 072
073	0263	17.05.74	kms	sed	12.12.97	15.12.97	++
074	0264	10.05.74	hw	sn	28.08.98	20.02.99	
075	0265	23.05.74	mg	mg			25.05.92 umb in 234 075
076	0291	20.07.74	rch	erf			
077	0292	03.08.74	mg	nür			
078	0294	20.07.74	rch	sed	30.01.97	12.12.97	++ 31.07.98 Seddin
079	0295	09.08.74	rch	dre			
080	0297	09.08.74	rch	gö	01.03.98	10.08.98	++ .09.99 Hagenwerder
081	0296	07.09.74	rch	dre			
082	0298	16.08.74	rch	rch	27.07.77	30.05.78	++ 31.01.79 Reichenbach
083	0299	16.08.74	rch	sed			
084	0300	14.09.74	rch	mg	27.07.95	31.10.95	++ 21.06.97 Halle
085	0301	07.09.74	erf	dre			
086	0302	16.08.74	rch	erf	18.09.95	20.12.95	++ .07.99 Rockensußra
087	0303	27.09.74	erf	sed	30.10.98	30.10.98	
088	0304	16.11.74	fak	sed	06.08.98	30.08.98	++
089	0305	28.09.74	erf	sa	01.06.99	30.08.99	
090	0314	27.09.74	eis	sed	20.06.98	30.08.98	++
091	0306	17.09.74	rch	dre			
092	0307	14.09.74	rch	dre			
093	0308	19.09.74	rch	hlg			
094	0309	21.09.74	rch	pw	22.09.97	15.12.97	
095	0310	19.09.74	rch	rch	22.11.76	30.12.82	++ .03.83 Cottbus
096	0311	14.09.74	rch	dre			
097	0312	21.09.74	rch	agm			
098	0313	21.09.74	rch	hlg	10.04.97	10.11.97	++ .08.98 Espenhain
099	0315	21.09.74	rch	sed			
100	0316	27.09.74	eis	sa			
101	0317	15.11.74	erf	sn	06.04.98	10.08.98	
102	0318	22.11.74	kms	sed	15.11.82	15.11.82	++ 14.12.83 Stralsund
103	0325	24.10.74	erf	bhf	18.02.94		verkauft nach Kaliningrad
104	0319	03.10.74	rch	dre			
105	0320	04.10.74	rch	mg			
106	0321	13.10.74	eis	sa			
107	0322	06.11.74	eis	nrd	28.03.95	20.12.95	++ .02.99 Rockensußra
108	0323	06.10.74	erf	sa			
109	0324	01.11.74	erf	mg			
110	0326	24.10.74	erf	sa	12.05.95	20.12.95	++ .02.99 Rockensußra
111	0327	06.11.74	hlp	sed			
112	0328	07.11.74	fak	sa			
113	0329	08.11.74	eis	agm	26.10.98	30.11.98	++ .06.99 Rockensußra
114	0330	13.11.74	erf	rhs			
115	0331	08.11.74	eis	eis	01.05.78	16.07.82	++ 08.09.82 Cottbus
116	0332	22.11.74	hw	pw			15.09.94 umb in 234 116
117	0333	23.01.75	mg	hlg			
118	0334	18.12.74	kms	rhs			
119	0335	09.01.75	mg	mg	15.05.86	01.12.86	++ 25.05.86 Genthin
120	0336	22.11.74	eis	erf	18.09.95	20.12.95	++ .02.99 Wöhlsdorf
121	0337	17.12.74	erf	erf			
122	0338	05.12.74	fak	hlg			
123	0339	03.12.74	erf	sed			
124	0340	20.11.74	kms	kms	07.07.77	31.05.77	++ .08.84 Cottbus
125	0341	06.12.74	erf	rhs			
126	0343	07.12.74	fko	fko	.12.76	04.01.78	++ .78 Erfurt
132 127	0342	03.12.74	erf	sed			
128	0344	14.12.74	les	sed			
129	0345	10.12.74	mg	sed			
130	0346	05.12.74	erf	sa	09.03.95	20.12.95	++ .02.99 Rockensußra
131	0347	19.12.74	erf	rhs			
132	0348	18.12.74	kms	rhs			
133	0350	20.12.74	kms	eis	16.04.87	27.04.89	++ 20.04.90 Cottbus
134	0352	01.01.75	erf	agm			
135	0351	01.01.75	wfs	sa			
136	0349	12.01.75	erf	nür			
137	0353	12.01.75	erf	rhs			
138	0355	24.12.74	fak	gö	07.09.95	31.10.95	++ .05.99 Hagenwerder
139	0354	06.01.75	mg	mg	01.03.89	08.06.89	++ .89 Magdeburg
140	0356	16.01.75	gt	sn	12.09.98	20.02.99	
141	0357	01.01.75	fak	sa			
142	0358	25.01.75	erf	agm			
143	0359	11.01.75	wit	mei	18.06.96	26.08.96	++ .09.96 Nordhausen
144	0360	08.01.75	mg	hab			25.05.94 umb in 234 144
145	0361	22.01.75	eis	erf	18.09.95	20.12.95	++ .07.99 Rockensußra
146	0364	18.01.75	cs	mg			
147	0363	28.01.75	mg	sed	24.09.97	15.12.97	++ 31.07.98 Seddin
148	0362	16.01.75	rh	sn	01.03.98	10.08.98	
149	0365	10.01.75	cs	mg			
150	0367	16.01.75	rh	rh	16.05.85	25.11.88	++ .04.90 Cottbus
151	0370	11.01.75	cs	rhs			
152	0371	24.01.75	cs	gö	21.05.96	26.08.96	abgegeben nach Bosnien
153	0369	27.02.75	fak	pw	26.10.95	30.11.95	++.09.97 Angermünde
154	0368	05.03.75	fak	mg			
155	0372	18.01.75	hlp	rhs			
156	0366	16.01.75	wit	hlg			
157	0374	11.02.75	kms	gö	31.01.96	10.06.96	
158	0373	29.01.75	fak	gö	05.08.95	30.10.95	abgegeben nach Bosnien
159	0375	13.02.75	mg	mg	01.04.77	07.12.81	++ 26.08.82 Neustrelitz
160	0376	05.02.75	sw	sw	05.08.82	17.08.87	++ 15.03.88 Cottbus
161	0377	31.01.75	hw	gö			19.06.92 umb in 234 161
162	0379	24.01.75	cs	gö	01.03.98	10.08.98	++ .05.99 Hagenwerder
163	0378	.01.75	mg	srd	01.05.88	01.08.88	++ 25.05.88 Ferdinanshof
164	0380	23.01.75	kms	cs	24.09.97	30.11.97	
165	0382	05.02.75	kms	dre			
166	0383	31.01.75	hw	les			31.05.94 umb in 234 166
167	0381	29.01.75	kms	nür			
168	0384	07.02.75	fak	sa			
169	0385	12.02.75	fak	fak	23.01.80	30.12.82	++ 30.11.82 Leipzig Süd
170	0386	19.04.75	hw	ch			26.02.92 umb in 234 170
171	0387	17.04.75	cs	hw	27.06.90	14.06.90	++ 28.06.91 Cottbus
172	0388	06.03.75	fak	mg	18.10.95	31.10.95	++
173	0389	06.03.75	fak	hlg			
174	0391	12.03.75	kms	mg			
175	0390	12.03.75	kms	kms	.08.84	18.08.87	++ .04.89 Cottbus
176	0393	19.03.75	hw	hlg			
177	0397	04.04.75	fko	erf	09.03.95	20.12.95	++ 26.02.99 Rockensußra
178	0395	19.03.75	cs	hlg			
179	0392	21.03.75	erf	nür			
180	0394	21.03.75	eis	erf			25.05.94 umb in 234 180
181	0396	19.03.75	hw	erf	18.09.95	20.12.95	++ .05.97 Erfurt
182	0400	21.03.75	kms	agm			
183	0401	29.03.75	kms	osb	.10.83	13.02.84	++ . .84 Ostbahnhof
184	0402	19.03.75	kms	mg			
185	0403	31.03.75	eis	eis	01.05.78	30.08.78	++ 22.11.78 Cottbus
186	0399	03.04.75	eis	sn	07.10.98	10.12.98	
187	0398	08.04.75	fko	hlg			
188	0404	04.04.75	fko	gö	30.10.95	30.11.95	++
189	0406	11.04.75	fko	sed			
190	0405	08.04.75	fko	sed			
191	0408	12.04.75	fko	mg			
192	0407	17.04.75	fko	dre	13.08.98	30.08.98	++ . .99 Gröditz
193	0411	20.06.75	wit	wit	23.08.84	30.11.88	++ 16.07.91 Cottbus
194	0409	18.04.75	wit	erf			
195	0410	23.04.75	fak	hlg			
196	0412	19.04.75	hlp	hab	18.10.95	31.10.95	++
197	0411	29.04.75	erf	sn	20.06.98	10.08.98	
198	0413	29.04.75	hlp	mg			
199	0415	29.04.75	mg	mg	17.02.90	23.04.90	++ .08.90 Magdeburg
200	0418	16.05.75	fko	fko	19.07.77	03.01.78	++ .07.77 Lebus

Lok-Nr.	F.Nr.	EA	e/l	Bw	z	+	Verbleib
132 201	0414	09.05.75	hlg	sed			
202	0416	09.05.75	les	sed			
203	0417	15.05.75	les	mg			
204	0420	24.05.75	eis	obh			
205	0421	15.05.75	les	erf			
206	0419	17.05.75	fko	erf			
207	0423	17.05.75	erf	erf			
208	0422	17.05.75	erf	sa			
209	0425	24.05.75	eis	hlg			
210	0424	.06.75	eis	eis	07.12.82	16.12.82	++ 10.12.82 Erfurt
211	0429	04.06.75	les	hlg	26.04.96	30.11.96	++ 02.98 Halle
212	0426	07.06.75	erf	erf			
213	0428	04.07.75	rh	hlg	01.06.99	30.08.99	
214	0427	13.06.75	sw	sw	01.09.84	17.08.84	++ .01.85 Wittenberge
215	0436	11.06.75	erf	erf	04.10.95	20.12.95	++ .07.99 Rockensußra, Fabr.-Nr. wie 132 225
216	0430	11.06.75	erf	sa			
217	0431	12.06.75	erf	dre			
218	0434	12.06.75	hlp	nür			Fabr.-Nr. wie 132 224
219	0433	14.06.75	les	nür			
220	0435	19.06.75	les	agm	17.07.98	30.12.98	
221	0438	21.06.75	mg	dre			
222	0432	05.07.75	hw	gö			27.11.96 umb in 234 222
223	0437	10.07.75	mg	sed			
224	0434	17.07.75	gt	gt	.03.79	30.06.80	++ 31.01.81 Magdeburg, Fabr.-Nr. wie 132 218
225	0436	16.07.75	hlg	mg	27.07.95	31.10.95	++ .08.99 Cottbus, Fabr.-Nr. wie 132 215
226	0441	12.07.75	les	hlg	22.04.98	10.10.98	++
227	0439	25.07.75	rh	sed	01.03.98	30.08.98	++
228	0440	11.07.75	sw	sed			
229	0442	24.07.75	gt	dre			
230	0447	27.07.75	wit	mg			
231	0443	06.08.75	mg	mg	29.06.98	30.10.98	++ .09.99 Rockensußra
232	0444	06.08.75	hlp	sa			
233	0446	29.07.75	hlp	rhs			
234	0445	16.08.75	sw	gö	30.01.97	30.10.97	++ .09.99 Hagenwerder
235	0448	14.08.75	mg	hlg			12.06.92 umb in 234 235
236	0449	14.08.75	gt	hlg	24.04.97	10.11.97	++ 08.98 Espenhain
237	0450	14.08.75	hlp	gö			30.06.97 umb in 232 800
238	0452	06.09.75	fak	mg			
239	0451	13.08.75	hlp	mg			
240	0453	20.08.75	hlp	dre			
241	0454	22.08.75	gt	dre			
242	0455	30.08.75	gt	pw			24.05.94 umb in 234 242
243	0458	23.08.75	mg	mg	16.12.76	24.01.84	++ 30.09.84 Cottbus
244	0456	06.09.75	mg	gt			22.05.92 umb in 234 244
245	0457	26.09.75	cs	mg			
246	0460	25.09.75	wit	dre	29.04.98	30.08.98	++ .99 Gröditz
247	0459	28.08.75	rh	hab			19.07.94 umb in 234 247
248	0461	19.09.75	fak	hlg	01.12.98	30.06.99	
249	0462	17.09.75	fak	nür			
250	0463	11.09.75	mg	hlg	27.07.95	31.10.95	++ 01.08.97 Halle
251	0464	17.09.75	fak	mei			28.04.92 umb in 234 251
252	0465	13.09.75	hlg	sed			
253	0466	05.09.75	cs	hlg			
254	0467	20.09.75	les	hlg			
255	0469	25.09.75	wit	hlg			
256	0470	24.09.75	hlp	erf	18.06.96	26.08.96	++ .08.96 Nordhausen
257	0471	16.10.75	cs	gö			12.07.94 umb in 234 257
258	0468	27.09.75	hlg	mg			
259	0473	12.10.75	gt	hlg			
260	0475	05.10.75	sw	hlg			
261	0472	16.10.75	les	sed	01.03.98	30.08.98	++
262	0476	12.10.75	mg	mg			
263	0474	15.10.75	wit	erf	18.09.95	20.12.95	++ .02.99 Wöhlsdorf
264	0477	05.10.75	sw	sed			
265	0479	24.10.75	wit	mg			
266	0480	16.10.75	osb	osb	02.09.78	17.06.80	++ .11.80 Ostbahnhof
267	0478	29.10.75	sw	fko	24.04.90	10.05.90	++ 12.90
268	0483	30.10.75	fko	mg			
269	0481	18.10.75	sw	les	24.10.95	31.10.95	++ .06.97 Espenhain
270	0485	07.11.75	cs	cs	23.03.89	09.05.89	++ 05.06.89 Cottbus
271	0482	18.11.75	fko	gö	01.03.98	10.08.98	++ .05.99 Hagenwerder

Lok-Nr.	F.Nr.	EA	e/l	Bw	z	+	Verbleib
132 272	0484	08.11.75	hw	sed			
273	0488	28.11.75	cs	les	18.10.95	31.10.95	++ 12.06.97 Halle
274	0486	15.11.75	cs	mg			
275	0487	21.11.75	fko	osb	03.03.89	04.09.89	++ .05.90 Ostbahnhof
276	0489	28.11.75	rh	hlg	30.06.97	10.11.97	++ .08.98 Espenhain
277	0490	12.12.75	kms	dre			
278	0491	20.12.75	kms	fko			26.05.92 umb in 234 278
279	0494	10.12.75	kms	erf	06.06.83	28.07.83	++ 26.09.83 Sangerhausen
280	0495	28.11.75	hw	agm			
281	0493	16.12.75	rch	obh			
282	0497	06.11.75	fko	sed			
283	0496	13.11.75	fko	mg			
284	0498	28.11.75	cs	sed			
285	0499	06.12.75	erf	sed			
286	0502	18.12.75	osb	agm			
287	0500	27.11.75	hlp	agm			
288	0503	07.12.75	eis	obh			
289	0492	17.12.75	mg	obh			
290	0501	22.11.75	hw	mg	01.05.99	30.06.99	++ .09.99 Halle
291	0505	12.12.75	erf	erf			
292	0507	12.12.75	hlp	eis			31.05.94 umb in 234 292
293	0508	17.12.75	sw	dre			
294	0510	17.12.75	wit	rhs			
295	0506	21.12.75	cs	obh			
296	0511	07.12.75	eis	agm			
297	0509	24.12.75	hw	agm			
298	0513	21.12.75	hw	sed			
299	0512	20.12.75	sw	nrd			02.03.92 umb in 234 299
300	0514	08.01.76	hw	hlg			
301	0516	31.12.75	cs	sed			
302	0519	14.01.76	hw	hw	15.04.83	04.07.83	++ 04.01.84 Cottbus
303	0515	16.12.75	erf	mg			
304	0517	14.01.76	hw	hw			20.10.94 umb in 234 304
305	0518	31.01.76	cs	sed	29.11.95	20.12.95	verkauft 01.96 an Falz
306	0522	15.01.76	rh	obh			
307	0521	06.01.76	kms	eis	17.02.90	10.05.90	++ .10.90 Eisenach
308	0520	23.12.75	kms	mg			
309	0524	15.01.76	sw	rhs			
310	0525	31.01.76	cs	sn	01.04.98	20.04.98	
311	0523	15.03.76	fko	ng			30.04.92 umb in 234 311
312	0527	16.01.76	cs	sed	29.08.95	30.11.95	++ .06.98 Cottbus
313	0528	10.01.76	cs	sed			
314	0526	11.01.76	rch	rhs			
315	0530	16.01.76	rch	erf			
316	0529	25.01.76	sw	sw	01.10.83	16.04.85	++ 01.05.85 Cottbus
317	0531	18.01.76	sw	mg	18.10.95	31.10.95	++ .10.97 Rockensußra
318	0532	01.04.76	hw	hw	27.06.90	15.06.90	++ 07.09.90 Cottbus
319	0533	16.01.76	cs	dre	31.01.99	20.02.99	siehe auch 232 376[II]
320	0540	23.01.76	hw	hw			27.05.92 umb in 234 320
321	0535	22.01.76	hw	nür			
322	0536	30.01.76	cs	obh			
323	0534	30.01.76	rh	sw			10.08.94 umb in 234 323
324	0538	04.02.76	wit	wit	22.10.85	28.10.85	++ 24.11.87 Rostock
325	0537	12.02.76	fko	nrd	30.03.95	20.12.95	++ .03.99 Rockensußra
326	0544	11.02.76	mg	obh			
327	0541	10.02.76	fko	fko	.10.78	08.08.80	++ 28.09.78 Dolgelin
328	0542	25.02.76	sw	dre			
329	0543	19.02.76	fko	dre			
330	0539	19.03.76	wit	mg			
331	0546	07.02.76	fko	mei	23.04.96	30.08.96	++ 05.09.98 Erfurt
332	0548	21.02.76	mg	hab	10.08.95	31.10.95	++ 15.02.98 Cottbus
333	0547	16.03.76	cs	hlg			
334	0549	24.03.76	fak	hlg			
335	0552	06.03.76	mg	mg			12.11.91 umb in 234 335
336	0545	23.02.76	fko	fko	21.10.76	12.10.76	++ . .82 Cottbus
337	0550	29.02.76	mg	hab	23.08.95	31.10.95	++ .12.95 Espenhain
338	0553	25.03.76	cs	dre			08.07.99 umb in 241 338
339	0551	30.03.76	fko	pw			29.10.96 umb in 234 339
340	0556	06.04.76	erf	erf	10.01.90	28.02.90	++ 30.01.92 Erfurt
341	0555	05.06.76	hlp	les			27.04.92 umb in 234 341
342	0577	08.05.76	hlp	sed			
343	0578	08.05.76	hlp	fko	.06.82	15.12.82	++ .07.83 Cottbus
344	0579	27.05.76	fak	gt			23.04.92 umb in 234 344
345	0580	28.05.76	sed	rhs			

Lok-Nr.	F.Nr.	EA	e/l	Bw	z	+	Verbleib
346	0581	28.05.76	fak	mei			31.03.92 umb in 234 346
347	0582	26.08.76	fak	mg			
348	0583	29.05.76	les	mg	02.07.91	27.12.93	++ .10.93 Magdeburg
132 349	0584	21.05.76	hlp	hlg			
350	0585	04.06.76	fak	agm			
351	0586	27.05.76	hlg	hw			25.05.94 umb in 234 351
352	0587	29.07.76	erf	sed			
353	0588	12.06.76	erf	hlg			08.10.99 umb in 241 353
354	0593	12.06.76	fko	nür			
355	0589	04.06.76	hlp	nrd	18.04.95	20.12.95	++ .02.99 Rockensußra
356	0591	11.06.76	gt	mg			
357	0592	06.06.76	fko	rhs			
358	0590	24.06.76	les	rhs			
359	0594	01.07.76	fak	obh			
360	0595	10.06.76	hlp	ntz	.04.81	18.08.81	++ 11.09.81 Neustrelitz
361	0596	26.06.76	fko	agm			
362	0599	25.06.76	fko	erf			
363	0598	08.07.76	wit	dre			
364	0597	23.07.76	rh	rh	03.03.89	29.08.90	++ .91 Cottbus
365	0600	08.07.76	wit	sed			
366	0602	17.09.76	eis	eis	07.12.82	16.12.82	++ .04.83 eis
367	0603	17.07.76	hw	obh			
368	0601	07.08.76	gt	hlg			
369	0604	17.07.76	hlp	ng	.04.89	07.09.89	++ .01.92 Stralsund
370	0605	16.07.76	hlp	hab	28.02.89	28.04.89	++ .01.93 Cottbus
371	0606	24.08.76	sw	sed			
372	0607	28.08.76	sw	rhs			
373	0608	28.07.76	sw	rhs			
374	0609	23.07.76	sw	dre			
375	0610	22.07.76	sed	erf	18.09.95	20.12.95	verkauft an Falz, Jüterbog
376	0611	22.07.76	mg	mg			
376^{II}	unter Verwendung von Teilen der 232 319 als 232 376^{II}						
377	0612	31.07.76	osb	sed			
378	0613	28.08.76	erf	sed			
379	0614	21.08.76	hlg	sed			
380	0615	07.08.76	hlp	gö	23.04.96	26.04.96	++ .05.99 Hagenwerder
381	0616	14.08.76	fko	mei	18.09.95	20.12.95	
382	0617	12.08.76	sed	agm			
383	0618	25.08.76	les	hlg			
384	0619	14.08.76	les	hlg			
385	0620	27.08.76	mg	les			05.08.94 umb in 234 385
386	0621	28.08.76	osb	sed			
387	0622	31.08.76	osb	sw	09.09.96	20.09.96	verkauft nach Kratzeburg
388	0624	31.08.76	mg	mg			
389	0623	01.09.76	les	cs	28.02.94	31.12.94	++ .10.94 Cottbus
390	0625	11.09.76	hlp	les	18.10.95	31.10.95	++ .97 Cottbus
391	0626	14.09.76	hlp	sed			
392	0628	14.09.76	osb	dre			
393	0627	11.09.76	fak	mg			
394	0630	18.09.76	cs	pw	29.11.95	20.12.95	++ .09.97 Angermünde
395	0629	15.09.76	mg	mg			
396	0631	22.09.76	cs	rhs			
397	0633	07.09.76	cs	rhs			
398	0634	01.09.76	fak	les	18.03.96	30.11.96	++ .06.97 Espenhain
399	0632	03.09.76	hlp	bhf			17.06.92 umb in 234 399
400	0635	25.09.76	rh	dre			
401	0638	30.09.76	osb	rhs			
402	0637	25.09.76	wit	erf	18.09.95	20.12.95	++ .03.99 Rockensußra
403	0639	24.09.76	osb	agm			
404	0636	26.10.76	osb	sed	29.11.95	20.12.95	verkauft an Wismut
405	0640	17.09.76	osb	erf	04.05.95	20.12.95	verkauft an Wismut, Fabr.-Nr. wie 132 406
406	0640	11.09.76	erf	rhs			Fabr.-Nr. wie 132 405
407	0641	12.10.76	osb	dre			
408	0643	12.10.76	kms	nür			
409	0644	30.09.76	osb	sed			
410	0645	01.10.76	les	mg			
411	0647	07.10.76	kms	sed			
412	0648	19.10.76	hlp	pkr	18.10.95	30.11.95	
413	0642	15.10.76	hlp	hlg			
414	0646	29.10.76	mg	mg			
415	0650	25.09.76	eis	sa			
416	0649	01.10.76	erf	mg			
417	0652	19.10.76	cs	cs			26.05.94 umb in 234 417
132 418	0651	06.11.76	ntz	agm			
419	0653	06.11.76	ntz	hlg			
420	0654	21.10.76	erf	mg			
421	0655	15.10.76	erf	agm			
422	0656	19.10.76	cs	les	28.05.77	13.05.77	++ .09.93 Halle G
423	0657	06.11.76	hlp	sed			31.03.92 umb in 234 423
424	0658	06.11.76	hlp	mg			
425	0660	15.02.77	sed	sed			
426	0661	22.10.76	wit	hlg			
427	0659	22.10.76	sw	dre			
428	0663	04.11.76	sed	sed			
429	0664	27.10.76	hlp	rhs	23.12.98	20.02.99	
430	0665	22.10.76	sw	dre			
431	0670	27.10.76	osb	osb	01.11.82	16.12.82	++ 15.12.82 Ostbahnhof
432	0671	03.11.76	wit	erf			
433	0668	04.11.76	eis	eis	20.09.81	20.10.81	++ 30.05.82 Cottbus
434	0669	09.11.76	rch	rhs			
435	0674	20.11.76	rch	les	05.02.96	30.11.96	++ .06.97 Espenhain
436	0672	30.10.76	mg	pw	26.10.95	30.11.95	
437	0666	03.11.76	wit	sed			
438	0676	05.11.76	wit	sed			
439	0677	18.12.76	osb	pw	09.09.96	20.09.96	++ .09.97 Angermünde
440	0675	05.11.76	mg	mg			26.11.92 umb in 234 440
441	0673	12.11.76	eis	obh			
442	0679	18.11.76	sed	gö			21.05.92 umb in 234 442
443	0678	25.11.76	wit	agm			
444	0680	18.12.76	ntz	hlg			
445	0684	13.11.76	wit	agm			
446	0681	03.12.76	erf	erf	18.09.95	20.12.95	verkauft an Falz
447	0683	22.12.76	les	hab	07.06.95	31.10.95	++ 16.01.98 Cottbus
448	0682	15.12.76	mg	hlg			
449	0685	15.12.76	mg	dre			15.09.99 umb in 241 449
450	0662	21.12.76	ntz	hlg			
451	0686	24.12.76	ntz	obh			
452	0687	15.12.76	wit	obh			
453	0688	22.12.76	les	mg			
454	0689	05.01.77	hlp	mg			
455	0690	08.01.77	hlp	hlg			
456	0691	23.12.76	cs	dre			
457	0692	18.02.77	ntz	erf			
458	0693	13.01.77	mg	nür			
459	0694	22.12.76	hlp	mg			
460	0695	07.01.77	sed	cs	29.08.95	30.11.95	++ .07.98 Rockensußra
461	0696	25.01.77	cs	erf			
462	0697	11.05.77	mg	nür			
463	0698	22.01.77	hlp	mg	01.03.89	28.01.89	++ 22.07.89 Magdeburg
464	0699	13.01.77	mg	mg			
465	0700	29.01.77	cs	rhs			
466	0701	29.01.77	les	mg			
467	0702	14.01.77	wit	mei			22.04.92 umb in 234 467
468	0703	15.02.77	wit	erf			12.07.94 umb in 234 468
469	0704	01.02.77	cs	obh			
470	0705	17.03.77	ntz	rhs			
471	0706	08.04.77	hw	dre			
472	0707	22.03.77	cs	dre			
473	0708	26.02.77	ntz	ng	31.12.93	04.01.94	++ 08.07.94 Neustrelitz
474	0709	16.12.77	sw	dre			
475	0710	15.02.77	sed	hab			27.05.92 umb in 234 475
476	0711	16.02.77	gt	rch	17.10.95	23.04.96	++ . .97 Teichwolframsdf.
477	0712	01.03.77	ntz	rhs			
478	0713	11.03.77	ntz	obh			
479	0714	22.03.77	les	mg	11.10.85	11.10.85	++ .10.85 Eilsleben
480	0715	24.03.77	gt	dre			
481	0717	11.03.77	eis	hlg			
482	0716	05.03.77	erf	erf			
483	0718	12.03.77	les	dre			
484	0719	19.03.77	mg	mg			
485	0720	27.03.77	hlp	nür			
486	0721	05.04.77	erf	sed			
487	0722	01.04.77	hlp	sa			
488	0723	08.04.77	wit	sa			
489	0724	01.04.77	erf	erf			
490	0725	26.04.77	mg	pw	04.08.94	28.04.95	++ .02.99 Neustrelitz
491	0726	03.05.77	osb	rhs			

Lok-Nr.	F.Nr.	EA	e/l	Bw	z	+	Verbleib
132 492	0727	19.05.77	rh	rhs			
493	0728	21.04.77	mg	sed			
494	0729	22.04.77	gt	mg			
495	0730	18.06.77	osb	dre			
496	0731	20.04.77	osb	sed			
497	0732	01.06.77	osb	dre			
498	0733	05.05.77	mg	mg			
499	0734	28.04.77	rch	dre			
500	0735	19.05.77	hlp	dre			
501	0736	12.05.77	wit	rhs			
502	0737	05.05.77	les	mg			
503	0738	01.07.77	osb	sed			
504	0739	17.05.77	rch	srd			21.04.92 umb in 234 504
505	0740	19.05.77	hlp	hlg			
506	0741	14.05.77	hlp	erf	18.09.95	13.12.95	++ .05.97 Erfurt
507	0742	16.07.77	wit	sa			29.06.92 umb in 234 507
508	0743	17.05.77	ntz	rhs			
509	0744	27.05.77	ntz	sed			
510	0745	24.05.77	osb	nür			
511	0746	19.05.77	wit	obh			
512	0747	23.05.77	les	sed			
513	0748	11.06.77	wit	rhs			
514	0749	28.05.77	rh	sed			
515	0750	28.05.77	sw	erf			
516	0751	11.06.77	hw	cs	07.06.95	30.11.95	++ .07.98 Rockensußra
517	0752	18.06.77	hw	rhs			
518	0753	13.09.77	osb	dre			
519	0754	17.06.77	mg	mg			
520	0755	23.06.77	osb	hlg			
521	0756	01.07.77	mg	obh			
522	0757	22.08.77	mg	mg	24.01.79	08.08.80	++ .01.79 Potsdam
523	0758	22.06.77	gt	les			22.07.94 umb in 234 523
524	0759	15.07.77	erf	erf			
525	0760	01.07.77	osb	obh			
526	0761	29.06.77	mg	mg			31.03.92 umb in 234 526
527	0762	24.09.77	mg	mg			
528	0763	22.09.77	osb	erf			
529	0764	16.07.77	wit	hlg			
530	0765	27.07.77	hlp	sed			
531	0766	29.07.77	nrd	hlg			
532	0767	25.09.77	nrd	sed			
533	0768	19.10.77	rh	dre			
534	0769	27.10.77	cs	rhs			
535	0770	07.10.77	cs	agm			
536	0771	01.10.77	mg	nür			
537	0772	16.09.77	rch	nür			
538	0773	17.09.77	sw	sw			27.03.92 umb in 234 538
539	0774	23.09.77	rh	sed			
540	0800	17.05.78	fak	sed	29.12.98	30.12.98	++ .06.99 Rockensußra
541	0801	13.05.78	hlp	rhs			
542	0802	31.05.78	fko	dre			
543	0803	19.05.78	fak	dre			
544	0804	13.05.78	hlp	hlg			++ Cottbus
544[II]	umgezeichnet aus 232 659						
545	0805	11.05.78	fko	sed			30.04.96 umb in 234 545
546	0806	11.05.78	fko	cs			19.04.96 umb in 234 546
547	0807	31.05.78	fko	rhs			
548	0808	29.06.78	rch	ch			26.05.93 umb in 234 548
549	0809	22.06.78	fko	sed			31.05.96 umb in 234 549
550	0810	15.06.78	cs	sed			
551	0811	22.06.78	fak	pw			25.05.94 umb in 234 551
552	0812	12.07.78	cs	gö			24.05.94 umb in 234 552
553	0813	02.07.78	fko	erf			
554	0814	11.07.78	fko	hlg			23.06.92 umb in 234 554
555	0815	12.08.78	fak	gt			05.11.93 umb in 234 555
556	0816	08.07.78	cs	srd	.04.88	01.08.88	++ 08.06.90 Stralsund
557	0817	15.07.78	fak	dre			
558	0818	28.06.78	fak	hlg			
559	0819	26.07.78	cs	dre			
560	0821	20.07.78	fko	sed			
561	0820	08.09.78	fak	rhs			
562	0822	15.09.78	fko	nür			
563	0823	23.08.78	cs	dre			
564	0824	01.10.78	cs	mg			

Lok-Nr.	F.Nr.	EA	e/l	Bw	z	+	Verbleib
132 565	0825	13.09.78	rch	mg			17.02.93 umb in 234 565
566	0826	01.10.78	rch	mg			
567	0827	20.09.78	rch	rhs			
568	0828	10.10.78	fak	agm			
569	0829	23.09.78	rch	hlg			
570	0830	19.10.78	rch	dre			
571	0831	29.09.78	rch	erf			
572	0832	29.09.78	rch	nür			
573	0833	03.11.78	cs	dre			
574	0834	28.09.78	cs	cs	10.01.86	01.04.86	++ 10.06.87 Cottbus
575	0835	20.09.78	rch	mg			
576	0836	20.09.78	rch	hlg			
577	0837	10.10.78	cs	erf			
578	0838	19.10.78	rch	cs			24.04.92 umb in 234 578
579	0839	10.11.78	cs	mg			
580	0861	25.07.79	fak	dre			
581	0862	17.05.79	fko	dre			
582	0863	17.05.79	fko	gö			14.05.92 umb in 234 582
583	0864	18.05.79	fko	dre			
584	0865	23.05.79	cs	nür			
585	0866	23.05.79	cs	pw			27.03.92 umb in 234 585
586	0867	12.05.79	fko	sed			
587	0868	20.06.79	fak	hlg			
588	0869	27.05.79	rch	rhs			
589	0870	27.05.79	rch	erf			
590	0871	27.07.79	rch	erf			
591	0872	13.07.79	fak	eis			28.02.92 umb in 234 591
592	0873	14.08.79	rch	agm			
593	0874	08.08.79	fak	hlg			
594	0875	14.07.79	cs	dre			
595	0876	19.07.79	fak	mg			
596	0878	11.07.79	cs	dre			
597	0877	30.09.79	rch	sed			26.05.94 umb in 234 597
598	0879	15.08.79	fak	rhs			
599	0880	09.02.80	cs	hw	25.05.87	22.07.87	++ 16.11.87 Cottbus
600	0881	15.08.79	fak	dre			
601	0882	06.09.79	rch	dre			
602	0883	25.09.79	fko	dre			
603	0885	25.09.79	fko	sed			
604	0884	05.09.79	rch	hlg			
605	0886	13.09.79	fko	rhs			
606	0887	15.09.79	fak	sa			30.04.92 umb in 234 606
607	0888	19.10.79	fko	sed			
608	0889	20.12.79	cs	sa			28.02.92 umb in 234 608
609	0890	22.03.80	cs	nür			
610	0891	05.10.79	fak	sed	06.09.95	30.11.95	++ .07.98 Seddin
611	0892	28.09.79	rch	sa			
612	0893	30.09.79	rch	dre			
613	0896	11.10.79	cs	sed			
614	0894	03.11.79	fak	hlg			
615	0895	01.12.79	fko	erf			
616	0897	07.12.79	fko	erf			
617	0898	06.11.79	cs	dre			
618	0899	21.12.79	cs	dre			
619	0900	16.12.79	cs	cs	23.03.89	09.05.89	++ 10.05.89 Cottbus
620	0901	02.08.80	rch	rhs			
621	0902	19.07.80	fak	sgh	01.05.86	23.06.87	++ 31.10.87 Reichenbach
622	0903	15.07.80	fak	obh			
623	0904	19.07.80	fko	erf			
624	0905	14.08.80	fko	rhs			
625	0906	15.08.80	fak	mg			
626	0907	30.08.80	rch	nür			
627	0908	03.09.80	rch	obh			
628	0909	08.11.80	fko	dre			
629	0910	25.09.80	rch	hlg			
630	0911	15.10.80	fak	ng			12.07.93 umb in 234 630
631	0912	24.10.80	fko	sed			
632	0913	16.10.80	fak	rhs			
633	0914	31.10.80	rch	rhs			
634	0915	30.10.80	fak	agm			
635	0916	25.10.80	fak	hlg			
636	0917	29.11.80	rch	rhs			
637	0918	02.12.80	fak	eis	01.05.86	18.04.89	++ .09.91 Erfurt
638	0919	16.01.81	rch	pw	26.10.95	30.11.95	++ .09.98 Stralsund

Lok-Nr.	F.Nr.	EA	e/l	Bw	z	+	Verbleib
132 639	0920	13.12.80	fko	sgh	01.05.86	16.06.86	++ 12.12.86 Erfurt
640	0921	06.12.80	fko	rhs			
641	0922	13.12.80	fko	bhf			29.04.92 umb in 234 641
642	0923	23.01.81	fko	dre			
643	0924	14.01.81	rch	sed			
644	0925	09.02.81	fak	dre			
645	0926	20.02.81	fak	hlg			
646	0927	04.02.81	rch	erf			
647	0928	23.04.81	fak	rhs			
648	0929	23.04.81	fak	nür			
649	0930	21.03.81	fak	rhs			
650	0931	26.02.81	rch	dre			
651	0932	14.03.81	fko	bhf			26.05.92 umb in 234 651
652	0933	14.04.81	fko	sed			
653	0934	05.06.81	fak	mg			
654	0935	22.05.81	fak	mg			
655	0936	19.03.81	rch	rhs			
656	0937	08.04.81	rch	dre			
657	0938	16.05.81	rch	rch			16.12.93 umb in 234 657
658	0939	16.05.81	rch	hlg			
659	0940	26.05.81	rch	hlg	28.08.96	30.11.96	12.97 umz in 232 544[II]
660	0941	04.07.81	fko	sed			
661	0943	17.06.81	fko	nür			
662	0944	31.05.81	fak	mg			
663	0945	20.06.81	rch	hlg			
664	0946	05.06.81	fko	bhf			07.05.92 umb in 234 664
665	0942	30.05.81	fko	dre			
666	0947	27.06.81	fko	rhs			
667	0948	04.07.81	fko	pw	26.10.95	30.11.95	++ .97 Angermünde
668	0950	18.06.81	fak	hlg			
669	0949	25.06.81	fak	hlg			
670	0951	23.07.81	rch	sed			
671	0952	30.07.81	rch	hw	25.05.87	20.07.87	++ 10.12.87 Cottbus
672	0953	02.08.81	fak	hlg			
673	0954	10.08.81	fak	hlg			
674	0955	30.07.81	fak	hlg			
675	0956	05.08.81	fak	hlg			
676	0957	16.09.81	fak	mg			
677	0958	16.09.81	fak	hlg			
678	0959	04.09.81	kms	dre			
679	0960	09.09.81	rch	hlg			
680	0961	06.10.81	fak	mg			
681	0962	15.09.81	fak	agm			
682	0963	22.09.81	fak	dre			
683	0964	06.10.81	fak	obh			
684	0965	31.10.81	fko	cs	29.08.95	30.11.95	verkauft an Wismut
685	0966	20.10.81	fko	dre			
686	0967	28.11.81	rch	erf			
687	0968	24.11.81	rch	hlg			
688	0969	11.12.81	fak	dre			
689	0970	03.12.81	fak	nür			
690	0971	19.12.81	fko	nür			
691	0972	12.01.82	rch	dre			
692	0973	08.01.82	rch	sed			
693	0974	21.02.82	fak	hlg			
694	0975	09.02.82	fak	hlg			
695	0976	19.02.82	rch	nür			
696	0977	27.02.82	rch	rhs			
697	0978	13.03.82	fko	hlg			03.09.99 umb in 241 697
698	0979	25.03.82	fak	agm			
699	0980	09.03.82	fko	obh			
700	0981	27.03.82	rch	dre			
701	0982	27.03.82	rch	nür			
702	0983	06.04.82	fak	hlg			
703	0984	20.04.82	fak	hlg			
704	0985	23.05.82	fko	dre			
705	0986	23.05.82	fko	sed			
706	0987	16.04.82	fak	rhs			
707	0988	22.05.82	rch	rhs			
708	0989	24.07.82	fak	mg			
709	0990	16.07.82	ntz	rhs			

232 800	umb	01.07.97	erf	cbh			Umbau aus 232 237

Lok-Nr.	F.Nr.	EA	e/l	Bw	z	+	Verbleib
142 001	0001	21.05.77	hlp	srd	09.11.94	10.03.95	verkauft an BSW Arnstadt
002	0002	01.06.77	hlp	srd	09.11.94	10.03.95	verkauft nach Paderborn
003	0003	16.07.77	hlp	srd	04.07.94	10.03.95	verkauft nach Paderborn
004	0004	12.10.77	srd	srd	10.05.94	30.11.94	verkauft nach Paderborn
005	0005	31.08.78	srd	srd	04.07.94	10.03.95	verkauft nach Paderborn
006	0006	30.11.78	srd	srd	04.07.94	10.03.95	

Umbau in Baureihe 234

Lok-Nr.	Umbaudatum		erstes und letztes Bw				
234 016	umb	22.05.92	bhf	gö			
072	umb	01.04.92	bhf	gö			
075	umb	26.05.92	bhf	gö			
116	umb	16.09.94	pkr	gö			
144	umb	26.05.94	bhf	gö			
161	umb	20.06.92	bhf	gö			
166	umb	01.06.94	pkr	gö			
170	umb	27.02.92	bhf	gö			
180	umb	26.05.94	bhf	gö			
222	umb	28.11.96	gö	gö			
235	umb	13.06.92	bhf	gö			
242	umb	25.05.94	bhf	gö			
244	umb	23.05.92	bhf	rh			
247	umb	20.07.94	pkr	gö			
251	umb	29.04.92	bhf	gö			
257	umb	13.07.94	pkr	gö			
278	umb	27.05.92	bhf	rh			
292	umb	01.06.94	pkr	gö			
299	umb	03.03.92	bhf	rh			
304	umb	21.10.94	wur	gö			
311	umb	01.05.92	bhf	gö			
320	umb	28.05.92	bhf	rh			
323	umb	11.08.94	pkr	gö			
335	umb	13.11.91	mg	rh			
339	umb	30.10.96	pkr	gö			
341	umb	28.04.92	bhf	rh			
344	umb	24.04.92	bhf	gö			
346	umb	01.04.92	bhf	gö			
351	umb	26.05.94	bhf	gö			
385	umb	06.08.94	pkr	gö			
399	umb	18.06.92	bhf	gö			
417	umb	27.05.94	bhf	gö			
423	umb	01.04.92	bhf	gö			
440	umb	27.11.92	bhf	rh			
442	umb	22.05.92	bhf	gö			
467	umb	23.04.92	hlg	gö			
468	umb	13.07.94	gö	gö			
475	umb	28.05.92	bhf	rh			
504	umb	22.04.92	bhf	gö			
507	umb	30.06.92	bhf	rh			
523	umb	23.07.94	pkr	gö			
526	umb	01.04.92	bhf	gö			
538	umb	28.03.92	bhf	gö			
545	umb	01.05.96	sed	gö			
546	umb	20.04.96	cs	gö			
548	umb	27.05.93	bhf	gö			
549	umb	01.06.96	sed	gö			
551	umb	26.05.94	bhf	gö			
552	umb	25.05.94	bhf	gö			
554	umb	24.06.92	bhf	rh			
555	umb	06.11.93	bhf	rch	z 15.02.99	+ 15.02.99	++ 05.99
565	umb	18.02.93	hlg	gö			
578	umb	25.04.92	bhf	gö			
582	umb	15.05.92	bhf	gö			
585	umb	28.03.92	bhf	rh			
591	umb	29.02.92	bhf	rh			
597	umb	27.05.94	bhf	gö			
606	umb	01.05.92	bhf	gö			
608	umb	01.03.92	bhf	gö			
630	umb	13.07.93	bhf	gö			

Lok-Nr.	Umbaudatum	erstes und letztes Bw	
234 641	umb 30.04.92	bhf	gö
651	umb 27.05.92	bhf	rh
657	umb 17.12.93	bhf	rh
664	umb 08.05.92	bhf	rh

Umbau in Baureihe 241

Lok-Nr.	Umbaudatum	erstes und letztes Bw	
241 008	umb 24.11.99	obh	obh
338	umb 09.07.99	hlg	hlg
353	umb 09.10.99	hlg	obh
449	umb 16.09.99	hlg	obh
697	umb 04.09.99	hlg	obh

Erhaltene Lokomotiven außerhalb der DB

Zahlreiche Lokomotiven der V 300-Familie sind nach ihrer Dienstzeit von privaten Interessenten oder BSW-Gruppen erworben worden, die teilweise später an heu:e als Eisenbahn-Verkehrsunternehmen tätige Bahnen übergingen und dort als Privatloks in Dienst stehen. Darüberhinaus sind in Brandenburg noch einige 131 vorhanden, die offiziell als längst „zerlegt" gelten.

130 002	Privat, hinterstellt in Dresden-Altstadt
130 012	BSW-Gruppe Belzig, abgestellt in Belzig
130 077	verkauft an EM Röbel, 1999/2000 aufgearbeitet, 2000 an TLG
130 101	BSW-Gruppe in Halle P
131 001	BSW-Gruppe in Halle P
131 004	verkauft an Falz, Hermeskeil, 1999 an EBG
131 011	verkauft an Falz Jüterbog, 1999 an EBG
131 012	verkauft an Falz, nach Aufarbeitung 1999 an Schauffele
131 015	verkauft an Falz Jüterbog, 1999 an EBG
131 018	verkauft an Falz, Jüterbog, 1999 an EBG
131 040	verkauft an Falz, Jüterbog, 1999 an EBG
131 043	verkauft an Falz, Jüterbog, 1999 an EBG
131 050	verkauft an Falz, Jüterbog, 1999 an EBG
131 060	Sächsisches Eisenbahnmuseum Chemnitz-Hilbersdorf
131 070	verkauft an Falz, Jüterbog, 1999 an EBG
131 072	BSW-Gruppe Arnstadt, Standort Arnstadt
132 004	abgegeben nach Bosnien
132 057	verkauft nach Kaliningrad, 1999 zurückgeführt, an BGW
132 066	abgegeben nach Bosnien
132 103	verkauft nach Kaliningrad, 1999 zurückgeführt, an BGW
132 152	abgegeben nach Bosnien
132 158	abgegeben nach Bosnien
132 305	verkauft an Falz, Einsatz für Dritte
132 375	verkauft an Falz, Einsatz für Dritte
132 387	verkauft an Ferienobjekt Kratzeburg (bei Neustrelitz)
132 404	verkauft an Wismut, dort V 300 001
132 405	verkauft an Wismut, dort V 300 002
132 446	verkauft an Falz, 1999 an BGW, 1999 Lok 10 TLG
132 684	verkauft an Wismut, dort V 300 003
142 001	BSW-Gruppe Arnstadt, Standort Arnstadt
142 002	verkauft Paderborn, z. Z. in Aufarbeitung bei Adtranz in Kassel
142 003	verkauft Paderborn, z. Z. in Aufarbeitung bei Adtranz in Kassel
142 004	verkauft Paderborn, z. Z. in Aufarbeitung bei Adtranz in Kassel
142 005	verkauft Paderborn, z. Z. in Aufarbeitung bei Adtranz in Kassel

Abkürzungen

TLG (Transport Logistik GmbH)
EBG (Eisenbahnbetriebs Gesellschaft Altenbeken)
BGW (Bahngesellschaft Waldhof)

Dieses Bild belegt die Umzeichnung von 232 659 in 232 544 (als Zweitbesetzung). Die eigentliche 232 544 wurde 1996 im Werk Cottbus verschrottet, nachdem Teile ihres Rahmens und ein Führerstand zum Aufbau von 232 627 genutzt wurden. Offensichtlich wollte man den Vorgang (aus versicherungsrechtlichen Gründen?) verschleiern und nummerte 232 659 in (die verschrottete) 232 544 um. Das Bild entstand am 28. Oktober 1996 in Cottbus.
AUFNAHME: FRITZ BARTKE

Verschrottet wurden in den neunziger Jahren die überzähligen Lokomotiven der V 300-Familie auch in zahlreichen Bahnbetriebswerken. In Zeiten der Leistungseinbußen und damit der Überbeschäftigung bot das Zerlegen von Lokomotiven die Möglichkeit zur „Arbeitsbeschaffung". Diesem Schicksal konnte sich auch 231 028 im Bw Reichenbach nicht entziehen, die im März 1994 bis auf den Rahmen und die Drehgestelle bereits zu Schrott verarbeitet war.

AUFNAHME: THOMAS FRISTER

Das eigentliche Schicksal von 232 544 dokumentiert dieses Bild: Rahmenteil und Führerstand werden zur Komplettierung von 232 627 genutzt; die entsprechenden Nummern an Lokkasten und Führerstand bedürfen keines weiteren Kommentars. Werk Cottbus im August 1996.

AUFNAHME: FRITZ BARTKE

Das ist die eigentliche 232 544, oder besser gesagt ihr Rahmen und der Rest des Lokkastens. Die am 30. November 1996 ausgemusterte 232 659 wurde deshalb in 232 544 (Zweitbesetzung) umgenummert, ganz offensichtlich, um den ganzen Sachverhalt zu verschleiern.

AUFNAHME: FRITZ BARTKE

Lieferungen an andere Länder und Bahnverwaltungen

(von Johannes Glöckner)

Die Lokomotiven der V 300-Familie gelten als klassische Maschinen der DDR-Reichsbahn. Dazu trägt ihre hohe Stückzahl bei, aber auch der Umstand, dass diese Bauart in anderen Ostblockländern und der ehemaligen UdSSR kaum vertreten ist. Die V 200 dagegen war ein Exportschlager von Kuba bis Nordkorea. Auch im Bereich der ehemaligen Sowjetunion fährt sie in den verschiedensten Variationen. Hierher wurden mehr als 2500 Maschinen geliefert. Die Lokomotiven der V 300-Familie dagegen blieben in der Hauptsache auf die DDR beschränkt. Umso interessanter sind die Ausnahmen, da einige dieser Lokomotiven nachträglich auch nach Deutschland gekommen sind.

Als die V 300 (Werksbezeichnung TE109) im Jahr 1970 in Serie ging, waren von den V 200 (Werksbezeichnung M62) schon über 1000 Maschinen an Ungarn, die Tschechoslowakei, Polen, die DDR, Nordkorea und an die SZD geliefert worden. In dieser Reihenfolge war die M62 in diesen RGW-Mitgliedsstaaten als Serien-Großdiesellok eingeführt worden. Bedarf für die als Exportlok ausgelegte TE109 gab es nur noch in Bulgarien und in der DDR. Versuche mit zwei Prototypen TE109 sowie mit zwei Doppellokomotiven 2TE109 sollten klären, ob die Maschine auch für russische Bedürfnisse geeignet sei. Grundsätzlich ging es um die Frage der Leistungssteigerung. Eine Möglichkeit war, die TE109 mit einer 4000-PS-Maschine zu versehen. Die andere, eher für den heimischen Bedarf gedachte Alternative, sah eine Doppellok mit 2 x 3000 PS vor.

Während der Lieferungen für die DDR wurden 90 Lokomotiven für Bulgarien sowie zwei Musterlokomotiven für die CSD mitgebaut. Ab 1977 bekamen sowjetische Industriebetriebe 31 Lokomotiven aus der DDR-Serie der Baureihe 132. Die Gesamtstückzahl der TE109 außerhalb Deutschlands betrug somit ursprünglich 127 Maschinen. Hinzu kommen die beiden Versuchsträger TE125-001 und TE129-001. Wenn man will, kann man noch die zwei normalspurigen DR-Lokomotiven 232 057 und 232 103 hinzuzählen, die im Februar 1994 als Wirtschaftshilfe nach Kaliningrad abgegeben wurden und damit für kurze Zeit zum Bestand der SZD gehörten.

Diese und etliche andere TE109-Lokomotiven sind 1999 von der Eisenbahn Betriebs-Gesellschaft mbH (EBG) mit Sitz in Altenbeken gekauft und nach Deutschland überführt worden. Somit stellt sich die zahlenmäßige Verteilung heute anders dar.

Bulgarien

Mitte der sechziger Jahre war man in Bulgarien auf der Suche nach geeigneten Großdiesellokomotiven, um das Ziel der Traktionsumstellung möglichst schnell zu erreichen. Von 1963 bis 1965 hatte Österreich 50 dieselhydraulische Reisezuglokomotiven der Reihe 04 (SPG/WLF, B'B', 2200 PS) geliefert. 1966 folgte die in

Unverkennbar eine Lok der V 300-Familie, allerdings in Bulgarien: BDZ 07-043.3 (früher 07-43) am 25. April 1993 im Depot Dupnitza. Technisch entsprechen die nach Bulgarien gelieferten Maschinen der DR-Baureihe 131, verfügen also über keine Zugheizung und erreichen 100 km/h Höchstgeschwindigkeit. AUFNAHME: JOHANNES GLÖCKNER

Die Reste der 1969 gebauten Doppellokomotive 2TE109-001b. Die Verwandschaft zur DR-V 300 ist nicht zu leugnen. Beide zugewandten Führerstände waren durch einen Übergang und Faltenbalg miteinander verbunden. Das Bild zeigt die Seite, wo sich der Übergang befand. Die Tür wurde zugeschweißt, man sieht noch die unterbrochene Griffstange.

AUFNAHME: JOHANNES GLÖCKNER

Die zwei gebauten 2TE109 sollen nur selten als Doppellok im Einsatz gestanden haben. Beim Depot Beltsy der Odessa-Kischinew-Eisenbahn wurden Probefahrten unternommen. 1981 wurden die zwei 2TE109 der Gleisbauabteilung 75 in Gatschina zugewiesen. 2TE109-002 endete als Probelok des „Weißrussischen Institutes für Verkehrsingenieure“ in Gomel. Den Teil b dieser Lok hat die Eisenbahn Betriebs-Gesellschaft mbH (EBG) in Deutschland erworben, der Teil a wurde in Weißrussland verschrottet. Das Bild zeigt die Kopfseite von 2TE109-001b am 15. März 1999 als Kompressoranlage im Diesellok-Forschungsinstitut in Kolomna.

AUFNAHME: JOHANNES GLÖCKNER

Dieses Bild zeigt die Lokomotive TE125-001. Sie entstand 1977 auf der Basis der an die DR gelieferten 4000-PS-Loks der Baureihe 142. Anstatt des Tatzlagerantriebes erhielt sie einen Gummifederantrieb. Die geänderte Übersetzung der 4000-PS-Lok sollte eine Höchstgeschwindigkeit von 140 km/h ermöglichen. Die Lokomotive verfügt über eine elektrische Zugheizung. Aufgenommen wurde sie im Diesellok-Forschungsinstitut Kolomna am 15. März 1999 und befindet sich zwischenzeitlich in Deutschland, um aufgearbeitet zu werden.

AUFNAHME: JOHANNES GLÖCKNER

Die Baumusterlok TE129-001 stand noch im März 1999 mit der ursprünglichen Exportbeschilderung 142-001 im Diesellok-Forschungsinstitut Kolomna. Gezeigt wurde die Maschine bereits im Jahr 1975 auf der Leipziger Frühjahrsmesse, kam aber wieder zurück zum Hersteller. Der ursprüngliche Lack der 25 Jahre alten Maschine hat sichtbar gelitten. Im Juli 1999 gelangte die Lok über einen Käufer erneut nach Deutschland, wo sie zur Aufarbeitung und dem nachfolgenden Einsatz bei einem privaten Eisenbahnverkehrsunternehmen vorgesehen ist.

AUFNAHME: JOHANNES GLÖCKNER

Drei Schwestern aus der V 300-Familie stehen abgestellt am 15. März 1999 im Diesellok-Forschungsinstitut von Kolomna: vorne die grün lackierte 2TE109-001b, anschließend die (noch) als 142-001 bezeichnete TE129-001 und dahinter (kaum zu sehen) die 140 km/h schnelle TE125-001.

AUFNAHME: JOHANNES GLÖCKNER

Das Fabrikschild der 2TE109-001b. Im Jahr 1969 wurde die Maschine unter der Werknummer 002 gebaut. Später erfolgte ein Umbau zu einer Kompressoranlage. Bis zum Sommer 1999 stand die Lok im Diesellok-Forschungsinstitut Kolomna abgestellt. Auch sie wurde durch die deutsche EBG erworben und erreichte am 7. Juli 1999 den Breitspur-Fährhafen Mukran.

AUFNAHME: JOHANNES GLÖCKNER

Eine TE109 unbekannter Nummer steht als „Laboratorium“ in der Lokomotivfabrik Lugansk am 5. Mai 1997. Die Lok hat M62-Drehgestelle. AUFNAHME: JOHANNES GLÖCKNER

Rumänien gebaute Reihe 06, eine Co'Co'-Güterzuglok mit einer Leistung von 2100 PS. Damals wurden in Bulgarien auch verschiedene ausländische Lokomotiven erprobt: V 320 von Henschel, sowie V 180 104 aus der DDR wurden von der BDZ eingehenden Tests unterzogen. Schließlich entschied man sich dazu, 90 Lokomotiven vom Typ TE109 in der Sowjetunion zu bestellen, um diese universell einzusetzen. Die in Bulgarien als Reihe 07 bezeichnete Lokomotiven entsprechen der Baureihe 131 der Deutschen Reichsbahn. Diese 100 km/h schnelle Güterzuglok hatte keine Zugheizung. Beim Einsatz vor Reisezügen wurden spezielle Heizwagen mitgeführt. Bis heute hat der Gedanke eine Rolle gespielt, dass diese Lokomotiven ursprünglich einmal für den Einbau einer elektrischen Zugheizung vorgesehen waren. Dennoch wurde die Reihe 07 bis ins Jahr 1977 geliefert, obwohl die Baureihe 132 für die DR schon lange mit zentraler Energieversorgung verfügbar war.

Noch Ende des Jahres 1999 gab es bei der BDZ konkrete Pläne, die Lokomotiven mit einem Caterpillar-Motor samt elektrischer Zugheizung zu modernisieren. Dies ist auch der Grund, warum sich die BDZ zunächst nicht von der Reihe 07 trennen will. Für die in Deutschland begehrten Maschinen gab es zahlreiche Kaufofferten von privaten Eisenbahnbetreibern. Aufgrund der Bauartzulassung der Reihe 131 wäre eine Zulassung in Deutschland durch das Eisenbahn-Bundesamt ohne größere Probleme zu erwarten gewesen.

Von den in den Standorten Dupnitza, Gorna Orjahovica, Ruse und Varna beheimateten Lokomotiven ist Ende 1999 nur weniger als ein Drittel betriebsfähig gewesen. Die vergleichsweise moderne Werkstatt des Depots Gorna Orjahovica sowie das zentrale Ausbesserungswerk für die Reihe 07, das Werk „V. Kolaroff“ in Ruse, warteten auf Ersatzteile und die Bereitstellung der Gelder für ein umfassendes Modernisierungsprogramm.

Tschechoslowakei

In der damaligen CSSR zeigte man relativ spät Interesse an der sowjetischen TE109. Mitte der siebziger Jahre wurden zwei Lokomotiven aus der laufenden Serie der DR-Baureihe 132 entnommen und zwecks Erprobung an die CSD geliefert. Beide Maschinen wurden als T 679.2001-2002 eingereiht und eingehend auf dem Versuchsring in Velim erprobt. Sie trugen den Spitznamen „Ragulin“ und waren kurze Zeit zwischen Brno und Ceska Trebova im Einsatz. Das Heimat-Depot war Brno-Malomerice. Von einer Weiterbeschaffung wurde zugunsten der Reihe T 679.1 (wie DR-V 200) abgesehen. Die beiden Maschinen wurden später nach Bulgarien abgegeben. Die BDZ wiederum hat aus beiden schadhaften Lokomotiven im Jahr 1984 eine gebrauchsfähige Lokomotive zusammengebaut und diese als 07-91 ihrer vorhandenen Reihe hinzugefügt.

Sowjetunion/GUS/Nachfolgestaaten

Der Prototyp TE109-001 wurden Ende 1967 anlässlich des 50. Jahrestages der Oktoberrevolution in Lugansk (Woroschilowgrad) der Öffentlichkeit vorgestellt. Wenig später folgte die TE109-002. Beide Versuchsträger wurden der Direktion Odessa zur Erprobung zugewiesen.

1969 folgten noch zwei Doppellokomotiven, 2TE109-001a+b sowie 2TE109-002a+b. Erstere bekam Dieselmotoren der Reihe 2 D 70, wie sie auch bei der kurz zuvor in Charkow entwickelten Zweisektions-Diesellok 2TE40 Verwendung fanden. 2TE109-002 erhielt den Standardmotor 1A-5 D 49. Während bei der 2TE40 jede Sektion nur einen Führerstand besaß, gab es bei der 2TE109 vier Füherstände. Die beiden zugewandten Kabinen hatten zusätzlich in der Mitte Türen, die miteinander durch einen Faltenbalg verbunden waren. Angeblich waren diese TE109 aber nur selten als Doppellokomotiven im Einsatz. Beim Depot Beltsy der Odessa-Kischinew-Eisenbahn wurden Probefahrten zusammen mit der 2TE40 unternommen. 1981 wurden die beiden 2TE109 der Gleisbauabteilung 75 in Gatschina zugewiesen. 2TE109-002 endete aber später als Probelok des „Weißrussischen Institutes für Verkehrsingenieure“ in Gomel. Den Teil b dieser Lokomotive hat die Eisenbahn Betriebs-Gesellschaft mbH (EBG) in Deutschland erworben. Der Teil a wurde in Weißrussland verschrottet.

Bei den anderen Probelokomotiven kann nur noch der Verbleib von 2TE109-001b halbwegs sicher nachgewiesen werden. Die Maschine wurde zu einer Kompressoranlage umgebaut und stand bis zum Sommer 1999 im Diesellok-Forschungsinstitut Kolomna abgestellt. Auch diese Maschine wurde durch die EBG erworben und erreichte am 7. Juli 1999 den Breitspur-Fährhafen Mukran. In den Zollpapieren war die Lok als TE109-003 deklariert – eine offensichtlich falsche Bezeichnung, da die richtige Lokomotive mit dieser Nummer an die Werkbahn von Norilsk geliefert wurde.

TE109-001 gehörte zuletzt zur Gleisbauabteilung 83 in Semrino und war im Bereich der Oktober-Eisenbahn bis 1988 eingesetzt. Eine TE109 bzw. ein Teil einer 2TE109 stand bis Ende der neunziger Jahre in der ukrainischen Lokfabrik Lugansk als „Laboratorium“.

Weitere 31 Lokomotiven der Reihe TE109 (analog zur DR-Baureihe 132) hat das Werk in Lugansk/Woroschilowgrad an sowjetische Industriebahnen geliefert. Die in den Jahren 1977/78 gebauten Maschinen wurden als TE109-003 bis 033 bezeichnet und nach Norilsk (Inselbetrieb ohne Verbindung zum Netz der RZD), das Krasnouralsker Kupferhüttenwerk, die Bauxitwerke in Boksitogorsk und Sewerouralsk sowie das Goldbergwerk Beresewo geliefert. Auch in Arkalyk und Pikalewo waren TE109 im Einsatz. Heute dürfte nur noch ein kleiner Teil der 31 Lokomotiven einsatzfähig sein. Einige der nicht mehr benötigten Maschinen, wie TE109-026 aus Pikalewo, wurden an die deutsche EBG verkauft. Die Lokomotive wurde im August 1999 mit dem Fährschiff von Klaipeda nach Mukran gebracht. Im Januar 2000 folgten die beiden TE109-015 (ex Krasnouralsk) und TE109-033 (ex Sewerouralsk) nach Deutschland.

Diesen Weg nahmen im Sommer 1999 auch zwei Prototypen der Lokfabrik Lugansk, die ebenfalls zur V 300-Familie gehören. Beide wurden zuletzt als Versuchsträger beim Diesellokforschungsinstitut Kolomna eingesetzt. Sie stellen den Versuch dar, in einer Lok eine Leistung von 4000 PS zu installieren, ohne am Grundaufbau etwas zu ändern.

Die TE129-001 ist der Urahn der DR-Baureihe 142. Bis zuletzt trug sie die Nummer 142-001, obwohl sie mit der später an die DR gelieferten Maschinen (142 001-006) nicht identisch ist. Sie wurde bereits 1974 gebaut und auf der Leipziger Frühjahrsmesse 1975 der Öffentlichkeit als 142-001 vorgestellt. Anschließend wurde die Lokomotive wieder an den Hersteller zurückgegeben. Bis zuletzt behielt sie ihre Messe-Beschilderung „142-001“.

Die zwei Jahre später gebaute TE125-001 ist eine Version der DR-Baureihe 142. Anstatt des Tatzlagerantriebes erhielt sie einen Gummifederantrieb. Die geänderte Übersetzung der 4.000 PS starken Lokomotive sollte eine Höchstgeschwindigkeit von 140 km/h ermöglichen. Beide Lokomotiven (TE129-001 und TE 125-001) verfügten über eine elektrische Zugheizung.

Da der deutsche Käufer EBG nur als Zwischenhändler auftritt, werden die genannten Lokomotiven nach einer grundlegenden Modernisierung bei Adtranz in Kassel im Auftrag eines privaten Eisenbahnunternehmens hoffentlich bald über deutsche Schienen rollen.

Lieferungen aus Lugansk/Woroschilowgrad an andere Länder oder Bahnverwaltungen

Sowjetunion MPS/SZD

Lok.Nr.	Baujahr	Einsatz/Verbleib
TE109-001	1967	
TE109-002	1968	
2TE109-001a	1969	Gleisbauabt. Gatschina
2TE109-001b	1969	Gleisbauabt. Gatschina, dann Diesellok-Forschungsinstitut Kolomna, 7/99 nach Deutschland (EBG)
2TE109-002a	1969	Gleisbauabt. Gatschina, dann Weißrussisches Institut für Verkehrsingenieure, Gomel, 1990 abg vorh., dann verschrottet
2TE109-002b	1969	Gleisbauabt. Gatschina, dann Weißrussisches Institut für Verkehrsingenieure, Gomel, 12/99 nach Deutschland (EBG)
TE125-001	1976	Diesellok-Forschungsinstitut Kolomna, 7/99 nach Deutschland (EBG)
TE129-001	1974	Als DR-Prototyp 142-001 auf Leipziger Frühjahrsmesse 1975, an Hersteller zurückgegeben, Versuchsträger beim Diesellok-Forschungsinstitut Kolomna, 7/99 nach Deutschland (EBG)

Industriebahnen Russland

TE109 003-012	1977	Norilsk
TE109 013-033	1978	Swerdlowsk, Krasnouralsk, Sewerouralsk, Pikalewo, Arkalyk, Norilsk

Bulgarien (BDZ)

07-01-10	1971
07-11-20	1972
07-21-30	1973
07-31-55	1974
07-56-75	1976
07-76-90	1977
07-91	1984 Umbau aus CSD T 679.2001/2002

Tschechoslowakei (CSD)

T 679.2001	1974/75	an BDZ
T 679.2002	1974/75	an BDZ

Das Fabrikschild Lugansk 0001/1974. Es gehört zur TE129-001, dem Baumuster für die DR-Baureihe 142. Die 4000 PS starke Maschine wurde auf der Leipziger Frühjahrsmesse 1975 gezeigt. Auch 24 Jahre später trägt sie noch das Nummernschild, das sie bei ihrem Deutschland-Auftritt besaß und eigens dafür in der üblichen Emaille-Ausführung hergestellt wurde. AUFNAHME: JOHANNES GLÖCKNER

TE109-026 (Lugansk 852/78) steht am 18. März 1999 abgestellt in der Aluminiumhütte in Pikalewo. Sie gehört zu der Serie von Maschinen, die an Industriebetriebe in der Sowjetunion geliefert wurden. Die Lok entspricht im wesentlichen der 6. Lieferserie der DR-132 (132 578 ff.). Eine Zutat des Betreibers infolge der klimatischen Verhältnisse dürften die großen Schutzbleche an den seitlichen Wabengittern sein.

AUFNAHME: JOHANNES GLÖCKNER

Lok- und Fabrikschild von TE109-016, einer für die Industriebahn in Bogsitogorsk unter der Fabriknummer 843/1978 gebauten Lok. Aufgenommen wurde das Bild am 17. März 1999.

AUFNAHME: JOHANNES GLÖCKNER

Die 2TE109-001b traf im Jahr 1999 in Deutschland ein und konnte vor der Werkstatt in Prora auf Rügen am 12. August 1999 fotografiert werden. Beschriftet ist sie als 109-003.

AUFNAHME: MARTIN SCHÜLER/
SAMMLUNG REINHARD LEHMANN

Die Beheimatung und die Einsatzgeschichte der Lokomotiven der V 300-Familie

Vorwort der Verfasser

Beim Aufarbeiten der umfangreichen Beheimatungs- und Einsatzdokumentation war festzustellen, dass die Darstellung der Einzelstationierung jeder einzelnen Lokomotive der V 300-Familie den vertretbaren Rahmen sprengen würde. Die Baureihen 130 und 131 sind wegen der relativ übersichtlichen Stationierung in gewohnter Weise dargestellt. Die zahlreichen Umstationierungen der 709 Lokomotiven umfassenden Baureihe 132 hätte hingegen ein zu großes und letztlich auch unübersichtliches Zahlenwerk erfordert. Dafür werden alle jemals in einem bestimmten Bahnbetriebswerk beheimateten Loks in einer Aufzählung genannt und die langjährigen Stammloks besonders aufgezählt. Bei den Statistikangaben der einzelnen Bahnbetriebswerke und Standorte wurden bei den Baureihen 132/232 und 234 diejenigen Maschinen mit kurzer Verweildauer (< 6 Wochen) in *kursiver* Schrift gesetzt, und Loks, die nur nach der Umzeichnung in die Baureihe 232 (ab 1. Januar 1992) im jeweiligen Bw weilten, wurden **fett** unterlegt. Die mit dem Buchstaben „a“ vermerkten Daten geben nicht das jeweilige Ausmusterungsdatum einer Lok an, sondern das Abstelldatum; „zr“ bezeichnet den Übergang in den Reservepark!

Die Angaben über die Beheimatungen der Lokomotiven stammen aus den Betriebsbüchern, aus den Umsetzmeldungen der jeweiligen Rbd, aus Lokverwendungsnachweisen der Bw, sowie aus eigenen Aufzeichnungen der Verfasser. Bei der Einsatzdarstellung waren uns Umlaufpläne der Bahnbetriebswerke, Bespannungsübersichten der Rbd und der schnellfahrenden Reise- und Güterzüge hilfreich. Nicht alle Leistungen konnten bei der Darstellung der Einsätze hier Eingang finden. Bei der vorhandenen Materialfülle konnte nur eine Darstellung typischer oder auch bemerkenswerter Leistungen und Zusammenhänge vorgenommen werden.

Die Bezeichnung der Lokomotiven richtet sich je nach der jeweils gültigen Zeitperiode: Bis Ende 1991 trugen die Lokomotiven die Baureihenbezeichnungen 130, 131, 132 und 142, ab 1992 mit dem gesamtdeutschen Nummernsystem 230, 231, 232 und 242, die Umbauloks die Bezeichnungen 234 und 241. Dieses wurde auch im beschreibenden Text weitgehend eingehalten.

Weitreichende Veränderungen ergaben sich durch die Gründung der Deutschen Bahn AG (DB) und den neuen divisionalen Strukturen mit der Auflösung der Direktionen, Bahnbetriebswerke und der mittlerweile wieder aufgelösten Betriebshöfe (Bh). Dabei wurden die Lokomotiven den Geschäftsbereichen der DB und schließlich den mit der zweiten Stufe der Bahnreform gebildeten Aktiengesellschaften sowie den Unterhaltungsorten (und damit immer weniger den Einsatzorten) zugewiesen. Die wichtigsten Änderungen in der bislang gewohnten Struktur der Beheimatung von Lokomotiven in der Übersicht:

- **30. September 1990:** Auflösung der Direktionen Cottbus (zu Dresden und Berlin), Greifswald (zu Schwerin) und Magdeburg (zu Halle).
- **1. Januar 1994:** Gründung der Deutschen Bahn AG. Bildung der Betriebshöfe (Bh) durch den Geschäftsbereich (GB) Traktion und Trennung in Werke (GB Werke), Auflösung der Bahnbetriebswerke in der bisherigen Form.
- **31. Dezember 1997:** Auflösung der GB Traktion und Werke, damit auch Ende der Betriebshöfe, Zuordnung der Loks zu den Geschäftsbereichen Fernverkehr, Regio und Cargo, später zu den daraus gebildeten Aktiengesellschaften.

Damit hat sich auch in den vergangenen Jahren der über Jahrzehnte bei Bundes- und Reichsbahn gewohnte Einsatz der Lokomotiven grundlegend geändert. Nach der Übernahme der noch vorhandenen Lokomotiven in den Bestand der Deutschen Bahn und der Schließung zahlreicher Unterhaltungsstandorte sehen die 232/234 diese immer seltener. So ist heute beispielsweise die Bespannung einer Regionalbahn in Meiningen mit einer Lok aus Rostock-Seehafen oder eines Kesselwagenzuges von Rostock nach Großkorbetha nichts ungewöhnliches. Insofern ist die Zuordnung zu den Standorten mit den früher gewohnten Einsätzen in den Bw nicht mehr zu vergleichen.

Dank an dieser Stelle nochmals den vielen Eisenbahnfreunden und Kennern der V 300-Familie, deren Informationen das Buch abgerundet haben.

Andreas Stange und Volker Lucas

Typisch und unverwechselbar ist die Erscheinung der Lokomotiven der Baureihen 130 bis 142. Diese Szene aus dem Bw Sangerhausen im April 1992 mit den Lokomotiven 232 197 und 232 542 neben einer weiteren 232 zeigt die markante Formgebung der Maschinen. Ein interessantes Detail ist übrigens die Kellersche Kupplung (erkennbar am Seil und der Umlenkrolle an der Stirnseite) an den beiden im Vordergrund stehen Maschinen, die auf der Blankenheimer Rampe für den Schiebedienst benötigt wurde.

AUFNAHME: GÜNTER SCHEIBE

Die Bestandsentwicklung von 1970 bis 2000

Die Bestandsentwicklung der Jahre zwischen 1970 und 2000 ist aus der unten abgedruckten Tabelle ersichtlich. Der höchste Bestand an betriebsfähigen Lokomotiven aller Unterbaureihen bestand demnach am 1. Januar 1983 mit 841 Lokomotiven. Die veränderten Bedingungen nach der deutschen Wiedervereinigung spiegeln sich in der deutlichen Reduzierung des Gesamtbestandes wider. Die Reduzierung des am 1. Januar 1991 783 Lokomotiven umfassenden Bestandes auf 508 Maschinen am 31. Dezember 1999 ist auf den ersten Blick zwar beachtlich, die Zahl von über 500 noch vorhandenen Maschinen am Beginn des Jahres 2000 dennoch außerordentlich hoch.

Interessant war auch die Praxis der Indienststellung der Lokomotiven. In der nachfolgenden Tabelle sind die Bahnbetriebswerke aufgelistet, die als Erst-Bw in den offiziellen DR-Unterlagen geführt werden. Auch hier gibt es Besonderheiten, nicht immer ist das im Buchwerk geführte Erst-Bw auch tatsächlich das Bahnbetriebswerk, dass die Lokomotive anschließend neu einsetzte. Mitunter wurde eine neu in Dienst gestellte Lok am folgenden Tag oder wenige Tage später dem eigentlichen (Erst)-Einsatz-Bw zugeführt. Abweichungen zu anderen Darstellungen sind deshalb im Einzelfall möglich. Nachfolgend die Erst-Bw:

Baureihe 130	**Stück**
Bw Erfurt	4
Bw Halle G	25
Bw Halle P	4
Bw Leipzig Hbf Süd	7
Bw Neustrelitz	28
Bw Seddin	13
Bw Weißenfels	1
insgesamt	**82**

Baureihe 131	**Stück**
Bw Erfurt	14
Bw Güsten	5
Bw Halle G	39
Bw Reichenbach	13
Bw Weißenfels	5
insgesamt	**76**

Baureihe 132	**Stück**
Bw Cottbus	58
Bw Eisenach	23
Bw Erfurt	66
Bw Falkenberg	95
Bw Frankfurt/O	69
Bw Güsten	13
Bw Halle G	11
Bw Halle P	46
Bw Hoyerswerda	33
Bw Karl-Marx-Stadt	25
Bw Leipzig Hbf Süd	25
Bw Magdeburg	46
Bw Nordhausen	2
Bw Neustrelitz	13
Bw Ostbahnhof	24
Bw Reichenbach	76
Bw Rostock	16
Bw Seddin	8
Bw Schwerin	23
Bw Weißenfels	1
Bw Wittenberge	36
insgesamt	**709**

Baureihe 142	**Stück**
Bw Halle P	3
Bw Stralsund	3
insgesamt	**6**

Bestandsentwicklung der betriebsfähigen Lokomotiven der V 300-Familie jeweils zum 1. Januar eines Jahres (außer z-Loks)

Baureihe	**1970**	**1971**	**1972**	**1973**	**1974**	**1975**	**1976**	**1977**	**1978**	**1979**	**1980**
130	0	7	50	75	81	80	80	77	77	76	75
131	0	0	0	0	76	74	73	72	72	72	73
132	0	0	0	0	10	135	302	453	536	572	611
142	0	0	0	0	0	0	0	0	4	6	6
gesamt	**0**	**7**	**50**	**75**	**167**	**289**	**455**	**602**	**689**	**726**	**765**

Baureihe	**1981**	**1982**	**1983**	**1984**	**1985**	**1986**	**1987**	**1988**	**1989**	**1990**	**1991**
130	75	74	74	74	72	72	71	69	69	65	63
131	73	74	74	74	74	74	71	71	72	69	69
132	630	677	687	685	681	677	673	667	663	653	645
142	6	6	6	6	6	6	6	6	6	6	6
gesamt	**784**	**831**	**841**	**839**	**833**	**829**	**821**	**813**	**810**	**793**	**783**

Baureihe	**1992**	**1993**	**1994**	**1995**	**1996**	**1997**	**1998**	**1999**	**2000**
230	58	29	8	2	1	0	0	0	0
231	50	45	28	1	0	0	0	0	0
232	641	607	601	577	517	498	478	450	440
234	2	36	41	59	59	64	64	64	63
241	0	0	0	0	0	0	0	0	5
242	6	6	6	0	0	0	0	0	0
gesamt	**757**	**723**	**684**	**639**	**576**	**562**	**542**	**514**	**508**

132 603 vom Bw Berlin Hbf wartet im September 1991 im Bahnhof Berlin-Lichtenberg auf die nächste Leistung. Die gepflegt wirkende Lok besitzt noch den breiten umlaufenden Zierstreifen und Indusi. AUFNAHME: DR. WINFRIED KÖNIG

Rbd Berlin

Bw (Berlin-) Ostbahnhof/Bw Berlin Hbf

Erst im Herbst 1975 machte das für die Bespannung hochwertiger Reisezugleistungen zuständige Bw Ostbahnhof erste Bekanntschaft mit den Diesellokomotiven der Baureihe 132. Erste Lok war 132 266 ab 16. Oktober 1975, gefolgt von 132 286 am 16. Dezember 1975. Zu diesem Zeitpunkt hatte das Bw Ostbahnhof noch Lokomotiven (Anzahl in Klammern) der Baureihen 01 (12), 03^2 (10), 35 (9) sowie 118 (31) im Bestand.

Nach erfolgreicher Personalschulung erfolgte im Sommer 1976 der Planeinsatz einer Maschine vor dem Bäder-Schnellzugpaar D 2012/2017 nach Wolgast-Hafen. Im Laufe des Sommers 1976 trafen noch 132 377, 386 und 387 fabrikneu in Ostbahnhof ein, im September 1976 folgten 132 392, 401, 403 und 405. Für diese neun Maschinen wurde ein Vier-Tage-Umlauf aufgestellt, Wendebahnhöfe im Schnellzugdienst waren Magdeburg, Leipzig, Halle und Schwerin. Zusätzlich wurde ein Containerzugpaar Berlin-Frankfurter Allee – Neustadt/Dosse gefahren, außerdem dienten zwei Loks als Reserve.

Ende des Jahres 1976 beheimatete das Bw Ostbahnhof bereits 13 Maschinen der Baureihe 132, die Dampfloks der Baureihe 35 standen bereits abgestellt und die acht 03^2 dienten größtenteils nur noch als Reserve. Die 118 gaben im folgenden Jahr weitere wichtige Leistungen an die 132 ab und wurden an andere Dienststellen abgegeben. Im Sommer 1977 setzte das Bw Ostbahnhof bereits 15 Loks der Baureihe 132 im Plandienst ein, dazu kamen drei Sonderloks. Neue Wendepunkte im Reisezugverkehr wurden Görlitz, Frankfurt/Oder, Dresden, Decin (Ex 77/74 und Ex 75/76, nur im Sommer 1977), Aschersleben, Wismar und erstmals auch im Transitverkehr Helmstedt (vier Zugpaare). Mit den Sonderlokomotiven wurden die nur tageweise verkehrenden Auto-Reisezüge D 1107/1106 nach Probstzella und D 1330/1335 nach Büchen gefahren.

Im Jahr 1979 wurde das Bw Ostbahnhof bis auf die Heizlokomotiven dampffrei, der 132-Bestand stieg auf 36 Maschinen. Inzwischen näherte sich die Elektrifizierung von Süden her Berlin. Um Dieselkraftstoff zu sparen, wurde mit den E-Loks möglichst lange unter Fahrdraht gefahren (ab Mai 1979 bis Jüterbog und Elsterwerda). Als Ersatz für den nun kleiner gewordenen Aktionsradius wurden mehr Güterzüge bespannt. Ende 1980 war die Zahl der 132 auf 41 angewachsen, benötigt wurden jedoch nur 20 Loks in den Planumläufen. Ab 1981 erreichten Ostbahnhofer 132 vor den Transitzügen auch Probstzella, Züge in Richtung Hof und Bebra wurden in Dessau auf E-Loks umgespannt. Erst ab Sommer 1988 fuhren die 132 einen Teil dieser Züge bis Gerstungen durch.

Im Dezember 1982 erhielt das Bw Ostbahnhof von Seddin einige Loks der Baureihe 130 zugewiesen. Diese waren in Westberlin eingesetzt und wurden mit Ostbahnhofer Personal von Grunewald aus besetzt. Die 130 wurden aber bis 1985 wieder nach Seddin oder Frankfurt/Oder abgegeben. 1986 kamen die ersten E-Loks zum Bw Ostbahnhof. Die Verteilung der Baureihen zum Jahresende 1986 sah damit folgendermaßen aus: 118 (19), 132 (39), 211 (4) und 243 (8).

Bei den 132 wurden nun planmäßig 16 sowie vier Sonder-Tfz benötigt. Die Planleistungen wurden im Transitreiseverkehr nach Helmstedt, Büchen, Dessau und Probstzella sowie im Binnenverkehr nach Wismar, Görlitz, Frankfurt/Oder erbracht. Seit 1983/84 waren auch die „Sputnik"-Züge Berlin – Brandenburg/Havel über den südlichen Außenring mit 132 geführt worden, 1986 übernahmen die E-Loks bis Potsdam/Werder diese Zugdienste. Da der Bereich des Ostbahnhofes erst im Laufe des Jahres 1987 Fahrlei-

Blick aus dem Stellwerk „Pn“ des Bf Probstzella auf 132 512 vom Bw Berlin Hbf, die am 3. Oktober 1987 mit dem Transitzug D 303 von Berlin nach München den DR-Grenzbahnhof erreicht hat und nun die letzten Meter unter der Fahrleitung bis zum Bahnsteig rollt, wo – streng abgeschirmt – auch der Lokwechsel auf eine Ellok der Baureihe 151 des Bw Nürnberg 2 stattfinden wird.

AUFNAHME: THOMAS FRISTER

tung erhielt, durften die 132 die Züge bis Karlshorst vorspannen. Im Güterverkehr wurden viele Leistungen im Nahbereich sowie Containerzüge nach Magdeburg gefahren. 1988 übernahmen die 132 von den 118 die Bespannung der D-Züge nach Stettin.

Nach der politischen Wende in der DDR änderten sich die Verkehrsströme beachtlich, und auch die 132 agierte zunehmend im Ost-West-Verkehr. Ab Sommerfahrplan 1992 wurden speziell für den IC-Verkehr schnelle und leistungsstarke Dieselloks benötigt. Ostbahnhof erhielt dafür die ersten umgebauten 234, sie teilten sich mit den 132 die Bespannung von Schnellzügen in Richtung Hannover und Hamburg. Der 234-Umbau ging zügig vonstatten, am Jahresende 1992 gab es bereits 36 Loks dieser Baureihe, die nun fast alle D-Zug-Leistungen nach Hannover und Probstzella übernommen hatten. Durch die Elektrifizierung der Strecke nach Hannover und mit der Stationierung der Baureihe 112 wurden im Mai 1993 alle noch vorhandenen 232 an das Bw Pankow abgegeben, die 234 folgten im Mai 1994.

Die Baureihe 130 im Bw Ostbahnhof:

130	020	sed	24.06.83 – 25.10.85	sed
	033	sed	05.12.82 – 18.07.85	fko
	033	fko	16.08.85 – 17.10.85	fko
	040	sed	27.10.83 – 18.01.85	sed
130	050	sed	09.06.83 – 06.11.85	sed
	057	sed	02.12.82 – 13.11.85	fko
	061	sed	02.12.82 – 04.11.83	sed
	061	sed	04.01.84 – 07.12.85	fko
	062	sed	05.12.82 – 27.09.84	fko
	080	sed	11.12.82 – 26.09.84	fko

BR 132/232 im Bw Ostbahnhof/Hauptbahnhof: (*kursiv* Kurzzeitloks):

018	*024*	*041*	*048*	055	***057***	061	*062*	*071*
079	*084*	088	**094**	***103***	116	119	*128*	*146*
147	154	*160*	**164**	183	187	*190*	192	202
211	218	*239*	*245*	249	*252*	266	267	268
275	278	280	282	285	286	*288*	*290*	303
308	312	325	329	331	342	343	345	350
351	*357*	361	363	*365*	**371**	374	375	377
381	382	386	387	391	392	399	401	*402*
403	404	405	407	409	410	412	423	425
428	431	439	442	460	470	474	475	491
495	496	497	500	502	503	*508*	510	*511*
512	518	520	523	525	528	530	531	532
533	534	*543*	545	***546***	***548***	549	550	553
554	557	559	560	562	*563*	***567***	575	582
583	584	586	*588*	*602*	603	605	607	610
617	**618**	623	628	634	640	641	642	644
651	*652*	*654*	**663**	664	670	686	**692**	*697*
704	*707*							

132 500 vom Bw Ostbahnhof, eine der Loks mit sehr einprägsamer Nummer, schleppt im Juni 1983 vor der markanten Kulisse des Gebäudes des VEB Berliner Bremsenwerkes am Bahnhof Ostkreuz eine 211 mit dem Ps 11722 in Richtung Schöneweide.

AUFNAHME: DR. WINFRIED KÖNIG

Auch im Containerzugverkehr machten sich die Ostbahnhofer 132 nützlich; seit den späten siebziger Jahren gehörten auch diese Züge der damals modernen Transporttechnologie zu den Aufgaben der Maschinen. 132 423, am 31. März 1992 übrigens in eine Lok der Baureihe 234 umgebaut, ist im Mai 1987 bei Falkenhagen im Bild festgehalten worden.

AUFNAHME:
DR. WINFRIED KÖNIG

Hochwertige Reisezugleistungen gehörten stets zu den Hauptaufgaben der 132 des Bw Ostbahnhof bzw. des späteren Bw Berlin Hbf. Bei Berlin-Karlshorst hat 132 497 im Mai 1979 mit dem aus drei DSB-Wagen bestehenden Ex 320 „Neptun" sicherlich keine Mühe.

AUFNAHME:
DR. WINFRIED KÖNIG

Auch vor solchen Zügen mussten sich die Ostbahnhofer 132 ihr Brot verdienen: In Magdeburg Hbf hat am 7. Juni 1985 die Ostbahnhofer 132 525 den Militärschnellzug nach Brest bespannt, der für die Angehörigen der Roten Armee verkehrte. Das Bild zeigt auch, dass sich kaum ein Reisender für die Züge interessierte, sie gehörten jahrzehntelang zum Alltag der DR.

AUFNAHME:
JENS-PETER FRIED

Im schönen Saaletal gehörten die 132 vom Bw Ostbahnhof ab 1981 zu den Stammgästen. Die Bespannung der Transitschnellzüge von Berlin nach München führte die Maschinen bis zum DR-Grenzbahnhof Probstzella. Am 23. Mai 1986 ist 132 399 mit dem D 303 unterhalb der bekannten Dornburger Schlösser auf dem Weg nach Süden. Gut sichtbar ist der Magnet der Indusi an dem jeweils zur Fahrtrichtung hinteren Drehgestell angebracht.

AUFNAHME: THOMAS FRISTER

Im Bw Ostbahnhof haben ihren Lebensweg beendet:

132	183	sed	14.09.82 – 01.10.83	z	a 16.10.83 Unfall
	266	ea	16.10.75 – 01.09.78	z	a 12.12.77 Unfall
	275	erf	18.05.79 – 02.03.89	z	a 21.10.86 Unfall
	431	ea	27.10.76 – 31.10.82	z	a 31.10.82 Unfall

Am längsten waren beheimatet (* mit kurzen Unterbrechungen):

132	518	ea	13.09.77 – 22.05.93	pkr
	382	sed	01.06.77 – 22.05.93	les*
	286	fko	19.05.77 – 22.05.93	pkr
	428	sed	05.04.77 – 23.05.93	fko
	377	ea	31.07.76 – 22.05.93	pkr

Alle im Bw Hauptbahnhof beheimateten 234: (*kursiv* Kurzzeitloks):

016	072	075	*144*	161	170	*180*	235	*242*
244	251	278	299	311	320	335	341	344
346	*351*	399	*417*	423	440	442	467	475
504	507	526	538	548	*551*	*552*	554	555
565	578	582	585	591	*597*	606	608	630
641	651	657	664					

Am längsten waren im Bw Hauptbahnhof beheimatet:

234	591	umb	29.02.92 – 29.05.94	wur
	608	umb	01.03.92 – 31.05.94	pkr

Bw Berlin-Pankow

Das Bw Berlin-Pankow, am gleichnamigen Rangierbahnhof im Nordosten Berlins gelegen, war für die Bespannung der von Pankow ausgehenden Güterzüge verantwortlich. Pankow galt ab Ende der sechziger Jahre als Hochburg der Baureihe 120. Die Lokomotiven der Baureihen 130 und 132 kamen zunächst nur als Wendeloks nach Pankow. Beheimatet wurden hier in den achtziger Jahren für einige Tage 132 für den Festtagsverkehr.

Schließlich besetzten Personale des Bw Pankow zu Beginn der achtziger Jahre 132 des Bw Ostbahnhof für Güterzugleistungen nach Kietz, Rüdersdorf, Werneuchen, Seefeld, Schöneicher Plan (Müllzüge) sowie zwei Schnellzug-Paare nach Stettin (ab März 1984). Bis zu sechs Loks wurden nun von Pankow aus planmäßig besetzt. Zur dauerhaften Beheimatung eigener 132 kam es erst, als nicht mehr genügend Maschinen der Baureihe 120 zur Verfügung standen und im Bw Ostbahnhof Platz für die E-Loks geschaffen werden musste. Pankow bekam den Bestand der 232 des Bw Ostbahnhof am 23. Mai 1993 zugewiesen (22 Loks). Die zu diesem Zeitpunkt noch in Pankow befindlichen 220 (13) und 142 (11) verschwanden bis 1994/95. Im Güterzugdienst fuhren die Pankower 232 nach Kietz, Rüdersdorf, Lübbenau-Süd und Eberswalde.

Aus Cottbus wurden schließlich 234 075 und 244 als erste Loks dieser Baureihe nach Pankow umbeheimatet, am 1. Juni 1994 übernahm der Bh Pankow den gesamten 234-Bestand vom Ostbahnhof. Im Gegenzug mussten zahlreiche 232 nach Seddin und Cottbus abgegeben werden. Am Jahresende 1994 waren in Pankow sechs 232 und 35 Loks der Baureihe 234 beheimatet. Für 24 Maschinen der Baureihe 234 bestand ein fester Umlaufplan. Die Maschinen fuhren im hochwertigen Reiseverkehr IC-Züge nach Magdeburg, IR-Züge nach Halberstadt, Schnellzüge nach Stettin und kamen oftmals auch für ausgefallene 229 nach Hamburg. Planmäßig wurde mit dem Containerzug 52452 von Berlin (Hul) auch Hamburg erreicht. Die Lok blieb dann zwei Tage im Norden und fuhr Leistungen nach Puttgarden, um anschließend mit dem Containerzug 52451 wieder nach Berlin zurückzukehren. Im Berliner Raum bespannten 234 auch Baulogistik-Züge, Müllzüge nach Schöneicher Plan und Züge zur PKP-Grenze nach Kietz.

1995 entschloss sich die DB, ihre auf 140 km/h umgebauten 234 auch anderenorts einzusetzen. Pankow bekam wieder mehr 232 zugewiesen. Ende 1995 waren damit 20 Loks der Baureihe 232 und 26 der Baureihe 234 im Bestand. Die Müllzüge, die Baulogistik-Züge sowie den Grenzverkehr nach Kietz übernahmen wieder die 232. Bei den 234 lag im Fahrplanabschnitt 1995/96 der Schwerpunkt im Verkehr nach Hamburg. Mit Ce 52464 Berlin – Hamburg kam die Maschine beispielsweise Mo/Di in Hamburg

Die Pankower 234 417 musste sich ihr Brot auch mit einem der Berliner Müllzüge verdienen. Am 4. Juli 1994 ist sie mit dem aus O-Wagen gebildeten Zug nahe dem Karower Kreuz unterwegs.

AUFNAHME: ANDREAS STANGE

an, fuhr zwei Tage Containerzüge nach Puttgarden, einen Tag IR nach Lübeck, einen Tag IC nach Puttgarden, einen weiteren Tag IR nach Lübeck und kam erst am siebten Tag mit Le 52577 nach Berlin zurück.

Im Sommer 1997 wurde ein Teil der 234 nach Schwerin abgegeben. Am 28. Februar 1998 verfügte die DB die letzten 232 (15) nach Angermünde, die noch 13 vorhandenen Loks der Baureihe 234 gelangten mit Beginn des Sommerfahrplanes 1998 nach Görlitz und Reichenbach. Als letzte 234 verließ 234 657 am 25. August 1998 Pankow in Richtung Görlitz.

Die Baureihe 132/232 im Bw Pankow (*kursiv* Kurzzeitloks):

036	**038**	**078**	**085**	**093**	**113**	**134**	**164**	**182**
186	**220**	**228**	**249**	**280**	**286**	*288*	**296**	*331*
342	**350**	**352**	**361**	**371**	**377**	**379**	**382**	**391**
403	**410**	**412**	**418**	**421**	**428**	**443**	**461**	**496**
512	**518**	**532**	**540**	**557**	**560**	**568**	**603**	**634**
643	**644**	*652*	**663**	*705*				

In Berlin-Pankow haben ihren Lebensweg beendet:

232	036	sa	25.05.95 – 30.11.96	z	a 30.11.96
	038	sa	25.05.95 – 21.09.97	z	a 02.06.97
	412	cs	19.05.95 – 17.10.95	z	a 31.10.95

Alle in Berlin-Pankow beheimateten 234 (*kursiv* Kurzzeitloks):

016	*075*	*116*	144	166	180	235	242	244
247	257	278	292	299	311	320	323	335
339	341	344	346	351	385	399	417	440
442	467	468	475	504	507	523	526	538
545	546	548	549	551	552	554	555	565
578	582	585	591	597	606	608	630	641
651	657	664						

Am längsten waren beheimatet:

232	568	srd	22.12.93 – 28.02.98	agm
	286	bhf	23.05.93 – 28.02.98	agm
234	440	bhf	01.06.94 – 17.07.98	gö
	657	bhf	01.06.94 – 25.08.98	gö

Mit einem kunterbunten Intercity zuckelt 234 504 vom Bh Pankow über die maroden Gleise der Berliner Stadtbahn, die einige Zeit später zwecks Sanierung vollständig gesperrt werden musste.

AUFNAHME: DR. WINFRIED KÖNIG

Von Dezember 1986 (mit einer kleinen Unterbrechung) bis zur z-Stellung am 11. Februar 1992 gehörte 130 027 zum Bw Frankfurt/Oder. Dort konnte die Lok in augenscheinlich gutem Zustand am 4. Mai 1988 fotografiert werden. AUFNAHME: HARTMUT MICHLER

Bw Frankfurt/Oder

Bereits ab dem Winterfahrplan 1973/74 wurden drei Loks der Baureihe 130 des Bw Seddin von Personalen des Bw Frankfurt/Oder besetzt (Güterzüge Oderbrücke – Seddin – Brandenburg und Ziltendorf/Guben). Diese Besetzung dauerte bis 1983, danach wurden die 130 in den Frankfurter Bestand übernommen. Am 7. Februar 1974 traf als erste neue Lok 132 126 im Bw Frankfurt/Oder ein. Zu diesem Zeitpunkt beheimatete das Bahnbetriebswerk an der Grenze zu Polen u. a. Lokomotiven der Baureihen 03 (13), 52 (60) sowie 118 (5) für den Streckendienst.

Nach umfangreichen Personalschulungen gelangten im April 1975 die fabrikneuen Lokomotiven 132 177 und 132 187-192 nach Frankfurt/Oder. Diese Loks fuhren 1975 in einem 6-Tage-Umlauf Güterzüge nach Cottbus, Angermünde, Seddin, Berlin-Wuhlheide, Wustermark und Brandenburg. Der 132-Bestand erreichte Ende 1976 bereits 27 Maschinen (der 52-Bestand sank auf 47 Loks), für 18 „Ludmillas“ gab es Planumläufe, neu hinzu kamen die sogenannten „Knotenloks Oderbrücke“ (2 Umlauftage).

Ende 1977 waren 30 Maschinen der Baureihe 132 vorhanden, wovon 19 für Plandienste im Güterverkehr benötigt wurden. Neue Wendepunkte wurden Strausberg und Senftenberg. Erstmals wurden auch Reisezugleistungen mit dem Militärschnellzugpaar D 1194/1195 nach Berlin-Köpenick erbracht. Die Einsatzstelle Wriezen bekam als Ersatz für die Baureihe 52 zwei 132 zugewiesen und bespannte damit Güterzüge von Eberswalde nach Guben und nach Angermünde.

Am 1. Juli 1978 erhielt das Bw Frankfurt/Oder die Lokomotiven 130 015 und 043 zugewiesen. Zu diesem Zeitpunkt gab es dort 30 Loks der Baureihe 132, Dampfloks der Baureihe 52 (30) und einige 118 (9). Im Jahr 1983 konnte der 130-Bestand auf zehn Stück aufgestockt werden, der 132-Bestand betrug nun immerhin stolze 35 Stück. Im Reisezugdienst auf der Strecke Eisenhüttenstadt – Frankfurt/O – Berlin ersetzten die 132 nach und nach die bislang hier verkehrenden 110 und 118. Im Güterverkehr wurden immer mehr 52 auf das Abstellgleis geschoben. Den Höchstbestand an 132 erreichte Frankfurt/Oder im Herbst 1985 mit 41 Maschinen, dazu kamen 17 der Baureihe 130.

Die fortschreitende Elektrifizierung Mitte der achtziger Jahre verkürzte den Aktionsradius der Großdiesellokomotiven auch hier immer mehr. Die am weitesten von Frankfurt/Oder entfernten Ziele im Güterverkehr waren nun Birkenwerder, Berlin-Wuhlheide, Seddin, Cottbus und Angermünde. Im Reiseverkehr kamen dagegen mit E 992/993 Cottbus – Angermünde u. z. neue Leistungen hinzu. Im Sommer 1986 wiesen die Umlaufpläne für den Betriebsteil Pbf des Bw Frankfurt/Oder insgesamt sieben Planloks der Baureihe 132 für Reisezugdienste nach Berlin und den Güterverkehr aus, der Betriebsteil Rbf setzte 18 Loks der Baureihe 132 im Güterverkehr (davon vier Loks nur Oderbrücke – Frankfurt/Oder Rbf) ein, weitere sechs 130 liefen im Güterverkehr. Die Einsatzstelle Wriezen benötigte drei Loks der Baureihe 130 für den Güterzugdienst.

Im Jahr 1990 erreichte die Elektrifizierung Frankfurt/Oder. Eigene E-Loks bekam Frankfurt zwar nicht, besetzte aber Berliner 242 und 250, ein Teil der 132 wurde dafür abgegeben. Der ab 1990 rückgängige Güterverkehr zeigte in Frankfurt/Oder nicht sofort Auswirkungen. Die Grenzübergänge zur PKP in Kietz und Oderbrücke sorgten weiterhin für Arbeit.

Im Winterfahrplan 1990/91 wurden noch 14 Maschinen der Baureihe 132 planmäßig eingesetzt, weitere vier der Baureihe 130. Die 130 wurden 1992 fast alle abgestellt, die letzten sechs Maschinen 1993 z-gestellt. Am 29. Dezember 1994 wurden die letzten 16 noch verbliebenen 232 nach Cottbus umgesetzt, aber weiterhin mit Frankfurter Personal besetzt.

Die Baureihe 130 im Bw Frankfurt/Oder:

130	001	sed	25.05.87 – 10.06.87	sed	
	007	sed	28.07.80 – 20.08.80	sed	
	007	sed	27.11.80 – 05.02.81	sed	
	007	sed	19.08.87 – 06.09.88	sed	
	008	sed	22.01.78 – .03.78	sed	
	008	sed	11.06.82 – 31.12.92	z	a 18.12.92
	009	ntz	31.05.85 – 11.02.92	z	a 17.12.90
	011	sed	26.12.80 – 12.01.81	sed	
	012	sed	12.01.83 – 12.05.83	sed	
	014	sed	18.08.79 – 12.10.79	sed	
	014	sed	04.07.80 – 05.02.81	sed	
	014	sed	19.01.83 – 02.09.88	sed	
	014	sed	07.09.88 – 20.02.89	sed	
	014	sed	23.12.89 – 11.02.92	z	a 13.12.90
	015	sed	01.07.78 – 09.03.79	sed	
	015	sed	01.12.83 – 17.10.93	z	a 10.05.93
	017	sed	10.07.82 – 29.04.85	sed	
	017	sed	.05.85 – 17.12.93	z	a 23.11.93
	018	sed	31.07.85 – 19.09.85	sed	
	019	ntz	21.12.87 – 29.02.88	sed	
	019	ntz	28.05.88 – 15.06.90	sed	
	019	sed	05.07.90 – 11.02.92	z	a 14.12.90
	025	ntz	29.01.87 – 06.03.87	ntz	
	027	sed	18.12.86 – 09.04.87	sed	
	027	sed	14.04.87 – 11.02.92	z	a 03.10.90
	028	sed	22.03.88 – 15.04.88	ntz	
	029	hlg	14.10.86 – 11.02.92	z	a 16.12.90
	033	osb	19.07.85 – 15.08.85	osb	
	033	osb	18.10.85 – 11.02.92	z	
	034	fak	04.06.86 – 12.06.86	fak	
	034	sed	03.12.89 – 11.02.92	z	
	039	sed	23.09.83 – 05.03.91	sed	
	041	sed	06.03.91 – 11.02.92	z	a 12.02.92
	042	sed	22.10.86 – 23.11.86	sed	
	043	sed	01.07.78 – 31.10.80	sed	
	048	sed	24.09.83 – 11.02.92	z	a 10.02.92
	053	ntz	31.05.85 – 11.02.92	z	a 12.02.92
	057	osb	14.11.85 – 11.02.92	z	a 10.12.92 !
	061	osb	08.12.85 – 25.06.93	z	a 12.10.92 Unfall
	062	osb	28.09.84 – 11.02.92	z	
	063	sed	12.05.83 – 10.03.93	z	a 20.11.92
	065	sed	11.06.82 – .06.82	sed	
	067	sed	14.09.83 – 30.11.93	z	zr 29.12.92
	070	sed	11.06.83 – 11.02.92	z	
	075	sed	26.01.81 – 05.02.81	sed	
	077	sed	22.09.83 – 28.04.93	z	a 28.04.93
	078	sed	04.03.91 – 11.02.92	z	a 12.02.92
	080	osb	27.09.84 – 05.03.91	sed	

Die Baureihe 132/232 im Bw Frankfurt/O (*kursiv* Kurzzeitloks):

006	038	*066*	083	116	126	147	158	166
177	187	188	189	190	191	192	195	200
202	206	211	**228**	249	252	267	268	*270*
271	275	278	282	283	285	286	287	288
291	296	303	311	312	325	327	329	331
336	339	343	345	354	357	361	362	363
374	381	386	403	404	407	409	412	423
428	**439**	*449*	460	*487*	**495**	502	503	512
520	531	532	539	542	545	546	547	549
553	554	560	562	567	581	582	583	586
602	603	605	607	615	616	623	624	628
631	639	640	641	642	651	652	660	661
664	665	666	667	670	680	684	685	690
697	699	702	704	705				

Im Bw Frankfurt/O haben ihren Lebensweg beendet:

132	126	ea	07.12.74 – 30.11.76	z	a 30.11.76 Unfall
	200	ea	16.05.75 – 18.07.77	z	a 27.06.77 Unfall
	267	mg	11.03.87 – 23.04.90	z	a 16.03.87 Unfall
	327	ea	10.02.76 – 30.09.78	z	a 28.09.78 Unfall
	336	ea	23.02.76 – 20.10.76	z	a 16.04.76 Unfall
	343	osb	24.04.82 – 31.05.82	z	a 10.05.82 Unfall

Am längsten waren beheimatet (* mit kurzen Unterbrechungen):

132	252	rch	08.04.81 – 22.09.94	cs*
	661	ea	17.06.81 – 29.12.94	cs
	665	ea	30.05.81 – 29.12.94	cs
	190	sed	06.01.77 – 06.05.91	sed*
	283	ea	13.11.75 – 22.06.90	eis

Bw Seddin

Seddin – die zentrale Drehscheibe des Güterverkehrs im Südwesten Berlins – sollte eines der bedeutendsten 130/132-Bahnbetriebswerke der DR werden. Von hier aus werden noch heute Güterzüge in alle Richtungen gebildet, schwere Streckenloks sind immer gern gesehen. Die Ablösung der Dampflok hatte im Bw Seddin die Baureihe 118 bereits vollendet, die hier Anfang der siebziger Jahre mit 21 Loks vertreten war.

Im Herbst 1972 trafen in Seddin die ersten 130 ein. Die Loks wurden in den 118-Umläufen eingesetzt, einen eigenen Umlaufplan gab es dann ab Sommerfahrplan 1973. Dieser Fahrplan sah 12 Planloks der Baureihe 130 vor sowie einen 4-Tage-Mischplan

Sonntagsruhe genießen am 18. Februar 1990 im Bw Frankfurt/Oder die Lokomotiven 130 024, 130 008 sowie 132 540 und 132 412. Keine der vier abgebildeten Maschinen gehört heute noch zum Einsatzbestand der DB.

AUFNAHME: VOLKER LUCAS

Im Reiseverkehr bespannten die Frankfurter 132 u. a. Eilzüge zwischen Cottbus und Angermünde. Im Mai 1985 ist 132 705 mit dem E 999 nahe Angermünde auf dem Weg nach Süden.

AUFNAHME: DR. WINFRIED KÖNIG

Ziel der Güterzugleistungen der Frankfurter 132 waren vor allem die zahlreichen Berliner Güterbahnhöfe. Mit einem langen Dg rollt die gut gepflegte 132 705 im Februar 1989 durch Berlin-Kaulsdorf.

AUFNAHME: DR. WINFRIED KÖNIG

Das Bw Seddin zählte zu den Hochburgen der Baureihe 130. 22 Jahre, vom Herbst 1972 bis zur z-Stellung der letzten 230 im Januar 1994, zählten die Loks zum Bestand dieses wichtigen Bahnbetriebswerkes südlich von Berlin. 130 049 müht sich im August 1988 mit einem langen Gag bei Schönwalde ab.

AUFNAHME: DR. WINFRIED KÖNIG

130 040 vom Bw Seddin durchfährt mit einem Güterzug den Bahnhof Falkenhagen (Kr. Nauen), rechts am Bahnsteig wartet ein 172 auf Weiterfahrt. AUFNAHME: DR. WINFRIED KÖNIG

mit den Baureihen 118 und 130. Der 130-Bestand betrug über 20 Loks und stieg Ende 1973 auf 32. Wendepunkte wurden Frankfurt/Oder, Kietz, Halle, Muldenstein, Templin, Neubrandenburg, Wittenberge, Roßlau, Dresden, Ziltendorf und Oebisfelde. Bemerkenswert war der Langlauf mit Dg 50674 Halle – Templin. Im Winterfahrplan 1973/74 wurde der Planbedarf auf 20 Loks ausgedehnt, neuer Wendepunkt war Falkenberg.

Am 28. Mai 1976 erhielt das Bw Seddin als erste Lok der Schwesterbaureihe 132 345 zugewiesen. Es folgten 132 375 und 382. Diese drei Loks sowie weitere Zugänge im Herbst kamen in den Umläufen der 130 zum Einsatz. Anfang 1977 waren in Seddin 39 Loks der Baureihe 130 und neun der Baureihe 132 beheimatet. Planmäßig wurden 22 Lokomotiven, davon 16 der Baureihe 130 und neun 132 in einem Mischplan eingesetzt. Weitere fünf Maschinen der Baureihe 130 setzte das Bw Wustermark ein. Im Sommer 1977 zog man die 132 wieder ab, um in Berlin-Ostbahnhof die 118 zu ersetzen. Im Austausch erhielt das Bw Seddin aus der Rbd Halle weitere 130, der Höchstbestand wurde Ende 1977 mit 46 Maschinen dieser Baureihe erreicht.

Erste Einschnitte im 130-Einsatz brachte die Elektrifizierung von Dresden und Halle/Leipzig in Richtung Berlin Ende der siebziger Jahre. Die Lokwechselbahnhöfe wurden immer weiter nach Norden verlegt. Die 130 hatten aber auf den verbliebenen Strecken noch genügend Arbeit. Gefahren wurde nunmehr auf den nicht elektrifizierten Strecken, beispielsweise in West-Berlin, nach Seefeld und Rüdersdorf.

1982 erhielt das Bw Seddin die ersten elektrischen Lokomotiven der Baureihen 242 und 250, gleichzeitig kehrten 132 schrittweise wieder nach Seddin zurück. Durchschnittlich waren zwei 132 hier beheimatet. Sie bespannten ein Eilzugpaar nach Aschersleben sowie einen Containerzug nach Magdeburg. Ende 1985 beheimatete das Bw Seddin 35 Loks der Baureihe 130, zwei 132 und 36 E-Loks. Neben acht 130-Plänen gab es ebenfalls acht in Wustermark, sowie viele Sonderdienste. Mitte der achtziger Jahre wurden im Güterverkehr Brandenburg, Güsten, Roßlau, Seefeld, sowie die Berliner Rangierbahnhöfe angefahren. Eine Besonderheit war die kurzfristige Beheimatung von Lokomotiven der Baureihe 131. Dabei handelte es sich nicht um „echte" 131, sondern um die drei umgebauten 130, die jetzt als Baureihe 131[1] liefen. Besonders im Sommerferienverkehr zwischen Berlin-Grünau und der Ostseeküste fanden die 130 auch als Zugloks für Kinderreisezüge (Pki) gerne Verwendung, weil hierbei keine Heizung benötigt wurde.

Bis zum Jahr 1990 änderte sich am Einsatz der sowjetischen Großdiesselloks beim Bw Seddin wenig. Ende 1989 zählte man 31 Loks der Baureihe 130, elf 132 sowie 41 E-Loks. Einsatzschwerpunkt der 130 war der Güterverkehr in Westberlin und in Wustermark. Die 132 kamen auch im Transitverkehr zum Einsatz.

Durch die rege Bautätigkeit in Berlin wurde nach der Wende sehr viel Abraum aus Berlin abtransportiert und zum Verfüllen von Tagebau-Restlöchern bei Lübbenau genutzt. Im Gegenzug wurden Baustoffe nach Berlin geholt. Hier kamen die 132 beispielsweise nach Barby zum Einsatz.

Den Gesamtrückgang im Güterverkehr konnten diese Leistungen allerdings nicht aufhalten. Die 130 rollten nun immer stärker auf das Abstellgleis. 17 Maschinen erlebten noch den Jahreswechsel 1992/93 im Betriebspark (meist aber schon auf Reserve abgestellt oder durch 232 ersetzt). Ein Jahr später waren nur noch fünf 230 betriebsfähig, die alle am 21. Januar 1994 z-gestellt wurden. Zu diesem Zeitpunkt verfügte Seddin bereits über 33 Maschinen der Baureihe 232 (neben 65 E-Loks), die auf allen nicht elektrifizierten Strecken in Westberlin, im Grenzverkehr Seddin – Kietz und für Baulogistik-/Kiestransporte nach Barby/Lübbenau-Süd und Brandenburg-Altstadt eingesetzt wurden. Dafür wurden planmäßig 21 Lokomotiven benötigt. 1996/97 gab es im Reiseverkehr noch drei Umläufe mit RE-Zügen nach Kyritz und Wittstock.

Für wenige Wochen waren auch zwei Lokomotiven der Baureihe 234 in Seddin beheimatet. Es waren Seddiner 232, die nach ihrem Umbau nicht gleich nach Cottbus umgesetzt wurden. Ein Einsatz ist hier nicht belegt. 1998/99 hatte Seddin 48 Maschinen der Baureihe 232 (sowie 70 Elloks der Baureihe 155 und zehn der Baureihe 145) im Bestand. Der Einsatz erfolgte unverändert mit 20 Plantagen in Westberlin, nach Kietz und Brandenburg. Eine genaue Zuordnung fand nicht mehr statt, viele „fremde" 232 fuhren im Seddiner Umlauf, dafür waren Seddiner 232 bundesweit in Sonder- und Plandiensten zu sehen.

Die Baureihen 130 und 131 im Bw Seddin:

130	001	ng	16.10.85 – 24.05.87	fko	
	001	fko	11.06.87 – 17.12.93	z	zr 29.12.92
	002	ntz	17.09.87 – 22.09.87	ntz	
	002	ntz	28.05.88 – 20.01.94	z	a 21.01.94
	003	ng	02.06.83 – 09.10.88	fak	
	003	fak	23.12.88 – 17.12.93	z	a 10.12.92
	004	fak	20.05.74 – 02.11.75	z	a 22.10.75 Unfall
	005	les	15.10.75 – 07.05.78	z	a 08.05.78 Unfall
	007	ntz	23.02.77 – 27.07.80	fko	
	007	fko	21.08.80 – 26.11.80	fko	
	007	fko	06.02.81 – 18.08.87	fko	
	007	fko	07.09.88 – 11.02.92	z	a 18.01.91
	008	les	28.05.75 – 21.01.78	fko	
	008	fko	.03.78 – 10.06.82	fko	
	010	ntz	18.05.76 – 28.07.76	ntz	
	010	ntz	17.12.76 – 17.12.93	z	zr 30.12.92
	011	fak	27.04.74 – 25.12.80	fko	
	011	fko	13.01.81 – 16.06.83	ng	
	011	ntz	29.09.85 – 17.12.93	z	zr 30.12.92
	012	rn	25.09.75 – 11.01.83	fko	
	012	fko	13.05.83 – 23.11.93	z	zr 16.03.93
	014	ntz	19.05.79 – 17.08.79	fko	
	014	fko	13.10.79 – 03.07.80	fko	
	014	fko	06.02.81 – 18.01.83	fko	
	014	fko	03.09.88 – 06.09.88	fko	
	014	fko	21.02.89 – 22.12.89	fko	
	015	ntz	25.03.77 – 30.06.78	fko	
	015	fko	10.03.79 – 30.11.83	fko	
	016	les	19.12.73 – 08.02.90	z	a 28.12.87
	017	ntz	18.03.77 – 09.07.82	fko	
	017	fko	30.04.85 – .05.85	fko	
	018	ntz	29.04.77 – 30.07.85	fko	
	018	fko	20.09.85 – 29.08.90	z	a 31.03.90 Unfall
	019	fko	01.03.88 – 02.04.88	ntz	
	019	fko	16.06.90 – 04.07.90	fko	
	020	ntz	17.12.76 – 23.06.83	osb	
	020	osb	26.10.85 – 01.12.87	fak	
	020	fak	26.02.89 – 18.03.89	fak	
	020	hlg	09.10.89 – 17.12.93	z	zr 29.12.92
	022	ntz	11.11.88 – 03.12.88	ntz	
	023	ntz	24.03.77 – 20.01.94	z	a 21.01.94
	025	ntz	25.02.86 – 12.03.86	ng	
	026	ng	01.06.85 – 02.03.89	z	a 06.08.86 Unfall
	027	ntz	11.09.80 – 17.12.86	fko	
	027	fko	10.04.87 – 13.04.87	fko	
	028	ntz	17.09.87 – 21.03.88	fko	
	029	ntz	16.03.86 – 27.05.86	ntz	
	030	ntz	11.11.88 – 03.12.88	ntz	
	033	fak	06.09.73 – 04.12.82	osb	
	034	fak	08.10.86 – 27.10.86	fak	
	034	fak	26.02.89 – 15.03.89	fak	
	034	hlg	12.05.89 – 02.12.89	fko	
	035	hlg	01.10.73 – 30.04.86	z	a 13.07.81 Unfall
	037	ntz	05.01.74 – 11.02.92	z	a 09.12.91
	039	erf	18.04.73 – 22.09.83	fko	
	039	fko	06.03.91 – 16.05.93	z	a 17.05.93
	040	les	07.09.73 – 26.10.83	osb	
	040	osb	19.01.85 – 11.02.92	z	a .02.92
	041	ntz	21.05.77 – 05.03.91	fko	
	042	fak	03.10.86 – 21.10.86	fko	
	042	fko	24.11.86 – 17.12.93	z	a 01.10.92
	043	ntz	05.01.74 – 24.10.77	fak	
	043	fak	22.11.77 – 30.06.78	fko	
	043	fko	01.11.80 – 16.03.93	z	a 23.11.92
	045	ntz	30.05.85 – 16.11.92	z	a 23.10.92
	047	hlg	20.07.73 – 07.08.73	hlg	
	047	fak	19.12.73 – 09.02.93	z	a 14.10.92
	048	hlg	09.09.73 – 23.09.83	fko	
	049	erf	08.08.73 – 11.02.92	z	a .02.92
	050	erf	26.04.73 – 08.06.83	osb	
	050	osb	07.11.85 – 11.02.92	z	
	051	ntz	28.05.77 – 11.02.92	z	a 12.02.92
	054	wfs	19.03.73 – 15.12.88	z	a 28.02.88 Unfall
	056	ea	03.10.72 – 05.05.93	z	a 09.03.93
	057	fak	17.12.73 – 01.12.82	osb	
	058	hlp	28.08.73 – 29.08.86	umb	in 131 158
	060	les	19.04.73 – 10.06.79	umb	in 131 160
	061	les	17.04.73 – 01.12.82	osb	
	061	osb	05.11.83 – 03.01.84	osb	
	062	fak	01.06.73 – 04.12.82	osb	
	063	les	19.04.73 – 11.05.83	fko	
	064	fak	21.04.73 – 30.04.81	umb	in 131 164
	065	ea	14.10.72 – 10.06.82	fko	
	065	fko	.06.82 – 20.01.94	z	a 22.01.94
	066	ea	03.11.72 – 15.12.88	z	a 28.02.88 Unfall
	067	hlg	08.08.73 – 13.09.83	fko	
	068	hlp	20.07.73 – 14.10.74	z	a 10.08.74 Unfall
	069	ea	18.10.72 – 11.02.92	z	a .02.92
	070	ea	03.11.72 – 10.06.83	fko	
	071	ntz	27.09.80 – 11.02.92	z	a .02.92
	072	ea	30.12.72 – 11.02.92	z	a .02.92
	073	ea	04.11.72 – 20.01.94	z	a 21.01.94
	074	ea	15.12.72 – 31.08.92	z	a 03.07.92 Unfall
	075	ea	15.12.72 – 25.01.81	fko	
	075	fko	06.02.81 – 11.02.92	z	a 16.07.91
	077	ea	19.12.72 – 21.09.83	fko	
	078	ea	04.01.73 – 05.03.91	fko	
	079	ea	20.12.72 – 30.11.93	z	a 10.07.93
	080	ea	26.05.73 – 11.12.82	osb	
	080	fko	06.03.91 – 20.01.94	z	a 22.01.94
131	158	umb	30.08.86 – 26.09.86	wfs	ex 130 058
	164	umb	01.05.81 – 31.05.81	arn	ex 130 064

Eine der langjährigen Stammloks des Bw Seddin war 130 054, die am 19. März 1973 vom Bw Weißenfels kommend hier eintraf. Ihr Ende im Betriebsdienst kam im Februar 1988 unerwartet, denn nach einem Unfall wurde die Lok z-gestellt und zwei Jahre später in Seddin auch verschrottet. Im September 1985 konnte die Maschine im Bf Genshagener Heide noch fotografiert werden.

AUFNAHME: DR. WINFRIED KÖNIG

Auf dem fahrleitungslosen Streckenabschnitt Wustermark – Nauen musste die Seddiner 132 268 nahe Bredow einer 243 vor dem Ps 11430 im August 1989 Vorspanndienste leisten. Hinter den beiden Lokomotiven die dunkelrot-cremefarbenen Doppelstockeinzelwagen, die viele Jahre im Berliner Nahverkehr zum Einsatz kamen.

AUFNAHME: DR. WINFRIED KÖNIG

Die Baureihe 132/232 im Bw Seddin (*kursiv* Kurzzeitloks):

002	004	005	011	022	029	037	038	043
049	050	055	056	060	064	065	067	073
078	**083**	*085*	087	**088**	**090**	091	**099**	102
111	**123**	**127**	**128**	**129**	147	154	*165*	*168*
170	183	**189**	190	191	*192*	195	**201**	**202**
223	**227**	**228**	*237*	249	**252**	256	**261**	**264**
267	268	*270*	**272**	275	*278*	282	**284**	**285**
286	288	*290*	**298**	**301**	**305**	*308*	312	**313**
315	325	331	**342**	345	**352**	*355*	361	**363**
365	**371**	374	375	**377**	378	**379**	381	382
386	**391**	392	*400*	*403*	404	*406*	407	**408**
409	**411**	412	423	425	428	437	**438**	442
460	**465**	474	475	486	**493**	**496**	497	*500*
503	*504*	**509**	**512**	**514**	**517**	**530**	531	**532**
539	540	545	549	**550**	560	*575*	*580*	*581*
586	**596**	597	603	**607**	610	613	*628*	631
640	**643**	652	660	*669*	**670**	*676*	*682*	*683*
688	692	*698*	**705**					

Im Bw Seddin haben ihren Lebensweg beendet:

132	004	eis	01.06.91 – 28.11.95	z	a 31.10.95 verk
	029	cs	31.05.96 – 15.12.98	z	a 26.10.98
	037	mei	25.05.95 – 23.05.98	z	a 23.05.98
	049	ntz	03.06.84 – 11.12.97	z	a 30.10.97
132	050	mei	25.05.95 – 29.10.98	z	a 26.09.98
	064	sn	29.05.99 – 29.06.99	z	
	067	hw	31.05.92 – 27.02.94	z	a 29.12.93 Unfall
	073	kms	26.07.91 – 11.12.97	z	a 28.11.97
	078	pkr	31.05.96 – 29.01.97	z	a 22.11.96
	087	hlg	01.10.96 – 29.10.98	z	a 18.10.98
	088	sn	22.05.98 – 05.08.98	z	a 01.07.98
	090	mg	01.10.96 – 19.06.98	z	a 20.06.98
	102	rch	26.05.81 – 14.11.82	z	a 18.03.82 Unfall
	147	osb	01.06.91 – 23.09.97	z	a 19.09.97
	227	cs	01.06.95 – 28.02.98	z	a 22.12.97
	261	pw	15.10.96 – 28.02.98	z	a 29.01.98
	305	cs	12.01.94 – 28.11.95	z	a 31.10.95 verk
	312	fko	22.06.93 – 28.08.95	z	a 20.03.95
	404	fko	20.05.90 – 28.11.95	z	a 31.10.95 verk
	540	pkr	31.05.96 – 28.12.98	z	a 08.01.99
	610	osb	27.09.89 – 05.09.95	z	a 29.08.95 Unfall

Am längsten waren beheimatet:

132	049	ntz	03.06.84 – 11.12.97	z	a 30.10.97
	055	osb	09.07.85 –	-	

Die Baureihe 234 in Seddin:

234	545	umb	01.05.96 – 30.05.96	cs
	549	umb	01.06.96 – 18.06.96	cs

130 011 vom Bw Seddin wurde mit einer Reihe weiterer Loks dieser Baureihe vom Bw Wustermark aus eingesetzt. Im Mai 1990 überholt die damals fast 20 Jahre alte Maschine ihre weitaus jüngere Kollegin 132 580 im Güterbahnhof Wustermark.

AUFNAHME: DR. WINFRIED KÖNIG

Schon ab Sommer 1975 besetzten Wustermarker Personale planmäßig Seddiner Loks der Baureihe 130. Später setzte man von hier aus bis zu acht 130 ein, die auch in Westberlin liefen. Die Seddiner 130 001 stand im Mai 1990 in den Diensten des Bw Wustermark und passiert mit einem langen Nahgüterzug die schöne alte Signalgruppe in Wustermark. Bemerkenswert ist der hinter der Lok laufende Güterzugpackwagen. 130 001 war übrigens von 1985 mit einer kleinen Unterbrechung bis zur z-Stellung Ende 1993 in Seddin beheimatet.
AUFNAHME: DR. WINFRIED KÖNIG

Bw Wustermark

Obwohl die Beheimatung von Großdieselloks im Bw Wustermark buchmäßig nur von 1994 bis 1995 stattfand, spielte die Baureihe 130 hier schon in den siebziger Jahren eine große Rolle. Die planmäßige Besetzung von Seddiner 130 begann im Sommer 1975 mit einer Lok. Diese wurde in einem Umlauf nach Oebisfelde sowie Neustadt/Dosse eingesetzt. Ein Jahr später wurden bereits fünf 130 planmäßig besetzt, neu erreichten sie Seddin, Hennigsdorf, Berlin-Rummelsburg, Kietz und Frankfurt/Oder. Bemerkenswert war der Langlauf mit Dg 44429 Stendal – Kietz. Die Besetzung von fünf Loks aus Seddin blieb über viele Jahre bestehen, ab Anfang der achtziger Jahre kamen dann weitere hinzu. Bis zu acht Loks wurden nun von Wustermark aus erstmals auch planmäßig nach Westberlin (Grunewald und Ruhleben) eingesetzt. Außerdem erreichten die 130 über Wittenberge auch Hagenow-Land.

1990 wurden von Wustermark aus Seddiner 132 eingesetzt. Zu diesem Zeitpunkt waren in Wustermark noch fünf 118 beheimatet, dazu kam die Besetzung der in Seddin beheimateten vier 130 (Einsatz in Westberlin) und vier 132 (nach Rathenow, Hennigsdorf und Nauen). Bis 1994 wurden die 130 komplett durch die 132 abgelöst.

Zu Beginn des Sommerfahrplanes 1994 bekam Wustermark acht 132 aus Pankow zugewiesen, die hier auch beheimatet wurden. Die Loks wurden in Grunewald eingesetzt und bereits ab Dezember 1994 an das Bw Seddin weitergegeben. Ebenfalls Ende Mai 1994 kamen auch 234 in den Wustermarker Bestand: Sechs 234 aus Cottbus und ebenfalls sechs aus Berlin Ostbahnhof. Diese Maschinen wurden vor Nahverkehrszügen von Berlin nach Nauen/Hennigsdorf, sowie zwischen Potsdam und Jüterbog eingesetzt. Daneben wurde von Pankow auch die Beförderung der Müllzüge und Baulogistik-Züge in Berlin übernommen. Der größte Teil der 234 wurde bis Herbst 1996 nach Pankow abgegeben. Die letzten Lokomotiven der Baureihe 234 verließen am 28. Mai 1995 Wustermark.

Die Baureihe 232 in Wustermark:

228	350	382	410	428	461	496	532

Die Baureihe 234 in Wustermark (*kursiv* Kurzeitloks):

016	*072*	116	*144*	*166*	*170*	180	235	242
247	257	278	292	299	304	323	335	341
344	351	385	417	423	*442*	468	*475*	523
526	551	552	578	582	585	591		

Bw Grunewald

Erwähnt werden soll hier auch kurz das Bw Grunewald, welches zwar nie eigene 130 und 132 besaß, aber ab Anfang der achtziger Jahre 130 aus Seddin besetzte. Auch die meisten Personale für die Berliner 132-Transitleistungen nach Helmstedt stellte Grunewald. Nach 1985 wurden auch 130 aus Wustermark durch Personale aus Grunewald besetzt.

Am 1. Mai 1988 zeigt sich 132 006 vom Bw Cottbus in bester Fotopositur in ihrer Heimatdienststelle. Auch sie gibt es heute nicht mehr, nach der z-Stellung im Jahr 1995 wurde sie 1999 in Hagenwerder zerlegt. AUFNAHME: HARTMUT MICHLER

Rbd Cottbus

Bw Cottbus

Am 27. März 1974 erhielt das Bw Cottbus als erste Lok der Baureihe 132 die neue 132 055 zugeteilt. Zu diesem Zeitpunkt führte das Bw Cottbus (ohne Einsatzstelle Guben) folgende Gattungen für den Streckendienst: 03 (4), 52 (26), 118 (19) und 120 (30). Die erste 132 wurde vorwiegend im Mischdienst eingesetzt und diente zur Personalschulung. Im Januar 1975 begann mit 132 146, 149, 151, 152 und 162 die dauerhafte 132-Beheimatung im Bw Cottbus. Ab Sommerfahrplan 1975 wurden mit den Loks zwei Eilzugpaare nach Leipzig gefahren. Im Güterverkehr fanden sie im Kohlenverkehr Verwendung.

Anfang 1976 standen im Bw Cottbus bereits 17 Maschinen der Baureihe 132 zur Verfügung, die u. a. auch die Dampfloks der Baureihe 52 ersetzten. Im Güterverkehr wurden mit Frankfurt/Oder und Forst sowie Falkenberg auch Ziele außerhalb der Kohlenreviere erreicht. Im Sommer 1977 zählte man in Cottbus 30 Loks der BR 132, neu hinzu kamen Containerzüge nach Berlin-Frankfurter Allee und Dresden-Neustadt. Im Reiseverkehr war der D 1493 (Leipzig – Cottbus – Frankfurt/Oder) bemerkenswert, hinzu kamen Leistungen auf der Strecke Görlitz – Berlin. Darüberhinaus wurden Seddin und Halle neue Wendebahnhöfe im Güterverkehr. Ende 1978 gab es im Bahnbetriebswerk Cottbus neben einigen Dampfloks der Baureihe 52 folgende Stückzahlen bei den Streckenlokomotiven: 118 (22), 120 (14), 132 (37). Der Planbedarf bei den 132 betrug 20 Maschinen. Bis zum Jahr 1985 wuchs der Bestand auf 46 Loks an.

Als die Elektrifizierung 1989 Cottbus erreichte, brachte dies erste Veränderungen bei den 132-Einsätzen. Loks der Baureihen 243 und 250 wurden jetzt in Cottbus beheimatet und übernahmen Leistungen der 132 im Kohlenverkehr und im Reisezugdienst nach Leipzig und Berlin. Den 132 blieben noch die Strecken nach Frankfurt/Oder, Görlitz und Forst, sowie zahlreiche Sonderleistungen unter dem Fahrdraht, da die E-Loks anfangs nicht ausreichten. Anfang 1990 gab es in Cottbus 15 Loks der Baureihe 118, sechs 120, 36 Maschinen der Baureihe 132 sowie 24 E-Loks für den Streckendienst. Nun wurde das elektrische Netz über Frankfurt/Oder nach Berlin geschlossen und damit verloren die 132 eine weitere wichtige Strecke.

1992 gab es noch 21 Lokomotiven der Baureihe 132 im Bw Cottbus, Leistungen wurden vor allem in Richtung Südosten gefahren. Im November 1993 übernahm das Bw Cottbus vom Bw Berlin Hbf zehn 234. Diese fuhren RE-Züge von Cottbus nach Hoyerswerda, Görlitz und Forst. Planmäßig wurde ein Güterzugpaar nach Forst gefahren. Die 232 bespannten zu diesem Zeitpunkt Güterzüge nach Peitz-Ost, Forst und Luckau sowie Reisezüge Grunow – Frankfurt/Oder und nach Görlitz. Ende 1994 konnten die 232 aus Frankfurt/Oder und im Mai 1995 die 232 aus Hoyerswerda übernommen werden. Dies erklärt auch den hohen Lokbestand im Jahre 1996 mit 45 Lokomotiven. Die Leistungen wurden von diesen Standorten aber weiterhin erbracht.

Die 234 wiederum verfügte die DB im Sommer 1995 nach Wustermark und Reichenbach. Die Leistungen mussten daher mit 232 gefahren werden. Im Dezember 1997 übernahm der neue Cargo-Standort Senftenberg im Zuge der Strukturveränderungen alle 50 Cottbuser 232 und deren Leistungen.

Die Baureihe 132/232 im Bw Cottbus (*kursiv* Kurzzeitloks):

005	006	010	011	018	022	029	**031**	038
042	051	053	053	054	055	061	062	064
065	066	071	074	077	*079*	**083**	*084*	**085**
088	**093**	**101**	111	*112*	116	**129**	**140**	146
147	**148**	149	151	152	*160*	161	162	**164**
166	*170*	171	178	**186**	**197**	*199*	*201*	**227**
229	**240**	245	249	**252**	253	256	257	**264**
270	272	273	274	**282**	284	287	290	295
300	301	304	305	310	311	312	313	319
320	322	**328**	333	338	**342**	363	**365**	**386**
389	**391**	**392**	394	396	397	**403**	**407**	408
409	*410*	412	417	***421***	*422*	**427**	**437**	**438**
456	**460**	461	465	469	470	472	487	493
495	**496**	*497*	**499**	**503**	**509**	511	**516**	**518**
534	535	540	**546**	*549*	550	552	556	557
559	**560**	563	564	567	568	570	573	574
577	578	579	581	582	584	585	**586**	
594	596	599	600	**602**	**603**	607	608	609
612	613	617	618	619	625	**628**	642	*645*
659	**661**	*664*	**665**	*672*	**684**	**685**	**690**	**692**

Am längsten waren beheimatet (* mit kurzen Unterbrechungen):

132	461	ea	25.01.77 – 10.01.94	pkr*
	301	ea	31.12.75 – 30.05.96	sed
	284	ea	28.11.75 – 22.12.97	sn

Im Bw Cottbus haben ihren Lebensweg beendet:

132	054	hw	26.05.95 – 22.09.97	z	a 12.05.97 Unfall
	066	hw	25.05.94 – 28.11.95	z	a 31.10.95
	164	pkr	28.05.94 – 23.09.97	z	a 25.06.97
	270	ea	07.11.75 – 22.03.89	z	a 13.03.89 Unfall
	389	les	31.05.87 – 27.02.94	z	a 29.12.93 Unfall
	460	fko	30.12.94 – 28.08.95	z	a 23.08.94
	516	hw	25.05.94 – 06.06.95	z	a 14.10.94 Unfall
	574	ea	28.09.78 – 09.01.86	z	a 24.08.85 Unfall
	619	ea	16.12.79 – 22.03.89	z	a 13.03.89 Unfall
	684	fko	30.12.94 – 28.08.95	z	a 01.06.95

Die Baureihe 234 in Cottbus:

016	072	075	161	170	235	244	251	278
299	335	341	423	442	475	545	546	549

Dresden gehörte zu den klassischen Wendebahnhöfen im Reisezugdienst der Cottbuser 132. Am 4. Juli 1989 ist 132 272 vom Bw Cottbus um 15.55 Uhr – so der Vermerk des Fotografen auf der Rückseite des Bildes – mit dem E 996 in Dresden-Neustadt zum Halten gekommen.

AUFNAHME: REINHARD LEHMANN

Ein typischer Personenzug der DR aus der Zeit der achtziger Jahre: 132 577 vom Bw Cottbus ist mit ihrem aus acht Bage-Wagen bestehenden Personenzug in Falkenberg eingetroffen. Für solche Züge waren die 3.000 PS starken Maschinen sicherlich übermotorisiert, aber umlaufbedingt gehörten solche Leistungen zum Alltagsbrot der Baureihe 132 in vielen Bahnbetriebswerken.

AUFNAHME: JENS-PETER FRIED

Zu den Stammloks des Bw Elsterwerda gehörte von 1976 bis 1988 132 074, sie war auch die erste Lokomotive dieser Baureihe in diesem Bahnbetriebswerk. Am 8. April 1988 verlässt sie mit einem Kühlwagenzug den Bf. Priestewitz.

AUFNAHME: DIETER WÜNSCHMANN

Bw Elsterwerda

132 074 traf am 28. April 1976 als erste Lok dieser Baureihe im Bw Elsterwerda ein. Sie wurde in den Plänen der Baureihe 52 eingesetzt und bespannte vorwiegend Züge aus dem Senftenberger Kohlenrevier in Richtung Dresden. Im Laufe des Jahres 1976 kamen zwei weitere 132 hinzu. Einen eigenen Umlauf gab es dann ab Sommer 1977 in den oben genannten Relationen, die anderen Elsterwerdaer Güterzugleistungen wurden weiterhin mit der Baureihe 52 (18 Loks) gefahren.

Auf der Hauptstrecke Dresden – Berlin spielte das Bw Elsterwerda eine untergeordnete Rolle, Berliner 130 sowie Dresdner 118 und 120 bestimmten hier das Bild. Auf den Strecken nach Hoyerswerda und Falkenberg teilte sich das Bw Elsterwerda die Leistungen mit 132 des Bw Falkenberg und Hoyerswerda, sowie mit Senftenberger 120. Der 132-Bestand stieg in Elsterwerda bis 1981 auf neun Loks an. Die Elektrifizierung auf der Strecke Berlin – Dresden wirkte sich aber auf die Leistungen des Bw Elsterwerda kaum aus, da auf dieser Verbindung keine wichtigen Güterzugleistungen erbracht wurden. Im Jahr 1985 erreichte das Bw Elsterwerda mit 13 Maschinen der Baureihe 132 seinen Höchstbestand und löste damit die letzten 52 vollständig ab. Die fortschreitende Elektrifizierung von Falkenberg in das Lausitzer Kohlenrevier senkte den Bestand bis 1987 auf sechs 132. Nach der möglichen Bespannung mit E-Loks bis Hoyerswerda wurde die 132 in Elsterwerda fast entbehrlich. Nur noch zwei Loks wurden bis Februar 1990 im Bestand geführt. 1991/1992 gaben kurzzeitig einzelne Loks ein Gastspiel in Elsterwerda.

Die Baureihe 132 im Bw Elsterwerda (*kursiv* Kurzzeitloks:)

006	011	018	*022*	*025*	029	038	*047*	*054*
055	062	*065*	071	074	084	*088*	116	146
151	152	*166*	*170*	*273*	*274*	290	297	*298*
300	305	311	*320*	*321*	329	*461*	*469*	*470*
471	487	493	510	511	*516*	*517*	534	540
549	*552*	563	564	*567*	568	573	*578*	581
582	*596*	*599*	*600*	608				

Am längsten waren beheimatet (* mit kurzen Unterbrechungen):

132 152	cs	29.08.76 – 10.06.86	sgh
300	hw	07.06.76 – 27.02.87	sa*
074	hw	28.04.76 – 30.06.88	cs

Bw Görlitz

Das Bw Görlitz bekam im Herbst 1978 seine ersten 132 zugewiesen (132 396, 397 und 274). Zu diesem Zeitpunkt hatte Görlitz 18 Maschinen der Baureihe 118, zehn 52 sowie noch fünf 03 für den Streckendienst zur Verfügung. Die 132 konnten von Görlitz aus Reisezüge nach Dresden, Cottbus und in Richtung Hoyerswerda bespannen. In den Folgejahren erhöhte sich der Bestand von fünf Maschinen im Jahr 1980 auf zehn im Jahr 1982. Das Bw Görlitz fuhr jetzt auch Eilzüge mit den 132 bis Berlin und verwendete die Maschinen auch vor Güterzügen, wobei die 118 mit 17 Loks immer noch stärker vertreten waren.

Nach 1985 nahm der Bestand an 132 weiter zu; 1988 waren im Bw Görlitz bereits 20 Maschinen vorhanden und die letzten 52 aus dem Streckendienst verschwunden. Bereits ein Jahr später drang der auf 26 Loks aufgestockte 132-Bestand in weitere 118-Pläne ein, es wurden jetzt auch Nahgüterzüge gefahren. Das Bw Dresden, das noch Anfang der neunziger Jahre keine eigenen 132 besaß, setzte Görlitzer Loks im Nahverkehr ein, ab 1994 auch auf der „Schleppe“ des Rangierbahnhofs Dresden-Friedrichstadt zur Ablösung der letzten 220. Der 232-Bestand in Görlitz stieg dabei auf 40 und im Jahr 1996 auf den Höchstbestand von 42 Lokomotiven an.

Im Frühjahr 1995 verfügte die DB die ersten ZWS-234 nach Görlitz. Diese Maschinen wurden von Dresden aus auf den S-Bahn-Strecken Kamenz – Dresden und Grenzstraße – Dresden Hbf sowie vor RE-Zügen zwischen Görlitz und Dresden eingesetzt. Ein Jahr später war der 234-Bestand auf 17 Maschinen aufgestockt. Neu wurden RE-Leistungen auf den Strecken Dresden – Meißen – Leipzig und Görlitz – Cottbus – Hoyerswerda erbracht.

Die zu DB-Cargo gehörenden 232 wurden am 29. Mai 1999 an den Cargo-Standort Dresden abgegeben, sie waren aber bereits Jahre vorher von Dresden aus im Einsatz. Als „Ersatz“ erhielt das Regio-Werk Görlitz im Jahr 1999 den kompletten 234-Bestand von Reichenbach. Das Einsatzgebiet der 48 Maschinen reichte von Reisezügen zwischen Görlitz und Cottbus, S-Bahn-Einsätzen rund um Dresden und Reisezügen nach Zittau und Görlitz. Starleistungen sind zweifellos die Züge der IR-Verbindung Dresden – Nürnberg/Regensburg. Außerdem kommen noch IR-Züge von Leipzig nach Hof und RE-Züge auf der Strecke Leipzig – Döbeln – Dresden hinzu.

Die Baureihe 132/232 im Bw Görlitz (*kursiv* Kurzzeitloks):

006	018	022	***036***	**041**	053	061	**064**	071
080	**081**	084	***085***	*088*	**092**	**096**	**104**	**138**
142	143	**152**	**157**	**158**	161	162	**165**	*166*
167	170	171	***173***	**188**	**192**	**205**	**221**	**222**
234	**237**	**241**	**246**	257	**271**	273	274	**277**
280	*287*	290	**293**	297	*300*	306	319	320
321	322	329	330	**338**	363	*367*	**374**	375
380	394	396	397	**400**	417	**430**	442	449
456	469	471	474	478	480	483	*493*	497
500	510	**523**	**533**	535	**542**	552	*559*	563
566	567	569	570	573	574	577	*578*	**580**
581	582	583	**584**	594	596	600	**601**	609
618	**626**	**627**	*633*	642	**644**	648	**650**	**655**
656	**682**	**688**	**691**	**700**				

Im Bw Görlitz haben ihren Lebensweg beendet:

232	006	srd	29.05.94 – 17.05.95	z	a 26.04.95
	041	sw	29.05.94 – 01.09.97	z	a 25.08.97
	080	rch	24.10.94 – 28.02.98	z	a 22.02.98
	138	rch	22.05.93 – 06.09.95	z	a 08.09.95
	152	ch	06.02.95 – 20.05.96	z	a 12.07.96
	157	pw	07.06.94 – 30.01.96	z	a 26.01.95
	158	rch	25.05.95 – 04.08.95	z	a 05.08.95
232	162	cs	01.07.88 – 28.02.98	z	a 10.02.98
	188	sa	22.09.94 – 29.10.95	z	a 31.10.95
	234	sw	29.05.94 – 29.01.97	z	a 04.11.96 Unfall
	271	rch	25.05.95 – 28.02.98	z	a 10.02.98
	380	hw	30.05.87 – 22.04.96	z	a 15.04.96

Die Baureihe 234 in Görlitz (*kursiv* Kurzzeitloks):

016	072	075	116	144	161	166	170	180
222	235	242	247	251	257	292	299	304
311	323	339	341	344	346	351	385	399
417	423	440	442	467	*468*	468	504	523
526	538	545	546	548	549	551	552	565
578	582	597	606	608	630	641	*657*	

Am längsten waren beheimatet (* mit kurzen Unterbrechungen):

132	329	hw	18.02.85 – 02.03.98	dre
	552	cs	16.07.80 – 24.05.94	umb*
	471	hw	25.06.79 – 05.08.94	ch*
	456	cs	22.03.82 – 06.05.98	dre*
234	552	wur	02.04.95 –	
	144	wur	16.01.95 –	
	166	wur	16.01.95 –	

132 084 vom Bw Görlitz wartet am 18. April 1984 am Stellwerk nahe des heimatlichen Bahnbetriebswerkes auf die Weiterfahrt zu ihrem Zug.

AUFNAHME: RAINER HEINRICH

Die in Görlitz beheimateten 234 finden neben dem noch im Jahr 2000 andauernden Einsatz im IR-Verkehr nach Nürnberg und Regensburg vor allem im Regionalverkehr in Sachsen Verwendung. 234 468 ist am 31. August 1994 mit einer Regionalbahn in Dresden Hbf eingefahren.

AUFNAHME: REINHARD LEHMANN

Die immer wieder verschobene Lieferung der Neigetriebzüge der BR 605 bescherten den 234 noch im Jahr 2000 Langläufe von Dresden bis Nürnberg. 234 641 ist am 13. April 2000 mit dem IR 2062 bei Steinpleis unterwegs. Der recht kurze Zug aus fünf Wagen wird der Maschinen trotz der vielen Rampen wenig Probleme bereiten. AUFNAHME: THOMAS FRISTER

Die Schlepplokomotiven für den Rangierbahnhof Dresden-Friedrichstadt wurden bis zur Ablösung durch die BR 290 auch durch Görlitzer 232 gestellt. 232 656 besitzt für diesen Dienst die dafür notwendige automatische Kupplung, fotografiert am 11. November 1995. AUFNAHME: REINHARD LEHMANN

Im Wende-Bw Elsterwerda sonnt sich 132 166 vom Bw Hoyerswerda am 27. August 1985. Die Heimatdienststelle samt der verfügenden Rbd hat man gleich zwei Mal angebracht: sowohl der Satz üblicher Alu-Gussschilder wie auch die aufgemalten Schriftzüge lassen keinen Zweifel über die Herkunft der Lok aufkommen.

AUFNAHME: REINHARD LEHMANN

Bw Hoyerswerda

132 011 traf am 15. Dezember 1973 als erste Maschine dieser Baureihe im Bw Hoyerswerda ein. Ihr folgten im Januar 1974 die Lokomotiven 132 018, 022, 025, 026 und 029. Zu diesem Zeitpunkt hatte Hoyerswerda noch Dampfloks der Baureihen 35 (5) und 52 (29) für den Streckendienst im Bestand. Die 132 kamen sofort im Kohlenverkehr zum Einsatz. Ende 1974 waren bereits zwölf 132 in Hoyerswerda, sie bespannten Güterzüge nach Dresden, Riesa, Görlitz, Bautzen, Falkenberg, Horka und natürlich ins Lausitzer Kohlenrevier. Von dort aus wurde auch Kohle bis nach Muldenstein gefahren. 1976 lösten die 132 die 110-Doppeltraktionen der Eilzüge Hoyerswerda – Leipzig ab. Die Anzahl der 132 stieg im Bw Hoyerswerda weiter an, sie betrug 1979 30 Loks, die fast alle 52 ersetzten. Auch in den Folgejahre blieb dieser 132-Bestand relativ konstant, in den Jahren 1985/86 wurde mit 33 Loks der Höchststand erreicht.

Die Streckenelektrifizierung der Jahre 1987/88 in das Kohlenrevier der Lausitz brachte die ersten Leistungsverluste für die 132. Von Leipzig und Dresden aus war Hoyerswerda nun mit E-Loks erreichbar. Ende 1988 sank der Bestand auf 21 Maschinen. Haupteinsatzgebiet waren jetzt die Strecken Hoyerswerda – Horka – Weglinice und Hoyerswerda – Görlitz. Nach 1992 bespannten Hoyerswerdaer 232 im Reiseverkehr RE-Züge von Hoyerswerda nach Cottbus und Görlitz, der Bestand betrug 15 Lokomotiven. Bis 1995 wurde ein 6-Tage-Umlauf aufgestellt, darunter befand sich auch ein Nahgüterzugpaar nach Bautzen. Am 25. Mai 1995 wurde der Bh Hoyerswerda aufgelöst und dem Bh Cottbus unterstellt.

Die Baureihe 132/232 im Bw Hoyerswerda (*kursiv* Kurzzeitloks):

006	**010**	011	018	022	025	026	029	*038*
042	053	054	061	*062*	065	066	067	071
074	088	116	*143*	149	*151*	161	166	170
171	176	181	*190*	*192*	222	*256*	272	273
274	280	287	290	297	298	300	302	304
306	*311*	**313**	318	320	321	322	329	**351**
367	***371***	*380*	394	*408*	*409*	417	471	487
497	511	516	517	**518**	*529*	*534*	535	540
546	**550**	**557**	557	***560***	563	*567*	573	*574*
575	*577*	*578*	581	582	*584*	*594*	596	599
602	671	*673*	**692**	***699***				

In Hoyerswerda haben ihren Lebensweg beendet :

132	171	gö	09.07.89 – 26.06.90	z	a 04.06.90 Unfall
	302	ea	14.01.76 – 14.04.83	z	
	318	ea	01.04.76 – 26.06.90	z	
	599	cs	12.06.86 – 24.05.87	z	
	671	rch	22.01.85 – 24.05.87	z	

Im Kohleverkehr der Lausitz haben die 132 viele Jahre ihr Brot verdient. Im Bf Ruhland wartet am 2. Mai 1988 132 320 vom Bw Hoyerswerda auf die Ausfahrt mit ihrem Kohlenzug.

AUFNAHME: REINHARD LEHMANN

Bw Senftenberg

Das Bw Senftenberg, einst die Hochburg der Deutschen Reichsbahn für die kohlenstaubgefeuerten Dampfloks der Baureihe 52 und später eines der bekannten 120-Standorte, besaß bis 1997 keine eigene Maschinen der Baureihe 132. Hier wendeten aber zahlreiche 132 aus anderen Bahnbetriebswerken. Mit der Aufteilung der Betriebshöfe auf Geschäftsbereiche wurden Ende des Jahres 1997 alle 59 Maschinen der Baureihe 232 von DB Regio in Cottbus zum Cargo-Standort Senftenberg umgesetzt. Diese 232 wurden auch weiterhin in den angestammten Dienstplänen in Frankfurt/Oder, Cottbus und Hoyerswerda verwendet. Im Frühjahr 1999 begann die Aufteilung des Bestandes auf die Standorte in Seddin und Dresden, am 28. Mai 1999 wurden die letzten 15 Lokomotiven buchmäßig aus Senftenberg umbeheimatet. Die nachfolgenden Tabellen beschreiben deshalb nur die Daten im Bezug auf die Zuordnung der Maschinen zu Senftenberg.

Die Baureihe 232 im Standort Senftenberg:

005	010	011	022	031	042	051	064	065
074	083	085	088	101	111	129	140	148
186	197	229	240	252	277	282	284	310
328	342	363	365	391	392	407	409	427
437	438	472	493	495	499	503	509	518
550	557	559	560	581	596	602	603	612
618	628	665	685	692	704			

In Senftenberg haben ihren Lebensweg beendet:

232	074	cs	23.12.97 – 27.08.98	z	a 11.09.98
	101	cs	23.12.97 – 05.04.98	z	a 04.04.98
	140	cs	24.12.97 – 11.09.98	z	a 13.09.98
	148	cs	24.12.97 – 28.02.98	z	a 22.02.98
	186	cs	24.12.97 – 06.10.98	z	a 03.10.98
	197	cs	24.12.97 – 19.06.98	z	a 12.06.98
	310	cs	24.12.97 – 31.03.98	z	a 12.01.98 Unfall

Einsatzstelle Guben

Da aus der Rbd Cottbus genaue Unterlagen vorhanden sind, kann die Einsatzstelle Guben des Bw Cottbus genauer dargestellt werden. Nach Lokhilfen 1979/80 waren von 1989 bis 1991 in Guben anfangs zwei, später vier 132 beheimatet. Mit ihnen wurden Nahgüterzüge nach Frankfurt/Oder und Cottbus gefahren.

Die Baureihe 132 in der Einsatzstelle Guben des Bw Cottbus:

132	018	cs	01.12.89 – 09.07.91	rch
	053	cs	27.09.89 – 31.05.91	cs
	151	cs	26.05.90 – 27.01.91	cs
	274	cs	19.07.79 – 29.11.79	cs
	338	cs	19.10.79 – 27.03.80	cs
	550	cs	30.05.90 – 30.09.91	cs
	568	ew	23.01.90 – 18.03.90	cs

232 101 von DB Cargo Senftenberg endete im August 1999 bei einem Schrotthändler in Cottbus-Merzdorf. Sie war übrigens die erste Lokomotive der Baureihe 232, die mit dem orientroten Farbanstrich und lichtgrauen Latz zerlegt wurde. Ihren Lebensweg begann die Lokomotive am 15. November 1974 beim Bw Erfurt. Nach der z-Stellung am 6. April 1998 folgten am 10. August desselben Jahres die Ausmusterung und ein Jahr später die Überführung zur Zerlegung. Die Maschine hätte sicher einem anderen Eisenbahnverkehrsunternehmen noch gute Dienste geleistet, aber das Monopolgehabe der DB verhinderte den Verkauf dieser und anderer Loks. So musste die interessierte Öffentlichkeit mit Kopfschütteln zusehen, wie einerseits verwendungsfähige Loks in Deutschland verschrottet wurden, während private Betreiber schrottreife Loks aus dem Ausland einführten ... Aufnahme: JAP

Einträchtig warten 132 079 und 50 3690 im Betriebsteil Hilbersdorf des Bw Karl-Marx-Stadt auf weitere Dienste. AUFNAHME: RAINER HEINRICH

Rbd Dresden

Bw Karl-Marx-Stadt (ab 1990 Chemnitz)

Im Mai 1974 erhielt das Bw Karl-Marx-Stadt als erste Lokomotiven 132 068, 072 und 073. Sie fanden hauptsächlich im Güterverkehr auf den Strecken nach Dresden, Riesa, Senftenberg, Hoyerswerda und Leipzig-Wahren sowie im Kohleverkehr von und nach Borna (täglich drei Zugpaare mit je 2600 t Last) Verwendung. Ende 1974 beheimatete das Bw Karl-Marx-Stadt bereits elf 132. Sie lösten auf den genannten Strecken teilweise die Baureihe 120 ab, deren Bestand sich um die Hälfte verringerte. Ein Jahr später betrug die Anzahl der hier beheimateten 132 bereits 24, die Ablösung der 120 war bis auf drei Lokomotiven vollzogen. Die Unterhaltung der sowjetischen Großdieselloks (Baureihen 120, 131 und 132) erfolgte im Betriebsteil Hilbersdorf, erst ab 1993 erfolgte diese im Betriebsteil Hauptbahnhof.

Im September 1977 erhielt das Bw Karl-Marx-Stadt vier Loks der Baureihe 131 zugewiesen, die aber nur bis Herbst 1978 blieben und in den Güterzugplänen der 132 liefen. Während dieser Zeit kam eine neue Leistung nach Gera hinzu, darüberhinaus die schweren Kohlenzüge aus dem Bornaer Revier, die mit zwei 132 bespannt wurden. Mit Beginn des Winterfahrplans 1977/78 wurde das Schnellzugpaar D 574/577 erstmals planmäßig bis Berlin gefahren. Die anderen Schnellzugpaare in die DDR-Hauptstadt blieben bis 1979/80 noch eine Domäne der Baureihe 118. Von 1980 bis Dezember 1986 wurden auch bis zu vier 132 von der Einsatzstelle Döbeln des Bw Riesa eingesetzt. Diese Loks fuhren bis Karl-Marx-Stadt, Küchwald, Riesa, Elsterwerda, Lauchhammer-West, Hoyerswerda, Senftenberg und Falkenberg.

In den Folgejahren änderte sich am Einsatz der 132 nur wenig, im Schnitt waren 23 Loks im Bestand. 1981 stieg der Bestand auf den Höchststand von 30 Loks an. 1983 waren wieder 23 Loks in Karl-Marx-Stadt stationiert, die Energiekrise in der DDR hatte hier einige 50^{35} nochmals zum Laufen gebracht. Schon ab Ende 1982 wurden die Schnellzüge nach Berlin in Elsterwerda auf E-Loks umgespannt. Dafür wurde in Richtung Leipzig die 118 im Reiseverkehr teilweise von 132 abgelöst.

Im Mai 1990 wurde Karl-Marx-Stadt wieder in Chemnitz umbenannt, wodurch 21 Lokomotiven der Baureihe 132 neue Bw-Schildern erhielten. Erst im Jahre 1992 kam es wieder zu größeren Änderungen, der 232-Bestand sank auf elf Maschinen, dafür kamen Ende des Jahres drei 231 nach Chemnitz. Diese waren vor Güterzügen im Chemnitzer Raum zu sehen, wurden aber ab 1994 alle abgegeben oder abgestellt. Die letzten Planeinsätze der Chemnitzer 232 waren Güterzüge nach Leipzig, die Kohlependel aus dem Bornaer Revier sowie Sonderdienste. Im Reisezugdienst fuhren die Maschinen die ab 31. Mai 1992 bei der DR eingeführten Regionalschnellbahnen (RSB) nach Leipzig und durch die ausgeweiteten Umläufe auch einige IR auf der Linie 20 bis zur Ablösung durch die Erfurter 229 (Mai 1995) bis Bebra. Im Mai 1995 wurden im Zusammenhang mit der Umstrukturierung der Deutschen Bahn die letzten 232 nach Görlitz und Reichenbach abgegeben.

Die Baureihe 131/231 im Bw Karl-Marx-Stadt/Chemnitz:

131	038	rch	06.11.92 – 26.07.93	rch	
	044	rch	26.09.77 – 01.10.78	mei	
	049	rch	06.11.92 – 26.07.93	rch	
	049	rch	01.09.93 – 09.05.94	z	a 04.05.94
	059	rch	25.09.77 – 25.09.78	mei	
	060	rch	24.11.92 – 09.08.93	z	a 28.07.93
	065	rch	26.09.77 – 01.10.78	mei	
	070	rch	26.09.77 – 01.10.77	mei	
	071	rch	25.09.77 – 01.10.78	mei	

Die Unterhaltung der sowjetischen Groß-dieselloks der Baureihen 120, 131 und 132 des Bw Karl-Marx-Stadt erfolgte viele Jahre im Betriebsteil Hilbersdorf, erst ab 1993 übernahm der Betriebsteil Hauptbahnhof des ab 1990 wieder in Chemnitz umbenannten Bahnbetriebs-werkes diese Aufgaben. Am 29. Mai 1989 wurden im Schuppen des 1900 eröffneten Heizhauses die Lokomotiven 132 079, 132 650, 132 099 und 132 572 angetroffen.

AUFNAHME:
RAINER HEINRICH

Ein Bild aus den allerersten Tagen der 132-Beheimatung im Bw Karl-Marx-Stadt. Die nagelneue und noch unver-schmutzte 132 068 wartet im Mai 1974 im Bahnhof Riesa auf die Rückleistung in die sächsische Industriestadt. Das seit-liche Nummernschild ist noch metallisch blank, und die Dachschrägen weisen keinerlei Verschmutzungen auf. Im Hintergrund die Kulisse des Stahl- und Walzwerkes Riesa.

AUFNAHME:
SAMMLUNG THOMAS FRISTER

Die Bespannung der Schnellzüge nach Berlin gehörte ab 1977 auch zu den Auf-gaben der Karl-Marx-Städter 132. Am 12. Mai 1985 durcheilt 132 182 mit ei-nem solchen Zug den Bahnhof Erlau (Sachs.).

AUFNAHME:
RAINER HEINRICH

Wer hätte am Aufnahmetag dieses Bildes, dem 31. Juli 1984 gedacht, dass dieses Motiv schon bald historisch sein würde: Das Schild „Karl-Marx-Stadt“ am Stellwerk des Hauptbahnhofs der großen sächsischen Industriestadt ist längst verschwunden und durch „Chemnitz“ ersetzt und 132 167 wird 16 Jahre später vom Cargo-Standort Nürnberg aus eingesetzt – so ändern sich die Zeiten!

AUFNAHME: RAINER HEINRICH

BR 132/232 im Bw Karl-Marx-Stadt/Chemnitz (*kursiv* Kurzzeitloks) :

033	**047**	055	068	072	073	078	079	080
081	083	085	099	102	118	124	132	133
138	*149*	**152**	157	164	165	167	170	174
175	182	183	184	192	205	**221**	**237**	*245*
252	277	278	279	307	308	*325*	*337*	**374**
375	408	411	**471**	**500**	*509*	523	548	566
569	570	571	572	575	576	578	580	583
588	589	590	*591*	592	594	601	611	626
627	633	636	638	643	646	650	**656**	659
678	**700**	703						

Im Bw Karl-Marx-Stadt/Chemnitz haben ihren Lebensweg beendet:

132	124	ea	20.11.74 – 06.07.77	z	a .05.75 Unfall
	175	ea	12.03.75 – .08.84	z	a 15.11.83 Unfall

Am längsten waren beheimatet (* mit kurzen Unterbrechungen):

132	068	sw	29.10.75 – 27.05.95	rch
	099	rch	26.09.74 – 27.05.95	rch*

Bw Dresden

Erstaunlich, aber wahr: Die Beheimatung der Baureihe 132 in der Bezirks- und späteren Landeshauptstadt sollte erst im Jahr 1998 beginnen. Der Traktionswechsel wurde hier mit den Baureihen 118 und 120 vollzogen, dazu waren die wichtigen Strecken des „Sächsischen Dreiecks“ bereits beim Erscheinen der 132 elektrifiziert. Zu sehen waren die Maschinen der V 300-Familie aber schon immer in Dresden, ob sie nun als Wendelok kam oder auf der Radsatzdrehbank (URD) in Dresden-Friedrichstadt weilten.

Zur Erprobung als Schlepplok auf dem Rangierbahnhof in Dresden-Friedrichstadt („Schleppe“) stationierte die DR im November 1990 für einige Tage 132 165 nach Dresden. Gegen die bislang hier eingesetzte „Wumme“ (Baureihe 120) konnte sie auf der „Schleppe“ zunächst nicht überzeugen. Erst ab 1995 kamen dann zur Ablösung der zu schwachen Loks der Baureihe 298 Görlitzer 232 auf der Schleppe zum Einsatz. Die Beheimatung der 232 in Dresden begann erst am 3. März 1998 mit den Lokomoti-

Mit einem schweren Sandzug von Rochlitz nach Karl-Marx-Stadt kämpft sich am 6. Mai 1982 132 633 unter Hilfe der schiebenden 50 3523 der Einsatzstelle Rochlitz die Steigung nach Narsdorf empor. Ende Mai 2000 verkehrte hier der letzte Reisezug, vom Güterverkehr will man auf solchen Strecken schon lange nichts mehr wissen.

AUFNAHME: RAINER HEINRICH

Die Dresdner 232 329 im Sommer 1999 im Einsatz als Schlepplok auf dem Rangierbahnhof in Dresden-Friedrichstadt. Auch diese Einsätze sind bereits wieder Geschichte, denn die Leistungen haben mittlerweile Rangierloks der Baureihe 290 übernommen.

AUFNAHME: REINHARD LEHMANN

ven 232 241, 319 und 192. Schrittweise wurden dann die restlichen Görlitzer und ein Teil der Senftenberger 232 bis 1999 übernommen. Die Maschinen fanden bis 1. April 2000 auf der „Schleppe“ (dann Ersatz durch die Baureihe 290) und darüberhinaus bei der Bereitstellung der „Rollenden Landstraße” in Dresden-Friedrichstadt Verwendung. Darüberhinaus kommen die 232 auch vor Übergaben, Arbeitszügen und bei Mangel an Loks der Baureihe 180 auch im grenzüberschreitenden Verkehr nach Decin in Tschechien zum Einsatz. Neben diesen Cargo-Leistungen springen die Loks auch für ausgefallene 234 oder 219 vor Regionalzügen ein.

Die Baureihe 232 im Standort Dresden (*kursiv* Kurzzeitloks):

010	022	026	031	042	051	053	061	068
071	079	081	085	091	092	096	104	165
192	217	221	229	240	241	246	277	293
319	328	329	*338*	363	374	392	400	407
427	430	449	456	471	472	474	480	483
495	497	499	500	518	533	542	543	557
559	563	570	573	580	581	583	594	596
600	601	602	612	617	618	628	642	644
650	656	665	678	682	685	688	691	700
704								

Im Bw Dresden haben ihren Lebensweg beendet:

232 192	gö	03.03.98 – 12.08.98	z	a 05.08.98
246	gö	04.03.98 – 28.04.98	z	a 02.07.98
319	gö	03.03.98 – 30.01.99	z	a 29.11.98

Bw Glauchau

Weil es so in den Unterlagen steht, soll Glauchau mit der hier buchmäßig beheimateten 132 528 erwähnt werden, die am 21. Januar 1980 einen Tag lang in den Listen des westsächsischen Bahnbetriebswerkes geführt wurde. Die Lok war zu keiner Zeit hier eingesetzt, es handelt sich um eine der vorkommenden Fehlumsetzungen auf dem Papier.

Bw Reichenbach/Vogtl.

Im Sommer 1973 erhielt das Bw Reichenbach die Lokomotiven 131 044, 051 und 057 zugeteilt. Zu diesem Zeitpunkt waren hier neben den Baureihen 242 und 254 auch zahlreiche Lokomotiven der Baureihe 50 (40), 118 (16) und 120 (12) vorhanden. Bereits am Jahresende 1973 standen 13 Maschinen der Baureihe 131 in Reichenbach zur Verfügung. Die Loks wurden in Plänen der Baureihe 120 auf den Strecken Hof – Plauen – Reichenbach und Adorf – Reichenbach eingesetzt.

Ein Jahr später, im Sommer 1974, trafen in Reichenbach die ersten 132 ein, insgesamt sieben Loks aus der Nummernreihe 132 070-086. Den Anfang machte 132 070 am 23. Mai 1974. Die 132 lösten die 131 im Reiseverkehr ab, die 131 wiederum sorgten für die komplette Abgabe der Baureihe 120 an andere Bahnbetriebswerke. Damit waren Ende 1974 13 Loks der Baureihe 131 und 16 der Baureihe 132 vorhanden. Im Jahre 1976 stieg der 132-Bestand auf 21 Maschinen an, es wurden drei Schnellzugpaare und vier Eilgüterzugpaare nach Hof gefahren. Über Bad Brambach hinaus fuhren die 132 bis zum CSD-Grenzbahnhof Vojtanov, Richtung Norden wurde Gera erreicht. Die ersten Langläufe ergaben sich durch die Städteexpress-Züge, die ab Sommer 1977 mit 132 gefahren wurden. Der Ex 172/175 Zwickau – Berlin – Zwickau (548 km) war bis Sommer 1979 den 132 des Bw Reichenbach vorbehalten. Ab Sommerfahrplan 1977 kamen Reichenbacher 132 mit den nicht täglich verkehrenden Zugpaaren D 1300/1301 und D 1108/1109 von Hof bis Berlin (rund 700 km Laufleistung). Ein Jahr später wurde auch das Zugpaar D 308/309 von Hof bis Berlin mit Reichenbacher 132 gefahren.

Eingesetzt wurden die Maschinen des Bw Reichenbach auch in deren Einsatzstellen. Die **Est. Adorf** hatte ab Winterfahrplan 1973/74 bis zum Sommer 1978 durchschnittlich vier 131 im Bestand. 1974/75 folgte auch hier die Baureihe 132 mit zunächst zwei Loks nach. Später hatte Adorf bis zu 15 Maschinen im Bestand, die hier auch unterhalten wurden. Haupteinsatzgebiet war der Grenzverkehr zur CSD, wobei ab 16. September 1981 die Führung des Schnellzuges „Karola“ (Leipzig – Karlsbad) bis nach Vojtanov zu den herausragenden Leistungen zählte.

131 075 vom Bw Reichenbach sonnt sich im Juni 1974 am Giebel des Rundhauses ihres Heimat-Bahnbetriebswerkes. AUFNAHME: DIETER WÜNSCHMANN

Auf dem Weg zum tschechischen Grenzbahnhof Vojtanov (Voithersreuth) passiert 132 165 vom Bw Reichenbach diesen hübschen Posten mit Läutewerk. AUFN.: DIETER WÜNSCHMANN

131 071 von der Einsatzstelle Adorf des Bw Reichenbach durchfährt am 20. Dezember 1975 den Bahnhof Wünschendorf an der Elstertalbahn. Die Maschine wird bis zum rund 100 km entfernten tschechischen Grenzbahnhof Vojtanov (Voitersreuth) am Zug bleiben. Die Maschine besitzt schon die von der DR nachträglich angebrachten Schneepflüge.

AUFNAHME: THOMAS FRISTER

Die Adorfer 132 kamen auf der Elstertalbahn Weischlitz – Gera selten zu Reisezugehren. Am 2. Juni 1980 rollt 132 080 als Schlußlok am P 5054 nach Gera, um anschließend eine Rückleistung im Güterzugdienst zu übernehmen. Das Bild entstand am 54 m langen Lochguttunnel zwischen Berga und Wünschendorf.

AUFNAHME: THOMAS FRISTER

Die **Est. Falkenstein** setzte von 1985 bis 1993 bis zu vier 132 ein. Die **Est. Werdau** verfügte ab 17. Mai 1975 über 132 078, später über durchschnittlich drei 132-Planloks (und bis zu zwei Sonderloks), die bis zum 30. Mai 1993 von Werdau aus disponiert wurden. Auch einige 131 setzte die Est. Werdau von 1974 bis 1978 ein. Die **Est. Zwickau** konnte erst ab 15. April 1980 auf eine Reichenbacher 132 zurückgreifen, meistens als Sonderlok.

Im Herbst 1978 verschwanden die letzten fünf 131 aus Reichenbach und kamen erst 1992/1993 nochmals kurzzeitig ins Vogtland zurück. Dafür stieg der Bestand der 132 bis Ende 1979 auf stattliche 43 Loks. Die Ölkrise wirkte sich ab 1982 auch auf den Einsatz der Baureihe 132 aus: Die Transitzüge wurden auf dem elektrischen Abschnitt Reichenbach – Dessau mit E-Loks gefahren, so dass für die 132 des Bw Reichenbach nur der Abschnitt Hof – Reichenbach blieb. Eine Ausnahme bildete der nur an zwei Tagen wöchentlich verkehrende D 1108/1109, der weiterhin mit 132 durchgefahren wurde. Auch im Güterverkehr wurden die Umläufe gekürzt und unter Fahrdraht mit E-Lok gefahren. Ab Winterfahrplan 1986/87 bespannten die 132 wieder durchgehende Transitzüge Hof – Berlin (D 308/309). Im Güterverkehr änderte sich wenig, der Bestand hielt sich bei 40 Loks. Lange Jahre beförderte Reichenbach einen schweren Kohlezug (47803) und als Rückleistung einen 1800 t schweren Kesselwagenzug zwischen Hof und Reichenbach (Zuglauf Ingolstadt – Westberlin). Wegen der hohen Last dieser Ganzzüge wurde mit zwei Maschinen gefahren, die in Doppeltraktion liefen. Darüberhinaus wurden die Doppeltraktions-132 auch vor schweren Sandzügen von (Rochlitz –) Reichenbach nach Schöneck/Vogtl. eingesetzt. Verwendet wurden dafür Maschinen der Baujahre 1980 und 1982. Bei diesen Maschinen handelte es sich um 132 620, 626, 627, 629, 691, 695, 696 und 700. Ab Dezember 1989 kamen nur noch 132 691, 695, 696 und 701 zum Einsatz. Der Betrieb der in Doppeltraktion gefahrenen Züge endete im Januar 1992.

Im Transitzugverkehr wurden Schnellzüge noch bis Sommer 1990 bis Berlin durchgefahren. Mit Beginn des Winterfahrplanabschnittes 1990/91 im September 1990 konnten nun die Schnellzüge bis Regensburg und Nürnberg bespannt werden. Im Güterverkehr erreichte man ebenfalls Nürnberg Rbf. Gleichzeitig wurden die 132 nun auch von Personalen des Bw Hof besetzt, im Gegenzug fuhren Reichenbacher Lokführer auf Regensburger 218.

Die ab 1992/1993 hier noch einmal beheimateten 231 bekamen keinen eigenen Umlauf und wurden nur im Az-Dienst oder für Sonderleistungen eingesetzt. 1994 gab es bei den 37 Maschinen der Baureihe 232 noch einen 20-Tage-Umlauf. Die Loks kamen im Güterverkehr nach Vojtanov (CD), Gera, Zwickau, Nürnberg Rbf und Schwandorf, im Reiseverkehr nach Leipzig, Regensburg, Nürnberg, Erfurt (mit Fülleistung bis Herzberg/ Harz), Bad Brambach und Zwickau. Im Mai 1995 erhielt Reichenbach aus der Rbd Berlin 15 Loks der Baureihe 234. Diese Maschinen lösten die 232 im Reiseverkehr nach Nürnberg und Regensburg ab. Der 232-Bestand blieb aber trotzdem bei durchschnittlich 40 Loks. Ab 1998 bespannten 234 (ersatzweise 232) alle IR-Züge Dresden – Reichenbach – Regensburg/Nürnberg. Der 234-Bestand wurde auf 20 aufgestockt, und die 232 erreichte Ende 1998 mit 46 Loks ebenfalls ihren Höchstbestand. Die nun zu DB Regio gehörenden 234 wurden im Mai 1999 nach Görlitz umstationiert, ohne dass sich am Einsatz etwas änderte. Die restlichen 232 wurden mit der Auflösung der Tfz-Unterhaltung in Reichenbach im September 1999 nach Nürnberg Rbf und teilweise nach Dresden verfügt, nachdem mit der Bildung des Cargo-Bahnhofs Zwickau die meisten Reichenbacher 232 von hier aus eingesetzt wurden.

Die Baureihe 131/231 im Bw Reichenbach/Vogtl.:

131	012	hlg	27.07.92 – 11.06.95	z	a 30.05.95
	028	hlg	26.07.92 – 30.09.93	z	a 29.09.93
	038	hlg	18.07.92 – 05.11.92	ch	
	038	ch	27.07.93 – 28.03.94	z	a 21.03.94
	044	ea	29.08.73 – 25.09.77	kms	
	049	hlg	18.07.92 – 05.11.92	ch	
	049	ch	27.07.93 – 31.08.93	ch	
	051	ea	15.08.73 – 28.09.78	mei	
	057	ea	28.07.73 – 15.04.76	hlg	
	059	ea	15.09.73 – 24.09.77	kms	
	060	hlg	26.07.92 – 23.11.92	ch	
	063	ea	12.09.73 – 14.05.77	hlg	
	065	ea	05.09.73 – 25.09.77	kms	
	069	ea	15.09.73 – 31.05.78	mei	
	070	ea	20.09.73 – 25.09.77	kms	
	071	ea	28.09.73 – 24.09.77	kms	
	072	ea	20.09.73 – 01.10.78	mei	
	073	ea	20.09.73 – 28.09.78	mei	
	075	ea	22.09.73 – 30.03.76	hlg	
	076	ea	28.09.73 – 28.11.78	mei	

Die Baureihe 132/232 im Bw Reichenbach/Vogtl. (*kursiv* Kurzzeitloks):

018	**026**	033	**044**	**047**	053	***057***	059	**061**
068	070	**071**	072	073	076	**077**	078	079
080	081	082	083	084	085	*086*	091	092
093	094	095	096	097	098	099	102	*103*
104	105	118	133	**136**	138	**140**	*149*	157
158	*162*	164	165	167	174	**179**	*181*	182
183	*192*	194	**218**	**219**	221	***237***	**240**	**247**
249	252	258	**271**	277	**280**	281	285	*290*
307	314	315	**321**	***330***	*341*	*345*	**354**	*363*
396	**400**	**408**	*423*	434	435	**449**	***455***	***456***
458	462	**464**	**471**	**474**	**476**	478	480	**483**
485	499	504	**510**	**523**	**533**	**536**	537	**543**
548	**562**	565	566	567	569	570	571	572
575	576	578	583	**584**	*586*	588	589	590
592	594	596	597	600	601	604	*608*	**609**
611	612	**617**	620	626	627	629	633	636
638	643	646	**648**	650	655	656	657	658
659	**661**	663	670	671	678	679	**682**	686
687	**689**	**690**	691	692	695	696	700	701
703	707							

Im Bw Reichenbach haben ihren Lebensweg beendet:

232	047	ch	28.05.95 – 20.02.96	z	a 28.02.96
	082	ea	16.08.74 – 26.07.77	z	a 20.01.77 Unfall
	095	ea	19.09.74 – 21.11.76	z	a 17.09.75 Unfall
	476	mg	26.05.93 – 06.10.95	z	a 16.10.95 Unfall

Am längsten waren beheimatet (* mit kurzen Unterbrechungen):

132	081	ea	07.09.74 – 26.05.93	gö*
	096	ea	14.09.74 – 14.04.96	gö
	537	ea	16.09.77 – 25.09.99	nür
	091	ea	17.09.74 – 29.05.99	dre*
234	161	cs	24.05.95 – 31.05.99	gö
	251	cs	24.05.95 – 31.05.99	gö

Alle in Reichenbach beheimateten 234: (*kursiv* Kurzzeitloks):

016	072	075	161	170	235	251	311	344
399	423	504	526	538	548	555	565	582
606	608	630	641					

Zu den Planloks der Einsatzstelle Falkenstein des Bw Reichenbach gehörte 132 659, die am 11. Oktober 1986 mit einem Wagen im Bahnhof Muldenberg rangierte. Der Güterverkehr auf dieser Strecke gehört mittlerweile längst der Vergangenheit an.

AUFNAHME: RAINER HEINRICH

Im einstmals starken Güterverkehr auf den steigungsreichen Hauptstrecken des Vogtlandes haben sich die universell einsetzbaren 132 sehr gut bewährt. Am 6. Juli 1987 ist 132 692 mit einem aus verschiedenen O-Wagen gebildeten Güterzug auf dem Weg nach Adorf und hat soeben den Bahnhof Pirk passiert. Im Hintergrund die damals noch unvollendete Autobahnbrücke des nicht fertiggestellten Reichsautobahnabschnitts Hof – Pirk, der schließlich im Zuge der Wiedervereinigung nach rund 50 Jahren vollendet wurde.

AUFNAHME:
THOMAS FRISTER

Bunt und abwechslungsreich bot sich in den Monaten nach der Grenzöffnung das Bild der Züge zwischen den sächsischen Städten und Hof. Die 132 des Bw Reichenbach trugen ab November 1989 die Hauptlast des explosionsartig angewachsenen Reiseverkehrs in den „Westen". Auch die folgenden Monate brachten interessante Zuggarnituren: 132 626 nähert sich mit dem aus Silberlingen gebildeten D 1464 dem (noch-) Grenzbahnhof Gutenfürst, aufgenommen im Juni 1990 nahe Grobau. Die beachtliche Zuglänge dürfte die 132 voll gefordert haben.

AUFNAHME:
THOMAS FRISTER

Knapp zehn Jahre später ist in den Eisenbahnverkehr auf der nunmehr als „Sachsen-Frankenmagistrale" bezeichneten Strecke eine gewisse Ernüchterung eingetreten: Das Bild der beiden am 28. März 1998 aus Hof Hbf ausfahrenden Reichenbacher 234 311 und 232 295 beweist es: die Zuglänge dieses InterRegio aus Nürnberg nach Dresden ist vergleichsweise bescheiden, nur fünf Wagen sind für die 6000 PS Motorleistung beider Lokomotiven ein Kinderspiel.

AUFNAHME:
THOMAS FRISTER

Bereits recht ungepflegt wirkt 131 050 des Bw Arnstadt, die am 18. September 1991 in der Heimatdienststelle im Bild festgehalten wurde. AUFNAHME: HANS-JÜRGEN TRUNK

Rbd Erfurt

Bw Arnstadt

Im Sommer 1979 erhielt das Bw Arnstadt insgesamt fünf 131, die die Maschinen der Baureihe 120 auf der Rampe über den Rennsteig nach Oberhof und weiter nach Meiningen ablösten und außerdem im Güterzugdienst die Wendebahnhöfe Nordhausen, Ilmenau, Mühlhausen und Saalfeld erreichten. Ende 1979 waren bereits neun 131 im Bw Arnstadt, die 120 konnten deshalb bis zum Frühjahr 1981 vollständig abgegeben werden. In den Folgejahren gab es kaum Veränderungen, zehn Loks waren durchschnittlich vorhanden, davon wurden sechs planmäßig benötigt. Auf der Stammstrecke nach Meiningen waren Vorspann- und Schiebeleistungen bis Oberhof aufgrund der hohen Streckenbelastung die Regel, hierzu besaßen einige Loks die Kellersche Kupplung.

Im November 1987 erhielt das Bw Arnstadt die Lokomotiven 132 037 und 255 zugewiesen. Die 132 kamen im Reiseverkehr nach Saalfeld und Nordhausen zum Einsatz. 1990 waren neben 13

Schwer arbeitend hat 131 050 vom Bw Arnstadt gerade den Brandleitetunnel in Oberhof verlassen und damit den höchsten Punkt der Strecke (der übrigens im Tunnel liegt) zwischen Arnstadt und Meiningen hinter sich gelassen. Viel Schnee lag noch an diesem 2. März 1988. Rechts wartet die Grabenräumlok 110 964 vom Bw Eisenach vor einem Bauzug.

AUFNAHME: DETLEF HOMMEL

Loks der Baureihe 118 noch elf 131 und fünf 132 im Bw Arnstadt beheimatet. Mit der beabsichtigten Auflösung der Bahnbetriebswerke und des Zusammenfassens von Lokomotivbeständen im Jahr 1992 wurden im Juni die 232 dem Bw Meiningen zugeschlagen, die 231 folgten im Dezember 1993 anlässlich der Auflösung des Bw Arnstadt.

Die Baureihe 131 im Bw Arnstadt (* mit kurzen Unterbrechungen):

131	003	wfs	26.09.79 – 12.10.82	wfs
	004	mei	30.03.86 – 14.05.90	eis
	005	wfs	18.08.79 – 16.12.91	z*
	008	mei	15.06.82 – 06.07.82	mei
	011	wfs	29.09.79 – 01.03.87	wfs
	013	wfs	25.07.79 – 30.12.93	z*
	014	wfs	25.09.79 – 30.01.80	wfs
	014	wfs	06.01.81 – 24.07.91	hlg
	014	hlg	07.04.92 – 27.12.93	mei
	018	wfs	01.03.82 – 24.07.91	hlg*
	018	hlg	08.04.92 – 27.12.93	mei
	019	wfs	15.10.79 – 10.08.83	wfs
	022	wfs	14.08.79 – 26.02.85	wfs
	031	wfs	24.03.82 – 06.06.91	eis
	033	wfs	31.08.79 – 04.09.79	wfs
	033	wfs	27.08.80 – 13.07.93	wfs
	034	wfs	22.05.82 – 03.12.85	erf
	034	erf	06.03.86 – 09.11.86	eis
	037	mei	30.05.92 – 27.12.93	mei
	039	wfs	01.10.80 – 11.09.83	wfs
	040	wfs	15.09.79 – 19.11.79	wfs
	040	wfs	19.12.79 – 27.12.93	mei
	044	mei	05.03.83 – 15.03.83	mei
	050	mrb	11.10.85 – 27.12.93	mei
	065	mei	30.05.92 – 05.10.93	z
	069	mei	10.02.84 – 12.09.84	wfs
	069	mei	30.05.92 – 12.01.93	wfs
	070	mei	15.01.83 – 31.03.83	mei
	071	mei	30.05.92 – 19.01.93	wfs
	072	mei	10.02.83 – 11.02.83	mei
	072	hlg	08.04.92 – 27.12.93	mei
	073	mei	21.08.80 – 27.08.80	mei
131	160	umb	11.06.79 – 16.12.91	z
	164	sed	01.06.81 – 12.10.82	wfs
	164	wfs	26.02.88 – 01.06.89	mei
	164	mei	24.08.89 – 06.06.91	eis

Die Baureihe 132 im Bw Arnstadt (*kursiv* Kurzzeitloks):

004	*009*	*012*	023	024	036	037	040	*041*
044	048	145	168	179	227	255	361	472
482	669							

Am längsten waren beheimatet (* mit kurzen Unterbrechungen):

132	024	wit	20.05.89 – 01.06.92	mei
	255	sgh	13.11.87 – 29.05.92	mei*

Bild oben: 231 065 vom Bw Arnstadt im September 1992 in Arnstadt Hbf. An der Stirnseite sind die Umlenkrolle und das Seil der Kellerschen Kupplung zu sehen. Damit konnte der Lokführer am Signal „Nachschieben einstellen" während der Fahrt die Kuppelkette aushängen. Zur Trennung der Schiebelok vom Zug brauchte nicht angehalten zu werden.

Bild links: 131 160, die ehemalige 130 060, hat am 5. März 1988 mit ihrem Güterzug aus Arnstadt den Bahnhof Saalfeld erreicht.

AUFNAHMEN (2)
THOMAS FRISTER

Eine längst vergangene Eisenbahnwelt dokumentiert diese Aufnahme vom 20. April 1988 in Gotha: 132 209 und 132 020 vom Bw Eisenach verlassen mit dem D 654 den Bahnhof Gotha. Der alte, baufällige Steinbogenviadukt ist längst durch einen Neubau ersetzt, die Strecke seit 1995 elektrifiziert und die Zuglok 132 020 längst zerlegt. AUFN.: HANS-JÜRGEN TRUNK

Bw Eisenach

Das Bw Eisenach erhielt als eines der ersten Bahnbetriebswerke der DR die Baureihe 132. Die Lokomotiven 132 015, 020 und 035 trafen hier im Frühjahr 1974 ein. Sie kamen vor Reisezügen im Dreiecksverkehr Erfurt – Meiningen – Eisenach – Erfurt sowie nach Eisfeld und Gera zum Einsatz und lösten hier die 118 ab.

Bis Ende 1974 erhöhte sich der Bestand der 132 auf 14 Maschinen. 1975 setzte das Bw Eisenach seine 132 verstärkt im Güterverkehr ein; 15 Maschinen wurden im Sommer 1975 planmäßig benötigt, im Reiseverkehr kam Gerstungen als Wendebahnhof hinzu, und im Güterverkehr wurden Vacha, Meiningen, Erfurt und Gerstungen erreicht. Ende 1975 wurden in Eisenach bereits 25 Loks der Baureihe 132 gezählt, dafür wurden die hier ebenfalls noch eingesetzten 120 reduziert, auch die Einsatzstelle Gerstungen setzte eine 132 ein, die Einsatzstelle Gotha folgte ab 1976/77. Der durchschnittliche Lokbestand der 132 belief sich in den Folgejahren auf 30 Loks, davon wurden 20 planmäßig benötigt. Ab 1979 gehörten auch Saalfeld und Nordhausen zu den Wendebahnhöfen.

Die Nahgüterzüge zwischen Arnstadt und Saalfeld zählten ebenfalls zu den Aufgaben der 131 des Bw Arnstadt. Am 5. November 1988 ist der Lokführer von 131 005 damit beschäftigt, das nächste Rangiersignal im Bahnhof Rottenbach aufzunehmen. Bis der Zug komplett für die Weiterfahrt zusammengestellt ist, wird noch einige Zeit vergehen.

AUFNAHME: THOMAS FRISTER

Die Einsatzstelle Vacha des Bw Eisenach erhielt ab 1986 Lokomotiven der Baureihe 131, die dort die 120 ablösten. Selten sind Aufnahmen aus der Einsatzstelle, denn das früher einmal selbstständige Bw lag im Grenzsperrgebiet und war für gewöhnliche Eisenbahnfotografen nicht zu betreten. 131 004 sonnt sich am 11. April 1991 vor dem Lokschuppen.

AUFNAHME:
HARTMUT MICHLER

Eine weitere 132-Einsatzstelle des Bw Eisenach war Gotha. Im dortigen Bahnbetriebswerk gab es sogar noch eine Drehscheibe ohne Geländer, auf der 132 515 am 14. September 1991 in der Nachmittagssonne steht.

AUFNAHME:
HANS-JÜRGEN TRUNK

232 611 vom Bw Eisenach vermittelt trotz der erfolgten Umnummerung mit ihrem Zug noch das alte vertraute Flair der Deutschen Reichsbahn: Züge mit Lokomotiven der Baureihe 132 und Wagen der Gattung Bghw zählten jahrelang zum Alltagsbild auf DR-Strecken. Mit ihrem Personenzug ist sie im Frühjahr 1992 zwischen Eisenach und Meiningen unterwegs.

AUFNAHME:
GÜNTER SCHEIBE

1983 erhöhte sich der Bestand auf 35 Lokomotiven, davon wurden 23 planmäßig eingesetzt. Ab Sommerfahrplan 1986 setzte die Einsatzstelle Gerstungen sieben 132 ein und übernahm auch die Transitzüge zwischen Gerstungen und Erfurt (dort Umspannen auf E-Loks). Im Reisezugdienst erreichte man außerdem Halle über Nordhausen und Gößnitz sowie Werdau und den Wismut-Werkbahnhof Schmirchau bei Ronnenburg. Ende 1986 gelangte mit 131 034 die erste Lok dieser Baureihe nach Eisenach, die von der Einsatzstelle Vacha im schweren Güterzugdienst eingesetzt wurde. Die 131 in der Einsatzstelle Vacha wurden für abgestellte 120 benötigt und standen hauptsächlich im Kaliverkehr nach Unterbreizbach, Bad Salzungen und Eisenach im Einsatz. In der Folgezeit war immer ein Bestand von ein bis drei 131 vorhanden, auch der 132-Bestand nahm weiter zu (1989: 42 Loks). Ab Mai 1988 wurden drei Zugpaare von der Einsatzstelle Gerstungen im Transitverkehr von Gerstungen bis Berlin gefahren (360 km), ab 1989/90 sogar ab Bebra; die Berlin-Einsätze endeten erst 1990/91. Die 132 der Einsatzstelle Gotha kamen im Fahrplanabschnitt 1991/92 mit dem Schnellzugpaar D 1452/1451 auch bis nach Chemnitz.

Anfang 1990 erreichte das Bw Eisenach mit 51 Lokomotiven der Baureihe 132 den Höchstbestand. 132 488 wurde 1991 auf 140 km/h umgebaut und später als 234 488 geführt, aber Ende 1992 wieder rückgebaut, die Maschine galt als Versuchsträger für die Serien-234. Durch den stark rückläufigen Güterverkehr wurde der 232-Bestand im Jahr 1992 auf 36 Loks verringert. Die 231 war inzwischen mit sechs Loks vertreten, die letzten Maschinen wurden im August 1994 z-gestellt. Mit der Elektrifizierung der Strecke Neudietendorf – Bebra im Mai 1995 wurden schließlich die verbleibenden 232 nach Meiningen und Erfurt abgegeben. Eisenach war fortan nur noch Einsatzstelle.

Die Baureihe 131/232 im Bw Eisenach:

131	004	arn	15.05.90 – 08.08.91	hlg	
	004	hlg	07.04.92 – 27.06.92	z	a 25.06.92 verk.
	019	hlg	09.04.92 – 18.01.93	z	a 23.08.94
	031	arn	07.06.91 – 25.05.94	z	zr 17.12.91
	034	arn	10.11.86 – 05.09.87	wfs	
	034	wfs	05.09.90 – 12.08.91	hlg	
131	036	hlg	07.04.92 – 22.08.94	z	a 23.08.94
	039	wfs	22.01.87 – 19.02.87	wfs	
	039	wfs	04.09.90 – 08.08.91	hlg	
	039	hlg	07.04.92 – 22.08.94	z	a 23.08.94
	051	mei	21.01.87 – 25.02.88	mei	
	059	hlg	07.04.92 – 22.08.94	z	a 23.08.94
	070	mei	07.12.89 – 17.03.90	mei	
	070	mei	16.03.91 – 09.05.94	z	a 02.04.94
131	164	arn	07.06.91 – 22.08.94	z	a 23.08.94

Die Baureihe 132/232 im Bw Eisenach (*kursiv* Kurzzeitloks):

003	004	*006*	008	009	010	012	014	015
017	*019*	020	022	024	030	031	034	035
038	040	*041*	*042*	043	044	*045*	046	*048*
051	052	056	057	060	062	*063*	064	069
070	076	083	**086**	089	090	093	100	101
106	107	108	113	115	116	120	*125*	127
131	133	135	136	*137*	145	148	*155*	168
179	180	185	186	*192*	*197*	201	204	207
209	210	213	*216*	220	232	*245*	248	256
264	*267*	*271*	*278*	283	*288*	292	*296*	300
307	331	333	345	353	355	*361*	362	366
391	396	401	402	415	416	418	421	426
432	433	**437**	438	441	*444*	472	481	482
488	492	501	515	524	528	*566*	**567**	576
577	588	591	593	*604*	611	612	**614**	623
637	646	658	666					

Im Bw Eisenach haben ihren Lebensweg beendet:

132	015	ea	.01.74 – 17.03.81	z	a 01.11.80 Unfall
	115	ea	08.11.74 – 30.04.78	z	a 10.10.77 Unfall
	133	wfs	11.08.83 – 15.04.87	z	a 16.01.85 Unfall
	185	ea	31.03.75 – 30.04.78	z	a 10.10.77 Unfall
	210	ea	.06.75 – 06.12.82	z	a 06.10.82 Unfall
	307	nrd	22.10.86 – 16.02.90	z	a 12.12.89 Unfall
	366	ea	17.09.76 – 06.12.82	z	a 06.10.82 Unfall
	433	ea	04.11.76 – 19.09.81	z	a 01.11.80 Unfall
	637	fak	15.10.82 – 30.04.86	z	a 16.01.85 Unfall

Am längsten waren beheimatet:

132	204	ea	24.05.75 – 27.05.95	erf
	106	ea	13.10.74 – 27.05.95	erf
	100	ea	27.09.74 – 27.05.95	erf

Auch der Lokbahnhof Gerstungen setzte 132 ein. Ein Abbilden der Lokomotiven in den dortigen Anlagen war aber auch erst nach der Grenzöffnung möglich. Im April 1991 konnte dort 132 046 des Bw Eisenach stilecht am Wasserturm und dem Giebel der Lokschuppens im Bild festgehalten werden. Wer heute durch Gerstungen fährt, wird nur noch Ruinen des einstigen Lokbahnhofs vorfinden, 132 046 gibt es auch nicht mehr, sie wurde 1999 verschrottet.

AUFNAHME: HARTMUT MICHLER

Fabrikneu rollen 131 034, 131 033, 131 030 und 131 029 des Bw Erfurt nach erfolgter Indienststellung vom Raw Dessau in ihre neue Heimatdienststelle, aufgenommen Anfang Juni 1973 im Bahnhof Weißenfels. In Erfurt wurden die Lokomotiven nach dem gerade erst vollzogenen Fahrplanwechsel für die Bespannung der Interzonenzüge bis nach Gerstungen erwartet, die bislang die Erfurter 01^5 bis Bebra zogen.

AUFNAHME: DIETER WÜNSCHMANN

Bw Erfurt

Im Dezember 1971 begann im Bw Erfurt die Ära der V 300-Beheimatung mit der Indienststellung der Lokomotiven 130 039, 050 und 051. Zu diesem Zeitpunkt beheimatete Erfurt die folgende Gattungen als Streckenloks: 118 (20), 120 (10) und natürlich 01^5 (12) sowie weitere E-Loks. Die 130 kamen im Güterverkehr in den Plänen der Baureihe 120 auf den Strecken nach Nordhausen, Artern und Eisenach zum Einsatz. Diese drei Maschinen blieben bis 1973 in Erfurt und wurden durch 131 008, 013, 019 und 022 im Frühjahr 1973 abgelöst. Ende 1973 waren bereits zwölf 131 vorhanden. Sie kamen im Güterverkehr und auch im Reiseverkehr bis Gerstungen zum Einsatz und ersetzten hier zunächst die Dampfloks der Baureihe 01^5. Im Winter musste wegen der fehlenden Zugheizung mit zusätzlichen Heizwagen oder mit einer 118 gefahren werden.

Ein ganz seltenes Bilddokument: Unmittelbar nach der Indienststellung (10. Juni 1973) von 131 034 beim Bw Erfurt konnte der Fotograf die Lok vor einem Interzonenzug zwischen Eisenach und Gerstungen bei Unterellen im Bild festhalten. Im Zug läuft ein Wagen in Pop-Lackierung mit. AUFNAHME: DIETER WÜNSCHMANN

Im Dezember 1973 erhielt Erfurt die dringend benötigten fabrikneuen 132 zugewiesen; es waren acht Lokomotiven aus der Serie 132 008-019. Bis Ende 1974 erhöhte sich der Bestand auf 34 Stück, die 131 konnten bis auf zwei Maschinen abgezogen werden. Die 132 wurden im Reiseverkehr auf den Strecken nach Gerstungen, Glauchau, Gera, Weißenfels, Meiningen, Güsten und Magdeburg eingesetzt. Im Güterverkehr wurden Nordhausen, Artern, Güsten und Meiningen angefahren, der Bedarf lag bei 20 Maschinen.

Ab 1975 setzte auch die Einsatzstelle Weimar Loks der BR 132 ein, die hier die 118 ablösten. Die letzten beiden 131 des Bw Erfurt wurden im Januar 1975 abgegeben. Ende 1975 hatte Erfurt 45 Loks der Baureihe 132 in seinen Reihen. Diese Stückzahl hielt sich bis 1980. Im Sommerfahrplan 1976 wurden 28 Loks benötigt. Neue Leistungen gab es im Reiseverkehr nach Halle (über Sangerhausen) sowie nach Saalfeld. Einen Loklanglauf gab es mit P 9004 Meiningen – Erfurt und weiter als E 620 nach Magdeburg. Die Einführung der Städte-Expresszüge ab Oktober 1976 brachte dem Bw Erfurt die durchgehende Bespannung des Ex 150/157 Meiningen – Berlin und zurück (Umlauf mit 754 km). Ab Sommerfahrplan 1977 benötigte Erfurt 29 Maschinen der Baureihe 132 und bespannte alle drei Transitschnellzugpaare Gerstungen – Berlin (360 km). Wegen Treibstoffknappheit wurden diese Transitzüge nur bis 1981 nach Berlin durchgefahren, ab 1981/82 erfolgte der Lokwechsel in Halle, ab 1982 in Erfurt. Diese Leistungen gingen später an das Bw Eisenach. Auch der Ex 150/157 wurde ab 1979 nur noch zwischen Meiningen und Erfurt mit 132 bespannt.

Der 132-Bestand ging 1980 auf 35 Loks zurück (bei 23 Plantagen). Durch Leistungsverlagerung reduzierte sich der Erfurter Bestand weiter, 1982 auf 30 Loks und 1984 auf 26 Loks. Diese 132 fuhren nach Magdeburg, Halle, Gera, Nordhausen, Saalfeld und später mit einem Schnellzugpaar über Gera bis nach Karl-Marx-Stadt. 1988 waren wieder 30 Loks in Erfurt beheimatet, neu hinzu kam das Schnellzugpaar D 1402/1403 (Erfurt – Nürnberg) bis nach Probstzella. Im Zusammenhang mit der politischen Wende erfolgte schon wenige Wochen nach der Grenzöffnung der Lokwechsel wieder in Bebra. Die Elektrifizierung der Strecke Neudietendorf – Eisenach – Bebra ab Ende Mai 1995 führte zum Wegfall der hochwertigen IC- und IR-Leistungen nach Bebra.

Bei der Auflösung des Bw Sangerhausen Ende 1993 erhöhte sich der Bestand auf 56 Loks, nahm danach aber wieder ab. Im Mai 1995 erreichte Erfurt seinen Höchststand von 65 Maschinen durch die Auflösung der 232-Bestände in Eisenach und Saalfeld, deren Leistungen damit übernommen wurden. Die Erfurter 232 fuhren jetzt noch mit Regional-Express-Zügen und im Güterverkehr nach Nordhausen, Magdeburg, Kassel, Meiningen, Saalfeld, Schweinfurt und Glauchau. Konkurrenz bekamen die Maschinen durch die 20 ab Ende Mai 1995 zugewiesenen 229. 1998 erhielt Erfurt mit 232 457 und 461 zwei Loks, die weiterhin doppeltraktionsfähig sind und häufig für die Beförderung schwere Kesselwagenzüge verwendet werden. Ende 1999 waren noch 30 Lokomotiven der Baureihe 232 in Erfurt beheimatet.

Die Baureihe 130 im Bw Erfurt:

130	039	ea	01.12.71 – 17.04.73	sed	
	049	ea	06.01.72 – 06.03.72	ntz	
	049	ntz	19.04.72 – 07.08.73	sed	
	050	ea	24.12.71 – 25.04.73	sed	
	051	ea	24.12.71 – 06.03.72	ntz	

Die Baureihe 131/231 im Bw Erfurt:

131	008	ea	22.02.73 – 08.02.74	wfs	
	008	wfs	23.02.74 – 30.04.74	wfs	
	013	ea	15.02.73 – 22.02.74	wfs	
	018	ea	25.05.73 – 16.01.74	wfs	
	019	ea	19.04.73 – 19.11.74	wfs	
	022	ea	14.04.73 – 17.01.75	wfs	
	027	ea	19.05.73 – 19.11.74	wfs	
	029	ea	10.06.73 – 20.12.73	gt	
	030	ea	10.06.73 – 08.10.74	z	a 27.02.74 Unfall
	031	ea	24.06.73 – 18.12.74	wfs	
	033	ea	10.06.73 – 06.12.74	wfs	
	033	wfs	12.02.78 – 16.02.78	wfs	
	034	ea	10.06.73 – 28.11.74	wfs	
	034	arn	04.12.85 – 05.03.86	arn	
	039	ea	24.06.73 – 20.02.74	wfs	
	039	wfs	25.02.74 – 31.01.75	wfs	
	040	ea	05.07.73 – 05.12.74	wfs	
	043	ea	04.07.73 – 27.12.73	gt	
	043	wfs	06.08.92 – 11.01.93	wfs	
	062	wfs	05.08.92 – 11.01.93	wfs	

Als 130-Dienststelle ist das Bw Erfurt kaum bekannt. Nur fünf Lokomotiven schickte die DR ab Dezember 1971 in das thüringische Bw. Als letzte Lok verließ nach gut anderthalb Jahren 130 049 im August 1973 Erfurt nach Seddin. Im Sommer 1972 steht die Maschine, die aus Neustrelitz nach Erfurt kam, vor dem Rechteckschuppen des ehemaligen Bw Erfurt G.

AUFNAHME: ROLF STEINICKE

132 007 des Bw Erfurt war kein langes Leben beschieden. Wenige Tage vor dem Jahresende 1973 in Dienst gestellt, musste die Maschine nach einem Brand schon im April 1979 den Dienst quittieren, wurde aber erst 1984 z-gestellt und schließlich 1985 in Cottbus verschrottet. Am 9. Mai 1976 verlässt sie mit einem Schnellzug von Erfurt nach Dresden den Geraer Hbf.

AUFNAHME: THOMAS FRISTER

Mit einem Güterzug überholt 132 207 vom Bw Erfurt in Förderstedt 41 1103, die dort mit einem langen Güterzug auf die Weiterfahrt wartet.

AUFNAHME: ANDREAS STANGE

„Museale" Unterstützung erhielt 132 109 am 21. Mai 1985 vor dem Nahgüterzug Gera Hbf – Göschwitz. 94 1292, die von einem Museumseinsatz aus Sachsen zurückkehrte, wurde wegen der dichten Streckenbelegung als Zuglok verwendet; die Erfurter 132 leistet als Vorspannlok natürlich die eigentliche Arbeit. Das sicherlich einmalige Gespann passiert hier die kleine Kirche am Haltepunkt Gera-Thieschitz.

AUFNAHME: THOMAS FRISTER

Mit einem Schnellzugpaar erreichten Erfurter 132 auch Karl-Marx-Stadt. Wegen fehlender Abstellmöglichkeiten musste der Schnellzug anschließend noch bis nach Niederwiesa gefahren werden. Beim Umsetzen der Erfurter 132 528 entstand am 8. Juli 1988 in Niederwiesa dieses Bild. 132 528 macht übrigens keinen sonderlich gepflegten Eindruck!

AUFNAHME: HARTMUT MICHLER

Die Baureihe 132/232 im Bw Erfurt (*kursiv* Kurzzeitloks):

002	003	004	005	*006*	007	008	009	010
012	013	014	016	017	019	020	028	*029*
030	*031*	034	035	**036**	038	040	041	042
043	044	*045*	046	048	051	057	060	062
063	064	069	**070**	*072*	**076**	*083*	085	**086**
087	089	090	*097*	**100**	101	103	104	106
107	108	109	110	113	114	118	120	121
123	125	127	130	131	134	**135**	136	137
141	142	**143**	**145**	*147*	148	*149*	*158*	*163*
168	**177**	179	180	181	*182*	**188**	194	197
204	**205**	206	207	208	209	212	215	216
217	**232**	*233*	**256**	260	263	*271*	**273**	**274**
275	*279*	285	291	*293*	*296*	**300**	*303*	307
315	*323*	**325**	**333**	**338**	340	352	353	361
362	*371*	**374**	**375**	376	378	379	381	391
396	*401*	402	**405**	406	**408**	**410**	415	416
418	*420*	421	**425**	**432**	437	**441**	**443**	446
457	**461**	**462**	**468**	472	**474**	481	482	485
486	487	488	489	**492**	**506**	**515**	520	524
528	530	531	532	**542**	553	*560*	**562**	**571**
577	**589**	590	*591*	593	597	604	605	614
615	**616**	623	646	**663**	666	669	*670*	**686**
689	**697**	**800**						

Im Bw Erfurt haben ihren Lebensweg beendet:

132	007	ea	13.12.73 – 03.09.84	z	a 21.04.79 Brand
	009	wfs	29.05.95 – 17.09.95	z	a 18.09.95
	020	eis	29.05.95 – 29.10.97	z	a 29.09.97
	034	eis	29.05.95 – 13.11.95	z	a 22.09.95
	035	sa	29.05.95 – 17.09.95	z	a 18.09.95
	046	eis	29.05.95 – 17.09.95	z	a 18.09.95
	086	eis	29.05.95 – 17.09.95	z	a 18.09.95
	120	sa	29.05.95 – 17.09.95	z	a 18.09.95
	145	eis	29.05.95 – 17.09.95	z	a 18.09.95
	177	sgh	26.12.93 – 08.03.95	z	a 09.03.95
	181	nrd	18.05.90 – 17.09.95	z	a 18.09.95
	215	ea	11.06.75 – 03.10.95	z	a 04.10.95
	256	eis	28.05.95 – 17.06.96	z	a 05.06.96 Unfall
	263	sa	29.05.95 – 17.09.95	z	a 18.09.95
	279	kms	30.05.83 – 05.06.83	z	a 06.06.83 Unfall
	340	ea	06.04.76 – 09.01.90	z	a 09.06.89 Unfall
	375	wfs	29.05.95 – 17.09.95	z	a 18.09.95
	402	eis	29.05.95 – 17.09.95	z	a 18.09.95
	405	sgh	26.12.93 – 03.05.95	z	a 28.04.95
	446	nrd	29.05.95 – 17.09.95	z	a 18.09.95
	506	wfs	29.05.95 – 17.09.95	z	a 18.09.95

Am längsten waren beheimatet (* mit kurzen Unterbrechungen):

132	216	ea	11.06.75 – 27.05.95	mei*
	134	ea	01.01.75 – 21.05.95	pkr
	042	ea	28.02.74 – 17.01.95	hw

Bw Gera

Das Bw Gera, langjährige Hochburg der Baureihe 120, beheimatete lediglich von 1976 bis 1978 die Lokomotive 132 136 als Einzelgängerin. Für sie existierte kein eigener Umlauf, sie wurde hauptsächlich im Güterzugdienst auf den von Gera ausgehenden Strecken verwendet. Nach 1990 besetzten Personale des Bw Gera Saalfelder und Erfurter 232 auf den Strecken Leipzig – Saalfeld und Erfurt – Gera – Zwickau.

Bw Meiningen

Im Juni 1978 wurde dem Bw Meiningen die Lokomotive 131 069 zugewiesen. Sie diente der Personalschulung und fuhr zunächst in Plänen der Baureihe 120. Im Herbst 1978 folgten ihr weitere zehn Schwestermaschinen aus der Rbd Dresden. Die Loks lösten bis Frühjahr 1979 die Lokomotiven der Baureihe 120 komplett ab und bespannten Güterzüge nach Themar, Erfurt, Gotha und Bad Salzungen. Auch die Einsatzstelle Eisfeld besetzte eine Lok, die im Güterzugdienst auch bis nach Sonneberg lief. Darüberhinaus weilte seit 20. April 1978 auch 132 217 als Einzelgängerin in Meiningen. Sie fuhr ein Eilzugpaar nach Erfurt und Nahgüterzüge. Am Einsatz der planmäßig sechs benötigten 131 und 132 217 änderte sich bis 1983 nichts.

1983 wurde der 132-Bestand auf drei Loks erhöht, ein Jahr später zählte das Bw Meiningen bereits acht Maschinen. Die 132 fuhren im Reise- und Güterzugdienst nach Erfurt, Eisenach und Saalfeld (über Arnstadt). Bis 1988 erhöhte sich der Bestand auf 13 Maschinen der BR 132 und acht 131. Die 132 verkehrten ab Mitte der achtziger Jahre vor allem im Reisezugverkehr im Dreieck Meiningen – Eisenach – Erfurt – Meiningen.

Im Jahr 1990 lag der Lokbestand im Bw Meiningen bei acht 131 und 15 Lokomotiven der Baureihe 132, wobei die 131 wegen

232 109 befindet sich im September 1992 mit einem Personenzug von Erfurt nach Meiningen auf der Fahrt nach Süden und hat nach Verlassen des Bahnhofs Arnstadt die kleine Ortschaft Siegelbach erreicht. Der Verkehrsrückgang im Osten Deutschlands zeigt schon seine Folgen: Solch kurze Züge waren einst eher die Ausnahme!

AUFNAHME:
THOMAS FRISTER

Die letzten großen Leistungen erbrachten die von Arnstadt aus eingesetzten (aber zum Bh Meiningen gehörenden) 231 im Herbst 1994 vor einem schweren Kohlezug aus Profen zum einem Heizwerk nach Zella-Mehlis. Mit zwei der 3000 PS starken Loks wurde der Ganzzug über die Rampe des Thüringer Waldes befördert. Knapp vier Wochen vor der z-Stellung der letzten Meininger 231 konnte dieser Zug am 30. September 1994 mit den Lokomotiven 231 072 und 231 018 nahe Gräfenroda fotografiert werden.

AUFNAHME:
DETLEF HOMMEL

Das schwerste Stück Arbeit hat die Meininger 132 108 bereits hinter sich. Mit dem D 554 hat sie im Winter 1988 den Bahnhof Oberhof erreicht und wird in Kürze im Brandleitetunnel den Brechpunkt der Strecke nach Erfurt erreichen. Die nachfolgenden starken Gefälleabschnitte wird der Lokführer dank der elektrodynamischen Bremse ohne Probleme und vor allem unter Schonung der Bremssohlen durchfahren können.

AUFNAHME:
DETLEF HOMMEL

des Rückgangs im Güterverkehr nicht mehr viel zu tun hatten. Im Mai 1992 verfügte die DR die letzten 231 nach Arnstadt, die allerdings nach der Auflösung des Bw Arnstadt zum Jahreswechsel 1993/94 wieder buchmäßig nach Meiningen kamen. Im Gegenzug bekam Meiningen die Arnstädter 232 zugewiesen, so dass sich der Bestand damit in Meiningen auf 25 Loks erhöhte. Die letzten vier 231 waren nur noch im Dispo- und Az-Dienst eingesetzt und wurden im Oktober 1994 z-gestellt. Ein schwerer Kohleganzzug von Profen nach Zella-Mehlis, den zwei Maschinen über die Rampe nach Oberhof zogen, gehörte bis zum Fahrplanwechsel Ende September 1994 zu den letzten großen Aufgaben der Baureihe 231. Die letzte Leistung vor dem Zugpaar 56576/56577 erbrachten die Lokomotiven 231 018 und 231 072 am 25. Oktober 1994. Mit diesen Diensten endete praktisch der Einsatz der Baureihe 231 bei der DB, nur 231 012 des Bw Reichenbach war noch länger im Dienst.

Die nächsten größeren Bewegungen brachte die Auflösung des Betriebshöfe Eisenach, Nordhausen und Saalfeld im Mai 1995. Der Bestand der 232 in Meiningen erreichte den Höchstbestand von 42 Loks und waren nun in ganz Thüringen zu sehen. 1998 wurden die ersten Loks an andere Standorte abgegeben. Die verbliebenen 21 Maschinen wurde im Mai 1999 nach Erfurt, Halle und Rostock-Seehafen umstationiert.

Die BR 131/231 im Bw Meiningen (* mit kurzen Unterbrechungen):

131	004	wfs	01.03.82 – 29.03.86	arn	
	008	wfs	13.12.81 – 14.06.82	arn	
	008	arn	07.07.82 – 08.07.82	wfs	
	014	arn	28.12.93 – 02.06.94	z	a 04.06.94
	018	arn	18.11.82 – 25.11.82	arn	
	018	arn	28.12.93 – 26.10.94	z	a 28.10.94
	037	hlg	27.09.78 – 29.05.92	arn	
	037	arn	28.12.93 – 31.05.94	z	a 01.06.94
	040	arn	28.12.93 – 26.10.94	z	a 28.10.94
	044	kms	02.10.78 – 19.02.79	wfs	
	044	wfs	03.04.80 – 18.08.80	wfs	
	044	wfs	23.09.80 – 04.03.83	arn	
	044	arn	16.03.83 – 17.12.91	z	
	050	arn	28.12.93 – 26.10.94	z	a 28.10.94
	051	rch	29.09.78 – 20.01.87	eis*	
	051	eis	26.02.88 – 06.03.92	wfs	
131	059	kms	26.09.78 – 15.07.91	hlg	
	065	kms	02.10.78 – 29.05.92	arn	
	069	rch	01.06.78 – 09.02.84	arn	
	069	wfs	22.02.85 – 29.05.92	arn	
	070	kms	02.10.77 – 14.01.83	arn*	
	070	arn	01.04.83 – 26.05.83	wfs	
	070	wfs	05.06.86 – 06.12.89	eis	
	070	eis	18.03.90 – 15.03.91	eis	
	071	kms	02.10.78 – 29.05.92	arn	
	072	rch	02.10.78 – 12.07.91	hlg*	
	072	arn	28.12.93 – 26.10.94	z	a 28.10.94
	073	rch	29.09.78 – 20.08.80	arn	
	076	rch	29.11.78 – 19.09.81	z	a 22.09.80 Unfall
131	164	arn	02.06.89 – 23.08.89	arn	

Die Baureihe 132/232 im Bw Meiningen (*kursiv* Kurzzeitloks):

003	004	009	*010*	012	019	023	**024**	**025**
030	031	034	*035*	**036**	**037**	**040**	044	046
048	050	052	057	**060**	064	070	085	086
087	089	090	093	108	**109**	110	**112**	**121**
127	*133*	**143**	177	**179**	**194**	**197**	**201**	207
208	**211**	**212**	**213**	**216**	217	227	**232**	*245*
251	255	**260**	264	283	285	291	***292***	**315**
331	345	346	353	**361**	**362**	376	**381**	391
406	**408**	**415**	**418**	**425**	**426**	441	444	461
467	481	482	**487**	**488**	**491**	**492**	505	**520**
524	**530**	553	**576**	591	**593**	597	**605**	**611**
614	**623**	*656*	**658**	**663**	666	**669**		

Im Bw Meiningen haben ihren Lebensweg beendet:

132	012	sa	31.07.92 – 11.12.97	z	a 25.10.97
	023	arn	16.09.89 – 29.03.95	z	a 23.03.95
	025	sa	28.05.95 – 29.10.97	z	a .08.97
	048	sa	22.07.94 – 17.09.95	z	a 18.09.95
	089	eis	16.12.86 – 01.06.98	z	a 15.03.98
	143	sa	28.05.95 – 17.06.96	z	a 05.06.96 Unfall
	213	sa	28.05.95 – 31.01.99	z	a 28.12.98
	331	eis	28.05.95 – 22.04.96	z	a 26.03.96 Unfall
	381	sa	24.10.94 – 17.09.95	z	a 18.09.95

Am längsten waren beheimatet:

132	345	eis	26.09.87 – 29.05.99	rhs
	217	erf	20.04.78 – 30.09.93	erf

Die Zeit der Baureihe 95 war im Winter 1979/80 schon fast abgelaufen, wie dieses Bild vom 26. Januar 1980 belegt. 131 076 teilt sich gemeinsam mit der schiebenden 95 0016 diesen kurzen Nahgüterzug auf der Strecke Sonneberg – Eisfeld, aufgenommen hinter der Spitzkehre Rauenstein nahe Seltendorf.

AUFNAHME: THOMAS FRISTER

Einst waren Lokomotiven und Gebäude am 7. Oktober eines jeden Jahres in der DDR festlich geschmückt, wurde doch der „Tag der Republik“ gefeiert. Am 7. Oktober 1990, als dieses Bild von 132 491 in ihrem Heimat-Bw Nordhausen entstand, war das nicht mehr so: Am 41. Jahrestag der Gründung der DDR war der zweite deutsche Staat erst vier Tage zuvor durch die vollzogene Wiedervereinigung nicht mehr existent.

AUFNAHME: HANS-JÜRGEN TRUNK

Bw Nordhausen

Im Sommer 1976 erhielt das Bw Nordhausen mit den Lokomotiven 132 107, 123, 125, 179 und 208 die ersten fünf Maschinen der Baureihe 132 zugewiesen. Sie fanden im Reiseverkehr in 118-Plänen nach Halle und Leinefelde sowie im Güterverkehr in 44-Plänen Richtung Erfurt Verwendung. 1977 kamen weitere sechs 132 nach Nordhausen. Im Winterfahrplan 1977/78 wurden sechs Loks planmäßig im Reiseverkehr eingesetzt. Bemerkenswert war damals der Umlauf mit einem Personenzug nach Erfurt mit anschließendem Übergang auf den E 627 Erfurt – Magdeburg und einen Dg nach Nordhausen (nur 1977/78).

Ende 1978 waren 14 Loks der Baureihe 132 in Nordhausen, die 118 inzwischen komplett abgelöst. Den nächsten Zuwachs gab es zum Jahreswechsel 1981/82 mit einer Bestandserhöhung auf 20 Maschinen, um die ölgefeuerten Dampfloks der Baureihe 44 ablösen zu können. Neun 132 wurden dafür planmäßig eingesetzt, davon je zwei von den Einsatzstellen Ebeleben und Leinefelde. Nach der Ablösung der Baureihe 44 befanden sich 28 Maschinen der Baureihe 132 im Bw Nordhausen. Im Güterverkehr wurden Halle, Magdeburg, Güsten, Leinefelde und Erfurt erreicht, im Reiseverkehr teilten sich die 132 seit 1984 die Aufgaben mit der Baureihe 119. Von 1983 bis 1986 lag der durchschnittliche 132-

Mit einem langen Eilzug von Heiligenstadt nach Halle steht 132 177 vom Bw Nordhausen am 19. März 1983 im Bahnhof Sangerhausen.

AUFNAHME: ANDREAS STANGE

Bestand bei 23 Loks, der bis 1988 auf 30 anstieg und die Baureihe 119 teilweise ersetzte. Die Grenzöffnung und der Lückenschluss Arenshausen – Eichenberg erweiterten ab Mai 1990 das Einsatzgebiet bis Kassel. Andererseits brachte die etappenweise Elektrifizierung der Strecke Halle – Nordhausen – Eichenberg einen erheblichen Rückgang für die 232. Der Bestand von 30 Loks im Januar 1994 sank innerhalb eines Jahres auf 19. Es blieben Leistungen von Nordhausen und Leinefelde in Richtung Süden. Im Zuge der Neuordnung der Lokbestände bei der DB wurden im Mai 1995 die letzten 232 nach Erfurt und Meiningen verfügt.

Die Baureihe 132/232 im Bw Nordhausen:

003	004	008	012	013	016	017	019	020
025	030	033	034	035	036	040	043	046
047	048	051	056	078	088	107	108	110
112	113	114	116	118	120	121	123	125
127	130	135	136	137	142	148	168	177
179	181	188	197	201	205	206	207	208
209	215	217	232	233	248	251	260	272
285	291	293	299	300	307	325	333	338
352	353	355	361	362	371	387	391	401
406	415	432	437	443	446	462	468	486
489	491	492	520	528	531	532	566	567
571	576	589	593	597	604	611	612	616
628	663	697						

Im Bw Nordhausen haben ihren Lebensweg beendet:

132	107	eis	23.05.90 – 27.03.95	z	a 22.03.95
	325	sa	11.12.94 – 29.03.95	z	a 29.03.95
	355	eis	20.09.91 – 17.04.95	z	a 19.04.95

Am längsten waren beheimatet (* mit kurzen Unterbrechungen):

132	016	wfs	26.10.79 – 21.05.92	umb in 234 016
	121	erf	19.07.77 – 07.06.92	sa
	179	erf	16.06.76 – 30.05.91	arn*

Bw Saalfeld

Das bei Dampflokfreunden gut bekannte Bw Saalfeld erhielt im November 1981 insgesamt acht eigene 132 zugewiesen. Die Abstellung der Baureihen 01 und 44 und die Probleme mit den neu gelieferten 119 spielten dabei offenbar eine wichtige Rolle. Zum Jahreswechsel 1981/82 besaß Saalfeld neben den Rangierloks und der Baureihe 110 folgenden Gattungen für den Streckendienst (Stückzahlen in Klammern): 01 (6), 41 (2), 44 (16), 119 (15) und 132 (8). Die 01 und 44 wurden Anfang 1982 abgestellt. Dafür kamen die 132 im Reise- und Güterverkehr nach Weißenfels, Camburg, Arnstadt und Gera zum Einsatz. Ab Sommerfahrplan 1982 wurde das Transitzugpaar D 300/301 zwischen Probstzella und Camburg mit einer 132 des Bw Saalfeld bespannt.

Bis zum Jahr 1984 erhöhte sich der Bestand der Baureihe 132 auf 13 Maschinen. Davon wurden planmäßig neun benötigt. Ab Sommer 1984 wurden auch das zweimal wöchentlich verkehrende Zugpaar D 1108/1109 Probstzella – Berlin durchgehend mit 132 gefahren. Als Ende1986 die letzten 41 abgestellt wurden, hatte Saalfeld 22 Loks der Baureihe 119 und 13 der Baureihe 132 im Bestand. Ab Sommerfahrplan 1988 wurden die drei Transitschnellzugpaare (D 300/301/302/303/06/307) Probstzella – Berlin nicht mehr in Camburg umgespannt, sondern mit Saalfelder 132 durchgefahren. Der 132-Bestand stieg bis Ende 1988 auf 22 Loks an, die Transitzüge fuhren noch bis 1990 nach Berlin durch. Ab 1989 wurde mit einen Eilzugpaar mit Laufweg über Gera Leipzig erreicht.

Der Saalfelder 132-Bestand stieg nun noch einmal an, 1990/91 waren 27 Loks hier beheimatet. Sie kamen nach 1990 auch mit Güterzügen im Sonderdienst auf die Frankenwaldbahn, waren bei Lokmangel im Schiebedienst bis Steinbach am Wald und vor Arbeitszügen zu sehen. Besetzt wurden die Saalfelder 132 ab 1991/92 auch von Personalen des Bw Gera, die mit ihnen Reise-

132 362 vom Bw Nordhausen verlässt mit einem Güterzug im April 1983 den Blankenheimer Tunnel. AUFNAHME: GÜNTER SCHEIBE

132 019 vom Bw Saalfeld legt sich am 12. April 1989 mit dem Transitzug D 303 von Berlin nach München im Saaletal nahe Großeutersdorf in die Kurve. Aus dem fünften Abteilfenster des ersten Wagens beobachtet einer der mitfahrenden Transportpolizisten das nicht gern gesehene Tun des Fotografen. Ein reichliches halbes Jahr später war diese Tätigkeit der Transportpolizei durch den Lauf der Geschichte überflüssig geworden.

AUFNAHME:
THOMAS FRISTER

Haupteinsatzgebiet der Saalfelder 132 war naturgemäß der Güterzugdienst. 132 606 vom Bw Saalfeld leistet am 5. November 1988 in Rottenbach der Arnstädter 131 050 Vorspann. Gemeinsam haben beide Maschinen mit dem langen Güterzug auf der Steigung bis zum Brechpunkt in Singen vollauf zu tun.

AUFNAHME:
THOMAS FRISTER

Wesentlich einfacher hatte es da die Saalfelder 132 406. Mit einem langen Getreideganzzug ist sie am 15. Mai 1984 auf der Fahrt nach Camburg und hat gerade die beeindruckende Autobahnbrücke in Göschwitz durchfahren. Damals war es durchaus normal, dass auf einem solchen Bild keine Autos auf der Brücke der (heutigen A 4) zu sehen waren. Heute ist es umgekehrt: Die im sechsstreifigen Ausbau befindliche A 4 ist mit unzähligen LKW belegt; Güterzüge auf des Saalebahn gibt es zwar auch noch, aber ungleich weniger als zum Aufnahmezeitpunkt.

AUFNAHME:
THOMAS FRISTER

Ein Ereignis von besonderer Bedeutung war die Aufnahme des IR-Zugverkehrs auf DR-Strecken am 27. Mai 1990, dem Sommerfahrplanwechsel. Den ersten Zug auf der Frankenwald- und Saalebahn (IR 400 Nürnberg – Leipzig) zog ab Probstzella eine Saalfelder 132. Dem ersten Interregio auf dieser Verbindung hatte die DB noch zwei Gesellschaftswagen für die geladenen Gäste beigestellt; das eigentliche IR-Wagenmaterial stand erst später zur Verfügung. Das Bild zeigt den Zug am 27. Mai 1990 in Marktgölitz.

AUFNAHME: THOMAS FRISTER

und Güterzüge nach Leipzig, Erfurt, Glauchau und auf der Elstertalbahn fuhren. Die Aufnahme des elektrischen Betriebs auf der Saalebahn Ende Mai 1995 brachte der 232 erhebliche Leistungseinbußen. Im Mai 1995 wurde der gesamte 232-Bestand abgegeben. Ab Mai 1998 wurde Saalfeld erneut 232-Standort und erhielt wieder 14 Loks zugewiesen. Diese laufen üblicherweise im Cargo-Dienst in Thüringen.

Im Bw Saalfeld haben ihren Lebensweg beendet:

132	069	sgh	28.05.83 – 30.04.86	z	a 08.04.85 Unfall
	089	z	29.05.99 – 31.05.99	z	a 15.03.98
	110	mei	17.02.95 – 11.05.95	z	a 11.05.95
	130	erf	24.05.94 – 08.03.95	z	a 15.02.95

Am längsten waren beheimatet (* mit kurzen Unterbrechungen):

132	614	hlp	05.01.82 – 11.05.90	erf
	141	wfs	14.11.86 – 27.05.95	erf
	606	hlp	06.01.82 – 30.04.92	umb in 234 606

Die Baureihe 132/232 im Bw Saalfeld (*kursiv* Kurzzeitloks):

010	012	017	019	025	030	031	034	**035**
036	*037*	**038**	**040**	045	047	048	050	**052**
056	069	078	*087*	**088**	***089***	**090**	**093**	**100**
106	**108**	**110**	**112**	**113**	114	120	120	121
125	127	**130**	**135**	141	**142**	**143**	*148*	*149*
155	168	**188**	194	197	206	208	*211*	213
216	**217**	232	233	263	300	315	325	*345*
346	352	355	376	381	406	*410*	**415**	*418*
425	**438**	462	468	482	486	***487***	**488**	491
505	506	507	520	*528*	562	570	571	580
589	597	604	605	606	608	*610*	611	**612**
614	615	616	**623**	646	656	666	**686**	**704**

Unten: Saalfelder 132 wurden ab 1991/92 auch von Personalen des Bw Gera besetzt. Die hier eingesetzten Maschinen kamen vor allem im Reisezugdienst auf den Strecken Leipzig – Gera – Saalfeld, nach Erfurt, Glauchau und auf der Elstertalbahn zum Einsatz. 132 012 hat am 17. März 1991 in Gera Pause und wartet vor dem Lokschuppen 2 auf ihren Lokführer, AUFNAHME: HARTMUT MICHLER

Die gut gepflegte 132 152 des Bw Sangerhausen sonnt sich am 10. September 1988 vor dem Schuppen ihrer Heimatdienststelle. AUFNAHME: HARTMUT MICHLER

Bw Sangerhausen

„Wir fahren bis zum Schluss mit Dampf", so lautete die Devise der Führung des Bw Sangerhausen in den siebziger Jahren. So ist es nicht verwunderlich, dass erst zum Winterfahrplan 1979/80 der Dienstplan 707 kurzfristig auf Weisung der Rbd Erfurt von der BR 120 auf die BR 132 umgestellt wurde. Ab Juni 1980 sollte für zwei Jahre ein zweitägiger Umlaufplan gültig sein, dafür waren drei Lokomotiven in Sangerhausen stationiert. Diese Leistungen dienten u. a. der Ausbildung. Doch erst der ab 1. November 1981 gültige Umlauf zollt der verfügten Abstellung der Baureihe 44 Tribut. Ab 11. Januar 1982 waren mit elf 132 genug Lokomotiven für die gattungsgerechte Bespannung vorhanden. Am Vortag war mit 44 0304 vorerst die letzte Öl-44 im Einsatz. Röblingen, Angersdorf, Halle, Mücheln, Karsdorf, Erfurt, Güsten/Staßfurt und Nordhausen waren planmäßig die Wendepunkte der meist im Güterzugdienst eingesetzten Lokomotiven. Eine jahrelanges Ziel hieß Coswig mit den Gipszügen aus Niedersachswerfen. Mit Aufstockung des Bestandes und Schaffung einer Jugend-Dienstplangemeinschaft fuhren Sangerhäuser Personale auch nach Magdeburg.

Meist als Füllleistungen für eine optimale Umlaufgestaltung blieben Reisezugleistungen bis zur Wende die Seltenheit, etwa nach Nordhausen. Anschließend fuhr man auch nach Erfurt, Ilmenau und Magdeburg mit Personen- und Eilzügen. Dafür brach der Güterverkehr mit dem wirtschaftlichen Niedergang der Industrie des Ostens langsam weg. Ständig mussten die Dienstpläne geändert werden. Fast alle Güterzüge bedurften schon seit der Frühzeit der Eisenbahn in Sangerhausen der Schubunterstützung auf der Blankenheimer Rampe bis Blankenheim. Eine Besonderheit bis zur Angleichung der Fahrdienstvorschriften stellte daher der ungekuppelte Schiebedienst dar. Rund die Hälfte des 132-Bestandes musste mit der Kellerschen Kupplung ausgerüstet werden.

Die erste Lok der Baureihe 132 war nach dem offiziellen Lokverzeichnis der Rbd Erfurt und dem Lokomotivverwendungsnachweis des Bw Sangerhausen 132 188 ab 1. Oktober 1979, wenn auch im Betriebsbuch erst der 15. Dezember 1981 für die Umsetzung aus Nordhausen vermerkt ist. Der durchschnittliche Lokbestand nach der Dampflokabstellung betrug ca. 16 Lokomotiven. Der Höchstbestand war im Laufe des Jahres 1988 mit 23 Maschinen zu verzeichnen. Dieser Park war ständigen Veränderungen unterworfen, da u. a. mit MESA und PZ 80 ausgerüstete Triebfahrzeuge nach einer Schadgruppe im Raw Cottbus an andere Bw (Erfurt, Eisenach, Saalfeld) der Rbd Erfurt verfügt wurden. Auch Beheimatungen von einem Tag gab es! Mit Schließung des Bw Sangerhausen am 31. Dezember 1993 wurden die Lokomotiven am 26./27. Dezember 1993 an das Bw Erfurt abgegeben. Zwei dieser Maschinen (132 057 und 103) verschlug es zeitweilig als Lokhilfe nach Königsberg (Ostpreußen), diese Lokomotiven kehrten aber später wieder nach Deutschland zurück.

Die Baureihe 132/232 im Bw Sangerhausen (*kursiv* Kurzzeitloks):

010	013	023	028	030	031	**036**	037	046
047	048	052	056	057	064	069	*076*	078
083	103	104	*110*	*111*	112	**113**	118	**120**
123	125	127	135	**136**	**142**	*148*	152	*168*
170	177	181	188	197	*201*	208	*245*	255
256	260	*291*	293	296	300	315	325	***333***
352	355	361	376	379	396	401	405	416
432	462	506	*515*	520	542	588	589	590
597	605	615	616	621	639	688	689	

Im Bw Sangerhausen haben ihren Lebensweg beendet:

132	621	hlp	11.01.82 – 15.04.87	z	a 07.05.84 Unfall
	639	wfs	24.07.82 – 30.04.86	z	a 11.10.84 Brand

Am längsten waren beheimatet:

132	688	sed	12.07.84 – 20.05.93	ntz
	542	ntz	30.12.81 – 24.12.93	erf
	188	nrd	01.10.79 – 25.12.93	erf

Fotografenglück: Im Bf Blankenheim begegnen sich im Mai 1992 232 616 mit einem Eilzug Magdeburg – Sangerhausen –Erfurt und eine weitere 232. AUFNAHME: GÜNTER SCHEIBE

Nochmals 132 152, diesmal vier Jahre später und schon als 232 umgezeichnet, mit einem Sandzug von Nordhausen nach Berlin, der gerade den Bf Blankenheim durchfährt. Am Schluss des Zuges eine weitere 232 als Schiebelok. AUFNAHME: GÜNTER SCHEIBE

131 034 vom Bw Weißenfels legt sich im August 1975 in die enge Kurve der Saalebahn nahe Kahla. Die Szene wird von der im Hintergrund zu sehenden Leuchtenburg bestimmt, die in den Jahren des ausklingenden Dampfbetriebes gern und häufig als Motiv diente. Zum Glück betätigte der Fotograf, der sicherlich auf eine 01, 41, 44 oder eine 65 wartete, den Auslöser. Gut erkennbar ist der Rückspiegel am Führerstandsseitenfenster des Lokführers.

AUFNAHME:
HERBERT SCHNEIDER

Die Saalbahn gehörte zu den wichtigsten Einsatzstrecken der Weißenfelser 131. Im Juli 1977 ging es hier noch beschaulich zu: Die Strecke zwischen Orlamünde und Rudolstadt war damals noch eingleisig und der damals noch gepflegt wirkende Schrankenposten mit Blumenrabatten vermittelt ein Stück längst vergessene Eisenbahnromatik – auch ohne Dampflok. 131 004 ist mit einem aus O-Wagen und Koks beladenen Zug nach Saalfeld unterwegs, den eine 44 zum Stahlwerk „Maxhütte" nach Unterwellenborn bringen wird.

AUFNAHME:
DIETER WÜNSCHMANN

Vom Stellwerk des Bahnhofs Dornburg aus hatte man einen schönen Überblick auf den Bahnhof am Fuße der gleichnamigen und weithin bekannten Schlösser. Auch hier betätigte im September 1975 der Fotograf nur zufällig den Auslöser seiner Kamera, als die Weißenfelser 131 027 durch den kleinen Bahnhof dröhnte.

AUFNAHME:
DIETER WÜNSCHMANN

Bw Weißenfels

Die erste von der Rbd Erfurt dem Bw Weißenfels zugeteilte Lokomotive der V 300-Familie war ab 11. Januar 1972 130 054. Zu diesem Zeitpunkt beheimatete Weißenfels zwölf 120 und 23 E-Loks der Baureihe 242 für den Streckendienst. Die 130 wurde im Plan der 120 eingesetzt und blieb zunächst ein Einzelgänger. Im Januar 1973 erhielt Weißenfels fabrikneu 131 004 und 005 zugewiesen und gab daraufhin die 130 ab. Die 131 fanden im schweren Güterzugdienst nach Saalfeld, Zeitz, Gera und Rositz Verwendung. Im Laufe des Jahres 1974 stieg der 131-Bestand auf 14 Maschinen an und konnte damit schrittweise alle 120 ablösen. Erstmals besetzte auch die Einsatzstelle Naumburg drei 131.

Im Januar 1975 kam mit 132 135 die erste 132 nach Weißenfels, gefolgt von 132 008 und 013 im Oktober 1975. Die 132 wurden in einem Umlauf mit TEEM-Zügen nach Saalfeld eingesetzt. Bis 1979 standen dem Bw Weißenfels durchschnittlich elf 131 und drei 132 zur Verfügung. Davon wurden fünf 131 und zwei 132 von Weißenfels sowie drei 131 von Naumburg aus planmäßig eingesetzt. Im Jahre 1979 wurde der Bestand der 131 auf neun reduziert, dafür stieg die Anzahl der 132 bis Ende 1979 auf elf an. Wendebahnhöfe der 131 waren Erfurt, Gera, Göschwitz, Artern, Tröglitz sowie Saalfeld und Zeitz mit den 132.

Die Einsatzstelle Naumburg besetzte ab Winter 1979/80 sechs 132. Die Anzahl der im Bw Weißenfels beheimateten 131 ging auf vier zurück, bis er ab 1983 wieder erhöht wurde. Ende 1984 standen elf und ein Jahr später 14 Loks der Baureihe 131 zur Verfügung. Ende 1989 hatte das Bw Weißenfels mit 18 Loks seinen Höchstbestand erreicht, zum selben Zeitpunkt waren nur drei 132 vorhanden. Der immer geringer werdende Güterverkehr nach 1990/91 ließ die 131 schnell überflüssig werden. Sonderleistungen führten die Loks bis in den Werkbahnhof der Wismut in Schmirchau. Im August 1994 wurden die beiden 231 015 und 043 z-gestellt. Zu diesem Zeitpunkt waren noch sieben Loks der BR 132 vorhanden. Es blieben nur noch wenige Leistungen auf den Strecken nach Zeitz und Naumburg – Artern übrig. Am 28. Mai 1995 erfolgte die Auflösung des Betriebshofes in Weißenfels, die restlichen 232 wurden dem Bw Erfurt unterstellt.

Die Baureihen 130/131/231 im Bw Weißenfels:

130	054	ea	11.01.72 – 18.03.73	sed	
131	003	ea	06.01.73 – 25.09.79	arn	
	003	arn	13.10.82 – 15.04.87	z	a 27.05.83 Unfall
	004	ea	10.01.73 – 28.02.82	mei	
	005	ea	17.01.73 – 17.08.79	arn	
	008	erf	09.02.74 – 22.02.74	erf	
	008	erf	01.05.74 – 12.12.81	mei	
	008	mei	09.07.82 – 25.05.94	z	zr 28.01.93
	011	ea	08.02.73 – 28.09.79	arn	8.74-1.77 z
	011	arn	02.03.87 – 10.12.93	verk	zr 13.01.93
	013	erf	23.02.74 – 24.07.79	arn	
	013	arn	22.05.84 – 24.05.84	arn	
	014	ea	14.03.73 – 24.09.79	arn	
	014	arn	31.01.80 – 05.01.81	arn	
	015	fak	10.10.85 – 04.07.91	hlg	
	015	hlg	01.07.92 – 22.08.94	z	a 23.08.94
	016	fak	30.10.85 – 17.08.91	hlg	
	016	hlg	01.07.92 – 13.06.94	z	a 09.06.94
	017	fak	24.09.89 – 04.07.91	hlg	
	017	hlg	01.07.92 – 22.12.92	z	a 25.08.92 Unfall
	018	erf	17.01.74 – 31.03.82	arn	
	019	erf	20.11.74 – 14.10.79	arn	
	019	arn	11.08.83 – 04.07.91	hlg	
	021	hlg	20.10.83 – 16.12.91	z	
	022	erf	18.01.75 – 13.08.79	arn	
	022	arn	27.02.85 – 12.01.93	z	a 11.01.93
	027	erf	20.11.74 – 16.12.91	z	
	031	erf	19.12.74 – 23.03.82	arn	
	033	erf	07.12.74 – 11.02.78	erf	
	033	erf	17.02.78 – 30.08.79	arn	
	033	arn	05.09.79 – 26.08.80	arn	
	033	arn	14.07.93 – 13.06.94	z	a 09.06.94
	034	erf	29.11.74 – 21.05.82	arn	
	034	eis	06.09.87 – 04.09.90	eis	
	034	hlg	17.08.91 – 12.01.93	z	a 11.01.93
	036	hlg	01.06.83 – 12.08.91	hlg	
	039	erf	21.02.74 – 24.02.74	erf	
	039	erf	01.02.75 – 30.09.80	arn	
	039	arn	12.09.83 – 21.01.87	eis	
	039	eis	20.02.87 – 03.09.90	eis	
	040	erf	06.12.74 – 14.09.79	arn	
	040	arn	20.11.79 – 18.12.79	arn	
	043	fak	30.10.85 – 12.08.91	hlg	

131 008 vom Bw Weißenfels hat am 23. Februar 1977 den Kreuzungsbahnhof Göschwitz erreicht. Hier verlaufen Saal- und Weimar-Geraer Bahn (heute ein Teil der „Mitte-Deutschland-Verbindung") ein kurzes Stück nebeneinander. Noch ist die monströse Signalbrücke des Gleisbildstellwerkes Göschwitz nicht im Dienst, das Einfahrsignal zeigt dem Lokführer am kurzen Nahgüterzug an, das es hier „auf die Seite" geht.

AUFNAHME: MICHAEL MALKE

Ihr letztes Gnadenbrot verdiente 231 071 beim Bw Weißenfels. Erst am 20. Januar 1993 kam sie vom Bw Arnstadt in ihr letztes Heimat-Bahnbetriebswerk. Hier durfte sie allerdings auch ausgefallene Leistungen erbringen: Die Beförderung von Zügen von den Werkbahnhöfen der Wismut in Ostthüringen. Am 31. März 1994 steht die Maschine mit einem langen Sandzug, den sie nach Güsten bringen wird, im Übergabebahnhof Beerwalde.

Aufnahme: Mathias Buchner

131	043	hlg	01.07.92 – 05.08.92	erf	
	043	erf	12.01.93 – 22.08.94	z	a 23.08.94
	044	mei	20.02.79 – 02.04.80	mei	
	044	mei	19.08.80 – 22.09.80	mei	
	051	mei	30.11.86 – 15.12.86	mei	
	051	mei	07.03.92 – 13.06.94	z	a 07.06.94
	057	hlg	31.05.83 – 28.06.83	hlg	
	062	hlg	07.10.89 – 04.08.92	erf	
	062	erf	12.01.93 – 09.05.94	z	a 14.04.94
	063	fak	02.10.86 – 16.12.91	z	
	067	fak	24.09.89 – 02.07.94	z	a 22.06.94
	069	arn	13.09.84 – 21.02.85	mei	
	069	arn	13.01.93 – 05.10.93	z	a 21.03.93
	070	mei	08.02.80 – 26.02.80	mei	
	070	mei	27.05.83 – 04.06.86	mei	
	071	arn	20.01.93 – 02.07.94	z	a 17.06.94
	073	mei	12.09.84 – 13.06.94	z	a 13.06.94
131	158	sed	27.09.86 – 12.01.93	z	a 11.01.93
	164	arn	13.10.82 – 25.02.88	arn	

Die Baureihe 132/232 im Bw Weißenfels (*kursiv* Kurzzeitloks):

004	008	**009**	012	013	016	019	031	037
056	*057*	064	076	077	*079*	103	104	*105*
108	*123*	127	133	135	136	137	141	155
177	*186*	220	*222*	**248**	**255**	291	*292*	*313*
331	333	352	354	*357*	*362*	**375**	391	396
401	402	**415**	438	**441**	485	*492*	501	506
533	**562**	570	*580*	*604*	614	*615*	*639*	

Im Bw Weißenfels haben ihren Lebensweg beendet:

132	013	sgh	09.12.85 – 14.06.86	z	a 15.06.86 Unfall

Am längsten waren beheimatet (* mit kurzen Unterbrechungen):

132	037	fak	01.09.79 – 11.11.87	arn
	135	ea	01.01.75 – 19.10.83	nrd
	485	hlp	22.05.82 – 04.03.92	erf*

Das leicht verblichene Schild „Bahnbetriebswerk Naumburg" kündete am 12. September 1991 von der einstigen Selbständigkeit der seit vielen Jahren zum Bw Weißenfels gehörenden Einsatzstelle, die auch zahlreiche 131 einsetzte. 131 021, die noch vor der formellen Umzeichnung in 231 (ab 1. Januar 1992) am 16. Dezember 1991 die z-Stellung erteilte, steht an diesem Tag passend vor dem Gebäude der Lokleitung.

Aufnahme: Hans-Jürgen Trunk

Rbd Greifswald

Bw Angermünde

Das Bw Angermünde war nach dem Ende der Dampflokbeheimatung (50-Öl und 52) eine wichtige Heimatdienststelle der Baureihe 120, die allerdings bis 1994 alle abgestellt wurden. Danach gab es bis 1997 in Angermünde keine schweren Streckendieselloks mehr im Bestand. Im Oktober 1997 wurde der Bh Pasewalk aufgelöst, und damit kam in den 1991 neugebauten Angermünder Lokschuppen wieder Leben, es wurden hier zwölf 232 beheimatet. Die Loks fanden im Reise- und Güterverkehr auf den Strecken Stettin – Grambow – Neubrandenburg – Güstrow und Stettin – Tantow – Angermünde sowie in Reiseverkehr Pasewalk – Neubrandenburg – Schwerin Verwendung.
Am 1. März 1998 wurden auch die 232 des ehemaligen Betriebshofes Berlin-Pankow übernommen, so dass der Cargo-Standort Angermünde nun 25 Loks der BR 232 führte. Die Pankower Loks wurden zwar in Angermünde unterhalten, kamen aber weiterhin überwiegend in den ehemaligen Pankower Einsatzgebieten Kietz, Lübbenau und Angermünde – Wustermark/Seddin zum Einsatz.

Die Baureihe 232 in Angermünde (*kursiv* Kurzzeitloks):

014	045	097	113	134	142	182	220	280
286	287	296	297	350	361	382	403	418
421	443	445	*517*	535	568	592	634	681
698								

In Angermünde haben ihren Lebensweg beendet:

232	220	pkr	01.03.98 – 16.07.98	z	a 17.07.98
	113	pkr	01.03.98 – 25.10.98	z	a 28.10.98

Bw Eberswalde

Vom 1. April bis 8. Mai 1992 beheimatete das Bw Eberswalde die Lokomotive 132 595. Sie war für Vorspanndienste bei Fahrleitungsarbeiten in Eberswalde eingesetzt und schleppte die abgebügelten E-Loks mit ihren Zügen durch stromlose Abschnitte.

Bw Neubrandenburg

Relativ spät erhielt das Bw Neubrandenburg die schweren Diesellokomotiven aus der Sowjetunion. Zum Jahreswechsel 1982/83 verfügte die Rbd Greifswald die Lokomotiven 130 003 und 026 sowie 132 153 und 410 von Neustrelitz bzw. Stralsund nach Neubrandenburg. Die 130 wurden vor Güterzügen zwischen Saßnitz und Neustrelitz und die 132 vor Reise- und Güterzügen auf der gleichen Strecke verwendet. Im März 1986 verließ 130 025 als letzte 130 das Bw Neubrandenburg, dafür stieg der 132-Bestand weiter auf 16 Loks an. Die Maschinen kamen im Güterverkehr auf den Strecken Bützow – Neubrandenburg – Pasewalk zum Einsatz. Im Reiseverkehr gab es ebenfalls neue Leistungen nach Pasewalk.

Ab Sommerfahrplan 1987 lösten die Neubrandenburger 132 vor zwei D-Zugpaaren Neubrandenburg – Berlin die bislang hier eingesetzten 118 ab, die bis 1990/91 von dieser Dienststelle aus eingesetzt wurden (D 611/616/615/618). 1988 wurde der 132-Lokbestand auf 18 Loks erhöht. Bis zu zwölf 132 benötigte das Bw Neubrandenburg damals für Züge zwischen Neustrelitz und Saßnitz sowie Güstrow und Neubrandenburg und nach Pasewalk. Mit Beginn des Winterfahrplans 1989/90 übernahm das Bw Neubrandenburg vom Bw Stralsund die Lokgestellung für den Langlauf D 642/647 Stralsund – Halberstadt (460 km) bis zu dessen Einstellung im Fahrplanjahr 1990/91. 1991 waren 21 Maschinen der Baureihe 132 und noch fünf 118 im Bestand, die 118 wurden im Laufe des Jahres abgestellt, die 132 erreichte während dieser Zeit mit 23 Loks ihren Höchstbestand. Eingesetzt waren sie noch auf der Strecke nach Stralsund und auf der Verbindung Güstrow – Pasewalk. Die voranschreitende Elektrifizierung und die Auflösung der Neubrandenburger Dienststelle im Mai 1994 brachte auch für die 132 das Ende. Am 29. Mai 1994 gingen die letzten Loks in den Bestand von Neustrelitz über.

Die Baureihe 130 im Bw Neubrandenburg:

130	001	ntz	17.02.83 – 15.10.85	sed
	003	ntz	01.01.83 – 01.06.83	sed
	011	sed	17.06.83 – 24.06.83	ntz
	025	sed	13.03.86 – 20.03.86	ntz
	026	ntz	01.01.83 – 31.05.85	sed
	029	ntz	07.09.84 – 03.12.84	ntz
	053	ntz	21.05.84 – 05.06.84	ntz

Zu den Pankower Stammloks gehört auch 232 286, die seit 1. März 1998 buchmäßig zum Cargo-Standort Angermünde gehört. Die bestens gepflegte Maschine ist am 17. Juni 1999 mit einem Militärzug in Berlin unterwegs.

AUFNAHME: ANDREAS STANGE

132 509 vom Bw Neubrandenburg wartet am 17. Juli 1985 im Bahnhof Neustrelitz auf die Weiterfahrt. Die weiß lackierte Dachkante und die Pufferringe zeugten von der bei vielen DR-Dienststellen üblichen Pflege der Maschinen durch die Stammpersonale. Haupteinsatzgebiet der im Güterzugdienst eingesetzten Neubrandenburger 132 waren die Verbindung nach Saßnitz und die Strecke Bützow – Neubrandenburg – Pasewalk. Im Reisezugdienst fuhren die 132 dieses Bahnbetriebswerkes im Langlauf sogar bis Halberstadt!

AUFNAHME: REINHARD LEHMANN

„Ausfahrt frei" für 130 001 des Bw Neubrandenburg, die im Frühjahr 1985 den Containerbahnhof im Bahnhof Frankfurter Allee in Berlin verlässt. Die Episode der Baureihe 130 im Bw Neubrandenburg währte nicht lange. Die letzte der wenigen ab 1983 nach Neubrandenburg gekommenen Loks wurde 1986 wieder nach Neustrelitz abgegeben.

AUFNAHME: DR/SLG. REINHARD LEHMANN

Die Baureihe 132/232 im Bw Neubrandenburg (*kursiv* Kurzzeitloks):

019	*022*	036	*041*	**116**	122	132	*153*	153
186	**195**	237	241	**253**	311	313	314	319
322	339	369	***372***	376	**396**	410	411	419
427	429	434	444	451	457	465	473	477
484	508	509	513	**514**	*523*	551	598	602
620	633	636	647	*649*	***667***	**681**	709	

Im Bw Neubrandenburg haben ihren Lebensweg beendet:

132	369	ntz	04.06.85 – .04.89	z	a 29.03.89 Unfall
	473	wit	23.01.90 – 30.12.93	z	a 10.08.92 Brand

Am längsten waren beheimatet (* mit kurzen Unterbrechungen):

132	429	srd	18.08.84 – 28.05.94	ntz*
	477	ntz	03.06.84 – 28.05.94	ntz
	509	ntz	03.06.84 – 28.05.94	ntz*
	153	srd	01.01.83 – 13.04.94	srd

Bw Neustrelitz

Das Bw Neustrelitz gehörte zu den wichtigsten Bahnbetriebswerken der DR. An der Hauptstrecke Rostock – Berlin gelegen, war es vor allem für die Bespannung von Güterzügen zuständig. 1971 wurde hier als erste Lok 130 011 in Empfang genommen. Ab Mai 1971 kamen weitere 130 fast im Wochenabstand fabrikneu nach Neustrelitz. Ende 1971 waren bereits 24 Maschinen dieser Baureihe hier beheimatet. Die Loks wurden hauptsächlich auf den Hafenabfuhrstrecken Rostock-Seehafen – Neustrelitz – Seddin – Halle sowie Saßnitz – Seddin eingesetzt und lösten hier die 118 ab. 1972 stieg der Bestand auf 29 Loks an, davon wurden 18 planmäßig eingesetzt. Erstmals wurden nun auch von den Einsatzstellen Waren (Müritz) und Templin 130 besetzt.

Der 130-Bestand wurde in der Folgezeit weiter aufgestockt, mit 38 Maschinen erreichte Neustrelitz im Jahr 1976 den Höchst-

130 024 des Bw Neustrelitz müht sich im August 1988 vor einem langen Gag bei Templin auf der KBS 912 (Löwenberg – Templin) durch die Landschaft. Die Maschine blieb ihrer Dienststelle stets treu: Seit der Abr.ahme am 6. August 1971 bis zur z-Stellung am 28. Dezember 1993 gehörte sie stets zum Bw Neustrelitz. AUFNAHME: DR. WINFRIED KÖNIG

Zwei Jahre später konnte die trotz ihres Alters nicht ungepflegt wirkende 130 024 in der Einsatzstelle Templin fotografiert werden. Hier wurde die Maschine im Juli 1990 eingesetzt. Auch hier fällt die farblich nachbehandelte Kante des Daches auf, die auf eine entsprechende Pflege durch das Stammpersonal schließen lässt. AUFNAHME: DR. WINFRIED KÖNIG bestand. Wendebahnhöfe waren im Jahr 1976 Rostock-Seehafen, Wustermark, Berlin-Grünau, Berlin-Frankfurter Allee, Muldenstein, Ziltendorf, Prenzlau (über Templin) und Eberswalde. Im November 1976 erhielt Neustrelitz erstmals 132. Der Reigen begann mit 132 418 und 419, im Dezember folgten 132 444, 450 und 451. Die 132 wurden in den Plänen der 130 eingesetzt.

Der Bestand bei den Loks der Baureihe 132 stieg bis 1979 auf 13 Loks, die 130 stand mit 29 Loks in den Büchern. Ab Sommerfahrplan 1979 übernahmen dann Neustrelitzer 132 den Langlauf D 642/647 Stralsund – Halberstadt (460 km) von der Baureihe 118. Die Halberstädter Schnellzüge wurden bis September 1982 von Neustrelitzer 132 befördert, dann erfolgte die Leistungsabgabe an das Bw Stralsund.

1980 wurde der Bestand an 132 auf 20 Maschinen aufgestockt, im Reiseverkehr wurden von der 132 auch Personenzüge gefahren. Die jährliche Feriensaison von Juni bis September brachte regelmäßig Leistungszuwachs in Form von Bäderzügen an die Ostsee. Im Sommerfahrplanabschnitt 1981 erbrachten Neustrelitzer 132 mit dem Zugpaar D 408/409 im Abschnitt Michendorf – Rostock eine weitere hochwertige Reisezugleistung. Die Elektrifizierung der Magistrale Berlin – Rostock erreichte im Dezember 1983 Löwenberg. Um Dieselkraftstoff zu sparen, wurden auch viele Züge bereits in Birkenwerder auf E-Loks umgespannt.

Im Juni 1984 war auch Neustrelitz aus Richtung Berlin mit E-Loks erreichbar. Sie ersetzten nun die 132, so dass Ende 1984 noch 21 Maschinen der Baureihe 130 und sechs 132 vorhanden waren. Die 130 wurden überwiegend in den Einsatzstellen Templin und Waren (Müritz) eingesetzt. 1985 verließen die letzten 132 Neustrelitz, der Bestand an 130 wurde ein Jahr später auf elf reduziert. Diese 130 hielten sich in Templin und Waren bis 1992, die letzten zwei Lokomotiven, 130 024 und 028, mussten im Dezember 1993 abgestellt werden. 1993 kamen noch einmal neun 232 nach Neustrelitz, sie wurden größtenteils von Templin aus vor Güterzügen eingesetzt. Die Auflösung des Bw Neubrandenburg im Mai 1994 brachte weitere 232 nach Neustrelitz, ehe im Mai 1995 durch die Typenbereinigung alle Neustrelitzer Großdieselloks nach Pasewalk abgegeben wurden.

Die Baureihe 130 im Bw Neustrelitz:

130	001	fak	01.05.74 – 16.02.83	ng	
	002	les	21.05.74 – 16.09.87	sed	
	002	sed	23.09.87 – 27.05.88	sed	
	003	hlp	04.10.71 – 31.12.82	ng	
	006	fak	02.08.74 – 03.08.74	fak	
	006	les	29.05.75 – 31.08.84	z	a 22.07.83 Brand
	007	les	01.12.74 – 07.01.75	fak	
	007	fak	31.10.75 – 22.02.77	sed	
	008	fak	18.12.74 – 07.01.75	fak	
	009	fak	24.05.74 – 30.05.85	fko	
	010	fak	15.08.74 – 17.05.76	sed	
	010	sed	29.07.76 – 16.12.76	sed	
	011	ea	20.02.71 – 31.03.71	hlg	
	011	ng	25.06.83 – 28.09.85	sed	
	013	fak	26.05.74 – 11.11.91	z	a 24.11.90
	014	les	16.05.75 – 18.05.79	sed	
	015	ea	06.05.71 – 24.03.77	sed	
	017	ea	07.05.71 – 17.03.77	sed	
	018	ea	13.05.71 – 28.04.77	sed	
	019	ea	13.04.72 – 20.12.87	fko	
	019	sed	03.04.88 – 27.05.88	fko	
	020	les	31.05.73 – 16.12.76	sed	
	021	ea	13.05.71 – 13.10.83	z	a 18.07.83 Brand
	022	ea	14.05.71 – 21.09.79	les	
	022	les	03.10.79 – 10.11.88	sed	
	022	sed	04.12.88 – 11.11.91	z	a 16.01.91
	023	ea	20.05.71 – 23.03.77	sed	
	024	ea	06.08.71 – 28.12.93	z	a 20.12.93
	025	ea	22.05.71 – 24.02.86	sed	
	025	ng	21.03.86 – 28.01.87	fko	
	025	fko	07.03.87 – 11.11.91	z	
	026	ea	22.05.71 – 31.12.82	ng	
	027	ea	06.06.71 – 10.09.80	sed	
	028	ea	20.05.71 – 16.09.87	sed	
	028	fko	16.04.88 – 28.12.93	z	a 28.12.93
	029	ea	09.06.71 – 06.09.84	ng	
	029	ng	04.12.84 – 15.03.86	sed	
	029	sed	28.05.86 – 06.06.86	hlg	
	030	ea	19.06.71 – 10.11.88	sed	10.74-3.76 z
	030	sed	04.12.88 – 11.11.91	z	
	031	fak	30.03.74 – 14.05.87	fak	

130 042 steht am 20. Juli 1985 im Bf Waren (Müritz) vor einem Güterzug. Von der hier ansässigen Einsatzstelle setzte das Bw Neustrelitz bis 1992 Lokomotiven der Baureihe 130 ein. Auch 130 042 blieb dem Bw Neustrelitz lange Jahre treu: Von der Abnahme am 3. Dezember 1971 bis zur Abgabe am 23. Januar 1986 nach Falkenberg stand sie hier ohne Unterbrechung im Dienst.

Aufnahme: Reinhard Lehmann

Die Neustrelitzer 130 030 rollt im August 1983 mit einem Güterzug durch den Bf Schönwalde/Krs. Nauen. Die Lok war infolge eines Unfalles (am 14. Oktober 1974 im Bf Frankfurter Allee) vom Oktober 1974 bis März 1976 von der Ausbesserung zurückgestellt (z) und blieb mit Ausnahme einer kurzen Beheimatung im Bw Seddin (im Jahr 1988) seit ihrer Indienststellung am 19. Juni 1971 bis zur endgültigen z-Stellung am 11. November 1991 im Bw Neustrelitz.

AUFNAHME: DR. WINFRIED KÖNIG

132 049 des Bw Neustrelitz hat im Mai 1984 den Bahnhof Birkenwerder erreicht. An der Lokomotive fällt sofort das offenbar erst kürzlich ausgewechselte Dachsegment des Abgasschalldämpfers auf, das sich durch die helle Farbe gut abhebt. Was außerdem noch bemerkenswert ist und damals nicht unüblich war: der Transport von Containern in O-Wagen unterschiedlicher Bauarten.

AUFNAHME: DR. WINFRIED KÖNIG

130	032	ea	12.06.71 – 31.07.73	z	a 24.08.71 Brand
	034	ea	10.07.71 – 23.01.86	fak	
	036	ea	14.08.71 – 31.07.73	z	a.12.71 Unfall
	037	les	15.09.73 – 04.01.74	sed	
	038	hlg	01.09.75 – 09.02.92	z	a 10.02.92
	041	ea	03.12.71 – 20.05.77	sed	
	042	ea	03.12.71 – 23.01.86	fak	
	043	les	18.12.73 – 04.01.74	sed	
	044	ea	18.12.71 – 11.11.91	z	
	045	ea	18.12.71 – 29.05.85	sed	
	046	ea	22.12.71 – 30.04.83	z	a 30.04.82 Unfall
	049	erf	07.03.72 – 18.04.72	erf	
	051	erf	07.03.72 – 27.05.77	sed	
	052	ea	30.12.71 – 19.03.94	z	zr 30.06.93
	053	ea	01.01.72 – 20.05.84	ng	
	053	ng	06.06.84 – 30.05.85	fko	
	059	ea	21.12.72 – 09.02.92	z	a 10.02.92
	071	ea	22.12.72 – 26.09.80	sed	
	076	ea	22.12.72 – 30.12.93	z	zr 30.06.93

Die Baureihe 132/232 im Bw Neustrelitz (*kursiv* Kurzzeitloks):

033	**047**	049	055	118	*147*	*148*	**152**	*154*
155	174	*192*	**195**	*198*	213	*231*	237	238
239	245	253	271	297	***312***	313	**319**	**339**
360	**363**	369	**396**	**397**	405	410	411	418
419	429	434	444	450	451	457	470	473
477	478	*490*	499	507	508	509	542	**547**
551	*582*	**588**	592	616	**633**	636	*638*	647
655	**667**	**681**	**688**	709				

Im Bw Neustrelitz haben ihren Lebensweg beendet:

132	360	hlp	01.06.80 – .04.81	z	a 22.03.81 Unfall

Am längsten waren beheimatet (* mit kurzen Unterbrechungen):

132	457	ea	18.02.77 – 31.05.85	ng*
	451	ea	24.12.76 – 31.05.85	ng
	444	ea	18.12.76 – 31.05.85	ng
	419	ea	06.11.76 – 20.09.85	ng

132 148 des Bw Pasewalk ist mit einem Güterzug an einem trüben Julitag des Jahres 1981 nahe Ducherow (hier zweigte bis 1945 die Strecke nach Swinemünde und auf die Insel Usedom von der Hauptstrecke Berlin – Pasewalk – Stralsund ab) unterwegs. Die Maschine zählte bis zu ihrer Abgabe im März 1989 zu den Pasewalker Stammloks der Baureihe 132.

AUFNAHME:
DR. WINFRIED KÖNIG

Bw Pasewalk

Als im Herbst 1979 die ersten 132 im Bw Pasewalk eintrafen, war der Traktionswechsel noch in vollem Gang. 18 Lokomotiven der Baureihe 120 teilten sich mit ölgefeuerten Dampfloks der Baureihe 50 den Güterzugdienst; im Schnellzugdienst waren noch vier ölgefeuerte 01^5 im Einsatz. 132 253 und 319 wurden deshalb ab Herbst 1979 als Nachfolgerinnen der 01^5 auf der Strecke Stralsund – Berlin eingesetzt. Zur Ablösung der letzten 01^5 im Mai 1980 kamen drei weitere 132, sie fuhren nun auch mit Personenzügen nach Neubrandenburg. Der Bestand von fünf 132 hielt sich bis 1983, dann wurde er auf sieben erhöht. Die Schnellzüge Richtung Berlin wurden von 1981 bis 1983 sogar bis Ludwigsfelde gefahren und dort auf E-Loks umgespannt.

1986 war ein Bestand von zehn 132 erreicht, sie kamen jetzt auch nach Ueckermünde und Grambow. Die Elektrifizierung der Strecke Berlin – Stralsund erreichte Pasewalk im Jahr 1988, in deren Folge die Umläufe der 132 gekürzt und Berlin nicht mehr planmäßig angefahren wurden. Ab Herbst 1988 bespannte das Bw Pasewalk ein Eilzugpaar nach Rostock mit 132, das vorher von den 118 gefahren wurde. Im Dezember 1989 ersetzten 36 E-Loks der Baureihe 243 fast alle 132, nachdem die Strecke nach Stralsund durchgehend elektrisch befahrbar war. Die Anzahl der 132 sank zuerst auf sechs, später auf vier Loks. Durch die Abstellung weiterer 120 wurden die freigesetzten 132 vermehrt im Güterverkehr verwendet. Wendebahnhöfe waren Grambow, Ueckermünde, Güstrow und Rostock-Seehafen.

1993 erfuhr die 232-Gruppe in Pasewalk (23 Loks) weitere Zugänge aus den Direktionen Erfurt und Halle. Haupteinsatzgebiet blieb die Strecke Stettin – Grambow – Neubrandenburg – Güstrow. Von Angermünde aus kamen Pasewalker 232 auch auf der Strecke nach Tantow – Stettin und teilweise im Dreiecksverkehr über Grambow nach Pasewalk. In südlicher Richtung wurde Kietz über Angermünde und Eberswalde Wendebahnhof. Durch die Übernahme der Neubrandenburger und Neustrelitzer Loks erweiterte sich das Einsatzgebiet in Richtung Westen und Norden, und

Vom sicherlich anstrengenden Dienst nach der Fahrt auf die Insel Rügen erholt sich 132 201 des Bw Pasewalk am 5. September 1987 im Bahnhof Bergen. Die Seitenwände zwischen den Einstiegstüren sind bei dieser Maschine so verdreckt, dass der seitliche Zierstreifen nicht mehr zu sehen ist. Fast hat es den Anschein, die Lok habe analog einiger 118 und 119 nur eine „Sparlackierung“ erhalten.

AUFNAHME:
REINHARD LEHMANN

Vor dem heimatlichen Bahnbetriebswerk Stralsund mit dem bemerkenswerten Beinamen „Otto Scharfschwerdt" posiert am 23. Juni 1985 132 295. AUFNAHME: RAINER HEINRICH

der Bestand erreichte mit 37 Lok im Juni 1995 den Höchststand. Im Juni 1997 verfügte die DB einen Teil der 232 nach Schwerin und Cottbus. Die verbleibenden elf Maschinen wurden am 24. Oktober 1997 Angermünde zugeordnet, nachdem Pasewalk als Lokstandort aufgelassen wurde.

Die Baureihe 132/232 im Bw Pasewalk (*kursiv* Kurzzeitloks):

005	**014**	**019**	*036*	041	045	**056**	**094**	**097**
101	116	118	122	**142**	148	*149*	151	**153**
157	*168*	174	184	*186*	**192**	201	**227**	**241**
242	253	**261**	**287**	**293**	**297**	**310**	***312***	*314*
319	**328**	**339**	347	**365**	**387**	**391**	**394**	**396**
411	***412***	**419**	**427**	**429**	430	**434**	436	**439**
445	449	*451*	**457**	**477**	**490**	**499**	**509**	**517**
535	*539*	**547**	551	**559**	585	***588***	**592**	**620**
628	**632**	633	**634**	638	**647**	649	*650*	**655**
667	**681**	**688**	**698**					

Im Bw Pasewalk haben ihren Lebensweg beendet:

132	019	ng	23.05.93 – 25.10.95	z	a 19.06.95
	056	sw	06.06.94 – 03.08.94	z	a 14.07.94 Unfall
	094	wit	02.03.93 – 21.09.97	z	a 27.06.97
	153	ng	29.05.94 – 25.10.95	z	a 19.06.95
	394	hw	01.05.92 – 28.11.95	z	a 01.09.95
	436	srd	29.05.91 – 25.10.95	z	a 15.06.95
	439	fko	09.07.93 – 08.09.96	z	a 23.08.96
	490	wit	23.05.93 – 03.08.94	z	a 14.07.94 Unfall
	638	ntz	26.05.93 – 25.10.95	z	a 07.09.95 Unfall
	667	srd	01.06.95 – 25.10.95	z	a 21.06.95

Am längsten waren beheimatet (* mit kurzen Unterbrechungen):

132	184	wit	09.09.86 – 07.06.94	sw*
	148	wit	30.05.80 – 09.03.89	erf*
	649	fak	30.04.83 – 01.06.97	sw*

Bw Stralsund

Im Herbst 1977 erhielt das Bw Stralsund die beiden 4.000-PS-Lokomotiven 142 003 und 004 zugeteilt. Zu diesem Zeitpunkt dominierten noch die 14 Schnellzuglokomotiven der Baureihe 03^{10} im schweren Schnellzugdienst. Die beiden 142 wurden in 03^{10}-Plänen nach Berlin und auf die Insel Rügen eingesetzt. Bis Herbst 1978 waren schließlich alle sechs 142 in Stralsund vorhanden. Gefahren wurden zwei Schnellzugpaare nach Berlin und zwei Zugpaare nach Binz und Putbus, die zuvor von den 03^{10} erbracht wurden. Im Mai 1979 erhielt das Bw Stralsund schließlich 132 122, 168, 245, 244 und 265, nachdem die DR die Entscheidung traf, keine weiteren 142 zu beschaffen. Die 132 und 142 erreichten im Schnellzugdienst damals die Bahnhöfe Wittenberg und Jüterbog. Die 132 übernahmen darüberhinaus Leistungen nach Rostock.

Im Mai 1980 wurden die letzten 03^{10} feierlich verabschiedet, Ersatz hatte das Bw Stralsund durch zahlreiche sowjetische Diesellokomotiven ausreichend: 18 Maschinen der Baureihe 132 und die sechs 142 übernahmen die Leistungen der Dampflokomotiven. Dabei rollten die Stralsunder Maschinen weit nach Süden: Mit D 1918/1919 kamen 132 bis Cottbus, im Sommer 1982 sogar bis Görlitz. Ab 1982 wurden die 132 auch verstärkt im Güterverkehr eingesetzt, der Bestand stieg auf 25 Loks bis Ende 1981, im Jahre 1982 sogar auf 34. Dabei wurden auch immer mehr Lokomotiven der Baureihe 120 ersetzt. Die Stralsunder Paradeleistung im Güterverkehr erfolgte im Güterverkehr zwischen Saßnitz und Oebisfelde (418 km) mit drei Zugpaaren. Dazu kamen mehrere TEEM-Züge bis Seddin.

1983/84 wurde die Strecke Berlin – Neustrelitz – Waren (Müritz) abschnittsweise elektrifiziert. Das Umspannen der Güterzüge auf diesen Strecken erfolgte jetzt in der Regel in Strelitz

Für die 4.000 PS starke 142 001 vom Bw Stralsund dürfte auch dieser lange Güterzug kein Problem gewesen sein. In der Nähe von Prenzlau wurde dieser TEEM im April 1982 im Bild festgehalten. Die Aufnahme zeigt auch die damals vielerorts begonnene Modernisierung der Signaltechnik: Noch ist das Formsignal in Betrieb, doch in der Gegenrichtung steht schon die neue Signalbrücke mit den zwei Signalen für vorgesehenen Gleiswechselbetrieb.

AUFNAHME:
DR. WINFRIED KÖNIG

142 003 leistet 132 456 Vorspann, aufgenommen am 12. April 1986 im Bahnhof Angermünde. Mit zusammen 7.000 PS Leistung dürfte für die beiden Kraftpakete kein Zug zu schwer gewesen sein.

AUFNAHME:
RAINER HEINRICH

Die Beförderung schwerer Kesselwagenzüge zwischen Stendell und Stralsund gehörte nach der Elektrifizierung der bisherigen Haupteinsatzstrecken zu den Haupteinsatzgebieten der 142 des Bw Stralsund. 142 002 ist im Juli 1981 nahe Ducherow mit einem solchen Zug unterwegs.

AUFNAHME:
DR. WINFRIED KÖNIG

Vier Tage vor der Umbeheimatung von 142 003 von Halle nach Stralsund musste 142 003 noch einmal für eine Messfahrt bei der neu gelieferten 119 001 einspringen. Untersucht wurden damals die Seitenkräfte im Oberbau. Aufgenommen wurde das Bild am 4. August 1977 nahe Roßlau. AUFNAHME: HANS-JOACHIM LANGE

Alt. Im Reiseverkehr übernahm das Bw Stralsund von 1982 bis 1989 die Bespannung des D 642/647 Stralsund – Halberstadt. Der Bestand mit 35 Maschinen der Baureihe 132 und den sechs 142 hielt sich bis Ende der achtziger Jahre relativ konstant. Im Mai 1988 erreichte die Elektrifizierung auf der Strecke Berlin – Pasewalk – Stralsund den Bahnhof Pasewalk und im Dezember 1988 Stralsund. Dementsprechend wurden die Umläufe gekürzt oder mit den neu nach Stralsund umbeheimateten Elloks der Baureihe 243 gefahren. Die 142 bekamen als neues Einsatzgebiet schwere Kesselwagenzüge in der Relation Stendell – Stralsund zugewiesen. Die TEEM-Züge fuhren nun aber mit E-Lok über Pasewalk und Seddin, die Oebisfelder Leistungen gingen in Strelitz Alt auf die BR 119 über. Noch dominierten die sowjetischen Großdieselloks auf den Stecken nach Neustrelitz, Rostock und auch auf die Insel Rügen.

Ab 1989 konnte auch die Insel Rügen mit E-Loks befahren werden, wodurch der 132-Bestand auf 13 Maschinen reduziert wurde. Nur die sechs 142 blieben auch weiterhin im Bw Stralsund. Die beiden Baureihen teilten sich mit ihren Neubrandenburger Schwestermaschinen den Reise- und Güterverkehr zwischen Neustrelitz – Stralsund und Stralsund – Rostock. Sonderleistungen brachten sie nach Berlin, Stendal und Seddin. Bis 1991 verringerte sich der Bestand der 132 auf fünf Loks. Die letzten Personenzugleistungen führten die 242 bis 1993 nach Neustrelitz, 1994 war noch eine 242 als Schlepp- und Schiebelok auf der Insel Rügen und in Saßnitz im Einsatz. Im Sommer 1994 wurden alle 242 abgestellt, die letzten 232 wurden im Mai 1995 nach Pasewalk abgegeben.

Die Baureihe 132/232 im Bw Stralsund (*kursiv* Kurzzeitloks):

006	***017***	**021**	036	038	039	040	*041*	*055*
093	112	***116***	122	132	***136***	*140*	147	149
153	154	***156***	163	168	186	195	201	***228***
230	239	245	**246**	*253*	271	295	***297***	***310***
312	314	*321*	339	344	347	***352***	***357***	359
363	***365***	374	376	***403***	408	*411*	427	*429*
430	434	436	442	448	449	***457***	465	***468***
470	473	478	484	490	495	***496***	***499***	**501**
504	513	523	546	547	556	***568***	*592*	**620**
624	**628**	630	633	***647***	***655***	*664*	**667**	***688***
696	**709**							

Im Bw Stralsund haben ihren Lebensweg beendet:

132	163	oe	21.05.82 – 30.04.88	z	a 25.04.88 Unfall
	556	cs	10.04.80 – .04.88	z	a 25.04.88 Unfall

Am längsten waren beheimatet (* mit kurzen Unterbrechungen):

132	495	osb	10.09.80 – 09.02.92	fko
	546	fko	19.12.79 – 24.02.92	cs
	465	cs	25.05.79 – 17.12.91	ng*

Die Baureihe 142/242 im Bw Stralsund:

142	001	hlg	14.06.78 – 06.09.94	z	a 07.09.94
	001	z	22.09.94 – 08.11.94	z	
	002	hlg	30.06.78 – 03.07.94	z	a 06.06.94
	002	z	22.09.94 – 08.11.94	z	
	003	hlp	08.08.77 – 03.07.94	z	a 06.06.94
	004	ea	12.10.77 – 09.05.94	z	a 05.05.94
	005	ea	31.08.78 – 03.07.94	z	a 06.06.94
	006	ea	30.11.78 – 03.07.94	z	a 06.06.94

132 680 und 52 8098 haben im März 1985 im Bw Falkenberg/Elster Ruhepause. Das Bahnbetriebswerk am Schnittpunkt dreier wichtiger Strecken beheimatete von 1972 bis 1992 eine beträchtliche Anzahl von Lokomotiven der Baureihen 130, 131 und 132. AUFNAHME: UWE HAAS

Rbd Halle

Bw Falkenberg/Elster

130 001 war die erste Lok aus der V 300-Familie, die im Bw Falkenberg im Dezember 1972 für einen Monat beheimatet wurde. Damals hatte das bekannte Bahnbetriebswerk am Knoten der Strecken Leipzig – Cottbus, Lutherstadt Wittenberg – Ruhland und Jüterbog – Riesa noch 27 Dampfloks der Baureihe 52 und 26 Maschinen der Baureihe 120 für den Güterzugdienst zur Verfügung. Im März 1973 kamen 130 062 und 064 neu nach Falkenberg. Die Loks wurden gleich in den Umläufen der Baureihe 120 eingesetzt. Seddin, Dresden und Riesa sowie das Senftenberger Kohlenrevier waren die Ziele. Unterstützung erhielten die Falkenberger 130 ab September 1973 durch 131 015. Die 131 blieb als Einzelgängerin bis Februar 1974. Zu diesem Zeitpunkt besaß Falkenberg acht 130. Im Februar 1974 wandelte sich das Bild: fabrikneu trafen 132 001 und 036-041 in Falkenberg ein und ersetzten die Maschinen der Baureihe 130.

Ende 1974 betrug der 132-Bestand des Bw Falkenberg bereits 24 Maschinen. Neben den Güterzügen wurden nun Eil- und Personenzüge zwischen Leipzig und Cottbus gefahren, ab 1975 konnte auch der D 452 von Cottbus bis Leipzig von Falkenberger 132 übernommen werden. Ab 1976 kam der Langlauf Dessau – Görlitz (E 941/946) hinzu. Ende 1976 erreichte der 132-Bestand 44 Maschinen, so dass die letzten 120 abgegeben werden konnten und sich die Zahl der Dampfloks der Baureihe 52 auf 14 reduzierte. Die 132 erbrachten in diesen Jahren auch weiterhin einen Großteil der Reisezugleistungen auf den Strecken Leipzig – Cottbus und Dessau – Falkenberg – Hoyerswerda. Im Güterverkehr waren neben dem Senftenberger Kohlenrevier Forst, Cottbus, Halle, Roßlau, Dresden, Seddin und Engelsdorf planmäßige Wendebahnhöfe. Im hochwertigen TEEM-Verkehr gab es durchgehende Züge von Seddin nach Dresden über Falkenberg. Weitere 132 kamen nach Falkenberg, und 1980 erreichten sie den Höchstbestand von 54 Stück.

Die Elektrifizierungen der Strecken Halle – Berlin und Dresden – Berlin bis 1984 brachten eine erhebliche Leistungsverschiebung zugunsten der elektrischen Traktion, die von Lokomotiven des Bw Falkenberg erbrachten Leistungen gingen zurück. Dafür kamen Ende 1983 wieder einige 131 nach Falkenberg und lösten mehrere 132 im Güterzugplan ab. Der Bestand an 131 stieg bis 1986 auf 12 Stück, während die 132 nur noch mit 31 Lokomotiven vertreten war. 1985 wurde auch die Strecke Dessau – Wittenberg elektrifiziert, und ein Jahr später erreichte der Fahrdraht von Norden her den Bahnknoten Falkenberg. Die Eilzüge Görlitz – Dessau wurden ab September 1986 in Falkenberg auf E-Loks umgespannt. Bis zur Elektrifizierung des oberen Güterbahnhofs wurden die Züge mit 131 oder 132 als Vorspann vor der E-Lok geschleppt. Ab 1986 weilten auch einige 130 wieder in Falkenberg, sie fuhren in den Plänen der 131 oder vertraten die Schlepplok zwischen unterem und oberem Güterbahnhof.

Nachdem die Strecke ins Lausitzer Revier auch elektrifiziert wurde, gab es für die Falkenberger Großdiesselloks nur noch auf den Strecken nach Jüterbog und Cottbus Arbeit. Bis 1990 wurden sie auch hier durch E-Loks verdrängt und dienten nun fast ausschließlich für Sonderdienste. Bereits 1989 schrumpfte der 131-Bestand auf sieben und der 132-Bestand auf zwölf Loks. Die 130 wurden nicht mehr benötigt. Die letzten 131 verließen Falkenberg in Herbst 1991, die 132 folgten im Mai 1992.

Die Baureihen 130 und 131 im Bw Falkenberg/Elster:

130	001	les	16.12.72 – 13.01.73	hlg	
	001	les	04.01.74 – 30.04.74	ntz	
	003	sed	10.10.88 – 22.12.88	sed	
	004	les	19.10.73 – 19.05.74	sed	
	006	les	21.12.73 – 01.08.74	ntz	
	006	ntz	04.08.74 – 08.04.75	les	
	007	ntz	08.01.75 – 30.10.75	ntz	
	008	hlg	16.06.73 – 17.12.74	ntz	
	008	ntz	08.01.75 – 07.05.75	les	
	009	hlg	01.11.73 – 23.05.74	ntz	
	010	hlg	18.07.73 – 14.08.74	ntz	
	011	hlp	28.03.74 – 26.04.74	sed	
	012	les	01.06.73 – 15.11.73	hlg	
	013	hlg	13.08.73 – 25.05.74	ntz	
	014	les	14.12.73 – 06.05.75	les	
	020	sed	02.12.87 – 25.02.89	sed	
	020	sed	18.03.89 – 27.03.89	hlg	
	031	hlg	29.08.73 – 29.03.74	ntz	
	031	ntz	15.05.87 – 02.03.89	z	a 08.07.88 Unfall
	033	hlg	30.08.73 – 05.09.73	sed	
	034	ntz	24.01.86 – 03.06.86	fko	
	034	fko	13.06.86 – 07.10.86	sed	
	034	sed	28.10.86 – 25.02.89	sed	
	034	sed	16.03.89 – 27.03.89	hlg	
	037	hlg	20.04.73 – 31.05.73	les	
	042	ntz	24.01.86 – 02.10.86	sed	
130	043	sed	25.10.77 – 21.11.77	sed	
	047	hlg	19.10.73 – 18.12.73	sed	
	057	hlg	09.05.73 – 16.12.73	sed	
	062	les	30.03.73 – 31.05.73	sed	
	064	les	29.03.73 – 20.04.73	sed	
131	010	rn	08.10.88 – 27.10.88	hlg	
	015	hlg	07.09.73 – 14.02.74	hlg	
	015	hlg	22.01.84 – 09.10.85	wfs	
	016	hlg	15.07.83 – 10.08.83	hlg	
	016	hlg	01.06.85 – 29.10.85	wfs	
	017	hlg	19.04.84 – 09.06.88	rn	
	017	rn	28.06.88 – 23.09.89	wfs	
	020	rn	22.04.85 – 20.04.87	rn	
	020	rn	01.12.87 – 17.12.87	rn	
	021	hlg	12.07.83 – 10.08.83	hlg	
	029	hlg	11.07.83 – 21.10.87	bt	
	029	bt	24.11.87 – 22.09.91	hlg	
	032	hlg	11.07.83 – 04.07.91	z	a 16.04.91
	035	rn	25.10.84 – 22.09.91	hlg	
	038	hlg	20.10.84 – 22.09.91	hlg	
	043	hlg	26.01.84 – 29.10.85	wfs	
	055	hlg	05.11.87 – 26.11.87	mrb	
	057	hlg	02.06.84 – 22.09.91	hlg	
	060	hlg	02.06.84 – 22.09.91	hlg	
	063	hlg	23.03.84 – 01.10.86	wfs	
	064	hlg	03.01.84 – 15.12.88	z	a 24.04.86 Unfall
	067	hlg	02.06.84 – 23.09.89	wfs	
	068	hlg	04.01.84 – 22.08.91	hlg	

Die stets gut gepflegte Stammlok 132 001 des Bw Falkenberg bringt am 10. Juni 1989 einen Lgo nach Falkenberg. Wenige Monate später hatte die Maschine einen schweren Unfall und wurde anschließend im Raw Cottbus zerlegt.

AUFNAHME: VOLKER LUCAS

Kurz nach einem Aufenthalt im Reichsbahnausbesserungswerk Cottbus wurde 131 043 vom Bw Falkenberg auf der Fahrt zwischen dem oberen und unteren Falkenberger Güterbahnhof am 4. Oktober 1985 fotografiert.

AUFNAHME: VOLKER LUCAS

Nochmals 132 001, die erste Lok einer von der DR lang ersehnten Serie von 3000 PS-Lokomotiven mit elektrischer Zugheizung. Im März 1985 überholt die Lok des Bw Falkenberg die hier wartende 52 5679 im Bahnhof Annaburg.

AUFNAHME:
UWE HAAS

Die Baureihe 132 im Bw Falkenberg/Elster (*kursiv* Kurzzeitloks) :

001	002	*004*	006	010	*022*	028	032	*035*
036	037	038	039	040	041	045	046	047
048	049	050	052	053	054	056	058	061
062	086	088	112	122	138	141	146	153
154	155	158	168	169	172	173	195	220
226	235	237	238	248	249	251	*265*	285
287	292	306	322	334	341	344	346	347
350	359	369	375	*379*	390	393	398	402
405	444	*447*	453	*496*	506	*533*	540	541
543	544	551	554	555	557	558	561	568
580	587	588	591	593	595	598	600	606
610	614	621	622	625	630	632	634	635
637	644	645	647	648	649	653	654	662
668	669	672	673	674	675	676	677	680
681	682	683	688	689	693	694	698	702
703	706	708						

Im Bw Falkenberg haben ihren Lebensweg beendet:

132	001	ea	09.02.74 – 09.01.90	z	a 22.11.89 Unfall
	058	ea	29.03.74 – 21.11.76	z	a 27.04.75 Unfall
	169	ea	12.02.75 – 22.01.80	z	a 25.08.79 Unfall

Am längsten waren beheimatet (* mit kurzen Unterbrechungen):

132	001	ea	09.02.74 – 09.01.90	z	a 22.11.89 Unfall
	555	ea	12.08.78 – 14.12.89	hab	
	543	ea	19.05.78 – 23.02.90	les	
	390	hlp	26.05.79 – 31.12.91	les	
	138	ea	24.12.74 – 27.05.89	kms*	

Bw Halle P

Zwischen August 1970 und Januar 1975 befanden sich immer ein bis zwei Loks der Baureihe 130 im Bestand des Bw Halle P. Die Unterhaltung erfolgte in Halle G. Kurzzeitig weilten auch einzelne 131 – meist von Halle G – im Bestand des Bw Halle P. Die Loks wurden vor Reisezügen nach Berlin, Leipzig und Saalfeld eingesetzt, im Winterhalbjahr mit Heizkesselwagen. Im März 1974 trafen dann die ersten 132 in Halle P ein (132 010, 033, 046 und 050). Ende 1974 waren zwei 132 in Halle P beheimatet, sie kamen in den Plänen der 130 zum Einsatz. 1975/76 wurde der

Ein Bild aus den ersten Tagen der 132 im Einsatz vor den Transitzügen Berlin – München. 132 459 legt sich am 28. Mai 1977 mit dem D 303 von Berlin nach München nahe Oberloquitz im Frankenwald in die Kurve und wird in fünf Minuten den Grenzbahnhof Probstzella erreicht haben. Bemerkenswert sind die noch nicht umlackierten DB-Wagen, die sich noch im traditionellen grünen Lack zeigen.

AUFNAHME:
THOMAS FRISTER

„Halt erwarten" zeigt das Vorsignal des Bahnhofs Portsendorf dem D 501 mit 132 111 vom Bw Halle P am 11. August 1979. AUFNAHME: HERBERT SCHNEIDER

132-Bestand auf 14 Loks erhöht, die fast ausschließlich im Reiseverkehr zum Einsatz kamen. Es wurde mit Schnell- und Eilzügen Berlin, Ilsenburg, Halberstadt, Saalfeld und Nordhausen erreicht. Mit einem Containerzug nach Nordhausen wurde auch eine Güterzugleistung gefahren.

Bis 1983 wurden für diese Leistungen auch 130 101 und 102 von der VES-M Halle verwendet, wenn sie nicht auf Messfahrt unterwegs waren. Vor allem am Wochenende erhöhten sie ihr spärliches Kilometerkonto. 1977 wurden bei der VES-M Halle die ersten drei 142 getestet, sie blieben aber nicht lange in Halle P. Im Frühjahr 1977 – der 132-Bestand lag nun bei fast 30 Loks – übernahmen die 132 von den 118 die Transit-Schnellzugpläne D 308/309 Berlin – Hof (363 km) und D 300/301/302/303 Berlin – Probstzella (361 km). Im Langlauf wurden der D 500 von Saalfeld bis Stralsund (554 km) und der D 815 Stralsund – Nordhausen (524 km) mit 132 des Bw Halle P bespannt. Ein Jahr später waren die Langläufe aber bereits wieder Geschichte. Auch die Transitzüge D 308/309 Berlin – Hof gingen an das Bw Reichenbach. So blieben Halle P ab 1978 im Transitreiseverkehr nur noch die Schnellzüge D 300/301/302/303 Berlin – Probstzella.

In dieser Zeit erreichten 132 des Bw Halle P mit Reisezügen Nordhausen, Berlin, Cottbus, Ilsenburg und Saalfeld, außerdem standen Containerzüge nach Berlin-Frankfurter Allee, Ludwigsfelde und Nordhausen auf dem Plan. Der Lokbestand der 132 erhöhte sich bis Ende 1978 auf 37 Maschinen. Danach nahm der Bestand schnell wieder zugunsten der E-Loks ab, Richtung Berlin wurde die Lok schon im Jahr 1979 in Jüterbog gewechselt. Im Jahre 1980 gab es weitere Leistungseinbrüche, der 132-Bestand wurde auf 21 Loks bis Ende des Jahres reduziert. Als ab 1982 auch die Transitschnellzüge von Camburg nach Dessau mit E-Loks bespannt wurden und in Halle für die Eilzüge nach Nordhausen und Halberstadt genügend 119 zur Verfügung standen, gab man die 132 ab, die letzten drei Maschinen (132 380, 496 und 551) gingen am 3. Januar 1983 zum Bw Halle G. 1980 kamen für einige Jahre nochmals zwei 131 nach Halle P, die hier und von Bitterfeld aus Kohlenzüge zu den Kraftwerken in Halle-Trotha und Dessau beförderten.

Die Baureihe 130 im Bw Halle P:

130	003	ea	27.08.70 – 03.10.71	ntz		
	011	les	21.03.74 – 27.03.74	fak		
	012	hlg	29.11.73 – 14.12.73	hlg		
	038	ea	27.11.71 – 06.08.72	hlg		
	038	hlg	04.09.72 – 13.12.72	hlg		
	038	hlg	02.03.73 – 18.01.75	hlg		
	043	les	23.10.73 – 15.11.73	les		
	055	hlg	01.06.73 – 20.08.73	z	a	.08.73 Unfall
	058	hlg	08.08.73 – 27.08.73	sed		
	068	hlg	12.07.73 – 19.07.73	sed		
130	101	ea	23.03.74 – 31.12.83	hlg		
	102	ea	17.04.73 – 31.12.83	hlg		

Die Baureihe 131 im Bw Halle P:

131	002	hlg	10.09.73 – 19.12.73	hlg
	002	hlg	21.05.82 – 12.06.84	rn
	007	hlg	10.09.73 – 14.12.73	hlg
	023	hlg	27.09.80 – 13.11.81	rn
	023	rn	25.12.81 – 04.02.85	hlg
	029	hlg	28.09.80 – 29.05.83	hlg
	038	hlg	03.04.75 – 22.04.75	hlg

Die Baureihe 132 im Bw Halle P (*kursiv* Kurzzeitloks):

006	010	*024*	033	046	047	048	050	056
111	*141*	*155*	196	198	218	232	233	237
239	240	*249*	256	*260*	287	292	334	341
342	343	346	347	349	350	351	355	360
369	370	379	380	387	390	391	399	412
413	423	424	429	442	450	454	455	459
463	475	485	487	496	500	505	506	*541*
544	551	557	*568*	598	606	610	614	621
625								

Mit einem langen Kohlenzug, gebildet aus den unterschiedlichsten Selbstentladewagen, verlässt 130 005 vom Bw Halle G im Mai 1971 den Bahnhof Weißenfels. Der einst so wichtige Güterbahnhof der Rbd Erfurt ist heute vollständig geschleift.

AUFNAHME: DIETER WÜNSCHMANN

Am längsten waren beheimatet (* mit kurzen Unterbrechungen):

132	111	ea	06.11.74 - 16.10.80	mg*
	380	ea	07.08.76 - 03.01.83	hlg
	198	ea	29.04.75 - 30.11.81	hlg

Die Baureihe 142 im Bw Halle P:

142	001	ea	21.05.77 - 22.08.77	hlg
	002	ea	01.06.77 - 22.08.77	hlg
	003	ea	16.07.77 - 07.08.77	srd

Einsatzstelle Bitterfeld

Die genaue Buchführung von Lokomotiven in der Rbd Halle ermöglichte die Aufstellung der in Bitterfeld (Einsatzstelle des Bw Halle P) fest eingesetzten Loks der Baureihe 131. Von Dezember 1985 bis Juni 1990 waren hier 131 002 und 049 stationiert. Sie wurden im Kohlenverkehr auf den Strecken von Stumsdorf nach Halle und Dessau eingesetzt. Kurzzeitig waren auch zwei andere 131 hier eingesetzt worden:

131	002	hlg	14.12.85 - 01.07.90	hlg
	029	fak	22.10.87 - 23.11.87	fak
	035	hlg	11.08.82 - 04.12.82	hlg
	049	rn	13.12.85 - 01.07.90	hlg

Bw Halle G

Als im Juli 1970 die ersten 130 in Halle G eintrafen, bestimmten hier noch ölgefeuerte 44 (25 Loks) und acht 120 die Zugförderung im Güterzugdienst. Die neuen Maschinen kamen vor TEEM-Zügen nach Seddin zum Einsatz. Ende 1970 waren sechs 130 vorhanden, ein Jahr später bereits 16. Sie ersetzten einen Teil der 44 und 120. 1972 wurde der Bestand auf 23 Loks aufgestockt. Sie kamen im Güterverkehr nach Seddin, Nordhausen, Erfurt, Falkenberg und Forst/Lausitz. Im Jahre 1973 wurden alle 130 gegen 131 ausgetauscht, als erste kamen im Januar 1973 die Lokomotiven 131 002 und 006 nach Halle G. Ende 1973 war der Bestand der 100 km/h schnellen Maschinen auf 32 angewachsen und dabei die anderen Baureihen verdrängt worden. Die Güterzugleistungen nach Seddin waren Einsatzschwerpunkt, täglich wurden bis zu zehn Zugpaare gefahren, hinzu kamen Sonderleistungen.

Am 14. Februar 1974 trafen mit 132 039 und 040 die ersten Loks der 120 km/h schnellen und mit elektrischer Heizung ausgerüsteten V 300-Variante im Bw Halle G ein, sie gelangten aber vier Tage später zum Bw Falkenberg. In der zweiten Jahreshälfte 1974 rückten 132 032, 010, 047 und 048 an, die aber nun auch im Bw Halle G blieben. 1975 stieg der 132-Bestand auf acht Loks an, im Gegenzug wurde die Anzahl der 131 reduziert. Der Bestand hielt sich bis 1984 immer bei 30-35 Stück beider Bauarten. Während Halle P mit seinen Loks den hochrangigen Reiseverkehr abwickelte, war Halle G für den Güterverkehr zuständig. Umlaufbedingt bespannten die 132 des Bw Halle G auch Personenzüge, beispielsweise nach Zeitz.

Einen interessanten Langlauf fuhren die 131 des Bw Halle G von 1975 bis 1980 mit zwei Transitganzzügen von Sangerhausen nach Forst/Lausitz (Tdg 44567 und 44569), die durchgehend bespannt wurden. Zwischen 1978 und 1980 besaß Halle G keine 132, sie waren im benachbarten Bw Halle P stationiert. Rund ein Jahr waren 142 001 und 002 in Halle G im Einsatz, bevor sie 1978 nach erfolgter Erprobung nach Stralsund abgegeben wurden. 1979/80 gab es durch die fortschreitende Elektrifizierung nach Berlin Leistungsverschiebungen an die E-Loks vom Bw Halle P. Güterzüge wurden jetzt von Erfurt kommend bis Zahna und Wittenberg mit E-Lok gefahren. Die 131 kamen planmäßig nach Nordhausen, Erfurt, Zeitz, Forst, Falkenberg, Roßlau und Halberstadt und wurden wieder durch einige 132 unterstützt. Ab 1982 wurden die Güterzüge nach Forst in Falkenberg umgespannt, auch Cottbus wurde nicht mehr planmäßig angefahren. 1984 verfügte die Rbd Halle einen Teil der 131 zum Bw Falkenberg, der Bestand sank 1985 auf 13 Maschinen bei insgesamt elf 132.

Am 1. Januar 1984 übernahm Halle G auch die Beheimatung der in Halle P vorhandenen Dieselloks, darunter auch die für die VES-M Halle tätigen 130 101 und 102. Eingesetzt wurden die Loks vor Reise- und Güterzügen nach Ilsenburg, Nordhausen, Dessau, Falkenberg, Roßlau, Zeitz, Profen, Erfurt und Querfurt. Erst 1990 änderte sich etwas in der Bestandsentwicklung. Durch die Auflösung des Bw Röblingen und der Einsatzstellen Bitterfeld und Merseburg wurde der Bestand an 131 auf 24 und der BR 132 auf 20 Loks erhöht. 1991 wurden im Bw Halle G 20 Loks der Baureihe 131 aus anderen Direktionen zusammengezogen und für einen vorgesehenen Verkauf an den Iran hinterstellt. Nachdem sich diese Abgabe zerschlagen hatte, wurden die Triebfahrzeuge 1992 wieder an andere Bw abgegeben. Die letzten in Halle G verbliebenen 231 wurden im Dezember 1993 abgestellt und am 11. Februar 1994 z-gestellt, als letzte Lok wurde 231 035 noch im Januar 1994 von Merseburg aus eingesetzt.

1992/93 weilten kurzzeitig einige 234 nach ihrem Umbau in Halle G. Sie dienten Versuchszwecken der VES-M Halle. 1992 verlor Halle G die Leistungen Richtung Nordhausen an E-Loks. Der 232-Bestand stieg von 21 Loks 1992 auf 48 im Jahr 1996, schon 1994 konnte der nun als Betriebshof firmierende Standort Leistungen und Loks aus dem Bereich Güsten übernehmen. 1996 wanderte ein Großteil der Leipziger 232 nach Halle, damit auch die Gestellung der Loks für die Einsatzstelle Zeitz. Zu diesem Zeitpunkt erweiterte sich das Einsatzgebiet bedeutend, mit Güterzügen wurde Chemnitz (Kohle) und Saalfeld erreicht. Die 130 der VES-M Halle erhielten 1992 die Baureihenbezeichnung 754 und wurden nach Fristablauf abgestellt. Neue Einsatzfelder ergaben sich im Frühjahr 1996, als man die Kohlenzüge Wählitz – Bunawerke von den 219 übernahm und auch im Jahr 2000 noch in 232-Doppeltraktion befördert. Für diese Dienste stehen insgesamt 12 doppeltraktionsfähige 232 zur Verfügung.

Im Mai 1999 wurden im Zuge der Typenreinheit die restlichen Leipziger 232 übernommen, weitere Zugänge gab es aus Thüringen, über 60 Loks 232 standen nun in Halle G zur Verfügung. Gleichzeitig wurde Merseburg als Stützpunkt ganz aufgegeben und ein Teil der Maschinen und des Personals von Großkorbetha aus eingesetzt. Neben den umfangreichen Cargoleistungen teilt man sich auf der Strecke nach Halberstadt die Regionalzüge mit Magdeburger 232. Nachdem bereits 232 800 seit 1997 in Halle umfassend getestet wurde, setzte Halle G im Sommer 1999 die neuen 241 von Großkorbetha aus zu Probefahrten ein. Vor den Kohlenzügen nach Buna ersetzten sie die 232-Doppeltraktion und konnte ihre Leistungsfähigkeit beweisen. Finden kann der Reisende die 232 aus Halle durch die neue Strukturierung des Tfz-Dienstes bei der DB auch in ganz anderen Diensten. Neben den Güterzugleistungen stehen die 232 aus Halle G beispielsweise auch vor den IR-Zügen der Linie 20 zwischen Weimar und Chemnitz im Einsatz, besetzt mit Personal von DB Reise & Touristik aus Erfurt.

Durch die Nähe zur ehemaligen VES-M Halle kann sich das Bw Halle G rühmen, einziges Bw der DR zu sein, das zu unterschiedlichen Zeiten alle Typen der V 300-Familie beheimatete.

Die Baureihe 130 im Bw Halle G:

130 001	ea	04.08.70 – 14.04.71	les		
001	fak	14.01.73 – 14.04.73	les		
002	ea	01.04.71 – 14.04.71	les		
002	les	17.03.72 – 29.06.73	les		
004	ea	18.12.70 – 14.04.71	les		
004	les	26.01.73 – 17.04.73	les		
005	ea	21.07.70 – 20.12.73	les		
006	ea	21.07.70 – 15.07.73	les		
007	ea	12.01.71 – 08.10.71	les		
007	les	06.02.72 – 24.05.73	les		
008	ea	01.01.71 – 22.10.72	les		
008	les	31.10.72 – 15.06.73	fak		
009	ea	01.01.71 – 24.09.71	les		
009	les	10.10.71 – 31.10.73	fak		
010	ea	12.01.71 – 17.07.73	fak		
011	ntz	01.04.71 – 07.08.73	les		
012	les	09.02.73 – 14.04.73	les		
012	fak	16.11.73 – 28.11.73	hlp		
012	hlp	15.12.73 – 18.12.73	les		
012	les	19.01.74 – 01.08.74	rn		
013	ea	29.04.71 – 12.08.73	fak		
014	ea	23.04.71 – 30.04.71	les		
016	ea	07.05.71 – 16.11.73	les		
020	fak	28.03.89 – 08.10.89	sed		
029	ntz	07.06.86 – 13.10.86	fko		
031	ea	25.06.71 – 28.08.73	fak		
033	ea	16.08.71 – 29.08.73	fak		
034	fak	28.03.89 – 11.05.89	sed		
035	ea	03.07.71 – 30.09.73	sed		
037	ea	26.11.71 – 14.03.72	les		
037	les	05.01.73 – 19.04.73	fak		
038	hlp	07.08.72 – 03.09.72	hlp		
038	hlp	14.12.72 – 01.03.73	hlp		
038	hlp	19.01.75 – 31.08.75	ntz		
040	ea	01.12.71 – 17.07.73	les		
043	ea	11.12.71 – 20.09.73	les		
047	ea	11.12.71 – 19.07.73	sed		
047	sed	08.08.73 – 18.10.73	fak		
048	ea	15.12.71 – 08.09.73	sed		
055	ea	07.10.72 – 31.05.73	hlp		
057	ea	05.10.72 – 08.05.73	fak		
058	ea	30.09.72 – 07.08.73	hlp		
067	ea	11.10.72 – 07.08.73	sed		
068	ea	03.11.72 – 11.07.73	hlp		
130 101	hlp	01.01.84 – 29.04.97	z	umz in 754 101	
102	hlp	01.01.84 – 14.02.95	z	umz in 754 102	

Im schweren Güterzugdienst hat sich die 100 km/h schnelle Baureihe 131 bestens bewährt. 131 023 vom Bw Halle G hat am 2. Juli 1974 den Bahnhof Berlin-Schönefeld verlassen und strebt dem Grünauer Kreuz zu. Mit Ausnahme einer fünfjährigen Unterbrechung gehörte diese Lok seit der Indienststellung im April 1973 bis zur z-Stellung im Dezember 1991 stets zum Bw Halle G.

AUFNAHME: HANS-JÜRGEN SIMON

130 101 stand der VES-M Halle zur Verfügung und erhielt mit dem Inkrafttreten des neuen gesamtdeutschen Nummernsystems ab 1. Januar 1992 die Bahndienstnummer 754 101. Eine letzte Hauptuntersuchung bekam die erste Lok der V 300-Familie mit elektrischer Heizung am 12. Dezember 1991. Frisch lackiert und umgezeichnet steht die Maschine am 16. Mai 1992 vor der bekannten Fahrzeughalle der Versuchsanstalt in Halle/Saale. Die Kabel aus dem Führerstand sind Hinweis auf eine bevorstehende Messfahrt.

AUFNAHME: VOLKER LUCAS

Die Baureihe 131/231 im Bw Halle G:

131	001	ea	20.02.73 – 18.08.75	rn	
	001	rn	17.07.76 – 08.11.76	rn	
	001	rn	01.01.91 – 13.12.91	z	
	001	z	27.03.92 – 27.10.93	z	a 18.06.93
	002	ea	12.01.73 – 09.09.73	hlp	
	002	hlp	20.12.73 – 16.11.80	rn	
	002	rn	01.02.81 – 20.05.82	hlp	
	002	rn	05.07.84 – 20.04.85	rn	
	002	rn	09.07.85 – 13.12.85	bt	
	002	bt	02.07.90 – 13.12.91	z	
	004	eis	09.08.91 – 06.04.92	eis	
	006	ea	14.01.73 – 19.07.75	rn	
	006	rn	01.01.91 – 13.12.91	z	
	007	ea	28.02.73 – 09.09.73	hlp	
	007	hlp	15.12.73 – 03.05.83	rn	
	007	rn	01.01.91 – 13.12.91	z	
	009	ea	30.03.73 – 01.04.73	rn	
	009	rn	01.01.91 – 13.12.91	z	
	010	ea	10.02.73 – 20.05.74	rn	
	010	rn	20.06.74 – 20.03.80	rn	
	010	fak	28.10.88 – 17.10.93	z	zr 03.08.93
	012	ea	11.02.73 – 19.12.73	rn	
	012	rn	27.12.73 – 07.10.74	rn	
	012	rn	24.03.75 – 19.10.75	mrb	
	012	mrb	02.10.78 – 26.07.92	rch	
	014	arn	25.07.91 – 06.04.92	arn	
	015	ea	20.03.73 – 06.09.73	fak	
	015	fak	15.02.74 – 21.01.84	fak	
	015	wfs	05.07.91 – 30.06.92	wfs	
	016	ea	07.03.73 – 14.07.83	fak	
	016	fak	11.08.83 – 31.05.85	fak	
	016	wfs	18.08.91 – 30.06.92	wfs	
	017	ea	20.03.73 – 18.04.84	fak	
	017	wfs	05.07.91 – 30.06.92	wfs	
	018	arn	25.07.91 – 07.04.92	arn	
	019	wfs	05.07.91 – 08.04.92	eis	
	020	ea	18.04.73 – 23.11.81	rn	
	020	rn	13.10.87 – 16.10.87	rn	
	020	rn	01.01.91 – 22.12.92	z	zr 21.10.92
	021	ea	11.04.73 – 24.11.74	rn	
	021	rn	23.12.74 – 11.07.83	fak	
	021	fak	11.08.83 – 19.10.83	wfs	
	023	ea	27.04.73 – 26.09.80	hlp	
	023	hlp	05.02.85 – 13.12.91	z	
	024	ea	12.04.73 – 13.12.91	z	
	025	ea	02.05.73 – 31.10.74	z	a 02.08.74 Unfall
	026	gt	01.07.78 – 13.12.91	z	
	028	ea	10.07.73 – 07.08.73	rn	
131	028	rn	01.01.91 – 25.07.92	rch	
	029	gt	25.12.76 – 27.09.80	hlp	
	029	hlp	30.05.83 – 10.07.83	fak	
	029	fak	23.09.91 – 05.02.92	z	
	032	ea	23.06.73 – 10.07.83	fak	
	034	eis	13.08.91 – 16.08.91	wfs	
	035	ea	07.07.73 – 10.08.82	bt	
	035	bt	05.12.82 – 30.06.84	rn	
	035	fak	23.09.91 – 11.02.94	z	a 31.12.93
	036	gt	04.11.76 – 31.05.83	wfs	
	036	wfs	13.08.91 – 06.04.92	eis	
	037	gt	25.01.77 – 07.06.77	rn	
	037	rn	10.11.77 – 26.09.78	mei	
	038	ea	23.06.73 – 02.04.75	hlp	
	038	hlp	23.04.75 – 19.10.84	fak	
	038	fak	23.09.91 – 17.07.92	rch	
	039	eis	09.08.91 – 06.04.92	eis	
	041	ea	12.07.73 – 16.08.73	rn	
	041	rn	01.01.91 – 11.02.94	z	a 31.12.93
	042	ea	10.07.73 – 16.08.73	rn	
	043	gt	01.12.76 – 25.01.84	fak	
	043	wfs	13.08.91 – 30.06.92	wfs	
	045	ea	21.07.73 – 07.08.73	rn	
	045	rn	01.01.91 – 13.12.91	z	
	046	ea	19.07.73 – 22.08.73	rn	
	046	rn	01.01.91 – 04.07.91	z	a 18.03.91 Unfall
	047	ea	25.07.73 – 12.08.75	rn	
	047	rn	01.01.91 – 14.09.93	z	a 18.06.93
	048	ea	17.07.73 – 10.01.88	rn	
	048	rn	02.02.88 – 11.02.94	z	a 31.12.93
	049	ea	17.07.73 – 31.10.74	rn	
	049	rn	03.03.75 – 28.05.76	rn	
	049	bt	02.07.90 – 17.07.92	rch	
	050	ea	22.07.73 – 08.10.74	mrb	
	050	mrb	01.06.82 – 30.09.82	mrb	
	052	ea	11.08.73 – 11.11.75	mrb	
	052	mrb	29.12.75 – 04.02.82	rn	
	052	rn	22.01.84 – 06.02.84	rn	
	052	rn	14.03.89 – 27.10.93	z	a 20.05.93
	054	ea	31.08.73 – 15.09.76	z	a 27.02.74 Unfall
	055	ea	12.08.73 – 04.11.87	fak	
	055	mrb	01.03.90 – 04.07.91	z	a 05.04.91
	056	ea	15.08.73 – 27.10.93	z	a 03.05.93
	057	rch	16.04.76 – 30.05.83	wfs	
	057	wfs	29.06.83 – 01.06.84	fak	
	057	fak	23.09.91 – 12.04.92	z	a 15.08.91
	058	ea	16.08.73 – 28.09.93	z	a 29.09.93
	059	mei	16.07.91 – 06.04.92	eis	
	060	ea	09.08.73 – 01.06.84	fak	
	060	fak	23.09.91 – 25.07.92	rch	

061	ea	23.08.73 – 18.10.81	z	a 30.04.81 Unfall
062	ea	23.04.73 – 06.10.89	wfs	
063	rch	15.05.77 – 22.03.84	fak	
064	ea	07.09.73 – 02.01.84	fak	
066	ea	10.09.73 – 08.01.74	gt	
066	gt	26.02.77 – 09.04.87	z	a 17.12.85 Unfall
067	ea	07.09.73 – 01.06.84	fak	
068	ea	15.09.73 – 03.01.84	fak	
068	fak	23.08.91 – 11.09.92	z	a 11.09.92
072	mei	13.07.91 – 07.04.92	arn	
074	gt	01.01.77 – 13.12.91	z	
075	rch	31.03.76 – 27.10.93	z	a 18.06.93

Die Baureihe 132/232 im Bw Halle G (*kursiv* Kurzzeitloks):

005	006	010	**017**	024	*029*	032	033	*035*
039	*040*	041	047	048	**059**	*075*	077	**087**
093	**098**	**117**	**122**	*140*	146	149	155	**156**
166	**173**	**176**	**178**	**187**	191	192	**195**	**197**
198	201	**209**	**211**	***213***	**218**	225	**226**	**231**
233	235	**236**	**248**	**250**	252	**253**	**254**	**255**
258	**259**	**260**	**268**	269	**276**	300	303	**333**
334	346	**349**	351	**353**	**356**	**368**	379	380
383	**384**	387	**388**	398	402	**413**	**419**	**426**
444	**448**	**450**	**455**	470	475	**481**	485	487
496	**505**	511	***514***	**520**	*523*	525	**527**	**529**
531	**533**	543	**544**	551	554	557	**558**	**559**
561	562	**564**	568	**569**	575	**576**	579	**587**
593	598	**604**	**614**	620	622	625	**629**	632
635	**645**	*647*	*651*	654	**658**	**659**	662	**663**
668	**669**	**672**	**673**	**674**	675	**676**	677	**679**
682	683	683	**687**	693	694	**697**	698	**702**
703	800							

Im Bw Halle G haben ihren Lebensweg beendet:

232	017	les	31.05.95 – 17.03.98	z	a 23.03.98
	059	rch	01.06.93 – 17.10.95	z	a .10.95
	098	les	31.05.95 – 09.04.97	z	a 31.01.97
	211	mei	24.01.95 – 25.04.96	z	a 09.04.96
	213	z	29.05.99 – 31.05.99	z	a 28.12.98
	226	hab	31.05.95 – 21.04.98	z	a 20.04.98
	236	hab	31.05.95 – 23.04.97	z	a 01.04.97
	248	les	19.08.95 – 30.11.98	z	a 07.11.98
	250	mg	01.06.94 – 26.07.95	z	a 30.06.95
	276	les	01.10.96 – 29.06.97	z	a 06.08.97
	659	gt	01.02.94 – 27.08.96	z	a 28.07.96

Am längsten waren beheimatet (* mit kurzen Unterbrechungen):

132	682	fak	27.01.84 – 21.05.93	rch*
	668	fak	21.12.89 –	
	622	les	15.10.86 – 23.05.98	obh
	694	fak	05.01.84 –	

Die Baureihe 142 im Bw Halle G:

142	001	hlp	23.08.77 – 13.06.78	srd
	002	hlp	23.08.77 – 29.06.78	srd

Die Baureihe 234 im Bw Halle G:

234	335	mg	13.03.92 – 21.05.92	bhf
	467	umb	23.04.92 – 27.07.92	bhf
	565	umb	18.02.93 – 03.04.93	bhf

Die Baureihe 241 in Halle G:

241	338	umb	09.07.99 –	
	353	umb	09.10.99 – 15.10.99	obh
	449	umb	16.09.99 – 29.10.99	obh
	697	umb	04.09.99 – 11.09.99	obh

Auch wenn 241 008 in der offiziellen Stationierung nicht auftaucht, kam sie als letzte 241 im Oktober 1999 nach Halle und war im Frühjahr 2000 noch hier zu sehen.

Einsatzstelle Merseburg

Zwischen 1974 und 1985 sowie von 1987 bis 1990 kamen in der Einsatzstelle Merseburg des Bw Halle G jeweils ein bis zwei 131 zum Einsatz. Die Unterhaltung erfolgte im Bw Halle G. Wendebahnhöfe waren Querfurt, Großkorbetha, Zeitz, Profen und Halle.

Die Baureihe 131 in der Einsatzstelle Merseburg:

131	012	hlg	20.10.75 – 02.10.78	hlg
	050	hlg	09.10.74 – 31.05.82	hlg
	050	hlg	01.10.82 – 10.10.85	arn
	052	hlg	12.11.75 – 28.12.75	hlg
	055	fak	27.11.87 – 28.02.90	hlg

Vor dem Schuppen der Einsatzstelle Merseburg des Bw Halle G wartet 231 041 am 9. September 1992 auf kommende Aufgaben. Noch gut 15 Monate wird die Lok im Dienst stehen und am letzten Tag des Jahres 1993 endgültig abgestellt werden.

AUFNAHME: HANS-JÜRGEN TRUNK

132 375 leistet 118 402 vor einem Schnellzug Berlin – Leipzig Vorspann, aufgenommen am 17. Mai 1978 an der Blockstelle Pietzschkau nahe Radis. AUFNAHME: THOMAS FRISTER

Bw Leipzig Hbf Süd

Das Bw Leipzig Hbf Süd bekam in April 1971 die ersten Loks aus der V 300-Familie zugewiesen: 130 001, 002, 004 und 012. Zu diesem Zeitpunkt war der Traktionswechsel in dem traditionsreichen Bahnbetriebswerk im vollem Gange. Die 21 Maschinen der Baureihe 118 hatten zahlreiche 03 und 35 abgelöst, ganze acht 03 und fünf 35 wurden noch benötigt. Die 130 schickte das Bw Leipzig Hbf Süd im Güterverkehr vor allem nach Falkenberg, Dresden und auf die vom Leipziger Güterring ausgehenden Strecken. Bis 1974/75 blieben die 130 in Leipzig, als letzte Lok wurde 130 005 im Oktober 1975 nach Seddin abgegeben. Im März 1974 trafen 132 054 und einen Monat später 132 062 im Bw Leipzig Hbf Süd ein. Zum Jahreswechsel 1974/75 standen hier nur vier 132 zur Verfügung. Gefahren wurden Reisezugleistungen nach Cottbus und Karl-Marx-Stadt.

Im Jahre 1975 wurde der 132-Bestand auf 13 Loks erhöht. Neue Leistungen waren ein Containerzugpaar nach Berlin-Frankfurter Allee sowie Reise- und Güterzüge nach Gera. Ab Sommer 1976 wurden drei Schnellzugpaare nach Berlin, zwei Eilzugpaare nach Cottbus und vier Leistungen nach Karl-Marx-Stadt mit 132 erbracht, am Ende des Jahres lag der Bestand bei 21 Maschinen. Der Sommerfahrplan 1977 brachte den 132 zahlreiche Langläufe an die Ostsee: D 1714/1711 nach Wolgast, D 1814/1815 nach Binz (743 km), D 2058/2065 nach Bergen und D 716/713 nach Stralsund. Eine weitere Leistung war das Zugpaar D 499/498 nach Forst. Im Winterfahrplan entfielen die Bäderzüge, ansonsten blieben die Leistungen fast unverändert. Im Jahre 1978 wurde mit zwei Zugpaaren Rostock erreicht (D 728/729 und D 408/409), zwei Bäderzüge nach Wolgast und einer nach Stralsund standen auf dem Plan.

1978 stieg die Zahl der 132 auf 28 Loks an, der Bestand an 118 sank auf 15 Maschinen, und im September 1978 wurden auch die letzten 03 aus den Plandienst verabschiedet. Der Fahrplan 1979/1980 brachte dann die ersten Leistungseinschränkungen auf der Strecke nach Berlin. Einige Schnellzüge wurden auf dem bereits elektrifizierten Abschnitt Leipzig – Jüterbog mit E-Loks gefahren. Die beiden Rostocker Leistungen (D 728/729 und D 408/409) blieben den Leipziger 132 aber noch bis 1981 vorbehalten. Im selben Jahr verloren die Leipziger 132 auch die bislang gefahrenen Städte-Expresszüge nach Berlin an die E-Loks. Im Vorfeld hatte die 132 bereits 1980 die Bäderzüge nicht mehr von Leipzig aus gefahren, und bis Ende 1981 sank der Bestand auf 19 Lokomotiven. Es verblieben die D-Züge 499/498 nach Forst (bis 1988), die Eilzüge nach Cottbus, Karl-Marx-Stadt und Gera. Ein neues Betätigungsfeld fanden die Leipziger 132 im Güterverkehr. So wurden Leistungen nach Falkenberg, Seelingstädt, Großkorbetha sowie auch nach Gera und Zeitz erbracht.

Der 132-Bestand und -Leistungsumfang blieben in den achtziger Jahren bei durchschnittlich 18 Loks konstant. Seit dem Winterfahrplanabschnitt 1987/88 erreichten 132 aus Leipzig Hbf Süd mit dem D 402, der bisher mit 118 bespannt wurde, auch Probstzella. Als Anfang der neunziger Jahre der Stern der Baureihe 120 zu sinken begann, wurden 132 des Bw Leipzig Süd verstärkt in 120-Plänen des Bw Leipzig-Wahren eingesetzt. Auch Altenburg und Zeitz bedienten sich mehr und mehr der Baureihe 132. 1992 wurde der Bestand auf 25 Loks, 1993 auf 36 Loks erhöht. Außerdem wurden die letzten 118 fast vollständig ersetzt, Leistungen nach Falkenberg gingen an die E-Loks verloren.

Anfang 1995 verzeichnete Leipzig Hbf Süd mit 49 Maschinen der Baureihe 232 den Höchstbestand. Im Güterverkehr hatte sie im Leipziger Raum fast alle anderen Baureihen verdrängt, auch

Kaum bekannt sind die Einsätze der 130 des Bw Leipzig Hbf Süd auf der elektrifizierten Strecke Leipzig – Dresden vor Schnellzügen. Im August 1971 hat 130 004 mit einem solchen Schnellzug die Elbestadt erreicht und wird gleich in Dresden Hbf einfahren. Für die schnellfahrenden Züge auf dieser Verbindung standen noch nicht genügend Elloks zur Verfügung, so dass 118, 130 aber auch 01 einen Teil der Züge bespannten.

AUFNAHME: DIETER WÜNSCHMANN

der IR und IC-Verkehr in Richtung München wurde bis Probstzella mit Leipziger 232 gefahren. Erst die Elektrifizierung des Abschnittes zwischen Camburg und Probstzella im Mai 1995 setzte dem ein Ende. Eine hochwertige Leistung erhielten die Leipziger 232 nach dem Lückenschluss im Nordharz zwischen Ilsenburg und Vienenburg 1996. Der IR 2642/2643 „Brocken" wurde bis 1998 von Leipzig ins 180 km entfernte Bad Harzburg befördert.

Im September 1996 wurde die Einsatzstelle Zeitz Halle G zugeordnet, auch ein Teil der 232 ging diesen Weg. Die letzten 13 Loks verblieben in vorerst Leipzig, im Mai 1999 gelangten auch sie nach Halle G. Nur wenige Wochen konnte sich eine 234 im Leipziger IC-Umlauf halten.

Die Baureihe 130 im Bw Leipzig Hbf Süd:

130	001	hlg	15.04.71 – 15.12.72	fak
	001	hlg	15.04.73 – 03.01.74	fak
	002	hlg	15.04.71 – 16.03.72	hlg
	002	hlg	30.06.73 – 20.05.74	ntz
	004	hlg	15.04.71 – 25.01.73	hlg
	004	hlg	18.04.73 – 18.10.73	fak
	005	hlg	21.12.73 – 14.10.75	sed
	006	hlg	16.07.73 – 20.12.73	fak
130	006	fak	09.04.75 – 28.05.75	ntz
	007	hlg	09.10.71 – 05.02.72	hlg
	007	hlg	25.05.73 – 30.11.74	ntz
	008	hlg	23.10.72 – 30.10.72	hlg
	008	fak	08.05.75 – 27.05.75	sed
	009	hlg	25.09.71 – 09.10.71	hlg
	011	hlg	08.08.73 – 20.03.74	hlp
	012	ea	23.04.71 – 08.02.73	hlg
	012	hlg	15.04.73 – 31.05.73	fak
	012	hlg	19.12.73 – 18.01.74	hlg
	014	hlg	01.05.71 – 13.12.73	fak
	014	fak	07.05.75 – 15.05.75	ntz
	016	hlg	17.11.73 – 18.12.73	sed
	020	ea	04.11.72 – 30.05.73	ntz
	037	hlg	15.03.72 – 04.01.73	hlg
	037	fak	01.06.73 – 14.09.73	ntz
	040	hlg	18.07.73 – 06.09.73	sed
	043	hlg	21.09.73 – 22.10.73	hlp
	043	hlp	16.11.73 – 17.12.73	ntz
	060	ea	14.12.72 – 18.04.73	sed
	061	ea	24.01.73 – 16.04.73	sed
	062	ea	19.12.72 – 29.03.73	fak
	063	ea	20.01.73 – 18.04.73	sed
	064	ea	23.01.73 – 28.03.73	fak

Exakt nach Fahrdienstvorschrift (Diesellok vor Dampflok) hat 130 004 vom Bw Leipzig Hbf Süd im April 1973 am P 497 (Leipzig – Falkenberg) einer 35 vorgespannt, aufgenommen bei Leipzig-Thekla. Diese Vorspannleistung diente sicherlich der schnellstmöglichen Zuführung der Lok für die Bespannung eine Güterzuges zurück nach Leipzig, um die eingleisige Strecke durch Lz-Fahrten nicht unnötig zu belasten.

AUFNAHME: DIETER WÜNSCHMANN

Wer beherrscht dieses Motiv? 131 041 vom Bw Röblingen oder die hübsche Windmühle nahe Erdeborn an der Strecke Halle/Saale – Nordhausen? Auch hier dürfte der Fotograf eigentlich auf eine der zahlreichen 44 gewartet haben, die im Frühjahr 1974 die Güterzüge bespannten.

AUFNAHME: DIETER WÜNSCHMANN

Die Baureihe 132/232 im Bw Leipzig Hbf Süd (*kursiv* Kurzzeitloks):

014	**017**	*024*	028	*033*	*038*	**039**	047	**051**
054	062	**077**	086	**093**	**098**	105	**117**	**122**
128	141	146	*148*	**156**	*165*	**166**	172	**173**
178	201	202	203	*205*	**209**	211	218	219
220	226	**229**	233	**248**	254	**255**	261	**262**
269	**273**	**276**	285	287	290	*292*	**300**	**322**
333	334	341	344	348	**349**	358	363	**368**
369	*371*	375	*376*	*382*	383	384	**385**	389
390	398	402	410	**414**	422	**424**	**435**	442
447	**448**	450	452	453	455	*465*	466	479
483	496	502	*505*	512	**519**	523	**529**	**531**
540	543	544	558	*568*	**569**	579	587	*588*
591	*592*	595	600	*614*	620	622	625	**627**
629	632	634	**635**	645	647	653	654	*668*
672	673	**674**	676	680	683	**687**	*688*	**693**
698	**703**	706	*708*					

Im Bw Leipzig Hbf Süd haben ihren Lebensweg beendet:

132 269	hlg	26.01.93 – 23.10.95	z	a .10.95
273	erf	29.04.94 – 17.10.95	z	a .10.95
390	fak	01.01.92 – 17.10.95	z	a .10.95
398	hlg	26.01.93 – 17.03.96	z	a 13.03.96
422	cs	21.10.76 – 27.05.77	z	a 19.11.76 Unfall
435	mg	28.05.94 – 04.02.96	z	a 05.02.96

Am längsten waren beheimatet (* mit kurzen Unterbrechungen):

132 348	ea	29.05.76 – 08.02.90	mg
558	fak	26.02.82 – 28.05.99	hlg*
384	ea	14.08.76 – 01.05.96	hlg
450	hlp	01.10.78 – 28.05.99	hlg

Bw Röblingen

Neben zahlreichen Lokomotiven der Baureihen 52 und 110 standen von 1968 bis 1973 im Bw Röblingen durchschnittlich sechs ölgefeuerte 44 im schweren Güterverkehr auf der Strecke Nordhausen – Halle im Einsatz. Im April 1973 erhielt das Bw Röblingen 131 009 aus Halle G zugewiesen. Im Laufe des Jahres 1973 erhöhte sich der 131-Bestand auf sechs Loks, womit die 44 vollständig abgelöst wurden. Das Einsatzgebiet der Maschinen konnte sich später aufgrund von Leistungsverlagerungen ausweiten, die 131 fuhren im Güterzugdienst bis Nordhausen, Deuna, Großkorbetha, Merseburg, Zeitz und Querfurt. Bis Ende 1975 erhöhte sich der Bestand auf neun Maschinen. Das Einsatzgebiet blieb über die Jahre recht konstant.

1982 erhielt Röblingen zwei weitere 131 und setzte sie im üblichen Güterverkehr ein. Auffallend war, dass es hier wenig Bewegung im Bestand gab, die Loks waren ausgesprochen „dienststellentreu“. Am 31. Dezember 1990 wurden alle 131 mit der Auflösung des Bw Röblingen buchmäßig dem Bw Halle G zugeordnet.

Die Baureihe 131 im Bw Röblingen

131	001	hlg	19.08.75 – 16.07.76	hlg	
	001	hlg	09.11.76 – 31.12.90	hlg	
	002	hlg	17.11.80 – 31.01.81	hlg	
	002	hlp	13.06.84 – 04.07.84	hlg	
	002	hlg	21.04.85 – 08.07.85	hlg	
	006	hlg	20.07.75 – 31.12.90	hlg	
	007	hlg	04.05.83 – 31.12.90	hlg	
	009	hlg	02.04.73 – 31.12.90	hlg	
	010	hlg	21.05.74 – 19.06.74	hlg	
	010	hlg	21.03.80 – 07.10.88	fak	
	012	hlg	20.12.73 – 26.12.73	hlg	
	012	hlg	08.10.74 – 23.03.75	hlg	
	017	fak	10.06.88 – 27.06.88	fak	
	020	hlg	24.11.81 – 21.04.85	fak	
	020	fak	21.04.87 – 12.10.87	hlg	
	020	hlg	17.10.87 – 30.11.87	fak	
	020	fak	18.12.87 – 31.12.90	hlg	
	021	hlg	25.11.74 – 22.12.74	hlg	
	023	hlp	14.11.81 – 24.12.81	hlp	
	028	hlg	08.08.73 – 31.12.90	hlg	
	035	hlg	01.07.84 – 24.10.84	fak	
	037	hlg	08.06.77 – 09.11.77	hlg	
	041	hlg	17.08.73 – 31.12.90	hlg	
	042	hlg	17.08.73 – 21.11.76	z	a 16.12.75 Brand
	045	hlg	08.08.73 – 31.12.90	hlg	
	046	hlg	23.08.73 – 31.12.90	hlg	
	047	hlg	13.08.75 – 31.12.90	hlg	
	048	hlg	11.01.88 – 01.02.88	hlg	
	049	hlg	01.11.74 – 02.03.75	hlg	
	049	hlg	29.05.76 – 12.12.85	bt	
	052	hlg	05.02.82 – 21.01.84	hlg	
	052	hlg	07.02.84 – 13.03.89	hlg	

Noch einmal 131 041, diesmal 13 Jahre später mit einem Behälterwagenganzzug für Kalkstaub bei der Durchfahrt in Röblingen am See, aufgenommen am 3. Oktober 1987. Die Lok besaß zu diesem Zeitpunkt immer noch den Rückspiegel am Führerhaus.

AUFNAHME: VOLKER LUCAS

Als frisch hauptuntersuchte Maschine zeigte sich am selben Tag 131 046 im Heimat-Bw Röblingen. Sie gehört zu den (nicht sehr zahlreichen) 131, die anlässlich der letzten Hauptuntersuchung den schmalen seitlichen Zierstreifen erhielten.

AUFNAHME: VOLKER LUCAS

131 001 vom Bw Röblingen verlässt mit einem Zug aus Zementsilowagen am 5. Juli 1982 den Bahnhof Sangerhausen. Die Maschine macht augenscheinlich einen wenig sauberen Eindruck, vom seitlichen Zierstreifen ist nichts mehr zu sehen. Der Schneeräumer ist eine Zutat der DR.

AUFNAHME: RAINER HEINRICH

Rbd Magdeburg

Bw Blankenburg/Harz

Lediglich vier Tage weist die offizielle DR-Statistik die Beheimatung von 132 063 im Bw Blankenburg/Harz aus (26. bis 29. November 1987). Sie wurde laut Umsetzmeldung hier geführt, von einem Einsatz ist allerdings nichts bekannt. Das Bw Blankenburg war darüber hinaus bekannt für Unfallausbesserungen größerer Art für den gesamten Rbd-Bezirk Magdeburg.

Bw Brandenburg

Personale des Bw Brandenburg besetzten lange Jahre 132 des Bw Magdeburg. Im Bestand wurden für sehr kurze Zeit auch zwei Loks geführt: 132 519 vom 11. bis 17. September 1991 und 232 321 an zwei Tagen im Mai 1994.

Bw Güsten

Im Bw Güsten begann der Traktionswechsel im Güterzugdienst ab 1967 mit der Beheimatung der ersten V 200. Im Jahre 1973 kamen mit 131 026, 036, 037 und 053 die ersten Vertreter der V 300-Familie nach Güsten. Sie fuhren Güterzüge nach Nordhausen, Roßlau, Seddin und Magdeburg. Der auf sieben 131 angewachsene Bestand am Ende des Jahres 1973 hielt sich bis 1976. Im Januar 1975 wurde 132 140 in Güsten in Dienst gestellt, weitere 132 folgten im Sommer 1975. Ihr Einsatz erfolgte ab Herbst 1975 vor einem Eilzugpaar (E 621/624) Magdeburg – Erfurt sowie im Güterverkehr. Ende 1975 waren acht 132 vorhanden, im Laufe des Jahres 1977 wurde die 131 abgezogen und durch weitere 132 ersetzt, der Bestand wuchs bis Ende des Jahres 1977 auf 20 Loks.

Das schon erwähnte Eilzugpaar E 621/624 konnte jetzt von Magdeburg bis Bad Salzungen durchgefahren werden, eine Leistung, die bis 1982 in Güstener Hand blieb. Ab 1979 wurden die Eilzüge Berlin – Aschersleben mit 132 des Bw Güsten gefahren. Im Güterverkehr wurden Nordhausen, Roßlau, Halberstadt, Magdeburg, Seddin, Priort und Halle angefahren. Über mehrere Jahre gab es auch einen Langlauf Nordhausen – Wittenberge (Gag 57430). Im Jahre 1981 erhöhte sich der Güstener Lokbestand der Baureihe 132 auf 25 Loks (neben 30 Maschinen der Baureihe 120). Der Planbedarf lag bei 15 Maschinen. Die Einsatzstelle Staßfurt setzte jetzt drei 132 statt Dampfloks der Baureihe 50^{35} im Güterverkehr ein, später allerdings 120. Neben den bisherigen Leistungen gab es nun Güterzuglangläufe von Brandenburg nach Deuna, von Aschersleben nach Falkenberg und Kalkzüge von Blankenburg/Harz nach Buna.

Im Sommer 1984 benötigte das Bw Güsten 18 Loks der Baureihe 132, davon drei im Eilzugdienst zwischen Aschersleben und Berlin. Mit dem Rückgang des Güterverkehrs nach 1990 gab es Veränderungen im traditionellen Güterzug-Bw Güsten. Der 120-Bestand ging im Jahre 1991 von 30 auf zehn Loks zurück, und wurde teilweise durch 132 ersetzt, die mit 34 Loks Ende 1991 im Bw Güsten zu Buche standen. Auch die Einsatzstelle Köthen setzte bis zur Schließung 1993 fünf 232 im Güterzugdienst ein. Hauptsächlich standen Züge mit Salz ab Bernburg und Baalberge, sowie Kalkstaub in Richtung Dessau und eine Zeit lang die sogenannten „Dreckzüge“ zur Verfüllung nach Teutschenthal auf dem Programm. Im Mai 1994 erfolgte die Auflösung des Betriebshofes Güsten, die letzten 132 kamen nach Halberstadt.

Die Baureihe 131 im Bw Güsten

131	026	ea	19.05.73 – 30.06.78	hlg	2.76 - 6.78 z
	029	erf	21.12.73 – 24.12.76	hlg	
	036	ea	19.07.73 – 03.11.76	hlg	
	037	ea	19.07.73 – 24.01.77	hlg	
	043	erf	28.12.73 – 30.11.76	hlg	
	053	ea	03.08.73 – 30.03.75	z	a 17.01.75 Unfall
	066	hlg	09.01.74 – 25.02.77	hlg	
	074	ea	29.11.73 – 31.12.76	hlg	

132 344 des Bw Güsten steht am 31. Juli 1991 in der Einsatzstelle Köthen. 1993 endete auch hier der Einsatz der 232. AUFNAHME: HARTMUT MICHLER

132 241 fährt im September 1989 mit dem Leerreisezug 17544 durch den Bahnhof Berlin Warschauer Straße, der komplett aus grün-beige lackierten DR-Modernisierungswagen besteht. Güstener 132 bespannten jahrelang die Eilzugpaare Ascherleben – Berlin – Aschersleben.

AUFNAHME: DR. WINFRIED KÖNIG

Die Baureihe 132/232 im Bw Güsten (*kursiv* Kurzzeitloks):

014	017	*036*	*041*	*077*	083	**084**	*091*	097
098	111	112	*117*	*138*	140	*144*	***166***	172
173	176	196	201	*203*	221	223	224	225
226	229	231	236	240	241	242	244	245
247	250	256	258	259	*261*	*262*	*265*	271
274	285	**289**	295	317	321	326	***330***	**337**
344	347	354	356	359	368	370	383	385
387	393	395	*401*	413	**414**	418	*429*	440
444	448	*449*	**453**	**454**	458	**464**	466	476
480	483	494	498	499	**519**	523	***525***	529
555	566	*592*	***629***	635	**645**	*647*	*655*	*658*
659	662	*669*	681	706	708			

Im Bw Güsten haben ihren Lebensweg beendet:

132	224	ea	17.07.75 –	.03.79	z	a 20.02.79 Unfall

Am längsten waren beheimatet:

132	172	les	08.02.77 – 14.02.94	mg
	494	ea	22.04.77 – 30.05.94	hab
	196	hlp	26.01 77 – 30.05.94	hab
	259	ea	12.10.75 – 14.02.94	mg
	176	hw	07.07.75 – 30.05.94	hab

Bw Halberstadt

Als 132 032 im September 1980 von Magdeburg nach Halberstadt umbeheimatet wurde, bot sich der Lok in ihrer neuen Heimat eine recht breite Baureihenvielfalt. Auf dem Dampfloksektor dominierten 25 Loks der Baureihe 50^{35} sowie Einzelgänger der Baureihen 01 und 41. Dieselloks waren durch sechs 118 und sieben 120 neben zahlreichen 110 vertreten. Im Winter 1980/81 kamen weitere vier 132 hinzu, die in einem 120/132-Mischplan vor Güterzügen nach Köthen, Blankenburg/Harz, Magdeburg und Ilsenburg Verwendung fanden. Im Frühjahr 1981 konnten die Halberstädter „Ludmillas" schließlich die Magdeburger 132 aus den Schnellzugumläufen nach Berlin verdrängen. Im Sommer 1981 kam noch eine Reisezugleistung nach Thale dazu. Die sechs Plantage Ende 1981 teilten sich neun 132.

Im Jahre 1983 – inzwischen war der Bestand auf elf 132 gewachsen – wurden die letzten 120 abgegeben und durch 119 ersetzt. Doch die kamen nicht richtig in Fahrt, und die abgegebenen 118 mussten durch 132 ersetzt werden, so dass 1984 der 132-Bestand auf 17 Lokomotiven erhöht werden musste. Die D-Züge wurden weiterhin bis Berlin, 1984-1986 bis Potsdam Hbf, mit drei Planloks gefahren, ansonsten wurde im Güterverkehr mit sieben Maschinen Köthen, Blankenburg/Harz, Magdeburg und Ilsenburg erreicht. Als im Jahre 1989 die letzten 50^{35} aus dem Zugdienst ausgeschieden und die aus Rumänien importierten 119 alle Schadlokrekorde brachen, mussten wiederum die 132 einspringen. Der Bestand wuchs auf 30 Loks an, die jetzt vor Reise- und Güterzüge auf allen von Halberstadt ausgehenden Strecken zum Einsatz kamen.

Infolge des überall spürbaren Leistungsrückgangs ab 1990/91 wurden die 119 abgegeben und bis Ende 1993 die Anzahl der 232 auf 20 reduziert. Im Güterverkehr wurde nun hauptsächlich Kalk ab Blankenburg/Harz und Stahl von und nach Ilsenburg befördert. Am 31. Mai 1994 wurde der Großteil der Leistungen und Lokomotiven des aufgelösten Betriebshofes Güsten übernommen, dadurch erreichte der Gesamtbestand der 232 nochmals 30 Maschinen. Der Lückenschluss über Ilsenburg nach Vienenburg brachte ab 1996 noch einmal neue Güterzugleistungen bis weit in die Direktion Hannover und Reisezüge bis Goslar. Es gab auch einen Güterzugumlauf Halberstadt – Vienenburg – Seelze/Hannover – Oebisfelde – M.-Rothensee – Halberstadt, die sogenannte „große Niedersachsenrunde". Am 15. Januar 1997 wurde der verbliebene 232-Bestand und dessen Leistungen nach Magdeburg abgegeben.

Die Baureihe132/232 im Bw Halberstadt (*kursiv* Kurzzeitloks):

005	**018**	032	**033**	*067*	077	**109**	117	*119*
128	*129*	132	*140*	144	149	*153*	**154**	158
173	174	**176**	186	**187**	189	**196**	198	203
219	225	226	231	*234*	*235*	**236**	238	239
245	246	**247**	*250*	254	**258**	261	**262**	265
274	**283**	*285*	326	**330**	332	**337**	347	349
356	358	370	376	383	388	**393**	**395**	**414**
416	*418*	420	424	436	447	453	**454**	455
458	464	466	470	475	478	483	494	499
502	**521**	536	555	*561*	**566**	**635**	**645**	662
706	**708**							

Abfahrbereit steht 132 158 vom Bw Halberstadt im Juli 1990 mit dem D 1644 nach Magdeburg in Potsdam Hbf.

AUFNAHME: DR. WINFRIED KÖNIG

Im Bw Halberstadt haben ihren Lebensweg beendet:

232 196	gt	31.05.94 – 17.10.95	z	a .10.95	
332	mg	01.03.91 – 09.08.95	z	a 07.08.95	
337	gt	31.05.94 – 22.08.95	z	a 19.07.95	
370	gt	27.11.81 – 27.02.89	z	a 02.06.85	Unfall
447	mg	17.06.91 – 06.06.95	z	a 05.05.95	

Am längsten waren beheimatet:

132 198	hlg	01.05.82 – 22.05.93	hlg
455	les	26.02.82 – 21.05.93	les
424	hlp	13.08.81 – 21.05.93	les
238	ntz	01.06.84 – 15.01.97	mg
189	mg	03.05.82 – 30.12.94	mro

Bw Magdeburg

Am 23. Mai 1974 traf 132 075 fabrikneu im Bw Magdeburg ein. Nach den Personalschulungen erfolgte der Einsatz vor Reisezügen nach Dessau und Oebisfelde. Im zweiten Halbjahr 1974 erhielt Magdeburg durch 132 077 und 132 129 weitere Verstärkung. Bis Ende 1975 erhöhte sich die 132-Gruppe auf 20 Loks. Zu diesem Zeitpunkt standen in Magdeburg noch Dampfloks der Baureihen 41 (4), 50^{35} (39), 118 (25) und 120 (16) für den Streckendienst auf den nicht elektrifizierten Strecken zur Verfügung. Die Dieselloks waren im ehemaligen Bw Magdeburg Hbf und die Dampfloks im ehemaligen Bw Rothensee zu Hause. Die 132 liefen im Eil- und Personenzugdienst nach Erfurt, Oebisfelde und Dessau.

1976 wurde der 132-Bestand schließlich auf über 30 Loks aufgestockt. 132 des Bw Magdeburg rollten im Reisezugdienst bis Bad Doberan, Rostock und Wismar. Auch im Güterverkehr wurden mehr Leistungen erbracht, so ein Containerzug nach Rostock-Seehafen oder Transitgüterzüge Helmstedt – Seddin und Oebisfelde – Stendal. Im Sommer 1977 erfolgte die Übernahme der Transitschnellzüge Helmstedt – Berlin von der Baureihe 118. Auch die Schnellzüge des Binnenverkehrs zwischen Magdeburg und Berlin wurden von Magdeburger 132 gefahren, darunter das Städte-Expresszugpaar Ex 141/146 „Börde". Bis Ende 1977 erhöhte sich der 132-Bestand auf 47, die letzten 120 waren vollständig abgegeben worden und die 118 weitgehend auf die Einsatzstellen Eilsleben und Rothensee verdrängt. Von 1978 bis 1981 wurden die Schnellzüge Halberstadt – Berlin komplett mit Magdeburger 132 gefahren, die Leistungen gingen dann auf das Bw Halberstadt über. Von 1979 bis 1981 stand sogar Wolgast-Hafen auf dem Plan der Magdeburger 132 (D 1649/644). Einen Langlauf im Güterverkehr gab es mit Kalizügen von Dergenthin (bei Wittenberge) bis Nordhausen. Neue Wendebahnhöfe im Güterverkehr wurden Wustermark, Brandenburg und Altengrabow.

Zum Beginn des Jahres 1980 war mit 53 Loks der Baureihe 132 der vorläufige Höchstbestand erreicht. Es wurden 20 Maschinen vom Bw Magdeburg (Hbf), sechs von Magdeburg-Rothensee aus und drei in der Einsatzstelle Eilsleben benötigt, außerdem besetzte das Bw Oebisfelde planmäßig drei Magdeburger 132. Die Loks des Transitplans waren ausgewählte Loks mit verplombten Bereichen in Maschinenraum sowie mit Indusi I 60. Bis 1984 hielt sich ein Bestand von 48 Lokomotiven der Baureihe 132 in Magdeburg. Im Reiseverkehr waren Schnellzüge nach Rostock, Berlin sowie Eilzüge nach Erfurt planmäßig zu bespannen, im Güterverkehr wendete man in den bereits genannten Bahnhöfen.

Im September 1984 konnte auf der Strecke Magdeburg – Stendal der elektrische Betrieb aufgenommen werden. Dadurch ergab sich eine erhebliche Leistungsverschiebung im Nord-Südverkehr. E-Loks fuhren jetzt von Halle bis Stendal durch, dort wurde auf Rostocker und Wittenberger 132 umgespannt. Die Magdeburger 132 übernahmen nun mehr Leistungen in Güterverkehr. Trotz der Fahrleitung wurden Güterzüge weiterhin von Wittenberge aus über Güsten nach Nordhausen durchgefahren.

Die in Magdeburg beginnenden Schnellzüge nach Rostock wurden teilweise bis zur Fertigstellung der Elbbrücke in Wittenberge im Jahr 1986 mit 132 des Bw Magdeburg durchgehend bespannt. Danach bestimmten auf dieser wichtigen Nord-Süd-Strecke gänzlich die E-Loks die Zugförderung.

Die Grenzöffnung 1989 bedeutete für das Bw Magdeburg einen Leistungszuwachs im Reise- und Güterverkehr auf den wichtigen Ost-West-Verbindungen über Helmstedt und Oebisfelde. Ab Sommer 1992 wurden die meisten IC- und D-Züge mit Berliner 234 gefahren. Als 1993 die Strecke Magdeburg – Helmstedt elektrifiziert war, befuhren Magdeburger 232 die Strecken nach Berlin, Oebisfelde, Erfurt, Halberstadt und Altengrabow. Außerdem übernahmen die 232 einen Teil der Reise- und Güterzüge über Oebisfelde – Wolfsburg bis Braunschweig von der Baureihe 219. Der Bestand an 232 ging bis Ende 1993 auf 33 Maschinen zurück. Von 1994 bis 1995 wurde die Hälfte der Magdeburger 232 im wieder aktivierten Standort Magdeburg-Rothensee beheimatet. Ende 1995 wurden wieder alle 50 Loks der Baureihe 232 von

Im Bahnhof Oschersleben ist 132 225 vom Bw Halberstadt mit P 8434 (Magdeburg – Halberstadt) am 8. Mai 1989 zum Halten gekommen. Der Zug besteht aus LOWA-Mitteleinstiegswagen, von denen die DR ab 1954 insgesamt 200 Stück beschaffte und die noch bis zu Beginn der neunziger Jahre im Reisezugdienst standen.

AUFNAHME: REINHARD LEHMANN

Die Seitenscheiben der Magdeburger 132 565 bedurften an einem schönen Maitag des Jahre 1985 offensichtlich einer gründlichen Reinigung. Die Maschine wird mit ihrem Zug als D 641 nach Berlin fahren. Der Zug besteht aus dem damals modernsten DR-Wagenmaterial

AUFNAHME: JENS-PETER FRIED

Ein solches Bild darf in diesem Buch keinesfalls fehlen: Eine 132 vor einem der „Städtexpresszüge" der DR, die aus orange-beigen Wagen gebildet waren und die DDR-Bezirksstädte mit der Hauptstadt Berlin verbanden. 132 521 vom Bw Magdeburg fährt im August 1985 mit dem Ex 146 „Börde" durch Berlin-Wuhlheide.

AUFNAHME: DR. WINFRIED KÖNIG

In „guter Gesellschaft" befand sich 132 075 vom Bw Magdeburg im Juli 1989 vor dem Militärschnellzug Brest – Magdeburg bei Altglienicke. Zwar wurden die Wagen in der DDR gebaut, aber die gesickten Seitenflächen von Lok und Wagen entbehren nicht einer gewissen Harmonie.

AUFNAHME: DR. WINFRIED KÖNIG

Magdeburg Hbf aus eingesetzt. 1995 fuhren einen Fahrplanabschnitt lang einige 234 im Reiseverkehr in Richtung Brandenburg. Durch Zugang der Halberstädter 232 im Jahr 1997 wurde nun der Höchstbestand von 63 Maschinen erreicht. Die Loks waren damit auf allen ehemaligen Einsatzgebieten der von Güsten, Halberstadt, Haldensleben, Magdeburg und Stendal ausgehenden Strecken anzutreffen. Auf der Strecke Halle – Halberstadt – Goslar zogen die in Magdeburg geführten 232 ab 1996 die RE-Züge, im Güterverkehr wurden auch Hildesheim und Braunschweig planmäßig über Ilsenburg angefahren.

Die Baureihe 132/232 im Bw Magdeburg (*kursiv* Kurzzeitloks):

005	**014**	**018**	**021**	*023*	*027*	**028**	032	033
036	**039**	*040*	***051***	*056*	059	**062**	063	*064*
071	075	077	**084**	**087**	**090**	097	**099**	**105**
109	111	112	117	*118*	119	128	129	139
140	144	**146**	147	**149**	154	*155*	**156**	158
159	163	**172**	173	**174**	178	***182***	**184**	187
189	**191**	**198**	199	203	**218**	219	221	223
225	226	229	**230**	231	232	234	235	236
238	239	240	242	243	244	**245**	246	**249**
250	**253**	254	258	**259**	261	262	*263*	265
267	**268**	271	**274**	276	***280***	**283**	285	289
290	**295**	*300*	**303**	**308**	*314*	**317**	321	*323*
326	**330**	332	**334**	335	337	*341*	347	348
349	354	*355*	356	368	*370*	376	383	385
388	**393**	395	400	**410**	411	413	414	**416**
418	420	**424**	427	*434*	**435**	436	440	*444*
447	448	449	*451*	453	454	458	459	462
463	464	466	475	476	479	483	484	490
493	**494**	498	502	504	*510*	**514**	519	521
522	523	**525**	526	527	**529**	**531**	536	**544**
550	*554*	***559***	561	564	565	566	**575**	**579**
580	**595**	596	*607*	**625**	**629**	**653**	**654**	**662**
669	676	**680**	681	***698***	*706*	708	***800***	

Im Bw Magdeburg haben ihren Lebensweg beendet:

132	028	les	31.05.95 – 29.12.98	z	a 01.01.99
	033	hab	16.01.97 – 02.12.97	z	a 15.11.97
	039	mro	31.05.95 – 17.10.95	z	a 09.10.95
	062	mro	31.05.95 – 26.07.95	z	a 24.07.95
	063	erf	20.12.90 – 29.07.91	z	a 27.07.91 Unfall
	084	mro	31.05.95 – 26.07.95	z	a 30.06.95
	119	ea	09.01.75 – 14.05.86	z	a 15.05.86 Unfall
132	139	ea	06.01.75 – 28.02.89	z	a 28.02.89 Unfall
	159	ea	13.02.75 – 31.03.77	z	a 01.02.76 Unfall
	172	mro	31.05.95 – 17.10.95	z	a 09.10.95
	199	ea	29.04.75 – 16.02.90	z	a 10.01.90 Unfall
	225	mro	31.05.95 – 26.07.95	z	a 18.07.95
	231	hab	16.01.97 – 28.06.98	z	a 29.06.98
	243	ea	23.08.75 – 15.12.76	z	a 22.10.76 Unfall
	290	les	31.05.95 – 30.04.99	z	a 30.04.99
	317	mro	31.05.95 – 17.10.95	z	a 09.10.95
	348	les	09.02.90 – 01.07.91	z	a 27.04.91 Unfall
	463	hlp	16.08.80 – 28.02.89	z	a 25.09.87 Unfall
	479	les	01.05.82 – 10.10.85	z	a 11.10.85 Unfall
	522	ea	22.08.77 – 23.01.79	z	a 19.01.79 Unfall

Am längsten waren beheimatet (* mit kurzen Unterbrechungen):

132	144	ea	08.01.75 – 21.06.91	hab*
	459	oe	18.06.82 – 31.12.99	mg*
	075	ea	23.05.74 – 25.05.92	umb in 234 075 *
	262	ea	12.10.75 – 31.05.94	les*
	129	ea	10.12.74 – 31.05.94	mro

Die Baureihe 234 in Magdeburg:

116	247	292	304	335	385	417	523

Einsatzstelle Eilsleben

Ab Sommer 1976 erhielten die Personale der Einsatzstelle Eilsleben eine, ab 1977 zwei 132 des Bw Magdeburg in einen eigenen Umlauf. Die Loks wurden nur von der Einsatzstelle Eilsleben besetzt, es konnten aber keine genauen Loknummern aus den Verwendungsnachweisen der Einsatzstelle Eilsleben (1976-1990) ermittelt werden. Die Loks waren anfangs im Güterverkehr Marienborn – Magdeburg – (Berlin) im Einsatz. Mit D 445/444 fuhren Eilslebener 132 ab Sommer 1977 von Helmstedt bis Görlitz. Diese Leistung, mit einer Füllleistung Görlitz – Cottbus – Görlitz, blieb bis 1990 fest in Eilslebener Hand! Ab 1978 wurden von der Einsatzstelle drei 132 fest besetzt. Neben der Görlitz-Leistung gab es noch weitere Reise und Güterzugleistungen auf der Strecke Helmstedt – Magdeburg.

Magdeburg-Rothensee

Vom 1. Juni 1994 bis 30. Mai 1995 beheimatete der wiedereröffnete Betriebshof Rothensee 232 aus Magdeburg. Die Loks wurden in ihrem angestammten Einsatzgebiet eingesetzt und nach einem Jahr wieder in Magdeburg beheimatet. Die alten Gebäude wurden vollständig geschleift und erst 1999 mit einem Neubau begonnen, in dem zukünftig auch Magdeburger 232 unterhalten werden sollen.

Die Baureihe 232 im Bw Magdeburg-Rothensee (*kursiv* Kurzzeitloks):

032	039	062	084	117	129	146	149	154
172	174	189	219	225	249	*254*	295	303
317	321	410	424	559	561	579	654	662
676	698	706						

Bw Oebisfelde

Bereits 1976 besetzte Oebisfelder Personal Magdeburger 132 und beförderte damit Schnell- und Personenzüge von Oebisfelde nach Magdeburg und Stendal. Von Januar 1982 bis Juni 1982 beheimatete Oebisfelde kurzzeitig drei bis vier 132, die in den genannten Leistungen Verwendung fanden. Als im Juni 1982 genügend betriebstaugliche 119 vorhanden waren, konnten die 132 wieder an das Bw Magdeburg zurückgegeben werden.

Die Baureihe 132 im Bw Oebisfelde:

163	219	449	454	459	519	565

Bw Stendal

Jeweils eine 132 beheimatete das Bw Stendal in den Jahren 1978, 1979 und 1980 für wenige Tage. Die Loks dienten der Lokhilfe und kamen im Militärverkehr zum Einsatz.

Die Baureihe 132 im Bw Stendal:

005	229	457

Rbd Schwerin

Bw Hagenow Land

Das bekannte Güterzug-Bw Hagenow Land besetzte im grenzüberschreitenden Verkehr viele Jahre Wittenberger und Schweriner 132. Oft weilten 132 zu Reparaturen in Hagenow-Land. Vom 7. bis 17. Oktober 1990 wurde hier 132 387 im Bestand geführt.

Bw Rostock

Als erste Großdiesellok der V 300-Familie kam 132 027 am 19. Januar 1974 zum Bw Rostock. Ihr folgten im Laufe des Jahres noch 132 024 und 070. Sie kamen im Güterverkehr von Rostock-Seehafen nach Wittenberge in Plänen der ölgefeuerten 44 zum Einsatz. Im Laufe des Jahres 1975 wurde der 132-Bestand auf neun Loks erhöht. Sie liefen im Güterverkehr auch bis Neustrelitz. Wegen fehlender elektrischer Heizung in den Schnellzugwagen konnten die D-Züge Rostock – Magdeburg erst ab Herbst 1975 mit Rostocker 132 gefahren werden. Dafür wurden die letzten im Bw Rostock beheimateten 01 abgestellt.

1976 erhöhte sich der 132-Bestand auf 13 Maschinen. Zusätzlich wurden Personenzüge nach Schwerin und Bad Doberan gefahren. Im Güterverkehr wurden nun auch die letzten 44 verdrängt. Die neu eingelegten Städte-Expresszüge der DR ab Herbst 1976 sahen auch eine Verbindung Rostock – Berlin vor. Ex 121/126 „Stoltera“ wurde von Rostocker 132 bis zur Elektrifizierung der Strecke gefahren. 1977 kam ein weiteres Schnellzugpaar nach Berlin hinzu, auch nach Stralsund fuhr das Bw Rostock jetzt einige Eilzüge mit 132. 1978/79 wurden im Schnellverkehr drei Leistungen nach Berlin und eine nach Magdeburg erbracht, ab 1981 kam ein weiterer D-Zug nach Magdeburg dazu.

1984 kürzte man die Umläufe teilweise bis Neustrelitz und spannte dort auf E-Lok um. Als ein Jahr später die Elektrifizierung Rostock erreichte, lag der 132-Bestand bei 21 Stück, wurde jedoch schnell auf elf reduziert und hielt sich in dieser Größe bis 1994. Die Leistungen nach Magdeburg wurden noch bis 1986 durchgefahren und dann je nach Inbetriebnahme der elektrischen Fahrleitung gekürzt. Von Rostock und Magdeburg aus wurde in

Mit dem D 1637 (Putbus – Erfurt) steht 132 533 vom Bw Rostock am 2. September 1987 abfahrbereit im Bahnhof Bergen auf Rügen. Die zahlreichen Schnellzüge von den großen Städten zur Ostseeküste und zurück bescherten den 132 bis zur Elektrifizierung der Strecken im Norden des DR-Netzes viel Arbeit.

AUFNAHME: REINHARD LEHMANN

Gleich wird der beachtlich lange E 410 am 24. Mai 1987 den Schweriner Hauptbahnhof in Richtung Rostock verlassen. Zuglok ist 132 264 vom Bw Schwerin.

AUFNAHME:
VOLKER LUCAS

Abfahrbereit wartet 132 515 vom Bw Schwerin mit D 439 am 26. April 1984 in Lübeck Hbf. Die „Ludmillas" gehören in der Hansestadt seit den siebziger Jahren zum alltäglichen Betriebsbild und sind auch heute noch regelmäßig hier anzutreffen.

AUFNAHME:
DR. BRIAN RAMPP

Mit dem Ex 131 „Petermännchen" hat 132 191 vom Bw Schwerin an einem schönen Augusttag im Jahr 1988 Schönwalde erreicht. Lok wie Wagen hinterlassen einen gepflegten Eindruck, schließlich galten die „Städte-Expresszüge" der DR als Aushängeschild des hochwertigen Verkehrs.

AUFNAHME:
DR. WINFRIED KÖNIG

Mit der Konzentration der 232 auf die großen Cargo-Dienststellen gelangen die Lokomotiven auch in die entferntesten Winkel. Im November 1999 hat 232 605 (Rostock-Seehafen) den letzten Kalizug von Vacha nach Eisenach über Bad Salzungen am Haken und durchfährt den Bahnhof Dorndorf.

AUFNAHME: UWE HAAS

mehreren Etappen von beiden Seiten bis 1987 die Elektrifizierung abgeschlossen. Den Rostocker 132 blieben nur noch die Bespannung von Reisezügen nach Stralsund und Bad Doberan sowie zahlreiche Güterzüge und Sonderdienste unter Fahrleitung. Im Mai 1994 wurden die letzten acht 232 nach Stralsund und Schwerin abgegeben.

Im September 1998 bekam Rostock den gesamten 234-Bestand (21 Loks) von Schwerin zugewiesen. Die 15 zum Jahreswechsel 1999/2000 noch vorhandenen Lokomotiven beförderten bis Fahrplanwechsel im Mai 2000 die Interregio von Rostock und Bad Kleinen nach Lübeck und kamen im Reiseverkehr von Pasewalk aus zum Einsatz. Zu sehen waren sie auch als 219-Ersatz in ganz Mecklenburg-Vorpommern.

Die Baureihe 132/232 im Bw Rostock (*kursiv* Kurzzeitloks):

006	021	024	027	045	062	063	068	070
072	**077**	083	*143*	*147*	148	150	*156*	184
194	205	213	227	228	**230**	241	**242**	***245***
247	253	*264*	269	276	287	293	*294*	*300*
306	*307*	308	309	311	323	*328*	351	*357*
359	364	*365*	*371*	372	*373*	400	405	427
432	*437*	438	*488*	492	**501**	514	529	533
538	539	547	*558*	*566*	588	595	*598*	*602*
620	*625*	*630*	632	**647**	*649*	*673*	*680*	**702**

Im Bw Rostock haben ihren Lebensweg beendet:

132	150	ea	16.01.75 – 15.05.85	z	a 16.05.85 Unfall
	364	ea	23.07.76 – 02.03.89	z	a 14.09.87 Unfall

Am längsten waren beheimatet (* mit kurzen Unterbrechungen):

132	323	ea	30.01.76 – 02.11.90	sw*
	227	ea	25.07.75 – 28.05.91	arn
	247	ea	28.08.75 – 21.03.92	rch*
	027	ea	19.01.74 – 15.07.91	wit*

Die Baureihe 234 im Bw Rostock:

244	278	299	320	335	341	346	399	440
442	467	475	507	554	578	585	591	641
651	657	664						

Rostock-Seehafen

1997 erlangte der Standort Rostock-Seehafen als Cargo-Werk wieder seine Selbständigkeit. Stellte das frühere (bis 1994 existierende) Bahnbetriebswerk Rostock-Seehafen die Lokomotiven für den Rangierdienst und die Abfuhr des nebenliegenden großen Rangierbahnhofs, erweiterten sich die Aufgaben jetzt auf die zentrale Vorhaltung der 232 der ehemaligen Rbd Schwerin.

Am 1. Oktober 1997 wurde der gesamte Schweriner 232-Bestand (55 Loks) nach Rostock-Seehafen umgesetzt. Der Einsatz erfolgte meist im Güterverkehr von Rostock, Schwerin, Wittenberge, Stralsund, Neustrelitz und Pasewalk aus auf fast allen Strecken in Mecklenburg-Vorpommern.

Die Baureihe 232 in Rostock-Seehafen (*kursiv* Kurzzeitloks):

008	021	024	027	032	114	118	125	131
132	137	151	155	184	191	233	294	308
309	314	345	357	358	372	373	396	397
401	406	429	434	465	470	477	491	492
501	508	513	517	534	541	547	561	567
588	598	605	620	624	*628*	632	633	636
640	647	649	655	666	696	706	707	709

In Rostock-Seehafen haben ihren Lebensweg beendet:

232	027	sw	01.10.97 – 31.08.99	z	a .01.99
232	429	sw	01.10.97 – 22.12.98	z	a 12.12.98

Bw Schwerin

Am 5. Februar 1975 traf 132 160 als erste Lokomotive dieser Baureihe im Bw Schwerin ein. Ihr folgten im Sommer noch die Lokomotiven 132 214, 228 und 234. Bis Ende 1975 waren zehn 132 in Schwerin beheimatet, die einen Großteil der bislang im Güterzugdienst verwendeten 120 ersetzten. Eingesetzt wurden die 132 im Güterverkehr nach Lübeck, Güstrow und Wittenberge.

132 513 rollt am 30. Juli 1987 mit einem Güterzug über die alte Elbebrücke in Wittenberge. Das Bauwerk war eine jahrelange Dauerlangsamfahrstelle und wurde durch einen Neubau ersetzt.

AUFNAHME: RAINER HEINRICH

Ab 1976 erfolgte auch der Einsatz im Reiseverkehr. Im Schnellzugdienst wurde das Zugpaar D 439/438 Lübeck – Stralsund – Lübeck bespannt. Die Lübecker Zugpaare blieben über viele Jahre in fester Hand der Schweriner 132. Im Güterverkehr gab es auch eine durchgehende TEEM-Verbindung Büchen – Stralsund mit Schweriner 132. Ab Ende 1976 gehörte der neu eingelegte Städte-Expresszug „Petermännchen" (Ex 131/136) nach Berlin zu den Aufgaben der 132, der Bestand an 132 war mittlerweile auf 21 Loks angewachsen. 1977 konnte auch die Beförderung des D 437 Schwerin – Dresden (406 km) von der bislang eingesetzten Baureihe 118 übernommen werden. Von Dresden aus gab es für die 132 aus Schwerin eine Füllleistung nach Görlitz, um anschließend mit D 436 wieder in die Heimat zurückzukehren. 1978 standen neben den Dresdner und Lübecker Leistungen auch ein Schnellzugpaar nach Magdeburg und ein weiterer Schnellzug nach Berlin auf dem Plan. Bis 1980 wurde der Bestand auf 25 Lokomotiven aufgestockt. Die Abstellung der letzten ölgefeuerten 50 des Bw Wismar bescherte den Schweriner 132 zusätzliche Güterzugleistungen.

Ab Sommer 1982 entfiel der Langlauf D 436/437 nach Dresden, die Züge fuhren über Magdeburg und wurden dort auf E-Loks umgespannt. Nach Magdeburg wurden jetzt drei und nach Berlin zwei Schnellzugpaare mit Schweriner 132 gefahren. Ab 1985 – der durchschnittliche 132-Bestand lag mittlerweile bei 27 Loks – gab es dann erste Veränderungen Richtung Magdeburg, die Schnellzüge wurden jetzt in Stendal umgespannt. Neben den D-Zügen Lübeck – Rostock und dem Städte-Expresszugpaar bis Berlin wurden die Fernreisezüge meist nur bis zum nächstgelegenen elektrifizierten Lokwechselbahnhof gefahren. Im Güterverkehr waren die 132 nach wie vor Gäste in Lübeck, Büchen, Güstrow, Wismar, Wittenberge, Rostock und Stralsund. Im Jahre 1987 war auch Schwerin mit elektrischer Traktion erreichbar. Rostocker 243 bestimmten mehr und mehr das Bild. Mit dem Lückenschluss bei Wittenberge verloren auch die Schweriner 132 ihr Betätigungsfeld auf dem Rest der Magistrale. Der Bestand wurde auf 17 Maschinen reduziert.

Mit der Grenzöffnung ergab sich das Anwachsen des Reiseverkehrs u. a. auch Richtung Kiel. Bis 1991 wurde der Städte-Expresszug mit 132 bis Berlin durchgefahren und anschließend eingestellt. Ende 1991 übernahm Schwerin den 132-Bestand des Bw Wittenberge; die nun 30 Maschinen zählenden 132 des Bw Schwerin erhielten dadurch wieder größere Aufgaben, vor allem in Richtung Maschen, Hamburg und Puttgarden. 1994 wurden die 232 der mit der Bahnreform aufgelösten Rbd Schwerin in Schwerin zusammengezogen (aus Rostock und Stralsund); bis zu 60 Lokomotiven der Baureihe 232 waren gleichzeitig hier beheimatet. 1995/96 wurden wegen Bauarbeiten alle IR auf der Nord-Süd-Verbindung bis Magdeburg wieder mit 232 gefahren, nachts erreichte ein Containerzug sogar Leipzig. Am 1. Oktober 1997 gingen die zum Bereich Cargo gehörenden 232 auf den neuen Standort Rostock-Seehafen über. Vom Juni 1997 bis September 1998 waren in Schwerin 17 Maschinen der Baureihe 234 beheimatet. Sie wurden überwiegend im Reiseverkehr nach Lübeck eingesetzt.

Die Baureihe 132/232 im Bw Schwerin (*kursiv* Kurzzeitloks):

002	**005**	006	**008**	**014**	019	021	022	*024*
027	**032**	040	041	**043**	045	**051**	056	059
062	*063*	*068*	085	**097**	101	**111**	**114**	116
117	**118**	**125**	**129**	**131**	**132**	137	**142**	*143*
151	**155**	156	160	*168*	*181*	**184**	**186**	191
195	214	*227*	228	**230**	233	234	242	246
247	253	260	261	*263*	264	*265*	267	269
276	**285**	287	293	**294**	**296**	299	306	307
308	309	**310**	**314**	316	317	323	328	331
334	351	**352**	**357**	**358**	359	*364*	365	371
372	373	374	387	**391**	396	**397**	400	**401**
416	427	**429**	430	**434**	*438*	**445**	*459*	**465**
470	474	**477**	492	**499**	**501**	**508**	513	514
515	**517**	*533*	**534**	535	538	539	**541**	547
557	**559**	**561**	**567**	579	**588**	**592**	595	**598**
602	603	**620**	**624**	625	**628**	632	**633**	**634**
636	**640**	**643**	**646**	**647**	**649**	**655**	681	*683*
696	697	**698**	**699**	**702**	**706**	**707**	*708*	**709**

Im Bw Schwerin haben ihren Lebensweg beendet:

132	160	ea	05.02.75 – 04.08.82	z	a 05.01.82 Unfall
	214	ea	13.06.75 – 31.08.84	z	a 25.04.84 Unfall
	316	ea	25.01.76 – 30.09.83	z	a 17.02.82 Unfall
	387	pw	19.09.95 – 08.09.96	z	a 08.09.96

Am längsten waren beheimatet (* mit kurzen Unterbrechungen):

132	317	ea	18.01.76 – 27.05.91	gt
	371	ea	24.08.76 – 28.02.92	bhf*
	264	ea	05.10.75 – 27.05.91	eis*
	328	ea	25.02.76 – 14.11.94	pw*
	373	ea	28.07.76 – 30.09.97	rhs

Einen schönen Kontrast zwischen den Relikten der Dampfzugepoche und dem Traktionswechsel auf Diesel- und Elloks bietet dieses Bild vom März 1985, das im Bahnhof Wittenberg aufgenommen wurde. Der gewaltige Gelenkwasserkran stammt noch aus der Zeit der Schnellzugdampfloks, die beim kurzen Zwischenhalt ihre aufgebrauchten Wasservorräte ergänzen mussten. 132 410 vom Bw Wittenberge benötigt dessen Dienste nicht mehr.

AUFNAHME: JENS-PETER FRIED

Die Baureihe 234 in Schwerin:

244	278	299	320	335	341	346	399	440
442	467	475	507	554	578	585	591	641
651	664							

Bw Wittenberge

Als erstes Bw der Rbd Schwerin erhielt das Bw Wittenberge im Januar 1974 die Lokomotiven 132 021, 023 und 024. Ihnen folgten im April 1974 weitere drei Stück. Zu dieser Zeit waren in Wittenberge 15 Maschinen der Baureihe 01^5 für den Schnellzugdienst, zahlreiche 110 und 41 für den Personenzugdienst, 42 Dampfloks der Baureihe 50 und sechs 120 für den Güterzugdienst beheimatet. Die 132 lösten die 120 in deren Plänen ab und kamen mit TEEM-Leistungen nach Seddin, Hagenow Land und Magdeburg-Buckau. Nach weiteren 132-Zugängen 1975 wurden die 120 endgültig abgegeben. Ab 1976 kamen die 132 auch im Transitverkehr Wittenberge – Büchen vor zwei Schnellzugpaaren zum Einsatz. Ab 1977 entfiel das Umspannen in Wittenberge und die 132 fuhren jetzt alle Transitschnellzüge von Büchen bis Berlin durch. Ein Schnellzugpaar Schwerin – Berlin sowie zwei Zugpaare von Magdeburg nach Rostock wurden von den 01^5 übernommen, bis diese in den Jahren 1978/79 komplett abgelöst wurden.

Ende 1977 betrug der 132-Bestand bereits 35 Stück. Die Loks drangen nun auch in die Pläne der 44 vor. Im Güterverkehr wurden fünf TEEM-Zugpaare Hagenow Land – Seddin sowie Leistungen nach Wismar, Rostock und Magdeburg gefahren. Bis 1982 wurden alle Öl-Dampfloks abgestellt und teilweise durch 132 ersetzt. Der 132-Bestand wurde auf 45 Loks erhöht. Im Sommer 1982 gab es mit D 935/932 Schwerin – Michendorf eine neue Reisezugleistung. Dazu kamen Leistungen von Wittenberge über Pritzwalk und Karow (Meckl.) nach Rostock im Güterverkehr. Diese Strecke wurde bevorzugt im Umleiterverkehr bei Bauarbeiten und später bei der Elektrifizierung der Hauptstrecke Rostock – Schwerin – Wittenberge genutzt. Anfang 1986 war der Bestand der 132 auf 50 angewachsen, es war der Höchstbestand im Bw Wittenberge.

Die Elektrifizierung von Rostock bis Magdeburg schränkte den Radius der 132 immer mehr ein, zuletzt war nur noch das Nadelöhr Elbbrücke zwischen Geestgottberg und Wittenberge bis

Die noch neu wirkende 132 063 verlässt mit einem Güterzug den Bahnhof Stendal. Das einst markante Stellwerk mit Drucklufttechnik ist im Hintergrund noch schwach zu erkennen.

AUFNAHME: DIETER WÜNSCHMANN

Einträchtig warten im Cargo-Werk Oberhausen (im Stadtteil Osterfeld) 232 359 und 232 525 neben 215 094 auf kommende Aufgaben, fotografiert im September 1997. Die „Ludmillas" haben sich im Ruhrgebiet mittlerweile einen guten Namen verschafft.

AUFNAHME: HELMUT BRINKER

1987 ohne Fahrleitung. Im September 1987 begann die Abgabe der 132 an andere Rbd. Die restlichen 132 wurden jetzt hauptsächlich auf der Transitstrecke eingesetzt. Ganze 17 Loks der Baureihe 132 besaß das Bw Wittenberge Ende 1988 noch. Auch durch die Grenzöffnung 1989 konnte man vom gestiegenen Reiseverkehr kaum profitieren, der Bestand schwankte zwischen zehn und 20 Loks. Zum Fahrplanwechsel im Sommer 1994 erfolgte eine Aufstockung auf 33 Maschinen, doch sechs Wochen später wurden am 15. Juli 1994 alle Maschinen dem Bh Schwerin zugewiesen.

Die Baureihe 132/232 im Bw Wittenberge (*kursiv* Kurzzeitloks):

006	019	021	022	023	024	027	041	***043***
045	056	059	063	064	*077*	085	086	**094**
118	***132***	***137***	143	*147*	*148*	156	*166*	184
186	193	194	205	213	230	233	*237*	***241***
246	*249*	*253*	255	263	265	269	***287***	293
294	296	299	*306*	***308***	***309***	310	**314**	*317*
322	324	*328*	330	334	*351*	357	363	*364*
365	*371*	***373***	*387*	***391***	*400*	402	405	410
426	*427*	432	437	438	443	445	452	***465***
467	468	***470***	473	*474*	488	**490**	499	501
507	***508***	511	513	514	515	529	***534***	***535***
538	*539*	541	*551*	*557*	*568*	580	588	592
595	***598***	***603***	620	624	628	632	***633***	***634***
636	*641*	643	*644*	667	*673*	680	***696***	

Im Bw Wittenberge haben ihren Lebensweg beendet:

132	193	ea	20.06.75 – 22.08.84	z	a 18.04.84 Unfall
	324	ea	04.02.76 – 21.10.85	z	a 24.06.85 Unfall

Am längsten waren beheimatet (* mit kurzen Unterbrechungen):

132	294	ea	17.12.75 – 31.05.92	sw	
	445	ea	13.11.76 – 22.05.93	pw	12.86-11.89 zr
	230	ea	27.07.75 – 30.05.92	sw	
	365	ea	08.07.76 – 14.07.94	sw*	
	156	ea	16.01.75 – 14.07.94	sw*	

Standorte außerhalb der ehemaligen DR

Oberhausen

Nach der Wiedervereinigung und der schrittweisen Zusammenführung der beiden deutschen Staatsbahnen wurde man in den alten Bundesländern auf die bei der Deutschen Reichsbahn in großer Stückzahl vorhandene Baureihe 232 aufmerksam. Man sah in den Maschinen die Möglichkeit, die älteren und schwächeren 216 im Bw Oberhausen abzulösen. Im Sommer 1993 weilten 232 205, 285, 567 und 663 leihweise in Oberhausen. Sie kamen vorwiegend im Programmverkehr vor Erz-, Kohle- und Stahlganzzügen im gesamten Ruhrgebiet zum Einsatz. Ab September 1993 wurden sie schrittweise durch hauptuntersuchte 232 ersetzt.

Als erste fest hier stationierte Loks trafen 232 281, 359 und 511 im September 1993 in Oberhausen ein. Ende 1993 waren alle 15 vereinbarten Loks eingetroffen. Nach anfänglicher Skepsis haben sich die Loks gut bewährt, 1996 wurde der Bestand auf 20 erhöht. Sie sind heute in vielen Bereichen des Ruhrgebiets zu finden, ob vor schweren Ganzzügen oder mit Übergaben. Die Ablösung der Baureihe 216 gelang jedoch nicht, beide Baureihen befinden sich noch im Einsatzbestand von Oberhausen.

1999 vereinbarten DB-Cargo und NS-Cargo eine engere Zusammenarbeit. Unter anderem wurde eine Modernisierung einiger 232 für den Grenzverkehr Ruhrgebiet – Emmerich – Amsterdam vereinbart. Baumusterlok 232 800 sowie die umgebauten 241 kamen im Herbst 1999 nach Oberhausen. Bis Ende 1999 erfolgten hauptsächlich Umrüstarbeiten und Personalschulung auf beiden Seiten, erste planmäßige Einsätze auf der Strecke zur NS begannen im Frühjahr 2000.

Die Baureihe 232 im Bw Oberhausen (*kursiv* Kurzzeitloks):

043	**204**	**205**	**281**	***285***	**288**	**289**	**295**	**306**
322	**326**	**359**	**367**	**441**	**451**	**452**	**469**	**478**
511	**521**	**525**	**567**	***613***	**622**	**627**	***663***	**683**
699	**800**							

Am längsten sind beheimatet:

232	452	les	01.10.93 –
232	281	rch	25.09.93 –
232	359	gt	18.09.93 –
232	511	cs	04.09.93 –

Die Baureihe 241 in Oberhausen:

241	008	umb	24.11.99 –
241	353	hlg	16.10.99 –
241	449	hlg	30.10.99 –
241	697	hlg	12.09.99 –

Auch wenn 241 338 in der Statistik noch nicht auftaucht, weilte auch sie zum Jahresende 1999 in Oberhausen, während 232 800 und 241 008 wieder in Halle standen.

Nürnberg Rbf

Am 26. September 1999 wurde der 232-Bestand des aufgelösten Standortes Reichenbach nach Nürnberg Rbf umgesetzt. Haupteinsatzgebiet sind die nicht elektrifizierten Strecken um Regensburg und Hof im Güterverkehr. Für ausfallende 234 sind die Loks auch vor IR-Zügen bis Dresden und Leipzig im Einsatz.

Die Baureihe 232 in Nürnberg Rbf:

044	077	136	167	179	218	219	249	321
354	408	458	462	485	510	536	537	562
572	584	609	626	648	661	689	690	695
701								

Die Instandhaltungswerke

Raw Dessau

Das Raw Dessau war immer für die Unterhaltung von E-Loks zuständig. Bis in die sechziger Jahre wurden daneben Kleinlokomotiven (Kö) sowie Altbau-VT und -VB ausgebessert. Ab 1967 wurde die V 200 in das Unterhaltungsprogramm aufgenommen, die Kö gingen an das Raw Halle. Ab 1970 erfolgte die Indienststellung der Baureihen 130 und 131, ab 1971 wurden die ersten Schadgruppen V6 an 130 ausgeführt. 1973 begann die Indienststellung von Loks der Baureihe 132. Im Jahre 1975 verlagerte die DR die Aufarbeitung in das Raw Cottbus. Im Raw Dessau wurden aber bis Ende 1977 noch neue 132 in Dienst gestellt.

Raw Cottbus

Das Raw Cottbus war bis 1973 für die Ausbesserung von Dampfloks (zuletzt Baureihen 64 und 86) zuständig, zuvor gehörte schon die Baureihe 110 zum Unterhaltungsbestand. Nachdem die Baureihe 110 ab 1974 schrittweise an das Raw Stendal abgegeben wurde, kamen die Loks der Baureihen 120, 130 , 131 und 132 ab 1975 zu ihren Schadgruppen nach Cottbus. Im Zeitraum 1978 bis 1981 erfolgte auch die Indienststellung der 132 im Raw Cottbus. Anfangs führte Cottbus Schadgruppen V5 und V6 aus, später nur noch V6. Ab 1991 wurden 132 im Rahmen der Schadgruppe V7 neu verkabelt. Von 1991 bis 1999 führte das Raw den Umbau der 232 in die Baureihen 234 und 241 und der bislang drei Maschinen für die Wismut aus. Hier wurden auch eine ganze Reihe von Lokomotiven zerlegt. Cottbus ist bis heute Unterhaltungs-AW für die Baureihen 232 und 241.

Bw Neustrelitz

Von 1976 bis 1981 wurden in Neustrelitz Lokomotiven der Baureihe 132 in Dienst gestellt. Bereits seit 1973 führte das Bw an Loks der Baureihe 130 Untersuchungen der Schadgruppe V5 durch, ab 1976 auch an 132. Diese Fristarbeiten wurden 1992 eingestellt. Von 1996 bis 1998 wurden die Werkstatt mit viel Aufwand wiederbelebt und neben Zwischenuntersuchungen (V5) auch Hauptuntersuchungen (V7) an der Baureihe 232 durchgeführt. Im Jahre 1998 begann die Aufarbeitung von Loks der Baureihe 234 in den Schadgruppen I0 und I8. Da das Werk heute zu DB-Regio gehört, sind die 232-Hauptuntersuchungen bereits wieder Vergangenheit. Dafür ist man voll für die Unterhaltung der Baureihe 234 zuständig, allerdings sehr abhängig vom Werk Cottbus, das hierfür die Komponenten liefert.

Bw Erfurt

Von 1975 bis 1977 wurden auch in Erfurt neue 132 in Dienst gestellt. Seit 1975 führte das Bw Erfurt an Loks der Baureihen 131 und 132 Untersuchungen der Schadgruppe V5 aus. Dieses Programm endete 1994, danach wurden in Erfurt nur noch Bedarfsausbesserungen durchgeführt.

Bw Reichenbach

Auch das Bw Reichenbach stellte zwischen 1976 und 1981 Loks der Baureihe 132 in Dienst. Ab Mitte der achtziger Jahre führte man V5-Untersuchungen und Umrüstungsprogramme an 132 durch. 1992 endete das V5-Programm in Reichenbach, die Anlagen wurden von der Regentalbahn übernommen. Bis zum Ende des Bw Reichenbach wurden allerdings Fristarbeiten für andere Bahnbetriebswerke übernommen.

Das Werk Neustrelitz ist mittlerweile für die Unterhaltung aller Lokomotiven der Baureihe 234 zuständig, die zum Bestand von DB Regio gehören. Vor der modernen Werkhalle präsentiert sich am 18. Februar 1999 die erste in verkehrsrot umlackierte und hauptuntersuchte Lok der Baureihe 234 (234 170) neben der orientroten 232 645.

AUFNAHME: JAP

Unfälle

(zusammengestellt von Andreas Stange)

Bei einer Größenordnung von über 800 Loks und einer Einsatzzeit von rund 30 Jahren waren natürlich viele Loks in kleinere und größere Bahnbetriebsunfälle verwickelt. Wurden in den Anfangsjahren selbst schwer verunfallte Maschinen noch aufgearbeitet, führten später bereits kleinere Schäden zur Abstellung der Loks. Die folgende Aufstellung gibt einen Überblick über die bekannt gewordenen größeren Unfälle und Brände. Als Quelle dienten eigene Aufzeichnungen, Archivmaterial der ehemaligen Rbd-Archive Berlin, Schwerin und Erfurt sowie Unterlagen aus der Verwaltung Maschinenwirtschaft aller Rbd, die etwa 1000 Unfallbeteiligungen und Störungen mit Lokomotiven der V 300-Familie umfassen Auffällig ist die Häufung der Unfälle beim Lokwechsel (beispielsweise in Cottbus und Erfurt).
Nicht immer wurden die genauen Schäden bekannt, so dass auch bei den Unfällen ohne besondere Bemerkungen von einer mehr oder weniger größeren Beschädigung der jeweiligen Lokomotive ausgegangen werden kann. Sofern bekannt, wurde in Fällen der anschließenden Ausmusterung darauf hingewiesen.

1971

- Am 24. August brennt die unbesetzte 130 032 (ntz) im Bw Neustrelitz bei einem Motorbrand vollständig aus.
- Durch einen weiteren Motorbrand wird 130 004 (hlg) am 6. September erheblich beschädigt.
- Bei einem schweren Auffahrunfall wird 130 036 (ntz) am 14. Dezember im Bf Sophienhof zerstört.

1972

- 130 054 (wfs) bleibt am 22. September mit Brand im Motorraum im Bf Weißenfels liegen.

1973

- Bei einem schweren Auffahrunfall in der Rbd Halle im August wird 130 055 (hlg) stark beschädigt und später verschrottet.

1974

- Am 27. Februar stößt 131 030 (erf) vor Dg 56439 mit 131 054 (hlg) Lzv in Erfurt Ost frontal zusammen.
- In Reußen fährt am 2. August ein Dg mit 131 025 (hlg) auf einen haltenden Dg stark auf und wird irreparabel beschädigt.
- 130 068 (sed) mit Tdg 45480 kollidiert am 10. August in Berlin-Wuhlheide mit einem im Profil stehenden Kran und wird mit starken Schäden für immer abgestellt.
- Vor dem Ng 61460 entgleist am 17. August 131 011 (wfs) bei Reinsdorf.
- Am 26. September stößt 130 043 (sed) Lzz mit 120 011 vor Dgm 89976 in Michendorf bei einer Flankenfahrt zusammen.
- 130 030 (ntz) fährt am 14. Oktober im Güterbahnhof Berlin-Frankfurter Allee auf Ce 46182 stark auf.
- Mit einem Motorbrand vor Tde 44357 bleibt 130 074 (sed) am 28. Oktober in Doberlug-Kirchhain liegen.

1975

- In Niemberg fährt am 17. Januar 131 053 (gt) zu stark auf einen Dg auf.
- Am 27. April fährt in Lieske Lgo 59133 mit 132 058 (fak) und zehn Wagen über den Prellbock.
- Im Mai verunfallt 132 124 (kms) in Riesa schwer.
- In Nordhausen stößt die umsetzende 131 026 (gt) mit einer abgestellten 44 zusammen.
- Am 1. August stößt TEEM 41802 mit 130 061 (sed) auf einem geschlossenen Bahnübergang bei Treuenbrietzen mit einem LKW der Roten Armee zusammen.
- 132 095 (rch) erleidet am 17. September in der Rbd Dresden einen schweren Auffahrunfall.
- Am 22. Oktober fährt 130 004 (sed) in Saarmund auf Ng 65139 und brennt dabei aus.

Die Folgen des Frontalzusammenstoßes von 131 030 (Bw Erfurt) und 131 054 (Bw Halle G) am 27. Februar 1974 im Bahnhof Erfurt Ost dokumentiert dieses Bild der im Raw Dessau dahinsiechenden 131 054, die noch am 28. August 1976 dort abgestellt stand.

AUFNAHME: AXEL MEHNERT

Zum V 300-typischen Dauerproblem entwickelten sich bald die abgeknickten Rahmen, die schon bei geringsten Auffahrunfällen entstanden. Zwar konnte man meist einmal einen solchen Schaden durch die sogenannte „Eisenacher Methode“ (Rahmen wurde mit Hebern nach oben gedrückt und mittels Blechstreifen am Fahrzeugkasten befestigt) beheben, bei erneuten Abknickungen blieb dann jedoch oft nur noch die Ausmusterung. 132 095 des Bw Reichenbach steht am 10. Mai 1980 im Raw Cottbus. Sie wurde schon am 17. September 1975 Opfer eines Auffahrunfalls und steht nach fünf Jahren immer noch auf dem „Rand“. Die Fensterscheiben haben schon den Weg in andere Lokomotiven gefunden.

AUFNAHME: REINHARD LEHMANN

- In Angern-Rögatz stoßen 41 1099 und 132 243 (mg) am 1. November mit einem Dg zusammen.
- 131 042 vom Bw Röblingen brennt am 16. Dezember in der Rbd Halle aus.
- In Berlin-Köpenick streift am 20. Dezember 130 070 (sed) mit Dg 87180 eine im Profil stehende Wagengruppe.

1976

- In Magdeburg-Buckau stößt die umsetzende 132 159 (mg) am 1. Februar mit 242 115 frontal zusammen.
- Am 11. Februar fährt 130 035 (sed) in Groß Behnitz mit 15 Wagen des Tde 45433 über den Prellbock.
- Die umsetzende 131 074 (gt) kollidiert in Güsten am 10. März mit 120 070.
- Am 12. März fährt 131 071 (rch) in Glauchau auf die abgestellte 58 3001 auf.
- In Sternebeck kommt es am 16. April zwischen 132 336 (fko) am Dg 50109 und 110 305 zu einem Frontalzusammenstoß.
- Am 4. Mai entgleist 131 008 (wfs) mit Dg 87447 in Kahla.
- Im Bf Gerstungen stößt am 25. Juni die DB-Lok 216 097 mit 132 085 (erf) zusammen.
- 131 003 (wfs) wird bei einer Flankenfahrt mit einer Wagengruppe am 17. Oktober stark beschädigt.
- Am 22. Oktober fährt 132 243 (mg) in Cottbus als Vorspann auf 132 273 des D 444 zu stark auf.
- In Vietzenburg kollidieren am 5. November 131 019 (wfs) am Lgo 59417 mit Ng 60619 und 52 8063.
- 132 422 vom Bw Leipzig Hbf Süd erleidet am 19. November in der Rbd Halle einen schweren Auffahrunfall.
- Am 1. Dezember kollidieren 132 126 (fko) und 132 404 (osb) in Berlin-Köpenick beim Lokwechsel.

1977

- Am 18. Januar stößt 130 073 (sed) mit einem Kettenfahrzeug der Roten Armee in Jüterbog Altes Lager zusammen.
- 132 082 (rch) fährt am 20. Januar in Werdau zu stark auf eine Wagengruppe auf.
- Am 21. Januar fahren Vorspannlok 132 307 (kms) und 242 226 mit P 5640 bei Edle Krone auf liegengebliebene Wagen des Dg 52314 auf.
- 130 025 (ntz) fährt am 8. Februar in Löwenberg auf den abgestellten Beiwagen 197 810 auf.
- Bei Lebus stoßen am 27. Juni 03 0078 mit D 1918 und 132 200 (fko) mit Dg 50101 frontal zusammen. Beide Loks fangen Feuer, auch 132 200 brennt dabei aus.
- Am 18. September fährt 132 233 (les) im Dresdner Gbf in Leipzig 118 405 in die Flanke.
- In Eisenach kollidieren am 10. Oktober 132 115 und 132 185 sehr stark.
- 132 266 (osb) kollidiert am 12. Dezember mit D 1051 in Berlin-Lichtenberg
- 132 319 und 132 417 fahren am 17. Dezember mit dem Dg 56284 in Cottbus-Südwest zu stark auf Dg 89401.

1978

- Am 13. Januar fährt 130 014 (ntz) stark auf TEEM 41302 auf.
- 132 381 (fko) mit Dg 53103 und 52 8040 kollidieren am 16. Januar im Frankfurt/O Pbf.
- Gut einen Monat später fährt am 19. Februar wiederum in Frankfurt/O Pbf 132 291 (fko) mit Tlg 49415 auf Dg 56829 auf.
- 131 040 (wfs) kollidiert am 14. März in Erfurt Hbf mit der umsetzenden 106 821.
- Am 18. März erleidet 131 062 vom Bw Halle G in der Rbd Halle einen schweren Auffahrunfall.
- Totalschaden erleiden 120 352 mit Dg 54174 und 130 005 (sed) mit Gag 56821, als sie am 8. Mai in Berlin-Blankenburg frontal zusammenstoßen.
- 132 311 (fko) stößt am 11. Juni in Werbig am Dg 50100 mit einem Traktor zusammen.
- am 28. September kollidieren Dg 51583 mit 132 327 (fko) und Gag 57256 mit 120 085 zwischen Seelow und Dolgelin durch einen Frontalzusammenstoß und werden vor Ort zerlegt.
- Am 2. November stoßen E 852 mit 132 179 (nrd) und Gag 56931 mit 44 0488 bei Riestedt frontal zusammen. Am selben

Eine weniger folgenschwere Entgleisung erlitt 132 384 im Mai 1981 in Leipzig. Dafür lässt das Bild einen eindeutigen Schluß über den Hergang zu: Eine Flankenfahrt, gut sichtbar durch die aufgerissene Flanke des Rahmens, führte offenbar zur Entgleisung der Lokomotive. Möglicherweise stand bei der Fahrt über die Weiche ein Wagen nicht profilfrei.

AUFNAHME: GERHARD THAMM/ SAMMLUNG MICHAEL MALKE

Tag fährt 132 123 (nrd) in Gebra mit P 8528 über den Prellbock.

- In Eisenach prallen am 15. November 132 070 und 044 (beide eis) aufeinander.

1979

- In Potsdam Abzw. Awp stoßen Dg 89180 mit 132 522 und Dg 52805 mit 120 311 frontal zusammen. Beide Loks werden zerstört.
- Am 13. Februar kollidieren 132 216 (erf) und 254 040 im Erfurter Güterbahnhof.
- In Ilberstedt stößt am 20. Februar 132 224 (gt) vom Raw kommend mit einem Panzer der Roten Armee zusammen.
- Am 16. März stoßen in Dreileben-Drackenstedt 132 458 mit D 344 und 132 464 mit D 445 zusammen, beide Loks gehören zum Bw Magdeburg.
- In Bad Sulza brennt am 21. April 132 007 (erf) vor D 457 aus.
- Der D 640 mit 132 326 (mg) stößt am 23. Juni in Werder/Havel frontal mit 118 029 zusammen.
- Am 25. August stoßen in Leipzig-Thekla 132 169 (fak) und 242 024 vor einem Dg zusammen.
- 130 016 (sed) fährt am 16. Dezember im Bahnhof Satzkorn mit Dg 55101 stark auf Dg 51565 auf.

1980

- Die umsetzende 132 071 (cs) stößt am 16. Januar in Cottbus mit der abgestellten 110 782 zusammen.
- 132 210 (eis) fährt am 24. Januar in Erfurt Hbf auf E 696 stark auf.
- Am 3. April wird mit 132 155 (wfs) bei Weimar als Lz eine abgängige Wagengruppe aufgefangen.
- In Wittenberge fährt am 29. April 132 513 (wit) stark auf 110 335 auf.
- Die Vorspannlok 132 481 (eis) des Dg 54424 kippt am 11. Juli bei Vacha um.
- Am 22. September stößt 131 076 (mei) vor Üb 73492 in Meiningen mit 110 671 zusammen.
- In Wallhausen fährt am 22. September 131 049 (rn) mit Dg 87435 auf einen weiteren Dg auf.
- Im Berliner Ostbahnhof kollidieren am 12. Oktober die Lokomotiven 105 062 und 132 401.
- 132 615 (fko) mit Tgag 47519 streift am 20. Oktober einen ins Profil ragenden Kranausleger.
- Am 1. November kollidieren bei Wutha 132 015 mit Hilfszug und 132 433 vor D 907 und werden dabei zerstört.
- Der Containerzug Ce 46402 mit 131 003 (wfs) stößt am 28. November mit der Rangierlok 106 821 (erf) in Erfurt Hbf zusammen.
- 130 062 (sed) und 13 Wagen des Dg 55103 entgleisen am 20. Dezember beim Abzw Lia (Seddin).

1981

- Am 8. Januar kollidiert 130 016 (sed) in Wustermark Rbf mit 120 111.
- Bei Wernshausen fährt am 24. Februar 132 100 (eis) mit P 7013 in entgleiste Güterwagen.
- 132 360 (ntz) setzt am 21. März in Nassenheide zu stark auf einen Militärzug auf.
- In Templin stoßen am 31. März die umsetzende 130 028 (ntz) mit 106 518 zusammen.
- Zu stark fährt 131 061 (hlg) am 30. April in Lutherstadt Eisleben auf eine Wagengruppe auf.
- Am 3. Juli kommt es am Biesdorfer Kreuz zu einer Flankenfahrt zwischen 132 642 (fko) und 118 014.
- 130 035 (sed) und TEC 46906 kollidieren am 13. Juli in Stendal mit einer Wagengruppe.
- Auf dem CSD-Grenzbahnhof Vojtanov fährt am 8. Oktober 132 258 (rch) zu stark auf einen Güterzug auf.
- 132 388 (mg) fährt am 20. Oktober zu stark auf eine Wagengruppe auf.

1982

- Am 5. Januar kollidiert in Schwerin Hbf 132 160 (sw) mit 119 064.
- In Siersleben fährt 132 241 mit E 624 am 21. Januar auf einen Güterzug auf.
- 132 554 (osb) und 250 031 stoßen am 9. Februar in Golßen beim Lokwechsel am Ex 172 zusammen.

- Auf eine Wagengruppe fährt 132 316 (sw) am 17. Februar in Bobitz auf.
- Beim Lokwechsel fährt am 25. Februar im Bahnhof Ludwigsfelde 132 425 (osb) zu stark auf D 660 auf.
- In Bergen/Rügen kommt für 132 102 (srd) das Aus, als sie am 11. März auf eine Wagengruppe stark aufstößt.
- 132 343 (osb) fährt am 10. Mai bei Cottbus Südwest mit dem Dg 89296 dem Tlg 48411 in die Flanke.
- In Waren/Müritz kollidieren am 11. Mai 130 046 (ntz) und 110 131.
- Am 6. Juli entgleisen 132 457 und 499 (beide ntz) mit fünf Wagen des D 523 bei Grabowhöfe in einer Gleisverwerfung nach Bauarbeiten.
- 132 619 (cs) kollidiert am 11. August in Tauer mit einem entladenen Panzer auf der Ladestraße.
- In Hohenbocka fährt 132 302 (hw) am 7. September mit Dg 52276 der 106 813 in die Flanke und kippt um.
- Am 29. September kommt es zu einem Zusammenstoß zwischen 118 102 und 132 594 (cs) mit P 3941.
- In Förtha stoßen am 6. Oktober Tdg 44838 mit 132 210 und Tdg 44823 mit 132 366 frontal zusammen und werden schwer beschädigt.
- 132 431 (osb) überfährt mit Dg 55143 am 31. Oktober in Genshagener Heide ein Signal und zerstört dabei den letzten Wagen des Ps 11485.
- Am 27. November kollidiert im Werkbahnhof Stendell 130 029 (ntz) mit der Werklok V 60-31.
- Beim Lokwechsel in Strelitz Alt stoßen am 15. Dezember die Lokomotiven 132 410 und 142 006 zusammen.

1983

- Am 27. Mai hat 131 003 (wfs) ihren letzten schweren Unfall, sie stößt mit 131 027 zusammen.
- In Oberröblingen kommt es am 6. Juni zu einem schweren Unfall, als 132 279 mit Dg 57630 und 118 236 mit Sdz 89487 frontal zusammenstoßen.
- 130 021 (ntz) kollidiert am 18. Juli bei Templin mit einem Tankfahrzeug der NVA und brennt dabei aus.
- In Berlin-Eichgestell stößt am 16. Oktober die Vorspannlok 132 183 (osb) des P 11441 mit 106 289 zusammen.
- Am 15. November kommt es zur Kollision zwischen 132 175 und 132 548 (beide kms), die in Karl-Marx-Stadt-Küchwald einen Kohle-Gag bespannen sollen.

1984

- 132 499 (wit) stößt am 10. März mit einer ablaufenden Wagengruppe in Wittenberge zusammen.
- In Magdeburg-Buckau fährt am 14. April 132 193 (wit) auf eine Wagengruppe auf.
- Dg 57746 mit 132 214 (sw) fährt am 25. April in Bad Kleinen auf den stehenden Lg 58804.
- 132 621 (sgh) und 105 129 stoßen am 7. Mai im Bf Sangerhausen zusammen.
- Am 17. Juni prallen 132 186 (srd) und 112 347 im Bw Stralsund zusammen.
- Nahe Hettstedt brennt 132 639 am 11. Oktober vor einem Güterzug aus.
- Bei einer Flankenfahrt in Berlin-Wuhlheide werden 132 573 (cs) und 106 097 am 17. November beschädigt.

1985

- Am 7. Januar kommt es auf der Wismut-Werkbahn zu einer Kollision zwischen 132 435 (rch) und einer Rangierabteilung.
- 132 133 und 132 637 (beide eis) werden bei einem Unfall am 15. Januar in Eisenach schwer beschädigt.
- In Triptis stoßen 132 069 (sa) mit Ng 66421 und 119 178 mit Ng 66420 am 8. April frontal zusammen.
- 132 150 (rh) fährt am 15. Mai in Plaatz über einen Prellbock und stürzt um.
- 132 261 (hab) entgleist in Halberstadt am 19. Mai.
- In Cottbus Südwest rollt 132 579 (cs) am 22. Mai ebenfalls über einen Prellbock und entgleist mit allen Achsen.
- Am 2. Juni ist der letzte Betriebstag für 132 370 (hab), sie fährt bei Nachterstedt auf ein Hindernis im Gleis.
- Bei Subzin-Lissow entgleist am 25. Juni 132 324 (wit) vor einem Dg und kippt aus den Gleisen.
- Am 28. Juni rollt 132 314 (srd) in Ribnitz-Damgarten West über den Prellbock.
- Auch 132 630 (srd) kippt im Juli nach einer Flankenfahrt um.

Die letzten Überbleibsel des Unfalls von 132 324 am 25. Juni 1985 in Subzin-Lissow waren am 13. Juli 1986 im Bahnhof Güstrow zu „bewundern". Der Führerstand dieser Lok fand im Schlackenwagen des Bw Wittenberge seine vorläufige Ruhe.

AUFNAHME: ANDREAS STANGE

- In Falkenberg fährt am 4. August 132 675 (fak) auf 52 8098 stark auf.
- Bei Brand fährt 132 574 (cs) am 24. August mit Lgo 59109 in den letzten Wagen eines Güterzuges.
- Am 11. Oktober stoßen wegen eines Fahrdienstleiterfehlers 132 479 (mg) und 112 404 mit P 9476 auf freier Strecke zusammen und werden völlig zerstört.
- In Subzin-Lissow fährt am 20. Oktober 132 432 (wit) mit Gex 2520 auf einen Güterzug auf.
- Am 16. Dezember fährt in Halle/Saale Süd 131 066 (hlg) auf Dg 50631 auf.
- 132 022 (hw) kollidiert im Bw Hoyerswerda am 20. Dezember mit 132 025.
- In Fürstenberg/H überfährt am 22. Dezember 130 028 mit einem Güterzug einen Prellbock.

1986

- 142 001 (srd) wird am 19. Januar beim Auffahren auf eine Wagengruppe in Züssow beschädigt.
- Am 25. März kommt es in Cottbus zum Zusammenstoß zwischen 132 161 und 132 517 (beide hw).
- Nahe des Bahnhofs Lauchhammer wird am 8. April ein Omnibus an einer geschlossenen Halbschranke von 132 672 und Lgo 59745 gerammt.
- Zu einer Flankenfahrt zwischen Tdg 43461 und Sdz 89741 kommt es am 15. Mai in Genthin, 132 119 (mg) wird dabei schwer beschädigt.
- Am selben Tag stoßen in Theißen 132 013 (wfs) und 120 230 mit Ng 60635 zusammen.
- Am 17. Juli fährt in Eisenach die umsetzende 132 248 (eis) einem Güterzug in die Flanke.
- 132 002 (sw) kollidiert am 29. September mit D 439 bei Degtow mit einem Traktor an einer Halbschranke.
- In Berlin-Grunewald überfährt am 22. Oktober 132 275 (osb) einen Prellbock.

1987

- In Hangelsberg kollidiert am 16. März 132 267 (fko) vor D 241 mit einem Kranausleger.
- Am 1. April kommt es in Bergen/Rügen zum Zusammenstoß zwischen 132 376 (srd) vor D 910 und 106 073.
- Gag 56295 mit 132 599 und Tdg 48503 mit 132 671 (beide hw) stoßen am 16. Mai in Schwarzkollm frontal zusammen und werden zerstört.
- In Forst kommt es am 24. Juni auf einem Bahnübergang zum Zusammenstoß zwischen Dg 48502 mit 132 038 (cs) und einem Lkw der Roten Armee.
- Am 14. Juli stoßen 132 546 (rh) und 106 834 im Rostock Hbf zusammen.
- In Neustrelitz fährt 132 473 (ng) am 27. Juli auf Lg 58188 auf.
- Bei einer Kollision am 13. September in Rostock-Seehafen werden 132 364 (rh) und 106 808 beschädigt.
- Der 25. September wird unfreiwillig zum letzten Betriebstag für 132 463 (mg); im Bahnhof Nassenheide fährt sie auf einen Güterzug auf und wird infolge der massiven Schäden nicht mehr aufgearbeitet.

1988

- Am 28. Februar stoßen in ihrem Heimat-Bw Seddin 130 054 und 130 066 zusammen.
- In Blankensee streift 132 195 (srd) am 25. März eine im Profil stehende Wagengruppe.
- 132 163 und 556 stoßen mit D 502 und D 556 während der Elektrifizierungsarbeiten auf dem eingleisigen Abschnitt bei Ferdinandshof am 26. April zusammen und erleiden Totalschaden.
- Am 17. November kommt 132 293 (sgh) in Sangerhausen zu Schaden, als sie auf einen Lgo auffährt.

1989

- Bei Apolda kollidiert am 2. Februar eine abgängige Wagengruppe mit 131 043 (wfs).
- 132 513 (srd) fährt am 15. Februar in Saßnitz Hafen als Schiebelok auf einen Güterzug auf.
- Nahe Berlin-Schönefeld überfährt Gex 2649 mit 132 139 (mg) am 28. Februar ein Signal und kollidiert anschließend mit Gag 56057.
- Am 13. März kommt es zu einem folgenschweren Zusammenstoß zwischen 132 270 mit P 4957 und 132 619 mit Gag 57257, beide Loks erleiden Totalschaden.
- In Samtens stoßen am 29. März 132 369 (ng) und die umsetzende 110 116 zusammen.
- In Cottbus kommen sich am 26. April die Loks 132 613 (cs) und 132 634 (les) in die Quere und werden beschädigt.
- 132 418 und 132 481 (beide erf) stoßen am 3. Mai beim Umsetzen in Erfurt zusammen.
- Gut einen Monat später, am 9. Juni, wiederholen 132 315 und 132 340 diesen Unfall.
- Am 31. Juli stößt 132 276 (wit) mit Gag 56616 bei Lüblow mit einem Lkw an einer Halbschranke zusammen und gerät dabei in Brand.
- 132 044 und 132 396 (beide eis) stoßen am 21. August beim umsetzen in Gotha zusammen.
- Bei Hoyerswerda-Neustadt prallt am 15. Oktober 132 394 (hw) mit P 6432 auf Üb 73228.
- Der 24. November wird zum letzten Betriebstag für 132 001 (fak), sie stößt bei Plessa im dichten Nebel mit 243 138 zusammen.
- Am selben Tag stoßen 132 554 und 132 376 in Nordhausen zusammen.
- In Dietrichsberg kommt es zur Kollision zwischen 132 008 mit Gex 2459 und rückkehrende Schiebelok 132 307 (beide eis).

1990

- In Helmstedt demoliert am 10. Januar eine umsetzende 140 die beiden Magdeburger 132 199 und 132 368.
- 140 548 und 132 111 (mg) kommen sich am 9. Februar erneut in Helmstedt ins Gehege.
- 132 436 (srd) prallt am 15. Februar im Bahnhof Rövershagen mit 112 512 am P 16138 frontal zusammen.
- 106 574 fährt am 22. Februar der 132 628 (bhf) in Berlin-Lichtenberg in die Flanke.
- Am 26. März kollidieren 132 510 und 642 (beide gö) im Bw Cottbus.
- 130 018 (sed) fährt am 31. März in Wustermark Rbf auf 106 974 auf und beendete damit ihre Dienstzeit. Am selben Tag entgleist 132 292 (eis) in Förtha mit fünf Wagen des P 7055.
- 132 445 (wit) und Rangierlok 106 853 kollidieren am 5. April im Wittenberg.
- Am 4. Juni bohren sich 132 171 und 132 318 (beide hw) in Uhyst mit Gag 56238 hinter einem Prellbock in die Erde und endeten als Totalschaden.
- 132 136 (eis) fährt in Bebra am 18. September auf 110 114 auf.
- In Unterbreizbach entgleist am 2. Oktober 131 039 (eis) mit sechs Wagen einer Übergabe.

Glück im Unglück für das Personal der Lokomotiven 132 318 und 132 171: Kurz vor dem Fluss kam die entgleiste Fuhre zu stehen. Uhyst, 4. Juni 1990. AUFNAHME: SLG. A. STANGE

1991

- Am 8. Februar fährt 132 356 (gt) in Aschersleben auf einen Güterzug auf.
- 131 046 vom Bw Röblingen beendet am 19. März ihre Laufbahn nach einem Aufstoß auf 56012 in Angersdorf.
- Am 27. April kollidiert in Helmstedt die umsetzende 140 545 mit der 132 348 (mg).
- Bei einem schweren Frontalzusammenstoß am 27. Juli in Oebisfelde brennen 132 063 (mg) vor D 448 und 216 166 vor Gag 46183 total aus.

1992

- Am 9. Januar streift 232 359 (gt) mit Ng 61782 in Wulfen eine Wagengruppe.
- In Rätzlingen kollidiert am 30. Januar 232 354 vor D 443 (mg) mit einem Traktoranhänger.
- 232 399 (bhf) mit D 313 und ein russischer Pkw stoßen am 18. Februar in Bernau zusammen. Lokomotive und PKW geraten daraufhin in Brand.
- Am 17. Juni stößt 230 047 (sed) bei Ferch-Lienewitz vor Gex 39141 an einer Halbschranke mit einem LKW zusammen.
- In Seddin fährt am 3. Juli 230 074 (sed) auf eine Wagengruppe auf und wird anschließend abgestellt.

1993

- 232 473 (ng) brennt am 8. Juni als Zuglok des Dgm 93507 in Lietzow aus.
- Der 23. August wird für 231 017 (wfs) letzter Betriebstag, in Weißenfels kollidiert sie mit einer Wagengruppe.
- 232 493 (cs) und 143 647 kollidieren am 28. August beim Umsetzten in Cottbus.
- In Blankenheim/Trennungsbahnhof überfährt am 26. November 232 300 (sgh) mit ER 4982 einen Prellbock.

- 232 664 (nrd) fährt am 10. Dezember in Leinefelde auf die Rangierlok 346 943.
- 232 067 (sed) und 232 389 (cs) fahren am 29. Dezember in Berlin-Karlshorst frontal aufeinander.

1994

- Die Pasewalker 232 056 und 232 490 stoßen am 14. Juli beim Umsetzen im polnischen Stettin stark aufeinander.
- Am 20. September prallt 232 694 (hlg) in Halle/S Gbf mit einem Gag auf 142 246.
- 232 321 (hab) stößt am 5. Oktober in Staßfurt auf 202 253.
- 232 516 und 234 475 (beide cs) stoßen am 14. Oktober in Cottbus beim Umsetzen aufeinander.

1995

- In Ketzin wird am 29. August Gag 56134 auf die stehende 232 610 (sed) gedrückt.
- Am 7. September wird 232 638 (pw) vor einem Arbeitszug in Malchin beim Zusammenstoß mit einem Lkw schwer beschädigt.
- Bei einem schweren Zusammenstoß zwischen 232 476 (rch) vor IR 2554 und 202 836 vor RB 8351 am 16. Oktober nahe Teichwolframsdorf werden beide Loks zerstört.
- 232 544 (mg) fährt am 12. Dezember in Halle/S Gbf mit einem Güterzug so stark auf 345 151 auf, dass die 232 im Werk Cottbus zerlegt wird und seither 232 659 als Zweitbesetzung der 232 544 im Betrieb ist.

1996

- Am 26. März fährt 232 331 (mei) in Bleicherode in ein Baugerüst und wird dabei stark beschädigt.
- In Kleinfurra stoßen am 5. Juni 232 143 (mei) und 232 256 (erf) mit den Zügen RB 6655 und RB 6652 frontal zusammen und werden irreparabel beschädigt.
- Bei Carlshöhe kollidiert 232 021 (sw) am 7. Oktober mit einem Lkw und gerät dabei in Brand.
- Im Anschluss Nossen-Rehsa kollidieren 232 234 und 232 542 am 29. Oktober beim Umsetzen.

1997

- 232 054 (cs) wird am 12. Mai bei einem Unfall auf einem Bahnübergang mit einem Lkw erheblich beschädigt.
- Im Oktober wird 234 251 (rch) bei einem Auffahrunfall erheblich beschädigt.
- In Bln-Kaulsdorf kollidiert am 14. November 232 472 (cs) vor RB 5912 mit dem Ausleger eines Baukranes.

1998

- Am 12. Januar kommt 232 310 (sn) bei einem kuriosen Unfall in Cottbus zu Schaden: Ein Leerreisezug wird auf den Schluss der RB 5350 stark aufgedrückt. Die ungebremste Schlusslok 232 586 (sed) wird nur gering beschädigt. Die angebremste Zuglok 232 310 fängt den Aufstoß voll ab und wird später ausgemustert.
- 232 353 fährt beim Umsetzen in Erfurt am 29. Mai stark auf eine andere Lok auf.
- In Hoppenrade stößt 234 299 (sw) vor RB 17016 am 25. Juni mit einem Traktor zusammen.
- Am 28. Juli kollidiert 232 008 in Kargow mit einem Getreide-Lkw, Lok entgleist dabei.

1999

- Im Vorfeld des Erfurter Hbf kommt es am 9. März infolge falscher Weichenstellung zur Flankenfahrt zwischen 232 388 (mg) mit RB 7593 und RE 3350.
- Bei einem Zusammenprall mit einem Lkw an einem unbeschrankten Bahnübergang am 7. Oktober in Laußig (bei Eilenburg) wird 232 517 (rhs) vor KC 58970 schwer beschädigt.

Der tragische Frontalzusammenstoß des IR 2554 von Chemnitz nach Düsseldorf mit einer Regionalbahn nahe Teichwolframsdorf infolge Nachlässigkeit bei der Erteilung des Abfahrauftrages fordert am 16. Oktober 1995 auch Todesopfer. Die beteiligten Lokomotiven 232 476 und 202 836 wurden verschrottet. Der Lokführer der Reichenbacher 232 konnte sich durch einen Sprung aus der Lok noch retten.

AUFNAHME: MATHIAS BUCHNER

Seit September 1990 haben die Lokomotiven der V 300-Familie ihren Aktionsradius auch auf die Strecken von Hof nach Nürnberg und Regensburg ausgeweitet. Am 29. April 1999 hat 232 586 mit ihrem Ganzzug Kirchenlamitz Ost erreicht. AUFNAHME: MARKUS LOHNEISEN

232 252 musste im Mai 1994 einer offensichtlich schadhaft gewordenen Zweisystemlok der Baureihe 180 vor einem EuroCity Warschau – Berlin helfen. Das Bild zeigt den aus modernen PKP-Wagen gebildeten Zug bei der Durchfahrt in Berlin Warschauer Straße. AUFNAHME: DR. WINFRIED KÖNIG

232 633 passiert am 30. April 1999 mit dem IK 52273 (Lübeck Skandinavienkai – Elze) zwischen Lübeck Hbf und Lübeck-Niendorf die Brücke über den Elbe-Lübeck-Kanal in Lübeck-Moisling (KBS 410). AUFNAHME: MATTHIAS REDER

234 578 rollt am 14. Juni 1998 mit dem IR 2331 (Hamburg-Altona – Puttgarden) zwischen Hamburg Dammtor und Hamburg Hbf über die Lombardsbrücke. AUFN.: MATTHIAS REDER

132 530 durcheilt am 14. Mai 1979 mit einem Städteexpresszug die Berliner Wuhlheide. Lokomotive wie auch die Wagen gehörten damals zu den Vorzeigeobjekten der Deutschen Reichsbahn.

AUFNAHME: GEORG DOLLWET

Die Röblinger 131 009 hatte am 19. Mai 1981 bei der Fahrt auf der Rampe nahe Riestedt mit diesem Ganzzug sicherlich genügend Arbeit. Gemeinsam mit den damals noch im Dienst befindlichen 44 der Bahnbetriebswerke Nordhausen und Sangerhausen standen diese Maschinen auf der Strecke von Halle/Saale nach Leinefelde im Güterzugdienst.

AUFNAHME: GEORG DOLLWET

Ein typischer DR-Zug aus der Zeit zwischen Wiedervereinigung und Gründung der Deutschen Bahn: 132 003 verlässt mit dem N 3227 den Bahnhof Artern. Das gewohnte Flair der Deutschen Reichsbahn ist unverkennbar.

AUFNAHME: GERNOT GATTERMANN

132 232 und eine Schwesterlok verlassen im August 1990 den Bahnhof Zoologischer Garten in Berlin. Einst fuhren hier die Transitzüge in die Bundesrepublik ab, die ohne Verkehrhalt durch die DDR rollten und seit 1977 zu den Stammleistungen der 132 verschiedener Bahnbetriebswerke gehörten.

AUFNAHME: MARC DAHLSTRÖM/ EK-VERLAG

Eine Lokparade der Superlative gab es am 26. Mai 1996 in der (heute einem Trümmerfeld gleichenden) Einsatzstelle Zeitz: Dort haben Aufstellung genommen: 232 635, 300, 173, 156, 229, 276, 017, 529, 368, 629, 448 und 687.

AUFNAHME: VOLKER LUCAS

Der farbliche Zustand von 130 007, aufgenommen am 11. Mai 1980 nahe des Karower Kreuzes in Berlin, war einst nicht ungewöhnlich. Zahlreiche der DR-Diesellokomotiven liefen in einem ausgesprochen verschmutzten Zustand.

AUFNAHME: GEORG DOLLWET

Genügend Arbeit hat 232 640 mit einem Ganzzug aus PKP-Selbstentladewagen am 30. Pktober 1999 bei der Durchfahrt im Bahnhof Niesky. AUFNAHME: GEORG DOLLWET

Solche Museumsfuhren gibt es nicht alle Tage zu sehen: 232 256, 231 004 und 220 335 mühen sich am 4. Juli 1992 bei Gerstungen mit diesem langen Lokzug für das Museum Hermeskeil ab. AUFNAHME: ROLF STUMPF

Nach der Ausmusterung der 4000 PS starken 242 baute das Werk Cottbus für den Bedarf von DB Cargo 232 237 in eine 4000 PS starke Lok um und bezeichnete sie als 232 800. Die Lok wurde vor Kohlezügen für die BUNA-Werke auf der Strecke Wählitz – Großkorbetha eingesetzt. Im Sommer 1998 verlässt die Maschinen mit einem solchen Zug den Bahnhof Pörsten.
AUFNAHME: SVEN STRÖßNER

Erinnerung an die Dienste der 232 im hochwertigen Reiseverkehr: 232 105 hat am 15. August 1993 mit dem EC 11 „Mimara" Göschwitz verlassen. AUFNAHME: MATTHIAS REDER

Die noch nicht ganz fertige 241 008 wartet im Werk Cottbus auf die Erledigung der restlichen Arbeiten. Das Kraftpaket mit 4000 PS Leistung wurde für die speziellen Wünsche von DB Cargo umgebaut.

AUFNAHME: FRANK LÜDECKE

Ein Blick in die Werkhallen des Ausbesserungswerkes Cottbus ist nicht alltäglich. Dort wurde anlässlich der Werksjubiläums am 11. September 1999 an der in Aufarbeitung befindlichen 232 470 demonstriert, wie die Lokkästen innerhalb der Halle transportiert werden.

AUFNAHME: FRANK LÜDECKE

Auch das gehört nicht zu den sonst zugänglichen Einblicken: Der Motorenprüfstand im Werk Cottbus, wo die aufgearbeiteten Motoren auf Herz und Nieren geprüft werden. Das Bild zeigt auch die gewaltigen Ausmaße des Antriebsaggregats der Lokomotiven.

AUFNAHME: FRANK LÜDECKE

07-062 der Bulgarischen Staatsbahn konnte am 24. April 1993 im Bahnhof Dupnitza im Bild festgehalten werden. Die nach Bulgarien gelieferten Maschinen entsprechen den DR-131.
AUFNAHME: JOHANNES GLÖCKNER

Bilder der an die sowjetischen Industriebetriebe gelieferten Maschinen sind Raritäten und konnten erst nach dem Zusammenbruch der UdSSR angefertigt werden. TE109-017 (Lugansk 844/1978) macht sich an der Bauxitmischanlage in Bogsitogorsk nützlich, 17. März 1999.
AUFNAHME: JOHANNES GLÖCKNER

„Russische Westflotte“

(von Helmut Brinker)

Sieben Jahre Baureihe 232 im Ruhrgebiet

Nach einer langen Gewöhnungsphase gehört die Vermischung des ehemaligen west- und ostdeutschen Fahrzeugparks heute zum Bahnalltag. Dennoch – gerade wegen der gegensätzlichen Entwicklung von DB und DR – erscheinen manche Einsätze fern des angestammten Bereiches noch immer als ungewöhlich und lassen das Auge des Eisenbahnkenners länger und nachdenklicher verweilen.

Zu einem solchen Blickfang gehören zweifellos die 29 „Ludmillas“ des Standortes Oberhausen, sowjetische Großdiesellokomotiven der früheren Reichsbahn-Baureihe 132 (232), die seit April 1993 auf ihrem westlichsten „Außenposten“, dem Ruhrgebiet, unterwegs sind.

Die Vorgeschichte dieser mutigen Umbeheimatungsaktion beginnt eigentlich im Mai 1988, als im Bw Oberhausen 1 (Osterfeld) die letzten Lokomotiven der Baureihe 221 abgestellt wurden. Die mit zwei Motoren von je 1.350 PS äußerst zugkräftigen Maschinen waren in ihrem letzten Einsatzgebiet beinahe universell einsetzbar gewesen und hinterließen eine Lücke, die von der Baureihe 216 mit 1.900 PS nicht abzudecken war.

Als Ersatz für die 221 erhielt Oberhausen deshalb ab April 1988 die im Bw Ulm überzählig gewordenen Lokomotiven 215 071-093, die mit einem 2.500 PS starken Motor ausgerüstet waren. Als ungünstig erwies sich jedoch, dass Züge, die zuvor von der 221 noch eben bewältigt werden konnten, nun bereits eine als unwirtschaftlich und störanfälliger bewertete Doppeltraktion aus 216 oder 215 erforderlich machten.

Eine unverhoffte Lösung schien sich fünf Jahre später anzubahnen: Im Januar 1993 begann ein Probeeinsatz der sechsachsigen DE 1024 von MaK, die als 240 003 von der DB angemietet und in Schleswig-Holstein im Einsatz war. Drei Wochen lang bespannte die als ebenso leistungsfähig wie schadanfällig geltende Lok schwere Brammenverbundzüge. Dabei stellte sie sogar einen Höchstleistungsrekord auf, als sie einen 3.080 t schweren Zug auf der 12-‰-Steigung bei Mülheim (Ruhr) aus dem Stand beschleunigen konnte. Nach Abschluss der Testfahrten hatte die Leistung der 240 derart überzeugt, dass die BD Essen gegenüber der Hauptverwaltung keinen Hehl daraus machte, eine Beschaffung des 3.600 PS starken Kraftpakets dringend zu befürworten.

Hier jedoch hatte man die Rechnung ohne den Wirt, in diesem Falle die deutsche Wiedervereinigung, gemacht. Mittlerweile waren die Güterverkehrsleistungen im Osten bereits so weit zurückgegangen, dass ein enormer Überhang an Fahrzeugen bestand bzw. abzusehen war, darunter auch die in Woroschilowgrad gebaute Baureihe 232 mit einem aktuellen Bestand von über 600 Lokomotiven. Die Schlussfolgerung lag nahe: Das Bestreben, überzählige Substanz wieder einer sinnvollen Verwendung zuzuführen, musste auf jeden Fall größer sein als der Wunsch nach vorzeitigen Neubeschaffungen. Die Idee war geboren, der Rest kaum mehr als eine Formsache. Anfang April 1993 unternahm 232 663 als erste die Reise nach Westen, um vom Betriebsteil Wanne-Eickel aus zur praktischen Personalschulung zur Verfügung zu stehen. Zuvor hatte die Lok die Werkstatt der Regentalbahnfahrzeugwerkstätten GmbH in Reichenbach (Vogtl) in schallisolierter und überarbeiteter Form verlassen.

Ab August 1993 wurde mit 232 205 vom Bw Görlitz die erste Lok auch werkstattmäßig unterhalten. Nach und nach erhöhte sich der Bestand bis zum Jahresende auf 15, ab Oktober 1996 auf 20 und ab Mai 1998 schließlich auf 23 Maschinen. Mit Gründung der Deutschen Bahn AG am 1. Januar 1994 verloren sie ihren Status als Mietlokomotiven und konnten dauerhaft in Oberhausen stationiert werden. Sämtliche Neuzugänge hatten vor ihrer „Westreise“ im Raw Cottbus die höchste Instandhaltungsstufe erhalten, bei der die Lok sehr kostenintensiv bis auf den Rahmen komplett zerlegt, überarbeitet und wieder zusammengesetzt wird. Ein Großteil der Fahrzeuge erhielt ferner neue mikroprozessorgesteuerte Vorwärm- und Warmhaltegeräte sowie geräuschdämmende Siemens-Lüfter, die das charakteristische Pfeifgeräusch endgültig vermissen ließen.

Trotz intensiver Schulungen in Neustrelitz und Halle betraten die betroffenen Mitarbeiter der Osterfelder Werkstatt mit ihren Ludmillas absolutes Neuland. Ungewohnt waren vor allem der dieselelektrische Antrieb und die Abkehr von den Normbauteilen der Bundesbahn. Anfängliche Skepsis wich jedoch mehr und mehr fundierten Fachkenntnissen und Erfahrungswerten. Wichtigster Ansprechpartner neben Cottbus ist das Werk Erfurt. Weil dort die entsprechende Infrastruktur und ein qualifizierter Personalstamm bestehen, übernimmt Erfurt weiterhin alle größeren Instandhaltungsarbeiten wie z. B. Auffahrschäden oder den alle 18 Monate vorgeschriebenen Motor/Generatortausch, der mit einer Rheostat-Prüfung (Leistungsprüfung im Stillstand) abgeschlossen wird.

Schwierig gestaltete sich anfangs die Ersatzteilbeschaffung. Nicht vorgehaltene Teile waren aus Cottbus anzufordern, konnten aber aus Mangel an Unterlagen nicht immer korrekt benannt werden. Fremd war den West-Technikern auch das im Osten immer noch gebräuchliche Prinzip der Improvisation. Fast alles war bei dieser Baureihe anders als jahrelang praktiziert. Weil Rahmen und Blechteile aller Ludmillas in Einzelfertigung produziert wurden, muss die bestellte Maschinenraumtür noch lange nicht passen. Doch weil man im Ruhrpott die Lage nie ganz so verbissen sieht, erinnert man sich gerne an kleine Anekdoten. Zum Beispiel an das erste Nachfüllen des Motoröls, als sich die Maschinenanlage als Fass ohne Boden erwies und die gewohnte Ölmenge in unergründlichen Tiefen spurlos versickerte (eine 232 fasst 1.100 l Motoröl, eine 215 dagegen nur 250 l). Oder an die vielen Gummidichtungen und -schläuche, die sich aus unerfindlichen Gründen langsam auflösten. Sie waren nicht ölfest und kapitulierten vor dem im Westen gebräuchlichen Korrosionsschutzöl.

Auch die Lokführer berichten immer wieder von beeindruckenden Überraschungen. Bei einer Ablösung in Osterfeld erscheint ein „Durchläufer“ von Tschechien nach Emmerich, der bereits seit der Abfahrt im östlichen Nachbarland mit einer Erfurter 232 bespannt ist. Am Zielort tendieren die Kraftstoffvorräte der Lok gegen Null, der Besuch einer Tankstelle wird unausweichlich. Eine solche existiert hart an der holländischen Grenze tatsächlich noch, jedoch ausgelegt mit dünnem Schlauch und kleiner Zapfpistole, z. B. für eine Köf. Eine Stunde und zehn Minuten dauerte der bemerkenswerte Tankvorgang, bei dem 3.200 l Diesel in Ludmillas „Bauch“ verschwanden.

Das neue Jahrtausend bringt weitere Überraschungen für den westlichen Außenposten. Schon seit Ende 1999 ergänzen die ersten von fünf Maschinen der neuen Baureihe 241 den Bestand. Diverse Maßnahmen zur Verbesserung der Antriebsleistung und ein neuer Kolomna-Motor ließen bei diesen Lokomotiven nochmals eine Leistungssteigerung auf 2.940 kW/4.000 PS zu, die auch die Bewältigung schwerster Anhängelasten erlaubt. Hauptaufgabe ist die Bespannung schwerer Stahlzüge von Rotterdam nach Hagen-Vorhalle, weshalb die „hochgezüchteten“ Ludmillas auch mit modernster holländischer Zugsicherungstechnik ausgerüstet sind. Sämtliche Erkenntnisse und Erfahrungen, die in den Umbau zur 241 einflossen, stammen aus dem Prototyp 232 800 (ehemalige 232 237), der bereits seit Sommer 1998 im rauhen Ruhrgebietsalltag erprobt wird.

232 451 hat am 18. September 1997 in Duisburg-Hochfeld Nord den Zug 61413 bespannt. AUFNAHME: HELMUT BRINKER

Die Entscheidung zum „Westeinsatz“ der 232, noch im letzten Jahr der beiden Staatsbahnen gefallen, war also anscheinend goldrichtig. Doch in den Zeiten rückläufiger Beförderungszahlen lauert der Rotstift überall, und so könnte irgendwann auffallen, dass die besagte Baureihe als insgesamt sehr unterhaltungsaufwendig gilt. Der Langlauf mit wenig Halten war ursprünglich ihr Konzept, jetzt verkehrt sie überwiegend „rund um den Kirchturm“, mit geringen Laufleistungen und vielen Standzeiten. Doch die von DB Cargo möglicherweise ersehnte Alternative ist vorerst nicht in Sicht.

Die Eisenbahner aus Oberhausen jedenfalls möchten heute – im siebten Jahr – ihre sowjetischen Kraftwerke nicht mehr missen, aufgrund ihrer Leistung, ihrer Zuverlässigkeit und nicht zuletzt einer unschlagbaren Robustheit.

Eine Mitfahrt auf 232 451-5

Der weinrote Koloss mit der Betriebsnummer 232 451-5 war bis November 1993 im Bw Neubrandenburg beheimatet. Jetzt, an einem diesigen Spätsommervormittag im September 1997, hat er im Bahnhof Duisburg-Hochfeld Nord soeben den Ganzzug 61413 bespannt. Lokführer Franz Blobel, der nebenbei auch die historische V 200 116 betreut, hat heute einen kurzen Sonderdienst erwischt. Nach der Lz-Fahrt vom Bh Oberhausen bis hierher beginnt sogleich die erste der für den Güterzugdienst so typischen Wartezeiten, bis ein Zug zusammengestellt und seine spezifischen Daten erfasst sind. Zeit also für ein zweites Frühstück.

Nach einer längeren Eingewöhnungsphase haben sich auch die Lokführer mit der ungewohnten Ost-Technik angefreundet. Die anfängliche Störanfälligkeit, die sicher auch auf Bedienungs- und Wartungsfehler zurückzuführen war, ist längst einem unkomplizierten Umgang gewichen. Man schätzt vor allem die überragende Leistung der 3000-PS-Lokomotiven und ihren relativ hohen Fahrkomfort.

Erst um die Mittagszeit, nach erfolgter Wagenuntersuchung und Bremsprobe, zeigt das kleine Formsignal Hp1. Langsam und etwas verzögert folgt der schwere 16-Zylinder-Dieselmotor dem Aufschalten der ersten von insgesamt 15 Fahrstufen. Im Gegensatz zu Lokomotiven mit Wandlergetriebe erlaubt der dieselelektrische Antrieb der 232 nur ein sehr zaghaftes Steigern der Motordrehzahl und damit des Fahrstroms – ein Grund warum Ludmilla für den Personennahverkehr nicht so optimal geeignet ist. Im Schneckentempo kriechen wir am Stellwerk vorbei und nehmen die Fahrtunterlagen entgegen. Die Ladung der angehängten Selbstentladewagen ist Kohlenstaub aus Kolumbien, der nach rund 9.000 km langer Schiffsreise hier im Duisburger Außenhafen umgeladen und zum Kohlekraftwerk in Möllen (bei Dinslaken) transportiert wird. Nur kurz sinnieren wir darüber, warum Kohlenstaub um die halbe Welt gekarrt wird, wenn er gleich nebenan im Boden liegt. Eine unendliche Frage nach dem Sinn und Unsinn von Politik und Weltmarktgesetzen ...

Den folgenden eingleisigen Streckenabschnitt durch das Stadtgebiet Duisburgs säumen Mietskasernen und eine Straßenbahnlinie. Scheinbar mühelos beschleunigt 232 451 nun mit mittlerer Drehzahl den 1.902 t schweren Zug. Schnell erreichen wir den stillgelegten Duisburger Güterbahnhof, durchqueren eine Unkrautwüste auf einem einzigen blanken Gleis. Das gleiche trostlose Bild in Rheinhausen: Eine gigantische Stahlwerksruine überdauert die Zeit als stummes Mahnmal. „Ludmilla“ zeigt sich unbeeindruckt und strebt mit Höchstdrehzahl der nächsten Rheinüberquerung bei Moers zu. Vibrationen durchziehen den Führerraum, das Donnergetöse einer gewaltigen Kombination aus Dieselmotor, Abgasturbolader, Generator und sechs elektrischen Fahrmotoren wird nur noch übertönt von den automatisch zugeschalteten Lüftergruppen. Im Gegensatz zur 221 ist jedoch noch immer normale Gesprächslautstärke möglich, dank guter Isolierung und separaten Einstiegsräumen hinter den Führerständen. Nur die Sifa nervt mit einer markerschütternden Luftpfeife, die einer Serie für Kampfflugzeuge zu entstammen scheint. Fast alles auf dieser Lok ist eben eine Nummer robuster und kräftiger.

Nach langsamer Fahrt durch den Güterbahnhof Oberhausen West erreichen wir einen fast vergessenen Schienenstrang: die alte KBS 235b Oberhausen – Walsum – Wesel, die heute noch eingleisig bis Spellen führt und regen Güterverkehr aufweist. Von Wildwuchs verdeckte Empfangsgebäude und Bahnsteige zeugen vom Personenverkehr, der schon im Mai 1983 eingestellt wurde. Endstation für uns ist das Kraftwerk Möllen. Auf dem Gelände des Privatgleisanschlusses schiebt die 232 Wagen für Wagen über eine Entladegrube, aus der Transportschnecken den Kohlenstaub auf Vorratshalden befördern. Lokführer Blobel wird sich nach dieser zeitraubenden Prozedur mit seiner Lok zur 5 km entfernten Zeche Walsum begeben und von dort einen weiteren Ganzzug – diesmal mit heimischem Kohlenstaub – wieder nach Möllen befördern. Ich dagegen beende die Reise an dieser Stelle mit dem Gefühl, endlich mal wieder auf einer „richtigen" Lokomotive mitgefahren zu sein.

232 451 verlässt am 18. September 1997 mit dem Zug 61413 den Übergabebahnhof Duisburg-Hochfeld Nord, das Signal zeigt „Hf 1". Am Stellwerk „Kre" werden die Wagenpapiere Lokführer Franz Blobel übergeben.

AUFNAHME: HELMUT BRINKER

Der Zug 61413 vor dem Abfahrt im Bahnhof Duisburg-Hochfeld Nord. Wer hätte Jahre zuvor ernsthaft behaupten wollen, dass einmal Lokomotiven aus sowjetischer Produktion im Ruhrgebiet die Förderung schwerster Züge übernehmen würden?

AUFNAHME: HELMUT BRINKER

Die beiden Schlepploks 232 192 und 232 081 am 5. Oktober 1995 auf dem Ablaufberg des Bahnhofs Dresden-Friedrichstadt, wenige Wochen nach Übernahme des Betriebs von den Lokomotiven der Baureihe 298. AUFNAHME: WOLFGANG FREYER

Die Baureihe 232 als Schlepplok in Dresden-Friedrichstadt

(von Wolfgang Freyer)

21 Jahre lang, von 1973 bis 1994, verrichteten die Lokomotiven der Baureihe 120 bzw. 220 den Schleppdienst zum Ablaufberg in Dresden-Friedrichstadt. Im Jahre 1994 wurden die letzten Loks dieser Baureihe bei der DB ausgemustert. Das betraf natürlich auch die Dresdener Schlepploks. Nun wurde dringend eine andere Lok als Nachfolge auf der „Schleppe" gebraucht.

Durch den enormen Rückgang des Güterverkehrs Anfang der neunziger Jahre auf dem Netz der damaligen DR waren auch die Schleppleistungen auf dem Ablaufberg des Güterbahnhofs Dresden-Friedrichstadt sehr stark rückläufig. Deshalb wurde die in Dresden beheimatete Baureihe 298 als Schlepplok-Nachfolgerin für die abzulösenden „Wummen" auserkoren. Obwohl in der Leistung und Zugkraft deutlich schwächer als die 220, genügte sie zum damaligen Zeitpunkt den Anforderungen im Schleppbetrieb. Mit Beginn des Sommerfahrplanes 1994 übernahmen die 298 den Schleppdienst. Es wurden immer drei Lokomotiven benötigt. Noch bis 1991 waren ständig vier Loks der Baureihe 120 rund um die Uhr im Einsatz.

Bald war aber der Tiefpunkt überwunden, und es ging wieder ein wenig aufwärts im Güterverkehr auf der Schiene. Dadurch erhöhten sich auch die Anforderungen im Schleppdienst, und damit waren die Maschinen der Baureihe 298 an den Grenzen ihrer Leistungsfähigkeit angelangt. Stärkere Lokomotiven mussten den Schleppdienst übernehmen, und dafür schien die Baureihe 232 geeignet. Bereits im November 1990 erfolgte erstmalig ein Probeeinsatz mit der Lokomotive 132 165 im Schleppdienst. Damals gab es aber Probleme wegen des Krümmungshalbmessers des Eselsrückens auf dem Berg. Außerdem waren damals noch keine 132 in Dresden beheimatet.

Schließlich wurden im Sommer 1995 die ersten drei 232 in der Dresdener Werkstatt als Schlepplok ausgerüstet. Es waren die damals noch in Görlitz beheimateten 232 081, 192 und 241. Sie erhielten die Einheitsrangierkupplung RK 900, allerdings nur auf einer Seite am Führerstand 1. Weiterhin wurden sie mit Rangierfunkgeräten versehen. Erkennbar sind die Loks durch die auf beiden Führerständen vorhandenen Rangierfunkantennen. Ab Herbst 1995 wurde dann der Schleppbetrieb von der Baureihe 232 vollständig übernommen. Bei der Fahrt über den Ablaufberg gilt allerdings die Einschränkung der Fahrt mit Schrittgeschwindigkeit. Da beim Abdrücken der Waggons in der Regel kaum schneller gefahren wird, wirkt sich das nicht nachteilig aus. Werktags werden drei, an den Wochenenden zwei Schlepploks auf dem Berg in Dresden-Friedrichstadt benötigt. Folgende 232 wurden bisher als Schlepplokomotiven ausgerüstet:

232 081-0		232 542-1
232 192-5	(+ 30.08.98)	232 650-2
232 241-0		232 656-9
232 246-9	(+ 30.08.98)	232 688-2
232 319-4	(+ 20.02.99)	232 700-5
232 329-3		

Drei von ihnen sind bereits ausgemustert (siehe Tabelle), andere wurden nach erneuter Hauptuntersuchung nicht mehr als Schlepploks ausgerüstet (232 081 und 232 241). Man kann aber am Umlauftritt am Führerstand 1 noch erkennen, dass sie einmal Schlepplokomotiven waren. Dort ist noch der Ausschnitt vorhanden, der zum Hochklappen der Rangierkupplung notwendig ist. Die drei ausgemusterten Schleploks hatten noch die alte Farbgebung. Die jetzt noch als Schlepplokomotiven tätigen Maschinen haben den verkehrsroten Anstrich. Interessant ist dabei, dass 232 700 von 1995 bis zu ihrer Hauptuntersuchung am 8. September 1998 den orientroten Anstrich mit Latz trug. Wie auch einst bei den „Wummen“ haben die 232 die Funknamen „Ralf 12“ bis „Ralf 19“ und „Ralf 22“. Größere Rangierunfälle mit der 232 gab es bisher zum Glück nicht. Nur bei 232 542 geriet im Frühjahr 1999 die Hochspannungskammer in Brand. Im September 1999 kam sie zur Ausbesserung ins Werk Cottbus und steht seit März 2000 wieder im Dienst, allerdings nicht mehr als Schlepplok.

Analog der 220 werden die 232 auch im normalen Zugdienst eingesetzt, wenn sie als Schlepplokomotive nicht benötigt werden. Die Einsätze reichen dann von planmäßigen Übergabezügen im Dresdener Raum über Arbeitszüge bis hin zu grenzüberschreitenden Zügen nach Decin in die Tschechische Republik, wenn es an Loks der Baureihe 180 mangelt. Als Schiebelok auf der Rampe von Dresden-Neustadt bis Dresden-Klotzsche spielen die Schlepploks kaum mehr eine Rolle. Bis Mai 1991 war hier stets eine Lok der Baureihe 120 rund um die Uhr als Schiebelok im Einsatz. Da der Güterverkehr in Richtung Ostsachsen nur noch sehr gering ist, bedarf es heute keiner planmäßigen Schiebelok mehr. Bei den wenigen noch verkehrenden Güterzügen Richtung Bautzen und Görlitz sind die Planlasten so gering, dass keine Schiebelok benötigt wird. Bei einigen Zügen ist eine 232 aus dem Schlepplokplan als Vorspannlok vorgesehen, aber oftmals wird sie nicht gebraucht. Wenn doch mal ein schwerer Güterzug über diese Rampe fährt, wird die Vorspannleistung operativ geregelt.

Rund fünf Jahre haben sich die „Ludmillas“ auf dem Ablaufberg bewährt. Mittlerweile ist auch ihre Zeit abgelaufen. Seit 1. April 2000 haben Lokomotiven der Baureihe 290 den Dienst auf der „Schleppe“ übernommen. Offensichtlich spielten bei dieser Entscheidung die Kosten eine wichtige Rolle, darüberhinaus wurden die Gleise auf dem Ablaufberg durch die schweren sechsachsigen Loks sehr stark beansprucht.

Oben: Detailaufnahme der automatischen Rangierkupplung RK 900 an der Lokomotive 232 688, aufgenommen am 11. April 2000 in Dresden-Friedrichstadt.
Unten: Die verkehrsrot lackierte 232 700 am 11. Oktober 1998 in Dresden-Friedrichstadt. Gut sichtbar die Anordnung der automatischen Kupplung. AUFNAHMEN (2): W. FREYER

DEUTSCHE REICHSBAHN

*** VORMELDUNG FUER TRIEBFAHRZEUG / STEUERWAGEN / BEIWAGEN ***

Rbd Erfurt	Fahrzeug Nr.	Instandhaltungsst	Im Raw/Bw
Dst. Sgh.	132605-7	6	Raw Cottbus

Dienstliche Verwendung	Faelligk. der naechsten Instandhaltungs
Gzd	stufe 6 oder 7 __.__.__

Datum der letzten I	ID	6	5	0	Profilbearb
bzw. Profilbearb.	12.09.79	28.07.83	29.05.86	__.__.__	00.00.00
	826908 km	308240 km	63684 km		
	27238 Mh	13413 Mh	3489 Mh		

Begruendung fuer vorzeitige o. ausserplanm. Zufuehrung	Tfz ausser Betrieb ge
Auffahrunfall	setzt am : 22.02.87

Versuchseinricht. bzw. laufende Versuche
keine

Radreifenmasze				A 1	A 2	A 3	A 4	A 5	A 6
	Radreifendicke	SR	(mm)	31,0	33,0	34,0	33,0	31,0	34,0
R	Spurkranzdicke	SS	(mm)	29,0	22,0	26,0	25,0	20,0	32,0
	Spurkranzhoehe	HS	(mm)	31,0	29,0	29,0	30,0	30,0	32,0
	Steilheit Spurkrz.fl.	QR	(mm)	10,0	7,0	8,0	8,0	8,0	11,0
	Radreifendicke	SR	(mm)	31,0	33,0	34,0	31,0	31,0	34,0
L	Spurkranzdicke	SS	(mm)	28,0	25,0	24,0	30,0	24,0	29,0
	Spurkranzhoehe	HS	(mm)	29,0	30,0	30,0	30,0	31,0	30,0
	Steilheit Spurkrz.fl.	QR	(mm)	8,0	7,0	9,0	9,0	8,0	9,0

An Rbd Erfurt	Vermerke der Rbd Zur Ausbesserung als 16 genehmigt Gen.-Nr. 15/126 89 Rbd Erfurt, den 20.01.1989
Eingangsstempel der Rbd	Motorbetriebszeit (h) 0 bzw. Laufweg (km) seit 0 letzter I-Stufe 2220-21 Schneider RbR Ltr. d. Fachabt. Tu
An Raw/Bw Sangerhausen	Vermerke des Raw/Bw letzte BU 00.00.00 letzte BR 00.00.00

Diese Schadensvormeldung des Bw Sangerhausen für die Lokomotive 132 605 dokumentiert sehr anschaulich die Probleme der DR ausgangs der achtziger Jahre bei der Unterhaltung der Triebfahrzeuge: 132 605 erlitt am 22. Februar 1987 einen Auffahrunfall und wurde dabei beschädigt. Bis Anfang 1989, also fast zwei Jahre, blieb die Lok abgestellt und diente anderen 132 als Ersatzteilspender. Die Liste der Fehlteile (rechte Seite) spricht Bände! AUFNAHME: SAMMLUNG GERNOT GATTERMANN

Schaeden: (Bei Angabe der Schaeden ist die Reihenfolge einzuhalten, die durch die Gliederung in der "Anweisung fuer die Arbeitsdurchfuehrung" angegeben ist.)

Instandhaltungsstufe V6:

Instandhaltung zur V6 nach Afi BR 132 durchfuehren
Tfz hatte Auffahrunfall im Bhf.Artern und ist mit eigener Kraft ins Bw Sangerhausen gefahren. Seitdem diente es als Ersatzteilspender fuer mehrere kleinere Unfallschaeden sowie zur Instandsetzung an anderen Tfz der BR 132.

Rahmen und Aufbauten:

Rahmen am Fst.1 leicht abgeknickt
Drehzapfen Drehgestell 1 verbogen
leichte Wellenbildung im Fahrzeugkasten
alle Frontscheiben und 1Seitenscheibe fehlen
alle Fusztritte fehlen
alle Tueren schadhaft
mittlere Rostschaeden zwischen Rahmen und Fahrzeugkasten

Kraftuebertagungs- und Erzeugungsanlage (mechanischer Teil)

Fehlteile: Luftschacht fuer Hauptgenerator, Unterdruckabsaugung,alle Kuehlerelemente,Luefter vom Luftverdichter,6 Einspritzpumpen, Dehnungsstueck Abgasanlage - ATL,Motorregler,Kipphebel,Kraftstoffoerderpumpe,5 Reibungsschwingsdaempfer

schadhafte Teile : 10 Einspritzpumpen,Reglergestaenge,alle Kraftstoff- und Leck - leitungen,Anlenkpleuelbolzen B6,12 Indikatorstutzen,Antrieb des Drehzahlmessers,Luefter fuer Traktionsgenerator,ATL,Kupplung Atl - Erregermaschine, Abgasleiste der B- Seite,Kuehlerjalousie, Unterdruckregelung

Krafterzeugungs- und Uebertragungsanlage, elektrische Anlagen :

Fehlteile: Fst.1 : Lampenkaesten,Einfassung sowie Inhalt
Heizstecker,Heizsteckdose- und Kabel
Geber,Stecker und Steuerteil fuer Spurkranzschmierung
Fahrschalter,Sifakasten Bremssteller fuer E- Bremse
alle Kippschalter und Meldeleuchten,Anzeige Batterie und Heizstrom.

Fst.2 : alle Kippschalter und Meldeleuchten, Sifataster, Sifasteuerteil, Baretter,Anzeige Lade- und Heizstrom, diverse Widerstaende

Hochspannungskammer:alle elektronischen Bloecke, Ladesteckdose, alle Leitungsschutzschalter, Shunt 6000A

Maschinenraum: Schuetze fuer Kuehlerluefter,Differenzdruckgefaesz, Stromversorgungs-und Steuerteil fuer Ehz,Anlaszbeschleunigung,Durchdrehvorrichtung mit Endschalter,Lueftersteuergeraet - Zuleitung von der X - Dose zum Steuerteil

[signature]		16.01.1989
Leiter d. Dienststelle	Abt.ltr/Gr.ltr TU	Datum der Ausstellung

Abkürzungsverzeichnis:

AfI	Anweisung für die Instandhaltung
AHB	Außenhandelsbetrieb
BO	Bau- und Betriebsordnung
Brevo	Bremsvorschrift
BR	Baureihe
BRD	Bundesrepublik Deutschland
Bw	Bahnbetriebswerk
CSSR	Ceskoslovenska socialisticka republika (Tschechoslowakei)
DB	Deutsche Bundesbahn
DB AG	Deutsche Bahn Aktiengesellschaft
DDR	Deutsche Demokratische Republik
DR	Deutsche Reichsbahn
FuE	Forschung und Entwicklung
FVA	Fahrzeugversuchsanstalt
GOST	Staatliche Standards der UdSSR
HvM	Hauptverwaltung Maschinenwirtschaft
IEC	Internationale Elektrotechnische Kommission
IfE	Institut für Eisenbahnwesen
ISO	Internationale Standardisierungs-Organisation
KPdSU	Kommunistische Partei der Sowjetunion
LEW	Lokomotivbau Elektrotechnische Werke
MfV	Ministerium für Verkehrswesen
NIITEM	Wissenschaftliches Institut für Elektromaschinenbau
OSShD	Organisation für die Zusammenarbeit der Eisenbahnen
OTK	Technische Kontroll-Organisation (in der SU)
RAW	Reichsbahnausbesserungswerk
Rbd	Reichsbahndirektion
RGW	Rat für gegenseitige Wirtschaftshilfe
SED	Sozialistische Einheitspartei
SKL	Schwermaschinenbau Karl Liebknecht
SSR	Sozialistische Sowjet-Republik
SZD	Staatsbahn der UdSSR
TB	Technische Bedingungen
TKO	Technische Kontroll-Organisation
UdSSR	Union der Sozialistischen Sowjet Republiken
UIC	Union Internationale des Chemins (Internationaler Eisenbahnverband)
VAMF	Versuchsanstalt für Motorfahrzeuge
VEB	Volkseigener Betrieb
WTZ	Wissenschaftlich Technisches Zentrum
ZEV	Zentrale Energieversorgung
ZFIV	Zentrales Forschungsinstitut für Verkehrswesen
ZK	Zentralkommitee
ZMDR	Zentralstelle der Maschinenwirtschaft DR

Literaturverzeichnis

Bücher

Borchert, Kirsche
Lokomotiven der Deutschen Reichsbahn; Berlin 1986

Glatte, Wolfgang
Deutsches Lok-Archiv Diesellokomotiven

Autorenkollektiv
Strecken-Diesellokomotiven/2.-4. Auflage; Berlin 1973/1981

Versuchsberichte zur Baureihe V 300 der Hauptfachgruppen

Prüfstands- und Streckenversuche der VES-M

Forschungs- und Entwicklungsberichte zur konstruktiven Betreuung, Weiterentwicklung und Ursachenforschung der Baureihe V 300 der Deutschen Reichsbahn

Schriftverkehr der VES-M Halle und des ZFIV-If

Zeitschriften und Periodika

Mitteilungen der Versuchs- und Entwicklungsstelle für die Maschinenwirtschaft der Deutschen Reichsbahn

Deutsche Eisenbahntechnik
Berlin, Jahrgänge 2 bis 13 (1954-1965)

Schienenfahrzeuge
Berlin, Jahrgänge 9 bis 19 (1965-1985)

132 550 verkörpert das typische Erscheinungsbild der Maschinen in der DR-Epoche mit den gummigefassten Frontscheiben und dem durchgehenden breiten Zierstreifen oberhalb des Rahmenträgers, Bw Cottbus am 7. Oktober 1987.

AUFNAHME: HARTMUT MICHLER

15
Deutsche Reichsbahn
132 618-0